제2판
로스쿨 조세법
기초이론

리걸플러스+60

제2판
로스쿨 조세법 기초이론

김 두 형 지음

KSI 한국학술정보(주)

머리말

　　법학전문대학원이 출범한 지 벌써 3년째에 접어들었고 어느 정도 자리를 잡아 가고 있다. 이제 법이론과 실무능력을 겸비한 변호사가 대량으로 배출되는 일만 남았다. 법학전문대학원에서 조세법을 공부하고 싶어 하는 학생들이 많이 있고, 실제 적지 않은 학생들이 조세법 과목을 수강하고 있지만 공부에 어려움을 느끼는 것으로 보인다. 조세법 분야가 너무 광범위하고 헌·민·형으로 대변되는 전통적인 법률지식은 물론 행정법, 상법, 소송법 등 다양한 분야의 학문에 대한 이해가 선행되어야 하기 때문이다.

　　종전에 조세법학은 변호사, 세무사, 공인회계사 등 세무실무 관련 전문직 종사자에게 절대적으로 필요한 학문이었을 뿐, 학부에서 가르치던 조세법학은 개론 수준의 교양과목 정도로 취급되어 왔다. 하지만 변호사를 배출하는 법학전문대학원에서 가르치는 조세법 과목은 법률시장에서 서비스의 차별화를 기할 수 있는 특수 전공으로서의 성격을 가지게 되었다. 조세법 전문변호사가 되기 위해서는 깊이 있는 조세법 지식과 풍부한 실무경험을 필요로 하는데 이를 위하여 무엇보다도 개별 세법의 기초가 되는 조세법 총론분야에 대한 탄탄한 이론무장이 급선무이고 또한 필수적이다.

　　본서는 조세법학을 처음 공부하고자 하는 법학전문대학원 학생과 조세법이론을 체계적으로 공부하고자 하는 세무실무자·세무사·공인회계사 등을 독자로 생각하고 저술한 조세법 총론서이다. 소득세법·법인세법 등 개별 세법을 본격적으로 공부하기 위해서는 본서에서 설명하는 국세기본법과 국세징수법 등에 관한 이론과 판례를 충분히 습득하고, 나아가 실제 발생하는 사례를 해결할 수 있는 능력을 키워야 한다.

　　이와 같은 점을 감안하여 특별히 다음과 같은 사항을 고려하면서 저술하였다.

　　첫째, 조세법을 처음 공부하는 독자를 위한 입문서 역할을 하도록 내용을 간결하게 구성하고 쉬운 표현으로 서술하려고 노력하였다. 특히 일상생활 또는 민사거래에서 부수적으로 발생하는 단순 세무상담 등 조세법의 기초지식만을 필요로 하는 비전공자도 유익하게 활용하도록 하였다.

　　둘째, 조세법이론을 전개함에 있어서뿐만 아니라 실무에서 발생하는 법해석상의 문제를 다양한 예를 들어 설명함으로써 독자가 이해하기 쉽게 하였다.

셋째, 과세관청과 납세자 사이에 대립하는 첨예한 쟁점들을 상세히 설명하고, 관련된 대표적 판례를 예시, 비교하여 문제해결 능력을 돕고자 하였다.

넷째, 조세법의 기초를 쌓는 이론서로서의 역할을 감안하여 전반적으로 특정 학설에 치우치지 않고 객관적으로 조세법을 바라보도록 하였다.

새 학기 강의일정에 맞추다 보니 시간에 쫓기게 되었고, 시행착오가 계속되는 법학전문대학원 행정업무 때문에 내용이 미진하거나 부실한 부분을 크게 손보지 못한 점이 아쉽다. 내용이나 형식 면에서 부족한 부분은 다음에 충분히 수정하여 더 좋은 내용의 학술도서가 되도록 노력할 것을 독자에게 약속한다.

필자가 조세법학을 공부하는 데 많은 도움을 주신 고 최명근 교수님, 송쌍종 교수님, 저자를 학문의 길로 인도하시고 지금도 인생의 내비게이션 역할을 해 주시는 강인애 변호사님의 학은에 다시 감사드린다.

본서의 간행을 흔쾌히 허락해 주신 한국학술정보(주)의 채종준 대표이사님과 권성용 님께도 감사드리고, 마지막으로 사법연수원 졸업 후 원고정리를 도와준 차승훈 변호사의 무궁한 발전을 기원한다.

2012년 2월
연구실에서 김두형

CONTENTS

CONTENTS

CONTENTS

CONTENTS

CONTENTS

제1편 租稅法의 基礎

제1장 조세와 조세법

제1절 조세의 법개념

I. 현대 국가와 조세

현대 국가는 대규모 국가적 사업의 실시, 사회복지의 확충, 경제발전, 환경보전 등 날로 증대하는 다양한 행정수요에 따라 많은 사회·국가적 과제 실현을 위해 노력하고 있다. 이러한 노력에는 필연적으로 막대한 비용이 들기 때문에 국가는 그 재정수단의 확보에 고심하고 있으며 국민은 직간접적으로 국가재정과 밀접한 이해관계 속에서 생활하고 있다.

대부분의 국가는 조세를 비롯한 각종 공법상 부담금의 수입을 통하여 국가의 일반적 과제를 수행하기 위한 재정을 마련한다. 이러한 재정마련의 수단 중 가장 핵심적인 것이 바로 조세의 부과·징수를 통한 수입이다. 오늘날 국민이 쾌적한 환경 속에서 문명생활을 하게 된 것도 알고 보면 국가가 국민의 삶의 질을 향상시키는 각종 행정을 적극적으로 수행하고 국민은 이를 뒷받침하는 조세를 기꺼이 부담해 왔기 때문이다.

현대 자본주의체제의 국가는 국민의 경제적 활동의 자유를 최대한 보장해 주는 대신 그 경제적 활동의 산물인 소득에서 조세수입을 확보하는 구조를 가지고 있다. 그러므로 국민이 국가라는 공동체를 유지·관리하는 데 필요한 최소한의 경비를 분담하는 것은 자신의 경제적 자유를 위하여 당연한 것으로 이해하여야 한다. 이에 따라 조세법은 경제적 활동의 자유를 기초로 한 법질서의 일부로 파악된다.

Ⅱ. 조세의 의의

1. 조세의 정의

조세법을 바르게 이해하기 위해서는 우선 조세의 법률상 개념을 명백히 할 필요가 있다. 조세의 법적 개념정의에 따라 조세와 다른 공적 부담금과의 구분이 가능하고 구체적으로는 행정불복쟁송의 관할 및 절차, 시효 등 광범위한 점에서 차이를 나타내게 된다.

현행법상 조세의 개념을 정의한 규정은 어디서도 찾아볼 수 없다. 통설적 견해는 "국가 또는 지방자치단체가 필요한 경비를 조달하기 위해 국민 또는 주민으로부터 개별적 반대급부 없이 강제적으로 징수하는 금전급부"를 조세라고 정의한다. 이는 독일의 조세기본법(Abgabenordnung) 제3조 제1항에 명문화되어 있는 것을 따른 것이며 전통적인 조세의 법적 개념으로 받아들여지고 있다.[1]

이러한 정의에 따르면 조세의 개념은 다음과 같은 구체적 내용을 가지게 된다.

(1) 금전급부이다

조세는 화폐경제체제가 확립된 오늘날 금전납부가 원칙이며 극히 예외적으로 물납이 허용될 뿐이다.

(2) 재정수요의 충족을 목적으로 한다

조세는 국가 또는 지방자치단체의 존속과 활동에 필요한 재원조달을 주된 목적으로 하는 점에서 위법행위 등의 제재를 주된 목적으로 하는 벌금·과료·과태료 등과 구분된다.

하지만 조세는 재정수입의 획득 외에도 사회정책적 또는 경제정책적 목표수행을 위해 활용되는 경우가 있고, 근래에는 이러한 목적이 더욱 중요시되고 있다. 이러한 목적의 조세를 유도적 조세 혹은 조정적 조세라고 한다. 다만, 국민에 대한 조세부과 및 징수가 오직 국민의 행동에 영향을 미치기 위한 정책적 고려만을 띠고 있을 뿐 재정수입의 획득을 전혀 의도하지 않는다면 조세라고 말할 수 없을 것이다.

---

[1] 독일 조세기본법 제3조 제1항에서 "조세라는 것은 특별급부에 대한 반대급부가 아니며, 공법상 단체가 수입을 얻기 위하여 당해 급부에 관련되는 요건사실에 해당되는 모든 사람에게 법률로 부과하는 금전급부를 말한다"라고 규정하고 있다.

(3) 권력적 과징금의 성질이 있다

조세는 국가 또는 지방자치단체가 채권자의 입장에서 국민에 대하여 일방적으로 채무를 부담시키는 것이다. 국민이 자발적으로 납세의무를 이행하지 아니할 경우에는 과세권이라는 우월한 지위를 이용하여 강제적으로 징수하게 된다.

그러므로 국가 또는 지방자치단체가 국민과 대등한 사경제 주체로서 행하는 각종 수익사업 및 국유재산의 매각 수입 등과 구분된다.

(4) 과세요건을 충족시킨 모든 국민에 대하여 자동적으로 부담이 발생한다

조세채권의 성립에 있어서 공법상의 계약처럼 조세채권자인 국가 또는 지방자치단체와 납세의무자인 국민 간의 의사표시의 합치와 같은 요건이 필요하지 않고 세법의 정함에 따라 자동으로 납세의무가 발생한다.

(5) 특별급부에 대한 반대급부의 성질을 가지지 아니한다

조세는 개별적 반대급부가 없다는 의미에서 반대급부가 있는 행정상의 각종 수수료, 사용료 등과 구별된다.

2. 헌법상의 조세개념

앞서 보았듯이 전통적으로 조세의 개념은 권력적 과징금의 성질을 갖는 금전급부라고 설명하는 것이 일반적이었다. 하지만 오늘날 국민은 국가 또는 지방자치단체의 절대권력인 과세권에 의해서 금전급부를 강제적으로 징수당하는 지위에 있는 것만은 아니라는 인식이 보편적으로 자리 잡고 있다. 조세는 납세의무자가 자기 스스로 본인의 세액을 계산해서 신고납부하는 것일 뿐만 아니라 과세권력에 대항하여 납세의무자에게도 조세법상 여러 가지 권리가 보장되어 있는 사실이 부각되고 있는 것이다.

이것은 곧 전통적 조세개념과는 다른 새로운 의미의 조세개념이 나타나고 있음을 뜻한다. 조세에 관한 새로운 개념은 헌법상의 조세개념이라고 말할 수 있는데 이에 따르면 조세란 "국민이 공공을 위하여 필요한 비용을 충족시키기 위해 법률의 근거에 기초하여 스스로 국가 또는 지방자치단체에 제공하는 금전"이라고 정의할 수 있다.[2]

헌법상의 조세개념은 국민을 국가권력의 원천으로 보는 데서 출발한다. 즉 국민을 국

---

2) 齊藤 明, 『租税行政爭訟の法理』, 敬文堂, 1988, 6면 참조.

가의 주인으로 보는 국민주권주의의 원리에 입각하여 과세권력도 국민으로부터 나온다는 전제하에 납세자의 기본권 보장을 강조하는 입장이다. 이러한 조세의 개념정의 아래서 조세는 국민이 스스로 납부하는 것이지 과세권의 행사에 의하여 강제적으로 징수하는 금전이라고 말할 수 없다.

이와 같이 조세의 개념을 사회통념인 권력적 과징금으로서 법적 개념으로 이해하는 것이 아니라 헌법상의 개념으로 파악한다면 국민의 납세의무를 규정한 헌법 제38조는 국민이 국가의 행정활동에 필요한 경비를 스스로 부담한다는 당연한 원칙을 선언한 것으로 볼 수 있다. 그럼에도 현행법에는 아직 부과과세방식의 조세가 잔존하고 있고, 신고납세방식 조세절차의 배후에는 과세권자의 경정·결정권이 인정되어 있는 등 사회통념적인 강제적 급부로서의 성격이 남아 있는 것도 사실이다.

이상에서 본 바와 같이 국민주권주의를 표명한 현대 민주주의 국가에서 조세의 법적 개념은 헌법상의 조세개념과 일반 사회통념으로서의 조세개념 양자를 모두 포함하는 다소 복합적 성질을 지닌 개념이라고 말할 수 있다.

Ⅲ. 조세의 성질

우리나라 헌법은 조세법률주의를 선언한 제59조와 예산에 관한 제54조 등에서 조세에 관한 국가의 고권을 규정하고 있다. 또 국가는 법률에 의하여 조세고권의 일부를 지방자치단체에 분여하고 있다. 이에 따라 국가 또는 지방자치단체는 조세입법권, 조세부과·징수권, 조세행정권을 가지는데 무엇보다도 조세를 부과·징수할 수 있는 과세권이 중요하다고 볼 수 있다.

국가가 헌법에 의하여 부여받은 권력인 과세권이란 여러 가지 의미를 내포하는 개념이다.

첫째로는 과세를 행하는 권력자체를 의미한다. 이것은 헌법과 법률에 의하여 국가에 인정되는 것으로서 구체적으로는 입법에 의해서 행정권에 주어지는 조세에 관한 권력이다.

둘째로는 조세에 관해서 국가가 갖는 권력적인 모든 권리 내지 권능을 의미하는데 납세자인 국민에 대하여 우월적 지위를 보여 주는 것이다. 이러한 것으로는 경정·결정권, 질문·검사권, 자력집행권 등을 들 수 있다.

셋째로는 국가가 조세를 징수하여 수입을 얻는 권리를 말한다. 즉 국가가 사인에게 일정액의 금전급부를 청구하는 권리로서 권력적 성질을 갖는 조세채권을 의미한다.

과세권의 실질적 의미에 관하여 생각건대 현대적 조세개념에 따라 위 세 번째 개념이 가장 중요하고 적당하다. 즉 조세의 성질은 국가가 사인에게 금전 급부를 청구하는 권리인 조세채권으로 이해함이 타당하다. 이런 점에서 조세채권은 성질상으로나 본질적으로 사인 간의 채권과 크게 다를 것이 없다. 이에 대해서는 뒤에서 더 자세히 살펴보게 된다.

Ⅳ. 조세 유사개념

1. 부담금

부담금이란 공공의 특정사업으로부터 특별한 이익을 얻기 위하여 공권력으로써 재정수요의 충족을 위해서 수익자에게 과세되는 사업경비의 지급의무를 말한다. 행정법상의 각종 수익자부담금, 원인자부담금 등이 그것인데, 구체적인 반대급부와 구체적인 경제적 편익이 제공된다는 점에서 국가가 강제로 징수하는 금전인 조세와 구분된다.

그러나 부담금은 조세와 구별이 쉽지 않은 경우도 있다. 예컨대 교통·에너지·환경세와 자동차 주행에 따른 자동차세는 도로를 이용하고 손상하는 자를 대상으로 도로정비의 재원을 충족시키기 위해서 징수하는 원인자부담금에 유사한 것으로 볼 스 있고, 지역자원 시설세 등도 공공시설로부터 얻는 이익을 고려하여 정해진 조세이기 때문에 부담금의 성질을 지니고 있다. 이처럼 목적세인 조세와 부담금의 구별이 어려운 것이 사실이다.

2. 수수료

공법상의 수수료는 조세와 마찬가지로 일반적 재정수요의 충족을 위한 것이다. 그러나 지방자치공공단체의 인허가 또는 개별적 급부와 관련되는 점에서 조세와 구별된다. 즉 조세는 개별적 반대급부가 없는 일반보상성을 가지는 데 비하여 수수료는 이용에 대한 비용의 지출이라는 개별적 보상의 성질을 지닌다.

제2절 조세의 분류

I. 재정 목적의 조세와 비재정 목적의 조세

조세의 개념정의에서 보았듯이 본래 조세의 주된 기능은 통치단체인 국가 또는 지방자치단체의 재정수요의 충족이다. 아울러 조세는 복지국가의 이념을 실현하기 위한 소득재분배와 자본주의 경제의 발전을 위한 경기조절을 부수적 기능으로 하고 있다. 조세는 이러한 부수적 기능을 효율적으로 수행하기 위하여 재정수입 목적 이외에 경제적·사회적 목적 실현을 위하여 부과되는 것이 일반적이다. 그리하여 조세의 목적으로서 재정 목적과 비재정 목적은 개념상 구분된다고 볼 수 있다.

조세의 비재정적 목적이 조세의 개념정의에 포함된 입법례로 1977년 독일 조세기본법 제3조 제1항에서 "재정수입은 부수적 목적으로 할 수 있다"고 규정한 것을 들 수 있다.

헌법재판소 판례도 "조세는 국가 또는 지방자치단체가 재정수요를 충족시키거나 경제적·사회적 특수정책의 실현을 위하여 국민 또는 주민에 대하여 아무런 특별한 급부 없이 강제적으로 징수하는 과징금을 의미한다"고 하여 조세의 개념 정의에 비재정적 목적을 포함시키고 있다.[3]

실제로 조세제도는 현대 복지국가의 경제정책 중에서 가장 핵심적인 부분을 차지하고 있으며 유력한 국가 정책수단의 하나로서 특정 산업의 보호와 육성 등 국가의 당면 목표를 수행하기 위하여 광범위하게 사용되고 있다.

우리나라의 경우 조세특례제한법에서 여러 가지 한시적인 조세특별조치를 통해 사회·경제·산업·고용 등에 관한 조세감면대상을 규정하고 있다. 이를 통해 중소기업 보호 및 기업의 재무구조 개선을 위한 각종 정책, 각종 공익사업지원 정책, 고용지원 및 국민생활의 안정 정책, 기타 경기부흥을 위한 조세부담의 감면정책 등을 통하여 경기조절 및 사회정책적 기능을 널리 수행하고 있다.

---

3) 헌법재판소 1990.9.3. 선고 89헌가95결정(헌재판례집 제2권, 251면).

Ⅱ. 조세의 분류

조세를 여러 가지 관점에서 분류하는 것은 각 조세의 성질을 정확히 이해함으로써 조세법의 해석에 있어서 조세론적 관점과 법이론적 측면에서 논리의 모순을 초래하지 않는데 필요하다.

1. 국세와 지방세

과세권의 주체를 기준으로 한 분류이다. 즉 과세권이 국가에 있으면 국세, 지방자치단체에 있으면 지방세이다. 지방세는 다시 도세와 시・군・구세로 구분된다.

① 국세: 내국세, 관세
② 지방세: 취득세, 등록・면허세, 레저세, 지역자원시설세, 지방교육세(이상 도세), 재산세, 주민세, 자동차세, 지방소득세, 지방소비세, 담배소비세(이상 시・군세)

이와 같이 과세의 주체에 따라 분류하는 실익은 국가와 지방자치단체, 지방자치단체 상호 간의 세원배분의 결정에 있다. 한편 국세에는 국세기본법과 개별 세법이 적용되고, 지방세에는 지방세기본법과 지방세법이 적용되는데 그 부과근거뿐만 아니라 법령 내용도 다소 차이가 있다.

2. 내국세와 관세

국세를 화물이동의 국경통관 여부에 따라 한 분류이다. 관세는 외국으로부터 국경을 통관하여 국내에 수입되는 물품에 과세되는 조세이다. 관세 이외의 국세를 내국세라고 한다.

① 내국세: 소득세, 법인세, 부가가치세, 상속세, 증여세, 종합부동산세, 개별소비세, 주세, 인지세, 증권거래세, 교육세, 농어촌특별세
② 관세: 내국세는 국세청과 세무서의 관할에 속하는데, 관세는 조세수입과 국내산업의 보호를 목적으로 하고 관세청과 세관의 관할에 속한다. 이와 같이 과세기관에 따라 분류하는 실익은 연혁과 제도, 관세행정의 기술적인 특징 및 행정상의 특징이

있음.

3. 직접세와 간접세

법률상의 납세의무자와 경제상의 담세자가 일치하느냐, 즉 조세의 전가가 예정되느냐에 따른 분류이다. 직접세는 조세법률상 납세의무자와 그 조세를 경제적으로 부담하는 담세자가 일치할 것을 입법자가 예정하고 있는 조세이다.

① 직접세: 소득세, 법인세, 상속세, 증여세, 종합부동산세
② 간접세: 부가가치세, 개별소비세, 교통·에너지·환경세, 주세, 증권거래세, 인지세, 지방소비세

간접세의 경우에 담세자가 조세법률관계에서 배제되기 때문에 권리구제와 조세형벌 등에서 직접세의 경우와 다르게 취급된다.

4. 인세와 물세

과세물건이 귀속되는 납세의무자의 생존, 가족상황 등 인적사항을 고려하는 조세인가에 따른 분류이다. 납세의무자의 개인적 담세능력을 고려하면서 부과되는 조세는 인세, 그렇지 아니한 조세는 물세이다.

① 인세: 소득세, 상속세, 증여세
② 물세: 부가가치세, 개별소비세, 인지세, 지방소비세

5. 보통세와 목적세

조세수입의 용도가 세법에 의해 특정되었는가를 기준으로 한 분류이다.
조세수입이 일반경비에 충당되는 것은 보통세, 특별경비에 충당되는 것은 목적세이다.

① 보통세: 아래 목적세 외의 조세
② 목적세: 교육세, 농어촌특별세, 지역자원시설세, 지방교육세

6. 수득세, 자산세, 소비세, 유통세

담세력을 표상하는 과세물건을 기준으로 한 분류이다. 수득세는 수입이라는 담세력을 포착한 것이고, 자산세는 재산을 취득·보유·거래하는 사실에 담세력을 인정하여 과세하는 세목이다. 소비세는 재화 또는 용역을 구입·소비하는 사실에 담세력을 인정하는 것이고, 유통세는 권리의 취득·변경 또는 재화의 이전 등의 사실에 납세자의 담세력을 추정하여 과세하는 세목이다.

① 수득세: 소득세, 법인세
② 자산세: 상속세, 증여세, 양도소득세, 재산세
③ 소비세: 부가가치세, 주세, 개별소비세, 지방소비세, 교통·에너지·환경세
④ 유통세: 인지세, 증권거래세, 취득세, 등록면허세

7. 독립세, 부가세, 공동세

독립세는 다른 조세와 관계없이 독자적 입장에서 과세물건에 대하여 부과·징수하는 조세를 말한다. 부가세는 이미 부과·징수한 조세에 대하여 과세하는 조세에 대한 조세를 말한다. 공동세란 1개의 과세기관에서 조세를 부과·징수하여 여러 과세 주체가 나누어 사용하는 것을 말한다.

① 독립세: 대부분의 조세
② 부가세: 교육세, 농어촌특별세, 지방교육세, 자동차세(교통·에너지·환경세 관련)
③ 공동세: 부가가치세와 지방소비세

8. 종가세와 종량세

종가세는 과세표준이 금액으로 표시되는 조세이다. 종량세는 과세표준이 용량·건수·인원 등 물량으로 표시되는 조세이다.

① 종가세: 대부분의 조세

② 종량세: 담배소비세, 주세, 교통·에너지·환경세

제3절 조세법의 의의

Ⅰ. 조세법의 대상

조세법 또는 세법이라는 것은 조세에 관한 법규의 총체 혹은 조세법률관계를 규율하는 법규를 총칭한다.

국세기본법 제2조 2호에서 "세법이라 함은 국세의 종목과 세율을 정하고 있는 법률과 국세징수법, 조세특례제한법, 국제조세조정에 관한 법률, 조세범처벌법 및 조세범처벌절차법을 말한다"고 규정하고 있다.

그러나 이 규정은 국세기본법상 세법의 일반적 용어를 정의한 것일 뿐이고 조세법은 국세 및 지방세에 관한 법률 그리고 그에 관한 절차 및 처벌에 관한 법률을 모두 포함한다고 보는 것이 일반적이다. 이처럼 조세법은 광범위한 범위에 걸쳐 있고 그만큼 그 내용이 다면적이라고 말할 수 있다.

조세법은 법형식, 규율대상, 내용에 따라 다음과 같이 정의할 수 있다.

우선 법형식에 따라서 본다면 조세법은 조세에 관한 헌법상의 모든 규정, 국세기본법·소득세법·법인세법 등의 각 개별 법률, 지방자치단체가 제정한 조례·규칙 그리고 국가 간의 조세조약, 확립된 국제법규 등을 말한다.

또한 규율의 대상에 따라서 살펴보면 조세법은 조세채권자(과세권자)인 국가 또는 지방자치단체와 조세채무자(납세의무자)인 국민 또는 주민 간의 법률관계를 규율대상으로 하는 규범체계에 관한 법이다.

그리고 내용에 따라서 살펴본다면 조세법은 조세실체법·조세절차법·조세구제법·조세형벌법 등을 말하는 것이 된다.

Ⅱ. 조세법의 내용

1. 조세실체법

납세의무의 성립에서부터 소멸에 이를 때까지의 납세의무에 관하여 규정한 법규를 말한다. 조세채권·채무관계와 그 당사자, 납세의무의 내용, 납세의무의 성립·승계·소멸 등을 그 규율 대상으로 한다.

2. 조세절차법

조세절차법은 납세의무의 확정절차 및 조세징수절차를 그 대상으로 한다. 구체적으로 보면 조세실체법을 구체화하는 과정을 규율하는 것으로 납세의무자에 의한 조세채무의 확정절차, 과세관청의 세무조사절차, 체납처분 등 징수를 위한 절차를 그 대상으로 하는 법규를 말한다.

3. 조세구제법

조세법에 있어서 권리보호를 대상으로 하는 것으로 세무행정청의 과세처분, 체납처분 등에 대하여 불복신청을 제기하는 절차인 행정불복청구절차와 일반세무소송절차로 나뉜다.

4. 조세형벌법

형벌을 과하는 여러 종류의 조세범 및 조세범칙사건의 조사절차에 관한 법규를 총칭한다.

제2장 조세법의 체계와 이념

제1절 조세법과 법체계

I. 법질서 일부로서의 조세법

조세법은 다른 법의 모든 분야와 밀접히 관련되어 있다. 따라서 인접법의 각 분야의 이론과 개념을 응용하거나 원용하는 경우가 많다. 조세법의 전체 법체계 내에서의 위치를 살펴봄으로써 조세법을 보다 정확히 이해하고 다른 법 분야와의 공통된 원리 또는 조세법 독자의 원리를 파악할 수 있다.

조세법은 그 발전과정을 살펴볼 때 절차법적 측면에서 행정법과 친화성 내지 공통성을 갖고 있음을 부인할 수 없다. 아울러 조세법의 과세요건 해당 사실은 사법상의 법률사실에 기반을 두고 있으므로 조세법에 사법적인 요소가 널리 포함되어 있는 것은 당연하다. 이와 같이 조세법은 여러 가지 관련 법 분야의 학문적 성과를 활용하면서 조세법질서가 요구하는 특유한 원리를 확립해 나가고 있다.

II. 조세법과 다른 법의 관계

1. 조세법과 행정법

독일과 우리나라 행정법 학자들은 전통적으로 조세법을 행정법의 일부로서 행정작용법의 일부로 인식하여 왔다. 조세법이 행정법에 속하는 이유는 조세법이 과세권이 있는 국가 또는 지방자치단체와 개인 사이의 법률관계를 규율하는 것이고, 개인적 이익의 실현보다는 주로 공익의 실현을 목표로 하기 때문이라고 한다.

이러한 입장에서는 조세법률관계의 성질을 재정권력 내지 조세고권 발동의 한 형태로 파악하고 조세법에서 채권·채무라는 용어를 사용하지만 이것은 민법상 계약 등을 바탕으로 하는 법률행위와는 달리 국가의 일방적인 과세권 행사를 바탕으로 하는 채권·채무관계라고 해석한다. 특히 조세행정절차에 있어서 이 점은 두드러지게 나타난다. 세무행정청은 공권력을 가지고 행정처분을 행하며 납세의무자에게 여러 가지 협력의무를 부과하기도 한다. 또 조세법상 인정되는 각종 행정절차 및 쟁송절차의 해석과 적용에 있어서 일반 행정절차법과 행정구제법의 이론이 중요하게 대두된다.

하지만 오늘날 조세법은 특수한 목적을 갖는 독립된 법영역으로서 자리 잡았다. 일반 행정법과는 달리 조세법에서는 소득·익금·손금과 같은 고유의 경제적 개념과 회계학적 지식이 중심적 역할을 하고 있으며 순전히 행정법의 성질만으로는 해결할 수 없는 해석·적용상의 문제가 산적해 있다. 이 점에서 조세법은 행정법의 일부분으로 볼 것이 아닌 것이다.

2. 조세법과 민사법

민사법이 국민의 경제활동을 규율하고 있고 조세법은 그 경제활동을 대상으로 하여 조세를 부과·징수하는 것이므로 조세법은 언제나 민사법의 법률관계를 기초로 하고 있다. 따라서 국민의 법률관계는 일차적으로 민법·상법 등 사법에 의하여 규율되고 그 경제적 성과에 대해 조세법을 해석·적용하는데, 조세법에서의 많은 법률용어가 민법·상법상의 용어를 그대로 차용하여 사용되고 있다.

조세법과 민사법이 밀접히 관련되어 있다는 점을 들어 민사법을 조세법의 모법이라고 부르거나 조세법을 민사법의 부속법이라고 평가하기도 한다.[4] 그러나 조세법은 민사법뿐 아니라 공법인 헌법·행정법·소송법 등과도 밀접한 관련을 맺고 있고, 민사법에서 차용된 개념이 조세법에서 그대로 통용되기도 하지만 조세법 고유의 경제적 의미를 갖는 특수한 개념으로 사용되기도 한다.

따라서 민사법이 조세법에 영향을 주기도 하지만 조세법이 민사법에 영향을 주기도 하

---

4) G. Crezelius, *Steuerrechtliche Rechtsanwendung und allgemeine Rechtsordnung*, S. 178 ff.

므로 민사법의 일방적 우월성을 강조하는 것은 타당하지 않다. 역사적으로 볼 때도 조세법은 사법으로부터의 해방을 통해 사법의 이론과 사법의 의존에서 벗어나 독자적으로 존재할 여지가 생겼다는 점을 주목할 필요가 있다.

Ⅲ. 조세법의 독자성

조세법은 민법·상법과 같은 사법의 부속법이 아니며 또한 행정법의 한 분야에 그치는 것이 아니라 조세법에만 내재하는 고유의 법원리를 추구하여 정립된 독립된 법 분야로 보아야 한다. 다시 말하면 조세법은 행정법학으로부터 독립한 것이고, 사법학에 예속된 것이라고 볼 수도 없으며 민법·행정법 등과 동등한 지위를 갖는 실체법인 것이다.[5)]

조세법은 개인의 사유재산을 보호하기 위한 목적을 갖고 있기 때문에 개인의 이익을 보호하는 측면을 무시할 수 없고, 민주적 사회체제에서 국민은 조세를 부과받는 것이 아니라 스스로 납부하는 제도를 갖고 있다. 이에 따라 국가에 대한 국민의 납세의무는 조세채무와 다르지 않으며 구체적으로 조세채무를 형성하는 요건인 과세요건 파악에 있어서 기본적인 모든 사실관계에 민사법적 요소가 강하게 자리 잡고 있는 구조를 취하고 있다. 이 때문에 국민을 직접 구속하는 납세의무의 성립과 소멸에 관한 요건을 정한 조세실체법이 조세법의 해석과 적용에 있어서 중심을 이루고 있다.

이와 같은 점에서 비록 조세법 규정이 공공의 이익을 위한 것이고 세무관청에게 납세자에 대한 우월적 지위가 인정된다고 하여 바로 조세법을 행정법 분야의 일부분으로만 볼 수는 없다. 그럼에도 과거 조세법에 관한 연구는 행정법의 각론 분야 중 일부로서 행해져 왔고 그 때문에 학문적으로 크게 발전할 수 없었던 것이 사실이다.

근래에 이르러 경제가 급속히 발전하고 민주주의 시민의식이 정착됨에 따라 경제적·사회적 요인이 변화하여 조세에 대한 국민의 관심과 권리의식도 크게 고양되었다. 이와 더불어 조세사건의 급증현상은 불가피해졌고, 조세법의 독자적 법영역의 필요성이 절실하게 되었다. 이러한 현상은 이제 전통적인 행정법의 일반원리로는 더 이상 조세법의 해석원리를 타당하게 설명할 수 없다는 문제를 제기하는 것이다.

---

5) 최명근, 『세법학총론』, 세경사, 2004, 48면.

Ⅳ. 조세법과 헌법

1. 조세법과 헌법의 관계

1) 과세권의 한계

조세부과는 반드시 국민의 대표기관인 의회의 법률에 의해서만 가능하다는 조세법률주의가 헌법에 선언되어 있다. 조세법률주의는 조세가 단지 법률의 형식으로 부과·징수되기만 하면 된다는 의미가 아니다. 오늘날 국가의 과세권은 국민의 재산권보장 등 헌법상 기본권에 의하여 광범위한 제한을 받는 것이다.

조세법의 발전에 관한 역사를 살펴볼 때 국가가 국민의 보호자 역할을 하기보다도 법형식을 남용하여 국민의 재산권을 침탈한 경우를 얼마든지 찾아볼 수 있다. 과세권의 행사는 개인의 경제활동을 대상으로 하기 때문에 국가의 과세권이 남용될 경우 국민의 각종 기본권에 대한 침해가 필연적이고, 특히 사유재산권의 보장과 갈등을 일으킬 소지가 충분히 있다. 국가의 과세권이 조세법률주의라는 이름으로 정당화된다고 하더라도 헌법질서가 지향하는 법치국가적 기본권보장의 범위 내에서 행사되어야 한다는 한계가 존재하는 것으로 보아야 할 것이다.

그러므로 헌법에서 명시하고 있는 여러 가지 기본권과 원리들은 조세법의 입법과정은 물론 그 해석에 있어서도 조세법의 상위규범으로서 구속적인 효력을 갖게 되므로 조세법 적용에 있어서 중요한 의미를 가진다고 보아야 한다.

2) 조세법률에 대한 위헌재판

조세법률이 헌법에 위반될 때에 해당 조세법 규정은 무효가 되고 해당 법규정에 따라 부과된 과세처분도 당연히 위법하게 된다. 납세자는 위헌으로 생각되는 법령이 있는 경우에 헌법재판을 통해 해당 사안에 적용된 조세법 규정의 위헌 여부에 관한 판단을 받을 수 있다.

헌법재판이 활발한 독일에서는 이미 조세법이 헌법재판소 판결의 주류를 이루고 있으며, 우리나라에서도 조세법에 대한 헌법재판이 활발해지고 있는 추세이다. 이에 따라 헌법재판소에서 조세사건과 관련된 매우 중요한 결정이 잇따라 선고된 바 있는데 조세법의 기본원리를 헌법적 관점에서 다룬 것으로 국민의 재산권보장과 관련하여 반드시 살펴보아야 할 가치가 있다.

우리나라에서 조세법률이 헌법상 국민의 재산권보장규정과 관련되어 최초로 헌법재판소에서 판단된 것은 1989년 7월 21일 선고, 89헌마38 결정이다.[6] 이 사건에서 다수의견은 구 상속세법 제32조의 2 제1항(1981.12.31. 법률 제3474호 개정)[7]은 조세회피의 목적 없이 실질소유자와 명의자를 다르게 등기 등을 한 경우에는 적용되지 아니한 것으로 해석하는 한 헌법에 위반되지 아니한다고 한정합헌 결정하였다.

국세우선의 범위에 관한 1990년 9월 3일 선고 89헌가95 위헌 결정, 토지초과이득세법에 대한 1994년 7월 29일 선고 92헌바49 헌법불합치 결정, 상속세과세가액 산입에 대한 1994년 6월 30일 선고 93헌바9 한정위헌 결정도 주목할 사건이다. 최근 전 국민의 관심을 끈 사건은 종합부동산세법에 관하여 헌법재판소가 2008년 11월 13일 선고한 2006헌바112 사건, 2007헌바71 사건, 2007헌바88 사건, 2007헌바94 사건, 2008헌바3 사건, 2008헌가12 사건, 2008헌바62 사건의 병합 건이다. 이 사건의 핵심적 쟁점은 종합부동산세와 재산세, 종합부동산세와 양도소득세 사이의 이중과세 여부, 소급입법에 의한 과세 여부, 미실현이득에 대한 과세 및 원본잠식의 문제, 종합부동산세를 국세로 규정함에 따른 지방자치단체의 자치재정권의 본질 훼손 여부, 세대별 합산과세와 혼인과 가족생활의 보호 위반 여부, 종합부동산세 부과로 인한 재산권 침해 여부, 기타 그 밖의 종합부동산세 부과로 인한 기본권 침해 여부 등이었다.

헌법재판소는 재판관 6인의 찬성으로 종합부동산세법 일부 규정에 대한 위헌결정과 헌법불합치 결정을 하였다. 그렇지만 3인의 재판관은 각기 다른 논거로 반대의견을 개진하였다.

다수의견은 종합부동산세법의 세대별합산과세 규정에 대하여 입법목적의 정당성은 인정하면서도 다음과 같은 이유로 차별취급의 적합성, 필요성 및 법익의 균형성 등 비례원칙위배를 문제 삼아 위헌결정을 하였다.

"부동산을 소유한 배우자 등 가족이 1세대를 구성하였다는 이유만으로, 종합부동산세의 부담에 있어 그 과세기준 금액과 누진세율 구조상 그 불이익이 더욱 커지게 되는 상황에서 이 사건 세대별 합산규정에 따라 부부 일방 또는 가족인 세대원의 특유재산까지

---

6) 헌법재판소판례집 제1권, 131~156면.

7) 구 상속세법 제32조의 2 제1항(1981.12.31. 법률 제3474호 개정)은 "권리의 이전이나 그 행사에 등기·등록·명의개서 등(이하 '등기 등'이라 한다)을 요하는 재산에 있어서 실질소유자와 명의자가 다른 경우에는 국세기본법 제14조의 규정에 불구하고 그 명의자로 등기 등을 한 날에 실질소유자가 그 명의자에게 증여한 것으로 본다"라고 규정하고 있었다.

세대별로 합산하여 과세대상으로 삼고, 여기에 누진세율까지 적용하는 것은 그 입법 목적을 고려하더라도 헌법 제36조 제1항의 헌법원리에 비추어 적절한 방법이라 할 수 없다.

더욱이 투기 등으로 인한 부동산 가격의 앙등은 통화량의 팽창에 의한 가수요, 주택 등의 수요·공급 원리, 경제정책의 실패 등이 복합적으로 작용하여 발생하는 것으로서 오로지 세제의 불비 때문에 발생하는 것만이 아닌데도, 부동산 가격의 안정 등의 입법 목적을 달성하기 위하여 헌법 제36조 제1항의 규정 취지와는 부합하기 어려운 이 사건 세대별 합산규정까지 그 수단으로 삼는 것은 적절하다고 보기 어렵다.

또한 부동산은 물론 다른 재산의 대부분은 예외적으로 상속이나 증여에 의하여 취득한 경우를 제외하면 그 취득자가 경제활동을 통하여 얻은 세후 소득의 저축이 그 원본이므로 소득과 재산은 서로 불가분의 밀접한 관계를 형성하고 있고, 또 보유세는 재산보유 사실 자체에 과세하는 것으로서 재산운용으로 인한 수익이 없을 경우 소득으로 납부할 수밖에 없어, 소득에 대해서는 합산과세하지 못하면서 재산의 보유에 대해서만 세대별로 합산과세할 수 있다고 볼 수는 없는 것이다.

이 사건 세대별 합산규정이 추구하는 인위적인 자산 분산에 의한 조세회피의 방지라는 목적은 반드시 주택 등의 공시가격을 세대별로 합산하는 방법을 통해서만 달성할 수 있는 것이 아니다. 「부동산 실권리자명의 등기에 관한 법률」, 상속세 및 증여세법상의 배우자 또는 직계존비속에 대한 양도시의 증여 추정규정(상속세 및 증여세법 제44조)을 통해서도 조세회피의 방지라는 입법 목적을 충분히 달성할 수 있으며, 투기 목적의 부동산 소유에 대해서는 개인단위 합산과세로도 충분히 대처할 수 있는 것이므로, 이 사건 세대별 합산규정이 반드시 필요한 수단이라고 볼 수는 없다 할 것이다.

이 사건 세대별 합산규정이 추구하는 공익, 즉 인위적인 자산분산에 의한 조세회피의 방지와 경제생활 단위별 과세의 실현 및 부동산 가격의 안정이라는 공익은 헌법상 근거를 두지 않은 입법정책상의 법익에 지나지 아니하는 반면, 이 사건 세대별 합산규정으로 인하여 침해되는 법익은 헌법이 강도 높게 보호하고자 하는 혼인과 가족생활을 근거로 한 차별 금지라는 헌법적 가치에 해당하는 것이므로, 법익의 일반적·추상적인 비교 차원에서 보거나, 차별 취급으로 인한 부작용 면에서 보거나 이 사건 세대별 합산규정은 달성하고자 하는 공익과 침해되는 사익 사이에 적정한 균형관계를 이루고 있다고 보기 어렵다 할 것이다."

또한 주택분 종합부동산세의 납세의무자와 과세표준, 세율 및 세액을 규정하고 있는 규정에 대하여 위헌으로 결론을 내렸으나, 단순위헌 결정을 할 경우 법적 공백과 그로 인한 혼란을 초래할 우려가 있다며 다음과 같은 이유로 헌법불합치결정을 하였다.

"주택분 종합부동산세의 납세의무자와 과세표준, 세율 및 세액을 규정하고 있는 구 종합부동산세법 제7조 제1항, 제8조, 제9조 전단, 개정 종합부동산세법 제7조 제1항 전문 중 괄호 부분을 제외한 부분, 제8조 제1항, 제9조 제1·2항은 주택 가액만을 기준으로 삼아 주택에 대한 과다한 보유나 투기적 수요 등을 억제하고 가격을 안정시키려는 것으로, 적어도 주거 목적으로 과세기준 이상의 주택 한 채만을 보유하고 있는 자로서, 그중에서도 특히 일정한 기간 이상 이를 보유하거나 또는 그 보유기간이 이에 미치지 않는다 하더라도 과세 대상 주택 이외에 별다른 재산이나 수입이 없어 조세지불 능력이 낮거나 사실상 거의 없는 자 등에 대해서도 납세의무자의 예외를 두거나 과세표준 또는 세율을 조정하여 납세의무를 감면하는 등의 일체의 여과 조치 없이 일률적으로 종합부동산세를 과세함으로써 과잉금지 원칙에 위배하여 재산권을 침해하고 있다."

그러나 종합합산과세 대상 토지분 종합부동산세의 납세의무자와 과세표준, 세율 및 세액을 규정하고 있는 구 종합부동산세법 제12조 등의 규정에 대해서는 주택의 경우와 다르다는 판단을 기초로 과잉금지의 원칙에 위배하여 재산권을 침해한다고 보기 어렵다고 하여 합헌결정을 하였다.

그 외 다투어진 쟁점 중 이중과세 여부, 소급과세 여부, 자치재정권 침해 여부, 체계정당성원리 위반 여부, 입법권 남용 여부에 대해서는 헌법재판관 전원이 합헌이라고 선고하였다.[8]

2. 조세부과와 국민의 재산권보장의 관계

과세권의 행사가 국민의 재산권보장과 어떤 관련이 있는가, 다시 말해서 국가의 과세권이 국민의 재산권보장과 관련하여 어떤 제한을 받는지는 조세법과 헌법의 관계 중에서 가장 핵심적인 문제이다. 이에 대해서는 독일에서 논의가 활발하므로 이를 살펴보기로 한다.

독일에서는 전통적으로 국가의 과세권이 국민의 재산권에 의해서 아무런 법적 제한을 받지 않는다는 견해가 우세하였다. 조세국가로서의 현대적 법치국가는 기본권으로서의 재산권보장과 국가의 과세권이 엄격하게 분리되어 상호 간에 전혀 제약을 주지 않는 특수한 헌법적 상황하에서 존속한다는 이른바 재정유보설이 그것이다.[9]

---

8) 이 사건 결정에 대한 평석은 김두형, "종합부동산세법의 헌법 위반·불합치 결정에 관한 법리적 평가", 『토지공법연구』 제44집, 2009.5, 177~208면.

9) E. Forsthoff, Begriff und Wesen des sozialen Rechtsstaats, in; *VVDStRL 12*, S. 32,(김성수, "국가의 과세권과 국민의 재산권보장과의 관계", 『고시계』, 1991.2, 76면 재인용).

이 견해의 논거는 조세의 부과가 국가의 일반적 과제수행을 위해 절대적으로 필요하고 조세의 부과는 전 국민을 대상으로 하기 때문에 공용수용에 해당하는 특별희생이라는 것은 있을 수 없으며, 조세의 부과는 금전납부의무의 형태로 이루어지고 있기 때문에 특정한 개별적 재산권만을 보호객체로 하고 있는 헌법상 재산권보장의 효력이 미치지 않는다는 것이다.

이러한 재정유보설은 조세부과에 대한 헌법상의 수권규정을 하나의 특별규정으로 보아 재산권보장을 비롯한 헌법상의 다른 규정들에 비하여 일방적으로 우월한 규범력을 인정한다는 데에 문제점이 있다. 이 경우에 국가의 조세입법권은 국민의 납세의무와 사유재산권을 무제한적으로 유린할 우려가 있다는 점에서 비판을 받아 왔다.

오늘날 독일의 통설적 견해는 조세징수가 원칙적으로 사유재산권의 침해가 아니라고 한다. 그러나 조세징수로 인하여 납세의무자의 사유재산에 관한 사적인 이용·수익·처분권이 중대한 위협을 받게 되고 그 사유재산의 상태가 근본적으로 악화되는 상황이 초래되는 경우에는 예외적으로 사유재산권의 침해가 될 수 있다고 본다. 국가의 과세권 행사에는 헌법상 일정한 한계가 있고, 특히 국민의 재산권보장규정은 특정한 조세부과의 합헌성을 심사할 수 있는 헌법적 근거규범이라고 보게 되었다.[10]

독일 연방헌법재판소도 국가의 과세권과 국민의 재산권보장에 관한 문제에 대하여 국가의 과세권과 국민의 재산권은 무관련성이라는 전통적인 견해를 버리고 조세의 부과가 일정한 한계를 넘어서는 경우에는 납세자인 국민의 재산권을 침해할 수 있다는 견해를 보였다.[11]

제2절 조세법의 법원

I. 조세법에 있어서 성문법주의

조세에 관한 법의 존재형식을 조세법의 법원이라고 한다. 조세법의 법원에는 다른 법

---

10) BVerfGE 36, 66 (72); BVerfGE 78, 403.

11) 이에 대하여 자세한 것은 이동식, "독일 세법상 소위 '반액과세원칙'에 대한 검토", 『조세법연구』 제15권 1호, 세경사, 2009.4, 7~45면 이하 참조.

분야와 마찬가지로 성문법과 불문법이 있다. 성문법에는 최고규범인 헌법과 그 하위규범인 법률·명령 그리고 지방자치단체의 조례·규칙 등이 있다. 불문법에는 관습법·판례·조리 등이 있다.

조세법은 조세법률주의의 원칙에 입각하고 있으므로 성문법이 법원으로서 중요하게 여겨진다. 우리 헌법에서도 조세의 종목과 세율은 법률로 정한다고 하여 조세에 관한 근거법규는 국회의 의결에 의해 제정된 형식적 의미의 성문법에 의해야 한다는 원칙을 선언하고 있다.

영미법계의 국가에서는 불문법을 원칙적 법원으로 하고 있다. 그러나 조세법에 관해서는 거의 예외 없이 성문법주의를 채택하고 있는 특색이 있다. 그 이유 중 하나는 주로 국민의 자유와 재산에 관계되는 조세법에 있어서 일방적인 행정권의 발동에 대한 예측가능성과 법적 안정성을 위하여 미리 명백히 과세요건과 한계를 정할 필요가 있다는 것이고, 다른 하나는 조세법규가 획일적·강행적·기술적 성질을 지닌다는 데 기인한다.

Ⅱ. 조세법의 법원

1. 헌법

현행 헌법은 제38조에서 "모든 국민은 법률이 정하는 바에 의하여 납세의무를 진다"고 하고, 제59조에서 "조세의 종목과 세율은 법률로 정한다"고 규정하고 있다. 이 규정은 우리 헌법이 조세법률주의를 선언한 것으로서 조세법의 헌법적 규범근거를 이룬다.

헌법은 모든 법원 중에서 최고의 단계에 위치하고 있으며 조세법은 헌법을 정점으로 한 법질서의 일부를 구성한다. 헌법의 규정들은 조세에 관한 입법의 법적 기준을 나타냄과 동시에 제정된 조세법의 해석과 적용에 있어서 중요한 기준을 부여한다.

이에 따라 헌법의 모든 조항은 조세법의 다른 법원에 대해 어떤 형태로든 의미를 지니고 있다고 볼 수 있다. 조세법의 개별법규가 헌법에 위반되는 경우에는 효력이 없으며, 이에 근거하여 내려진 세무관청의 처분도 역시 위법한 처분이 된다.

2. 법률

조세는 원칙적으로 법률에 의해 규정된다. 보통 '조세법' 또는 '세법'이라고 부르는 것은 이러한 조세에 관한 법률을 총칭하는 것이다.

헌법에 규정된 조세법률주의는 조세에 관한 사항, 즉 납세의무자·과세물건·과세표준·세율과 같은 과세요건과 조세의 부과·징수에 관한 사항을 모두 법률에 규정할 것을 요청한다. 따라서 법률은 조세법의 법원 중 가장 중요한 비중을 차지하며 그 근간이 된다.

조세에 관한 법률은 일반세법과 개별 세법으로 구분된다. 내국세에 관한 일반적 공통적 사항을 규율하는 일반세법에는 국세기본법·국세징수법·조세범처벌법·조세범처벌절차법 등이 있고, 조세법의 대부분을 이루는 국세에 관한 개별 세법에는 소득세법·법인세법·부가가치세법·상속세 및 증여세법 등이 있다. 그리고 지방세에 관하여 규율하는 지방세기본법 및 지방세법, 관세에 관하여 규율하는 관세법 등이 있다.

3. 국제법

조세에 관한 조약과 국제법규는 조세법의 법원이 되고 법률과 같은 효력을 가진다. 헌법 제6조 제1항은 "헌법에 의하여 체결·공포된 조약과 일반적으로 승인된 국제법규는 국내법과 같은 효력을 가진다"고 규정하고 있다.

특히 국제조세 조약은 오늘날 국제거래가 빈번해지고 국가 간에 조세분규의 발생이 증가하는 추세에 따라 그 중요성이 부각되고 있다. 그중에서도 국가 간의 호혜평등에 입각하여 국제간에 발생하는 동일소득에 대한 이중과세와 탈세를 방지하고자 하는 조세조약의 체결이 활발해지는 추세이다.

4. 법규명령

행정부가 제정하는 일반적·추상적 규정으로서 국민과 행정권을 구속하고 재판규범이 되는 법규범을 법규명령이라고 한다.

법규명령에는 대통령이 제정하는 법규명령인 대통령령과 각부 장관이 제정하는 부령이 있는데 이를 각각 시행령과 시행규칙이라고 한다. 이러한 명령은 법률에 의해 위임된 사항을 규정하는 위임명령과 법률을 집행하기 위한 세부사항을 규정한 집행명령으로 나누어지는데 모두 조세법의 법원으로서 중요한 의의를 지닌다.

일반적으로 조세법률관계는 복잡다기하고 끊임없이 변천하므로 법률로써 구체적인 모든 사항을 규율할 수는 없다는 입법상의 제약이 있다. 현대 국가는 행정행위의 폭주로 인하여 법률의 위임을 받은 행정부의 명령이 증대되는 경향인데 특히 조세법에 있어서 그 정도는 심한 편이다.

그러나 조세법률주의의 원칙에서 과세요건에 관한 사항은 반드시 법률로 정하여야 하고 부득이 시행령 등에 위임하는 경우에도 그 위임은 개별적·일의적이어야 한다.

5. 조례·규칙

조례는 지방자치단체의 의회가 제정하는 법규이며, 규칙은 지방자치단체의 장이 제정하는 법규이다. 지방자치단체는 법령의 범위 안에서 자치에 관한 규정을 제정할 수 있다 (헌법 제117조 제1항).

이에 따라 지방세기본법 제5조 제1항은 "지방자치단체는 지방세의 세목, 과세대상, 과세표준, 세율, 그 밖에 부과·징수에 필요한 사항을 정할 때에는 이 법 또는 지방세관계법에서 정하는 범위에서 조례로 정하여야 한다"고 규정하고, 동 조 제2항은 "지방자치단체의 장은 제1항의 조례의 시행에 따르는 절차와 그 밖에 그 시행에 필요한 사항을 규칙으로 정할 수 있다"고 규정하고 있다. 이러한 조례와 규칙은 지방세의 법원을 이루는 것이다.

6. 행정규칙

조세법이 규율하는 경제현상은 원래 복잡하고 전문적이며 기술적인 이유로 조세법의 영역에서는 행정규칙의 성질을 가진 예규와 기본통칙이 매우 중요한 역할을 담당한다.

예규란 상급행정청이 소관사항의 기본적인 사항에 관하여 발하는 일반적·추상적 명령을 말하고,[12] 기본통칙은 각 세법에 축조적으로 부속되어 과세관청의 해석과 법적용의 기준을 나타내는 규정을 말한다.[13]

---

12) 2009년 12월 개정 국세청법령사무처리규정에서 예규라는 명칭 대신에 '세법해석사례'라는 명칭을 도입하였다.

13) 국세청에서는 조세법령을 보다 이해하기 쉽고 편리하게 실무에 적용할 수 있도록 관련 법령과 질의회신

통설 및 판례에 따르면 상급행정기관이 하급행정기관에 대하여 업무처리지침이나 법령의 해석적용에 관한 기준을 정하여서 발하는 이른바 행정규칙은 행정기관 내부에서만 구속력이 있을 뿐 국민에 대해서는 아무런 법적 효력을 발휘하지 못한다.[14] 그러나 예규 및 기본통칙이 조세행정의 실제에 있어서 또 조세법의 해석 및 적용에 있어서 조세법의 주요 법원으로 취급되는 경향이 있으며 국민의 재산권에 커다란 영향을 미치고 있다. 판례도 국세청장의 훈령형식으로 되어 있는 재산제세사무처리규정이 양도소득세 과세의 법령상 근거가 될 수 있는지에 대하여, 법령의 규정이 특정행정기관에게 그 법령내용의 절차나 방법을 특정하고 있지 아니한 관계로 수임행정기관이 행정규칙의 형식으로 그 법령의 내용이 될 사항을 구체적으로 정하고 있다면 그와 같은 행정규칙 규정은 행정기관에 법령의 구체적 내용을 보충할 권한을 부여한 법령규정의 효력에 의하여 그 내용을 보충하는 기능을 갖게 된다고 하였다. 그러므로 행정규칙 규정은 당해 법령의 위임한계를 벗어나지 아니하는 한 그것들과 결합하여 대외적인 구속력이 있는 법규명령으로서 효력을 갖게 된다고 보았다.[15]

이와 같이 조세법에서 예규 및 기본통칙에 대하여 법원성을 인정할 것인지, 대외적으로 국민에게 구속력을 갖는지가 논란이 되고 있다. 이에 대해서는 조세법률주의와 관련지어 뒤에서 상세히 논하기로 한다.

Ⅲ. 불문법의 법원성

오늘날 행정의 양은 급속도로 팽창하여 세분화·전문화의 경향과 함께 상황변동의 가능성이 높아짐에 따라서 모든 영역에 걸쳐 성문법에만 의존하기는 어렵게 되었다. 이에 따라 행정에 관계되는 불문법 특히 관습법의 법원성 인정 여부에 관한 문제가 조세법에도 대두되고 있는 실정이다.

사례, 대법판례 등을 반영하여 기본통칙을 구체화한 세법집행기준을 순차적으로 마련하고 있다.

14) 임승순, 『조세법』, 박영사, 2009, 24면; 대법원 1992.12.22. 선고 92누7580 판결.

15) 대법원 1987.9.29. 선고 86누484 판결.

1. 관습법

국민의 전부 또는 일부 사이에서 오랫동안 계속되는 법규범이 될 만한 관행이 국민의 법적 확신을 얻게 됨으로써 관습법이 성립한다. 세무행정의 영역에 있어서 이러한 행정관습법을 인정할 것인지에 관해서는 논의가 있다.

일반적으로 준거할 성문법 규범이 없는 행정관계에 대해서는 행정관습법의 성립을 인정하는 것이 통설적 견해이다. 이에 따라서 조세법에서도 불문법원성이 전적으로 부정된다고 볼 수 없다는 견해가 있다.[16]

그러나 조세법률주의는 조세입법을 제정법에 한정하고 있기 때문에 조세법에서는 국민의 이익을 제한하거나 국민에게 의무를 부과하는 조세관습법의 성립을 인정할 수 없다고 생각한다. 즉 조세법률주의에 의하면 관습법에 의하여 납세의무가 창설될 수 없다.

마찬가지로 납세자에게 이익이 되는 조세관습법도 인정될 수 없다고 본다. 납세의무를 경감 내지 면제시키는 내용의 관습법을 인정할 수 있다는 견해가 있지만,[17] 조세관습법의 문제는 조세부과의 공평성 측면에서도 다른 법률의 관습법 문제와 다르게 논의될 수밖에 없다.

현행 국세기본법 제18조 제3항은 "세법의 해석 또는 국세행정의 관행이 일반적으로 납세자에게 받아들여진 후에는 그 해석 또는 관행에 의한 행위 또는 계산은 정당한 것으로 보며, 새로운 해석 또는 관행에 의하여 소급하여 과세하지 아니한다"고 규정하고 있는데, 여기서 비과세의 관행이 엄격한 요건하에 인정되는 것으로 보는 데 판례 및 학설이 일치하고 있다.

그리하여 관습법이 명백히 조세법의 법원이 된다고 볼 수는 없어도 적어도 법원성을 갖고 있다고 보는 견해가 있다.[18] 그러나 위 국세기본법 조항은 과세관청의 사실상의 관행을 믿어 온 납세자의 신뢰이익을 보호하기 위하여 소급과세를 금지하는 데에 그 입법취지가 있는 것이지 과세관청의 잘못된 관행을 관습법으로 인정한 취지는 아니라고 해석하여야 한다.

---

16) 최명근, 앞의 책, 54면.

17) 金子 宏, 『租稅法』, 弘文堂, 1993, 32면.

18) 최명근, 앞의 책, 56면.

2. 판례

판례는 선례구속의 원칙을 인정하는 영미법 국가에서는 주요 법원이 된다. 그러나 우리나라와 같은 대륙법 국가에서 판례는 법원이 될 수 없다는 것이 다수설이다.

판례는 추상적으로 규정되어 있는 법규의 내용을 구체적으로 확정하고 해석기준을 제시함으로써 성문법의 결함을 보충한다. 원래 법원의 판결은 특정의 구체적인 사건에 관하여 분쟁을 해결하는 역할을 담당하는 최종판단이지만, 실제로는 그 판결에서 표시한 합리적 판단의 기준은 다른 유사한 사건을 해결할 때에 중요한 기준을 제시한다. 따라서 상급법원의 판례가 사실상 하급법원을 기속하는 힘이 있다고 말하여도 과언이 아니다.

그리하여 판례의 법원성을 인정하자는 견해가 있는데 법원이 법의 흠결 시 이를 보충하여야 하고 판례가 법을 발전시키는 데에 결정적 역할을 하고 있으며, 법질서의 다원성을 인정하는 것이 오늘날 법 생활에 있어서 현실을 직시하는 태도라고 주장한다.

그러나 상급법원에서 판시한 법령의 해석과 법률적 판단은 당해 사건에 국한하여 법적 분쟁에 관련된 당사자 사이에서만 기속력이 있는 것이지 다른 사건에까지 그 기속력이 미치지 아니한다.

특히 조세법은 복잡하고 난해할 뿐 아니라 경제활동이 다양하게 전개되므로 당해 사안에 알맞은 조세판례가 반드시 존재한다고 볼 수 없다. 또 조세법령의 개정이 빈번한 현실을 직시해 볼 때 법원의 세법해석이 일관성 있게 체계화되었다고 볼 수 있는 경우는 극히 드물다. 그만큼 조세법에 관한 확립된 판례 또는 법적 확신을 얻을 정도의 판례는 존재하기 어렵다고 보아도 무방하다. 이와 같은 이유로 조세법에서는 판례의 법원성을 인정하기 어렵다고 본다.

3. 조리

조리는 사람의 이성 또는 사회정의에 입각하여 합리적이라고 생각되는 규범을 말한다. 조리는 공법 또는 사법 분야에서 각 불문법원의 하나로서 열거되어 있는 문헌이 많을 뿐 아니라, 이것은 법해석의 기본원리로서 성문법·관습법·판례법이 모두 존재하지 아니하는 경우에 최후의 보충적 법원으로서 중요한 의미를 가지는 것으로 인정되고 있다.

조세법에 있어서 조리란 조세법에 내재하는 기본원칙들이나 조세법의 기본원리를 이루는 것을 말한다. 하지만 조세법에서 조리는 법원이 될 수 없다고 보아야 할 것이다. 왜냐하면 조리의 개념에 대하여 정설이 없을 정도로 그 개념이 애매모호하고, 조세법률주의가 지배하는 조세법에서 조리가 해석의 수단이나 원리는 되어도 그 자체가 법원이라고 볼 수 없기 때문이다.

제3절 조세법규범의 성질

I. 침해규범성

조세법은 국민의 조세채무에 관하여 정한 법이다. 즉 국민은 조세법률관계에서 언제나 채무자의 지위에 있으므로 국가에 대하여 납세의 의무를 진다. 그런 의미에서 조세법은 필연적으로 국민의 재산권에 대한 침해를 수반하는 규범이다. 특히 조세법률관계의 상대방인 과세관청과 납세자는 납세를 둘러싸고 팽팽한 긴장관계를 유지하고 있고, 과세관청의 자의적인 세법해석으로 인하여 국민의 재산권은 적정범위를 넘어 크게 침해받을 소지가 충분히 존재한다.

이러한 조세법규범의 성질로 인하여 장래에 예측을 가능하게 하고 법률생활의 안정을 도모하기 위해서 조세법에는 성문의 형식이 요청된다. 조세법은 법적 안정성의 요청이 강하기 때문에 그 해석에 있어서 원칙적으로 문리해석에 의하고 확장해석이나 유추해석은 허용되지 않는다고 보는 것이다.

이와 같이 조세법은 침해규범의 성질을 띠기 때문에 형사법의 영역에서 범죄구성요건 사실인정에 관하여 '의심스러울 때는 피고인의 이익으로'라는 원칙이 통용되는 것과 마찬가지로 조세법의 해석과 과세요건사실의 인정에 있어서도 '의심스러운 경우에는 납세자의 이익'으로 하여야 할지 논란이 되고 있다.

Ⅱ. 행위규범성

조세법은 헌법·행정법 같은 공법의 영역에 친한 법이기 때문에 민법·상법과 같은 사법의 영역에 속하는 법 분야와 다른 특성을 갖는 규범이다.

사법은 직접적으로 국민에게 어떠한 실체법상의 의무를 과하거나 국민으로부터 권리를 빼앗을 수 없다. 사법영역에서는 국민의 권리의무에 관한 관계의 형성을 전적으로 국민 상호 간의 자유의사에 맡기고 있다. 다만 국민 상호 간에 분쟁이 발생하였을 때에 분쟁 당사자 일방의 신청에 의해서 국가가 예외적으로 개입하는 데 불과하다.

이에 반하여 조세법은 일정한 요건에 해당하는 경우에 직접 국민에 대하여 구속력 있는 규범이고, 국민에게 실체법상의 의무를 지우거나 면제하고 또는 권리를 부여·박탈·제한하는 것을 그 내용으로 한다. 그러므로 국민은 조세법규범을 깊이 고려하여 경제활동과 거래행위를 하게 된다. 국민의 경제활동의 결과인 경제적 이득이 바로 조세법률관계의 기초가 되는 과세요건사실을 구성하기 때문이다.

조세법관계에 있어서 국민의 권리·의무의 내용은 반드시 의회가 제정한 조세법 규범에 근거해야 한다. 이런 의미에 있어서 조세법규범은 세무관청과 납세자의 행위규범이라고 말할 수 있다. 다른 한편 현행 신고납세방식 조세의 경우에 납부해야 할 세액은 납세자의 신고에 의해 확정되는 것이 원칙이기 때문에 납세자 자신이 먼저 법령의 해석과 적용을 한 다음 과세관청에 신고를 하게 된다. 즉 법령의 제1차적 판단과 적용이 납세자에게 강제되고 있다. 이와 같이 신고납세방식을 채용한 개별 세법에서 납세자의 행위규범의 성질은 더욱 강하게 나타난다.[19]

Ⅲ. 재판규범성

조세법은 다른 법과 마찬가지로 분쟁이 발생하는 경우에 그것을 해결하기 위한 규준을 정한 재판규범이다. 납세자와 과세관청 간의 조세법의 해석을 둘러싼 분쟁, 즉 조세불복 청구에 있어서 최종적 판단권을 행사하는 기관은 재판을 담당하는 법원이다. 법원은 조

---

19) 이 점에서 신고납세방식을 채택한 개별 세법은 부과과세방식을 채택한 개별 세법이나 행정법·형법 등 다른 공법과 같이 행정청에게 제1차적인 법령의 판단과 적용이 있는 것을 전제로 하는 행위규범과도 성격이 조금 다르다.

세법을 이루는 개별 세법에 의거하여 그 해석을 통해 결론을 내린다. 따라서 조세법이 재판규범의 성질을 갖는 것이 된다.

조세법은 구조적으로 행위규범과 재판규범의 성질이 복합적 내지 중첩적으로 존재한다. 그럼에도 불구하고 조세법을 재판규범이라고 인식하기 시작한 지는 그리 오래되지 않았다. 조세법은 오랫동안 과세관청의 행위규범으로서의 인식이 강하게 자리 잡았고, 세무관청은 주로 조세회피를 방지하고 확실하게 국고수입을 확보하려는 목적으로 행정입법을 통한 행정 편의적 징세 위주의 조세법규를 양산해 온 것이다. 이에 따라 국민들에게 조세법은 단지 국고수입의 확보를 위한 것이라는 인식이 강하게 자리 잡았고, 납세의무의 성립과 확정은 오로지 공권력의 발동인 부과처분에 의하고 국민은 이에 무조건 복종해야 하는 것으로 알고 있었던 것이다.

그런데 근래에 들어 정부가 사회복지국가를 지향함으로써 국민들의 조세부담이 가중되기 시작하자 국민들 사이에 조세법이 재판규범이라는 의식이 싹트기 시작하였고 이를 입증이라도 하듯이 세무소송이 급증하는 현상을 보이고 있다.

제4절 조세법의 목적

조세법은 그 목적에 합당하게 해석되어야 하기 때문에 조세법의 목적을 바르게 이해하는 것은 조세법의 해석에 있어서 중요한 문제이다. 조세법의 목적은 조세법 전체의 목적, 개별 세법의 목적, 해당 조항의 목적 등으로 나누어 고찰할 수 있다.

I. 전체 조세법의 목적

조세법의 해석 및 적용에 있어서 조세법률주의를 최고의 원칙으로서 인정하는 통설적 견해에 의하면 조세법은 국민의 사유재산권을 보장하기 위한 법이다.[20] 일반적인 조세부

---

20) 강인애, 『조세법 II』, 조세통람사, 1989, 23면.

과는 재정수요의 충족을 주요 목적으로 하지만 그 밖에 경제정책·사회정책·복지정책 등의 목적을 수행하는 경우도 있다. 이러한 목적으로 과세가 이루어질 때 침해당하기 쉬운 국민의 재산권을 법에 의해 보장하고자 하는 것이 전체 조세법의 목적이다. 그리고 이 같은 조세법의 목적에 적합한 것이 조세법에 있어서 합목적성이라고 이해해야 한다. 만일 조세법 전체의 목적을 국고주의적으로 이해한다면 조세수입의 확보라든가 재정수요의 충족에 적합한 것이 합목적성이라고 말할 수 있을 것이다.

조세법의 목적은 조세의 목적과 구별된다. 조세법의 목적이라 함은 조세법의 취지 또는 정신을 말하고 조세의 목적은 조세의 경제적 기능을 의미하는 것으로 말할 수 있다. 일반적으로 조세의 목적은 통치단체인 국가 또는 지방자치단체의 재정수요의 충족을 주된 목적으로 하고, 아울러 복지국가의 이념을 실현하기 위한 소득재분배와 자본주의경제의 발전을 위한 경기조절을 부수적 목적으로 하고 있다.

Ⅱ. 개별 세법의 목적

개별적인 세법을 해석함에 있어서 해당 세법의 목적을 고려하여야 하는 것은 당연하다. 현행 국세기본법은 이러한 개별 세법의 목적을 고려하도록 규정하고 있다.

국세기본법 제19조에서 "세무공무원이 그 재량에 의하여 직무를 수행할 때에는 과세의 형평과 해당 세법의 목적에 비추어 일반적으로 적당하다고 인정되는 한계를 엄수하여야 한다"고 규정한 것이 그것이다.

또 조세특례제한법에서 보여 주듯이 개별 세법의 목적을 명문화하고 있는 경우도 있으나, 이와 같은 명문규정이 없더라도 개별 세법을 해석함에 있어서 각 세법에 있는 목적 내지 취지를 밝혀서 해석하여야 함은 물론이다.

Ⅲ. 해당 세법조항의 목적

국세기본법은 제18조 제1항에서 "세법의 해석·적용할 때에는… 해당 조항의 합목적성에 비추어 납세자의 재산권이 부당히 침해되지 아니하도록 하여야 한다"고 규정하고 있다.

여기서 말하는 '해당 조항의 합목적성'이란 해당 개별 세법 각 조항의 목적에 합당한 것을 의미하므로 위 국세기본법 제19조에서 말하는 개별 세법 전체의 목적과는 엄연히 구별된다.

그렇지만 해당 세법조항의 목적은 해당 세법의 목적하에서 조세법해석의 기준이 된다. 다만 개별 세법조항의 규율의도에 따라서 그 조항의 특성에 따른 세법조항의 목적이 있는 것이다.

제2편 租稅法의 解釋과 適用

제1장 조세법의 해석방법

제1절 조세법의 해석

Ⅰ. 조세법 해석의 의의

조세법의 해석이란 조세법규의 문언에 담긴 법규범적 의미·내용을 밝혀내는 작업이다. 일반적으로 법 해석에 있어서 법 문언은 해석자에게 하나의 소재이고, 해석이라는 행위는 그 소재를 사용해서 구체적 문제에 관하여 법적 가치판단을 하는 작용이다. 그러므로 조세법의 해석은 가치판단을 내포하는 조세법의 인식작용이라고 보아야 할 것이다.

조세법은 입법자에 의해서 제정되지만 법 집행자에 의한 해석을 통하여 구체적으로 그 형성 혹은 실현을 보게 된다. 따라서 조세법의 해석문제는 주로 행정작용을 통해서 또는 세무소송을 통해서 어떤 구체적 사안의 해결을 계기로 활발히 논의되고 궁극적으로는 사법부의 판단을 통하여 그 의미와 내용이 확정되게 된다.

이 경우에 어떠한 관점에 입각해서 조세법규범을 해석할 것인가 하는 조세법의 해석방법이 논의되어야 할 것이다. 조세법을 해석하는 관점과 방법의 차이에 따라 같은 조세법규범도 그 의미와 내용이 다르게 해석될 수 있기 때문에 조세법의 해석방법은 중요한 의미를 지닌다. 또한 이것은 조세법의 실효성과 조세행정의 신뢰성을 확보하는 데 있어서 중요한 요소가 될 수도 있다. 그런데도 지금까지 조세법의 해석방법론에 관하여 진지한 토의나 연구가 충분하지 못한 채 막연히 삼단논법에 의하여 조세법규를 해석해 온 것이 사실이다.

Ⅱ. 조세법 해석 방법론의 필요성

조세법의 해석도 법해석의 일종인 만큼 법해석에 관한 일반적 원리가 적용됨은 물론이다. 그럼에도 불구하고 종래부터 조세법 분야에 특수한 해석원리가 요구되고 있고 법해석의 중요성과 필요성은 다른 법률 분야보다 더 강조되고 있다. 그 이유는 다음과 같이 생각해 볼 수 있다.

먼저 조세법규의 규정에 있어서 포괄적·추상적인 요소가 다른 법규와 비교해서 많다. 예컨대 조세법규에 수입, 필요경비 또는 익금, 손금 등 기본적인 사항에 관하여 어떤 구체적인 설명이 없고 많은 것을 해석에 맡겨 놓고 있다.

다음으로 조세법률관계는 조세채권자인 국가의 징세권과 조세채무자인 납세자의 납세의무라고 하는 서로 대립적인 이해관계가 기본적으로 충돌한다. 이러한 이해관계의 충돌을 사적 자치 또는 화해에 의해 해결할 여지가 없이 처음부터 마지막까지 해석에 의해 해결해야 할 관계에 있다.

본래 법해석의 기능은 행위결과의 예측가능성 및 법적 안정성에 있다. 그러나 예측가능성, 법적 안정성을 중시한다고 하여 세무행정청이 발표하는 기본통칙 혹은 선례에 의한 해석이 항상 정당하다고 볼 수 없고, 또 세무행정지도에 따른다고 무조건 옳다고 볼 수도 없다. 오히려 신고납세방식하의 조세법체계에 있어서 조세법의 해석은 우선 납세자 스스로 해야 한다고 말할 수 있으므로 납세자에 의한 조세법해석의 중요성은 점차 커지고 있다. 그러나 납세자가 조세법을 해석함에 있어서도 어려움에 봉착하게 되는데 그 이유는 다음과 같이 설명할 수 있다.

첫째, 조세법규정의 추상성이다. 이것은 어떠한 경우도 해석범위 내의 대상으로서 받아들일 수 있는 반면에 구체적인 지침으로서는 불확실하고 다양성을 가진다.

둘째, 과세를 둘러싼 납세자와 과세관청 간의 이해의 대립이다. 이로 인하여 상호 타협적인 해석의 여지가 적고 해석의 대립을 첨예화시킨다.

셋째, 조세법의 전문성이다. 조세법규는 조세법뿐 아니라 이와 관련된 민법, 상법 또는 회계학, 부기 등에 관한 전문지식의 존재를 전제로 하는 해석이 요구되는 경우가 적지 않다.

넷째, 조세법해석원칙의 대립이다. 현재의 조세법에는 해석에 관한 명확한 원칙이 없기 때문에 해석에 관하여 서로의 관점의 차이에 따라 대립적인 입장을 취하게 되고 그 경우 상대방을 설득시키기가 어렵다.

조세법의 해석방법에 관해서는 실정법에 규정을 둔 경우도 있지만 대부분은 그 구체적인 방법을 학설과 판례에 맡기고 있다. 그러므로 그동안 논의된 전통적 법해석방법론을 중심으로 조세법의 바람직한 해석방법이 무엇인지를 살펴보기로 한다.

Ⅲ. 조세법 해석의 사례

여기서 다음의 세 가지 사례를 차례로 살펴보자.

〈사례 1〉

1. 쟁점 및 법률규정

甲크루즈(주)는 해운법 제3조에 따라 내항부정기여객운송사업자로 등록하고 부산항(연안부두)에서 몰운대(낙동강 하구)까지 관광객을 태우고 순항한 후 출발지로 귀항하는 항로를 부정기적으로 운영하고 있다.

법적 쟁점은 甲크루즈(주)가 운영하는 선박이 구 조세특례제한법 제106조의 2 제1항 제2호에 따른 '연안을 운항하는 여객선박'에 포함되어 면세유 공급대상에 해당하는가이다.

이와 관련된 규정은 구 조세특례제한법 제106조의 2로, 농·임·어업용 및 연안여객선박용 석유류에 대한 부가가치세 등의 감면 등을 규정하고 있다. 특히 동법 제1항 제2호에서 '연안을 운항하는 여객선박에 사용할 목적으로 「한국해운조합법」에 따라 설립된 한국해운조합에 직접 공급하는 석유류'에는 부가가치세가 감면되도록 규정하고 있다.

이 사례에 대하여 다음과 같이 사례의 선박이 '연안을 운항하는 여객선박'에 포함된다는 해석도 가능하고, '연안을 운항하는 여객선박'에 포함되지 않는다는 해석도 가능하다.[21)]

---

21) 박민, "세법 해석의 한계", 『조세법연구』 제15권 2호, 세경사, 2009.8, 16면 참조.

2. 해석론

(1) 문언 중심의 엄격한 문리해석을 할 경우

우선 '연안을 운항하는 여객선박'을 문언 중심적 해석방법을 통하여 해석해 보자. 우선 '연안'의 의미에 대해서는 연안관리법 제2조에서 연안의 개념을 정의하고 있다. 연안관리법에서는 '연안'을 "연안해역과 연안육역을 말하고, 연안해역이란 바닷가와 만조수위선으로부터 영해의 외측 한계까지의 바다를 말하며, 연안육역이란 무인도서와 연안해역의 육지 쪽 경계선으로부터 500미터 범위 안의 육지지역으로서 같은 법 제5조에 따른 연안통합관리계획에서 정한 지역을 말한다"라고 규정하고 있다. 여객선박에 대해서도 조세특례법의 개념 규정이 없기 때문에 해운법 제2조 제2호의 해상여객운송사업의 개념과 선박안전법 제2조의 선박과 여객의 개념을 종합해 보면, 여객운송사업에 이용되는 선박으로서 13인 이상의 여객을 운송할 수 있는 선박은 여객선박에 해당한다.

이러한 개념 정의에 따라 '연안을 운항하는 여객선박'을 해석하면 연안관리법상의 연안에 위치한 항구를 통하여 여객운송사업에 이용되는 선박으로서 13인 이상의 여객을 운송할 수 있는 선박으로 해석된다.

이러한 해석이 위 사례의 선박을 포함하는가를 살펴보기 위하여 사안의 선박과 면세유의 공급대상이 되는 내항 정기 여객운송사업과 비교하여 볼 때, 차이점은 일정한 일정표에 따라 운항하는가, 관광객이 주로 이용하는가 아니면 도서지역 주민이 주로 이용하는가이다. 관광객이 여객에 포함된다는 것을 부정할 수는 없기 때문에 쟁점은 주기적인 운항 여부에 따라 달리 취급하여야 하는가가 문제 된다. 그러나 법조문에는 이와 관련된 어떠한 문구도 없기 때문에 정기·부정기 여부를 가지고 '연안을 운항하는 여객선박'을 판단함에 있어서 달리 취급할 이유가 없다.

따라서 해운법 제3조에 따른 내항 부정기 여객운송사업에 사용되는 선박은 조세특례제한법 제106조의 2 제1항 제2호에 따른 연안을 운항하는 여객선박에 해당한다고 문리해석하는 것이 타당하다.

(2) 입법취지를 고려한 목적론적 해석을 할 경우

위와 같은 문언 중심적 해석에 대해서는 면세유제도의 취지를 고려하지 않은 해석이라는 비판이 가능하다. 연안여객선박에 면세유를 공급하는 제도의 취지는 연안여객선박이 섬과 육지를 연결하는 유일한 교통수단이라는 점을 감안하여 지원한다는 점이다. 따라서 여객선박의 범위를 도서주민이 이용하는 선박으로 한정하여야 하며, 전적으로 관광객만을 운송하는 선박은 여객선박에 해당하지 않는 것으로 해석하여야 한다는 주장이다. 이러한 해석이 현재까지 과세관청의 일관된 해석이기도 하다.22)

　이는 '법률의 문언을 넘는 해석' 또는 '확장해석'이라는 목적론적 해석을 정당화하는 근거와 일치한다. 따라서 과세관청의 해석도 상당한 설득력이 있고 이를 완전히 부정할 수도 없다. '연안을 운항하는 여객선박'이라는 규정은 입법자의 의도에 반하는 규정이고 문언 그대로의 해석이 극도로 불합리한 해석이라고 판단된다면, 목적론적 해석을 통하여 위 사례의 선박이 '연안을 운항하는 여객선박'에 포함되지 않는다는 해석도 가능하다.23)

〈사례 2〉

1. 쟁점 및 법률규정

　소득세법 제12조는 비과세소득을 열거하고 있는데, 그중 하나로 제3호에서 '사업소득 중 대통령령이 정하는 농가부업소득'이라고 규정하고 있다. 또한 위임을 받은 소득세법 시행령(2003.12.30, 대통령령 제18173호로 개정된 것) 제9조에서는 농가부업소득의 범위를 다음과 같이 정하고 있다.

　① 법 제12조 제3호에서 '대통령령이 정하는 농가부업소득'이라 함은 농·어민이 부업으로 영위하는 축산·양어·고공품(藁工品)제조·민박·음식물판매·특산물제조·전통차 제

---

22)　- 기획재정부 부가가치세제과 - 204, '08.12.29.
　　　크루즈선박 등 해상관광목적의 여객선박은 조세특례제한법 제106조의 2 제1항 제2호에 따라 면세유가 공급되는 연안운항 여객선박에 해당하지 아니한다.
　　- 구 재무부 소비 22601 - 982, '85.9.19.
　　　내항여객운송사업에 사용되는 특종선박은 조세감면규제법 제74조 제1항 제3호에 규정하는 '연안을 운항하는 여객선박'에 해당하나, 여객운송사업에 사용되지 아니하는 해상관광유람선은 이에 해당하지 아니한다.
　　- 국세청 서면3팀 - 2901, '07.10.25.
　　　여객운송사업에 사용되지 아니하는 해상관광유람선은 조세특례제한법 제106조의 2 제1항 제2호에 따른 연안을 운항하는 여객선박에 해당되지 아니하는 것이다.
23)　2010.1.1. 개정된 조세특례제한법 제106조의 2 제1항 2호는 연안을 운항하는 여객선박에서 관광진흥법 제2조에 따른 관광산업을 목적으로 사용되는 여객선박은 제외함을 명문화함으로써 해석상의 논란을 없앴다.

조 및 그 밖에 이와 유사한 활동에서 발생한 소득 중 다음 각 호의 소득을 말한다.

1. 별표 1의 농가부업규모의 축산에서 발생하는 소득
2. 제1호 외의 소득으로서 연 1천200만 원 이하의 소득

② 제1항 각 호 외의 부분에서 '민박'이라 함은 농어촌정비법에 의한 농어촌지역에 설치된 민박사업용으로서 객실이 7실 이하인 시설을 말한다.

③ 제1항 각 호 외의 부분에서 '특산물'이라 함은 농산물가공산업육성법에 의한 특산물 및 수산물품질관리법에 의한 수산특산물을 말한다.

④ 제1항 각 호 외의 부분에서 '전통차'라 함은 농산물가공산업육성법에 의한 전통식품의 개발과 계승·발전을 위하여 동법의 규정에 의하여 농림부장관이 지정한 차를 말한다.

⑤ 제1항의 규정을 적용함에 있어서 농가부업소득의 계산에 관하여 필요한 사항은 재정경제부령으로 정한다.

위 규정과 관련되어 한국농촌공사가 수리시설관리원에게 수리시설관리수당으로 지급한 금액이 비과세소득인 '농가부업소득'에 해당하는지가 문제 된다.

2. 해석론

(1) 비과세되는 농가부업소득이 아닌 사업소득에 해당한다는 설

수리시설관리원은 1년 중 약 6개월 정도는 수리시설관리용역을 제공하고, 수리시설관리원으로 위촉될 경우 대부분 차년에 재위촉 되어 수년간 용역을 제공한다는 점에서 수익을 목적으로 계속적·반복적으로 사업활동을 행한다고 볼 수 있어 사업소득으로 볼 수 있다.

한편, 소득세법시행령 제9조 제1항에 의하면 비과세되는 농가부업소득에 대하여, 농·어민이 부업으로 영위하는 축산·양어·고공품제조·민박·음식물판매·특산물제조·전통차 제조 및 그 밖에 이와 유사한 활동에서 발생한 소득으로서 연 1천200만 원 이하의 소득으로 규정하고 있다.

따라서 수리시설관리원의 수리시설관리용역제공 활동은 용역제공 내용(시설물 감시·관리) 등을 고려할 때, 위 규정에서 들고 있는 축산·양어·고공품제조·민박·음식물판매·특산물제조·전통차 제조 활동과 유사한 활동이라고 보기 어려운 면이 있으므로 비과세되는 농가부업소득으로 볼 수 없다.

(2) 비과세되는 사업소득인 농가부업소득에 해당한다는 설

수리시설관리원으로 위촉될 경우, 대부분 차년에 재위촉되어 수년간 용역을 제공하고, 지급된 수당액이 대부분 관련규정상의 농가부업 소득규모인 연 1천200만 원을 넘지 아니하고(1인당 연평균 지급액 200만 원), 당해 수리시설관리수당은 관리하는 시설물 개수 등에 따라 지급된다.

관리원으로 위촉되는 기간이 대부분 5~6개월 정도로 단기간이고, 계절적·단속(斷續) 적으로 수리시설 관리가 요구될 때 관리업무를 수행하고 소액의 수당을 수령하므로 농가 부업에 해당하는 것으로 볼 수 있고, 농민들이 주업인 농업에 필수적이고 중요한 수리시설을 감시·관리하는 것이 농업과 직접적이고 밀접한 관련이 있다고 볼 수 있으며, 농어촌공사도 수리시설관리원 위촉 시 영농경험이 풍부하고, 당해 수혜구역 또는 인근 부락에 거주하는 자를 자격요건으로 하였다.

따라서 농가부업소득 비과세의 입법취지는 농가부업 활성화와 농어민의 소득증대 지원을 위한 조세 정책적 배려에 있으며, 소득세법시행령 제9조 제1항에서 '농가부업'으로 열거하고 있는 업종들이 입법 기술상 농어민들이 영위하는 모든 부업활동을 본문에 열거하는 것이 현실적으로 불가능하여 그들이 빈번하게 부업으로 영위하는 활동을 예시적으로 열거한 것으로 보이며, 열거된 활동 외에 '기타 이와 유사한 활동'에서 발생한 소득도 농가부업소득으로 한다고 규정하고 있는바, 이 건의 경우 농·어민에게 연 1천200만 원 이하 지급한 것으로 확인되는 것에 대하여 비과세되는 사업소득인 농가부업소득으로 볼 수 있다.

〈사례 3〉

1. 쟁점 및 법률규정

납세자가 타인의 토지를 임대하여 골프장을 건설하여 골프장에 대한 일정기간의 관리운영권을 취득하는 대신 골프장을 운영하면서 토지사용에 따른 임차료를 납부하기로 하였으며, 계약기간이 종료됨과 동시에 골프장 시설의 소유권은 토지소유주에게 귀속되며 시설물들은 철거되거나 토지 소유주에게 인계될 예정이다. 쟁점이 되는 것은 납세자가 지출한 비용 중 잔디 식재 등 골프장 코스조성과 관련된 비용에 대한 매입세액을 매출세액에서 공제할 수 있는가 하는 점이다.

이와 관련된 법령은 부가가치세법 제17조 제2항 제4호로, "대통령령이 정하는 토지관련 매입세액은 매출세액에서 공제하지 않는다"고 규정하고 있고, 이를 좀 더 구체적으로 규정한 부가가치세법 시행령 제60조 제6항에서, '토지의 조성 등을 위한 자본적 지출에 관련된 매입세액으로 토지의 가치를 현실적으로 증가시켜 토지의 취득원가를 구성하는 비용에 관련된 매입세액'은 매출세액에서 공제하지 않는다는 것이다.

2. 해석론

이 사건에서 1심 법원인 전주지방법원과 원심법원인 광주고등법원이 관련 매입세액 규정을 서로 다르게 해석하였다.

(1) 지방법원은 2006.12.17. 선고 2006구합696 판결에서 토지 관련 매입세액에 대한 규정은 토지의 양도차익을 수익하는 당해 토지를 소유하는 자에게만 적용되는 규정임을 이유로 이 사건 처분이 위법하다고 판단하였으나, 고등법원은 2009.9.14. 선고 2007누134호 판결에서 매입세액이 토지의 조성 등을 위한 자본적 지출에 관련된 매입세액에 해당할 경우에는 면세제도의 기본원리상 사업자가 토지소유자인지를 불문하고 이를 매출세액에서 공제하여서는 아니 된다고 판결하였다.

여기서 중요한 법문은 부가가치세법 시행령 제60조 제6항 제3호의 '토지의 가치를 현실적으로 증가시켜 취득원가를 구성하는 비용'이다. '토지의 가치를 현실적으로 증가시켜 토지의 취득원가를 구성'한다는 것은 지출된 비용이 취득원가가 되어야 한다는 것을 의미하며 취득원가라는 것은 그 비용지출의 주체가 토지를 취득하여 소유하는 소유자임을 전제로 하는 것으로 해석되어야 한다.

(2) 이에 반하여 임차인도 임차인의 부담으로 임차건물을 증·개축 등을 하는 경우가 다반사이기 때문에 단순히 공부상의 소유에만 집착하여 살피는 것은 올바른 해석이 아니며, 매입세액이 불공제되는 부가가치세법 제17조상의 '토지 관련 매입세액'은 부가가치세법 조문에서 자기 소유와 타인 소유를 구분하지 않고 있기 때문에 그 매입세액은 불공제되어야 한다는 주장이 가능하다. 광주고등법원도 명문규정에서 소유자와 임차인을 구별하지 않고 있기 때문에 당연히 양자에게 적용된다고 해석한다.

하지만 소유자와 임차인을 구별하지 않는 이유는 양자를 구별할 필요가 없는 경우도 있지만 당연히 구별되는 개념으로 구태여 법문에 이를 구별할 필요가 없는 경우도 있으며 입법 당시에 이러한 구별이 필요한 이유를 미처 예상하지 못한 경우도 있을 수 있다.

'토지의 취득원가를 구성하는 비용'은 사업자의 대차대조표상 토지라는 자산 항목으로 계상되어야 하는 비용으로, 토지 취득 시 발생하는 원가와 토지 취득 후 토지의 가치를 증가시킴으로써 토지의 원가에 산입되는 비용으로 해석되어야 한다. 그러나 임차인이 임차 토지상에 어떤 지출을 하였다고 하여도 토지 소유자가 아닌 임차인이 이를 토지라는 자산 항목에 원가로 계상할 수 없으며, 지출된 비용도 '토지의 취득원가를 구성하는 비용'에 포함시킬 수가 없다. 따라서 토지의 소유자만이 '토지의 취득원가를 구성하는 비용'이라는 조문의 적용을 받게 된다고 해석하여야 한다.[24]

위에서 살펴본 것처럼 자본적 지출은 회계학적 해석에서나 법인세법의 규정에서나 모두 소유를 전제로 하는 개념으로 이해되고 있기 때문에 소유자와 임차인을 구별하지 않은 이유는 당연히 구별되는 개념으로 법문에 이를 구별할 필요가 없는 것으로 해석하는 것이 보다 타당한 해석이라고 생각된다.

(3) 대법원은 이 사건에 대하여 원심판결을 파기하고 다음과 같이 1심 지방법원의 판단을 지지하였다.[25]

"구 부가가치세법(2010.1.1. 법률 제9915호로 개정되기 전의 것) 제17조 제1항, 제2항 제4호, 부가가치세법 시행령 제60조 제6항 각 규정의 내용과 입법 연혁, 토지관련 매입세액을 불공제하는 취지는 토지가 부가가치세법상 면세재화이어서 그 자체의 공급에 대해서는 매출세액이 발생하지 않으므로 그에 관련된 매입세액도 공제하지 않는 것이 타당하다는 데 있고, 일반적으로 토지의 조성 등을 위한 자본적 지출은 당해 토지의 양도 시 양도차익을 산정함에 있어 그 취득가액에 가산하는 방법으로 회수되는 점 등에 비추어 보면, 위 시행령 규정에서 정한 '토지의 조성 등을 위한 자본적 지출'은 토지 소유자인 사업자가 당해 토지의 조성 등을 위하여 한 자본적 지출을 의미한다고 봄이 타당하므로, 당해 토지의 소유자 아닌 사업자가 토지의 조성 등을 위한 자본적 지출의 성격을 갖는 비용을 지출한 경우 그에 관련된 매입세액은 특별한 사정이 없는 한 위 법 제17조 제2항 제4호, 위 시행령 제60조 제6항에서 정한 매입세액 불공제대상인 '토지관련 매입세액'에 해당하지 않는다."

---

24) 박민, 앞의 논문, 28~30면 참조.
25) 대법원 2010.1.14. 선고 2007두20744 판결.

제2절 조세법의 해석방법[26]

Ⅰ. 조세법 해석의 목적

법 문언에 의미의 폭이 존재하는 경우에 누구를 기준으로 법률을 해석하여야 할 것인가, 즉 입법자가 그 법률에 반영시키려고 했던 의미를 기준으로 해석해야 할 것인지 아니면 대다수의 법공동체구성원들이 그 법률의 내용이라고 생각하는 의미를 기준으로 해석해야 할 것인지가 문제이다.

1. 주관적 해석론

이 학설에 의하면 법률해석의 목적은 입법자의 역사적이고 사실적인 의지를 탐구하는 것이다. 즉 입법자의 의사를 가능한 한 자세히 탐구하는 것이다. 여기서는 입법자의 가치관념이나 의도가 중시된다. 이를 위해서는 역사학적 연구에서 사용되는 수단이 적용되는데 입법의 준비자료, 입법자의 인격에 관한 정보, 당해 법률이 성립한 시대정신, 동종의 법률과의 비교, 입법자의 사고 및 포괄적 감정 등이 거론된다.

주관적 해석론에 관해서는 다양한 논거가 제시된다.

첫째, 법률이 보호하려 했던 이해관계는 주관적 해석론을 통해 가장 잘 보호될 수 있다. 왜냐하면 입법자가 자신이 원했던 바를 가장 잘 알기 때문이다.

둘째, 법적 안정성의 촉진을 꾀할 수 있다. 주관적 해석론을 통해서만 확고한 법률의미의 탐구가 가능하며, 입법자의 의지는 자료의 도움을 받아서 인식될 수 있고 명확히 파악될 수 있다.

셋째, 언어관습과 법률의 평가는 그 생성시기의 현실에 비추어 볼 때만 바르게 측정될 수 있다.

---

26) 더 상세한 내용은 김두형, "조세법의 해석방법론", 『세무학연구 제10호』, 1997.8. 참조.

2. 객관적 해석론

이 학설은 법률 자체에 내재하는 의미의 해명을 해석의 목적으로 간주한다. 즉 법에 표현된 객관적 의사를 확인하는 것이다. 이 견해의 특징은 법의 해석에 있어서 입법에 참여했던 사람들의 주관적 관념으로부터 분리되며 법은 일단 공포된 후에는 법률 그 자체 속에서 의미를 지닌다는 것이다. 다시 말하면 법률은 그 공포와 함께 그 법률의 제정자로부터 해방되며, 법률제정자의 당초 목적과 의도의 기초는 사라진다. 따라서 법률은 그것의 내적 구조와 법질서 전체와의 연관으로부터 파악되어야 하며, 현재의 필요와 생활상황에 따라 해석되어야 한다.

객관적 해석론의 논거를 요약하면 다음과 같다.

첫째, 법률은 그것의 입안자와 분리되는데 법률의 조문은 제정된 이후에는 독자적으로 입법자가 예상할 수 없었던 다양하고 변화하는 생활상황에 관여하며, 입법자가 애당초 제기하지 않았던 문제에 대해서도 스스로 해결하게 된다.

둘째, 입법자의 역사적 의지의 탐구라는 문제와 연관 지어 볼 때 법률의 해석자들이 입법 당시에 사용되었던 자료를 얻기가 곤란하다.

셋째, 사회적 상황, 기술적·경제적 환경 및 인간의 가치관념은 진행되는 변화에 종속되어 있다. 즉 객관적 해석론에 의하면 지속적으로 변화하는 현재와의 연관을 통해 법이 사회적 현실에 적응하게 된다는 것이다.

3. 중재이론

주관적 해석론과 객관적 해석론 사이에 있는 중재이론은 양 이론 어느 것도 부분적으로는 타당하지만 전적으로 법해석의 목적을 나타내는 데는 적합하지 않다고 한다. 그러므로 해석의 목적은 오늘날 권위 있는 법의 규범적 의미탐구에서 나타나는바, 한편으로는 역사적 사건으로서 입법자의 의지에 의하여 구성되며 다른 한편으로는 현재의 객관적 상황 내에서 구성된다고 한다.

4. 결어

입법자는 전지전능하지 못하므로 예상되는 모든 사항을 완벽하게 조세법에 규율할 수 없다. 그러므로 일반적으로 법률해석에 있어서 중대한 문제는 입법자가 예기하지 않았던 사태가 발생한 경우에 그것을 어떤 기준으로 어떻게 해석해야 할 것인가이다. 주관적 해석론자들은 이러한 경우에 입법자의 주관적 의사를 기초로 하여 입법자가 그러한 상황을 알았더라면 어떻게 서술하였을 것인가를 탐구하고 그 결과에 따라서 해석하여야 할 것이라고 한다.

그러나 이러한 주관적 해석론의 태도는 입법론적 해석으로서 가급적 지양해야 할 것이다. 왜냐하면 실제로는 입법자가 예기하지 않았던 상황에 대하여 입법자의 명백한 주관적 의사가 존재하지 않음에도 사후적으로 입법자의 의사를 추측하는 것에 불과하기 때문이다. 다만 법률 자체의 문언을 기초로 해석을 하여도 해석이 원만히 이루어지지 않는 경우에 보충적 해석방법으로 법률의 입법취지 혹은 입법자의 의지가 고려될 수 있다고 본다. 또한 입법자의 어떤 추정적 의사를 탐구하는 것은 이미 해석이 아니고 해석에 의한 새로운 법 창조라고 말해야 할 것이므로 그것은 권력분립의 원칙상 허용되지 아니한다. 따라서 현실의 사회생활 또는 사회상황에 비추어 법률에 객관화된 입법자의 의사를 탐구하는 객관적 해석론이 타당하다고 보아야 할 것이다.

Ⅱ. 조세법의 일반적 해석방법

전통적 법해석방법론은 기본적으로 네 가지 해석방법에 의하고 있다. 문리해석, 체계적 해석, 역사적 해석, 목적론적 해석 등이 그것이다. 또한 이와 같은 법해석의 기본적 방법들에서 파생된 해석범주에는 논리적 해석, 헌법합치적 해석, 사물의 본성에 의한 해석, 경제적 관찰방법, 그리고 결과에 대한 고려 등을 들 수 있다.

1. 문리해석

"모든 법률의 해석은 문언에 관하여 시작된다"는 말이 있다. 일반적으로 법조문 중에 사용되고 있는 문언의 의의는 우선 그 문언의 법률상의 관용법에 따라서 그 문언과 다른 문언상의 전후의 관계를 고려하여 해석하여야 한다. 이러한 해석방법을 문리해석이라고 한다.

법률은 언어로 표현된 법적 표상이고 법률문언은 법적 표상과 법적 의미내용을 나타내는 기록이다. 그러므로 문리해석의 주요 소재는 법문언 및 그 문언의 언어적인 것과 관련된 경험이다. 그중 법문언은 해석의 출발점으로 인정되고 있다. 그 이유는 입법자가 표현하려는 것을 법문언이 의미하고 있다고 생각하기 때문이다.

또한 법문언이 갖는 의미는 해석의 출발점인 동시에 그 한계점이다. 해석이 될 수 있는 것은 오로지 법문언뿐이고 해석은 법문언에 대한 이해라고 볼 수 있는데 만일 문언만으로 완벽하게 이해된다면 해석의 필요성은 없어지게 될 것이다. 그렇지만 법문언만으로 해석이 완벽하게 해결되지 않는 것이 일반적이다. 그것은 법문언에 사용되는 용어에 따라서 다의적인 의미를 내포하기 때문이고, 이때 법해석은 광범위해진다. 하지만 여기서 해석의 한계를 설정할 수 있는데 학자들은 그것을 '가능한 문언의 의미' 범위 내라고 본다. 따라서 법문언은 해석 가능한 최대한의 경계를 나타낸다고 보아야 한다.

법문언의 의미 등을 해석함에 있어서 법률제정 당시의 언어습관에 의거할 것인지 아니면 오늘날의 언어습관에 의거할 것인지도 문제이다. 이에 관하여 독일연방재정법원은 타당한 해석을 위해서는 오늘날의 언어습관이 고려되어야 한다는 입장을 취한 바 있다.[27]

2. 역사적 해석

이 해석방법은 법률의 실체를 법률의 제정 경위, 연혁 등 발생역사에서 찾아 법문언의 제정·개정과 관련된 입법자의 의도를 탐구하려고 한다. 여기서 실체는 법률제정·개정의 준비작업과 초안, 정부의 각종 의견서, 의회의 법안심의록, 법률안검토보고서 등을 통해서 밝혀질 수 있다. 이 해석방법에서 주요 관심사는 입법자가 어떠한 시각에서 무엇을 정의로 설정하고 어떻게 갈등을 해결하려고 하였는가 하는 점이다.

역사적 해석은 법제정자의 의지를 명확히 반영하려는 주관적 해석론을 위해서는 가장 중요한 해석방법이다. 그러나 이 해석방법은 다수의 견해인 객관적 해석론의 틀 내에서는 단지 하나의 보충적인 해석방법이다. 그렇기 때문에 한 법률의 발생역사는 다른 해석방법들에 의해 이미 얻어진 어떤 해석을 확증하거나 또는 어떤 다른 방법만을 갖고는 풀리지 않는 해석상의 의문을 제거할 때 중요한 의의를 가지게 된다.

3. 체계적 해석

이 해석방법은 법목적에 대한 인식을 법체계나 법조문의 맥락에서 찾는다. 따라서 법

---

27) BFH v. 28. 7. 66, BStB1 66, Ⅲ 637.

률, 시행령, 시행규칙 등의 체계와 법규의 장, 절, 단락관계 내에서의 법조문의 위치 등을 검토하며 아울러 법률의 장, 각 법률규정의 표제 등에서도 암시를 받는다.

체계적 해석에 있어서 법해석자는 한 법조문의 개별적인 부분뿐 아니라 그 조문의 의미와 상호 관련된 모든 법조문들의 내용들을 종합적으로 이해하고 전체 법률체계가 갖는 총체적 의미를 존중해야 한다. 따라서 개별조문은 전체적 맥락으로부터 해석되어야 한다. 이렇게 하여 개별조문은 법률과 법체계를 전반적으로 관철하는 당해 법의 목적 및 원칙들에 알맞게 해석될 수 있다.

만일 어떤 법률규정의 내용이 다른 조항의 내용과 모순될 경우에는 체계적 맥락 속에서 우선이 되는 규정이 타당성을 지닐 수 있다. 예컨대 헌법은 개별 법률에 우선하며 법률은 법규명령에 우선한다. 만일 상위법령과 하위법령이 충돌하는 경우 하위법령은 효력이 없다. 또한 신법은 구법에 우선하고, 특별법은 일반법에 우선하여 적용된다.

4. 목적론적 해석

이 해석방법은 여러 가지 법문의 의미들 중에서 그 어느 하나를 선택할 때 목적론적 고려에 의하기 때문에 법률의 해석에 있어서는 법문언에 내재하는 입법취지 또는 입법의 목적을 추구하게 된다.

목적론적 해석을 중시하는 견해에 의하면 해당 법의 목적과 유리된 어떠한 해석방법도 그 자체로서 법률의 의미를 나타낼 수 없기 때문에 여타의 해석방법은 법의 목적탐구를 위한 수단에 불과하게 된다. 그러나 조세법에 있어서 이 해석방법은 법문언만으로 해결되지 않는 경우에 보충적으로 작용하는 가장 적절한 해석방법으로 인정되는 것이 일반적이다.

이 해석방법은 입법자의 의도 또는 입법목적을 탐구하는 데 치중하기 때문에 자칫 법해석의 차원을 떠나 법을 실질적으로 형성하게 될 위험성이 있다. 이러한 목적론적 해석의 한계는 법률의 문언에서 찾을 수 있다. 문리해석의 한계기준이기도 한 '가능한 문언의 의미'라고 하는 목적론적 해석의 한계기준은 독일연방재정법원에 의해서 인용되고 있고, 학설상으로도 유력하게 주장되고 있다.[28]

문제는 '가능한 문언의 의미'를 확인하기 위해서 누가 나서야 할 것이며 어떻게 확인하

---

28) BFH v. 28. 11. 67, BStBl 68, Ⅱ 216; BFH v. 5. 5. 70, BStBl 70, Ⅱ 757., K. Tipke/J. Lang, *Steuerrecht. Ein systematischer Grundeiß*, 12Aufl., Köln: Verlag Dr. Otto Schmidt KG, 1989, S. 265.

는가 하는 주체 면과 방법 면이다. 이에 대하여 K. Tipke는 조세법의 전문가인 세무사, 과세관청, 법관 등이 '가능한 문언의 의미'를 확인할 수 있으며 이들이 과세요건의 의미, 내용 및 그 해석의 준칙을 밝힘으로써 법적 안정성을 확보할 수 있다고 주장하고 있다.29) 조세법문언은 조세정책적・기술적인 전문용어인 이상 법률에 문외한인 납세의무자를 기준으로 한 통상의 의의에 의해 결정할 필요가 없다는 것이며, 확인방법에 관해서는 입법자가 의도한 법률의 목적에 따른 해석, 즉 주관적 목적론적 해석이 행해져야 한다고 한다.

그러나 통설은 법문언의 의미내용의 확대를 초래하는 목적론적 해석을 경계하고 조세법률주의와 조화되는 범위 내에서만 이와 같은 해석이 가능하다고 보고 있다. 따라서 조세법의 해석・적용의 한계는 원칙으로 조세법전문가가 결정하기보다 일반납세자가 인식 가능한 통상의 의미에 의해서 결정해야 하는 것이다.30)

5. 기타의 해석방법

앞에서 살펴본 전통적 법해석방법과 관점을 달리하여 조세법의 해석방법이라고 볼 수 있는 주요 해석방법을 총망라하여 보면 다음과 같은 것이 있다.

1) 논리적 해석

논리적 해석은 두 가지 의미로 사용되므로 구분해서 살펴볼 필요가 있다.

먼저 광의의 논리해석은 문리해석과 대립하는 해석방법을 의미한다. 법해석방법을 크게 문리해석과 논리적 해석으로 구분하는 견해에 의하면 논리적 해석은 법규정을 해석함에 있어서 문언의 뜻에 구애받지 아니하고 전체적인 문맥 속에서 문제의 법규정이 제정된 목적, 취지에 중점을 두고 그것에 적합 타당한 결과를 도출하려고 배려하면서 해석하는 것이다. 그러므로 문리해석의 상대적인 개념으로서 역사적・체계적・목적론적 해석방법 등을 포함한 포괄적 해석방법으로 이해할 수 있다.

다음으로 협의의 논리적 해석은 법규정을 조리 또는 논리적 사고에 기하여 해석하는 방법을 의미한다. 이것도 하나의 법해석방법으로 본다면 해석방법이라고 말할 수도 있지

---

29) K. Tipke/J. Lang, *a.a.O.*, S. 114.

30) 이러한 통설에 대하여 조세법상 법률문언은 조세정책적・기술적인 전문용어인 이상 법률에 문외한인 납세의무자를 기준으로 한 통상의 의의에 의해 결정할 필요가 없다는 비판이 있다. 岩崎政明, "經濟的觀察法をめぐる最近の論爭", 『租稅法研究』第11輯, 有斐閣, 1981, 138면.

만 원래 법규범의 해석이 법의 논리에 의한 해석이다. 그렇기 때문에 모든 법해석의 과정에서 논리적 조작은 당연히 이루어지는 것이다. 그러므로 이것을 특별히 조세법에서 의미를 가지는 해석방법으로 취급할 필요는 없다고 생각한다.

2) 사물의 본성에 의한 해석

사물의 본성이란 사물의 본질적 법칙 또는 법의 일반원칙을 말한다. 그런데 어떤 사실에서 당위가 도출될 수 없으므로 사실의 규범력을 인정할 수 없다. 다시 말하면 사물의 본성은 그것이 헌법, 법률 그 밖의 실정법에 기초한 법질서와의 관련을 통해서 넓은 의미의 법이 될 수 있으며 사물의 본성 스스로가 법적 명령을 발할 수 있는 힘을 가지고 있는 것은 아니다.

조세법에서는 이러한 사물의 본성에 입각한 해석이 일반적으로 허용되어서는 안 될 것이다. 왜냐하면 조세법은 그 법 자체의 과세목적에 근거하여 설정되고 이에 따라 사실관계를 파악하기 때문이다. 즉 조세법에 따른 과세 여부는 과세요건 사실에서 나타나는 고유성에 입각하여 이루어지는 것이 아니라, 밖으로부터 기술적으로 이미 주어진 사실상태를 반영하기 때문이다.

그럼에도 사물의 본성은 일반적으로 성문법의 흠결을 메우는 기능을 수행하고 있다고 인정되고 있다. 즉 사물의 본성은 성문법규정이 다의적이거나 불확정개념을 사용하여 확실치 않을 때 법의 해석원칙으로서 보조적으로 작용하게 된다.

3) 헌법합치적 해석

헌법합치적 또는 합헌적 해석이라 함은 법률은 항상 그 상위규범인 헌법과 합치되도록 해석되어야 한다는 것이고, 법률의 규정이 다의적이어서 한편으로는 합헌적 해석을 다른 한편으로는 위헌적 해석을 다 같이 가능하게 한다면 헌법과 합치되는 해석을 선택해야 한다는 것이다. 법관은 전통적 해석방법에 의하여 법규의 의미를 확정하지만 이러한 결과가 헌법과 합치하는가를 심사한 후에 합헌적인 의미를 선택함으로써 가급적 무효의 선언을 회피하려고 한다.

이 해석방법은 전통적이고 일반적인 해석론에 있어서 해석의 목적은 법문의 의미와 내용의 확인 그리고 그 내용의 이해를 목적으로 하고 있음에 반하여 이것은 법규범에 대한 해석의 결과와 헌법과의 내용적 합치를 유지하기 위한 것이다. 따라서 해석의 대상이 된 법률은 그것만이 따로 분리되어 해석되는 것이 아니라 상위규범인 헌법의 내용과의 관련 속에서 그 실질적인 내용이 파악되고 그러한 상하규범 사이에서의 실질적이고 내용적인 합치를 확보하기 위한 것이 목적으로 된다.

이것은 근본규범에 의하여 생성된 헌법을 실정법상 최고법으로 하는 국가의 전체 법질서 내에서 상위규범은 하위규범의 효력근거이고 수권의 근거이며 인식의 척도가 된다는 데 근거하고 있다.

이 해석방법은 헌법과 법률의 관계에서만 적용되는 것이 아니라 전체 법질서 내에서의 상이한 규범계층 또는 동일한 규범계층 내에서도 적용되는 원칙임을 주목하여야 한다. 여기서 체계적 해석방법의 특성을 찾아볼 수 있다.

대법원은 2009년 2월 12일 선고 2004두10289 판결에서 구 상속세법 제18조 제1항에 대하여 헌법합치적 해석을 함으로써 동 조항을 위헌으로 판단한 헌법재판소 2008년 10월 30일 선고, 2003헌바10 결정의 취지에 반하는 태도를 취한 바 있다. ☞ **〈참고판례 1〉**

4) 경제적 관찰방법

제1차 세계대전 직후 독일의 E. Becker가 주창한 조세법의 해석 및 적용에 있어서 경제적 관찰방법은 사실인정 및 법규범의 해석에 있어서 단지 외형 또는 형식에 의할 것이 아니라, 그 실질의 고유한 경제적 의미 내용을 관찰하여 판단하는 것이다.[31] 경제적 관찰방법은 조세공평주의의 구체적 실천수단으로서 조세법의 기본원칙이기도 하지만 법규정들을 경제적 의미에 의거하여 이해하는 해석방법으로서 작용하는 면도 있다. 특히 조세법은 경제적 거래행위의 과정이나 그로 인한 경제상태를 과세대상으로 하고 있기 때문에 겉으로 나타난 법률행위의 형식보다 경제행위의 실질에 따른 해석이 요구되는 관계로 조세법 특유의 경제적 의미를 고려한 해석이 이루어져야 한다는 주장이 높다.

조세법의 해석방법으로서 경제적 관찰방법에 관해서는 비판도 적지 않다. 왜냐하면 조세법률주의에 위배될 위험성이 있고 사법의 근본원리인 사적 자치의 원칙 또는 계약자유의 원칙을 침해할 수 있기 때문이다. 또한 경제적 관찰방법은 과세요건에 적합한 과세를 추구하는 것이 아니라 경제적으로 유사한 사실들에 대하여 조세법을 적용하려고 할 위험

---

31) 상세한 내용은 이동식, "독일 세법상 경제적 관찰방법", 『송쌍종교수 정년기념 논문집 현대 세무학의 논점』, (주)영화조세통람, 2008, 371면 이하 참조.

이 있는데 이것은 곧 자의적 과세의 위험성으로 연결되기 때문이다.

제2차 세계대전 후부터는 법해석방법으로서 경제적 관찰방법의 기능을 목적론적 해석방법으로서 파악해야 한다는 주장이 제기되었다. 목적론적 해석방법에서 말하는 '목적'을 어떻게 이해해야 할 것인가에 대하여 논의가 있었는데 그 당시 '조세수입을 얻는 것'이라고 하는 일반재정목적으로 이해하는 판례가 때때로 보였다.[32] 그 후 이러한 판례의 견해는 자의적·국고주의적 해석이라는 비판을 받았고, 경제적 관찰방법에 대한 연구가 진전됨에 따라서 현재는 각 세법 혹은 개개의 과세요건의 '목적'으로 보는 것이 통설이다.[33]

이렇게 본다면 과거 조세법에서 특수한 독자적 해석방법으로 간주되었던 경제적 관찰방법은 오늘날에 이르러 일반적 법해석방법인 목적론적 해석방법의 범주에 속하는 것으로 이해할 수 있다. 그러므로 경제적 관찰방법을 해석방법으로 파악하는 한 조세법의 해석에 있어서 경제적 의미와 세법 조문의 목적을 고려하는 특수한 목적론적 해석방법이라고 말할 수 있다.

5) 결과에 대한 고려

문리해석, 목적론적 해석 등 전통적 해석방법을 사용해서 결론이 나왔을 경우에도 그 결과가 타당한지 어떤지를 음미할 필요가 있다. 이 해석방법은 전통적 또는 일반적인 법해석의 수단들을 모두 사용한 다음에도 법관에게 판단할 수 있는 여지가 남아 있어야 가능하다.

결과에 대한 고려는 법관의 판단여지가 가능한 한 합리적이고 타당한 근거에 의해 보충되어야 한다는 필요성으로부터 요구되고 있다. 이렇게 어떤 가치판단을 필연적으로 수용할 수밖에 없는 결과들을 참고로 하는 것은 비교적 합리적인 판단의 논거로 볼 수 있다. 그러므로 이 해석방법이 갖는 장점은 그 속에 포함된 합리성의 획득에 있다.

---

32) BFH v. 25. 9. 53: BFHE 58, 109.

33) H. W. Kruse, *Lehrbuch des Steuerrechts*, Bd. I., München: C.H. Beck, 1991, S. 131 ff; K. Tipke/J. Lang, *a.a.O.*, S. 85 ff.

〈참고판례 1〉

대법원 2009.2.12. 선고 2004두10289 판결【상속세부과처분무효확인 등】

【판시사항】

[1] 상속개시 전에 피상속인으로부터 구 상속세법 제4조 제1항에 의하여 상속재산가액에 가산되는 재산을 증여받고 상속을 포기한 자가 구 상속세법 제18조 제1항에 정한 상속세 납세의무를 부담하는 '상속인'에 포함되는지(소극)

[2] 제1순위 공동상속인들 중 일부가 상속개시 전에 피상속인으로부터 상속세 과세가액에 포함되는 재산을 증여받고 상속을 포기한 경우, 상속을 포기하지 않은 나머지 상속인이 납부하여야 하는 상속세액의 산출 방법

[3] 헌법재판소가 법률의 위헌 여부를 판단하기 위하여 한 법률해석에 법원이 구속되는지(소극)

【판결요지】

[1] 상속개시 전에 피상속인으로부터 구 상속세법 제4조 제1항에 의하여 상속재산가액에 가산되는 재산을 증여받고 상속을 포기한 자는 구 상속세법(1993.12.31. 법률 제4662호로 개정되기 전의 것) 제18조 제1항에 정한 상속세 납세의무를 부담하는 '상속인'에 해당한다고 보기 어렵다. 따라서 그 자가 수유자 등에 해당하지 아니하는 한 상속세를 납부할 의무가 없다.

[2] 제1순위 공동상속인들 중 일부가 상속개시 전에 피상속인으로부터 상속세과세가액에 포함되는 재산을 증여받고 상속을 포기함에 따라 나머지 상속인이 부담하게 될 상속세액을 산출하는 경우, 구 상속세법(1993.12.31. 법률 제4662호로 개정되기 전의 것) 제18조 제1항에 정한 상속인별 상속세 분담비율의 산정기준이 되는 '상속자산(같은 법 제4조의 규정에 의하여 상속재산에 가산한 증여재산 중 상속인 또는 수유자가 받은 증여재산을 포함한다) 중 각자가 받았거나 받을 재산의 점유비율'에서 말하는 괄호 안의 '상속인이 받은 증여재산'은, 같은 법 제4조 제1항에 의하여 상속재산에 가산되는 '상속인에게 증여한 재산'의 개념과 동일하게 보아 '상속을 포기한 자가 받은 증여재산'도 포함하는 것으로 해석함이 상당하다. 따라서 상속을 포기하지 않은 상속인은 상속포기자의 사전 증여재산 등을 포함한 상속재산 중 자신이 받았거나 받을 재산의 점유비율에 따라 산

출된 상속세를 납부할 의무가 있다.

[3] 구체적 분쟁사건의 재판에 즈음하여 법률 또는 법률조항의 의미·내용과 적용 범위가 어떠한 것인지를 정하는 권한, 곧 법령의 해석·적용 권한은 사법권의 본질적 내용을 이루는 것이고, 법률이 헌법규범과 조화되도록 해석하는 것은 법령의 해석·적용상 대원칙이다. 따라서 합헌적 법률해석을 포함하는 법령의 해석·적용 권한은 대법원을 최고법원으로 하는 법원에 전속하는 것이며, 헌법재판소가 법률의 위헌 여부를 판단하기 위하여 불가피하게 법원의 최종적인 법률해석에 앞서 법령을 해석하거나 그 적용 범위를 판단하더라도 헌법재판소의 법률해석에 대법원이나 각급 법원이 구속되는 것은 아니다.

【이유】

상고이유를 판단한다.

상고이유 제1점에 대하여

가. 구 상속세법(1993.12.31. 법률 제4662호로 개정되기 전의 것, 이하 '법'이라 한다) 제4조 제1항은 "상속세를 부과할 상속재산가액에 상속개시 전 5년 이내에 피상속인이 상속인에게 증여한 재산의 가액과 상속개시 전 3년 이내에 피상속인이 상속인 이외의 자에게 증여한 재산의 가액을 가산한 금액에서 공과금, 피상속인의 장례비용, 채무를 공제한 금액을 상속세과세가액으로 한다"라고 규정하고 있고, 법 제18조 제1항은 "상속인 또는 수유자(피상속인의 사망으로 인하여 효력이 발생하는 증여의 수증자를 포함한다)는 상속재산(제4조의 규정에 의하여 상속재산에 가산한 증여재산 중 상속인 또는 수유자가 받은 증여재산을 포함한다) 중 각자가 받았거나 받을 재산의 점유비율에 따라 상속세를 연대하여 납부할 의무가 있다"고 규정하면서, 제2항에서 "위 제1항의 규정에 의한 상속세의 연대납세의무에 대한 각자의 책임은 그가 받았거나 받을 재산을 한도로 한다"고 규정하고 있다.

법 제4조 제1항이 상속세의 부과대상이 될 재산을 미리 증여의 형태로 이전하여 상속세의 부담을 부당하게 감소시키는 행위를 방지하려는 데에 그 목적이 있고, 특히 상속인에 대한 증여를 상속인 이외의 자에 대한 증여보다 더 엄격하게 규율하고 있는 취지 등에 비추어 볼 때, 법 제4조 제1항 소정의 '상속인'이라 함은 상속이 개시될 당시에 상속인의 지위에 있었던 자, 즉 상속개시 당시 피상속인의 제1순위 상속인이었던 자만을 가리키는 것으로서, 상속이 개시된 후에 상속을 포기한 자도 위 규정 소정의 '상속인'에 해당한다(대법원 1993.9.28. 선고 93누8092 판결 참조).

한편, 앞서 본 규정들에 의하면, 상속개시 후 상속을 포기한 제1순위 상속인이었던 자가 상속개시 전 5년 이내에 피상속인으로부터 재산을 증여받았을 경우 그 증여재산의 가액은 상속세 부과대상인 상속세과세가액에 포함되는데, 이에 기초하여 산출된 상속세는 법 제18조 제1항 소정의 '상속인 또는 수유자(사인증여의 수증자 포함)'만이 그 납부의무를 부담하게 된다. 그런데 법 제18조 제1항은 상속세 부담의 주체 및 그 부담의 범위에 관하여만 규정하고 있을 뿐, 상속세 납세의무를 부담하는 '상속인'의 범위에 관해서는 명시적인 규정을 두고 있지 않으므로, 상속개시 전에 피상속인으로부터 법 제4조 제1항에 의하여 상속재산가액에 가산되는 재산을 증여받고 상속을 포기한 자(이하 '상속포기자'라 한다)가 법 제18조 제1항의 상속세 납세의무를 부담하는 '상속인'에 포함되는지가 문제 된다.

조세법률주의의 원칙상 과세요건은 법률로써 명확하게 규정하여야 하고, 조세법규의 해석에 있어서도 특별한 사정이 없는 한 법문대로 해석해야 할 것이며 합리적 이유 없이 확장해석하거나 유추해석하는 것은 허용되지 않지만, 다만 법규 상호 간의 해석을 통하여 그 의미를 명백히 할 필요가 있는 경우에는 예외적으로 입법 취지 및 목적 등을 고려한 합목적적 해석이 가능하다고 할 것이고, 이 경우에도 조세법률주의가 지향하는 법적 안정성 및 예측가능성을 해치지 않는 범위 내에서만 허용된다고 할 것이다(대법원 2008.2.15. 선고 2007두4438 판결 참조).

위와 같은 법리와 다음과 같은 사정, 즉 ① 법 제18조 제1항 및 제2항으로 개정되기 전의 구 상속세법(1981.12.31. 법률 제3474호로 개정되기 전의 것) 제18조 제2항은 상속세 연대납부책임을 지는 자의 하나로 '제4조의 규정에 의하여 상속재산에 가산한 증여재산을 받은 자'를 규정함으로써 상속포기자도 상속세 연대납부의무자에 포함되고 있었던 점, ② 그 후 법 제18조 제1항 및 제2항으로 개정되면서 위 규정이 삭제됨으로써 상속포기자에게 상속세 납부의무를 부담 지울 법적 근거가 없게 되었다가, 1998년 12월 28일 법률 제5582호로 개정된 상속세 및 증여세법 제3조 제1항에서 상속세 납세의무를 부담하는 '상속인'은 "민법 제1000조, 제1001조, 제1003조 및 제1004조의 규정에 의한 상속인을 말하며, 동법 제1019조 제1항의 규정에 의하여 상속을 포기한 자도 포함한다"는 규정이 신설됨으로써 상속포기자도 위 '상속인'에 포함됨을 명시적으로 규정하였고, 그 부칙 제2항은 위 개정 상속세 및 증여세법은 그 시행일인 1999년 1월 1일 이후 최초로 상속이 개시되거나 증여하는 분부터 적용한다고 규정하고 있는 점, ③ 구 국세기본법(2007.12.31. 법률 제8830호로 개정되기 전의 것) 제21조 제1항 제2호에 의하면 상속세는 '상속을 개시하는 때'에 상속세 납세의무가 성립하는데, 제1순위 상속인이었던 자가 상속개시 후 상속을 포기하는 경우에는 그 소급효(민법 제1042조)에 의하여 상속개시 당시부터 상속인이 아니었던 것과 같은 지위에 놓이게 되는 점(대법원 1995.9.26. 선고 95다27769 판결 참조), ④ 법 제18조 제1항 소정의 상속세 납세의무를 부담하는 '상속인'에 상속포기자가 포함된다고 해석하게 되면 상속포기의 소급효에 의하여 상속세 납부의무를 부담하지 않을 것으로 신뢰하여 행위한 상속포기자의 예측가능성이나 신뢰보호에 반하게 되는 점 등을 종합해 보면, 상속포기자는 법 제18조 제1항 소정의 상속세 납세의무를 부담하는 '상속인'에 해당한다고 보기 어렵고, 따라서 그 자가 수유자 등에 해당하지 아니하는 한 상속세를 납부할 의무가 없다고 할 것이다(대법원 1998.6.23. 선고 97누5022 판결 참조).

또한, 앞서 본 법리에 비추어 볼 때 상속포기자가 피상속인으로부터 상속개시 전 5년 이내에 재산을 증여받음으로써 그 가액이 법 제4조 제1항의 규정에 의하여 상속재산가액에 가산된다고 하더라도, 상속세과세가액 산정의 방식에 관한 규정에 불과한 법 제4조 제1항 규정을 유추 또는 확대해석하여 위 규정이 상속포기자의 그 증여받은 재산에 대한 상속세 납부의무의 근거가 된다고 볼 수도 없다.

다만, 법 제18조 제1항을 단순히 문리해석하여 상속인의 상속세액을 산출할 경우 발생하는 다음과 같은 사정, 즉 제1순위 공동상속인들 중 일부가 상속을 포기하여 나머지 상속인이 재산을 상속한 경우, 상속포기자가 생전에 피상속인으로부터 증여받은 재산의 가액이 법 제4조 제1항에 의하여 상속세과세가액에 포함됨으로 인하여 누진세율이 적용되어 증가되는 만큼의 상속세는 상속을 포기하지 아니한 다른 상속인이 전부 부담하게 될 뿐만 아니라, 상속개시 전에 피상속인으로부터 재산을 증여받은 상속인이 상속을 포기하느냐에 따라 상속을 포기하지 아니한 다른 상속인의 상속세 부담액이 달라지는 불합리한 결과가 발생함으로써 상속을 포기하지 아니한 상속인의 재산권을 침해하거나 조세형평에 반할 소지가 있는 점 및 어떤 법률조항의 개념이 다의적이고 그 어의의 테두리 안에서 여러 가지 해석이 가능한 경우에는 가능한 한 헌법에 합치되는 해석, 즉 합헌적 법률해석을 택하여야 하는 점(대법원 2004.11.25. 선고 2004도4045 판결, 헌법재판소 1990.4.2. 선고 89헌가113 결정 등 참조) 등을 종합하면, 제1순위 공동상속인들 중 일부가 상속개시 전에 피상속인으로부터 상속세과세가액에 포함되는 재산을 증여받고 상속을 포기함에 따라 나머지 상속인이 부담하게 될 상속세액을 산출함에 있어서는, 법 제18조 제1항 소정의 상속인별 상속세 분담비율의 산정기준이 되는 '상속재산(제4조의 규정에 의하여 상속재산에 가산한 증여재산 중 상속인 또는 수유자가 받은 증여재산을 포함한

다) 중 각자가 받았거나 받을 재산의 점유비율'에서 말하는 괄호 안의 '상속인이 받은 증여재산'이라 함은 법 제4조 제1항에 의하여 상속재산에 가산되는 '상속인에게 증여한 재산'의 개념과 동일하게 보아 '상속을 포기한 자가 받은 증여재산'도 포함하는 것으로 해석함이 상당하고, 따라서 상속을 포기하지 아니한 상속인은 상속포기자의 사전 증여재산 등을 포함한 상속재산 중 자신이 받았거나 받을 재산의 점유비율에 따라 산출된 상속세를 납부할 의무가 있다고 할 것이다.

그러므로 상속세 납부의무에 관한 법 제18조 제1항을 이와 같이 해석하는 한, 상속포기자가 법 제18조 제1항 소정의 상속세 납세의무를 부담하는 '상속인'에 포함되지 않는다고 하여 위 규정이 상속을 포기하지 아니한 상속인의 헌법상 보장된 재산권 및 평등권을 침해하는 것이라고 볼 수는 없다.

나. 한편, 구체적 분쟁사건의 재판에 즈음하여 법률 또는 법률조항의 의미·내용과 적용 범위가 어떠한 것인지를 정하는 권한, 곧 법령의 해석·적용 권한은 사법권의 본질적 내용을 이루는 것이고, 법률이 헌법규범과 조화되도록 해석하는 것은 법령의 해석·적용상 대원칙이므로, 합헌적 법률해석을 포함하는 법령의 해석·적용 권한은 대법원을 최고 법원으로 하는 법원에 전속하는 것이며, 헌법재판소가 법률의 위헌 여부를 판단하기 위하여 불가피하게 법원의 최종적인 법률해석에 앞서 법령을 해석하거나 그 적용 범위를 판단하더라도 헌법재판소의 법률해석에 대법원이나 각급 법원이 구속되는 것은 아니다 (대법원 2008.10.23. 선고 2006다66272 판결, 헌법재판소 2004.10.28. 선고 99헌바91 결정 등 참조).

헌법재판소는 2008년 10월 30일 선고한 2003헌바10 사건에서 법 제18조 제1항과 관련하여 "위 조항 본문 중 '상속인' 부분은 위 '상속인'의 범위에 '상속개시 전에 피상속인으로부터 상속재산가액에 가산되는 재산을 증여받고 상속을 포기한 자'가 포함되지 않는 것으로 해석하는 한 헌법에 위반된다"는 취지로 결정한 바 있으나, 이는 헌법재판소가 법률의 위헌 여부를 판단하기 위하여 불가피하게 법원의 최종적인 법률해석에 앞서 법령을 해석하거나 그 적용 범위를 판단한 것에 불과하므로 법원이 이에 구속된다고 볼 수는 없고, 또한 법 제18조 제1항을 앞서 본 바와 같이 해석한다고 하여 헌법에 위반된다고 볼 수 없음은 앞서 본 바와 같다.

다. 위와 같은 법리와 기록에 비추어 살펴보면, 원심이 법 제18조 제1항 소정의 '상속인'에 상속포기자가 포함되지 않는다고 하더라도 이로써 상속을 포기하지 아니한 상속인의 헌법상 보장된 재산권 및 평등권을 침해하는 것으로는 볼 수 없다고 판단한 것은 정당하나,

원고의 상속세액을 산출함에 있어서, 상속개시 전에 피상속인으로부터 상속세과세가액에 포함되는 재산을 증여받고 상속을 포기한 제1순위 공동상속인이었던 소외 1, 2, 3의 증여재산을 법 제18조 제1항 소정의 '상속재산'에 포함하지 아니한 채 그 분담비율을 계산하여 이루어진 이 사건 처분이 적법하다고 판단한 데에는 법 제18조 제1항 소정의 상속세액 산정에 관한 법리를 오해한 위법이 있다. 이러한 취지가 포함된 상고이유의 주장은 이유 있다.

Ⅲ. 영·미에서의 논의

1. 영국

영국에서 조세법은 '제정법의 창조물(Creature of Statute)'이라고 한다. 즉 과세에 관해서 정한 각 조세법은 법률이다. 일반법이 그 법원으로서 보통법 및 형평법의 양자를 포함하는 비제정법 또는 판례법을 제일차적 법원으로 하고 있는 것에 비하여 조세에 관한 법원은 제정법뿐이다. 그러므로 해석·적용할 법원리는 조세법에서 그 진정한 의의 및 효과를 발견하여야 한다. 이와 같이 조세법의 법원은 일반법이 말하는 법원의 특수성을 지니지 않고 오히려 대륙법에 가까운 것이다.

또한 제정법의 해석에 있어서 엄격히 문리해석을 해야 한다는 원칙이 전통이었다. 따라서 제정법의 해석에 있어서 원칙적으로 입법동기 및 취지, 입법목적 등은 고려되지 않고 법적 안정성의 측면에서 문언이 존중된다. 영국의 경우에 의회의 영향력이 막강하여 법령을 역사적 목적에 알맞게 신속히 제정할 수 있는 입법상의 특성이 있으며 법원이 입법목적을 추구하는 창조적 역할을 수행하기 어렵다는 정치적 현실 때문에 문리해석원칙이 확립되었다.[34]

조세법에 있어서도 당연히 제정법의 문리해석의 원칙이 적용된다. 그러므로 과세를 위해서 조세법의 명확한 문언을 필요로 할 뿐 아니라 법률의 문언대로 엄격히 해석해야 한다. 따라서 조세법에는 유추해석을 인정할 여지가 없을 뿐 아니라 소위 형평법상의 해석을 인정하지 않는다.

만일 법률문언이 애매하기 때문에 과세원인의 존부가 의심스럽다는 결론에 이른 경우에는 납세자에게 유리하게, 즉 납세자의 이익으로 해석하지 않으면 안 된다. 그리고 이러

---

34) 이에 대한 상세한 내용은 김두형, "영국 판례에 있어서 조세법의 해석방법과 조세회피의 관계에 관한 고찰", 『송쌍종교수 정년기념 논문집 현대 세무학의 논점』, (주)영화조세통람, 2008, 131면 이하 참조.

한 엄격해석의 원칙으로부터 한편으로 납세자에게 조세채무를 부담시키는 것이 명백한 조항을 조세를 감경하는 것으로 해석할 수 없다는 점도 당연한 것으로 본다.

그러나 최근의 추세는 제정법 해석 시에 입법목적을 고려하는 방향으로 변해 가고 있다. 전체 문맥에 맞게 해석하기 위해서, 명백하게 불확실한 문언을 해결하기 위해서 그리고 법령이 불합리하게 되는 것을 방지하기 위해서 목적론적 해석을 인정한다. 이와 같은 해석방법의 변화는 유럽공동체의 성립과 더불어 영국의 제정법도 유럽의 다른 나라의 법령해석방법과 그 맥락을 같이해야 하기 때문으로 보인다.

2. 미국

판례법 국가인 미국의 조세체계는 제정법인 내국세입법(Internal Revenue Code)보다도 더 광범위한 재무부시행세칙(Treasury Regulations)과 국세청통칙(Revenue Rulings)에 의존하고 있다. 따라서 조세실무자들은 이들 제정법의 해석에 크게 의지하지만 실제로 위 규정들은 불명확하고 추상적인 개념들로 이루어져 있어서 이를 최종 해석하는 법원의 영향력이 크다고 알려져 있다. 특히 선례구속의 원칙이 적용되기 때문에 법원의 해석원칙은 제정법의 개정 시에 거의 반영된다.

미국에 있어서도 조세법은 성문법의 형식을 띠고 있다는 점에서는 영국의 경우와 공통점이 있다. 따라서 앞서 언급한 영국의 제정법에 관한 설명은 미국의 경우에도 그대로 타당하다. 그러나 미국의 조세법에 관한 해석방법은 엄격한 문리해석의 원칙이 적용되지 않는다는 점에서 영국의 경우와 다르다.

미국에서는 사법부인 법관이 적극적으로 조세법의 입법역사, 입법취지 내지 입법목적을 파악하여 조세법의 해석 시 그것을 광범위하게 고려한다. 일반적으로 다른 나라에 비하여 미국의 조세법령은 개방적이어서 법관은 해석에 있어서 자유롭게 적극적인 역할을 할 수 있으므로 사실상 입법이나 다름없을 정도로 법을 발전시키는 창조적 법 형성을 할 수 있는 여지가 있다. 그 결과 조세법 해석에 있어서 법문언의 맥락과 어의는 종종 무시되고 학설에 크게 의지한다. 그러므로 조세법에서 법적 안정성의 보장은 미흡하다고 볼 수 있다.

Ⅳ. 우리나라에서의 논의

1. 현행법상 해석기준

우리나라 실정법상 조세법의 해석기준은 국세기본법 제14조, 동법 제18조 및 동법 제19조에서 발견할 수 있다.

우선 국세기본법 제14조(실질과세)는 다음과 같이 규정하고 있다.

① 과세의 대상이 되는 소득·수익·재산·행위 또는 거래의 귀속이 명의일 뿐이고 사실상 귀속되는 자가 따로 있는 때에는 사실상 귀속되는 자를 납세의무자로 하여 세법을 적용한다.

② 세법 중 과세표준의 계산에 관한 규정은 소득·수익·재산·행위 또는 거래의 명칭이나 형식에 불구하고 그 실질내용에 따라 적용한다.

③ 제3자를 통한 간접적인 방법이나 2 이상의 행위 또는 거래를 거치는 방법으로 이 법 또는 세법의 혜택을 부당하게 받기 위한 것으로 인정되는 경우에는 그 경제적 실질내용에 따라 당사자가 직접 거래를 한 것으로 보거나 연속된 하나의 행위 또는 거래를 한 것으로 보아 이 법 또는 세법을 적용한다.

이 조문은 실질과세의 원칙을 선언하고 있는 것으로서 조세법의 해석방법으로 목적론적 해석에 의할 것을 규정하고 있다.

다음으로 국세기본법 제18조 제1항은 "세법의 해석·적용에 있어서는 과세의 형평과 해당 조항의 합목적성에 비추어 납세자의 재산권이 부당히 침해되지 아니하도록 하여야 한다"고 규정하고 있다.

이 규정은 조세법 해석의 방법과 원칙에 관한 것을 규정한 것으로 볼 수 있는데 조세법의 해석방법으로서 법조문의 목적·취지를 고려한 합목적적 해석 내지 목적론적 해석을 인정한다. 다만 납세자의 재산권 보장을 강조함으로써 과세관청은 합목적적 해석이라는 미명하에 자의적인 과세를 함으로써 국민의 재산권을 침해해서는 안 된다는 것을 명백히 한 것이다. 한편 국세기본법 제18조의 2 제1항은 제18조 제1항부터 제3항(소급과세금지 포함)까지의 기준에 적합한 세법해석을 위하여 기획재정부에 국세예규심사위원회를 둔다고 규정하고 있다.

끝으로 국세기본법 제19조는 "세무공무원이 그 재량에 의하여 직무를 수행함에 있어서는 과세의 형평과 해당 세법의 목적에 비추어 일반적으로 적당하다고 인정되는 한계를 엄수하여야 한다"고 규정하고 있다.

여기서는 개별적인 세법을 해석함에 있어서 해당 세법의 목적을 고려하여야 한다고 하여 조세법 전체의 목적인 조세법률주의의 테두리 내에서 각 개별 세법의 목적을 고려하는 합목적적 해석을 규정한 것이다.

이상에서 조세법 해석의 방법 및 태도에 관한 법률규정을 살펴보았다. 그런데 조세법 해석의 기본적 태도로서 명문화된 위 국세기본법 규정은 너무 추상적이고 일반적인 조항으로 되어 있어 조세법의 목적인 국민의 재산권보장에 충분히 대처할 수 없는 문제점이 있다. 더욱이 위에서 살펴본 바와 같이 개별 세법 내지 개별 세법조항의 합목적성을 강조한 나머지 지나치게 목적론적 해석에 치우칠 우려가 없지 않다.

2. 해석방법에 관한 학설·판례

조세법의 해석에 관하여 국민의 재산권보장을 목적으로 한 조세법률주의를 최고원칙으로 삼고 있으므로 그 파생원칙인 엄격해석원칙에 입각하여 문리해석을 우선해야 한다는 것이 국내학설의 일치된 견해이다.

조세법의 해석은 무엇보다도 문언에 충실하여야 하는데 그 이유는 조세법이 국민의 대다수가 자기의 위험부담 아래 조세법규를 해석하여 자진신고 납부하는 신고납세방식 위주이기 때문에 특히 법적 안정성과 예측가능성이 요청되고 이것은 법문언을 통해서만 가장 잘 보장되기 때문이다. 다만 문리해석에만 매달릴 것이 아니라 문언이 일의적이 아니어서 논리적 규명이 필요하거나, 문구만으로도 그 내용을 확정할 수 없는 경우에는 법률규정의 취지, 목적에 따르는 목적론적 해석 또는 논리적 해석이 필요하다는 데에도 견해가 일치한다.[35] 특히 당해 규정의 진정한 의미를 파악하기 위해서는 법의 목적, 입법자가 해당규정을 통해 실현하려고 했던 목적에 중점을 둔 해석방법이 동원되어야 하므로 이에 관한 고려 없이 이루어지는 문리해석, 역사적 해석, 체계적 해석은 법의 내용을 객관적으로 밝히는 데 있어서 한계를 나타내게 된다고 하여 해당 세법규정의 목적에 따르는 목적론적 해석의 중요성을 강조하는 견해도 있다.[36]

---

35) 조세법에서 목적론적 해석 또는 논리적 해석이 인정된다고 할 때 문리해석 이외의 다른 모든 해석방법들을 포함하는 의미인지 분명하지는 않다. 우리나라의 학자들은 논리적 해석 또는 목적론적 해석을 문리해석의 상대적 개념으로 사용하고 있는 것으로 보이므로 역사적·체계적 해석방법, 경제적 관찰방법 등을 모두 포괄하는 뜻으로 이해해야 할 것이다.

36) 김성수, "실질과세의 원칙, 경제적 관찰방법", 『균제 양승두 교수 화갑기념논문집 현대 공법과 개인의

문제는 조세법의 해석방법으로 목적론적 해석을 인정한다고 할 때 그 한계를 어떻게 볼 것인가이다. 이에 관한 유력한 견해는 목적론적 해석의 한계를 일반적으로 '법률의 문언이 가지는 예측가능성' 또는 '해당 조항의 내용을 논리적 모순 없이 파악할 수 있는 정도'라고 본다. 이러한 목적론적 해석의 한계기준에 관한 견해는 독일에서 조세법해석상 인정되고 있는 '법률문언의 가능한 의미'와 다르지 않다고 볼 수 있다.

판례에서 조세법의 여러 가지 해석방법을 직접적으로 설시하거나 해석순서를 정한 것은 찾아볼 수 없다. 다만 누차 "조세법률주의의 원칙상 과세요건이나 비과세요건 또는 조세감면요건을 막론하고 조세법규의 해석은 특별한 사정이 없는 한 법문대로 해석할 것이고 합리적 이유 없이 확장해석하거나 유추해석하는 것은 허용되지 않는다"라고 판시하고 있다.[37] ☞ 〈참고판례 2〉

이처럼 조세법의 문언을 중심으로 한 문리해석을 최우선으로 하고 있고 그 외에 대체로 사회의 통념에 의해 법규의 입법취지와 그 법문의 의미와 목적을 고려한 목적론적 해석방법을 사용하고 있다.[38]

한편 문리해석으로 발생한 의문을 법문언의 체계적 해석을 통하여 해결한 것으로 보이는 판결도 있다.[39] ☞ 〈참고판례 3〉

3. 검토 및 정리

조세법도 법이므로 그 해석방법은 다른 법영역에 있어서와 근본적으로 다르지 않고 전통적 법해석방법이 사용된다고 볼 수 있다. 따라서 문리해석, 역사적 해석, 체계적 해석, 그리고 목적론적 해석 등의 해석방법이 모두 사용되지만 조세법의 특징상 그 내용에 있어서 다소 변용을 받는 것에 불과하다. 이러한 관점에서 다음과 같이 조세법의 해석방법을 정리해 볼 수 있다.

첫째, 조세법을 해석하는 목적 내지 목표는 조세법 입법자의 주관적인 의사를 탐구하는 것이라기보다 조세법의 객관적 내용이나 목적을 구체적 생활관계에 맞추어 찾아내는 것이다. 이때 입법자의 의사는 합목적적으로 객관화된다고 말할 수 있다.

권익보호』, 1994, 581면.

37) 대법원 2007.7.12. 선고 2005두15021 판결, 대법원 2006.5.25. 선고 2005다19163 판결 참조.

38) 대법원 2006.2.10. 선고 2005두12527 판결, 대법원 2003.2.28. 선고 2001두8483 판결, 대법원 1991.12.27. 선고 91누4515 판결 등 참조.

39) 대법원 1997.7.8. 선고 96누3821 판결, 대법원 1995.7.14. 선고 94누1203 판결 참조.

둘째, 조세법은 성문법의 특색을 지니고 문언에 의해 법규범적 의미가 표현되어 있기 때문에 법률의 문언을 중심으로 한 문리해석은 지극히 당연한 것이다. 이런 의미에 있어서 법률의 문언은 해석의 출발점이라는 데 국내외의 모든 학설과 판례는 이견이 없다. 그런데 단순히 조세법 문언의 언어학적 해석이라면 법률의 해석이라고 볼 수 없다.

예를 들어 법인세법은 익금과 손금의 의의에 관하여 어떠한 정의적 규정 또는 일반적 규정을 두고 있지 않다. 단지 개개의 규정에 있어서 어떤 것은 익금 또는 손금에 산입하거나 산입하지 않는다는 뜻을 규정하는 데 그치기 때문에 구체적으로 어떠한 것을 익금 또는 손금으로 결정해야 하는지는 익금 또는 손금이라는 문언의 언어학적 해석으로 해결될 수 없다.

그러므로 조세법 개념의 성질을 이론적으로 해명하는 것과 함께 조세법 해석상의 제원칙과 각 개별적 규정에 나타난 법의 정책적·기술적 배려를 병행 참작하여야 한다. 그러므로 문리해석이라는 것은 조세법의 용어례에 따른 해석일 때 비로소 문언의 법률용어적 의미를 규명하는 것이 된다.

셋째, 문리해석에 있어서 법문의 문언에 나타난 규범적 의미내용을 밝히되 실정법의 해석은 일차적으로 그 당해 문언의 통상적 어의에 의하여 파악되고 일반적·상식적 이해에 기초하여 해석되어야 한다. 즉 실정법이 법률에 문외한인 일반국민의 상식적인 이해에 기초를 두고 제정되었다고 볼 것이므로 그 해석·적용은 납세자의 일반적이고 통상적인 이해에 상응하여야 하는 것이다.[40]

넷째, 단순히 법규정의 문언만으로 해석할 수 없는 경우 또는 문언의 해석에 의할 때 몇 개의 해석이 가능한 경우에는 문리해석만을 고집할 수 없게 된다. 그러므로 해당 규정의 진정한 의미를 파악하기 위해서는 보충적으로 해당 조세법 조문이 만들어진 역사적 배경이나 연혁, 해당 규정이 속한 법률 내에서 해당 규정의 위치와 맥락에 관한 체계적 고찰, 그리고 해당 세법의 목적, 해당 조문의 취지 즉 입법자가 해당 규정을 통해 실현하려고 했던 목적에 중점을 둔 해석방법 등이 함께 사용되어야 한다. 이 과정에서 문리해석 이외의 다른 해석방법들 간에 어떤 명백한 해석의 우선순위는 없다고 본다. 이것들은 해석 시 모두 종합적으로 고려되어야 하고 또한 가치 면에서도 각자 대등하다고 보기 때문이다.[41]

다섯째, 과세관청처럼 조세법의 목적을 재정수입의 확보라고 하는 국고주의 입장에서 이해하거나 조세부담의 평등을 내세워 목적론적 해석을 특히 강조하는 일부 학자의 견해

---

40) 대법원 1962.1.18. 선고 4294행상67 판결 참조.
41) 대법원 2009.2.12. 선고 2004두10289 판결 참조.

에 동조하여 목적론적 해석을 지나치게 중시하면 자의적 해석의 위험성이 있으므로 그 한계를 분명히 해야 한다. 그리고 그 한계는 문언의 언어공동체적 관습에 따른 의미 내이기 때문에 어떤 해석방법을 사용하더라도 문언을 경시한다거나 문언과 다른 해석을 해서는 안 될 것이다.

이와 같이 조세법의 해석은 기본적으로 엄격한 해석이 요청되고 있으므로 우선 법규의 문언이 중시된다. 따라서 법문언의 통상의 용어례보다 확장해석한다거나 축소해석한다거나 또는 유추해석하는 것은 원칙적으로 허용되지 않는다.

〈참고판례 2〉

대법원 2006.5.25. 선고 2005다19163 판결【배당이의】

【판시사항】

[1] 비과세요건이나 조세감면요건에 관한 법규의 해석기준

[2] 구 지방세법 제110조의 규정을 취득세의 비과세대상을 한정적으로 열거한 것이라고 보아 시설대여한 중기를 지입계약에 따라 지입회사의 명의로 소유권 등록을 한 경우에는 위 규정에서 정하고 있는 형식적인 소유권 취득에 포함될 수 없다고 한 원심의 판단을 수긍한 사례

【판결요지】

[1] 조세법률주의의 원칙에서 파생되는 엄격해석의 원칙은 과세요건에 해당하는 경우에는 물론이고 비과세 및 조세감면요건에 해당하는 경우에도 적용되는 것으로서, 납세자에게 유리하다고 하여 비과세요건이나 조세감면요건을 합리적 이유 없이 확장해석하거나 유추해석하는 것은 조세법의 기본이념인 조세공평주의에 반하는 결과를 초래하게 되므로 허용되어서는 아니 된다.

[2] 구 지방세법(1993.6.11. 법률 제4561호로 개정되기 전의 것) 제110조의 규정을 취득세의 비과세대상을 한정적으로 열거한 것이라고 보아, 시설대여한 중기를 지입계약에 따라 지입회사의 명의로 소유권 등록을 한 경우에는 위 규정에서 정하고 있는 형식적인 소유권 취득에 포함될 수 없다고 한 원심의 판단을 수긍한 사례

【이유】

상고이유를 판단한다.

조세법률주의의 원칙에서 파생되는 엄격해석의 원칙은 과세요건에 해당하는 경우에는 물론이고 비과세 및 조세감면요건에 해당하는 경우에도 적용되는 것으로서, 납세자에게 유리하다고 하여 비과세요건이나 조세감면요건을 합리적 이유 없이 확장해석하거나 유추해석하는 것은 조세법의 기본이념인 조세공평주의에 반하는 결과를 초래하게 되므로 허용되어서는 아니 된다.

같은 취지에서 원심이 대건중기 주식회사에 대해 이 사건 취득세가 부과될 당시의 구 지방세법(1993.6.11. 법률 제4561호로 개정되기 전의 것) 제110조는 취득세의 비과세대상을 한정적으로 열거한 것으로 판단하고, 나아가 이와 달리 위 구 지방세법 제110조 각 호의 규정은 단순한 예시적 규정임을 전제로 하여 대건중기 주식회사가 ㅈ입계약에 의하여 이 사건 천공기에 대한 소유권을 취득하였지만 이는 위 규정에서 정하고 있는 형식적인 소유권 취득에 포함될 수 있어 비과세대상이라는 취지의 원고 주장을 배척한 것은 정당하고, 거기에 상고이유에서 주장하는 바와 같은 법리오해의 잘못이 있다고 할 수 없다.

〈참고판례 3〉

대법원 1995.7.14. 선고 94누1203 판결【법인세 등 부과처분취소】

【판시사항】

구 법인세법시행령 제30조 제1호의 해석

【판결요지】

구 법인세법시행령(1990.12.31. 대통령령 제13195호로 개정되기 전의 것) 제30조 제1호는 그 규정 형식이 언뜻 보기에 '법인의 업무에 관련이 없는 자산 중 재무부령이 정하는 것'을 취득, 관리함으로써 생기는 비용, 유지비, 수선비와 이에 관련되는 손비라고 보여 '법인의 업무에 관련이 없는 자산'이라는 개념이 '재무부령이 정하는 것'이라는 개념보다 넓은 상위 개념의 형식인 것 같으나, 괄호 안에서 '이하 이 조에서 업무무관자산이라 한다'고 규정한 것으로 보아 '법인이 그 업무에 관련이 없는 자산으로서 재무부령이 정하는 것'이라는 부분이 전체로서 '업무무관자산'을 정의한 것으로 보아야 한다.

【이유】

상고이유와 상고이유서 제출기간 경과 후에 제출된 상고이유보충서 기재 중 상고이유를 보충하는 부분을 함께 판단한다.

원심판결 이유에 의하면, 원심은 그 판결에서 들고 있는 증거들을 종합하여, 피고가 1992년 4월 22일 원고가 보유하고 있는 이 사건 부동산이 구 법인세법(1990.12.31. 법률 제4282호로 개정되기 전의 법률, 이하 같다) 제16조 제7호, 같은 법 시행령 (1990.12.31. 대통령령 제13195호로 개정되기 전의 시행령, 이하 같다) 제30조 제1호, 같은 법 시행규칙(1991.2.28. 재무부령 제1844호로 개정되기 전의 시행규칙, 이하 같다) 제11조 제1항 제3호 소정의 비업무용 부동산에 해당한다고 보아, 원고에 대한 1990사업 연도 소득금액을 계산함에 있어서 당초 원고가 손금으로 산입하여 신고한 제세공과금, 감가상각비 등 유지관리비 금 319,263,917원을 손금불산입하여 원고에 대하여 이 사건 법인세 등을 부과처분한 사실을 인정한 다음, 원고가 지급이자를 손금불산입하는 법인세 법 제18조의 3의 규정과 비업무용 부동산의 유지관리비용을 손금불산입하는 같은 법 제 16조 제7호의 규정은 입법취지와 적용대상이 각각 다른 규정이므로 후자의 규정은 법인 의 업무와 관련 정도를 따져 법인업무와 직접 관련이 없는 부동산에 대한 유지관리비를 손금불산입하는 규정으로 해석하여야 할 것인데, 원고는 목적사업인 장학사업을 위하여 필요한 수익사업의 하나로 부동산임대업을 사업목적으로 등록하여 감독관청의 승인을 얻 었을 뿐만 아니라 실제에 있어서도 이 사건 부동산의 임대수입금은 전적으로 목적사업인 장학사업을 위하여 필요한 기금으로 사용되고 있는 터이므로, 이 사건 부동산을 업무무 관자산으로 보는 것은 부당하다는 주장에 대하여, 비업무용 부동산을 업무무관자산으로 보아 그 부동산의 관련 유지관리비용을 손금에 산입하지 아니하기로 한 것은 입법정책에 관한 것이고, 법인세법시행규칙 제11조 제1항을 1990년 4월 4일 개정하여 같은 법 시행 규칙 제18조 제3항 내지 제11항에 규정한 비업무용 부동산을 업무무관자산으로 보도록 규정한 것은 같은 법 시행령 제30조 제1항의 위임의 한계를 벗어난 것이라고 볼 수 없 다 할 것이므로 이 사건 부동산을 위 시행규칙 제18조 제3항 제11호 소정의 비업무용 부동산에 해당하는 업무무관자산으로 보아 그 유지관리비를 손금불산입한 것은 명문의 규정에 따른 것으로서 정당하다고 하여 원고의 주장을 배척하였다.

그런데 <u>법인세법 제16조 제7호</u>는 "법인이 각 사업연도에 지출한 경비 중 대통령령이 정하는 바에 의하여 직접 그 업무에 관련이 없다고 정부가 인정하는 금액"은 소득금액계산상 손금에 산입하지 아니한다고 규정하고 있고, 그 위임을 받은 같은 법 시행령 제30조 제1호는 법 제16조 제7호에서 "직접 그 업무에 관련이 없다고 정부가 인정하는 금액"의 하나로 "법인이 그 업무에 관련이 없는 자산으로서 재무부령이 정하는 것(이하 이 조에서 '업무무관자산'이라 한다)을 취득, 관리함으로써 생기는 비용, 유지비, 수선비와 이에 관련되는 손비"를 들고 있으며, 다시 그 위임을 받은 같은 법 시행규칙 제11조 제1항 제3호는 업무무관자산의 하나로 "제18조 제3항 내지 제11항의 규정에 의한 비업무용 부동산"을 들고 있는데, 같은 규칙 제18조 제3항 제11호에서는 "임대에 쓰이고 있는 부동산으로서 1년간의 수입금액이 당해 부동산 가액의 100분의 7에 미달하는 부동산"을 비업무용 부동산의 하나로 들고 있다.

위 법인세법의 규정들은 법인의 업무무관자산 보유를 법인의 유지관리비에 대한 손금불산입조건의 하나로 규정하면서 그 업무무관자산의 범위를 시행령에 위임하고, 그 위임을 받은 위 시행령조항에서는 업무무관자산의 범위에 관한 일반적인 기준을 제시하는 한편 그 구체적인 내용을 재무부령에 다시 위임하고, 위 각 시행규칙은 우 시행령규정의 위임에 따라 개별적으로 업무무관자산의 내용을 열거하고 있는 것으로서 그 위임의 범위와 기준을 특정하여 하위법령이나 규칙에 위임하고 있는 것인바, 다만 법인세법시행령 제30조 제1호는 그 규정 형식이 언뜻 보기에 '법인의 업무에 관련이 없는 자산 중 재무부령이 정하는 것'을 취득 관리함으로써 생기는 비용, 유지비, 수선비와 이에 관련되는 손비라고 보여 '법인의 업무에 관련이 없는 자산'이라는 개념이 '재무부령이 정하는 것'이라는 개념보다 넓은 상위 개념의 형식인 것 같으나, 괄호 안에서 '이하- 이 조에서 업무무관자산이라 한다'고 규정한 것으로 보아 '법인이 그 업무에 관련이 없는 자산으로서 재무부령이 정하는 것'이라는 부분이 전체로서 '업무무관자산'을 정의한 것으로 보아야 할 것이다. 그렇게 해석하지 않고 만일 전자와 같이 해석한다면 '법인의 업무에 관련이 없는 자산'이 무엇인지에 대하여 시행령에 다시 정의 규정을 두었어야 할 것임에도 불구하고 이에 관한 규정이 전혀 없을 뿐 아니라 '재무부령이 정하는 것'이라는 것만 가지고는 시행령이 의미하는 괄호 안의 '업무무관자산'의 정의가 나올 수 없고, 결국 재무부령이 업무에 관련이 없는 자산이라고 정한 것이 업무무관자산을 의미한다고 보아야 하기 때문이다. 위 규정의 전체적인 뜻을 상고이유에서 지적하는 바와 같이 법인의 업무와 관련이 없는 자산 중에서 다시 재무부령이 정하는 것으로 볼 수 없고 '법인이 그 업무에 관련이 없는 자산으로 재무부령이 정하는 것'이라는 의미로 새겨야 할 것이다. 그렇게 해석하는 것이 위 시행령 제30조가 법인세법 제16조 제7호에서 정한 '직접 그 업무에 관련이 없다고 정부가 인정하는 금액'의 의미를 구체화하기 위한 규정인 취지에도 부합한다고 할 것이므로 그러한 해석이 위 시행령을 헌법 제75조의 개별위임에 관한 규정이나 또는 헌법 제59조의 조세법률주의에 반하는 무효의 규정으로 만드는 해석이라고 할 수 없다.

이렇게 본다면, 원심이 이 사건 부동산은 임대에 쓰이고 있는 부동산으로서 1년간의 수입금액이 당해 부동산가액의 100분의 7에 미달하는 부동산이기 때문에 법인세법 시행규칙 제18조 제3항 소정의 비업무용 부동산이고, 따라서 같은 법 시행규칙 제11조 제1항 제3호에 의한 업무무관자산에 해당하여 같은 법 시행령 제30조 제1호에 의하여 그 부동산을 취득, 관리함으로써 생기는 비용, 유지비, 수선비와 이에 관련되는 손비는 법인세법 제16조 제7호에 정한 법인이 각 사업연도에 지출한 경비 중 대통령령이 정하는 바에 의하여 직접 그 업무에 관련이 없다고 정부가 인정하는 금액으로서 같은 법 제16조에 의하여 내국법인의 각 사업연도의 소득금액계산상 이를 손금에 산입하지 아니한다고 한 것은 정당하고, 상고이유에서 지적하는 바와 같이 이 사건 부동산이 비업무용 부동산인지를 따지기에 앞서 법인의 업무에 관련이 없는 자산인지를 따지지 않았다 하여 위법하다고 할 수 없다. 따라서 상고이유 제1, 2점은 모두 받아들일 수 없다.

V. 유추해석의 가능성

1. 학설

유추해석은 어떤 사항을 직접 규정한 법규가 흠결된 경우에 이와 가장 비슷한 사항을 규정한 법규를 적용하는 것이다. 이것은 가능한 문언의 의미를 넘어서 법문언을 법률이 추구하는 방향으로 더 발전시키는 법 형성으로서 목적론적 해석의 토대가 되기도 한다.

조세법에서 유추해석이 가능한지에 관하여 우리나라의 학설·판례는 엄격한 문리해석 원칙에 입각하여 거의 예외 없이 부정하고 있다. 그러나 유추해석에 의한 흠결보정을 전면적으로 부인하는 견해만 있는 것은 아니다. 외국의 학설과 판례에서는 일부 긍정하는 견해도 찾아볼 수 있다. 이 문제에 관해서는 독일에서 끊임없이 논란이 되고 있는데 유추해석의 가능성에 대하여 긍정설과 부정설이 있다.

1) 긍정설

조세법의 법률요건은 다른 법 분야의 법률요건과는 달리 사물의 본질로부터 본래 과세되어야 하는 사물법칙성이 존재하지 않고 실증주의적이며, 더욱이 자의적이고 정책적인 결정에 기인하기 때문에 조세법은 원칙적으로 유추해석할 수 없지만 조세를 감경하는 유추해석은 허용된다고 주장한다.[42)]

이에 반하여 조세법은 사실상 사물법칙성에 근거하고 있으며 만일 그렇지 않다면 조세법은 결코 법이 아니라 하나의 자의적인 영역에 지나지 않는다는 견해도 있다. 이 견해는 조세법률이 유추해석될 수 없다면 그것은 조세를 감경하는 규정에도 마찬가지로 적용되어야 할 것이라고 하고, 그렇기 때문에 조세법의 원칙이 종종 훼손되더라도 조세법이 예외 없이 유추해석할 수 없는 법률영역이라고 볼 것은 아니라고 한다.[43)]

긍정설은 대체로 납세자에게 불이익한 유추해석은 금지되지만 법률의 흠결을 시정하는 입법의 지연으로 불공평 내지 불공정이 납세자에게 불리하게 될 경우에 그 시정을 위해서 납세자에게 유리한 유추해석이 가능하다고 한다.[44)]

그 논거를 살펴보면 조세법에 있어서 조세법률주의는 형법에 있어서 죄형법정주의와는 성질이 다른 것으로 반드시 유추해석의 금지를 요구하는 것은 아니라고 한다. 따라서 조세법해석에 있어서 공평부담의 원칙 내지 세수확보를 위한 합목적적 관점에서 구체적 타당성을 추구하기 위해서는 어느 정도의 유추해석을 허용해야 한다는 것이다.

우리나라에서는 명백히 조세법에 있어서 유추해석을 긍정하는 견해가 없지만 구체적 타당성과 법적 안정성을 확보하기 위해서 실정법의 개념을 유추 또는 확대해석해야 할 경우가 많이 있다고 현실을 인정하고 실제 대법원 판결에서도 그렇게 판시한 경우가 있음을 지적하는 견해가 있다.[45)] 그 외 조심스럽게 납세자에게 불리하지 않는 범위 내에서는 유추해석 또는 유추적용을 긍정하는 견해가 있다.[46)]

---

42) W. Flume, Die Analogie im Steuerrecht, *StbJb.* 1964/65, S. 68 f; K. Tipke/H.W. Kruse, *Kommentar zur Abgabenordnung*, Bd. 1. 15Aufl., Köln: Verlag Dr. Otto Schmidt KG, 1994, §4 Tz. 121.

43) K. Tipke/J. Lang, *a.a.O.*, S. 64.

44) 山崎廣道, "實質課稅の原則と經濟的觀察法", 『稅法學』 第395號, 11면, F. Klein/G. Orlopp, *Abgabenordnung–Kommentar,* 4Aufl., München: Verlag C.H. Beck, 1989. S. 33.

45) 이창희, 『세법강의』, 박영사, 2007, 75면.

46) 이회창, "조세법률주의 — 그 권리보장적 기능과 관련하여", 『재판자료 제60집 조세사건에 관한 제문제 (上)』, 법원행정처, 1993, 17면.

2) 부정설

조세법은 국민의 재산권 보장에 대한 침해법규로서의 성질을 지니고 있어 법적 안정성의 요청이 강하므로 그 해석은 원칙적으로 문리해석에 의할 것이고 함부로 유추해석을 함은 허용되지 않는다는 것이 국내외의 다수설이다.[47]

부정설은 그 논거로서 조세법률주의의 기능인 법적 안정성과 함께 조세부과에 관한 결정은 입법자에게 유보된다는 권력분립의 원칙을 든다.

오늘날 독일의 다수설은 조세법률도 유추해석할 수 있는 것으로 보고 있으나 납세자에게 부담이 되는 유추해석은 법적 안정성이라는 이유에서 허용되지 않는다고 한다. 반면에 소수설은 유추해석에 의한 흠결보충은 납세자에게 유리한 경우에도 절대로 허용되지 않는다고 한다.[48]

2. 판례

독일의 판례는 납세자들에게 유리한 유추해석을 일반적으로 허용하고 있다.[49]

일본의 판례는 "법률의 해석상 의심스러운 경우에 국민의 이익으로 해석해야 할 것인지는 별론으로 하고, 차지권 설정에 있어 토지소유자에 지불되는 소위 권리금 가운데서 경제적, 실질적으로는 소유권의 권능의 일부를 양도한 대가로서의 성질을 갖는 것이고 이러한 권리금은… 양도소득이 있는 것이라고 유추해석함이 상당하다"라고 판시하여 긍정설 중에서도 경제적 실질이 동일하다고 인정되는 것에만 유추해석이 허용되고, 납세자의 이익을 위해서는 그러한 해석이 허용되지 않는다고 판시한 것이 있다.[50] 반면에 하급심판례에서는 납세자에게 유리한 유추해석을 인정한 것이 있다.[51]

우리나라 판례도 국세환급가산금의 규정에 관하여 납세자에게 유리한 유추해석을 인정한 판결이 있다.[52] ☞ 〈참고판례 4〉

---

47) 강인애, 앞의 책, 150면; 최명근, 앞의 책, 200면.

48) D. Birk, *Steuerrecht Ⅰ. Allgemeines Steuerrecht,* 2Aufl., München: Verlag C.H. Beck, 1994. S. 114; R. Weber－Fas, *Grundzüge des allgemeinen Steuerrechts der Bundesrepublik Deutschland,* Tübingen: J.C.B. Mohr, 1979, S. 85.

49) BFH v. 12. 1. 90, BStBl 90 Ⅱ 423; BFH v. 13. 1. 84, BStBl 84 Ⅱ 315; D. Birk, *a.a.O.,* S. 114.

50) 일본 最高裁, 昭和 45.10.23. 판결.

51) 일본 東京地裁, 昭和 39.10.23. 판결.

52) 대법원 1985.9.10. 선고 85다카571 판결 참조.

그러나 앞서 본 바와 같이 대체로 법의 흠결된 영역에 유추해석을 금지하는 판결의 입장이 확고하다고 볼 수 있다.

3. 결어

외국의 학설·판례에 의하면 조세 창설적 혹은 조세 가중적인 유추해석은 금지되고 납세자에게 유리한 조세 감경적 유추해석은 허용된다고 보고 있는데 그 논거는 명확하다고 볼 수 없다. 실제로도 모든 법률개념이 어느 정도 불확정적이라는 사실을 간과해서는 안 된다. 즉 조세법에는 일반조항, 막연한 개념, 가치보충을 필요로 하는 개념과 유형개념이 존재한다. 세무사·변호사와 같은 조세조언자도 조세법규의 문구나 어의 내용보다 오히려 판결·기본통칙·해당주석·전문적인 논문·세무관청의 선결정례에서 나타나는 일반적 법률해석을 신뢰한다. 그리하여 '가능한 문언의 의미' 속에서 대부분 여러 가지의 의미 및 해석가능성이 고려된다. 이 경우에 어떠한 해석이 타당하고 결정적인가는 어떤 원칙이나 규칙이 법률의 기초가 되는가에 의하여 좌우된다.

일반적으로 법적 안정성의 의미는 원칙 또는 규칙의 안정성을 말하는 것이다. 그런데 법적 안정성의 측면에서 볼 때 유추해석이 허용될 수 없는 조세 가중적인 경우와 유추해석이 허용되는 조세 감경적 경우를 구분하는 것은 많은 조세법규정이 개별 사안에 따라 어떤 납세자에게는 부담적으로 어떤 납세자에게는 유리하게 작용할 수 있기 때문에 문제점이 있다. 따라서 조세법에 있어서는 납세자에게 유리한 수익적 유추도 허용될 수 없다고 이해하여야 타당할 것이다. 그렇기 때문에 조세법의 해석은 법률의 문언에 충실하게 그 의미 내용을 밝히는 문리해석을 기초로 하여야 할 것이며, 법률의 문언이 갖는 의미 범위 내에서 법률규정의 취지 및 목적 등을 고려하는 목적론적 해석을 할 수 있는 것으로 보아야 할 것이다.

다만 국가 또는 지방자치단체와 납세자 사이의 조세채권·채무를 발생시키는 조세법률관계의 실체를 규율하는 것이 아니라 단지 조세의 부과·징수 등의 절차를 규율하거나 조세쟁송에 관한 절차를 규율한 법률문언은 납세자에게 유리하게 유추해석할 수 있다고 본다.

〈참고판례 4〉

대법원 1985.9.10. 선고 85다카571 판결【부당이득금】

【판시사항】

구 관세법(1983.12.29. 법률 제3666호로 개정되기 전의 것) 시행 당시 과오납관세의 환급에 있어서의 환급가산금의 지급 여부(적극)

【판결요지】

구 관세법(1983.12.29. 법률 제3666호로 개정되기 전의 것) 및 동법 시행령(1983.12.29. 대통령령 제11286호로 개정되기 전의 것)에는 과오납관세의 환급에 있어서 국세기본법 제52조 등과 같은 환급가산금(이자)에 관한 규정이 없으나, 부당하게 징수한 조세를 환급함에 있어서 국세와 관세를 구별할 합리적인 이유가 없고 과오납관세의 환급금에 대해서만 법의 규정이 없다 하여 환급가산금을 지급지 아니한다는 것은 심히 형평을 잃은 것이라 할 것이므로(따라서 현행관세법에는 환급가산금에 관한 규정을 신설하였다) 국세기본법의 환급가산금에 관한 규정을 유추적용하여 과오납관세의 환급금에 대해서도 납부한 다음 날부터 환급가산금(이자)을 지급하여야 한다.

【이유】

피고 소송수행자의 상고이유를 판단한다.

원심판결에 의하면 원심은 거시증거에 의하여 원고가 1980년 8월 11일 판시 의약품제조기계를 수입하면서 이에 대한 관세, 방위세, 부가가치세 등을 자진신고, 납부까지 하였는데 인천세관장이 1981년 1월 8일 원고에게 위 자진신고 납부한 세액 이외에 관세 26,099,616원, 특별소비세 57,419,155원, 방위세 17,225,746원, 부가가치세 8,351,877원을 추가로 부과처분을 하자, 원고가 1981년 1월 20일 위 추가부과처분 된 세액을 납부한 다음 서울고등법원에 인천세관장을 상대로 위 추가부과처분의 취소를 구하는 행정소송을 제기하여 1983년 11월 1일 위 법원으로부터 위 추가부과처분 중 관세 26,099,616원 전액과 특별소비세 중 10,066,343원, 방위세 중 3,619,902원, 부가가치세 중 1,206,634원을 초과하는 부분은 모두 위법하다 하여 이를 취소하는 원고 일부승소판결을 선고받고 그 판결이 그 무렵 확정됨으로써, 인천세관장이 1983년 12월 15일 원고에게 위 취소된 관세 26,099,616원, 특별소비세 45,352,812원, 방위세 13,605,844원, 합계 85,058,272원을 환급하여 준 사실을 인정한 다음 어떤 행정처분이 행정상의 쟁송절차를 거쳐 위법하다는 이유로 취소된 이상, 그 위법한 처분에 의하여 부과징수한 금액은 부당이득에 해당하고 이러한 경우 부당이득반환의 범위는 처분청의 선의, 악의를 가릴 것 없이 피고는 그 받은 이익 전부에다 이자까지 붙여서 반환하여야 한다고 봄이 상당하다고 판시한 다음, 원고가 과오납부하였다가 환급받은 금액 중 특별소비세와 방위세는 국세의 일종이어서 국세기본법의 적용을 받으므로, 국세기본법 제52조 제1호, 동법 시행령 제30조 제2항에 의하여 그 납부한 다음 날부터 환급받은 날까지 환급금 100원에 대하여 1일 3전의 비율에 따른 이자를, 관세에 관해서는 당시 관세법에 환급가산금에 관한 규정이 없다 하더라도, 처분청의 선의, 악의를 가릴 것 없이 그 납부한 다음 날부터 환급받은 날까지 민법소정의 연 5푼의 비율에 의한 이자를 지급하여야 한다고 판시하였다. 그러나 조세의 부과처분과 같은 행정행위는 그것이 중대하고 명백한 하자가 있어 당연무효인 경우를 제외하고는 행정행위의 공정력에 의하여 유효하게 존속하고 단지 권한 있는 기관 또는 행정쟁송절차에 의하여 그 부과처분이 취소된 때에, 비로소 그 부과 징수한 금액은 법률상 원인 없이 이득을 얻은 것이 되어 그 범위 내에서 부당이득의 성질을 가진다 할 것이므로, 이를 환급하여야 할 것이나 이를 환급함에 있어서도 법률에 특별한 규정이 있는 경우에는 그에 따라야 할 것이다.

그런데 국세기본법 제52조 제1호, 동법 시행령 제30조 제2항에 의하면 부과처분의 취소변경으로 인한 국세환급금에 있어서는 그 납부일 다음 날부터 환급받은 날까지 환급금 100원에 대하여 1일 3전의 비율에 의한 이자를 가산하여야 한다고 규정하고 있으나, 본건 환급 당시 시행된 구 관세법 및 동법 시행령에는 과오납관세의 환급에 있어서 환급가산금(이자)에 관한 규정이 없는바, 부당하게 징수한 조세를 환급함에 있어서 국세와 관세를 구별할 합리적인 이유가 없고 과오납관세의 환급금에 대해서만 법의 규정이 없다 하여 환급가산금을 지급치 아니한다는 것은 심히 형평을 잃은 것이라 할 것이므로(따라서 현행 관세법에는 환급가산금에 관한 규정을 신설하였다) 국세기본법의 환급가산금에 관한 규정을 유추적용하여 과오납관세의 환급금에 대해서도 납부한 날의 다음 날부터 환급가산금(이자)을 지급하여야 한다고 해석하여야 할 것이다.

따라서 원심이 과오납관세의 환급을 민사상 부당이득의 반환이라고 하면서도 그 반환 범위에 관해서는 법률상 근거도 없이 처분청의 선의, 악의를 가릴 것 없이 납부한 날의 다음 날부터 환급가산금(이자)을 지급하여야 한다고 판시한 것은 이유모순의 위법이 있다 할 것이나, 그 납부한 다음 날부터 환급가산금을 지급하여야 한다고 한 결과에 있어서는 정당하다 할 것이므로 결국 이 점에 대한 논지는 이유 없다 할 것이다.

제2장 조세법률주의

제1절 조세법의 해석원칙

오늘날 조세법은 고유의 원리 또는 가치기준을 가진 독자적 법영역으르 인식되고 있다. 따라서 조세법의 해석에 있어서 그 근간이 되는 원칙을 탐구하는 것이 반드시 필요할 뿐만 아니라 그 해석원칙을 잘 이해하여야 조세법규의 정확한 해석이 가능해진다. 조세법의 해석원칙은 조세법규를 해석함에 있어서 기준을 제공할 뿐 아니라 조세법을 해석하고 적용하는 세무행정청과 국민이 지키고 존중해야 할 기본지침이 된다.

조세법의 해석원칙을 무엇으로 볼 것인가는 조세법의 기본원칙을 무엇으로 보느냐에 달려 있다고 생각한다. 조세법의 해석원칙에 대해서는 국내외 조세법학자, 행정법학자, 재정학자에 따라서 그 견해가 각양각색이지만 대다수의 조세법 학자들은 조세법률주의와 조세공평주의를 조세법의 양대 해석원칙으로 인정한다. 그리고 일반 법원칙이라고 볼 수 있는 신의성실의 원칙을 제3의 해석원칙으로 인정하는 학자들도 다수이다. 그 외에 납세자주의를 조세법상 해석원칙으로 인정하는 견해도 있다.

조세법의 해석원칙을 알기 위해서는 우선 헌법이나 조세법의 규정을 살펴보아야 할 것이다. 현행 헌법 제38조에서 "모든 국민은 법률의 정하는 바에 의하여 납세의 의무를 진다", 동법 제59조에서 "조세의 종목과 세율은 법률로 정한다"고 하여 조세법률주의를 선언하고 있다. 한편 조세공평주의를 직접적으로 규정한 바 없으나 헌법 제11조에 규정되어 있는 평등의 원칙은 조세법에도 그대로 적용된다. 뿐만 아니라 국세기본법 제18조 제1항에서 "세법의 해석·적용에 있어서는 과세의 형평과 해당 조항의 합국적성에 비추어 납세자의 재산권이 부당히 침해되지 아니하도록 하여야 한다"고 규정하여 조세공평주의를 간접적으로 성문화하고 있고, 동법 제19조는 "세무공무원이 그 재량어 의하여 직무를 수행함에 있어서는 과세의 형평과 해당 세법의 목적에 비추어 일반적으로 적당하다고 인정되는 한계를 엄수하여야 한다"고 규정하여 세무행정청에 의한 법적용에 있어서 공평하여야 한다는 원칙을 정하고 있다.

또한 국세기본법 제15조에서 "납세자가 그 의무를 이행함에 있어서는 신의에 좇아 성실히 하여야 한다. 세무공무원이 그 직무를 수행함에 있어서도 또한 같다"고 규정함으로써 신의성실의 원칙을 명문화하였고, 동법 제18조 제3항은 "세법의 해석 또는 국세행정의 관행이 일반적으로 납세자에게 받아들여진 후에는 그 해석 또는 관행에 의한 행위 또는 계산은 정당한 것으로 보며, 새로운 해석 또는 관행에 의하여 소급하여 과세되지 않는다"고 규정하고 있다. 이 규정은 신의성실의 원칙의 예시적인 특별규정으로서 위 제15조를 구체화한 규정으로 볼 수 있다. 그 밖에 신의칙의 적용으로 볼 수 있는 규정들이 각 개별 세법에 마련되어 있다.

그리고 헌법 제1조 제2항에서 "대한민국의 주권은 국민에게 있고, 모든 권력은 국민으로부터 나온다"고 하여 국민주권의 원리를 선언하고 있고, 동 조 제1항은 민주공화국임을 규정하여 국민주권주의의 채택을 간접적으로 규정하고 있다. 이것이 조세법에서 구현된 것이 납세자주권주의이다. 이로부터 조세법상 납세자주의의 원칙이 도출되는데 개정 국세기본법 제81조의 2에서 납세자권리헌장의 제정 및 교부에 관한 원칙을 정하고 있다.

나아가 국세기본법은 실질과세의 원칙(국세기본법 제14조), 근거과세의 원칙(동법 제16조), 조세감면의 사후관리원칙(동법 제17조), 소급과세금지의 원칙(동법 제18조), 세무공무원의 재량의 한계(동법 제19조), 기업회계존중의 원칙(동법 제20조) 등 일련의 조세법상의 원칙을 규정하고 있다. 그런데 위 제 원칙을 모두 조세법의 해석원칙이라고 볼 수 없다. 위 제 원칙들 중에는 조세부과의 원칙 또는 조세행정의 원칙 등도 포함되어 있다.

이상과 같은 조세법 규정, 그리고 학설 및 판례 등을 종합하여 볼 때 조세법률주의와 조세공평주의를 조세법의 해석원칙으로 보는 데 큰 이견은 없는 것으로 보인다. 그 외 모든 법의 기본원칙이면서 현행 조세법에 명문화되어 있는 신의성실의 원칙 등을 조세법의 주요 해석원칙으로 볼 수 있다.

제2절 조세법률주의의 의의와 기능

조세법률주의라 함은 법률의 근거 없이 조세를 부과·징수할 수 없고, 국민은 조세의 납부를 요구받지 않는다는 원칙을 말한다. 오늘날 세계 각국의 헌법은 조세법률주의를 명문화하고 있으며 조세법의 해석 및 적용에 있어서 가장 중요한 원칙으로 보고 있다.

조세법률주의는 조세행정상 조세부과의 법적 근거로서 기능하는 일면도 있지만, 역사적으로 볼 때 봉건국가에서 과세권자의 자의적 과세를 배제하고 국민의 재산권을 보호한다는 원리로서 탄생하였기 때문에 국민의 납세의무의 한계를 법률로써 명확히 한다는 의미가 더 중요한 것이다.

최근 조세법률주의에 대한 새로운 견해는 조세법률주의라는 것이 본래 독일법에서 법치국가의 이념을 말하는 형식적 법치주의와 같은 것으로 일본학자들이 이를 조세법률주의로 만들어 낸 것이라고 한다. 우리나라에서 이를 그대로 받아들여 세법학자들이 사용하게 되었고 헌법이론으로도 굳어져 그동안 헌법재판소에서 위헌심사의 절대적 기준으로 삼아왔으나 과연 조세법률주의란 말이 합당한지 진지한 검토와 연구가 필요하다고 지적한다.53) 이 견해는 조세법률주의가 행정법률주의의 한 예에 불과하고 오늘날 민주국가에서 국민대표에 대한 입법의 원리가 확립되었기 때문에 여기에 흡수됨으로써 조세법 특유의 역사적 의의 외에는 특별한 의미가 없는 것으로 평가하는 것으로 볼 수 있다. 하지만 현대 법치국가적 통치기구에서도 국가의 납세자에 대한 과세권 발동은 국민 개인의 입장에서 볼 때 여전히 권력적 과징행위로서의 성질을 지닌 것이나 다르지 않아 조세법률주의의 권리보장적 기능과 필요성은 여전히 남아 있다.

특히 오늘날 조세법률주의에 관해서는 이상에서 설명한 자유권적 보장기능 이외에 적극적 권리보장 기능이 강조되고 있다. 이러한 움직임은 조세법의 입법과정 및 집행과정에서 권력남용을 억제할 목적으로 조세법률주의의 실질적 내용을 헌법이론으로 구성하려는 것이다.

이와 관련하여 헌법재판소는 "조세행정에 있어서의 법치주의의 적용은 조세징수로부터 국민의 재산권을 보호하고 법적 생활의 안정을 도모하려는 데에 그 목적이 있는 것으로서, 과세요건법정주의와 과세요건명확주의를 그 핵심적 내용으로 하는 것이지만 오늘날

---

53) 이창희, 앞의 책, 20~21면.

의 법치주의는 국민의 권리·의무에 관한 사항은 법률로써 정해야 한다는 형식적 법치주의에 그치는 것이 아니라 그 법률의 목적과 내용 또한 기본권 보장의 헌법이념에 부합되어야 한다는 실질적 법치주의를 의미하며 헌법 제38조, 제59조가 선언하는 조세법률주의도 이러한 실질적 법치주의를 뜻하는 것이므로 비록 과세요건이 법률로 명확히 정해진 것일지라도 그것만으로는 충분한 것이 아니고 조세법의 목적이나 내용이 기본권보장의 헌법이념과 이를 뒷받침하는 헌법상의 제 원칙에 합치되지 않으면 아니 된다"고 조세법률주의의 현대적 의의를 설명하고 있다.[54]

이상과 같은 기능을 갖고 있는 조세법률주의의 구체적 내용으로서는 과세요건법정주의, 과세요건명확주의, 합법성의 원칙, 소급과세금지의 원칙, 적법절차의 원칙 등을 들 수 있다.

제3절 조세법률주의의 내용과 해석상 문제점

I. 엄격한 문리해석원칙

조세법률주의의 요청에 기해 조세법해석의 방법은 제1차적으로 엄격한 문리해석을 행하여야 하며 제한된 범위 내에서 목적론적 해석 등 다른 해석방법을 허용할 뿐이다. 여기서 말하는 엄격한 문리해석은 문언에 충실한 해석을 하되 유추해석과 확장해석을 금지하는 것을 말한다. 조세법의 해석에 있어서 문리해석이 중시되는 이유는 당해 법규의 문언에 대한 국민의 일반적 신뢰를 중시하기 때문이다.

그렇다면 조세공평주의의 내용, 즉 조세부담의 공평이 실현되고 있는가 또는 무엇이 공평한 것인가라는 생각은 우선 입법정책의 문제이기 때문에 이것은 법규의 문언에 표현되어야 할 것이다. 이렇게 조세공평주의는 실정법의 해석한계인 법규정의 문언 범위 내에서 실질적인 의도를 실현하도록 해석해야 하고, 그 규정의 문언을 넘는 해석은 이미 해석이 아니라 새로운 입법을 행하는 것과 마찬가지여서 조세법의 해석에 있어서 허용되지 않는다.

---

54) 헌법재판소 1995.7.21. 선고 92헌바27, 94헌바6, 47 병합결정.

Ⅱ. 과세요건법정주의

1. 의의

과세요건법정주의는 납세의무자, 과세물건, 과세표준, 세율 등과 같은 과세요건, 납세의무를 성립시키고 이를 변경·소멸시키는 실체법적 사항과 부과·징수절차에 관한 절차적 사항은 물론 환급·불복·벌칙 등에 관한 사항은 국민의 대표기관인 의회가 제정한 법률로써 규정해야 한다는 것이다.

그러므로 과세요건법정주의에 의하면 법률의 위임 없이 시행령이나 시행규칙을 제정하여 과세요건을 확대, 변경, 축소하는 것은 허용되지 아니하고 또한 법률의 규정이 아닌 관습법 또는 행정규칙에 의하여 과세요건을 창설할 수 없다.

2. 위임입법의 문제

조세에 관한 모든 사항을 법률유보사항으로 하여 모두 조세법률 속에 포함시킨다는 것은 조세법률주의의 이상이지만 모든 조세법률사항을 빠짐없이 조세법률로 규율하는 데에는 여러 가지 한계가 있다. 특히 조세법은 그 입법사항을 대통령령 등 행정입법에 위임하는 경우가 다른 법 분야보다도 현저히 많다고 말할 수 있다. 왜냐하면 조세라는 것이 경제적 부담이어서 조세법은 결국 유동적인 경제적 사실상태를 그 대상으로 하는 것이므로 매우 복잡하고 전문적·기술적 법규로 구성된다. 그리하여 조세에 관한 많은 법률에서는 그 세부적이고 기술적인 사항의 제정을 대폭 행정부에 위임하고 있기 때문이다.

그렇지만 조세법령에 있어서 모법인 법률의 근거 없이 하위규범인 시행령과 시행규칙으로 과세요건에 관한 사항을 정함은 당연히 조세법률주의를 정한 헌법위반으로 무효이다.[55] ☞ 〈**참고판례 5**〉

또한 포괄위임에 의한 위임입법이 허용될 수 없는 것은 조세법령에 있어서도 당연하다. 그런데 조세법령은 포괄위임에 해당하는 위임방법을 통해 법률로 정할 사항을 시행령에 위임하거나 또는 직접 시행규칙에 위임하는 경우도 있다.

위임입법의 남발은 모법에서 정하는 수권범위를 넘어서 납세의무의 범위를 지나치게

---

55) 대법원 1991.10.22. 선고 90누9360 전원합의체 판결 참조.

확대시키는 결과가 되어 조세법률주의에 위배된다.[56] ☞ 〈참고판례 6〉

하지만 구체적인 위임규정이 없다 하더라도 그 명령규칙의 내용이 모법의 내용을 확인하고 모법에서 규정된 내용에 대하여 구체적 산정방식을 정한 정도에 불과할 뿐이라면 그 명령규칙을 위임의 근거 없는 무효의 규정이라고 볼 수 없다는 것이 판례의 입장이다.[57] ☞ 〈참고판례 7〉

생각건대 조세위임입법의 경우에 개별수권의 원칙이 보다 구체적이고 명확하게 규정되어야 하고 보다 엄격하게 지켜져야 한다. 왜냐하면 그러한 위임입법이 국가의 재정수요의 필요성에 기인하더라도 국민의 재산권보장과의 조화라고 하는 한계가 있고 거기에서 과세요건법정주의의 중요성을 찾을 수 있기 때문이다.

비록 위임입법의 구체성·명확성의 요구 정도는 그 규제대상의 종류와 성격에 따라 다를 수 있지만 조세법규는 국민의 재산권 등 기본권을 직접적으로 제한하거나 침해할 소지가 많은 규범이므로 다른 법규보다도 그 위임의 요건과 범위가 매우 엄격하고 제한적으로 규정되어야 한다. 그리하여 국민에 대한 납세의무의 결정 혹은 과세 여부 자체가 입법권을 가진 의회의 아무런 통제도 없이 과세관청에 의하여 좌우되는 일이 없도록 해야 할 것이다.

3. 행정규칙의 문제

과세요건법정주의에 의할 때 조세법의 법원으로서 인정되는 것은 헌법, 법률, 법률에 의해 위임된 범위 내에서의 명령, 지방자치단체에 있어서의 조례·규칙과 그 밖에 조약 등이 있다. 그러나 세무행정의 실정은 이러한 법원 이상으로 많은 양을 가진 조세예규와 조세통칙이 있고 이것이 세무행정청의 공무원들에게 법원과 마찬가지로 취급되고 있는 데 문제가 있다.

조세법에서 예규, 통칙 등은 세무행정청에게 조세법의 해석 및 집행에 대한 통일적·공통적 기준을 제시함으로써 조세법의 해석 및 요건사실의 인정에 있어서 실무상의 혼란을 제거하고 행정의 효율화에 이바지한다. 그리고 세무당국의 공적 견해를 국민에게 공표하는 것이므로 납세자는 예측가능성을 보장받고 경제활동을 할 수 있다. 그렇지만 이

---

56) 대법원 2009.10.22. 선고 2007두3480 전원합의체 판결, 대법원 2000.3.16. 선고 98두11731 전원합의체 판결, 대법원 1994.10.28. 선고 94누5038 판결 참조.

57) 대법원 2008.11.27. 선고 2006두19570 판결, 대법원 1983.2.8. 선고 82다601 판결 참조.

러한 예규 및 조세통칙은 일종의 행정해석에 불과한 것인데 법률의 수권 없이 사실상 조세법의 법원으로서 기능하기 때문에 실제로 예규 및 조세통칙에 의해서 새로운 과세가 행해지는 경우 과세요건법정주의에 위배된다.

예규 등의 법적 성질에 관해서는 세무행정청 내부에서 하급세무공무원을 구속하는 효력을 갖지만 대외적 구속력은 갖지 않기 때문에 국민에 대하여 사실상의 효력을 가질 뿐 법적 효력은 갖지 않는다는 견해가 다수설이다.

판례는 과거에 조세훈령은 과세관청 내부에서 세법해석의 기준 및 집행기준을 시달한 행정규칙에 지나지 아니하므로 법원이나 납세의무자를 구속할 근거로 삼을 수 없다고 하여 대외적인 법적 효력을 부인하여 왔다.[58]

이와 달리 대법원은 국세청장의 훈령형식으로 된 재산제세조사사무처리규정(제72조 3항)에 대한 판결에서 조세훈령을 대외적 효력이 있는 법규로서 취급한 바 있다.[59] ☞ 〈**참고판례 8**〉

〈참고판례 5〉

대법원 1991.10.22. 선고 90누9360 전원합의체 판결【양도소득세 등 부과처분취소】

【판시사항】

기준시가에 의하여 양도차익을 계산하는 경우의 필요경비를 규정한 구 소득세법시행령 (1985.12.31. 대통령령 제11812호로 개정된 것과; 1987.5.8. 대통령령 제12154호로 개정된 것) 제94조 제5항 중의 설비비와 개량비에 관한 부분이 모법에 위임근거가 없어 무효인지(적극)

【판결요지】

양도소득의 필요경비 계산을 규정한 구 소득세법(1990.12.31. 법률 제4281호로 개정되기 전의 것) 제45조 제1항은 그 제3, 4호에서는 자본적 지출액과 양도비에 관하여 그 내용이나 범위를 대통령령에 위임하고 있으나, 그 제2호에서는 설비비와 개량비라고만 규정하여 위와 같은 위임의 근거규정이 없으며, 양도차익을 실지거래가액에 의하여 계산하는 경우와 기준시가에 의하여 계산하는 경우를 구분하고 있지도 않은바, 기준시가에

---

58) 대법원 1987.3.10. 선고 85누349 판결 참조.
59) 대법원 1988.5.10. 선고 87누1028 판결 참조.

의하여 양도차익을 계산하는 경우의 필요경비를 규정한 구 소득세법시행령(1985.12.31. 대통령령 제11812호로 개정된 것과, 1987.5.8. 대통령령 제12154호로 개정된 것) 제94 조 제5항의 규정은 자본적 지출과 양도비에 관해서는 소득세법으로부터 위임이 있었으므로 무효라고 할 수 없으나, 설비비와 개량비에 관해서는 소득세법의 위임근거 없이 이를 제한하는 것으로서 모법인 소득세법에 위배되어 무효라고 볼 수밖에 없고, 설비비와 개량비는 다른 사정이 없는 한 실지로 지출된 비용을 필요경비로서 공제하여야 한다.

【참조 조문】

소득세법(1990.12.31. 법률 제4281호로 개정된 것) 제45조 제1항, 동법 시행령 (1985.12.31. 대통령령 제11812호로 개정된 것과, 1987.5.8. 대통령령 제12154호로 개정된 것) 제94조 제5항

제45조(양도소득의 필요경비계산)

① 거주자의 양도차익은 계산에 있어서 양도가액에서 공제할 필요경비는 다음 각 호에 게기하는 것으로 한다.

1. 당해 자산의 취득 당시의 기준시가에 의한 금액. 다만, 대통령령이 정하는 경우에는 그 자산의 취득에 소요된 실지거래가액

2. 설비비와 개량비

3. 대통령령이 정하는 자본적지출액

4. 대통령령이 정하는 양도비

〈참고판례 6〉

대법원 2009.10.22. 선고 2007두3480 전원합의체 판결【취득세 등 부과처분취소】

【판시사항】

공동주택의 경우에는 단독주택의 경우와는 달리 면적이 일정한 기준을 초과하기만 하면 그 가액과 관계없이 취득세를 중과세하도록 정한 구 지방세법 시행령 제84조의 3 제3항 제4호 규정이 모법인 구 지방세법 제112조 제2항 제3호의 위임범위를 벗어난 것으로서 무효인지

【판결요지】

[다수의견] 구 지방세법(2007.12.31. 법률 제8835호로 개정되기 전의 것) 제112조 제2항 제3호는 취득세 중과세대상인 고급주택에 관하여 '주거용 건축물 또는 그 부속토지의 면적과 가액이 대통령령이 정하는 기준을 초과하는 주거용 건축물과 그 부속 토지'라고 규정함으로써 고급주택의 요건으로 면적과 가액의 두 요소를 함께 반영하여 양자 모두 일정한 기준을 초과할 것을 요구하고 있음에도, 그 위임을 받은 구 지방세법 시행령(2007.12.31. 대통령령 제20517호로 개정되기 전의 것) 제84조의 3 제3항 제4호는 '1구의 공동주택의 연면적(공용면적을 제외한다)이 245㎡(복층형의 경우에는 274㎡로 하되, 1개 층의 면적이 245㎡를 초과하는 것을 제외한다)를 초과하는 공동주택과 그 부속토지'를 취득세 중과세대상인 고급주택의 하나로 규정함으로써 공동주택의 경우에는 단독주택의 경우와는 달리 면적이 일정한 기준을 초과하기만 하면 그 가액과 관계없이 취득세를 중과세하도록 정하고 있어 결과적으로 위 법률조항보다 취득세 중과세대상의 범위를 확장하고 있다. 위 시행령조항이 위 법률조항보다 납세자에게 불리한 방향으로 취득세 중과세대상의 범위를 확장한 것은 모법인 위 법률조항의 규정취지에 반할 뿐만 아니라 그 위임범위를 벗어난 것으로서 무효라고 봄이 상당하다.

[대법관 박시환, 대법관 이홍훈, 대법관 김능환, 대법관 안대희의 반대의견]구 지방세법(2007.12.31. 법률 제8835호로 개정되기 전의 것) 제112조 제2항 제3호는 그 규정형식에도 불구하고 대통령령에 모든 종류의 주택에 관하여 반드시 면적과 가액을 함께 반영하여 고급주택 요건을 정하도록 위임한 것이 아니라 주택의 유형에 따라 합리적으로 판단하여 면적이나 가액 중 어느 하나만을 기준으로 고급주택 여부를 정하는 것도 위임하였다는 점을 누구라도 어렵지 않게 예측할 수 있다. 그러므로 구 지방세법 시행령(2007.12.31. 대통령령 제20517호로 개정되기 전의 것) 제84조의 3 제3항 제4호가 위 법률조항의 위임범위를 벗어나 취득세 중과세대상의 범위를 확장하였다거나 위 법률조항에 규정된 내용을 함부로 유추, 확장한 것으로서 조세법률주의에 반하여 무효라고 볼 수 없다.

【이유】

상고이유를 판단한다.

[다수의견] 헌법 제38조는 "모든 국민은 법률이 정하는 바에 의하여 납세의 의무를 진다"고 규정하고, 제59조는 "조세의 종목과 세율은 법률로 정한다"고 규정함으로써 조세법률주의를 채택하고 있는바, 이러한 조세법률주의의 원칙은 과세요건 등은 국민의 대표

기관인 국회가 제정한 법률로써 규정하여야 하고, 그 법률의 집행에 있어서도 이를 엄격하게 해석·적용하여야 하며, 행정편의적인 확장해석이나 유추적용은 허용되지 않음을 의미한다. 그러므로 법률의 위임이 없이 명령 또는 규칙 등의 행정입법으로 과세요건 등에 관한 사항을 규정하거나 법률에 규정된 내용을 함부로 유추·확장하는 내용의 해석규정을 마련하는 것은 조세법률주의의 원칙에 반한다(대법원 2009.3.19. 선고 2006두19693 전원합의체 판결 등 참조).

구 지방세법(2007.12.31. 법률 제8835호로 개정되기 전의 것, 이하 같다) 제112조 제2항 제3호(이하 '이 사건 법률조항'이라 한다)는 취득세 중과세대상인 고급주택에 관하여 '주거용 건축물 또는 그 부속토지의 면적과 가액이 대통령령이 정하는 기준을 초과하는 주거용 건축물과 그 부속토지'라고 규정함으로써 고급주택의 요건으로 면적과 가액의 두 요소를 함께 반영하여 양자 모두 일정한 기준을 초과할 것을 요구하고 있음에도, 그 위임을 받은 구 지방세법 시행령(2007.12.31. 대통령령 제20517호로 개정되기 전의 것) 제84조의 3 제3항 제4호(이하 '이 사건 시행령조항'이라 한다)는 '1구의 공동주택의 연면적(공용면적을 제외한다)이 245㎡(복층형의 경우에는 274㎡로 하되, 1개 층의 면적이 245㎡를 초과하는 것을 제외한다)를 초과하는 공동주택과 그 부속토지'를 취득세 중과세대상인 고급주택의 하나로 규정함으로써 공동주택의 경우에는 단독주택의 경우와는 달리 면적이 일정한 기준을 초과하기만 하면 그 가액과 관계없이 취득세를 중과세하도록 정하고 있어 결과적으로 이 사건 법률조항보다 취득세 중과세대상의 범위를 확장하고 있다.

이 사건 시행령조항이 이 사건 법률조항보다 납세자에게 불리한 방향으로 취득세 중과세대상의 범위를 확장한 것은 모법인 위 법률조항의 규정취지에 반할 뿐만 아니라 그 위임범위를 벗어난 것으로서 무효라고 봄이 상당하다.

그럼에도 불구하고, 원심은 이와 견해를 달리하여 이 사건 시행령조항이 유효함을 전제로 이 사건 처분이 적법하다고 판단하고 말았으니, 이러한 원심의 판단에는 조세법률주의와 위임입법의 한계에 관한 법리오해의 위법이 있다. 이 점을 지적하는 상고이유의 주장은 이유 있다.

[반대의견] 다수의견은 이 사건 시행령 조항이 모법인 이 사건 법률조항의 위임범위를 벗어났다고 하나 다음과 같은 이유로 찬성할 수 없다.

조세법률주의의 원칙상 조세법규의 해석은 특별한 사정이 없는 한 법문대로 해석하여야 하고 합리적인 이유 없이 확장해석하거나 유추해석하는 것은 허용되지 않지만, 법규 상호 간의 해석을 통하여 그 의미를 명백히 할 필요가 있는 경우에는 조세법률주의가 지향하는 법적 안정성 및 예측가능성을 해치지 않는 범위 내에서 입법취지 및 목적 등을 고려한 합목적적 해석을 하는 것은 허용된다고 할 것이다(대법원 2008.2.15. 선고 2007 두4438 판결 등 참조).

한편, 어느 시행령의 규정이 모법의 위임범위를 벗어난 것인지를 판단함에 있어서 중요한 기준 중 하나는 예측가능성인바, 이는 당해 시행령의 내용이 이미 모법에서 구체적으로 위임하고 있는 사항을 규정한 것으로서 누구라도 모법 자체로부터 그 위임된 내용의 대강을 예측할 수 있는 범위 내에 속한 것임을 의미하고, 이러한 예측가능성의 유무는 당해 특정조항 하나만을 가지고 판단할 것은 아니고 법률의 입법취지 등을 고려하여 관련 법조항 전체를 유기적·체계적으로 종합하여 판단하여야 한다(대법원 2008.11.27. 선고 2006두19570 판결 참조).

이 사건 법률조항이 취득세 중과세대상인 고급주택에 관하여 대통령령에 그 세부기준을 위임함에 있어서 명시적으로 '면적과 가액을 동시에 정하여야 한다'고 규정하고 있지 아니한 점, 공동주택의 경우에는 단독주택과 달리 건물 자체의 재질, 구조 등에 큰 차이가 없어 평당 건축비의 격차가 크지 아니하므로 그 면적이 넓다는 것에는 가액이 높다는 의미도 내포되어 있는 점, 이에 따라 사회통념상 공동주택은 그 면적이 넓은 것을 고급주택으로 인식하고 있어 단독주택에 비하여 그 가액이 가지는 의미가 상대적으로 작다고 보이는 점, 공동주택에 관하여 면적만을 기준으로 고급주택 여부를 정하는 것은 건축물의 부지로 과다한 토지를 공여하는 것을 억제할 수 있어 부족한 택지의 공급을 늘린다는 고급주택에 대한 취득세 중과세제도의 입법취지에도 부합하는 점 등을 종합하여 보면, 이 사건 법률조항은 그 규정형식에도 불구하고 대통령령에 모든 종류의 주택에 관하여 반드시 면적과 가액을 함께 반영하여 고급주택 요건을 정하도록 위임한 것이 아니라 주택의 유형에 따라 합리적으로 판단하여 면적이나 가액 중 어느 하나만을 기준으로 고급주택 여부를 정하는 것도 위임하였다는 점을 누구라도 어렵지 않게 예측할 수 있다고 할 것이다.

그러므로 이 사건 시행령 조항이 이 사건 법률조항의 위임범위를 벗어나 취득세 중과세대상의 범위를 확장하였다거나 이 사건 법률조항에 규정된 내용을 함부로 유추·확장한 것으로서 조세법률주의에 반하여 무효라고 볼 수 없다.

한편, 이 사건 시행령 조항은 불요불급한 대형 공동주택의 취득을 억제하고 토지의 효율적인 이용을 도모하기 위하여 사회통념상 과다한 면적으로 인정되는 공동주택을 취득하는 경우에는 누구에게나 동등하게 취득세를 중과세하겠다는 취지이므로, 이 사건 시행령 조항에서 가액을 반영하지 아니하였다고 하여 이를 두고 공동주택의 취득자 사이에 합리적인 이유 없이 차별을 하는 것으로서 헌법상 평등의 원칙에 위반된다고 볼 수도 없다.

같은 취지에서, 이 사건 시행령 조항이 무효가 아니라고 보고, 그 규정에 따라 이루어진 이 사건 처분이 적법하다고 판단한 원심판결은 정당하고, 거기에 상고이유에서 주장하는 바와 같은 조세법률주의 등에 관한 법리를 오해한 위법이 없다.

〈참고판례 7〉

대법원 2008.11.27. 선고 2006두19570 판결 【취득세부과처분취소】

【판시사항】

[1] 시행령 규정이 모법의 위임범위를 벗어난 것인지의 판단 기준의 하나인 '예측가능성'의 의미 및 판단 방법

[2] 구 지방세법 시행령 제228조는 취득세와 등록세의 면제요건의 전제가 되는 '기업부설연구소'의 범위를 정한 것으로서, 모법인 구 지방세법 제282조 본문의 위임 범위를 벗어난 무효의 규정이라 할 수 없다고 한 사례

【판결요지】

[1] 어느 시행령의 규정이 모법의 위임범위를 벗어난 것인지를 판단함에 있어서 중요한 기준 중 하나는 예측가능성인바, 이는 당해 시행령의 내용이 이미 모법에서 구체적으로 위임하고 있는 사항을 규정한 것으로서 누구라도 모법 자체로부터 그 위임된 내용의 대강을 예측할 수 있는 범위 내에 속한 것이어야 함을 의미한다. 이러한 예측가능성의 유무는 당해 특정조항 하나만을 가지고 판단할 것은 아니고 법률의 입법 취지 등을 고려하여 관련 법조항 전체를 유기적·체계적으로 종합하여 판단하여야 한다.

[2] 구 지방세법 시행령(2000.12.29. 대통령령 제17052호로 개정되기 전의 것) 제228조는 취득세와 등록세의 면제요건의 전제가 되는 '기업부설연구소'의 범위를 정한 것으로서, 모법인 구 지방세법(2000.12.29. 법률 제6312호로 개정되기 전의 것) 제282조 본문의 위임 범위를 벗어난 무효의 규정이라 할 수 없다고 한 사례

【이유】

상고이유(상고이유서 제출기간 경과 후에 제출된 상고이유 보충서의 기재는 상고이유를 보충하는 범위 내에서)를 판단한다.

[1] 상고이유 제2, 3점에 대하여

어느 시행령의 규정이 모법의 위임 범위를 벗어난 것인지를 판단함에 있어서 중요한 기준 중 하나는 예측가능성인바, 이는 당해 시행령의 내용이 이미 모법에서 구체적으로 위임되어 있는 사항을 규정한 것으로서 누구라도 모법 자체로부터 그 위임된 내용의 대강을 예측할 수 있는 범위 내에 속한 것이어야 함을 의미하고, 이러한 예측가능성의 유무는 당해 특정조항 하나만을 가지고 판단할 것은 아니고 법률의 입법 취지 등을 고려하여 관련 법조항 전체를 유기적·체계적으로 종합하여 판단하여야 한다.

구 지방세법(2000.12.29. 법률 제6312호로 개정되기 전의 것) 제282조(이하 '이 사건 법률조항'이라 한다)는 "대통령령이 정하는 기업부설연구소용에 직접 사용하기 위하여 취득하는 부동산(부속토지는 건축물 바닥면적의 7배 이내의 것에 한한다. 이하 이조에서 같다)에 대해서는 취득세와 등록세를 면제하며, 과세기준일 현재 기업부설연구소용에 직접 사용하는 부동산에 대해서는 재산세 및 종합토지세를 면제한다. 다만, 연구소 설치 후 2년 이내에 연구소를 폐쇄하거나 다른 용도로 사용하는 경우에는 면제된 취득세와 등록세를 추징한다"고 규정하고 있으며, 이 사건 법률조항의 위임을 받은 구 지방세법 시행령(2000.12.29. 대통령령 제17052호로 개정되기 전의 것) 제228조(이하 '이 사건 시행령조항'이라 한다)는 "법 제282조에서 '대통령령이 정하는 기업부설연구소'라 함은 토지 또는 건축물을 취득한 후 4년 이내에 기술개발촉진법 시행령 제14조의 규정에 의한 기준을 갖춘 연구소로서 과학기술처장관의 인정을 받은 것을 말한다"라고 규정하고 있는바, 위와 같이 기업부설연구소용 부동산 취득에 대하여 면세혜택을 주는 것은 기업의 과학기술연구를 장려하여 고도의 기술혁신을 이룩하는 데 그 취지가 있다 할 것이다(대법원 1987.10.26. 선고 85누444 판결 참조).

그런데 ① 이 사건 시행령조항은 취득세와 등록세(이하 '취득세 등'이라 한다)의 면제 요건의 전제가 되는 '기업부설연구소'의 범위를 정한 것으로서 이 사건 법률조항 본문의 구체적인 위임사항을 규정한 것임이 명백한 점, ② 이 사건 시행령조항 중 위 기업부설연구소에 해당하기 위한 첫째 조건인 '기술개발촉진법 시행령 제14조의 규정에 의한 기준을 갖춘 연구소로서 과학기술처장관의 인정을 받은 것'이라는 부분은 기업부설연구소의 인적·물적 시설의 기준을 의미하는 것으로서 이는 이 사건 법률조항 자체로부터 예측될 수 있는 점, ③ 또 다른 조건인 '토지 또는 건축물을 취득한 후 4년 이내에 과학기술처장관의 인정을 받은 것'이라는 부분은 이 사건 법률조항의 입법 취지 등에 비추어 볼 때 취득세 등을 면제받기 위해서는 당연히 기업부설연구소를 설치하여야 하는데, 다만 그 설치에 필요한 기간은 기업부설연구소의 인적·물적 시설의 기준이 시대상황에 따라 수시로 변경될 수 있는 점을 고려하여 이 사건 법률조항이 보다 탄력성이 있는 대통령령에 위임함에 따라 이 사건 시행령조항에서 규정한 것으로서 이 또한 예측 가능한 범위 내에 속하여 위임받은 한계를 벗어났다고 보기 어려운 점 등을 종합하여 보면, 이 사건 시행령 조항이 모법의 위임범위를 벗어난 무효의 규정이라고 할 수 없다.

같은 취지의 원심의 판단은 정당하고, 거기에 상고이유로서 주장하는 바와 같은 취득세 등의 면제요건 등에 관한 법리오해의 위법이 없다.

〈참고판례 8〉

대법원 1988.5.10. 선고 87누1028 판결【양도소득세 등 부과처분취소】

【판시사항】
재산제세조사사무처리규정의 법적 성질

【판결요지】
재산제세조사사무처리규정이 국세청장의 훈령형식으로 되어 있다 하더라도 이에 의한 거래지정은 소득세법시행령의 위임에 따라 그 규정의 내용을 보충하는 기능을 가지면서 그와 결합하여 대외적인 구속력이 있는 법규명령으로서의 효력을 갖게 된다고 보아야 하고 따라서 위 재산제세조사사무처리규정은 양도소득세를 실지거래가액에 의하여 과세함에 있어서 법령상의 적법한 근거가 된다.

〈관련판례〉
대법원 1994.3.8. 선고 92누1728 판결【과징금부과처분취소】

【판시사항】
보건사회부장관의 고시인 식품제조영업허가기준의 성질

【판결요지】
식품제조영업허가기준이라는 고시는 공익상의 이유로 허가를 할 수 없는 영업의 종류를 지정할 권한을 부여한 구 식품위생법 제23조의 3 제4호에 따라 보건사회부장관이 발한 것으로서, 실질적으로 법의 규정내용을 보충하는 기능을 지니면서 그것과 결합하여 대외적으로 구속력이 있는 법규명령의 성질을 가진 것이다.

Ⅲ. 과세요건명확주의

1. 의의

과세요건명확주의란 과세요건과 그 부과·징수절차를 규정한 법률 또는 그 위임에 따른 명령, 규칙은 그 내용이 일의적이고 명확하여야 한다는 원칙이다. 즉 즈세법은 명확하게 규정되어 법적 안정성과 예측가능성을 도모해야지 불확정개념을 사용하거나 개괄조항을 두어서 과세관청의 자의에 따라 해석할 여지가 있으면 안 된다는 원칙이다.

2. 불확정개념의 문제

과세요건을 법률로 규정하였다 하더라도 그 내용이 지나치게 추상적이고 불명확하면 국민의 경제생활의 안정성과 예측가능성을 보장하기 어려움은 물론이고 그 해석에 있어서 과세관청에 의한 자의가 개입되어 조세법률주의를 침해할 위험성이 있다. 그렇지만 조세법을 집행함에 있어서 구체적 사정을 고려하고 조세부담의 공평을 기하기 위해서 어느 정도 불확정개념을 사용하는 것이 불가피하다. 특히 조세회피방지를 위하여 어쩔 수 없이 필요한 불확정개념의 사용을 바로 과세요건명확주의에 반하는 것으로 볼 수 없다는 것이 통설이다.[60]

문제는 조세법에서 불확정개념을 사용할 수 있다고 해도 어느 정도 용인될 것인가 하

---

60) 임승순, 앞의 책, 33면, 金子 宏, 앞의 책, 73면.

는 점이다. 일반적으로 불확정개념에는 그 내용이 지나치게 일반적이거나 불명확하기 때문에 해석에 의하여 그 의의를 명확히 하기 어려운 불확정개념과 주로 경험칙이나 사회생활을 통하여 통상 알 수 있는 개념들을 전체적인 법의 취지나 목적에 비추어 합리적이고 객관적인 해석을 함으로써 그 규정의 의미·내용을 파악할 수 있는 불확정개념이 있다.

전자의 예로 '국민관', '정의', '공평', '부당' 등 가치판단을 내용으로 하는 불확정개념과 '공익상 필요한 때', '공익 목적' 등 너무나 막연하고 모호한 사실판단을 내용으로 하는 불확정개념을 들 수 있다. 후자의 예로는 '조세의 부담을 부당하게 감소시키는 것으로 인정'(법인세법 제52조), '부당하게 낮은 대가'(부가가치세법 제13조), '직무수행상 필요한 경우'(소득세법 제170조), '일반적으로 공정·타당하다고 인정되는 것'(국세기본법 제20조) 등의 문언을 사용한 것을 들 수 있다.

이런 불확정개념은 전자의 불확정개념과 달리 합리적이고 객관적인 해석에 의해 그 구체적 의의를 명확히 할 수 있고, 행정청의 자유재량이 인정될 여지가 없어 자의적 판단이 개입될 우려가 없으므로 과세요건명확주의에 위배된다고 말할 수 없다. 대법원도 조세법규가 표현상 다소 의문의 소지가 있다고 하더라도 당해 조세법의 일반이론이나 그 체계와 입법취지에 비추어 그 의미가 분명해진다면 구태여 이를 명확성을 결여하였다고 하여 무효라고 해석할 것은 아니라는 취지로 판시한 바 있다.[61]

그렇다면 합리적이고 객관적인 해석으로 불확정개념의 내용을 확정할 수 있다고 할 경우에 누구를 기준으로 그것을 판정해야 하는지 문제이다. 다시 말해서 일반납세자 자신의 입장에서 객관적·합리적으로 판단해서 확정할 수 있어야 하는지 아니면 조세전문가인 회계사, 세무사 등의 도움에 의해 판단할 수 있으면 되는지를 조세법률주의와의 관계에서 확실히 할 필요가 있다.

이에 관하여 법원의 쟁송단계에서 법관에 의하여 합리적·객관적 내용을 확정할 수 있다면 행정청의 자의를 억제할 수 있기 때문에 조세법률주의에 반하지 않는다고 보는 일본의 하급심 판례가 있다.[62]

그러나 조세법규범의 특성에 비추어 살펴볼 때 이러한 견해는 타당하지 않다고 생각한다. 조세법은 사법영역의 규범과 달리 단지 재판규범이기 전에 무엇보다도 행위규범이기 때문에 직접 국민에 대하여 구속력이 있다. 더욱이 현행 세법에서 많은 경우에 신고납세방식을 채용하고 있기 때문에 납세자가 납부해야 할 세액은 납세자 자신이 법령을 해석·

---

61) 대법원 1995.7.14. 선고 94누1203 판결, 대법원 1985.5.28. 선고 83누398 판결.
62) 일본 大阪地裁, 昭和 44.3.27. 판결.

적용하여 산출해야 하므로 납세자의 입장에서 충분히 이해할 수 있는 개념이어야 할 것이다.

3. 차용개념의 문제

조세법은 과세요건을 법률로써 정하지만 그중에서 과세물건을 사적 계약행위라든가 사적 계약행위를 원인으로 한 소득·상속·증여 등의 개념으로 파악한다. 즉 과세물건은 사법적 계약질서를 전제로 하는 것이고 그 결과 민법, 상법 등에서 사용되고 있는 개념을 직접, 간접으로 사용한다. 이러한 사법 등의 개념의 사용문제는 반드시 조세법에만 있는 특수한 문제는 아니고 각 법영역에서 광범위한 현상이다. 여기서 조세법에만 사용되는 개념을 '고유개념', 조세법 이외의 민법, 기타 법률에서 사용되고 있는 개념을 조세법에 그대로 차용한 개념을 '차용개념'이라 한다.

과세요건명확주의에 의할 때 차용개념을 조세법에 도입하여 사용함에 있어서 그 개념은 예측 가능하도록 그 내용과 범위를 확정시킬 것을 요구한다. 차용개념은 민법 기타 법률상의 당해 법목적에 따라 규정된 개념이기 때문에 그 내용이 반드시 조세법질서에 합치한다고 볼 수 없기 때문이다. 만일 차용개념의 내용이 불명확하다면 과세요건명확주의에 위배된다고 보아야 한다. 이 문제에 대해서는 뒤에서 상세히 살펴보기로 한다.

Ⅳ. 합법성의 원칙

1. 의의

조세법에 있어서 합법성의 원칙이라는 것은 과세요건이 충족된 이상 법정의 납세의무가 발생하며 조세를 부과·징수하는 과세관청은 임의로 조세를 감면할 수 없으며 또한 당사자와의 합의에 의한 포기, 징수유예도 있을 수 없고 오로지 합법적인 소정의 절차에 따라 납세자에게 조세를 부과·징수해야 한다는 원칙을 말한다.

합법성의 원칙의 발생효과로서 과세관청이 그 재량으로 조세채권의 전부 또는 일부를 면제하거나 연납을 허가하는 것 등은 허용되지 않는다. 또한 납세자와 과세관청의 조세합의 또는 조세계약은 무효이다. 이러한 합법성의 원칙은 납세자에게 불리한 경우와 유리한 경우에 모두 미친다고 보아야 한다.

요컨대 합법성의 원칙에 의하여 조세법의 집행과정에서 세무행정청의 자의에 의한 부정의 개입소지를 막고, 납세자 개인에 따라 조세법상 취급이 다르게 되어 조세부담의 공평을 해치게 되는 것을 방지함으로써 납세자의 기본권을 보장하고 조세법률주의의 형해화 위험을 피할 수 있다.

2. 조세쟁송에서의 화해

합법성의 원칙에 불구하고 실제 소송에 있어서는 실무상 일정의 조건이 만족된 경우에 법원의 화해권유 또는 조정에 따라서 소송을 종료시킬 수 있다고 본다. 이 경우에 재판상 화해·조정을 통해서든지 당사자 간에 사실상의 화해를 통해서든지 과세관청이 과세처분의 전부 또는 일부를 취소하고 납세자가 소를 취하함으로써 소송을 종료하는 방식이 활용되고 있다.

그리고 과세관청과 납세자 간에 과세의 기초자료조사 및 사실관계 파악에 있어서는 일정한 조건하에 합의 또는 타협이 있을 수 있다고 본다. 이에 대하여 독일의 연방재정법원은 법률문제에 대한 화해만이 인정될 수 없으며 이해관계인은 명백하게 부적절한 결과가 발생할 경우에 확정하기 곤란한 사실관계에 관하여 타협할 수 있다고 판결한 바 있다.[63]

이러한 합법성의 원칙에 대한 예외는 법률을 통하여 가능하게 된다. 예컨대 현행법상 납세를 완화시키는 제도인 천재지변 등으로 인한 납부·징수의 기한연장, 분할납부 외에도 징수유예제도, 체납처분유예제도, 체납처분의 중지 등이 있고, 그 외에 조세특례제한법상의 각종 조세감면, 면제 등이 있다. 그러나 법률에 의한 예외를 두는 한 이것도 또한 합법성의 원칙에 충실한 것이 된다.

---

63) BStBl 85, 354. 이 판례에 찬동하는 견해는 Knepper, Der Vergleich im Stuerrecht, *BB*. 1986, S. 168 ff.

Ⅴ. 소급과세금지의 원칙

1. 의의

　일반적으로 법률은 그 시행 전에 종결된 사항에 관해서는 소급하여 당해 법규를 적용할 수 없다는 것을 법률소급효금지의 원칙이라고 한다. 조세법에서 소급효금지의 원칙인 소급과세금지의 원칙은 기득권의 존중, 법적 안정성의 보장, 신뢰이익의 보호를 도모하기 위한 것이므로 조세법률주의의 중요한 내용을 구성한다.

　소급과세금지의 근거는 헌법의 규정이다. 헌법 제13조 제2항에서 "모든 국민은 소급입법에 의하여 … 재산권의 박탈을 받지 아니한다"고 규정하고 있는데 여기에서 규정하고 있는 재산권의 박탈에는 조세의 부과·징수가 포함된다고 해석된다. 또한 조세법률주의를 정한 헌법 제38조, 제59조의 규정도 그 근거가 된다. 그러므로 위 헌법규정들에 근거할 때 소급적용에 의한 과세는 원칙적으로 헌법위반이 된다. 또한 현행 국세기본법 제18조 제2항에서 "국세를 납부할 의무가 성립한 소득·수익·재산·행위 또는 거래에 대해서는 그 성립 후의 새로운 세법에 의하여 소급하여 과세하지 아니한다"고 규정하고 있어서 조세법에 있어서 소급적용을 금지하고 있다.

2. 소급효 금지의 완화

　소급과세 금지의 원칙이 일정조건하에서 완화되어 예외적으로 소급과세금지의 원칙을 배제시킬 수 있다는 견해도 있다. 이러한 경우로서 ① 과세요건을 실현하는 행위 당시의 납세의무자의 신뢰가 합리적 근거를 결여하여 보호할 가치가 없는 경우, ② 그보다 중한 조세공평의 원칙을 실현하기 위하여 불가피한 경우, ③ 공공복리를 위하여 절실한 필요가 있는 경우, ④ 조세의무를 감경하는 경우에 있어서 과세공평에 어긋나지 않는 경우 등을 들고 있다.[64] ☞ 〈**참고판례 9**〉

　한편 조세법규의 개정 이전부터 계속 되어 오던 사실에 있어서 납세자의 유리한 법적

---

64) 대법원 1983.4.26. 선고 81누423 판결. 일본의 학설과 판례도 ① 공익상의 필요성이 현저할 때, ② 헌법상 의문시되는 현행법질서가 개정법에서 시정되었을 때, ③ 개인의 권리·이익을 증진시킬 때, ③ 납세자의 기득권을 침해하지 않을 때, ④ 경미한 사항으로서 납세자에게 불이익을 주지 않을 때에 조세법의 소급적용을 인정한다(宮崎良夫, "遡及立法", 『租税判例百選』第3版, 1992, 7면).

지위를 사후적으로 불리하게 변경시키는 부진정소급효는 원칙적으로 허용된다고 보는 것이 다수설이다. 예를 들어 회계연도 중에 법이 개정되어 비과세대상이 과세대상이 된 경우, 사업연도 중에 세율이 인상된 경우, 사업연도 도중 과세시가표준액에 의한 가액산정방식이 개별공시지가에 의한 산정방식으로 바뀌게 되어 비업무용부동산의 범위가 넓어진 경우 소급과세금지의 원칙에 반하지 않는다고 본다.65) 아직 종료하지 않는 사실에 대하여 조세법이 적용되는 것은 국가재정정책의 필요에 수시로 대처할 수 있는 입법자의 판단을 존중하여야 한다는 점에서 정당성을 가지며, 납세자의 법적 신뢰를 크게 해하지 않기 때문이라는 것이 그 논거이다. ☞ 〈참고판례 10〉

이에 반하여 조세법에서 부진정소급효의 인정도 결국 소급과세임에 틀림없으므로 조세법률주의에 비추어 금지된다고 보는 견해가 있다. 그 논거는 일반적으로 납세자가 조세부담을 예측하여 사업계획을 세우고 경제획득을 하며 그러한 예측과 계획의 바탕은 그 당시에 시행되고 있는 조세법의 관계규정을 전제로 한 것이라고 한다. 그러므로 중간에 조세법이 개정되어 전혀 예상하지 못한 조세부담이 발생하는 경우에도 개정된 법을 적용한다면 소급과세금지의 원칙의 이념적 바탕이 되고 있는 법적 안정성과 예측가능성 및 납세자의 신뢰보호를 크게 해친다고 한다.

생각건대 법률의 소급적용으로 인한 재산권박탈을 금지시키고자 하는 헌법의 취지에 따르면 납세자에게 이익이 되는 조세법의 소급효는 일정한 조건하에서 인정되어도 무방할 것이다. 다만 소급효를 인정하여야 할 합리적인 기준의 설정이 문제이다. 부진정소급효의 경우라도 개정된 법에 의한 과세로 인하여 납세자가 전혀 예상할 수 없었던 결과가 발생하여 결국 조세법의 존속에 대한 납세자의 신뢰를 크게 해하는 경우에는 부진정소급효도 인정할 수 없다고 보아야 할 것이다. 다만 소급과세금지의 원칙에 있어서 예측가능성의 확보를 절대적·배타적 원칙으로 할 수 없다는 데에 문제가 있다. 사람들이 조세효과를 고려해서 재산을 취득하고, 근로하고, 투자하고 있는데 만일 그 예측가능성을 완전히 보장해야 한다면 세제개혁 내지 조세법규의 개정은 전혀 불가능하다는 이야기가 된다. 그렇다면 이론적으로 예측가능성의 완벽한 보장은 불가능하다고 보이고 다만 그 취지를 살려서 납세자가 크게 손해 보지 않는 범위 내에서 소급효를 인정해야 할 것이지만 그 범위는 앞으로 연구되어야 할 과제이다.66)

---

65) 대법원 1995.8.11. 선고 94누14308 판결, 대법원 1994.4.29. 선고 94누1647 판결 참조.
66) 대법원 2001.9.14. 선고 2000두406 판결 참조.

3. 경과규정

개별 세법의 특정 조문이 납세의무자에게 불리하게 개정된 경우에는 부칙에 "이 법 시행 당시 종전의 규정에 의하여… 부과 또는 감면하여야 할 …에 대해서는 종전의 예에 의한다"고 경과규정을 두는 것이 보통이다. 납세의무자의 기득권을 보호하고 입법조치에 대한 신뢰를 보호하기 위하여 납세의무자에게 유리한 구법을 적용하도록 함으로써 법률 불소급 원칙에 대한 예외를 인정하는 특별한 규정이다.[67]

〈참고판례 9〉

대법원 1983.4.26. 선고 81누423 판결【법인세부과처분취소】

【판시사항】

[1] 새로운 납세의무나 가중된 납세의무를 규정하는 세법조항의 소급적용요건

[2] 조세의무를 감경하는 세법조항의 소급효

[3] 과세표준 기간인 과세연도 진행 중에 제정된 납세의무를 가중하는 세법의 소급효

[4] 구 조세감면규제법(1978.3.25. 법률 제3096호) 제4조의 9 제6항 소정의 법인세 규정이 1978년 1월 1일 이전에 기술개발 준비금으로 계상된 경우에도 적용되는지(소극)

【판결요지】

[1] 새로운 납세의무나 종전보다 가중된 납세의무를 규정하는 세법조항의 소급적용은 과세요건을 실현하는 행위 당시의 납세의무자의 신뢰가 합리적 근거를 결여하여 이를 보호할 가치가 없는 경우, 그보다 중한 조세공평의 원칙을 실현하기 위하여 불가피한 경우 또는 공공복리를 위하여 절실한 필요가 있는 경우에 한하여 법률로써 그 예외를 설정할 수 있다.

[2] 조세의무를 감경하는 세법조항에 대해서는 조세공평의 원칙에 어긋나지 않는 한 소급효가 허용된다 할 것이다.

---

67) 대법원 1999.9.3. 선고 98두15788 판결.

[3] 과세단위가 시간적으로 정해지는 조세에 있어 과세표준기간인 과세연도 진행 중에 세율인상 등 납세의무를 가중하는 세법의 제정이 있는 경우에는 이미 충족되지 아니한 과세요건을 대상으로 하는 강학상 이른바 부진정소급효의 경우이므로 그 과세연도 개시 시에 소급적용이 허용된다.

[4] 구 조세감면규제법(1978.3.25. 법률 제3096호) 제4조의 9 제6항이 신설한 수시분 법인세는 기술개발준비금의 계상 및 손금산입과 2년 후 미사용 상계잔액의 익금산입을 요건으로 하고 있는바, 위 개정법률부칙 제2조가 위 신설 법인세에 관한 규정은 1978년 1월 1일부터 적용한다고 되어 있다 하더라도 위 규정의 소급적용에 의한 과세를 허용한 다고는 볼 수 없으므로 위 신설 법인세는 1978년 1월 1일 이후에 기술개발준비금이 계 상된 경우에 부과될 수 있을 뿐, 이 사건의 경우와 같이 위 날짜 이전에 기술개발준비금 이 계상된 때에는 설사 위 날짜 이후에 익금산입이 이루어졌다 하더라도 위 신설법인세 를 부과할 수는 없다.

【이유】

상고이유를 판단한다.

[1] 기록에 의하면, 원고는 조세감면규제법(1975.12.22. 법률 제2795호) 제4조의 9 제 1항 내지 제3항에 따라 기술개발준비금으로 1976사업연도에 금 59,647,936원, 1977사업 연도에 금 93,444,146원을 계산하여 이를 손금에 산입하였다가 1979사업연도에 이르러 그 소득금액의 계산에 있어서 위 계산된 용도에 따라 사용하지 아니한 기술개발준비금의 상계잔액을 익금에 산입한 사실이 인정되는바, 원심은 피고가 1978년 3월 25일 개정으 로 신설된 조세감면규제법(법률 제3096호) 제4조의 9 제6항을 적용하여 1980년 6월 14 일 위 1979사업연도에 기술개발준비금의 상계잔액으로서 원고가 익금에 산입한 금액에 대한 법인세액 100원에 대하여 일변 10전의 비율로 계산한 금액 합계 금 20,141,830원 의 법인세를 수시 부과한 이 사건 처분이 조세법률주의나 법률불소급의 원칙 내지 조세 공평의 원칙에 비추어 위법하다는 이유로 이를 취소하였다.

[2] 살피건대, 이미 과거에 행해진 국민의 행위에 대하여 사후에 새로운 공법상의 의 무를 부과하거나 과거보다 가중된 의무를 규정하는 법률은 현존법 질서에 대한 국민의 신뢰를 파괴하고, 현재의 행위에 대한 장래의 법적 효과를 예견할 수 없게 하여 국민의 법적 지위에 불안을 초래케 한다는 점에서 법적 안정성과 예견가능성을 저해하게 되므로 법치국가 질서를 기존으로 하는 우리 헌법의 해석상 원칙적으로 금지된다고 할 것이고

(헌법 제12조 제2항 참조), 국민의 납세의무와 조세법률주의를 규정한 헌법 제36조 및 제95조를 위와 같은 법치국가적 요청에 비추어 고찰한다면 국민에게 새로운 납세의무나 종전보다 가중된 납세의무를 규정하는 세법의 조항은 그 공포시행 이후에 과세요건이 발생하거나 충족되는 경우에 한하여 적용될 수 있으며, 국가의 과세권은 납세의무자인 국민이 과세요건을 실현하는 행위 당시의 세법규정에 의해 예상할 수 있었던 법적 효과보다 불리한 처분을 할 수 없음이 원칙이라 할 것이다.

다만 이러한 원칙에 대해서는 납세의무자의 신뢰가 합리적 근거를 결여하여 이를 보호할 가치가 없는 경우, 그보다 중한 조세공평의 원칙을 실현하기 위하여 불가피한 경우 또는 공공복리를 위하여 간절한 필요가 있는 경우에 한하여 법률로써 그 예외를 설정할 수 있다 할 것이나, 그런 경우에도 그 예외를 규정한 세법조항이 국민의 납세의무를 가중시키는 것이라면 제한적으로 엄격히 해석하여야 할 것이다.

조세의무를 감경하는 세법조항에 대해서는 조세공평의 원칙에 어긋나지 않는 한 소급효가 허용됨이 명백하고, 과세단위가 시간적으로 정해지는 조세에 있어서 과세표준기간인 과세연도 진행 중에 세율인상 등 납세의무를 가중하는 세법의 제정이 있는 경우에는 이미 충족되지 아니한 과세요건을 대상으로 하는, 강학상 이른바 부진정소급효의 경우이므로 그 과세연도 개시 시에 소급적용이 허용되는바(당원 1964.12.15. 선고 64누93 판결 및 1970.3.24. 선고 70누19 판결 참조), 이것은 재정경제정책의 필요에 수시 대처할 수 있는 입법자의 판단을 존중하여야 한다는 점에서 정당성을 갖는 것이다.

[3] 위 조세감면규제법 개정법률 제4조의 9 제6항이 신설한 수시분 법인세는 기술개발준비금의 계상 및 손금산입과 2년 후 미사용 상계잔액의 익금산입을 요건으로 하고 있는바, 당시의 법에 따라 기술개발준비금을 설정하여 손금에 산입한 납세자로서는 그 설정한 기술개발준비금을 용도에 따라 사용치 않은 경우에도 2년 후에는 익금산입되는 것을 확정적으로 예상하였을 뿐 그와 같은 처분행위에 별개의 조세부담이 있으리라고는 예상하지 못하였다 할 것이므로 설사 기술개발준비금을 계상한 납세자가 그 용도에 따라 이를 사용하지 아니함으로써 얻은 이익을 박탈하려는 데 위 신설법인세의 입법취지가 있다 할지라도 이것만으로는 납세자의 위 신뢰를 깨뜨릴 수 있는 조세공평상 내지 공공복리상의 긴절한 필요가 있었다고는 볼 수 없으므로 위 법률개정에 의한 신설법인세는 동 개정법률부칙 제2조에 의해 1978년 1월 1일 이전에 기술개발준비금이 계상되어 손금산입된 경우에는 부과할 수 없다 할 것이다.

[4] 그러므로 위 개정법률에 의한 수시분 법인세 조항이 적용될 수 있는 1978년 1월

1일 이전 1976·1977 양 사업연도에 기술개발준비금을 계상하여 손금산입한 원고에 대하여 그 당시 이미 2년 후 확정적으로 예정된 상계잔액의 익금산입이 1978년 1월 1일 이후에 이루어졌다는 것만을 이유로 그 익금산입분의 법인세에 추가하여 그 법인세액 100원에 일변 10전에 상당하는 금액을 법인세로 수시 부과한 피고의 이 사건 과세처분은 위법하고, 같은 취지에서 이 사건 피고의 법인세부과처분을 취소한 원심의 조치는 정당하며, 거기에 소론과 같은 조세감면규제법의 법리오해는 없다. 논지는 이유 없다.

〈참고판례 10〉

헌법재판소 2003.4.24. 선고 2002헌바9 전원재판부결정 【구 소득세법 제94조 제3호 위헌소원】

【판시사항】

[1] 상장주식의 양도차익을 양도소득세의 과세대상으로 규정한 구 소득세법(1998.12.28. 법률 제5580호로 개정되고 2000.12.29. 법률 제6292호로 개정되기 전의 것) 제94조 제3호가 소급입법에 의한 재산권박탈을 금지한 헌법 제13조 제2항에 위반되는지(소극)

[2] 이 사건 법률조항이 신뢰보호원칙에 위반되는지(소극)

【결정요지】

[1] 이 사건 법률조항은 그 시행 전에 이미 양도되어 과세요건이 완성된 주식양도에 대하여 소급하여 양도소득세를 부과하는 것이 아니라 위 법률조항의 시행 후에 양도된 주식에 대하여 적용되는 것이므로 소급입법에 의한 재산권 박탈을 금지한 헌법 제13조 제2항에 위반되지 아니한다.

[2] 이 사건 법률조항은 자본이득의 성격을 갖는 상장주식의 양도소득에 대하여 과세하는 것으로서 같은 자본이득의 성격을 지닌 부동산이나 비상장주식 등의 양도소득에 대한 과세와의 형평성을 도모하려는 목적을 갖고 있고, 궁극적으로는 담세능력이 있는 자에게 그에 상응한 세금을 납부하도록 한다는 응능과세의 실현이라는 조세평등주의 원칙에 부합한다. 따라서 그 입법목적은 지극히 합리적이고 정당하다.

위 법률조항의 신설 전에 원칙적으로 상장주식을 양도소득세의 과세대상에 포함시키지 않았던 것은, 상장주식의 양도소득을 과세대상으로 삼을 경우 투자위축으로 인한 자본시장의 침체 등 부정적인 영향이 발생할 것을 염려한 입법자가 자본시장 육성이라는 정책적 측면을 중시한 데 주된 이유가 있으므로, 그러한 입법자의 선택은 장려의 변화를 전제로 한 잠정적인 성격이 강하다. 따라서 상장주식을 과세대상으로 하지 않는 소득세법이 장래에도 변함없이 유지되리라는 기대 내지 신뢰는 그만큼 약하다고 할 수밖에 없다.

더구나 청구인이 취득 당시에는 비상장주식이었으나 취득 후 상장주식으로 전환된 이 사건 주식을 취득할 때에 이 사건 주식의 양도차익은 비상장주식의 양도차익을 양도소득세의 과세대상으로 규정하고 있던 당시의 소득세법 규정에 의해 양도소득세의 과세대상이었음을 알 수 있으므로, 청구인이 이 사건 주식을 취득하고 양도함에 있어 위 법률조항 신설 전의 세법질서에 기초한 적극적이고 보호할 만한 가치 있는 신뢰행위가 있었다고 인정할 수 없다.

위와 같은 사정을 종합하여 보면, 위 법률조항이 달성하고자 하는 과세의 형평 내지 조세평등주의의 실현이라는 공익은 청구인이 구 세법질서에 대하여 가지그 있던 신뢰에 비하여 훨씬 우월하다 할 것이므로, 청구인이 구 세법이 그대로 유지되어 상장주식의 양도에 대해서는 과세가 이루어지지 않으리라고 신뢰하였다고 하더라도 이러한 신뢰는 보호할 만한 정도에 이르지 못하는 단순한 희망 내지 기대에 불과하다 할 것이므로 위 법률조항은 신뢰보호원칙에 위반되지 아니한다.

【심판대상 조문】

소득세법(1998.12.28. 법률 제5580호로 개정되고 2000.12.29. 법률 제6292호로 개정되기 전의 것) 제94조(양도소득의 범위) 양도소득은 당해 연도에 발생한 다음 각 호의 소득으로 한다.

1~2. 생략

3. 한국증권거래소에 상장된 주식 또는 출자지분으로서 대통령령이 정하는 것의 양도로 인하여 발생하는 소득

Ⅵ. 적법절차의 원칙

조세법에 있어서 적법절차의 원칙은 헌법에 있어서 각종의 절차적 보장원칙의 조세법

분야에서의 적용이라는 의미를 지닌다. 조세의 부과·징수는 공권력의 행사이기 때문에 적법절차(due process)에 입각해야 하고, 이에 대한 쟁송도 또한 공정절차에 의하여 해결하여야 한다는 원칙을 말한다. 이것은 조세법률주의의 파생원칙인 합법성 원칙의 절차적 측면이라고 말할 수 있다.

이 원칙은 조세의 부과·징수 절차 및 이에 대한 쟁송절차에 있어서 적정절차를 유지케 함으로써 납세자의 경제활동에 있어서의 법적 안정성을 보장하려는 취지이다. 이러한 절차적 합법성의 원칙은 현대적 법치주의의 핵심적인 것으로 인식되고 있다. 특히 세무행정은 대량적이고 반복적이어서 국민의 권익을 침해할 소지가 다른 분야보다 훨씬 많으므로 적정절차의 필요성이 더 강하다.

국가권력의 행사는 그것이 법률에 정한 일정한 절차에 따라서 행해진 경우에 한해서 적법하게 된다. 무엇보다도 가장 중요한 문제는 질문·검사권의 발동, 소위 세무조사와 관련된 것이다. 세무조사는 과세요건사실을 인정하고 그에 기초하여 세법규정을 적용함으로써 납세액을 확정하는 과정인데 이러한 세무조사과정에서 질문·검사는 납세자의 권익에 크게 영향을 미치게 된다. 따라서 질문·검사권의 적정한 행사를 보장하기 위하여 질문·검사에 관련된 세부절차의 마련이 시급한 실정이다. 절차에 위법이 있는 세무조사권의 행사에 대해서는 납세의무자가 답변하지 아니하고 검사를 거부하더라도 정당한 이유가 있는 것으로서 조세범처벌법상의 죄를 구성하지 않는다. 중요한 문제는 법적 한계를 넘는 질문·검사권의 행사로 인하여 위법한 조사가 행해졌고, 이에 기하여 과세처분이 이루어졌을 경우 그 과세처분의 효력을 어떻게 볼 것인가 하는 점이다. 적법절차원칙의 정신에 비추어 볼 때 적정절차에 위반한 것으로서 그 부과처분은 위법하다고 보아야 할 것이다.

현행 국세기본법 및 국세징수법 등은 조세법률주의의 실질적 내용을 이루는 적법절차의 원칙에 따라 많은 절차적 규정을 두고 있다. 만일 이와 같은 법정절차를 지키지 아니하면 그 부과·징수처분은 적법하지 않는 것으로서 위법하여 취소사유가 될 뿐만 아니라 그 하자가 중대하고 명백한 경우에는 무효가 된다.

판례는 구 상속세법 제25의 2조의 규정에 의하여 과세표준과 세액을 통지하는 경우에 납세고지서에 각 납세의무자들의 성명과 과세연도, 세목, 세액 및 그 산출근거 내지 계산명세 등을 기재하여 납세의무자별로 특정하여야 하고 이를 기재하지 않거나 누락시킨 납세고지는 위법하다고 판시하고 있다.[68] 다만 그 후 대법원은 종전의 입장을 변경하여 연대납세의무자에 대한 납세고지 절차의 엄격성을 다소 완화하였다.[69] ☞ 〈참고판례 11〉

---

68) 대법원 1990.2.27. 선고 89누6280 판결.

국세징수법은 납세자가 독촉장을 받고 지정된 기한까지 조세채무를 이행하지 아니한 때에는 납세자의 재산을 압류하는 것으로 규정하고 있다(동법 제24조 제1항 1호). 그러므로 독촉이 행하여지지 않거나 무효인 독촉에 기하여 행한 압류처분은 무효라고 보아야 할 것이다. 판례도 독촉 없이 행한 압류처분은 위법하거나 무효라고 보고 있다.[70] ☞ 〈**참고판례 12**〉

한편 조세법률주의는 위법한 부과, 징수가 행해진 경우에 납세자가 과세청과 공평하게 다툴 수 있는 제도가 마련되어야 그 실효성을 가질 수 있다. 그러므로 납세자의 권리보호를 위해서는 위법한 조세처분에 대한 공정한 조세쟁송제도가 필수적이고 이것은 조세법률주의의 중요한 요소가 된다.

〈참고판례 11〉

대법원 2004.4.27. 선고 2002두7326 판결 【상속세 등 부과처분취소】

【판시사항】

상속세결정결의서에 개별 상속인들이 납세의무자로 표시되지 않았다든지 또는 상속인별로 상속세액이 특정되지 않았다는 사정만으로 상속세부과처분 자체가 존재하지 않는다고 할 수 있는지(소극) 및 과세관청이 납세고지서에 납부할 총세액과 그 산출근거와 공동상속인 각자의 상속재산점유비율(상속분)과 그 비율에 따라 산정한 각자가 납부할 상속세액 등을 기재한 연대납세의무자별 고지세액 명세서를 첨부하여 공동상속인 각자에게 한 납세고지의 효력

【이유】

상고이유 제1, 2주장에 관하여,

원심은 그의 채용 증거들을 종합하여, 원고들이 1995년 4월 3일자 상속세부과처분(이하 '이 사건 종전 처분'이라 한다)에 대한 무효확인 및 취소를 구하는 소송에서 종전 처분은 서면에 의한 부과처분이 없고 오로지 납세고지만 있었으므로 무효라는 주장을 하였으나, 대구고등법원은 납세고지서의 송달은 과세처분의 부과고지와 납부고지를 겸한다는 이유로 종전 처분이 무효라는 원고들의 주위적 청구 부분을 기각하고, 다만 납세고지서

---

69) 대법원 2004.4.27. 선고 2002두7326 판결, 대법원 1993.12.21. 선고 93누10316 전원합의체 판결 참조.
70) 대법원 1984.9.25. 선고 84누107 판결, 대법원 1982.8.24. 선고 81누162 판결 참조.

에 상속세 총액과 그 산출근거만 기재하였을 뿐 원고들 각자가 부담하여야 할 상속세액과 그 계산명세를 첨부하지 아니한 하자가 있어 위법하다는 이유로 예비적 청구인 취소청구 부분을 인용하여 종전 처분의 취소를 명하는 판결을 선고한 사실, 위 판결이 1998년 5월 18일경 대법원에서 상고가 기각됨으로써 확정되자, 피고는 1998년 6월 9일 위 확정판결에 따라 종전 처분의 절차상의 흠결을 바로잡아 다시 이 사건 처분을 한 사실을 인정한 다음, 이 사건 종전 처분 당시 피고는 상속세결정결의서에 원고 최성복을 제외한 나머지 원고들을 납세의무자로 표시하거나 그들이 부담하는 개별 상속세액을 결정한 바가 없으므로 부과처분 자체가 존재하지 아니하고, 이 사건 처분으로 비로소 처음 상속세 부과처분을 한 것이므로 이 사건 처분에 대해서는 특례제척기간의 적용이 없고 따라서 이 사건 처분은 상속세를 부과할 수 있는 날로부터 5년의 제척기간이 경과한 후의 처분이라 무효라는 원고들의 주장에 대하여, 이 사건 종전 처분의 납세고지서가 원고들에게 송달된 이상 이러한 납세고지는 부과처분 및 징수처분으로서의 효력을 아울러 가지는 것이므로, 원고들 주장의 사정만으로는 부과처분 자체가 존재하지 아니한다고 할 수 없고, 또 종전 처분 당시 납세고지서에 상속인별로 상속세액을 특정한 계산명세서와 연대납세의무자명단 등을 첨부하지 아니한 절차상의 하자가 있어 그로 말미암아 종전 처분이 판결에 의하여 취소 확정되자 피고가 그 판결확정일로부터 1년 이내에 그 절차상의 잘못을 바로잡아 다시 이 사건 처분을 하였다면, 이는 국세기본법 제26조의 2 제2항에 근거한 것으로 정당하다고 판단하였다.

기록상의 증거들과 대조하여 살펴보니, 부과처분과 고지처분에 관한 원심의 인정과 판단은 정당하고, 거기에 필요한 심리를 다하지 아니하였다거나 채증법칙을 위반하였다는 등으로 사실을 오인한 위법이 있다거나 국세의 부과제척기간에 관한 법리 또는 관련 판례 취지를 오해한 위법 등이 없다.

상고이유 중 이 부분 주장들을 받아들이지 아니한다.

상고이유 제3, 4주장에 관하여,

상속세결정결의서는 상속세 과세표준과 세액을 산출하기 위한 과세관청의 내부자료로서 그 결정결의서에 개별 상속인들이 납세의무자로 표시되지 않았다든지 또는 상속인별로 상속세액이 특정되지 않았다는 사정만으로는 상속세부과처분 자체가 존재하지 않는다고 할 수는 없는 것이고(대법원 2001.9.14. 선고 2000두406 판결 참조), 과세관청이 납세고지서에 납부할 총세액과 그 산출근거인 과세표준과 세율·공제세액 등을 기재함과 아울러 공동상속인 각자의 상속재산점유비율(상속분)과 그 비율에 따라 산정한 각자가 납부할 상속세액 등을 기재한 연대납세의무자별 고지세액 명세서를 그 납세고지서에 첨부하여 납세고지서에 납세자로 표시된 공동상속인에게 각기 교부하였다면, 그 납세고지는 적법한 부과고지 및 징수고지로서의 효력을 함께 가진다(대법원 1993.12.21. 선고 93누10316 전원합의체 판결, 대법원 2002.7.12. 선고 2001두3570 판결 등 참조).

같은 취지에서 원심이, 피고가 상속세결정결의서에 상속재산 전부를 과세표준으로 삼아 총 상속세액을 결정한 다음, 거기에 기초하여 납세고지서에 상속인별로 납부할 세액과 그 계산명세를 기재한 '상속인별 또는 수유자별 납부할 상속세액 및 연대납세의무자 명단'과 '세액계산명세서'를 첨부하여 원고들에게 적법하게 송달한 이상, 이와 같은 납세고지는 부과고지와 징수고지로서의 효력을 함께 가지므로, 이 사건 상속세부과처분이 존재하지 아니하거나 무효라고 할 수 없다고 판단한 것은 정당하고, 거기에 개별적·구체적 부과처분의 존부에 관한 사실을 오인한 위법이 있다거나 상속세부과처분의 효력 등에 관한 법리를 오해한 위법 등이 없다.

〈참고판례 12〉

대법원 1984.9.25. 선고 84누107 판결【체납세액금 및 압류집행처분취소】

【판시사항】
독촉장 발부 없이 한 압류처분의 효력

【판결요지】
국세징수법 제24조 제1항 제1호의 규정에 의한 독촉장 발부도 한 바 없이 과세처분과 동시에 이에 대한 체납처분으로 부동산을 압류하였다면 그 압류처분은 위법하다.

【이유】
상고이유를 본다.

제4점에 대하여,

원심이 확정한 바와 같이 피고가 국세징수법 제24조 제1항 제1호의 규정에 의한 독촉장 발부도 한 바 없이 원고에 대한 과세처분과 동시에 이에 대한 체납처분으로서 원고

소유의 부동산을 압류하였다면 그 압류처분은 위법하다 할 것이므로 같은 취지의 원심판단은 정당하고, 소론이 들고 있는 당원판례(1982.7.13. 선고 81누360 판결)는 그와 같은 압류요건이 흠결된 압류처분인 경우라도 당연무효가 아니라고 판시한 내용일 뿐 위법한 처분이 되지 않는다는 취지가 아니다. 판시 압류처분이 위법하다고 본 원심판결에 법리오해가 있다는 논지는 위 판례의 취지를 오해하고 원심판결을 공격하고 있는 것이므로 이유 없다.

제3장 조세공평주의

제1절 조세공평주의의 의의와 기준

Ⅰ. 조세공평주의의 의의

조세공평주의는 조세부과에 있어서 개인의 담세능력에 따라 평등하여야 한다는 원칙이다. 조세공평주의는 조세법에 있어서 평등원칙의 구현이라고 말할 수 있는데 내용적으로는 담세력에 상응한 과세(taxation according to ability to pay)를 말한다.

공평주의는 두 가지 의미로 이해할 수 있다. 하나는 입법에 있어서 평등할 것을 요구하는 소위 법 내용상의 평등이고, 다른 하나는 법을 집행하는 행정부 또는 사법부가 국민을 합리적인 이유 없이 차별해서는 안 된다는 소위 법 적용상의 평등이다. 그러므로 조세공평주의는 조세부담이 국민에게 공평하게 배분되도록 조세법을 제정하여야 할 뿐만 아니라 조세법의 해석·적용에 있어서도 모든 국민을 평등하게 취급해야 하는 것이다.

원래 평등의 개념은 상대적이라고 말할 수 있기 때문에 실제 사안에서 어떻게 실질적 공평이 달성될 것인가 하는 점이 중요한 문제가 된다. 일반적으로 조세법의 해석 및 적용에 있어서 평등의 원칙은 개별적인 사안에 따라 확립될 수 있으며 가치중립적이고 구체화의 필요성을 가진다고 보고 있다.

그러므로 조세부담의 공평을 실현하기 위해서는 구체적 제도 내지 장치의 마련이 요청된다. 현행법상 조세공평의 수단 또는 제도로 볼 수 있는 것으로 조세회피방지를 위한 부당행위계산부인을 비롯하여 실질과세의 원칙 등을 들 수 있다.[71]

---

71) 미국 판례법상의 실질우위원칙(substance over form), 독일 법인세법상의 숨은 이익처분(verdeckte Gewinnausschüttung) 등도 그 예로 들 수 있다.

Ⅱ. 조세부담공평의 기준

구체적 사안에서 어떤 경우를 공평하다고 볼 것인지 또는 공평하지 않다고 볼 것인지 문제가 된다. 미국의 판례는 공평의 기준을 합리성(reasonableness)에서 찾고, 독일의 통설은 주관적 자의성(willkür)에서 찾는다. 이에 의하면 불합리한 차별 또는 자의적 차별만이 공평에 위배된다.[72]

따라서 조세법에 있어서 공평이란 조세채권자의 자의가 금지되고 객관적인 사실을 기초로 한 합리적인 근거에 의하여 조세가 부과·징수되도록 법을 적용하고 또한 법의 내용이 그렇게 규정되어야 함을 의미한다. 그리고 조세법률관계에 있어서 어떤 경우가 불평등한 취급이고 조세공평주의에 위반된다고 볼 수 있는가는 일률적으로 결정될 수 없으며, 개별사안에 따라 그 입법목적 등을 고려하여 결정되어야 하는 것이다. ☞ 〈**참고판례 13**〉

판례에서 조세공평주의에 관하여 판시한 사례를 살펴보면 다음과 같다.

1. 우리나라의 판례

헌법재판소 1989년 7월 21일 선고 89헌마38 결정은 조세법규정의 헌법상 평등권 위배 여부를 최초로 판단한 것으로서 주목을 받은 바 있다. 여기서 다수의견은 조세회피의 목적이 없는 명의신탁에 대한 증여세의 부과는 공평의 원칙의 조세법상 표현인 조세평등주의에 반한다고 판시하였다.

헌법재판소 1992년 2월 25일 선고 91헌가5, 90헌바3 결정은 증여세 과세가액계산 시 배우자 또는 직계존비속 간의 부담부증여는 수증자가 증여자의 채무를 인수한 경우에도 당해 채무액을 공제하지 아니한다는 구상속세법 제29의 4조 제2항의 규정에 대해 조세형평이나 국민의 기본권보장은 도외시한 채 오직 조세행정의 편의만을 위주로 하여 제정된 매우 불합리한 법률로서 헌법 제11조 제1항의 평등권에 위배된다고 판시한 바 있다.

헌법재판소 2001년 12월 20일 선고 2000헌바54 결정은 이자소득에 대하여 필요경비의 공제를 허용하지 않고 그 총수입금액을 이자소득금액으로 보도록 한 소득세법 제16조 제2항에 대하여 조세법 분야에 있어서 소득의 성질의 차이 등을 내세워 취급을 달리하는 것은 그 입법목적 등에 비추어 자의적이거나 임의적이 아닌 한 그 합리성을 부정할 수

---

72) BVerfGE 3, 58, 135 ff; 4, 219, 243 ff; 9, 124, 130; 12, 341, 348; 38, 154, 166.

없고 조세평등주의에 위반하는 것이 아니라고 하여 합헌으로 판시하였다.

헌법재판소 2008년 10월 30일 선고 2003헌바10 전원재판부결정은 구 상속세법 제18조 제1항 본문 중 '상속인'의 범위에 '상속개시 전에 피상속인으로부터 상속재산가액에 가산되는 재산을 증여받고 상속을 포기한 자'를 포함하지 않는 것은 상속을 승인한 자의 헌법상 보장되는 재산권을 침해하고, 아울러 상속을 포기한 자가 증여받은 재산의 가액이 상속세 과세가액에 가산됨으로 인하여 누진되는 세액만큼을 상속을 승인한 자만이 부담하도록 하여 상속을 포기한 자에 비해서 상속을 승인한 자를 차별취급하는 것은, 증여재산에 대한 누진세액 부분을 부담하여야 할 자에 대해서는 그 부담을 면제하고, 반대로 이를 부담하지 않아야 할 자에 대해서는 부담을 부과한 것이어서 헌법상 정당화될 수 없으므로, 구 상속세법 제18조 제1항 본문 중 '상속인'의 범위에 '상속개시 전에 피상속인으로부터 상속재산가액에 가산되는 재산을 증여받고 상속을 포기한 자'를 포함하지 않는 것은 상속을 승인한 자의 헌법상 평등권을 침해한다고 하였다.

2. 외국의 판례

일본 최고재판소, 昭和 37년 2월 28일 판결은 사업소득자와 급여소득자 간의 소득세의 징수절차상에 있어서 차별적 취급, 즉 원천징수제도는 소득세의 징수방법으로서 능률적이고, 합리적이기 때문에 납세자에게 특별의 의무를 부담시킨다고 하여 헌법상의 평등조항에 위배되는 것은 아니라고 하였다.

독일 연방헌법재판소는 1975년 독일의 소득세법 제3조 제12호에 규정된 의원세비에 대한 면제조항을 본질적으로 동등한 납세자의 집단 중 어느 특정한 집단을 아무런 합리적인 근거 없이 우대함으로써 결과적으로 평등조항에 대한 위헌적 법률이라고 판시한 바 있다.[73]

---

73) BVerfGE 40, 296, 327.

<h1 align="center">〈참고판례 13〉</h1>

헌법재판소 2003.1.30. 선고 2002헌바65 전원재판부결정【구 상속세 및 증여세법 제
63조 제3항 위헌소원】

【판시사항】

[1] 최대주주 등이 보유하는 주식 혹은 출자지분은 일반 주식 등이 갖는 가치에 더하
여 회사의 경영권을 행사할 수 있는 특수한 가치, 이른바 '경영권 프리미엄'을 지니고 있
는지(적극)

[2] 대통령령이 정하는 최대주주 또는 최대출자자 및 그와 특수관계에 있는 주주 또는
출자자의 주식 및 출자지분에 대해서는 통상의 방법으로 평가한 주식 등의 가액에 그
100분의 10을 가산하여 평가하도록 한 구 상속세 및 증여세법 제63조 제3항이 조세평등
주의원칙에 위반하는지(소극)

【결정요지】

[1] 일반적으로 주식 등은 각 단위 주식 등이 나누어 갖는 주식회사 등의 자산가치와
수익가치를 표창하는 것에 불과하지만, 최대주주 등이 보유하는 주식 등은 그 가치에 더
하여 당해 회사의 경영권 내지 지배권을 행사할 수 있는 특수한 가치, 이른바 '경영권(지
배권) 프리미엄'을 지니고 있다. 이와 같은 <u>회사의 지배권이 정당한 조세부과를 받지 아
니하고 낮은 액수의 세금만을 부담한 채 이전되는 것을 방지하기 위하여 적정한 과세를
위한 공정한 평가방법을 두고자 함이 이 사건 법률조항의 입법취지이다.</u>

[2] 이 사건 법률조항이 그 적용범위에서 대통령령이 정하는 최대주주 또는 최대출자
자 및 그와 특수관계에 있는 주주 또는 출자자의 주식 및 출자지분에 대하여 일률적으로
가산하여 평가하고 그 상대방 및 거래량을 한정하지 않고 있는 것이 과연 합리적인 입법
으로서 조세평등주의의 원칙에 합치하는 것인지의 문제가 있다. 그런데 만일 최대주주
등의 보유주식 등에 대한 특수한 규율을 위하여 상속 또는 증여되는 주식의 수량에 관한
엄격한 요건을 요구하는 경우에는 최대주주 등 및 그 보유주식 등의 증여자, 피상속인
등은 그 규율을 피하기 위하여 사전에 수회에 걸쳐 소량씩 분리하여 증여하는 등 그 규
율을 손쉽게 회피할 가능성이 있다. 또한 비록 증여하는 주식이 발행주식총수에 대한 비
율로 보면 소량이라고 하여도 그 이전의 효과는 다른 특수관계인 주식과 결합하여 전체

지배권의 중요한 일부가 이전되는 효과가 발생하는 경우 그 규율의 공백이 생길 수 있다. 한편 최대주주 등이 주식을 자신의 특수관계인 등에게 증여하는 경우로 적용범위를 한정하지 아니한 것은 지배주주 범위의 광범위성, 특수한 관계의 범위의 다양성 및 우리 사회 증여의 관행 등에 비추어 보면 불합리한 것이라고 하기 어렵다. 결국 <u>이 사건 법률조항은 주식 등의 가치 및 회사 지배권의 특성을 감안한 바탕 위에 공평한 조세부담을 통한 조세정의의 실현 요구, 징세의 효율성이라는 조세정책적·기술적 요구를 종합적으로 고려하여 결정한 것이라고 할 수 있을 뿐, 그 입법목적에 비추어 자의적이거나 임의적인 것으로서 입법형성권의 한계를 벗어났다고 볼 수 없으므로 조세평등주의에 위반되지 아니한다.</u>

Ⅲ. 응능부담의 원칙

조세법상 응능부담의 원칙은 경제적 급부능력이 큰 사람이 조세부담도 많이 해야 하고, 같은 크기의 소득 등 경제적 급부능력이 같은 사람은 조세부담도 같게 해야 한다는 원칙이다. 응능부담의 원칙은 입법상의 원칙이기도 하고 법의 해석 및 적용상의 원칙이지만 특히 조세입법의 공평과 관련해서 가장 중요한 법원칙을 구성한다. 즉 조세법률의 헌법상 평등조항의 침해에 대한 사법심사에 있어서 본질적인 역할을 하고 있다.

그리하여 오늘날 응능부담의 원칙은 세계 각국의 조세정책 또는 조세법률안 입안의 기준이 되고 있다. 이 원칙에 따라 납세자 자신과 가족의 생계를 위해 불가피하게 소비하게 되는 최저생계비를 넘는 부분부터 조세부담이 이루어져야 하고, 총수입금액에서 필요경비를 공제하지 아니하고 소득금액을 산정해서는 아니 되며, 소득금액이 아닌 것을 소득으로 간주하여 소득세를 과세하는 것으로 조세법을 해석할 수 없게 된다.

이에 반하여 조세감면과 같은 각종 조세우대조치는 응능부담의 원칙의 취지에 반하는 것으로 보는 것이 일반적이다.

제2절 조세공평주의의 내용과 해석상 문제점

Ⅰ. 조세우대조치

조세우대조치는 원래 산업·경제·정책적 관점으로부터 공평부담의 원칙을 희생해서 특정납세자의 조세부담을 경감하는 일련의 조치이다. 그렇다면 이것은 조세의 공평성을 위반할 수 있음을 전제로 하는 것인가 의문이다. 이에 대하여 독일 연방헌법재판소 결정은 재정정책적·국민경제적·사회정책적 혹은 조세기술적인 고려가 평등한 과세에 대한 위반의 동기가 되었다면 평등원칙이 침해된 것이 아니라고 한다.[74]

각종의 사회·경제정책이 법에 반영되는 것이 조세법의 특질이지만 조세우대조치는 조세부담의 공평을 희생해서 특정납세자의 조세를 경감·면제하는 데에 가장 큰 문제가 있다. 특히 각종 정책을 조세법에 도입하는 것은 조세법질서를 어지럽히고 조세법을 조잡하고 복잡하게 만드는 원인이 된다. 그러므로 정책수단으로서 조세우대조치의 필요성이나 실효성에는 공감하면서도 그 폐해를 지적하지 않을 수 없다. 만일 어떤 조세우대조치에 관하여 그 명분이 되고 있는 정책목적의 현실적 효과에 합리성이 없는 것이 명백히 밝혀진 경우에 그 조세우대조치는 조세입법에 있어서 불합리한 차별로서 조세공평주의에 위배된다고 볼 수 있다.

Ⅱ. 조세사항의 유형화·포괄화

조세법은 개인의 담세능력에 따라 과세하는 것을 이상으로 하지만 개개인의 담세능력을 정확히 측정하기는 사실상 불가능하다. 세무행정은 대량적 반복적으로 수행되는 성격을 가지고 있을 뿐만 아니라 개인의 주관적 사정을 일일이 파악하여 과세하기란 국가의 한정된 인력과 시간으로 감당하기 어려운 작업인 것이다. 그러므로 현실적으로 세무행정에 있어서 과세요건과 효과 등의 규율에 있어서 유형화와 포괄화가 불가피해진다. 이러한 것의 대표적인 것으로 추계과세, 소득표준율의 적용, 양도소득세에 있어서 기준시가, 상속세 및

---

74) BVerfGE 49, 343, 360; 65, 325, 354.

증여세법에서의 비상장주식의 평가방법 등을 들 수 있다.[75] ☞ 〈**참고판례 14**〉

유형화 또는 포괄화에 의한 과세처분의 정당성은 실행가능성에서 찾을 수 있다. 즉 조세법규가 지나치게 어렵고 복잡하거나 실제적으로 행정에서 집행할 수 없는 사항을 규정한 경우라면 세무행정청이 그 내용을 집행하여 법의 취지를 달성할 수 없으므로 어느 정도 유형화가 불가피하다. 그리하여 조세에 관한 사항의 유형화는 조세법에 있어서 평등원칙에 위배되지 아니한다고 보고 있다.

〈참고판례 14〉

대법원 2007.12.13. 선고 2005두11913 판결【상속세부과처분취소】

【**판시사항**】

비상장주식의 평가방법에 관한 구 상속세 및 증여세법 시행령 제54조 제1항, 제2항의 규정이 모법인 상속세 및 증여세법 제63조 제1항 제1호 (다)목의 위임범위를 일탈하거나 실질과세의 원칙, 시가주의 원칙, 조세공평의 원칙에 반하여 무효인지(소극)

【**이유**】
상고이유를 판단한다.
[1] 상고이유 제1점에 대하여
원심은 원고들이 주장하는 주식거래가 실제로 있었다고 보기 어렵고, 설사 그러한 주식거래가 있었다고 하더라도 이는 (상호 생략) 콘크리트의 특수관계인들 사이의 1회적인 거래로서 그 거래가격이 이 사건 주식의 객관적인 교환가치를 적정하게 반영한 시가라고 인정하기 어렵다고 판단하였는바, 원심의 위와 같은 판단은 기록에 비추어 정당하고 거기에 상고이유에서 주장하는 것과 같은 채증법칙 위배의 위법은 없다.
[2] 상고이유 제2 내지 4점에 대하여
상속세 및 증여세법 제63조 제1항 제1호 (다)목에 의하면 <u>비상장주식을 당해 법인의 자산 및 수익 등을 감안하여 대통령령이 정하는 방법에 의하여 평가하여야 한다고 규정</u>

---

75) 대법원 2007.12.13. 선고 2005두11913 판결 참조.

하고 있고, 그 위임에 따라 구 상속세 및 증여세법 시행령(2003.12.30. 대통령령 제 18177호로 개정되기 전의 것) 제54조는 비상장주식의 평가방법에 관하여 제1항에서 순 손익가치(1주당 최근 3년간 순손익액의 가중평균액÷금융시장에서 형성되는 평균이자율을 참작하여 재정경제부령이 정하는 율)로 평가하되, 제2항에서 순손익가치에 의한 평가액 이 순자산가치(당해 법인의 순자산가액÷발행주식총수)에 의한 평가액에 미달하는 경우에 는 순자산가치로 평가하도록 규정하고 있는바, 위 법 제63조 제1항 제1호 (다)목은 비상 장주식의 가액산정에 참작할 중요한 요소로 당해 법인의 자산과 수익을 예시하고 있을 뿐 반드시 위 두 요소를 반드시 함께 반영하여야 한다거나 동등하게 반영하도록 규정한 것으로 볼 수는 없고, 위 시행령 제54조 제1항, 제2항은 당시의 조세정책적 고려에 따라 비상장주식의 시가를 반영할 수 있는 여러 방법들 중 하나의 방법을 선택한 것이며, 비 상장주식을 업종이 동일하다는 이유만으로 상장법인 주식과의 상대가치를 단순 비교하여 평가하는 것은 객관적이고 합리적인 평가방법이라고 볼 수 없으므로, 위 시행령 조항이 법 제63조 제1항 제1호 (다)목의 위임범위를 일탈하였다거나 실질과세의 원칙, 시가주의 원칙 또는 조세공평의 원칙에 반하여 무효라고 볼 수 없다.

따라서 같은 취지의 원심판단은 정당하고, 거기에 상고이유에서 주장하는 바와 같은 상속세 및 증여세법 제63조 제1항 제1호 (다)목 및 위 시행령 제54조 제1항, 제2항에 관 한 법리오해 등의 위법이 있다고 할 수 없다.

Ⅲ. 실질과세의 원칙

1. 실질과세의 원칙의 의의

실질과세의 원칙은 조세법에 있어서 실질주의의 표현으로서 과세관청이 과세를 함에 있어서는 당사자에 의하여 선택된 법률적 형식에 구애됨이 없이 그 실질에 따라서 과세 해야 한다는 것이다. 이 원칙은 조세부담공평원칙의 특수세법학적 표현이라고 하거나 또 는 독일에서 조세법 특유의 원리로 발달해 온 경제적관찰방법과 같은 내용을 가진다고 이해되고 있으나 이에 관한 많은 연구문헌에도 불구하고 아직까지 그 의의에 관한 일치 된 의견이 없다고 볼 수 있다.

2. 국세기본법 제14조

실질과세의 원칙에 관한 규정인 국세기본법 제14조는 실질과세의 원칙을 조세법의 해석·적용 및 요건사실인정의 기준으로 삼고 있는 총칙적 규정이다. 이와 같은 규정은 법인세법 제4조, 상속세 및 증여세법 제2조 제4항과 국제조세조정에 관한 법률 제2조의 2에서도 동일한 취지로 다시 규정되어 있다.76) 그런데 조세법상 실질과세의 원칙은 실정법의 규정유무에 불구하고 조세법에 내재하는 근본원칙으로 보고 있으므로 국세기본법 규정은 선언적·확인적 의미에 불과하다고 보는 것이 통설이다.

1) 귀속의 실질

국세기본법 제14조 제1항에서는 "과세의 대상이 되는 소득·수익·재산·행위 또는 거래의 귀속이 명의일 뿐이고 사실상 귀속되는 자가 따로 있을 때에는 사실상 귀속되는 자를 납세의무자로 하여 세법을 적용한다"라고 규정하고 있다. 이 규정을 실질귀속자 과세의 원칙이라 일컫는데, 이는 과세대상이 되는 경제적 이익을 사실상 실질적으로 지배하는 자가 납세의무를 진다는 뜻이다.

실질과세원칙은 환급관련 규정에서도 적용되므로 자산의 명의신탁에 있어서 양도소득세 부과처분을 받은 명의수탁자가 자신은 실질과세원칙에 따라 납세의무자가 아니라고 주장함으로써 당해 처분이 취소되더라도 실질소득자인 명의신탁자가 양도소득세를 신고 납부한 경우라면 명의수탁자가 그 납부한 세액의 환급청구를 할 수 없다. 이와 관련하여 국세기본법 기본통칙은 명의위장자임이 확인되어 위 국세기본법 제14조 제1항에 따라 실질소득자에게 과세함에 있어서 당초 신고한 명의자가 당해 세금을 납부한 경우에 그 명의자의 소득금액을 결정취소함에 따라 발생하는 환급세액은 명의자에게 직접 환급하지 아니하고 실질소득자의 기납부세액으로 공제하고 잔여 환급액이 있는 경우 국세기본법 제51조 및 제52조의 규정에 의하여 실질소득자에게 환급한다고 규정하고 있다.77) 이는 비록 세금의 납부는 명의수탁자에 의하여 이루어지더라도 실제로 소득의 실지귀속자가

---

76) 예를 들어 상속세 및 증여세법 제2조 제4항은 "제3자를 통한 간접적인 방법이나 둘 이상의 행위 또는 거래를 거치는 방법으로 상속세나 증여세를 부당하게 감소시킨 것으로 인정되는 경우에는 그 경제적인 실질에 따라 당사자가 직접 거래한 것으로 보거나 연속된 하나의 행위 또는 거래로 보아 제3항의 규정을 적용한다"고 정하고 있다.

77) 국세기본법 기본통칙 51 – 0…1.

그 납부자금을 제공하였을 개연성이 높다는 점을 상정하고 있는 것으로 보인다. 이 경우 명의수탁자는 단지 명의만 빌려준 것으로 법률상 또는 사실상의 납세의무자로 볼 수 없으므로 환급청구권이 인정되지 아니한다는 해석이 가능하다.[78] 하지만 명의수탁자의 자금으로 세금을 납부한 것이 금융자료 등에 의하여 명확한 경우에도 위와 같이 해석함은 실질과세의 원칙에 부합하지 아니하는 문제점이 있다.

2) 내용의 실질

국세기본법 제14조 제2항에서는 "세법 중 과세표준의 계산에 관한 규정은 소득·수익·재산·행위 또는 거래의 명칭이나 형식에 관계없이 그 실질내용에 따라 적용한다"고 규정하고 있다. 이 규정을 실질내용 과세의 원칙이라 일컫는데 담세력을 추정할 수 있는 물건·행위·사실을 파악함에 있어서 외형이나 공부상 현황에 의할 것이 아니라 실질에 따라 과세표준을 산출할 것을 정한 것이다.

예를 들어 증여를 원인으로 토지에 관한 소유권이전등기를 한 자가 토지거래에 관한 규제를 피하기 위하여 실제 매매인 거래를 증여를 원인으로 등기한 경우 토지에 관한 매매계약이 성립되었던 것으로 본다. 소득세법상 비과세양도소득을 규정한 1세대 1주택의 범위에 있어서 '주택'에 해당하는지는 건물공부상의 용도구분에 관계없이 실제 용도가 사실상 주거에 공하는 건물인가에 의하여 판단하여야 하고, 일시적으로 주거가 아닌 다른 용도로 사용되고 있다고 하더라도 그 구조·기능이나 시설 등이 본래 주거용으로서 주거용에 적합한 상태에 있고 주거기능이 그대로 유지·관리되고 있어 언제든지 본인이나 제3자가 주택으로 사용할 수 있는 건물의 경우에는 이를 주택으로 본다.[79] 만일 오피스텔을 업무용으로 분양받았다 하더라도 내부구조, 온돌마루 설치 여부 등에 비추어 주거용으로 적합한 형태를 갖추고 있어 언제든지 용도나 구조 변경 없이 주거용으로 사용할 수 있고 실제 주거용으로 사용된 사실이 인정된다면 소득세법상 주택으로 보아야 하는 것이다.
☞ 〈참고판례 15〉

---

78) 국심 2008서3962, 2009.10.21.
79) 대법원 2006.10.26. 선고 2005두4304 판결, 대법원 2005.4.28. 선고 2004두14960 판결.

3) 경제적 실질

근래에 신설된 국세기본법 제14조 제3항에서는 "제3자를 통한 간접적인 방법이나 둘 이상의 행위 또는 거래를 거치는 방법으로 이 법 또는 세법의 혜택을 부당하게 받기 위한 것으로 인정되는 경우에는 그 경제적 실질내용에 따라 당사자가 직접 거래를 한 것으로 보거나 연속된 하나의 행위 또는 거래를 한 것으로 보아 이 법 또는 세법을 적용한다"고 규정하고 있다.

이와 같이 실질과세의 원칙은 구체적 사안에서 조세회피행위를 부인하는 근거를 제공하여 납세자가 선택한 이상한 법형식을 배제하고 조세부담의 공평을 기하게 하는 원리로 작용함을 나타내고 있다. 오직 조세회피의 의도만으로 부자연스럽고 불합리한 행위나 거래를 한 경우에 해당하면 법적 형식 또는 법적 실질을 떠나 경제적 실질에 따라 파악된 사실 및 법률효과에 조세법을 적용하라는 의미이다. 이와 같은 취지의 법조문은 이미 국제조세조정에 관한 법률 제2조의 2 제3항과 상속세 및 증여세법 제2조 제4항에서 먼저 신설되어 이를 국세기본법에 동일하게 규정하게 된 것이다.

국세기본법 제14조 제3항은 일정한 행위 또는 거래가 세법의 '혜택을 부당하게 받기 위한 것으로 인정되는 경우'에 적용되는 것으로 하였는바, 이것을 납세자에 의한 사법상의 법률형식을 남용한 조세회피행위를 부인하는 일반적 조세회피방지규정(GAAR)으로 볼 수 있는지 논란이 되고 있다.[80]

생각건대 법조문에서 '부당'이라는 불확정개념을 사용하고 있는 것은 거래내용에 법형식 형성의 자유를 이용한 납세자의 법형식 남용이 있었는지를 따져 실질에 따른 공평과세를 하도록 한 것으로 일반적 조세회피방지 규정으로서의 성격을 간접적으로 보여 주는 것이라고 해석할 수 있다.

3. 가장행위와 실질과세의 원칙

민사법적 관점에서 행위나 거래의 법률적 외관과 당사자의 내심의 의사가 달라 민법규정에 의해 법률적 효력을 인정받지 못하는 경우가 있다. 예컨대 비진의 의사표시(민법 제107조), 통정허위표시(민법 제108조), 가공경비의 기장 등이 그것이다. 납세자의 진의

---

80) 이에 대하여 상세한 것은 안경봉·오윤, "한국의 조세회피방지규정과 일반적 조세회피방지규정 도입방안", 『조세법연구』 제14권 1호, 2008.4, 241면 이하 참조.

에 기하지 않은 이와 같은 행위를 가장행위라고 하는데 조세회피행위 또는 실질과세의 원칙과 구별된다.

조세회피행위는 납세자가 선택한 사법상의 거래가 진의에 기한 행위인 데 비하여 가장행위는 진의 아닌 행위이다. 가장행위는 당사자 사이에 진정한 법률관계를 형성하는 법형식이 아니며 단지 외관으로서 경제적 실질을 수반하지 않는 것이며, 그 실체가 없기 때문에 법률효과가 발생하지 아니한다. 따라서 가장행위는 조세법의 해석 이전에 모든 법 분야의 사실인정 및 해석의 문제가 될 뿐 법률적 효과가 유효함을 전제로 하는 실질과세의 원칙이 개재될 여지가 없다.

현행법은 가장행위의 조세법상 효과에 관하여 아무런 규정도 두고 있지 않지만 어떤 행위가 진의에 기한 행위인가 가장행위인가는 조세법과는 직접적으로 관련이 없는 문제이다. 다시 말해서 조세법은 민법상 유효한 행위만을 과세의 기초로 한다고 생각하는 입장에서 본다면 구체적인 거래내용에 따른 법률효과를 수반하지 않는 가장행위에 조세법상 특별한 의미를 부여할 수 없고 과세의 기초로 삼을 수 없다는 결론이 된다. 이에 관하여 독일 조세기본법 제41조 제2항은 "가장법률행위 및 가장적 행위는 과세와 관련하여 관계가 없다. 가장법률행위에 의하여 다른 법률행위가 은닉된 때에는 그 은닉된 법률행위가 과세의 기준으로 된다"고 규정하고 있다.

그러므로 가장행위에 의하여 진실의 행위가 은닉되어 있는 경우에는 그 실체적 거래내용을 수반한 은닉행위가 밝혀진 경우 그에 따라 과세하여야 할 것이다.[81] 조세회피행위의 경우처럼 실질과세의 원칙을 적용하여 가장행위를 부인하는 것이 아니라 가장행위 뒤에 숨겨진 진실한 행위에 대하여 과세하여야 당연하기 때문이다. ☞ 〈참고판례 16, 17, 18〉

예를 들어 부부였던 자가 합의이혼을 통하여 일방이 타방에게 거액의 자산을 이혼에 따른 재산분할을 원인으로 무상 이전해 준 경우에 사실관계를 조사한 결과 증여세를 면탈하기 위한 위장이혼으로 밝혀졌다면 이혼의 형식을 무시하고 증여로 실체를 파악하여 증여세를 과세하여야 할 것이다.

4. 경제적 실질과 법적 실질

우리나라 조세법에 있어서 실질과세의 원칙을 규정한 국세기본법 제14조를 통하여 실질의 의미를 파악해 보면 다음과 같다.

---

81) 대법원 2000.9.29. 선고 97누18462 판결, 대법원 1990.10.12. 선고 90누1663 판결 참조.

국세기본법 제14조 제1항은 거래 등의 귀속에 관한 실질주의를 규정한 것으로 과세대상이 되는 경제적 이익을 사실상 실질적으로 지배하는 자가 납세의무를 져야 한다는 뜻으로 풀이된다. 한편 동 조 제2항은 거래 등 내용에 관한 실질주의를 규정한 것으로서 조세법상 형식과 실질이 상이한 경우에는 실질에 의하여 과세한다는 것이다. 동 조 제3항은 오직 조세회피의 의도만으로 부자연스럽고 불합리한 행위나 거래를 한 경우에 해당하면 법적 형식 또는 법적 실질을 떠나 경제적 실질에 따라 파악된 사실 및 법률효과에 조세법을 적용하라는 취지이다. 국세기본법 제14조 제3항은 일정한 거래가 세법의 혜택을 부당하게 받기 위한 것으로 인정되는 경우에 적용된다.

이와 같이 실질과세의 원칙은 형식과 실질이 다른 경우 실질에 따라 과세해야 한다는 원칙으로 볼 수 있는데 '실질'이란 것의 본질이 무엇인가가 문제 된다. 이에 관하여 종전에 법적 실질설과 경제적 실질설이 대립하였다.

법적 실질설은 조세법률주의의 법적 안정성과 예측가능성을 중시하는 관점에서 '형식'과 '실질'을 '법적 형식'과 '법적 실질'로 이해하기 때문에 법적 실질과 경제적 실질 간에 괴리가 있는 경우에는 법적 실질을 기준으로 조세법을 해석하여야 한다는 견해이다.

반면에 경제적 실질설은 경제적 관찰방법에 충실한 관점에서 '형식'과 '실질'을 '법적 형식'과 '경제적 실질'로 보기 때문에 법적 실질과 경제적 실질 간에 괴리가 발생한 경우에는 경제적 실질을 기준으로 조세법을 해석하여야 한다는 견해이다.

생각건대 여기서 실질이란 경제적 실질을 무시한 법적 실질도 아니고, 법적 실질을 고려하지 않는 경제적 실질도 아닌 '조세법적 실질'에 입각해서 과세 여부를 판단해야 한다는 의미로 해석함이 타당할 것으로 생각된다. '조세법적 실질'이란 법적 실질과 경제적 실질의 절충적 입장으로 영업상 또는 경제적 목적 없이 오직 조세회피의 의도만으로 부자연스럽고 불합리한 행위나 거래를 한 경우에만 그 경제적 효과나 실질 등을 조세법적으로 재구성하여 파악하는 경제적 실질이라고 말할 수 있을 것이다.

이것은 국세기본법 제14조에서 과거 독일 조세조정법에 규정된 바와 같았던 경제적 실질이라든가 경제적관찰방법이라는 용어를 직접 사용하지 아니하고 '사실상의 귀속'과 '실질내용'이라는 절제된 표현을 사용하고 있는 점, 경제적 실질설의 유력한 논거인 경제적 이익의 향수는 법률관계를 떠나서 판단하기가 쉽지 않을뿐더러 경제적 관점에 입각한 과세는 납세자를 불안정한 지위에 놓이게 하는 점에서 경제적인 측면만을 고려한 실질이 아니라 법적 실질을 근간으로 하되 조세회피의 의도가 개입된 것으로 보이는 경우에 한하여 법적 실질보다 경제적 실질을 중시하는 것을 가리키는 것이다. 이와 같은 해석은 국세기본법 제14조 제3항의 신설로 더욱 분명해지고 법적 근거를 가지게 되었다.

〈참고판례 15〉

대법원 2005.4.28. 선고 2004두14960 판결【양도소득세부과처분취소】

【판시사항】

[1] 건물이 구 소득세법 제89조 제3호에서 정한 '주택'에 해당하는지의 판단 기준

[2] 가정보육시설인 놀이방으로 사용되고 있는 아파트가 구 소득세법 제89조 제3호에서 정한 '주택'에 해당한다고 한 원심의 판단을 수긍한 사례

【판결요지】

[1] 주택을 양도한 자가 다른 건물을 소유하고 있는 경우, 그 다른 건물이 구 소득세법(2002.12.18. 법률 제6781호로 개정되기 전의 것) 제89조 제3호, 같은 법 시행령(2001.12.31. 대통령령 제17456호로 개정되기 전의 것) 제154조 제1항에 정한 '주택'에 해당하는지는 건물공부상의 용도구분에 관계없이 실제 용도가 사실상 주거에 공하는 건물인가에 의하여 판단하여야 하고, 일시적으로 주거가 아닌 다른 용도로 사용되고 있다고 하더라도 그 구조·기능이나 시설 등이 본래 주거용으로서 주거용에 적합한 상태에 있고 주거기능이 그대로 유지·관리되고 있어 언제든지 본인이나 제3자가 주택으로 사용할 수 있는 건물의 경우에는 이를 주택으로 보아야 한다.

[2] 가정보육시설인 놀이방으로 사용되고 있는 아파트가 구 소득세법(2002.12.18. 법률 제6781호로 개정되기 전의 것) 제89조 제3호에서 정한 '주택'에 해당한다고 한 원심의 판단을 수긍한 사례

【이유】

주택을 양도한 자가 다른 건물을 소유하고 있는 경우, 그 다른 건물이 구 소득세법(2002.12.18. 법률 제6781호로 개정되기 전의 것) 제89조 제3호, 같은 법 시행령 제154조 제1항에 정한 '주택'에 해당하는지는 건물공부상의 용도구분에 관계없이 실제 용도가 사실상 주거에 공하는 건물인가에 의하여 판단하여야 하고(대법원 1987.9.8. 선고 87누

584 판결 등 참조), 일시적으로 주거가 아닌 다른 용도로 사용되고 있다고 하더라도 그 구조·기능이나 시설 등이 본래 주거용으로서 주거용에 적합한 상태에 있고 주거기능이 그대로 유지·관리되고 있어 언제든지 본인이나 제3자가 주택으로 사용할 수 있는 건물의 경우에는 이를 주택으로 보아야 할 것이다.

이러한 법리와 기록에 의하여 살펴보면, 원심이 이 사건 제3 아파트는 원고의 처인 조훈미가 이를 취득한 이후부터 가정보육시설인 이른바 놀이방 전용시설로 사용되어 왔고 주거용으로 사용된 적이 없다고는 하나, 관계 법령에 의하면 가정보육시설은 개인이 가정 또는 그에 준하는 곳에서 설치·운영하는 보육시설로서 가정보육시설이 설치된 건축물은 건축법상 그 용도가 근린생활시설이나 복지시설이 아닌 주택으로 분류되며, 이 사건 제3 아파트의 구조·기능이나 시설 등은 침실, 주방 및 식당, 화장실 겸 욕실 등으로 이루어져 독립된 주거에 적합한 형태를 갖추고 있으며, 언제든지 조훈미 본인이 용도나 구조변경 없이 주거용으로 사용할 수 있고, 또 제3자에게 양도하는 경우에도 주거용 건물(아파트)로 양도될 것이 예상되므로, 이 사건 아파트는 구 소득세법이 정한 주택에 해당된다고 판단한 조치는 옳고, 거기에 채증법칙 위배로 인한 사실오인이나 1세대 1주택 비과세요건에 관한 법리오해의 위법 등이 없다.

상고이유에서 들고 있는 대법원판례들은 사안을 달리하는 것이어서 이 사건에 원용하기에 적절하지 아니하다.

그러므로 상고를 기각하고, 상고비용은 패소자가 부담하도록 하여 관여 법관의 일치된 의견으로 주문과 같이 판결한다.

〈참고판례 16〉

대법원 1990.10.12. 선고 90누1663 판결【양도소득세 등 부과처분취소】

【판시사항】

토지매매계약서상의 매수인 명의를 실질적 매수인인 법인 대신 대표이사 개인으로 하고 신탁법상의 신탁을 원인으로 한 소유권이전등기를 경료한 경우, 실지거래가액에 의하여 양도차익을 계산하도록 규정한 구 소득세법시행령 제170조 제4항 제1호(1989.8.1. 대통령령 제12767호로 삭제되기 전의 것) 소정의 '법인과의 거래'에 해당한다고 본 사례

【판결요지】

실지거래가액에 의하여 양도차익을 계산할 경우의 하나를 규정한 구 소득세법시행령 제170조 제4항 제1호(1989.8.1. 대통령령 제12767호로 삭제되기 전의 것) 소정의 '법인과의 거래'라 함은 양도·양수계약의 당사자가 법인임을 의미한다고 하겠고, 계약의 당사자는 단순히 계약서상의 명의에 의존할 것이 아니라 실질과세의 원칙상 당사자의 의사나 매매대금의 실질적인 출연자 등 계약의 실질적인 내용을 종합적으로 고려하여 판단해야 할 것인바, 이 사건 토지의 매도인인 원고가 실지거래가액에 의하여 양도소득세를 부담하게 되는 것을 피하기 위해 매매계약서상 매수인을 갑회사 대신 그 대표이사인 을 명의로 하는 매매계약을 체결하고 당일 매매대금 전액을 갑회사로부터 지급받았으며, 을이 갑회사로부터 신탁받은 자금으로 매입한 것을 등기원인으로 하는 신탁법상의 신탁에 의한 소유권이전등기를 경료하였다가 그 후 신탁재산귀속을 원인으로 갑회사 앞으로 소유권이전등기가 마쳐진 것이라면, 갑회사는 실질적으로 이 사건 토지를 매수하면서 신탁법상의 신탁이라는 법형식과 을의 명의를 빌린 것에 불과하다고 할 것이므로 원고가 법인에게 이 사건 토지를 양도한 것으로 판단한 원심의 조치에 법리오해의 위법이 없다.

【이유】

상고이유를 본다.

이 사건에 적용되는 구 소득세법시행령 제170조 제4항 제1호(1989.8.1. 대통령령 제12767호로 삭제되기 전의 것)는 취득·양도가액을 실지거래가액에 의하여야 할 경우의 하나로서 '법인과의 거래에 있어서 양도 또는 취득 당시의 실지거래가액이 확인된 경우'를 들고 있는바, 여기서 '법인과의 거래'라 함은 양도·양수계약의 당사자가 법인임을 의미한다고 하겠고, 계약당사자는 단순히 계약서상의 명의에 의존할 것이 아니라 실질과세의 원칙상 당사자의 의사나 매매대금의 실질적인 출연자 등 계약의 실질적인 내용을 종합적으로 고려하여 판단해야 할 것이다.

원심은 그 채택한 증거를 종합하여 원고는 이 사건 토지를 평당 금 400,000원씩 대금 80,800,000원에 매수한 사실, 소외 태진운수주식회사가 주차장부지로 사용하기 위해 이 사건 토지를 매수하려고 하였으나 원고는 법인에게 매도하는 경우 실지거래 가액에 의하여 양도소득세를 부담하게 될 것을 염려하여 위 회사에 매도하는 것을 주저하므로 이를 피하기 위해 매매계약서상 매수인을 위 회사 대표이사인 소외 정진섭 명의로 하되, 그 등기절차에 있어서는 위 정진섭이 위 회사로부터 신탁받은 자금으로 매입한 것을 등기원인으로 하는 신탁법상의 신탁에 의한 소유권이전등기를 경료하기로 하여 1987년 7월 22일 원고를 매도인, 정진섭을 매수인으로 하는 매매계약이 이루어지고 당일 매매대금 전액이 위 회사로부터 원고에게 지급되었으며, 같은 해 8월 14일 이 사건 토지에 관하여 위와 같이 정진섭을 위 회사의 수탁자로 하여 소유권이전등기가 경료되었다가 1988년 2월 8일 신탁재산 귀속을 원인으로 위 회사 앞으로 소유권이전등기가 마쳐진 사실을 인정하였는바, 관계증거를 기록에 대조하여 보면 원심의 이러한 사실인정은 수긍할 수 있고 거기에 채증법칙위반이나 심리미진으로 인한 사실오인의 위법은 없으며, 사실관계가 위와 같다면 소외 태진운수주식회사는 실질적으로 이 사건 토지를 매수하면서 신탁법상의 신탁이라는 법형식과 정진섭의 명의를 빌린 것에 불과하다고 할 것이므로, 원심이 같은 취지에서 원고가 법인에게 이 사건 토지를 양도한 것으로 판단한 조치에 스론과 같은 법리오해의 위법이 있다 할 수 없다. 논지 이유 없다.

〈참고판례 17〉

대법원 1991.12.13. 선고 91누7170 판결【양도소득세 등 부과처분취소】

【판시사항】

토지 매매계약서상의 매수인 명의를 실질적 매수인인 법인 대신에 그 대표이사 개인으로 하고 개인 앞으로 소유권이전등기를 경료한 것이, 매도인이 양도소득세의 중과를 피하기 위하여 한 가장행위라고 하여 '법인과의 거래'에 해당된다고 본 사례

【판결요지】

매도인이 건설회사가 아파트건축을 위하여 토지를 매수한다는 사실을 알면서도 법인 앞으로 양도하게 되면 실지거래가액에 따른 양도소득세를 부담하게 된다는 이유로 회사의 대표이사 개인 명의로의 양도를 고집하여 그와 같은 내용의 계약서를 작성하고 대표이사 개인 앞으로 소유권이전등기를 경료하였다가 후에 회사 앞으로 소유권이전등기를 경료한 경우, 매도인과 대표이사 개인 간에 체결된 계약과 그로 인한 소유권이전등기는 회사가 부동산을 실질적으로 매수함에 있어 매도인이 양도소득세의 중과를 피할 목적에서 대표이사 개인 명의를 중간에 개입시킨 가장매매행위라 보아 매도인이 법인에게 부동

산을 양도한 것으로 판단한 사례

【이유】

상고이유(상고이유보충서는 상고이유를 보충하는 범위 내에서)를 본다.

[1] 원심판결 이유에 의하면, 원심은 그 채택증거를 종합하여 소외 대주건설주식회사는 광주직할시 진월동에 아파트를 건설할 목적으로 현지 구매조사를 하는 과정에서 소외 회사 직원이 아파트건축사실을 누설함으로 인하여 토지시세가 폭등하게 되자 소외 회사의 대표이사인 소외 허재호는 부동산중개업을 하는 소외 정태철에게 관련 토지의 매입을 위임하면서 1988년 7월경 착수금조로 금 500,000,000원 내지 금 700,000,000원을 맡기고 계약이 체결되어 계약서를 보내 주면 소외 회사가 그 매입자금을 위 정태철에게 송금하는 형식으로 관련 토지를 매입하였던 사실, 원고를 포함한 관련 토지소유자들은 소외회사가 아파트건축을 위하여 토지를 매수한다는 사실을 알면서도 법인인 소외 회사 앞으로 양도하게 되면 실지거래가액에 따른 양도소득세를 부담하게 된다는 이유로 이를 꺼려하고 위 허재호 등 개인 명의로의 양도를 고집하여 1988년 8월 30일 위 허재호가 원고로부터 이 사건 부동산을 매수한 것으로 하는 내용의 계약서를 작성하고, 그해 9월 12일위 허재호 앞으로 소유권이전등기를 경료하였다가 1989년 2월 14일에 소외 회사 앞으로 소유권이전등기를 경료한 사실 등을 인정하고 이에 배치되는 증거들을 배척하였는바, 원심이 취사한 증거를 기록에 비추어 살펴보면 원심의 위와 같은 사실인정은 정당하게 수긍되고 거기에 채증법칙위반이나 심리미진으로 인한 사실오인의 위법은 없으며, 사실관계가 위와 같은 이상 <u>원고와 위 허재호 간에 체결된 계약과 그로 인한 소유권이전등기는소외 회사가 이 사건 부동산을 실질적으로 매수함에 있어 원고가 양도소득세의 중과를피할 목적에서 위 허재호 명의를 중간에 개입시킨 가장매매행위라 할 것이므로, 원심이같은 취지에서 원고가 법인에게 이 사건 부동산을 양도한 것으로 판단한</u> 조치에 소론과 같은 법리오해의 위법이 있다고도 할 수 없다. 논지는 이유 없다.

〈참고판례 18〉

대법원 2005.1.27. 선고 2004두2332 판결【경정청구거부처분취소】

【판시사항】

동일인에 대한 대출한도 초과를 은폐하기 위한 이른바 우회대출의 방법에 의한 대출거래가 통정허위표시 내지 명의만을 대여한 거래로 볼 수 없다고 한 사례

【판결요지】

동일인에 대한 대출한도 초과를 은폐하기 위한 이른바 우회대출의 방법에 의한 대출거래가 통정허위표시 내지 명의만을 대여한 거래로 볼 수 없다고 한 사례

【이유】

상고이유를 본다.

원심판결 이유에 의하면, 원심은 판시와 같은 사실을 인정한 다음, 원고와 대한생명보험 주식회사(이하 '대한생명'이라 한다) 및 신동아건설 주식회사(이하 '신동아건설'이라 한다) 사이의 이 사건 총 1,750억 원의 대차거래(이하 '이 사건 거래'라고 한다)는 대한생명의 신동아건설에 대한 불법대여사실을 은폐하기 위하여 외관상 정상적인 거래인 것처럼 계약서를 꾸미거나 회계처리를 한 것에 불과할 뿐 당사자 사이의 내심의 의사는 '대한생명에서의 신동아건설로의 자금대여'에 있는 것으로서 위와 같이 외관상의 가장된 형식을 취하는 데 대하여 위 3개 회사 사이에 통모가 있었으므로 그 진의와 의사가 불일치하는 통정허위표시로서 무효인 가장행위이고, 가사 가장행위가 아니라고 하더라도, 이 사건 거래는 신동아건설이 대한생명으로부터 금원을 차용하는 데 원고가 그 명의만을 대여한 경우에 해당하므로 실질과세의 원칙상 단순한 명의대여자에 불과한 원고가 이 사건 거래에 관하여 납세의무자가 될 수 없다는 원고의 주장에 대하여, 비록 원고와 대한생명 및 신동아건설 사이에 대한생명이 사실상 신동아건설에 금전대출을 하기로 하되 동일인에 대한 대출한도 초과를 은폐하기 위하여 원고를 거쳐 신동아건설에 대출을 하는 이른바 우회대출의 방법으로 이 사건 거래가 이루어졌다고 하더라도, 당사자 사이의 위와 같은 의사는 이 사건 거래에 따른 경제적 효과를 최종적으로 신동아건설에 귀속시키려고 하는 의사에 불과한 것일 뿐, 그 각 법률상의 효과까지도 원고를 배제한 채 오로지 대한

생명과 신동아건설 사이에서만 직접 귀속시키려는 의사가 있었다고는 볼 수 없고, 따라서 원고와 대한생명 및 신동아건설 사이의 이 사건 거래는 그 진의와 표시가 불일치하는 통정허위표시로서 가장행위에 해당한다거나 또는 단지 원고가 신동아건설의 대한생명으로부터의 금원차용에 그 명의만을 대여한 거래라고는 할 수 없다고 판단하였다.

관련 법령과 기록에 비추어 살펴보면, 원심의 위와 같은 인정과 판단은 정당하고, 거기에 상고이유에서 드는 바와 같이 채증법칙을 위반하여 사실을 오인하거나 통정허위표시와 명의대여에 관한 법리를 오해한 위법 등이 없다.

제3절 조세법과 사법질서

Ⅰ. 민사법적 형성과 조세법의 관계

조세법은 개인 또는 법인의 사법상 거래행위에 있어서 권리변동사실을 기초로 그로부터 발생하는 소득·행위 등에 과세하는 것이다. 따라서 조세법은 민사법질서를 전제로 하고 있는데 민사법에서 형성하는 거래유형들은 일반적으로 소득·재산·이익·소비와 같은 특정한 경제적 급부능력의 표현이라고 볼 수 있다. 조세법은 이러한 경제적 급부능력을 포착하기 위해 민사법상의 개념을 차용해서 과세요건으로 구성하고 있다.

이처럼 국민들의 경제활동을 구성하는 기초적 법률관계가 민사법적으로 구성되어 있으므로 조세법의 과세요건 구성은 민사적 법률행위의 경제적 효과와 연관 지을 수 있다. 예를 들어 어느 법인이 이사회 결의를 거쳐 법인의 특정 주주에게서 자기 주식을 취득한 경우, 상법 제341조에 규정한 자기 주식을 취득할 수 있는 사유 이외의 사유로 취득한 경우에 강행법규위반으로 당연무효가 된다. 이 경우 법률상 무효인 자기 주식취득행위와 관련 특수관계자에게 지급한 행위와 관련 특수관계자에게 지급한 자기 주식취득대금을 업무무관가지급금으로 보아 과세할 수 있다.

문제는 민사법과 조세법의 목적, 법관념이 서로 다르기 때문에 조세법의 해석 시 독자성이 인정되고 민사법개념으로부터 분리가 가능한지이다. 민사법은 주로 법적용 당사자의 법률행위를 규율하는 법이며 근본적으로 임의적인 법규범의 성질을 가지지만 조세법은 침해법규로서 조세법률주의의 엄격한 적용을 받는다. 그리하여 조세법이 일반법질서의 일부를 이루고 있지만 민사법과 조세법이라는 두 영역의 차이를 무시하고 단순히 두 영역을 통합해서는 안 된다는 주장도 있다. 왜냐하면 조세법에는 특수한 조세정의의 요구가 있어서 어떤 사안에 대해서는 민사법적 구성에 우월할 수 있다는 것이다.[82] 그러나 두 법영역 간의 서로 다른 목적이라는 것이 결코 조세법의 우위를 말하는 것이라고 볼 수 없고, 더 나아가 당사자들이 신중히 선택한 민사법적 형성을 세법의 목적을 위해 변경시키는 것은 법적 안정성의 측면에서도 문제점이 있다고 지적할 수 있다.

생각건대 조세법의 독자성 내지 민사법으로부터의 독립을 표방한 과거 국고 위주의 자의적 과세를 가능케 하여 조세법률주의를 형해화했던 독일의 역사적 경험은 자의적 조세법해석의 위험성을 시사해 준다. 어떠한 경우라도 조세법에 의하여 사적 자치의 원리가 지배하는 민사법상의 자유로운 경제행위가 제한을 받아서는 안 될 것이다. 조세법 최고의 기본원칙은 국민의 경제생활에 있어서의 법적 안정성과 예측가능성을 보장하는 조세법률주의로서 조세법은 사법질서를 깨뜨리지 않는 범위 내에서 헌법을 정점으로 한 전체 법질서와 조화를 이루도록 정립되어야 할 것이다. 물론 조세법의 독자성을 인정하더라도 전체 법질서하에서 조세법질서와 사법질서를 조화시키는 해석과 법운용이 모순되는 것은 아니다.

한편 조세법은 여러 가지 입법정책의 타협의 산물이기 때문에 때로는 어떤 법현상의 처리를 둘러싸고 사법과 대립하는 경우도 있다. 이러한 사법과의 대립 내지 괴리가 조세 정책상의 합리성에 유래하는 것이라면 어쩔 수 없지만 그렇지 않는 한 양 법 분야의 괴리는 바람직하지 않으므로 그 괴리를 극소화하는 것만이 분쟁의 발생을 방지하고 최소로 억제하는 역할을 다하는 것이 된다.

이처럼 조세법은 사법과 밀접한 관련을 맺고 있는데 그중에서도 조세법의 해석에 있어서 특히 문제 되는 것은 다른 법영역에서 사용되고 있는 용어를 조세법이 사용하게 되는 경우에 그 의미내용을 동일한 것으로서 해석해야 하는지, 동일한 경제적 효과를 달성하는 데에 이상한 거래형식을 선택하여 조세부담을 경감하는 행위를 구체적·개별적 규정 없이 부인할 수 있는지 등이다.

이러한 문제점들은 조세법이 사법으로부터 독립한 고유의 법이론을 갖고 있기 때문에 논의되는 것으로서 조세법 해석의 특징을 이루는 것이다.

---

82) Walz, WR, Steuergerechtigkeit und Rechtsanwendung, R..v.. Decker's Verlag, 1980, S. 199 ff.

Ⅱ. 차용개념과 조세법의 해석

1. 차용개념과 고유개념의 구분

조세법은 민법·상법 등 사법이 규율하고 있는 사인의 경제생활 내지 경제적 현상을 직접적인 규율의 대상으로 하기 때문에 사법에서 사용되는 개념·용어 등을 사용해서 규정하는 경우가 많다. 이 경우 조세법에서 사법개념을 차용하게 되는데 그 사법상의 개념을 차용개념이라 한다. 차용개념은 이자·배당·상속·합병 등과 같은 사법상의 개념뿐 아니라 광의로 볼 때 회계학상 또는 사회통념으로서 확립된 개념을 실정조세법에서 그대로 사용하고 있는 경우(예컨대 주소, 거소 등)도 포함한다.

그리고 거주자·필요경비·사업연도·원천징수·고가주택 등과 같이 실정세법에서 창설하여 사용하고 있는 개념 용어를 차용개념에 대비하여 고유개념이라 한다. 조세법상 고유개념은 경제·사회생활상의 행위나 사실을 직접 조세법에서 규정하여 사용하는 경우이므로 그 개념의 의미나 내용을 조세법률주의의 엄격해석의 법리에 따라서 문리해석을 원칙으로 하되 법규의 취지나 목적에 비추어 조세법 독자의 견지에서 밝히면 된다.

예를 들어 지방세법 제13조 제5항 3호는 일정면적 이상의 주택을 '고급주택'으로 보아 취득세 등을 중과하고 있다. 조세법상 '고급주택'의 개념은 주택건설촉진법이나 건축법 등에서 사용하지 않는 것이기 때문에 고유개념으로 볼 수 있다. 그러므로 어떤 주택이 '고급주택'에 해당하는지는 사치성 재산에 대하여 취득세를 중과하려는 지방세법 규정의 취지와 목적에 비추어 합목적적으로 결정해야 할 것이다.

반면에 조세법상 차용개념의 해석은 문제가 된다. 일반적으로 차용개념은 그 범위의 확정성으로부터 다음 세 가지로 분류된다. 이 중에서도 조세법 해석상 문제가 되는 것은 거의 셋째의 경우이다.

첫째, 조세법상 목적론적 해석을 할 여지가 없는 것이 있다. 예컨대 조세법에 차용개념의 정의규정을 두고 있는 경우이다. 예컨대 상속세 및 증여세법상 '증여', 지방세법상 '취득' 등이다.

둘째, 조세법상은 명확하지 않지만 목적론적 해석을 할 여지가 거의 없는 경우이다. 예컨대 국세징수법상 '질권', '저당권' 등이다.

셋째, 조세법상 그 개념의 의의가 명확하지 않고 목적론적 해석이 들어갈 여지가 많은 경우이다. 예컨대 '이자 또는 이익의 배당', '이연자산' 또는 '잉여금의 분배' 등이다.

과거 건축허가를 다가구용단독주택으로 받아 건축하였기 때문에 건축물관리대장상 단독주택으로 되어 있는 다가구용단독주택(소위 다가구주택)을 조세법상 단독주택으로 취급할 것인가 아니면 다세대주택과 마찬가지로 공동주택으로 취급할 것인가 하는 문제가 쟁점이 되어 다투어진 적이 있다.

대법원은 처음에는 단독주택설을 취하였으나,[83] 1993년 8월 24일 선고, 92누15994 전원합의체 판결을 통해 견해를 변경하였다. 이 판결에서 다수의견은 "구지방세법시행령 (1991.12.31 개정되기 전의 것) 제84조의 3 제1항 제2호 (4)목 소정의 주거용 공동주택은 세법고유의 개념으로서 반드시 건축법이나 주택건설촉진법의 규정에 구속되어 판단되어야 할 것은 아니고 어디까지나 세법의 독자적인 입장에서 그 입법취지에 비추어 판단되어야 하고"라고 판시함으로써 '공동주택'의 개념을 조세법의 고유개념으로 파악하고 있다.

그러나 이 판결에서 문제 되고 있는 주택건설촉진법 또는 건축법상의 개념인 주택, 단독주택, 공동주택 등의 개념과 같이 조세법 이외의 분야에서 이미 고정성을 가진 개념을 실정세법에서 그대로 사용하고 있는 경우에도 넓은 의미에서 보면 차용개념이라고 말할 수 있다.

2. 차용개념에 대한 해석

다른 법영역 특히 사법에서 차용된 용어를 조세법이 사용하고 있는 경우에 그 용어를 다른 법영역에서 사용되고 있는 것과 동일하게 해석할 것인지 아니면 조세법의 특수성을 고려하여 그와 다른 의미로 해석할 것인지가 조세법 해석의 주요 문제로서 널리 논의된다. 이 점에 관해서는 통일설, 독립설, 목적적합설 세 가지 학설이 대립된다.

1) 통일설

조세법이 대상으로 하는 사실을 사법의 법형식에 의해 파악할 경우 여기서 사용되는 사법상의 용어의 해석에 있어서 사법의 해석과 동일해야 할 것이라는 견해이다. 사법질서와 세법질서를 포함한 모든 법질서는 헌법을 정점으로 통일을 이루어야 할 것이므로, 차용개념의 내용은 사법상의 개념내용과 통일되게 해석하여야 한다는 것이다.[84] 이 견해

---

83) 대법원 1991.7.9. 선고 90누9490 판결.
84) 강인애, 앞의 책, 89면; 이강국 "실질과세원칙에 관한 고찰", 『한국조세연구』 제2권, 1986, 201면; 최명근,

는 납세자가 사적 경제활동을 함에 있어서 사법상의 가치기준에 따라 그 개념을 이해하고 있는 점을 근거로 조세법질서도 사법질서와 통일성이 요청된다고 한다.

이 학설은 조세법률주의를 중시하는 관점에서 법적 안정성과 예측가능성을 강조하고 실질과세의 원칙 또는 조세공평주의를 근거로 조세법규를 자유롭게 해석하는 데에 부정적이다.

2) 독립설

차용개념을 사법상의 개념정의에 따를 것이 아니라, 재정수요의 충족, 조세공평의 원칙, 실질과세의 원칙 등 조세법의 특성에 따르는 조세법 독자의 견지에서 그 용어의 의의를 해석해야 한다는 견해이다.[85] 이 견해는 차용개념이 실질과세의 원칙과 밀접하게 관련되어 논의되는 이유로 실질과세의 원칙에 의할 때 경제적 실질이 같은 것은 같게 취급하는 것이 필요하고, 이를 위해서는 차용개념에 대하여 조세법에 있어서 독자적 의미와 내용을 부여하는 것이 어느 정도 허용되어야 한다고 주장한다.

이 학설은 조세법이 조세부담의 공평을 도모하기 위해서 조세부담의 회피, 탈세 등을 방지해야 한다는 취지에서 급속하게 변화하는 경제현상에 대처하기 위하여 조세법의 해석론으로 조세부담공평의 유지를 꾀하는 것이다.

3) 목적적합설

사법규정이 사인 간의 이해조정을 위한 임의법적·보충법적 성질을 갖는 데 반하여, 조세법은 공익적·강행법규적 성질의 것이어서 사법 분야와는 그 성질이나 목적에서 차이가 있으므로 차용된 개념은 조세법에 있어서 언제나 동일한 의미내용을 가질 수 없고 차용개념에 관하여 사법에서와 다른 해석을 요구할 때에는 조세법의 관점에서 상대적·목적론적으로 해석하여야 한다는 견해이다.[86] 따라서 민법상의 법률관계에 사용된 용어의 의미가 조세법상의 의미와 일치할 수 없을 때에는 그러한 용어에 구애받지 말고 조세법규범의 목적론적 해석을 통하여 법률행위의 당사자 의도와 실제로 이루어진 법률행위

앞의 책, 94면.

85) 田中勝次郎, 『法人税法の研究(上)』, 税務研究會, 1965, 45면; H. W. Kruse, *Lehrbuch des Steuerrechts*, Bd. I, München: Verlag C.H. Beck, 1991, S. 22.

86) 田中二郎, 『租税法』, 有斐閣, 1985, 117면; 村井 正, 『租税法』, 青林書院, 1993, 47면.

의 내용에 중점을 두어야 한다고 한다.

이 학설은 결국 조세법과 사법의 목적이 다르다는 관점에서 목적론적 해석을 통해 조세부담의 공평을 도모해야 한다는 것이다.

4) 외국에서의 논의

과거 독일에서는 본래 민법으로부터 차용된 개념을 조세법에 있어서도 그 본래의 의미로 사용하였지만, 조세법이 민법상의 개념을 사용하고 있어도 그것은 응급수단에 불과하고 그 개념의 해석에 있어서 사법상의 해석을 고집해야 할 것은 아니라는 경제적 관찰방법이 등장하여 조세법적 개념형성에 관한 이론으로 한때 독립설이 강력히 주장된 적이 있었다. 그러나 1950년대 중반 이후 오늘날까지 대체로 통일설이 지지를 받고 있다.

영국에서도 조세법에 특히 명시적 규정이 없는 한 조세법이 적용되어야 할 문언에 조세법 독자의 법원칙, 개념, 의미를 부여해야 할 것은 아니라고 본다.[87] 이와 같은 경향은 조세법과 사법의 관계를 법질서의 통일성이라는 견지에서 재검토하고 조세법에 의해 전체 법질서를 유린할 수 없다는 생각을 토대로 한다.

그런데 최근 일본과 독일의 판례에서 조세법과 사법의 관계에 대한 재검토가 이루어지고, 사법개념의 조세법에서의 변용이론 등에 근거하여 통일설의 입장에서 독립설에 가깝게 근접하는 경향에 있음은 주목할 만하다.

5) 결어

통일설은 조세법률주의를 중시하여 자의적 과세를 방지하고 법적 안정성 및 그 구체화인 예측가능성을 담보하기 위하여 개념의 통일을 기하는 한편 조세법에 대한 엄격해석의 필요성을 강조하는 입장이다. 반면에 독립설과 목적적합설은 조세공평주의를 중시하여 조세부담의 실질적 공평을 실현하기 위해서는 조세법의 해석에 실질적·경제적 의의를 고려할 필요가 있다는 입장이다. 결국 차용개념론은 조세법에 있어서 양대 기본원칙인 조세법률주의와 조세공평주의의 관계를 어떻게 이해하느냐 여하에 따라서 그 결론을 달리하게 된다.

---

87) 宮谷俊胤, "英國における課税法の解釋原理", 『杉村章三郎先生古稀祝賀 稅法學論文集』, 日本稅法學會, 1970, 270면.

독립설은 차용개념을 항상 사법상의 개념과 달리 해석하므로 법적 안정성을 해칠 우려가 있으며 목적적합설은 민법에서 도출된 개념도 조세법적인 목적으로 이해하므로 독립설과의 구별이 모호하다. 또 독립설이나 목적적합설은 조세법상 규정 또는 개념과 사법상의 그것의 상대성을 인정하고 조세법의 목적에 비추어서 그 자주성·독자성을 존중해서 그 목적에 합당한 해석을 해야 한다는 것이나, 조세법 독자의 목적이라든가 입법취지라는 것은 법문언을 불명확하게 해서 과세의 한계와 범위를 부당히 확대시키는 결과를 초래한다. 그러므로 조세법이 사법과 다른 법목적을 갖고 있다면 법의 취지로부터 사법과 다르게 해석해야 한다는 뜻을 명확하게 알 수 있을 정도로 문언 등으로부터 이해될 수 있어야 한다. 차용개념에 관하여 조세법률주의를 강조하는 근거는 조세법규보다도 민사법규의 존재가 선행되고 이미 민사법규에 있어서 어느 정도 확고한 법적 확신이 생겼다는 점에서 구할 수 있다. 법문언상 개념정의가 불명확한 경우 조세법을 목적론적으로 해석해야 할 경우도 있을 것이나 차용개념은 달리 해석해야 할 합리적인 근거가 없는 한 사법의 개념과 동일하게 해석하되, 조세부담공평의 관점으로부터 부득이 독자적 의미를 부여할 필요가 있을 경우에는 조세법을 개정해서 조세법 특유의 개념을 설정하는 등 입법적 조치로써 해결해야 할 것이다.[88] ☞ **〈참고판례 19〉**

〈참고판례 19〉

대법원 1996.9.24. 선고 95누15964 판결 【증여세 등 부과처분취소】

【판시사항】

구 상속세법상 회사의 불균등 자본감소에 따른 주식 소각으로 인하여 나머지 주주들의 주식 평가액이 증가한 경우, 증여세 과세대상인지(소극)

【판결요지】

증여세 과세대상이 되는 증여란 당사자 일방이 무상으로 재산을 상대방에게 수여하는 의사를 표시하고 상대방이 이를 승낙함으로써 재산수여에 대한 의사가 합치된 것을 말하

---

88) 대법원 1996.9.24. 선고 95누15964 판결, 수원지법 2007.11.28. 선고 2007구합3771 판결 참조.

므로, 회사가 자본의 감소를 위하여 특정 주주의 주식을 상속세법상의 주당 평가액보다 적은 액면가액으로 취득하여 소각함으로써 다른 주주들의 주당 평가액이 감자 이전보다 높아지는 이익을 얻었다 하여도 이를 증여세 과세대상이 되는 증여라 할 수는 없다(이와 같은 이익에 대해서는 1990.12.31. 법률 제4283호로 신설된 상속세법 제34조의 5 제1항 제2호에 의하여 비로소 증여로 의제하여 과세할 수 있게 되었다).

【참조조문】

구 상속세법(1990.12.31. 법률 제4283호로 개정되기 전의 것) 제29조의 2(증여세납부 의무자)

① 다음 각 호의 1에 해당하는 자는 이 법에 의하여 증여세를 납부할 의무가 있다.

1. 타인의 증여(증여자의 사망으로 인하여 효력이 발생하는 증여를 제외한다. 이하 같다)에 의하여 재산을 취득한 자(영리법인을 제외한다)로서 증여받을 당시 국내에 주소를 둔 자

2. 타인의 증여에 의하여 국내에 있는 재산을 취득한 자(영리법인을 제외한다)로서 증여받을 당시 국내에 주소를 두지 아니한 자

제34조의 5(증자・감자 시의 증여의제 등)[본조신설 1990.12.31.]

① 제32조, 제32조의 2, 제33조, 제34조, 제34조의 2 내지 제34조의 4의 경우를 제외하고 다음 각 호의 1에 해당하는 이익을 받은 자는 당해 이익을 받은 때에 그 이익에 상당하는 금액을 증여받은 것으로 본다. 다만, 이익을 받은 자가 자력을 상실하여 납세할 능력이 없을 때에는 그 세액의 전부 또는 일부를 면제한다.

1. 법인의 자본 또는 출자액을 증가시키기 위하여 새로운 주식 또는 지분(이하 이 호에서 '신주'라 한다)을 배정함에 있어서 당해 법인의 주주가 신주를 배정받을 수 있는 권리의 전부 또는 일부를 포기함으로 인하여 그 포기한 신주를 다시 배정하는 경우에 당해 신주배정을 포기한 주주와 특수관계에 있는 자가 그 포기한 신주를 배정받음으로써 얻은 이익 중 대통령령이 정하는 이익

2. 법인이 자본 또는 출자액을 감소하기 위하여 주식 또는 지분을 소각함에 있어서 대가를 지급하지 아니하거나 현저히 저렴한 대가로 일부 주주의 주식 또는 지분을 소각함으로 인하여 그와 특수관계에 있는 자로서 대통령령이 정하는 대주주가 얻은 이익 중 대통령령이 정하는 이익

3. 제1호 및 제2호 외에 특수관계에 있는 자로부터 현저히 저렴한 대가로 얻은 이익

중 대통령령이 정하는 이익

② 제1항 각 호에 규정된 특수관계에 있는 자 및 현저히 저렴한 대가의 범위에 관해서는 대통령령으로 정한다.

Ⅲ. 조세회피행위와 조세법의 해석

1. 조세회피행위의 의의

조세회피행위란 일반적으로 납세자가 일정한 경제적 활동을 함에 있어서 통상적인 법형식이나 거래형태를 선택하지 아니하고 경제적 합리성이 없는 우회행위나 다단계행위 등 이상한 법형식이나 처리방법을 선택하여 통상적인 법형식을 선택하였을 경우에 생기는 조세부담을 경감하거나 배제하는 행위를 말한다. 예를 들어 회사가 높은 대출이자를 부담하고 있음에도 불구하고 차입금을 상환하지 아니하고 상당한 금원을 낮은 이율의 정기예금에 예치하여 특수관계에 있는 회사의 대출금에 대한 담보로 제공한 행위는 경제적 합리성을 무시한 비정상적인 거래이다. 조세법에서는 이와 같은 거래를 통하여 조세부담의 경감을 도모하는 경우 조세회피행위로 보게 된다.

조세회피행위가 있는 경우 기본적으로는 동일한 경제적 효과가 생기는데도 불구하고 통상의 법형식이 선택되었을 경우에는 과세되고, 이에 반하여 이상한 법형식이 선택되었을 때에는 과세되지 않거나 또는 부담이 감소된다. 이것은 경제적 내지 법적으로 동일한 사정에 있다면 동일하게 과세되어야 할 것이라는 조세공평주의에 반하는 결과가 된다. 이러한 이유로 조세회피행위를 부인하여 과세함은 조세법상 중요한 문제가 된다.

2. 조세회피행위부인의 법리

1) 사실인정 및 법해석상의 원칙으로서 실질과세

독일, 캐나다처럼 조세회피행위에 관하여 일반적 방지규정(GAAR)을 두고 있는 입법례도 있지만 그러한 근거규정이 없는 나라에서는 실질과세의 원칙에 관한 규정을 조세회피행위 부인의 이론적 근거로 삼을 수밖에 없다.

실질과세의 원칙이 조세회피행위부인의 원리로 작용하는 경우에 해석원칙으로 보아야 하는지 단지 사실인정의 단계에서 작용하는 것인지 문제가 된다. 우선 납세자가 복잡한 법률상·사실상의 관계를 이용해서 한 거래행위가 형식에 불과할 뿐 실체가 아닌 경우에는 조세법상 실체를 포착해서 그 실질에 따라 과세요건사실을 인정해야 한다.

그런데 조세회피행위는 민사법적 거래행위에 있어서 납세자가 취한 행위·사실이 어떠한 조세법적 사실로 인정받는가 하는 사실인정의 문제이다. 조세회피행위를 부인하는 것은 외형적 혹은 법적 형식이 비록 실질거래와 일치하더라도 그것이 조세부담의 부당한 감소를 가져오는 경우에는 실질을 부인하고 통상의 법형식이라는 허구적 사실을 상정하여 조세법적 평가에 기한 사실인정을 토대로 과세하는 것임을 주의하여야 한다.

반면에 실질과세의 원칙은 과세요건을 구성하는 것에 대한 해석에 있어서 실질적인 해석을 해야 한다는 의미에서 조세법 해석상의 원칙이다. 조세회피는 납세자의 이상한 행위로 과세요건의 충족이 생기지 않는 것을 의미한다. 따라서 과세요건규정의 해석 여하에 의하여 조세회피의 충족 여부가 결정되기 때문에 조세회피의 성립 여부에 있어서 과세요건규정의 해석은 중요한 의미를 지닌다. 구체적으로 조세회피행위는 비록 사법상으로 진실한 계약으로서 당사자 간에 유효하게 존재하더라도 그 내용이 일반의 사회통념과 일치하지 않고 부자연스럽고, 불합리한 경우에 그 행위를 부인하고 법문언을 해석함에 있어서 조세부담공평이라는 조세회피의도를 배제시키기 위한 법의 목적 내지 실질을 고려해서 해석해야 하는 것이다. 그러므로 과세요건을 민사법적인 형성과 다르게 구성하여 실질적인 해석을 함으로써 민사법적 형성을 인정하지 않는다는 의미에서 이것은 해석원칙인 것이다.

2) 조세회피행위부인규정이 없는 경우

개별적 명문규정도 없이 실질과세를 근거로 조세회피행위를 부인할 수 있는지에 대하여 논란이 있다. 조세법률주의의 엄격한 적용을 강조하는 견해는 조세법에서 개별적 명문규정을 둔 경우에만 조세회피행위를 부인할 수 있다는 소극설을 취한다. 반면에 조세공평주의를 강조하는 견해는 조세회피행위는 조세법에 내재하는 원리로서 또는 실질과세원칙의 관점에서 부인할 수 있다는 적극설을 취한다. 한편 위 양 견해의 중간적 입장에서 개별적 명문규정을 요하지 않지만 최소한 조세회피행위의 방지를 위한 일반규정을 두어야 부인할 수 있다는 견해도 있다.

생각건대 적극설은 조세회피행위의 부인과 조세법률주의는 상호 충돌하는 원칙이 아니라고 하지만 일반적으로 적법 유효한 사법적 행위에서 조세회피의 의도와 부당성을 판단하기가 쉽지 않고 그 기준도 명확하지 않다고 볼 때 조세회피행위의 부인은 무엇보다도 법적 안정성과 예측가능성을 해할 위험성이 있다. 따라서 개별적 구체적 부인규정은 아니더라도 최소한 조세회피행위의 방지를 위한 일반규정을 두어야 부인할 수 있다고 보아야 할 것이다. 이에 관한 우리나라 판례의 태도는 개별적 구체적 부인규정이 필요하다는 입장이 주류를 이루고 있다.[89] ☞ 〈**참고판례 20, 21**〉

하지만 종전의 논리가 국세기본법 제14조 제1항 및 제2항의 실질과세의 원칙만으로 일반적 조세회피행위를 부인할 수 없다고 하는 점에 기초하고 있기 때문에 국세기본법 제14조 제3항이 신설됨으로써 거래내용을 경제적 실질에 따라 파악할 수 있게 된 현행법 아래서도 종전의 논리를 고수할 수 있는가는 의문인데 이는 결국 위 제3항을 일반적 조세회피행위방지규정으로 볼 수 있는가에 대한 해석론의 문제로 보인다.

3) 조세회피행위와 거래의 실질에 따른 재구성

법률에 구체적이고 개별적인 규정이 없으면 조세회피행위를 부인할 수 없고, 당사자가 거래한 민사적 법률행위의 효과에 근거하여 과세 여부를 결정해야 하는가, 다시 말해서 거래관계를 조세법상 경제적 의미로 재구성하여 과세하는 것은 불가능한 것인가 하는 점이 중요한 문제가 된다. 동일한 경제적 지위에 있는 자는 동일한 세금을 부담하여야 하고 단순히 거래의 형식을 다르게 하였다고 하여 세부담이 달라진다고 하면 매우 부당한 결과가 된다는 점에서 이 문제를 깊이 검토해야 한다.

일반적으로 세법상의 과세요건은 다음과 같이 두 가지 방법으로 해석하여 규율할 수 있다. 그 하나는 과세요건을 민사법상의 개념과 직접 연관시키는 것이다. 조세법에서 민사법적으로 미리 규정된 개념을 사용함으로써 과세요건은 민사법상의 개념과 직접 연관될 수 있다. 예를 들어 상속세와 증여세는 부의 무상이전을 포착하여 다루는 것이고 상속세 및 증여세법은 대부분 민법적으로 미리 규정된 개념을 사용한다. 따라서 상속세 및 증여세법에서는 대체로 민법과 조세법의 개념이 구분되지 아니하고 통일적으로 사용되며 또한 조세법 특유의 경제적 의미는 관련되지 않는다. 그러므로 조세법에 별도의 규정이

---

89) 대법원 2009.4.9. 선고 2007두26629 판결, 대법원 1992.9.22. 선고 91누13571 판결, 서울행정법원 2009.1.20. 선고 2008구합12511 판결 참조.

없는 한 조세법개념은 민법개념과 동일한 뜻으로 인정된다.

다른 하나는 과세요건을 민사법상의 개념과 결부시키지 않고 조세법 고유의 개념을 형성시키는 것이다. 즉 과세가치가 있는 거래사실을 조세법에만 통용되는 고유의 법적 특징들로 재규정하는 경우이다. 이렇게 조세법이 특수한 고유의 개념들을 사용할 경우 법해석자는 민사법상의 개념을 그대로 인정해서는 안 된다. 예를 들어 소득세법상 '양도'의 개념은 민사법적 형성을 통하여 이루어지는 거래관계 내지 계약관계에 따라 우선 민사법적 요건사실을 확정한 다음 해당 사실에 조세법을 적용하여 조세법 특유의 경제적 의미와 관련시켜 과세요건사실을 인정한다.

그렇다면 조세법의 해석에 있어서 필연적으로 민사법적 의미가 조세법에서도 그대로 통용이 되는지, 아니면 사안의 특수한 경제적 내용, 즉 조세법적 의미가 널리 고려되어야 하는지를 판단해야 한다.

종전 국세기본법 제14조 제3항이 신설되기 전의 판례에서는 대체로 당해 조세법이 민사법적인 의미에서의 실질에 직접 연관되느냐로서 판단하는 것을 중요하게 생각하였다.[90]

☞ 〈참고판례 22〉

예를 들어 대법원은 법인 또는 개인이 다른 법인 소유의 부동산을 취득하고자 하는 경우 이를 위한 거래의 법적 형식은, 당해 부동산을 매매에 의하여 직접 취득하는 방식과 그 부동산을 소유하는 법인 자체에 대한 지배권을 취득할 수 있는 주식을 양수하는 방식으로 나눌 수 있는바, 법인이 부동산을 취득하기 위하여 어느 방식을 취할 것인가의 문제는 그 목적 달성의 효율성, 조세 등 관련비용의 부담 정도 등을 고려하여 스스로 선택할 사항이라고 하였다. 따라서 법인이 어느 한 가지 방식을 선택하여 부동산 취득을 위한 법률관계를 형성하였다면, 그로 인한 조세의 내용이나 범위는 그 법률관계에 맞추어 개별적으로 결정된다 할 것이고, 서로 다른 거래의 궁극적 목적이 부동산의 취득에 있다 하여 그 법적 형식의 차이에도 불구하고 그 실질이 같다고 하거나 조세법상 동일한 취급을 받는 것이라고 할 수는 없다는 입장이다. 그리하여 법인이 자본금을 증자한 후 타 회사 보유 부동산 취득에 관하여 매매계약 대신에 타 회사 주식을 인수하는 방식이 자신에게 유리한 것으로 판단하여 타 회사와 경영권 양도·양수계약을 체결하여 타 회사 주식을 취득하였다면, 이러한 경우에는 그 거래의 법적 형식은 물론 그 실질 또한 타 회사 주식의 취득이라고 판시한 바 있다.[91]

---

90) 대법원 1991.5.14. 선고 90누3027 판결.
91) 대법원 1998.5.26. 선고 97누1723 판결.

이와 다르게 조세법적으로 재구성된 경제적 실질에 따른 것으로 이해되는 판례도 병존하였다. 하지만 이 경우 실제로 대법원의 입장은 개별적 명문의 근거 없이 함부로 실질에 따른 거래의 재구성을 할 수 없다는 입장에 기초하여 납세자들이 취한 거래구조를 사실인정 차원에서 가장행위로 보아 그 거래구조를 세법목적상 무시하고 진정한 거래를 새로 파악하여 그 사실에 과세하는 태도였다고 볼 수 있다.[92]

실질과세의 원칙은 납세자의 이익을 위해서도 인정되는 조세법상 원칙이라고 보아야 하겠지만, 납세자가 실질과세원칙에 따른 재구성을 주장하는 경우 또는 스스로 가장행위라며 법률행위의 무효를 주장하는 경우 이를 받아 주지 않고 배척한 판례도 있다.[93] ☞ 〈참고판례 23〉

이에 대해서는 미국 연방대법원의 입장도 두 가지로 나뉜다. Commissioner v. Court Holding Co., 324 U.S. 331 판결에서 "오직 조세의 부담을 변경하기 위하여 존재함에 불과한 형식에 의하여 거래의 진정한 성질을 덮어 버리는 것을 허용한다면, 이는 입법부의 조세정책의 적절한 집행을 크게 그르칠 것이다"라고 하였다. 하지만 Helvering v. Gregory, 69 F.2d 809 판결에서 "누구나 자신의 세부담을 최소화하는 방향으로 거래행위를 할 수 있다. 그리고 그는 과세관청에 가장 많은 세금을 내는 방법을 선택할 의무가 없다. 아무리 애국자라도 자신의 세부담을 증가시켜야 할 의무는 없다"고 함으로써 과세에 신중한 입장을 취하였다.

〈참고판례 20〉

대법원 2009.4.9. 선고 2007두26629 판결【등록세 등 부과처분취소】

【판시사항】

[1] 구 지방세법 제138조 제1항 제1호, 제3호에서 정한 '법인의 설립'의 의미

[2] 설립등기를 마친 후 폐업을 하여 사업실적이 없는 상태인 법인의 주식 전부를 제3자가 매수한 후 법인의 임원, 자본, 상호, 목적사업 등을 변경한 경우, '법인의 설립'으로 보아 등록세를 중과할 수 있는지(소극)

---

92) 대법원 1991.12.13. 선고 91누7170 판결, 대법원 1990.10.12. 선고 90누1663 판결 참조.
93) 대법원 2005.1.27. 선고 2004두2332 판결, 대법원 2000.9.29. 선고 97누18462 판결.

【판결요지】

[1] 법인의 설립에 관한 민법과 상법의 각 규정에 의하면, 법인의 설립에는 기본적으로 설립행위와 설립등기가 필요하고, 법인은 설립행위를 거쳐 설립등기를 함으로써 성립함과 동시에 법인격을 취득하게 되어 그로써 법인의 설립은 완성되는 것이므로, 설립등기 없는 법인의 설립은 있을 수 없고, 일단 법인이 설립등기로써 성립한 이후에는 그 법인격이 소멸되지 않는 한 같은 설립등기에 의한 새로운 법인의 설립도 있을 수 없다. 위의 법리는 법인설립절차를 규율하는 기본법인 민법과 상법이 규정하는 바로서 법인설립에 관한 기본원칙이 되고 있고, 법인의 설립등기는 다른 법인등기 또는 상업등기와는 달리 창설적 효력을 가지며 그에 관한 규정은 강행규정인 점, 기타 관계 규정의 형식과 내용 등을 종합적으로 고려할 때, 구 지방세법(2001.12.29. 법률 제6549호로 개정되기 전의 것)에서 '법인의 설립'에 관하여 위와 같은 일반적인 법리와는 다른 별도의 정의 규정을 두고 있지 아니한 이상, 같은 법 제138조 제1항 제1호와 제3호에서 규정하는 '법인의 설립' 역시 '설립등기에 의한 설립'을 뜻하는 것으로 해석하여야 한다.

[2] 설립등기를 마친 후 폐업을 하여 사업실적이 없는 상태인 법인의 주식 전부를 제3자가 매수한 다음 법인의 임원, 자본, 상호, 목적사업 등을 변경하였다 하여 이를 위 조항이 규정하는 '법인의 설립'에 해당한다고 볼 수는 없고, 설령 그러한 행위가 등록세 등의 중과를 회피하기 위한 것으로서 이를 규제할 필요가 있다 하더라도 그와 같은 행위의 효력을 부인하는 개별적이고 구체적인 법률 규정을 두고 있지 않은 조세법하에서 그 행위가 위 조항의 '법인의 설립'에 해당한다고 보아 등록세를 중과하는 것은 조세 법규를 합리적 이유 없이 확장 또는 유추해석하는 것으로서 허용될 수 없다.

【이유】

상고이유(상고이유서 제출기간이 경과한 후에 제출된 상고이유보충서들의 기재는 상고이유를 보충하는 범위 내에서)를 판단한다.

[1] 구 지방세법(2001.12.29. 법률 제6549호로 개정되기 전의 것, 이하 '법'이라 한다) 제138조 제1항은 그 제1호에서 '대도시 안에서의 법인의 설립 후 5년 이내에 자본증가에 따른 등기'를, 제3호에서 '대도시 내에서의 법인의 설립과 지점 또는 분사무소의 설치 및 대도시 내로의 법인의 본점·주사무소·지점 또는 분사무소의 전입에 따른 부동산등기와 그 설립·설치·전입 이후의 부동산등기'를 각 등록세 중과대상으로 규정하고 있고, 구 지방세법 시행령(2008.2.29. 대통령령 제20708호로 개정되기 전의 것) 제102조

제2항은 "법 제138조 제1항 제3호에서 그 설립·설치·전입 이후의 부동산등기라 함은 법인 또는 지점 등이 설립·설치·전입 이후 5년 이내에 취득하는 업무용·비업무용 또는 사업용·비사업용을 불문한 일체의 부동산등기를 말한다"고 규정하고 있다.

[2] 원심판결 이유에 의하면, 원심은 그 판시와 같은 사실을 인정한 다음, 법에서의 설립에 관한 규정형식 및 법 제138조의 입법 취지 등을 고려하면 법 제138조 제1항 제1호와 제3호에서 규정하는 법인의 설립은 설립등기에 의한 설립만을 의미하는 것이 아니라 설립등기를 경료하지는 않았지만 실질적인 설립으로 평가할 수 있는 행위가 있는 경우도 포함된다고 해석함이 상당하다는 전제하에, 이 사건에 있어서 원고는 1996년 1월 9일 설립된 직후 폐업하여 약 5년간 아무런 영업실적도 없었다가 2001년 6월 4일 사업자등록을 하고 부동산 개발업이 목적사업으로 추가되면서 증자된 후 2001년 6월 15일 기존 주주의 주식 전부가 소외 회사에게 양도되면서 상호와 임원진 전부가 교체되고, 정관도 새로 작성되었으며, 다시 그 직후에 자본이 크게 증가하고 이 사건 부동산을 취득하였는바, 위와 같은 일련의 법인인수와 조직변경은 오로지 법인설립 후 이 사건 부동산 취득에 따르는 중과세를 면할 목적 외에 다른 의도는 없었던 점, 원고는 법인격이 계속 유지된 것을 제외하면 동일성을 찾을 수 없을 정도로 인적·물적 요소가 변경되어 새로운 법인의 설립과 실질적으로는 아무런 차이가 없는 점, 법 제138조의 입법 취지에 비추어 위와 같은 인수행위 및 조직변경에 관해서도 등록세 등을 중과하는 것이 합당한 점 등을 고려하면, 2001년 6월 15일 원고 법인의 실질적인 설립행위가 있었다고 평가함이 상당하다는 이유로 피고들의 이 사건 각 부과처분이 적법하다고 판단하였다.

[3] 그러나 이와 같은 원심의 판단은 다음과 같은 이유에서 수긍하기 어렵다.

가. 헌법은 조세법률주의를 채택하여 모든 국민은 법률이 정하는 바에 의하여 납세의 의무를 지고(헌법 제38조), "조세의 종목과 세율은 법률로 정한다"(헌법 제59조)고 규정하고 있는바, 이러한 조세법률주의 원칙은 과세요건 등은 국민의 대표기관인 국회가 제정한 법률로써 규정하여야 하고, 그 법률의 집행에 있어서도 이를 엄격하게 해석·적용하여야 하며, 비록 과세의 필요성이 있다 하여도 행정편의적인 확장해석이나 유추적용에 의해 이를 해결하는 것은 허용되지 않음을 의미한다(대법원 2000.3.16. 선고 98두11731 전원합의체 판결 참조).

또한, 납세의무자가 경제활동을 함에 있어서는 동일한 경제적 목적을 달성하기 위하여서도 여러 가지의 법률관계 중 하나를 선택할 수 있는 것이고, 과세관청으로서는 특별한 사정이 없는 한 당사자들이 선택한 법률관계를 존중하여야 할 것이되,94) 실질과세의 원칙에 의하여 당사자의 거래행위를 그 형식에도 불구하고, 조세회피행위라고 하여 그 행위의 효력을 부인할 수 있으려면 조세법률주의 원칙상 법률에 개별적이고 구체적인 부인규정이 마련되어야 하는 것이다.95)

　법인의 설립에 관한 민법과 상법의 각 규정에 의하면, 법인의 설립에는 기본적으로 설립행위와 설립등기가 필요하고, 법인은 설립행위를 거쳐 설립등기를 함으로써 성립함과 동시에 법인격을 취득하게 되어(민법 제33조, 상법 제171조 제1항, 제172조 등 참조) 그로써 법인의 설립은 완성되는 것이므로, 설립등기 없는 법인의 설립은 있을 수 없고, 일단 법인이 설립등기로써 성립된 이후에는 그 법인격이 소멸되지 않는 한 같은 설립등기에 의한 새로운 법인의 설립도 있을 수 없는 것이다.

　위의 법리는 법인설립절차를 규율하는 기본법인 민법과 상법이 규정하는 바로서 법인설립에 관한 기본원칙이 되고 있고, 법인의 설립등기는 다른 법인등기 또는 상업등기와는 달리 창설적 효력을 가지며 그에 관한 규정은 강행규정인 점, 기타 관계 규정의 형식과 내용 등을 종합적으로 고려할 때, 지방세법에서 '법인의 설립'에 관하여 위와 같은 일반적인 법리와는 다른 별도의 정의 규정을 두고 있지 아니한 이상, 법 제138조 제1항 제1호와 제3호에서 규정하는 '법인의 설립' 역시 '설립등기에 의한 설립'을 뜻하는 것으로 해석하여야 할 것이다. 따라서 설립등기를 마친 후 폐업을 하여 사업실적이 없는 상태에 있는 법인의 주식 전부를 제3자가 매수한 다음 법인의 임원, 자본, 상호, 목적사업 등을 변경하였다 하여 이를 위 조항이 규정하는 '법인의 설립'에 해당한다고 볼 수는 없다 할 것이고, 가사 그러한 행위가 등록세 등의 중과를 회피하기 위한 것으로서 이를 규제할 필요가 있다 하더라도 그와 같은 행위의 효력을 부인하는 개별적이고 구체적인 법률 규정을 두고 있지 않은 조세법하에서 그 행위가 위 조항의 '법인의 설립'에 해당한다고 보아 등록세를 중과하는 것은 조세 법규를 합리적 이유 없이 확장 또는 유추해석하는 것으로서 허용될 수 없다 할 것이다.

　나. 그럼에도 불구하고, 이와 다른 전제에서 2001년 6월 15일 원고 법인의 실체가 전면적으로 변경되어 실질적인 새로운 설립이 있었다고 보아 그로부터 5년 이내에 이루어진 이 사건 증자등기 및 부동산등기를 등록세 등 중과대상으로 판단한 원심판결에는 법 제138조 제1항 제1호와 제3호 소정의 법인의 설립의 해석·적용에 관한 법리를 오해하여 판결에 영향을 미친 위법이 있다고 할 것이다. 이 점을 지적하는 원고의 상고이유 주장은 이유 있다.

---

94) 대법원 2001.8.21. 선고 2000두963 판결 참조.
95) 대법원 1999.11.9. 선고 98두14082 판결 참조.

〈참고판례 21〉

서울행법 2009.1.20. 선고 2008구합12511 판결【법인원천징수이자소득세부과처분취소】 96)

【판시사항】

현물거래와 엔화정기예금거래 및 선물환거래가 함께 이루어지는 이른바 엔화스왑예금거래의 선물환거래에 따른 이익 부분에 대한 이자소득세 부과처분은 위법하다고 한 사례

【판결요지】

현물거래와 엔화정기예금거래 및 선물환거래가 함께 이루어지는 이른바 엔화스왑예금거래의 선물환거래에 따른 이익 부분은 소득세법에 규정된 과세대상소득이 아닌 외환매매이익으로서 소득세법 제16조 제1항 제3호 또는 제13호에 정한 금전의 사용에 따른 대가의 성격이 있는 이자소득이라고 볼 수 없으므로, 그에 대하여 이자소득세를 부과한 처분은 위법하다고 한 사례

【이유】

2. 부과처분의 적법 여부

가. 원고의 주장

원고는 아래 기재와 같은 이유로 피고의 이 사건 부과처분이 위법하다고 주장한다.

[1] 파생금융상품의 하나인 엔화스왑예금거래에서 발생한 선물환거래의 차익은 소득세법상 과세대상소득으로 열거되어 있지 아니하여 소득세법 제16조 제1항 제13호에서 규정한 '금전의 사용에 따른 대가의 성격이 있는 것'에 해당되지 않고, 또한 엔화스왑예금거래를 통하여 이루어진 엔화정기예금거래와 선물환거래는 법적 형식뿐만 아니라 경제적 실질에 의하더라도 상호 독립된 계약으로서 선물환거래가 엔화정기예금거래에 종속된 계약이라고 볼 수 없으며, 여기서의 선물환거래는 전형적인 외환선도거래와 차이가 없는 것임에도 불구하고, 단지 동일한 은행인 원고와 계약을 체결하였다거나, 고액의 자산가인 고객들이 환율의 변동에 따른 손실위험에 노출되지 않은 채 엔화스왑예금거래 계약시점에 예상했던 확정적인 수익을 얻었다는 이유만으로 원칙적으로 과세대상이 아닌 선물환

---

96) 대법원 2011.4.28. 선고 2010두3961 판결(종합소득세부과처분 등 취소)도 동일한 취지의 판례이다.

차익까지도 이자소득으로 과세할 수는 없다.

[2] 국세기본법(2007.12.31. 법률 제8830호로 개정되기 전의 것) 제14조에서 정한 실질과세원칙은 경제적 실질보다 법적 실질을 우선하여 판단한다는 취지이고, 대법원판례 역시 우회행위나 다단계행위 등 경제적 합리성이 없는 거래형식을 취한 행위라도 그러한 행위의 효력을 부인할 수 있는 개별적·구체적 부인규정이 있어야 과세가 가능하다고 판시하고 있는바, 고객과 원고 사이에는 엔화스왑예금거래에 의해 과세대상이 아닌 선물환거래에 따른 외환매매이익을 통하여 수익을 얻겠다는 의사가 합치되어 있었다는 점에서 이는 사적 자치 및 계약자유의 원칙에 따른 진정한 거래라고 할 것이고, 원고는 엔화스왑예금거래의 선물환차익 부분에 관하여 법무법인 등 많은 전문가들로부터 과세거래가 아니라는 자문을 받은 결과 고객들에게 엔화스왑예금을 권유하고 과세신고를 하였던 것이며, 엔화스왑예금거래와 같이 매우 초보적인 형태의 파생금융상품에 대해서까지 과세당국이 거래를 부인하고 과세처분을 한다면 장래에 등장하는 파생금융상품이 어떠한 법적 형식을 취하더라도 과세 여부를 예측할 수 없어 금융거래의 법적 안정성을 심히 침해하여 결국, 다양한 파생금융상품의 개발이 현저히 저해될 수 있다는 점까지 고려하여 보면, 개별·구체적인 부인규정이 없음에도 엔화스왑예금거래를 두고 조세회피행위라고 보거나, 실질과세의 원칙만을 내세워 엔화스왑예금거래에 따른 이익 전부를 이자소득으로 인정하여 이 사건 부과처분을 할 수는 없다.

[3] 원고가 엔화스왑예금거래를 통하여 고객으로부터 금전사용의 기회를 제공받았다고 보더라도, 원고가 고객으로부터 조달·사용한 자금은 엔화정기예금거래에 따른 '엔화'이지 '원화'가 아니고, 조달된 엔화자금을 다른 고객에게 대출하여 약 연 2%의 엔화대출이자를 받았을 뿐임에도, 원고가 위 엔화대출이자의 두 배가량을 초과하는 약 연 4%의 이익을 모두 엔화스왑예금거래에 따른 이자로 고객에게 지급하였다고 보고 한 피고의 이 사건 부과처분은 거래의 실질에 부합되지 않는다(따라서 엔화스왑예금거래를 통하여 고객에게 지급된 약 연 4%의 이익 중 엔화정기예금거래에 따른 약 연 0.05%의 이자를 제외한 나머지 약 연 3.95% 부분은 선물환거래에 따른 외환매매이익으로 보는 것이 거래의 실질에 부합된다).

나. 관계 법령

별지 기재와 같다.

다. 판단

[1] 관계 법령의 취지

소득세법 제16조 제1항 제3호는 국내에서 받은 예금(적금·부금·예탁금과 우편대체를 포함한다)의 이자와 할인액을 이자소득의 하나로 열거적으로 규정하면서, 같은 항 제13호는 제3호 등의 소득과 유사한 소득으로서 금전의 사용에 따른 대가의 성격이 있는 것 또한 이자소득으로 규정하고 있어, 동 규정은 유형별 포괄주의의 형태로 도입·시행된 것으로 평가된다.

한편, 외환거래에 있어서 환율의 차이를 통하여 발생하는 외환매매이익은, 소득을 수입의 형태로 파악하고 있는 소득세법이 과세대상으로 열거하여 규정한 소득 중 어느 것에도 해당하지 아니하여, 소득세법에 규정된 과세대상소득이 아니다.

[2] 엔화스왑예금거래의 선물환차익 부분을 이자소득으로 볼 수 있는지

(가) 어떠한 거래행위가 세금부담을 회피하기 위한 행위라 해도 그 행위가 가장행위에 해당한다는 등 특별한 사정이 없는 이상 유효하다고 보아야 할 것이므로, 이를 부인하기 위해서는 권력의 자의로부터 납세자를 보호하기 위한 조세법률주의의 법적 안정성 또는 예측가능성의 요청에 비추어 법률상 구체적인 근거가 필요하다고 할 것이고(대법원 1991.5.14. 선고 90누3027 판결 취지 참조), 경제적 관찰방법 또는 실질과세의 원칙에 의하여 당사자의 거래행위를 그 법형식에도 불구하고, 조세회피행위라고 하여 그 행위계산의 효력을 부인할 수 있으려면 조세법률주의의 원칙상 법률에 개별적이고 구체적인 부인규정이 마련되어 있어야 한다(대법원 1992.9.22. 선고 91누13571 판결 참조).

(나) 위 인정 사실을 통하여 볼 때, ① 엔화스왑예금에 가입한 고객들은 엔화스왑예금거래가 엔화정기예금거래와 선물환거래로 분리될 수 있다거나 선물환거래의 실태 및 선물환차익의 개념 등을 정확히 인지하지 못한 상태에서 단순히 소득세 비과세상품으로서 금융소득종합과세를 피할 수 있는 하나의 확정금리 정기예금상품으로 인식하고 엔화스왑예금거래 계약을 체결한 것으로 보이는 점, ② 고객은 엔화스왑예금거래를 통하여 원고에게 원화를 예치하고 만기해지를 할 때 최종적으로 원화로 된 원금에 엔화스왑예금거래 체결일 당시에 이미 확정된 비율의 원화 이익금을 받도록 되어 있어, 그 실질이 원화정기예금과 다를 바가 없고, 엔화정기예금거래를 중도해지하는 경우 선물환거래도 동시에 해지되도록 되어 있어 고객이 원화를 받기는 마찬가지인 점, ③ 엔화스왑예금거래에 있어 선물환거래의 선도환율은 원고가 고객에 따라 임의로 결정하였던 점, ④ 원고가 현물환거래를 통하여 고객에게 엔화 실물을 직접 교부하거나, 선물환거래를 통하여 고객으로부터 엔화 실물을 직접 교부받는 경우는 실제로 발생하지 않는 것으로 보여, 과연 엔화의 현물환거래나 선물환거래가 실제로 있었는지조차 상당히 의심스럽고, 엔화스왑예금거

래를 통하여 실제로 원화자금이 아닌 엔화자금이 조달되는 것인지에 관해서도 의구심이 드는 점 등의 여러 사정을 알 수 있어, 엔화스왑예금은 그 실질이 확정수익이 보장되는 원화정기예금에 다름 아닌 것으로 볼 여지도 충분히 있다.

(다) 그러나 다른 한편, ① 엔화스왑예금거래는 앞서 본 바와 같이 법률행위의 형식상으로 현물환거래, 엔화정기예금거래, 선물환거래로 나누어지고, 이와 같은 각각 별개의 법률행위를 하는 것, 특히 선물환거래의 법적 형식을 통하여 소득세법상 이자소득세의 과세대상이 되지 않는 선물환차익을 통하여 이익을 얻기로 하는 것에 관하여 원고와 고객 사이에 진정한 의사 합치가 있었으므로, 위 인정과 같은 사정만으로는 이러한 선물환거래를 가장행위로 보기에 부족하고, 달리 이를 인정할 만한 증거가 없으며, 또한 ② 원고가 고객으로부터 자금을 조달하기 위하여 어떠한 방식의 금융상품거래계약을 체결할 것인가의 문제는, 그 목적 달성의 효율성, 조세 등 관련 비용의 부담 정도 등을 고려하여 스스로 선택할 사항이라고 할 것이고, 원고가 엔화스왑예금거래라는 한 가지 방식을 선택하여 고객과 사이에 현물환거래, 엔화정기예금거래, 선물환거래의 각 법률관계를 형성하였다면, 그로 인한 조세의 내용과 범위는 그 법률관계에 맞추어 개별적으로 결정된다고 할 것이지, 서로 다른 법적 형식인 엔화정기예금거래와 선물환거래가 결합된 엔화스왑예금거래가 소득세부담을 회피하기 위하여 체결된 것이라거나, 그 궁극적 결과가 고율의 확정적 수익이 보장되는 원화정기예금거래와 마찬가지라고 하여, 법률에 개별적이고 구체적인 부인규정이 마련되어 있지 않은 상황에서, 엔화스왑예금과 원화정기예금이 그 법적 형식의 차이에도 불구하고, 그 실질이 같다고 하거나 조세법상 동일한 취급을 받아야 한다고 할 수는 없을 것이다.

(라) 이와 같은 관점에서 본다면, 엔화스왑예금거래가 조세회피행위에 해당한다거나, 실질과세원칙만을 내세워 엔화스왑예금의 실질이 확정수익이 보장되는 원화정기예금에 다름 아닌 것으로 보아 과세처분을 하여서는 안 될 것이므로, 고객이 엔화스왑예금거래를 통하여 원고로부터 받게 되는 이익은, 그 구성 부분이 되는 각 법률관계에 따라, 엔화정기예금거래로부터 발생하는 이자는 소득세법 제16조 제1항 제3호에서 정한 이자소득에 해당한다고 할 것이지만, 선물환거래에 따른 이익 부분은 소득세법에 규정된 과세대상소득이 아닌 외환매매이익으로서, 소득세법 제16조 제1항 제3호 또는 제13호에서 정한 금전의 사용에 따른 대가의 성격이 있는 이자소득이라고 볼 수 없다.

〈참고판례 22〉

대법원 1991.5.14. 선고 90누3027 판결【양도소득세 등 부과처분취소】

【판시사항】

원고와 갑이 서로의 토지를 교환하고 각자 교환 취득한 토지를 다시 법인인 을에게 양도한 것이 과중한 양도소득세의 부담을 회피하기 위한 행위라 해도 이를 부인하기 위해서는 법률상 구체적인 근거가 필요하다 하여 이와 달리 교환 전의 토지를 을에게 양도한 것으로 본 원심판결을 조세법률주의 등에 관한 법리오해 또는 심리미진의 위법으로 파기한 사례

【판결요지】

원고와 갑이 서로의 토지를 교환하고 각자 교환취득한 토지를 다시 을 은행에 양도한 것이 과중한 양도소득세의 부담을 회피하기 위한 행위라 해도 위와 같은 <u>토지 교환행위는 가장행위에 해당한다는 등 특별한 사정이 없는 이상 유효하다고 보아야 할 것이므로 이를 부인하기 위해서는 권력의 자의로부터 납세자를 보호하기 위한 조세법률주의의 법적 안정성 또는 예측가능성의 요청에 비추어 법률상 구체적인 근거가 필요하다 할 것인바</u>, 이를 부인하게 된 구체적인 법률상 근거를 심리도 하지 아니한 채 원고와 갑이 서로의 토지를 교환하고 각자 교환취득한 토지를 다시 을 은행에 양도한 일련의 과정을 실질적으로는 원고가 교환 전의 소유 토지를 을 은행에 양도한 것으로 본 원심판결은 조세법률주의 내지 실질과세의 원칙에 관한 법리오해 또는 심리미진의 위법을 저지른 것이다.

〈참고판례 23〉

대법원 2000.9.29. 선고 97누18462 판결【법인세 등 부과처분취소】

【판시사항】

갑이 자신의 명의로 발행한 사채(社債) 자금을 특수관계에 있는 을에게 대여한 것을 이유로 과세관청이 갑을 사채의 실질적인 채무자로 보아 그 지급이자를 손금불산입하고

인정이자 상당액을 익금산입하였으나 실제로 사채발행으로 인한 자금의 사용자는 을이고 을이 사채발행 과정의 전면에 나서서 사채발행을 실질적으로 주도한 경우, 을이 위 사채의 실질적인 발행자 또는 채무자인 것으로 볼 수 있는지(소극)

【판결요지】

갑이 자신의 명의로 발행한 사채 자금을 특수관계에 있는 을에게 대여한 것을 이유로 과세관청이 갑을 사채의 실질적인 채무자로 보아 그 지급이자를 손금불산입하고 인정이자 상당액을 익금산입하였으나 실제로 사채발행으로 인한 자금의 사용자는 을이고 을이 사채발행 과정의 전면에 나서서 사채발행을 실질적으로 주도한 경우, 주식회사의 사채모집에는 이사회의 결의를 요하고(상법 제469조), 채권의 발행이 전제되어 있고(같은 법 제478조), 사채권자집회는 사채를 발행한 회사가 소집하도록 되어 있는(같은 법 제491조) 등 사채의 발행에는 단순한 금전채무 부담의 의사표시 외에도 일정한 절차적 요건이 요구되고, 사채발행회사는 금전채무의 채무자 이상의 일정한 회사법상 지위를 차지하게 되며, 사채는 채권의 형태로 거래계에 유통될 것이 예정되어 있으므로, 갑과 을의 관계를 명의신탁이나 내적 조합의 경우의 법률관계와 유사하게 파악하여 을을 실질적인 사채발행회사 또는 사채의 채무자의 지위에 있다고 보기는 어렵다 할 것이고, 실질과세 원칙을 규정하고 있는 국세기본법 제14조, 구 법인세법(1998.12.28. 법률 제5581호로 전문 개정되기 전의 것) 제3조 제2항의 각 규정에 의한 조세법의 적용에 있어서도 갑에 의하여 이루어진 사채발행행위의 사법상의 효과를 무시하고 을을 사채의 실질적 채무자로 볼 수는 없다 할 것이다.

【이유】

상고이유를 본다.

[1] 원심판결 이유에 의하면, 원심은, 이 사건 사채는 원고 명의로 발행되기는 하였으나, 그 실질적 발행인은 원고의 모기업인 소외 영풍산업 주식회사(이하 '영풍산업'이라 한다)로서 원고는 그 명의를 대여한 것에 불과하므로 원고가 이 사건 사채 납입금 50억 원을 특수관계에 있는 영풍산업에 대여하였음을 전제로 구 법인세법(1998.12.28. 법률 제5581호로 개정되기 전의 것, 이하 같다) 제18조의 3 제1항 제3호, 제20조, 같은 법 시행령(1998.5.16. 대통령령 제15797호로 개정되기 전의 것) 제43조의 2 제4항, 제47조 제2항 등의 규정에 의하여 지급이자를 손금불산입하고, 인정이자 상당액을 익금산입한

피고의 조치는 위법하다는 주장에 대하여, 갑 제3호증의 1, 2, 갑 제4, 6, 26, 27호증의 각 기재를 종합하여 원고는 1993년 4월 6일 소외 동양증권 주식회사와의 사이에 원고가 발행하는 사채 권면 총액 50억 원에 대하여 위 증권회사를 주간사회사로 하여 인수단에게 총액인수 및 매출할 것을 위탁하는 계약을 체결하였는데, 위 계약에서 원고는 위 사채금을 유가증권신고서의 자금사용목적 내용대로 사용하고, 그 사용내역을 주간사회사에게 제출하며, 원리금 지급을 전적으로 책임지기로 약정한 사실, 원고는 1993년 4월 13일 이 사건 사채금이 납입되자 이를 영풍산업에게 대여하면서 대여기간을 1996년 4월 12일까지, 이율은 사채 이율과 동일한 연 11%로 정하고, 사채발행과 관련한 수수료 등 제반 비용을 영풍산업이 부담하도록 하였으며, 원고는 이를 관계회사 대여금으로, 영풍산업은 관계회사 차입금으로 각 회계처리한 사실, 그 후 원고는 1994년 12월 29일 영풍산업과의 사이에 위 대여금 채권의 대물변제조로 영풍산업이 소유한 소외 주식회사 영풍의 주식 54,060주를 양수하기로 약정한 사실, 한편 사채의 발행은 증권회사를 주간사회사로 선정하여 주간사회사와 사이에 사채 발행조건, 원리금 지급의무 등에 관하여 계약을 체결하도록 되어 있으며, 정부에서는 증권업협회를 통하여 사채 발행물량을 조정하고 있는 등 사채 발행은 일반 금융기관으로부터의 차입 등과는 달리 엄격한 자격 요건과 절차에 의하여 이루어지고 있는 사실을 인정한 다음, 이와 같은 사실관계 아래에서는 실질과세의 원칙을 규정한 국세기본법 제14조, 구 법인세법 제3조의 규정 내용을 고려하더라도 이 사건 사채를 발행한 실질적 채무자는 원고이고, 원고가 사채를 발행하여 조성한 자금 50억 원을 영풍산업에 대여한 것으로 보아야 한다는 이유로 원고의 주장을 배척하였다.

[2] 주식회사의 사채 모집에는 이사회의 결의를 요하고(상법 제469조), 채권(債券)의 발행이 전제되어 있고(같은 법 제478조), 사채권자집회는 사채를 발행한 회사가 소집하도록 되어 있는(같은 법 제491조) 등 사채의 발행에는 단순한 금전채무 부담의 의사표시 외에도 일정한 절차적 요건이 요구되고, 사채발행회사는 금전채무의 채무자 이상의 일정한 회사법상 지위를 차지하게 되며, 사채는 채권의 형태로 거래계에 유통될 것이 예정되어 있으므로, 원고의 주장과 같이 이 사건에서 사채발행으로 인한 자금의 실제 사용자가 영풍산업이고 영풍산업이 사채발행 과정의 전면에 나서서 사채발행을 실질적으로 주도하였다고 하더라도 이 경우의 원고와 영풍산업의 관계를 명의신탁이나 내적조합의 경우의 법률관계와 유사하게 파악하여 영풍산업을 실질적인 사채발행회사 또는 사채의 채무자의 지위에 있다고 보기는 어렵다 할 것이고, 실질과세 원칙을 규정하고 있는 국세기본법 제14조, 구 법인세법 제3조 제2항의 각 규정에 의한 조세법의 적용에 있어서도 원고에 의

하여 이루어진 사채발행행위의 사법상의 효과를 무시하고 영풍산업을 이 사건 사채의 실질적 채무자로 볼 수는 없다 할 것이다.

따라서 원심이 그 판시 사실에 터 잡아 원고가 이 사건 사채의 실질적 채무자라고 판단하고 그 사채 발행으로 조성한 자금을 영풍산업에 대여하였다고 본 것은 정당하고, 거기에 실질과세의 원칙에 관한 법리오해 또는 채증법칙 위배의 위법이 있다고 할 수 없을 뿐만 아니라, 원심의 위 판단에는 원고가 내세우는 나머지 주장 사실의 인정 여부와 관계없이 영풍산업을 이 사건 사채의 실질적 채무자로 볼 수 없다는 취지가 포함되어 있으므로 거기에 원고가 지적하는 바와 같은 판단유탈의 위법이 있다고도 할 수 없다.

IV. 양도소득에 대한 부당행위계산부인규정의 해석론

1. 양도소득의 부당행위계산부인

구 소득세법 제101조 각 항은 다음과 같이 규정하고 있었다.

① 제1항: 납세지 관할세무서장 또는 지방국세청장은 양도소득이 있는 거주자의 행위 또는 계산이 그 거주자와 특수관계 있는 자와의 거래로 인하여 당해 소득에 대한 조세의 부담을 부당하게 감소시킨 것으로 인정되는 때에는 그 거주자의 행위 또는 계산에 관계없이 당해 연도의 소득금액을 계산할 수 있다.

② 제2항: 양도소득에 대한 소득세를 부당하게 감소시키기 위하여 제1항에 규정하는 특수관계자에게 자산을 증여(제97조 제4항의 규정을 적용받는 배우자 및 직계존비속의 경우를 제외한다)한 후 그 자산을 증여받은 자가 그 증여일부터 5년 이내에 다시 이를 타인에게 양도한 경우에는 증여자가 그 자산을 직접 양도한 것으로 본다. 이 경우 당초 증여받은 자산에 대해서는 상속세 및 증여세법의 규정에도 불구하고 증여세를 부과하지 아니한다.

이 규정은 언뜻 해석에 문제가 없어 보이지만 실제로는 위 제101조 제2항과 관련하여 다음과 같이 두 가지 해석론이 대립하였다.

2. 두 가지 해석론

1) '가장증여'가 있는 경우에 제101조 제2항이 적용된다고 보는 견해

증여자가 특수관계자에게 실제로 아무런 재산상 이익을 줄 의도가 없는 상황(즉 증여의 의사가 결여된 상황)에서 단지 자신이 특정 자산을 양도함에 있어서 발생하는 양도소득세 부담을 감소시키기 위한 의도만을 가지고, 그 양도에 앞서서 특수관계자에 대한 증여가 있었던 것처럼 '가장'하는 경우라면 민사법상 유효한 증여가 있었던 것이 아니기 때문에 제3자에 대한 재산양도의 대가를 특수관계자(즉 가장증여의 수증자)가 그대로 가질 수는 없다. 제101조 제2항이 바로 이러한 유형의 행위에 대처하기 위한 것이라고 해석할 수 있는 여지가 있다. 이러한 경우 제101조 제2항은 가장행위로서 민사법상 그 효력이 부인되는 증여 행위의 존재를 세법상으로도 마찬가지로 부인한다는 점을 다시 한 번 확인하기 위하여 필요한 규정이 된다.

따라서 제101조 제2항의 적용범위는 양도의 대가가 법률상 양도인인 수증자가 아니라 증여자에게 귀속된다는 의미의 '가장증여'의 경우에 한정되므로, 가장증여가 아닌 '진정한 증여'의 경우(즉 실제로 증여의 효과의사가 있었던 경우)에는 이 규정을 적용할 수 없게 된다. 결국 이 규정에서 말하는 '소득세를 부당히 감소시키기 위하여'에서 '부당히' 란 결국 실제 유효한 증여가 없었음에도 불구하고 마치 증여의 법률행위가 있었던 것처럼 '가장'한 것을 일컫게 된다.

2) 진정한 증여가 있는 경우에도 제101조 제2항이 적용된다고 보는 견해

소득세법 제101조 제2항이 '가장증여'에 대처하기 위하여 필요한 것이 아니라, 납세자가 우리 세제상 무상양도와 유상양도의 경우 자본이득 과세 방법이 각각 다르다는 점을 이용하여 현금증여 대신 현물증여의 방법을 선택함으로써 세부담을 줄이는 행위에 대하여, 일정한 경우에는 과세관청이 유효적절하게 대처할 수 있도록 하기 위하여 필요하다는 입장이다. 이렇게 보면 제101조 제2항이란 기본적으로 민사법적으로는 완전히 유효한 행위를 조세법상 재구성하는 기능을 하게 된다. 결국 제101조 제2항은 '선처분 후 현금증여'의 거래형식을 취하지 않고 '현물증여 후 처분'의 거래형식을 취함으로 인하여 세부담을 감소시키는 납세자의 행위를 겨냥한 것이고, 바로 이러한 행위에 과세관청이 대응

할 수 있도록 하기 위하여 이 규정이 필요한 것이라고 보게 된다.97)

이 입장에서는 가장증여 행위에 대해서는 굳이 제101조 제2항을 적용할 것이 아니고, 조세법의 적용에 있어서 가장행위는 당연히 그 존재를 무시할 수 있다는 일반원칙 또는 국세기본법 제14조 제3항에 의하여 부인할 수 있게 된다. 따라서 어떠한 경우에 '선처분 후 현금증여'를 하지 않고 '현물증여 후 처분'을 한 것이 당사자가 계약내용 형성의 자유를 남용한 것으로 평가되어 세법상 '부당'하다고 볼 것인지의 문제가 남는다.

행정해석의 입장은 일관되게 양도대가가 증여자에게 귀속된 경우에 한정하지 아니하고 증여받은 자의 증여세와 증여받은 자가 납부하여야 할 양도소득세를 합한 금액이 증여자가 직접 양도한 것으로 보아 부과하는 양도소득세보다 적은 경우는 양도소득세를 부당하게 감소시킨 경우로 보고 있었다. 이러한 해석은 제101조 제2항이 납세자가 '소득세를 부당하게 감소시키기 위하여' 행위한 경우에 한하여 적용된다고 규정하고 있는 것과 조화될 수 없어 문제가 있었다. 결국 이러한 행정해석의 입장이 반영되어 소득세법 제101조 제2항의 개정이 이루어졌다.

3) 판례의 태도

판례의 입장은 대체로 소득세법 제101조 제2항이 가장증여, 즉 양도대가가 증여자에게 귀속된 경우에 한하여 적용된다는 입장을 취하는 것으로 이해할 수 있다. 대법원은 1989년 5월 9일 선고 88누5228 판결에서 제101조 제2항의 입법취지에 관하여 양도소득세를 회피하기 위하여 증여의 형식을 거쳐 양도한 경우 이를 부인하고 실질소득의 귀속자인 증여자에게 양도소득세를 부과하려는 데 그 목적이 있다고 설시하고 있다. 제101조 제2항을 적용하는 전제로서 증여자가 실질소득의 귀속자일 것을 요구하고 있다. 그 후 대법원 1997년 11월 25일 선고 97누13979 판결에서도 '양도소득이 실질적으로 증여자에게 귀속되었을 것임을 요한다'고 하였다. 이러한 입장은 소득세법의 개정 전까지 계속되었다.98) ☞ 〈참고판례 24〉

---

97) 윤지현, "소득세법 제101조 제2항의 해석에 관하여", 『조세법연구』 제14권 3호, 세경사, 2008.12., 17~19면 참조.

98) 대법원 2004.2.27. 선고 2001두8452 판결, 대법원 2003.1.10. 선고 2001두4146 판결.

3. 개정된 현행법

2010년 1월 1일 개정된 소득세법은 다음과 같은 입법조치로 적용요건을 명확화하여 우회양도를 통한 조세회피를 방지하고 있다.

거주자가 특수관계자(제97조 제4항을 적용받는 배우자 및 직계존비속의 경우는 제외한다)에게 자산을 증여한 후 그 자산을 증여받은 자가 그 증여일부터 5년 이내에 다시 타인에게 양도한 경우로서 아래 ①에 따른 세액이 ②에 따른 세액보다 적은 경우에는 증여자가 그 자산을 직접 양도한 것으로 본다. 다만, 양도소득이 해당 수증자에게 실질적으로 귀속된 경우에는 그러하지 아니하다.

① 증여받은 자의 증여세(「상속세 및 증여세법」에 따른 산출세액에서 공제·감면세액을 뺀 세액)와 양도소득세(이 법에 따른 산출세액에서 공제·감면세액을 뺀 결정세액)를 합한 세액

② 증여자가 직접 양도하는 경우로 보아 계산한 양도소득세

〈참고판례 24〉

대법원 2003.1.10. 선고 2001두4146 판결【양도소득세부과처분취소】

【판시사항】

[1] 구 소득세법 제101조 제2항의 규정 취지

[2] 부가 차남에게 부동산을 증여한 후 그 부동산이 양도된 경우 부당행위계산 부인대상에 해당하지 않는다고 한 사례

【판결요지】

[1] 구 소득세법(1996.12.30. 법률 제5191호로 개정되기 전의 것) 제101조 제2항의 규정은 양도소득세를 회피하기 위하여 증여의 형식을 거쳐 양도한 경우, 이를 부인하고 실질소득의 귀속자인 증여자에게 양도소득세를 부과하려는 데 그 목적이 있다.

[2] 부가 차남에게 부동산을 증여하고, 차남이 증여받은 날부터 2년 이내에 이를 다시 타에 양도한 행위가 사회통념이나 관행에 비추어 정상적인 경제행위로 보이므로 구 소득

세법(1996.12.30. 법률 제5191호로 개정되기 전의 것) 제101조 제2항 소정의 부당행위계산 부인대상에 해당하지 않는다고 한 사례

【이유】

구 소득세법(1996.12.30. 법률 제5191호로 개정되기 전의 것, 이하 '법'은 이를 가리킨다) 제101조 제2항의 규정은 양도소득세를 회피하기 위하여 증여의 형식을 거쳐 양도한 경우, 이를 부인하고 실질소득의 귀속자인 증여자에게 양도소득세를 부과하려는 데 그 목적이 있다(대법원 1989.5.9. 선고 88누5228 판결, 1997.11.25. 선고 97누13979 판결 등 참조).

원심판결 이유에 의하면 원심은, 판시와 같은 사실을 인정한 다음, 원고가 차남인 곽문영에게 이 사건 부동산을 증여할 상당한 이유가 인정되고 곽문영 또한 이 사건 부동산을 처분하여 다른 주택을 매입할 사정이 있었다고 보이는 점, 이 사건 부동산의 양도대금이 원고에게 귀속되었다고 볼 수 없는 점 등에 비추어 원고가 곽문영에게 이 사건 부동산을 증여하고, 곽문영이 증여받은 날부터 2년 이내에 이를 다시 타에 양도한 행위는 사회통념이나 관행에 비추어 정상적인 경제행위로 보인다는 등의 이유를 들어, 피고가 법 제101조 제2항 소정의 부당행위계산 부인규정을 적용하여 원고의 증여를 부인한 후, 원고가 이 사건 부동산을 직접 양도한 것으로 보아 원고에 대하여 양도소득세(가산세 포함)를 부과한 이 사건 처분이 위법하다고 판단하였다.

앞서 든 법리를 기록에 비추어 살펴보면, 원심의 위와 같은 판단은 정당하고, 거기에 상고이유에서 드는 바와 같은, 법 제101조 제2항 소정의 부당행위계산 부인규정에 관한 법리오해나 심리미진의 위법이 없다.

그러므로 상고를 기각하고, 상고비용은 패소자의 부담으로 하기로 하여 관여 법관의 일치된 의견으로 주문과 같이 판결한다.

제4장 조세법상 신의성실의 원칙

제1절 조세행정과 신의성실의 원칙

I. 신의성실의 원칙의 의의

'신의성실의 원칙(신의칙)'이란 자기의 과거의 언동에 의하여 어떤 사실을 표시한 자는 그 사실의 존재를 믿고 어떠한 행위를 한 상대방에 대하여 그 사실의 존재를 부정하는 것이 허용되지 아니한다는 것이다. 다시 말하면 자기의 언동을 신뢰하여 행동한 상대방의 이익을 침해하여서는 안 된다는 것을 의미한다.

본래 신의성실의 원칙은 로마법에서 기원하여 사법의 영역에서 기본법원리로 전래되어 온 것이지만 법의 근저를 이루는 정의의 관념에서 비롯된 것이기 때문에 사법의 영역에서뿐만 아니라 공법의 영역에서도 타당한 법원칙으로 인정되고 있다.

민법 제2조 제1항에서 "권리의 행사와 의무의 이행은 신의에 좇아 성실히 하여야 한다"고 규정하여 신의성실의 원칙을 명문화하고 있다. 또한 국세기본법 제15조에서도 사법의 기본원리인 신의성실의 원칙이 조세법에서 적용됨을 명문으로 규정하고 있다.[99]

조세법에 있어서 신의성실의 원칙을 긍정한다고 해도 법문에서 그 요건을 규정하고 있지 아니하므로 그 적용을 위하여 구체적으로 어떠한 요건이 필요한지가 중요한 문제가 된다. 특히 납세의무자의 행위에 대한 신의성실의 원칙을 적용하기 위해서는 과세관청의 행위에 대한 그 적용요건과 비교하여 어떤 차이점이 있는지를 분명히 하여야 한다.

---

99) 영미법상에도 신의성실의 원칙과 동일한 이념을 가진 금반언의 원칙(Estoppel)이라는 것이 있다. 이것은 자기의 언동에 의해서 타인에게 어떤 사실을 오신시킨 자는 그 오신에 기해 그 사실을 전제로 해서 행동한 타인에 대하여 그와 모순된 사실을 주장하는 것을 금한다는 원칙을 말한다. 판례나 학설은 일반적으로 금반언의 원칙을 신의성실의 원칙과 같은 것으로 보거나 신의성실의 원칙의 적용례로 해석하고 있다.

Ⅱ. 조세법상 신의성실의 원칙과 특징

1. 조세행정과 신의성실의 원칙

오늘날 행정부에 대한 국민의 의존과 기대가 증가함에 따라서 행정청의 행정행위에 대한 국민의 이해관계 또한 매우 중요해졌으며, 점점 사회가 복잡해짐에 따라 다양한 경제활동에 부응하여 행정법규나 조세법규도 복잡화·전문화·대량화되고 있다. 이에 따라 행정관청의 각종 행정작용 중에 포함된 조언·지도·약속은 그 법적 성질을 떠나 국민들의 행위규범으로서 큰 역할을 하고 있다. 오늘날 세무행정청의 조언·지도를 받음이 없이 납세의무를 다하고 정상적인 경제활동을 수행할 수 있다고 말할 수 있는 납세자는 거의 없다고 해도 과언이 아니다. 그런데 조세법은 그 해석이 너무 어려워서 전문가도 혼돈을 겪는 경우가 많을 뿐만 아니라 일반납세자들은 법률전문가도 아니므로 매년 연례행사처럼 개정되는 각 개별 세법을 다 알고 있을 수도 없다. 납세자의 입장에서는 조세대책이 절실한 형편에서 우선 매달려 보아야 하는 곳이 바로 과세처분청일 수밖에 없다. 특히 난해하고 방대한 조세법규를 해석하고 적용하는 세무행정청의 납세자에 대한 언행은 곧 국민의 재산권보장과 관련되는 중요한 역할을 하고 있으며 이는 앞으로 그 중요성을 더해 갈 것으로 예상된다.

이와 같이 납세자인 국민은 법을 운용하고 집행하는 세무행정청의 법해석에 의존하는 경향이고, 세무행정청이 취한 견해·지도·실무관행은 이미 납세자가 굳게 신뢰하고 납세의 기준으로 삼는 경우가 많아졌다. 그리하여 한편으로 잘못된 해석 또는 지도를 따른 납세자의 권리구제가 요청되고 있는 현실이다.

2. 조세법상 신의성실의 원칙의 특징

사법에서 발달한 신의성실의 원칙이 조세법에도 당연히 적용된다고 할 때 여기에는 조세법의 입법에 따른 특성상 몇 가지 주의점이 있다.

국세기본법 제15조는 "납세의무자가 그 의무를 이행함에 있어서는 신의에 좇아 성실히 하여야 한다. 세무공무원이 그 직무를 수행함에 있어서도 또한 같다"그 규정함으로써 조세법상 신의성실의 원칙에 관한 근거규정을 두고 있다. 우리나라와 같이 조세법에 직접 신의성실의 원칙을 명문화하고 있는 경우는 다른 나라에서 그 유례를 찾아볼 수 없다. 이와 같은 입법형식은 다음과 같은 의미를 지닌다.

첫째, 명문규정을 통해 알 수 있듯이 신의성실의 원칙은 법형식상 납세의무자와 과세관청 모두에게 요구되는 원리이면서 납세의무자가 먼저 지켜야 하는 입법형식으로 되어 있다. 종래 행정법 영역에서 신의성실의 원칙은 신뢰보호의 측면에서 논의되어 왔고, 주로 행정처분의 상대방을 보호하기 위한 이론이었다. 조세법에서는 특정의 납세의무자에 대한 과세관청의 어떤 표시가 장래에 있어서 법적행태에 관한 구속력을 갖는 표시로 인정할 수 있는 것인가를 둘러싸고 신의성실의 원칙이 논의되어야 하지만, 현재는 대등한 거래의 두 당사자를 염두에 둔 사법상의 신의성실의 원칙과 동일한 법형식을 취하고 있다. 그러므로 납세의무자가 과세관청에 대하여 신의성실의 원칙 위배행위를 했을 경우에 납세의무자에게 일정한 불이익이 가해진다. 하지만 세무행정청에게는 진실을 파악하기 위한 세무조사권 등 공권력의 발동이 보장되어 있으므로 납세자의 행위에 대해 신의칙을 적용하는 경우는 세무행정청의 행위에 대해 이것을 적용하는 경우보다 훨씬 더 제한적이고 엄격히 그 효과를 인정하여야 할 것이다.

둘째, 사법상의 신의성실의 원칙은 계약, 기타 그와 유사한 당사자 간의 구체적인 관계를 전제로 하는 데 비해 조세법률관계는 과세관청과 납세의무자 간의 개별적이고 구체적인 관계라기보다 일반적이고 불특정 다수를 대상으로 하는 추상적 관계이다.

셋째, 사법상의 신의성실의 원칙은 자유 계약사회의 질서유지를 목적으로 하는 원칙인데 비하여 조세의 납세의무는 법에 정해진 과세요건이 존재하면 바로 성립하는 강제성이 있으므로 자유로운 의사에 의한 계약관계가 아니다. 따라서 조세법 분야에 있어서는 신의성실의 원칙이 사법관계에 있어서와 동일하게 적용되기는 어렵다고 보아야 한다. 그리하여 조세법은 조세법률주의의 요청 때문에 신의성실의 원칙이 사법관계에서보다 더 엄격히 적용되어야 한다고 이해되어 왔다.

Ⅲ. 신의성실의 원칙에 관한 규정

우리나라는 조세법에 신의성실의 원칙을 명문화하고 있다. 국세기본법 제15조에서 "납세자가 그 의무를 이행함에 있어서는 신의에 좇아 성실히 하여야 한다. 세무공무원이 그 직무를 수행함에 있어서도 또한 같다"고 규정함으로써 신의성실의 원칙에 관한 근거규정을 두고 있다.

또 국세기본법 제18조 제3항은 "세법의 해석 또는 국세행정의 관행이 일반적으로 납세자에게 받아들여진 후에는 그 해석 또는 관행에 의한 행위 또는 계산은 정당한 것으로 보며, 새로운 해석 또는 관행에 의하여 소급하여 과세되지 않는다"고 규정하고 있다. 이 규정은 신의성실 원칙의 예시적인 특별규정으로 이해하거나 또는 국세기본법 제15호를 구체화한 규정으로 이해되고 있다.

판례에 의하면 국세기본법 제18조 제3항의 규정은 법적 안정성과 납세자의 신뢰를 보호하여야 한다는 헌법상 요청의 일단을 확인하고 있음에 불과한 것이므로, 이와 같은 규정이 없더라도 일반조항인 국세기본법 제15조에 의거 신의칙을 적용할 수 있음에 의문이 없다.[100]

따라서 위 국세기본법 제15조(신의성실의 원칙)와 동법 제18조 제3항(소급과세금지의 원칙)의 관계가 문제 되는데 양 규정은 그 적용대상 및 적용요건에 있어서 다음과 같이 다소 차이점이 있다.

첫째, 전자는 세무행정청과 납세자 양쪽에 적용되는 데 반하여, 후자는 세무행정청에만 적용된다.

둘째, 전자는 세무행정청의 언동이 특정의 납세자와의 관계에서 개별적으로 판단되는 데 반하여, 후자는 국세행정의 관행이 일반 납세자에게 받아들여진 경우에 한하여 적용되므로 일반성을 띤다.

셋째, 전자는 엄격히 제한적으로 인정되어 합법성의 원칙을 희생해서라도 납세자의 신뢰를 보호할 필요가 있을 경우에 한하여 적용되는 것인 데 반하여, 후자는 세무행정청의 언동이 일반 납세자에게 행위규범으로 정착되어 이를 신뢰하고 이에 기하여 행동한 납세자의 법적 안정성 및 예측가능성을 보장하기 위해 적용되므로, 설사 세무행정청의 언동이 세법에 명백히 위반된다 하여도 그 적용을 인정해야 할 것이다.

그 밖에 신의성실의 원칙의 적용으로 볼 수 있는 규정들이 각 개별 세법에 마련되어 있다. 이러한 예로 가산세면제 또는 경감의 혜택을 박탈하는 규정(국세기본법 제48조 제2항 1호 괄호 및 제49조 제1항 단서), 징수유예를 취소하는 규정(국세징수법 제20조), 소득공제, 세액감면 등의 혜택을 박탈하는 것(조세특례제한법 제128조, 제129조), 상속세의 연부연납허가를 취소하고 세액을 일시에 징수하는 것(상속세 및 증여세법 제71조 제4항) 등을 들 수 있다.

---

100) 대법원 1984.4.12. 선고 82누203 판결.

제2절 신의성실의 원칙의 적용요건

조세법에 있어서 신의성실의 원칙을 긍정한다고 해도 구체적으로 어떠한 요건이 필요한지가 더 중요한 문제가 된다. 이에 관해서는 견해에 따라서 다소 차이가 있을 수 있으나 학설 및 판례를 중심으로 살펴보기로 한다.

I. 세무행정청에 대한 적용요건

1. 국세기본법 제15조의 일반적 적용요건

확립된 판례에 의하면 과세관청의 행위에 대하여 신의성실의 원칙이 적용되는 요건으로서 ① 과세관청이 납세자에게 신뢰의 대상이 되는 공적인 견해표명을 하여야 하고, ② 과세관청의 견해표명이 정당하다고 신뢰함에 대하여 납세자에게 귀책사유가 없어야 하며, ③ 납세자가 그 견해표명을 신뢰하고 이에 따라 무엇인가 행위를 하여야 하고, ④ 과세관청이 위 견해표명에 반하는 처분을 함으로써, 납세자의 이익이 침해되는 결과가 되어야 한다.[101]

조세법률관계에 있어서 세무행정청의 행위에 대하여 신의성실의 원칙(국세기본법 제15조)이 적용되는 요건을 상세히 설명하면 다음과 같다.

1) 세무행정청이 납세자에 대하여 신뢰할 수 있는 공적 견해를 표시

세무행정청의 입장에서 적정하고도 원활한 세무행정을 펼치기 위해서는 수시로 세무행정청의 견해를 표명하여 납세자들이 혼란을 일으키지 않게 할 필요가 있다. 이와 같은 세무행정청의 견해는 납세자들에게 강한 신뢰감을 주고 그 기준에 따라 경제활동을 하게 한다.

여기서 세무행정청은 해당 사항에 대한 과세권을 가지는 관청이나 그를 지휘 감독할 권한이 있는 상급관청이어야 한다. 주로 국세청장, 지방국세청장, 세무서장 또는 그 소속

---

101) 대법원 1988.3.8. 선고 87누156 판결 등.

공무원, 세법에 의하여 국세에 관한 사무를 세관장이 관할하는 경우의 해당 세관장 또는 그 소속 공무원을 말한다(국세기본법 제2조 제17호). 또 납세자란 납세의무자는 물론이고 제2차 납세의무자, 납세보증인, 원천징수의무자를 포함한다(국세기본법 제2조 10호).

신뢰할 수 있는 공적 견해의 표시이어야 하므로 개인적인 견해표시는 이에 해당되지 않는다. 공적 견해의 표시는 세무행정청의 언동을 통해 이루어지는데, 세무공무원의 견해 표시가 모두 신뢰의 대상이 되는 것이 아니다. 즉 일정한 책임 있는 입장에 있는 자의 정식의 견해표시만 신뢰의 대상이 된다고 볼 것이다. 따라서 친분관계로 인한 개인적인 지도나 사석에서의 개인적 견해표명 등은 이에 해당하지 아니한다. 또한 과세권행사와 관계없는 국가기관이나 소관사항이 아닌 관청의 의사표시는 이에 해당하지 않는다. 그리고 그 언동이 기관의 장 또는 그 소속 공무원을 통해 표시될 수 있으나 툴법적인 내용을 대상으로 할 수 없다.

공적 견해의 내용은 주로 과세하지 않음을 내용으로 하는 것이 그 전형적인 것이나 납세자에게 유리한 것은 모두 포함될 수 있을 것이다. 견해의 표시는 문서에 의하든 구두에 의하든 상관없다. 또 적극적 행위이든 부작위이든 불문한다. 다만 부작위 또는 침묵은 과세누락과 관련이 있으므로 의사표시로 보기에 매우 어려운 문제점이 있다.

공적인 견해표시는 예규·통첩, 각 세법의 기본통칙과 같은 일반적인 것이든지, 세무상담·질의회신·신고지도·비과세 등의 통지·신고서의 수리 등 개별적 납세자에 대한 것이든지 그 형식을 불문한다.[102] 다만 납세자의 행동에 영향을 줄 정도에 이른 것이어야 할 것이므로 구체적인 경우에 제한적으로 해석하여야 한다. ☞ 〈참고판례 25〉

2) 납세자가 견해표시를 신뢰하고 어떤 행위를 할 것

납세자가 세무행정청의 언동을 신뢰하고 이에 기해 어떤 경제적 거래행위를 하여야 하고 경제적 거래행위는 조세의 부과징수와 관련된 세무상의 행위를 포함하는 것으로서 그 신뢰와 세무상 행위 간에 상당한 인과관계가 있어야 한다.

여기서 납세자의 세무상 행위는 세무상 이익을 기대하는 작위뿐만 아니라(예컨대 특정 단체에 대한 기부에 필요경비산입이 허용된다고 믿고 기부행위를 한 경우 또는 부가가치세를 거래 시에 부담하고 세금계산서를 교부받아 매입세액을 공제받는 경우), 부작위도 포함한다(예컨대 부가가치세의 면세대상물품에 해당한다고 믿고 판매 시에 부가가치세를

---

102) 대법원 2002.10.25. 선고 2001두1253 판결 참조.

거래·징수하지 아니한 경우). 그러나 납세자가 견해표시를 신뢰하고 그것에 기하여 어떠한 행위도 하지 않을 경우에는 납세자의 이익을 보호할 필요가 없다.

3) 납세자에게 귀책사유가 없을 것

세무행정청의 견해표명이 정당하다고 신뢰하고 행동함에 있어서 납세자에게 귀책사유가 없어야 납세자의 신뢰로 인한 행위를 보호할 가치가 있다. 따라서 명백히 세법에 반하는 내용을 신뢰한 경우에 납세자의 신뢰는 정당화될 수 없다. 여기서 신뢰에 대한 정당성은 공적 견해를 표명한 자의 지위와 그 신빙성의 정도, 견해표명의 방식, 그 대상이 된 사실의 인정 및 법률해석의 난이도, 납세자의 경력과 지식 등을 종합하여 판단되어야 할 것이다. 예컨대 신뢰의 기초가 되는 내용에 관하여 종전부터 다툼이 있었을 때, 세무행정청의 잘못된 견해표시가 납세자 측의 사실의 은폐, 허위의 보고 등 그의 책임에 돌아갈 사유에 기한 경우 또는 견해표시의 잘못을 용이하게 인식할 수 있는 경우처럼 납세자에게 고의 또는 중대한 과실이 있을 때에 납세자의 신뢰는 보호해 줄 만한 가치가 없는 것으로 보아야 할 것이다. 이러한 납세자의 고의·과실 등 귀책사유에 대한 입증책임은 세무행정청이 부담해야 할 것이다.

4) 세무행정청이 당초의 견해표시에 반하는 처분

세무행정청이 과거에 한 언동에 반하는 처분을 하였어야 한다. 그런데 처분은 과세처분에 한하지 않고 일반적인 처분을 포함한다. 다만 그 처분은 적법하여야 한다. 왜냐하면 세무행정청의 법령에 위반된 처분은 신의칙의 적용 이전에 이미 그 자체가 위법한 처분이 되어 취소되어야 하기 때문이다. 따라서 적법한 후행 처분만이 신의칙을 적용할 여지가 있게 된다.

5) 납세자의 경제적 불이익

납세자가 세무행정청의 배신행위에 의한 처분으로 인하여 경제적 불이익을 받아야 한다. 경제적 불이익이라 함은 조세부담의 발생 또는 증가, 환급의 거부, 징수유예의 취소 등 납세자에게 불이익한 경제적 부담 및 권리·이익의 상실을 모두 포함한다. 신뢰가 손상된 것에 의한 납세자의 고통도 일종의 손실이므로 이 경우에도 신의칙이 적용되어야 한다는 견해가 있지만, 여기서 말하는 납세자의 불이익은 구체적인 불이익을 말할 뿐만 아니라 직접적으로 납세자의 조세부담과 관련이 있는 것만을 신뢰이익의 보호가치가 있다고 해석해야 할 것이다.

2. 신뢰의 대상이 되는 구체적 행위

1) 법령의 해석에 관한 견해

조세법에 있어서 신의칙 적용과 관련하여 특히 문제가 되는 것은 신뢰의 대상이 되는 범위에 관한 것이다. 신뢰의 대상이 되는 공적 견해의 표시는 사실인정에 관계되는 것은 물론이나 법령의 해석에 관한 견해의 표시도 포함되느냐에 관하여 논란이 있다. 신의칙 적용 여부가 문제 되는 세무행정청의 언행은 개별 납세자를 대상으로 하는 것을 말하는 것이지 일반 국민에 대한 공표를 대상으로 하는 것은 아니기 때문이다.

하지만 납세자가 행위규범으로서 일반성을 띤 조세법령을 신뢰하고 한 거래행위는 세무행정청과의 관계에서는 개별성을 띠는 과세요건사실을 구성하게 된다. 더욱이 조세법규가 복잡 전문화되고 있는 현실에 비추어 납세자의 신뢰를 보호해야 할 필요성은 세무행정청이 표시한 법령의 해석에 관해서도 인정되므로 신뢰의 대상이 되는 공적 견해의 표시에 당연히 포함된다고 보아야 한다. 특히 국세기본법 제18조 제3항에서 세법의 해석에 관하여 신의성실의 원칙의 적용에 관한 규정을 두고 있다.

2) 기본통칙과 예규

행정기관 내부에서만 구속력을 갖고 국민에 대해서는 아무런 법적 효력을 갖지 않는다고 이해되어 온 행정규칙이 신뢰보호의 대상이 되는 공적 견해인지 문제가 된다.

세무행정에 있어서는 넓게 조세훈령에 포함되는 예규·통첩·기본통칙 등이 조세행정청과 납세자에게 사실상 큰 기능을 하고 있음을 부인하기 어려운 실정이다. 그러므로 세무행정청의 행정규칙인 위 조세훈령을 조세법원으로서 인정할 것인가에 관하여 논란이 있음에도 불구하고, 그것이 행위규범으로서 납세자에게 미치는 영향력은 막강하기 때문에 신뢰의 대상이 되는 공적 견해로 볼 것인지에 관하여 견해가 대립한다.

소극설에 의하면 행정규칙은 행정기관 내부 또는 직원에 대해서만 구속력을 가질 뿐 국민이나 법원에 대해 구속력을 갖지 않는다는 점을 강조한다. 즉 통칙은 국민에 대한 것이 아니며 개별납세자가 그 통칙을 신뢰하였다고 하여도 그로 인하여 세무행정청과 납세자 간의 구체적인 관계가 성립되었다고 보기는 어렵다고 한다. 그리하여 개별납세자가 해당 통칙이 자신에게도 적용되는가를 문의하여 해답을 받은 경우에만 신뢰적격성을 가진다고 보는 견해가 있다.

적극설은 국세에 관한 통칙은 세무행정청의 내부적인 검토를 거쳐 공식적으로 발표되었으며 현실적으로 통칙은 법 이상의 중요한 행위규범으로서의 기능을 하고 있으므로 신뢰보호의 대상으로 인정하는 것이 타당하다고 한다.

과거 대법원 1987년 5월 26일 선고 86누96 판결은 소득세법 기본통칙에 정한 해석기준은 일반적으로 납세자에게 받아들여진 소득세법의 해석 또는 국세행정의 관행에 해당하지 않는다고 판시한 바 있다. 이와 다르게 대법원 1992년 3월 31일 선고 91누9824 판결은 과세청의 예규도 그 내용에 따라 공적 견해의 표명으로 볼 수 있는 경우가 있음을 전제로 판시한 바 있다.[103]

생각건대 기본통칙 또는 예규도 납세의무자인 국민에게 예측가능성을 줄 정도로 장기간 규정되고 그 견해에 있어서 이의가 없을 정도로 납세자에게 받아들여지고 숙지되었다면 비록 법리상 조세법의 법원으로 인정할 수 없고 재판규범으로 삼을 수 없다 할지라도 신뢰의 대상으로 인정함이 타당할 것이다. 왜냐하면 오늘날 조세법규는 날로 복잡 전문화되어 가고 있기 때문에 납세자에 대한 신뢰보호의 필요성이 사실인정에 관한 것보다도 조세법규의 해석에 관하여 더 크다고 볼 수 있기 때문이다. 특히 조세에 관한 행정규칙은 조세행정기관 내부의 사무처리 등에 관한 행동지침으로서 세무행정청 공무원을 구속하고 납세자에 대하여 세무행정청의 행위규범을 가장 잘 제시하는 것이기 때문이다.

3) 세무행정지도

세무행정지도라는 것은 세무행정청이 납세자에 대하여 법령의 근거에 관계없이 지도·조언·권고 등의 수단으로 궁극적인 세수확보목적을 달성하려는 작용을 말한다. 이러한 세무행정지도에는 납세홍보지도, 기장지도, 세무상담, 자진신고권장, 수정신고권장 등 여러 가지 형태가 있다.

---

103) 대법원 1992.3.31. 선고 91누9824 판결 참조.

납세자가 세무행정청의 세무행정지도에 의하여 어떤 행위를 하였을 때, 후에 잘못된 세무행정지도로 인하여 납세자에게 유리하게 되었다는 이유로 세무행정청이 태도를 바꾸어 납세자에게 불이익처분을 할 수 있다. 이때 세무행정청의 잘못된 행정지도를 신뢰한 납세자가 보호를 받을 수 있는 것인지 문제이다. 이에 관해서는 각종 신고 등 세무행위가 원칙적으로 납세자 스스로의 판단과 책임하에 행해져야 하는 것이고, 모든 세무공무원의 견해표시가 모두 신뢰의 대상이 되는 것이 아니고 일정한 책임 있는 지위에 있는 세무공무원의 공식적인 견해만이 신뢰의 대상이 된다는 점, 그리고 조세법률주의 내지 공평부담의 원칙에서 소극적으로 해석함이 다수의 견해이다.

생각건대 세무행정지도는 구체적 법률의 근거를 요하지 아니하고 그 자체로서 아무런 직접적인 법률효과도 발생하지 아니한다. 그러나 세무행정지도의 유형이 다양한 만큼 획일적으로 판단할 문제는 아니라고 할 것이다. 따라서 세무행정지도의 형식을 취했다 하더라도 세무행정청의 공적인 견해로 볼 수 있을 정도로 세무행정청의 구체적이고 확정적인 의사표시가 있었다면 신뢰의 대상이 되는 공적 견해로 보아야 할 것이다.104) ☞ 〈**참고판례 26**〉

대법원 1982년 10월 12일 선고 80누574 판결도 이러한 입장에서 "부가가치세신고를 접수하던 공무원이 요구하는 바에 따라 실제의 매출·매입액과 달리 허위로 매출·매입액을 계상 허위기재를 하고 아울러 매출간이세금계산서를 허위작성 비치하였고, 원고가 허위내용의 매출·매입신고를 하게 된 것이 피고 소속공무원의 유도에 의하여 이루어진 것이라면 피고가 원고에 대한 부가가치세 부과처분을 함에 있어서 그 모두를 부인함은 모르되 그중 허위매입부분만을 부인하여 이에 해당하는 매입세액을 매출세액에서 공제하지 아니하고 과세처분을 함은 신의성실의 원칙에 위배되어 위법하다"고 하고, 대법원 1990년 10월 10일 선고 88누5280 판결은 "세무서직원들이 골절치료기구의 수입판매업자인 원고들에게 명시적으로 위 물품이 부가가치세 면제대상이라는 세무지도를 하였고, 원고들로서는 위와 같은 세무지도를 믿고 그 이후의 국내거래에 있어서 부가가치세를 대행징수하지 아니하였으며, 그와 같이 믿게 된 데에 원고들에게 어떤 귀책사유가 있다고 볼 수 없다면 이 사건 부가가치세 면세 여부에 관한 과세관청의 공적인 견해표명이 있었다고 보아야 할 것이므로, 그 후 과세관청인 피고가 위 골절치료기구의 수입 시에는 부가가치세가 면제되지만 수입판매업자가 수입한 후 재차 국내의료기관에 판매공급하는 경우에는 부가가치세가 면제되지 아니한다는 이유로 면세로 처리한 과세기관에 대한 부가가치세액을 증액결정한 이 사건 과세처분은 신의성실의 원칙에 위반되는 행위로서 위법

---

104) 대법원 1993.12.28. 선고 93누18945 판결 참조.

하다"고 판시하고 있다.

4) 세무상담

세무공무원의 세무상담에 대한 잘못된 회답 등은 신의칙의 적용요건이 되는 공적 견해의 표시에 해당하지 않는다고 볼 것이다. 그 이유는 납세자 측으로부터 제출된 자료만을 기초로 해서 상담이 이루어지는 것이 일반적이고, 세무상담이 납세자의 구두 질문에 따라서 세무공무원의 구두에 의한 추상적 의견제시에 그치기 때문이다. 더욱이 많은 경우 상담자의 일방적인 신청에 기해서 그 신청의 범위 내에서 과세관청의 판단을 나타낼 뿐 구체적인 조사는 하지 않는다는 점을 들 수 있다.

대법원 1993년 2월 23일 선고 92누12919 판결도 "주택매매에 앞서 과세관청의 민원 상담직원으로부터 아무런 세금도 부과되지 아니할 것이라는 말을 들은 바 있고, 매매 후 과세관청이 양도소득세를 비과세 처리하였으며 약 5년 후 과세처분을 하였다 하더라도 신의성실의 원칙에 위배된다고 할 수 없다"고 한다.

5) 신고시인 통지 또는 신고수리

납세자에게 신고내용을 시인하는 통지를 하거나 납세자의 신고를 수리하는 세무행정청의 행위는 어떠한 법적효과도 수반하지 않는 단순히 사실상의 행정조치에 불과하거나 세무행정청의 사무상의 편의와 더불어 납세자의 편의를 위한 사실상의 행위에 불과한 것이다. 이것은 그때까지 조사한 바에 의해서 정당한 것으로 인정한다는 뜻을 사실상 통지하는 것에 불과하기 때문에 그 후에 경정을 하지 않겠다는 법적효과를 수반하는 것은 아니어서 이를 소급적으로 또는 장래에 변경하는 과세처분 등은 신의칙에 위반되지 않는다고 보아야 할 것이다. 즉 신고시인 통지가 세무서장에 의한 정식의 통지라고 해도 신뢰의 대상이 되는 공적 견해의 표시에 해당되지 않는다. 따라서 세무행정청이 부가가치세의 예정신고 및 확정신고를 받은 행위 또는 사업자의 사업자등록증을 검열하는 행위만으로는 공적 견해의 표명이라고 볼 수 없다.[105]

판례를 보면, "납세자가 부동산들을 양도한 뒤 양도소득세를 자진신고하여 옴에 따라 과세관청이 이를 양도소득세로 결정하는 처분을 했다하더라도 그 당시 과세관청이 위 거

---

105) 대법원 1992.2.25. 선고 91누6415 판결.

래행위들이 사업활동의 일환으로 행하여진 것임을 알면서 과세처분을 하였던 것이 아닌 이상 그로써 종합소득세를 부과하지 아니하겠다는 공적 견해를 표명한 것이라고 할 수 없다"고 한다.106)

6) 질의에 대한 회신 또는 비과세통지

납세자가 세무행정청에 대하여 세법해석 또는 과세처분과 관련된 실무관행 등에 관하여 서면 또는 구두로 질의를 한 것에 대하여 세무행정청이 답변을 한 경우 이를 공적 견해의 표명으로 볼 수 있을지 문제이다.

이 경우 세무행정청의 의사표시가 납세자의 추상적 질의에 대한 일반론적인 견해표명에 불과한 경우에는 신의성실의 원칙의 적용을 부정해야 할 것이다.107)

하지만 납세자가 과세관청에 개별적으로 자신의 구체적 거래행위를 설시하면서 이에 대한 세무처리 또는 과세 여부 등에 관한 질의를 하였고 과세관청이 이에 대하여 어떤 의견을 피력했다면 이는 신뢰의 대상이 되는 공적인 견해표명이라고 보지 않을 수 없다. 왜냐하면 이 경우에 당해 사안에 관해 권한 있는 자의 의견과 세법해석을 종합검토하여 과세관청을 대표하는 자의 명의로 통지를 한 것으로 볼 수 있기 때문이다.

문제는 이와 같이 납세자가 직접 개별적 질의를 한 것이 아니라 제3자가 과세관청에 질의를 하여 받은 회신을 신뢰하고 일정한 세무처리를 한 납세자에게도 공적 견해표명이 있는 것으로 볼 수 있는가 하는 점이다. 대법원 1994년 3월 22일 선고 93누22517 판결을 보면 국세청장이 훈련교육용역의 제공이 사업경영상담업에 해당하는 것으로 본다는 회신을 동종의 인근사업자에게 하였고, 납세자는 사업양수 시에 이를 상담업으로 본다는 위의 견해를 신뢰하여서 면세사업자로 등록을 마치고 부가가치세를 거래 징수하거나 신고납부하지 않았다면 국세청장의 위와 같은 회시는 위 용역의 제공이 상담업에 해당한다고 보는 공적인 견해를 명백히 표명한 것으로 보았다. 과세실무에서는 이를 부정적으로 보고 있는바, 납세자가 자신 외의 제3자에 대한 질의회신을 쉽게 알 수 있을 정도이거나 동일한 회신이 몇 차례 반복되었다면 이미 과세관청의 공적 견해표명으로서 확립되어 있다고 볼 수 있으므로 판례의 입장은 타당하다고 생각한다.

---

106) 대법원 1994.10.28. 선고 94누4523 판결.
107) 대법원 1993.7.27. 선고 90누10384 판결.

7) 과세관청의 구두약속

과세관청이 납세자에게 일정한 사항을 약속한 경우, 예컨대 세무조사를 할 때 조사관과 납세자 간에 어떤 항목에 대하여 부인하지 않을 경우 다른 항목에 대하여 잘 봐준다든지 또는 어떤 조건에 따라 신고를 한다면 그 후 경정하지 않는다는 약속이 있었는데 그 후 태도를 바꾸어 약속과 다르게 과세처분을 하는 경우가 있다.

이와 같은 경우에 사법관계에서는 신의성실의 원칙의 적용대상이 되겠지만 조세법에 있어서는 약속의 내용이 세법의 규정에 합치하고 있는지를 가지고 판단해야 한다. 왜냐하면 합법성의 원칙이 작용하기 때문이다. 즉 납세의무의 성립과 그 내용, 범위는 조세법규에 의해서 정해지는 것이지 사법상의 계약처럼 과세관청과 납세자의 합의에 의하는 것이 아니다. 그러므로 세법에 위배되는 과세관청의 약속은 신뢰의 대상이 되는 공적 견해표시로 볼 수 없다고 이해된다.

8) 법령의 개정

법령의 개정으로 인하여 납세자가 당초 예상하지 못했던 불이익을 받는 경우가 있다. 이러한 경우 법령의 개정을 예측할 수 없었다고 하여 개정된 법령을 신의성실의 원칙에 반한 무효의 규정이라고 볼 수 있을 것인가 하는 문제가 있다.

이에 관하여 대법원 1991년 4월 26일 선고 90누8077 판결은 자산의 양도에 의하여 발생하는 소득에 대한 조세인 양도소득세에 관한 입법이 그 시행 이후에 자산을 양도한 거래에만 적용되는 것인 이상 그 취득가액에 대하여 그 시행 전인 취득 당시에 예측하지 못했던 방법으로 계산할 것을 규정하였고 취득 당시 그 시행령의 개정을 예측할 수 없었다 하여 시행령의 개정이 신의성실에 반하여 무효인 법령이라고 할 수 없다고 한다.

독일의 판례도 법령개정의 경우에 관하여 보호할 가치 있는 신뢰는 원칙적으로 인정되지 않는다는 입장이다.[108]

---

108) BVerfGE 13, 39, 45 ff; 14, 76, 104; 28, 66, 88.

3. 세법해석 사전 답변제도

납세자가 어떤 거래행위를 하려고 할 때 조세문제를 염두에 두고 행하는 경우가 많다. 그렇지만 조세법은 난해하여 납세자에게 충분한 예측가능성을 주지 못할 뿐만 아니라 조세를 절약하는 방향으로 법률행위를 하다 보면 자칫 조세회피로 비추어져 사법상 형식을 부인당하는 경우도 발생할 수 있다. 이에 따라 납세자로 하여금 자신의 거래행위에 대한 조세법의 적용결과를 미리 알 수 있게 하고 행정의 예측가능성을 높이고자 하는 취지로 2008년 10월 국세청장 훈령에 기하여 세법해석 사전 답변제도(Advance Ruling)를 운영 중이다.

세법해석 사전 답변이란 민원인이 특정한 거래에 관한 세법해석과 관련하여 실명과 구체적인 사실관계 등을 기재한 신청서를 제출하는 경우 국세청장이 명확히 답변하는 것을 말한다(국세청법령사무처리규정 제2조 10호). 이것은 납세자가 특정사실을 들어 과세관청에 미리 질의하고 그 질의결과를 얻을 경우 과세관청은 실제 그 사실이 발생한 다음 그 결과와 다른 세법적용을 할 수 없도록 하는 회신제도이다. 따라서 과세관청의 과거의 언동을 신뢰한 납세자의 기대를 보호한다는 점에서 신의성실의 원칙의 한 단면이다.

이것의 법적 성격은 특정 납세자에게 과세관청의 의견을 미리 알려 주는 사적 회신이라는 점에서 예규·기본통칙 등의 공적 회신과 다르고, 과세관청이 사전에 납세의무를 확정하는 것과 다를 바 없는 사전 결정이라고 할 수 있다.[109] 과세관청은 사전 답변 내지 사전 결정에 구속되어 조세법에 규정된 대로 과세처분 등을 하는 것이 아니라 종전의 답변내용에 따라 납세자에게 과세처분 등을 해야 하는 의무가 지워지므로 합법성의 원칙을 희생하는 면에서 보면 문제점도 있다.

〈참고판례 25〉

대법원 2002.10.25. 선고 2001두1253 판결 【법인세부과처분취소】

【판시사항】
[1] 신의칙이나 국세기본법 제18조 제3항 소정의 조세관행존중의 원칙의 적용 요건 및

---

109) 오윤, 『세법총론 논점과 사례』, 한국학술정보(주), 2010, 186면.

그 관행의 존재에 대한 입증책임의 소재(= 납세자)

[2] 과세관청이 과세하지 아니한다는 공적 견해나 의사를 표시하였다거나 세법의 해석 등이 납세자에게 일반적으로 받아들여져 신뢰를 형성하였다고 인정하기에 부족하다고 한 사례

【판결요지】

[1] 신의칙이나 국세기본법 제18조 제3항에서 규정하는 조세관행 존중의 원칙은 합법성의 원칙을 희생하여서라도 납세자의 신뢰를 보호함이 정의의 관념에 부합하는 것으로 인정되는 특별한 사정이 있을 경우에 한하여 적용되고, 일반적으로 납세자에게 받아들여진 세법의 해석 또는 국세행정의 관행이란 비록 잘못된 해석 또는 관행이라도 특정 납세자가 아닌 불특정한 일반 납세자에게 정당한 것으로 이의 없이 받아들여져 납세자가 그와 같은 해석 또는 관행을 신뢰하는 것이 무리가 아니라고 인정될 정도에 이른 것을 말하며, 그러한 해석 또는 관행의 존재에 대한 입증책임은 그 주장자인 납세자에게 있다.

[2] 법 개정과 더불어 재무부가 발간한 「85 간추린 개정세법」 또는 「90 간추린 개정세법」 등의 책자에서 구 조세감면규제법(1991.12.27. 법률 제4451호로 개정되기 전의 것) 제55조 제2항의 규정에 대한 해설과 관련하여 '다른 내국법인의 주식을 취득하기 위하여 지출한 금액' 또는 '타 법인주식 취득가액'이라는 표현을 사용하였다거나, 재무부 소속 공무원이 월간잡지에 기고한 법 개정내용을 해설하는 논문에서 역시 '타 법인주식 취득가액의 합계액'이라는 문구를 사용하였다는 점만으로는 과세관청이 과세하지 아니한다는 공적 견해나 의사를 표시하였다거나, 세법의 해석 등이 납세자에게 일반적으로 받아들여져 신뢰를 형성하였다고 인정하기에 부족하다고 한 사례

【이유】

상고이유를 본다.

소급과세금지의 원칙 등에 대하여

[1] 신의칙이나 국세기본법 제18조 제3항에서 규정하는 조세관행 존중의 원칙은 합법성의 원칙을 희생하여서라도 납세자의 신뢰를 보호함이 정의의 관념에 부합하는 것으로 인정되는 특별한 사정이 있을 경우에 한하여 적용되고, 여기에서 말하는바, 일반적으로 납세자에게 받아들여진 세법의 해석 또는 국세행정의 관행이란 비록 잘못된 해석 또는 관행이라도 특정 납세자가 아닌 불특정한 일반 납세자에게 정당한 것으로 이의 없이 받아들여져 납세자가 그와 같은 해석 또는 관행을 신뢰하는 것이 무리가 아니라고 인정될

정도에 이른 것을 말하며, 그러한 해석 또는 관행의 존재에 대한 입증책임은 그 주장자인 납세자에게 있다(대법원 1992.9.8. 선고 91누13670 판결 등 참조).

[2] 원심판결 이유에 의하면, 원심은 그 판시와 같은 사실을 인정한 다음, 법 개정과 더불어 당시 재무부가 발간한,「85 간추린 개정세법」또는「90 간추린 개정세법」등의 책자에서 법 제55조 제2항의 규정에 대한 해설과 관련하여 '다른 내국법인의 주식을 취득하기 위하여 지출한 금액' 또는 '타 법인주식 취득가액'이라는 표현을 사용하였다거나, 당시 재무부 소속 공무원이 1993년 4월경 월간잡지에 기고한 법 개정내용을 해설하는 논문에서 역시 '타 법인주식 취득가액의 합계액'이라는 문구를 사용하였다는 등 원고가 과세관청의 공적 견해나 의사를 표명하였다는 근거로 드는 사정에 대하여 판단하기를, 그러한 점만으로는 과세관청이 과세하지 아니한다는 공적 견해나 의사를 표시하였다거나, 세법의 해석 등이 납세자에게 일반적으로 받아들여져 신뢰를 형성하였다고 인정하기에 부족하다는 이유로 이 사건 처분이 소급과세금지나 신뢰보호의 원칙에 어긋나지 아니한다고 판단하였다.

앞서 든 법리와 기록에 비추어 살펴보면, 이러한 원심의 판단은 정당하고, 거기에 상고이유에서 주장하는 바와 같은 소급과세금지의 원칙 등에 관한 법리오해의 위법이 없다.

〈참고판례 26〉

대법원 1993.12.28. 선고 93누18945 판결【상속세 등 부과처분취소】

【판시사항】

납세자가 과세관청의 공적 견해 표시를 신뢰하여 증여재산신고를 하지 아니한 경우 과세관청이 신고기한 내에 신고를 하지 아니하였다고 하여 납세자에게 불이익처분을 하는 것과 신의성실의 원칙

【판결요지】

과세관청이 납세자에게 신뢰의 대상이 될 만한 공적인 견해를 표시하여 납세자가 귀책사유 없이 위와 같은 견해가 정당한 것으로 신뢰하고 그에 따라 상속세법 제20조의 규정에 의한 신고기한 내에 상속재산에 가산되는 증여재산을 신고하지 아니한 것이라면,

과세관청이 그와 같은 견해에 반하여 납세자가 그 신고기한 내에 신고를 하지 아니하였다는 이유로 구 상속세법시행령(1990.12.31. 대통령령 제13196호로 개정되기 전의 것) 부칙 제2항에 따라 제5조의 개정규정에 의하여 토지 가액을 평가함으로써 납세자의 이익을 침해하는 것은 신의성실의 원칙상 허용될 수 없다.

【이유】

피고소송수행자의 상고이유 제1점에 대한 판단

[1] 원심은, 소외 차재수가 1988년 2월 20일 그의 소유인 이 사건 토지와 건물을 원고들에게 증여하여 원고들이 그에 따른 증여세와 방위세를 납부한 사실, 그 후 1990년 12월 23일 위 소외인이 사망하자 원고 차문길을 비롯한 상속인들이 상속세신고를 위하여 1991년 6월 17일경 <u>피고에게 찾아가 그 소속 공무원인 소외 오인묵에게 상속세신고의 절차 및 납부액 등에 관하여 문의하였던바</u>, 위 오인묵은 <u>피고가 보관하고 있던 자료인 상속개시자료전 겸 전산수록 자산·소득 명세표를 색출하여 보더니 원고들에 대해서는 상속재산이 없어 1991년 6월 13일자로 과세미달처리하였으니 상속세신고를 할 필요가 없다는 말을 하며 위 명세표까지 교부하여 주므로 원고들은 이에 따라 상속세신고를 하지 아니한 사실</u>, 그런데 피고는 1992년 1월 6일에 이르러 위 망인이 원고들에게 위 토지와 건물을 증여한 일자가 그의 사망일로부터 소급하여 3년 이내이므로 상속재산가액에 위 증여재산의 가액을 포함하여 신고하였어야 함에도 이를 누락하여 상속세신고를 하지 아니하였다는 이유로, 1990년 1월 1일의 개별공시지가(토지)와 과세시가표준액(건물)을 기준으로 하여 상속재산가액을 산정한 후 이에 기하여 원고들에게 상속세와 방위세를 부과하는 이 사건 과세처분을 한 사실 등을 인정한 다음, 상속세법시행령(1990.5.1. 대통령령 제12993호로 개정된 것) 부칙 제2항은 "1990년 12월 31일 이전에 상속이 개시되는 것으로서 신고기간 내에 신고된 것에 대한 평가는 제5조의 개정규정에 불구하고 종전의 규정에 의한다"고 하여 신고된 경우에는 종전의 규정에 따라 배율방법 또는 지방세법상의 과세시가표준액에 의하도록 하고, 신고되지 아니한 경우에는 개정규정에 따라 개별공시지가 등에 의하도록 하고 있어, 미신고라는 결과만을 놓고 보면 이 사건의 경우도 위 개정규정에 따라야 할 것처럼 보이나, <u>원고들이 위 망인이 사망한 날로부터 6월 이내에 피고에게 상속세신고를 하러 갔으나 피고 소속 세무공무원이 과세미달로 신고할 필요가 없다는 말을 하며 그 명세표까지 교부하여 주므로 이를 믿고 신고하지 아니한 것이고, 달리 원고들이 상속세법에 대한 전문지식이 있어 위 증여가액도 상속가액에 포함되</u>

는 줄 알았다거나 중대한 과실로 이를 알지 못하였다고 인정할 만한 자료도 없으므로, 원고들이 상속세신고를 하지 아니한 것에는 정당한 사유가 있다고 할 것이고, 따라서 이 사건의 경우는 납세자에게 불이익하게 법적용을 할 수는 없어 위 경과규정에 따라 종전의 규정을 적용함이 타당하다고 할 것이므로, 이 사건 토지의 가액은 개정 전의 상속세법시행령 제5조 제2항 제1호에 따라 배율방법에 의하여 평가한 가액에 의하여 산정하여야 할 것이라고 판단하였다.

[2] 원심판결이 설시한 증거관계에 비추어 보면, 원심의 사실인정과정에 소론과 같이 심리를 제대로 하지 아니하거나 채증법칙을 위반한 위법이 있다고 볼 수 없으므로, 이 점에 관한 논지는 이유가 없다.

[3] 원심이 원고들이 상속세신고를 하지 아니한 데에는 정당한 사유가 있으므로 납세자에게 불이익하게 법적용을 할 수 없어 위 상속세법시행령 부칙 제2항의 경과규정에 따라 종전의 규정을 적용함이 타당하다고 할 것이라고 판시한 이유가 꼭 적절하다고 볼 수는 없다.

그러나 사실관계가 원심이 확정한 바와 같다면, 과세관청이 납세자인 원고들에게 신뢰의 대상이 될 만한 공적인 견해를 표시하여(피고 소속 공무원이 원고들에게 교부한 위 명세서에는 위 증여의 내용까지 모두 기재되어 있었다) 원고들이 귀책사유가 없이 위와 같은 견해가 정당한 것으로 신뢰하고 그에 따라 상속세법 제20조의 규정에 의한 신고기한 내에 상속재산에 가산되는 증여재산을 신고하지 아니한 것으로 볼 수 있으므로, 피고가 그와 같은 견해에 반하여 원고들이 그 신고기한 내에 신고를 하지 아니하였다는 이유로 위 상속세법시행령 부칙 제2항(평가에 관한 경과조치)에 따라 제5조의 개정규정에 의하여 이 사건 토지의 가액을 평가함으로써 원고들의 이익을 침해하는 것은 신의성실의 원칙상 허용될 수 없다 고 할 것이고, 따라서 이 사건 토지의 평가는 위 상속세법시행령 제5조의 개정규정에도 불구하고 종전의 규정에 따라서 배율방법에 의하여 평가한 가액에 의하여야 할 것이므로, 원심의 판단은 결론이 결과적으로 정당하다고 볼 수 있고, 원심판결에 법리를 오해한 위법이 있다고 비난하는 논지는 받아들일 것이 못 된다.

Ⅱ. 납세자에 대한 적용요건[110]

1. 요건

조세법률주의에 의하여 합법성의 원칙이 강하게 작용하는 조세실체법과 관련한 신의성실의 원칙 적용은 사적 자치의 원칙이 지배하는 사법에서보다는 제약을 받으며 합법성을 희생하여서라도 구체적 신뢰를 보호할 필요성이 있다고 인정되는 경우에 한하여 비로소 적용된다고 하는 것이 판례의 확고한 입장이다.[111]

나아가 조세실체법의 판단에 있어서 납세의무자에게 신의성실의 원칙을 적용하기 위해서는 그 요건으로 ① 객관적으로 모순되는 행태가 존재하고, ② 그 행태가 납세의무자의 심한 배신행위에 기인하였으며, ③ 그에 기하여 야기된 과세관청의 신뢰가 보호받을 가치가 있는 것이어야 할 것을 요구하고 있다.

2. 신의성실의 원칙의 적용기준

납세의무자의 배신행위, 다시 말해서 과세관청에 대한 신뢰의 대상이 되는 행위는 과세관청에 대한 적용요건과는 달리 납세의무자가 세법의 해석·적용에 관한 견해를 표시할 기회가 없으므로 납세의무자에 의한 각종 신고, 증빙자료제출 등 주로 사실행위일 것이다.

그러므로 납세의무자에게 신의성실의 원칙이 적용되는 경우는 세무조사 시 또는 납세신고 시에 고의 또는 과실에 기한 사실은폐·허위신고 등의 배신행위가 있어 납세의무자의 신뢰의 정당성이 부정되는 경우이어야 한다.[112] 특히 세무소송에 있어서 납세의무자가 종전의 신고내용과 모순되는 주장을 하는 것이 신의성실의 원칙상 허용되는지 문제가 된다.

판례는 납세의무자에 대한 신의성실의 원칙 적용의 요건으로 납세의무자의 모순된 언동과 그에 이르게 된 경위, 비난가능성의 정도, 신뢰에 대한 보호가치의 정도 등을 주요 기준으로 제시하고 있다. 그런데 대개의 경우 납세의무자의 언동에 객관적으로 모순적

---

110) 김두형, "납세의무자의 과세관청에 대한 신의성실의 원칙 위배 행위", 『서남법학』 제2권 2호, 2009.12, 1~29면 참조.

111) 대법원 2007.6.28. 선고 2005두2087 판결, 대법원 1999.11.26. 선고 98두17968 판결 등 참조.

112) 만일 납세의무자가 과세대상이 아닌 것에 대하여 스스로 과세대상임을 인정하고 조세를 납부한 관행의 경우에는 조세법률주의에 비추어 법률에 근거 없는 행위이므로 신뢰의 대상이 된다고 볼 수 없을 것이다.

행태가 존재하는 것은 명백한 경우가 많지만 비난가능성의 정도와 관련하여서는 납세의무자의 '주관적 귀책가능성' 또는 '심한 배신행위' 등을 요구하고 있어 그 판단이 어려운 경우가 많다.

종래 대법원은 납세의무자가 전에 그 스스로 한 행위와 모순되는 행위를 하더라도, 과세관청의 진실한 사실관계와는 다른 과세처분으로 인하여 전에 그 스스로 작출한 자기에게 유리한 위법적인 사실상태나 법률상태(진실과 다른 회계처리나 세무신고 등)는 유지할 수 없게 되고 오로지 자기에게 불리한 과세처분만 남아 있게 되자 그 과세처분의 전부 또는 일부를 제거하려고 한 사안에 있어서는 신의성실의 원칙 등의 적용을 불허하였음에 비하여, 과세관청의 진실한 사실관계와는 다른 과세처분이 이루어지자 전에 그 스스로 작출한 자기에게 유리한 위법적인 법률상태(농지개혁법에 저촉되는 무효의 소유권 이전등기)는 유지한 채 자기에게 불리한 과세처분만을 제거하려고 한 사안에 있어서는 그 적용을 허용한 바가 있다. 이는 대법원이 그 주관적 귀책가능성의 정도에 있어서 후자의 사안이 전자의 사안보다 무겁다고 보았기 때문이다.[113]

이와 같은 판례의 입장은 기본적으로 납세의무자의 행위에 대하여 신의성실의 원칙을 적용할 수 있다고 인정하면서도 실제로는 과세관청의 행위에 대한 신의성실의 원칙 적용 범위와 비교하여 볼 때 좁게 보고 있으며, 일반 민사법상 신의성실의 원칙 적용보다는 매우 좁게 보고 있다.

적용범위를 좁게 보는 이유로, ① 납세의무자가 과세관청에 대하여 자기의 과거의 언동에 반하는 행위를 하였을 경우에는 세법상 조세감면 등 혜택의 박탈, 신고불성실·기장불성실·자료불제출가산세 등 가산세에 의한 제재, 각종 세법상의 벌칙 등 불이익처분을 받게 된다는 점, ② 조세법률관계에 있어서 과세관청은 실지조사권을 가지는 등 납세의무자에 대하여 우월적 지위에 있다는 점, ③ 과세처분의 적법성에 대한 입증책임은 원칙적으로 과세관청에 있는 점 등을 고려하고 있다. 따라서 납세의무자에 대한 신의성실의 원칙 적용은 극히 제한적으로 인정하여야 하고, 이를 확대해석하여서는 안 된다는 것이다.

---

113) 대법원 1997.3.20. 선고 95누18383 전원합의체 판결.

3. 판례의 검토

1) 신의성실의 원칙에 반하지 않는다고 한 판례

(1) 부득이한 사정에 의한 회계장부상의 변칙처리(대법원 1986.4.8. 선고, 85누480 판결)

가) 사실관계

원고의 피소송수계인 甲주식회사는 1972년 10월 31일 소외 乙주식회사로부터 관악칸 트리크럽(골프장)의 자산 일체를 매수하면서 그 대금을 1,549,808,000원으로 하되 그 대금지급방법은 위 乙주식회사와 그 계열회사인 소외 丙주식회사가 소외 한일은행, 제일은행, 서울신탁은행으로부터 대출받은 은행채무 금 663,093,540원을 인수하고 나머지 금 886,714,460원만을 지급하기로 하였다. 그런데 그 당시 위 甲주식회사는 설립 중에 있었고(1972.11.4. 설립등기 됨) 소위 8·3조치로 위 채무인수에 따른 채무자 명의변경이 되지 아니하여 잠정적으로 위 채무인수를 매매대금으로 계상하지 아니하였을 뿐만 아니라 그 원리금을 상환하고도 이를 장부에 제대로 기장하지 못하고 대표이사에 대한 가지급금으로 변칙처리하여 오다가 1976사업연도 결산 시 위와 같은 변칙적인 회계처리를 법인의 자산 및 부채계정에 정상적으로 계상하여 1972년부터 1976년까지 위 은행들에 위 인수채무금 변제조로 지급한 원리금 합계 금 374,512,976원을 대표이사로부터 상환받아 은행차입금 반환조로 지출한 양 정리한 다음, 1977년도부터는 매년 위 은행들에 위 인수채무금의 원리금 일부씩을 변제하고 그에 대한 정상적인 회계장부처리를 하여 왔다.

나) 판결의 요지

법인이 자산의 매수에 따른 인수채무의 변제를 회계장부상 대표이사에 대한 가지급금으로 변칙처리하게 된 동기가 당시 그 법인이 설립 중에 있었고, 소위 8·3 조치로 위 채무인수에 따른 채무자 명의변경이 되지 아니하였다는 등의 부득이한 사정이 있었기 때문이었고, 그 행위 상대방이 실지조사권 등 세법상 여러 가지 우월적 지위를 가지고 있는 과세관청이고 보면 진실과 다른 표시행위를 함으로써 과세관청으로 하여금 그 실지거래 내용의 파악을 어렵게 하여 조세권행사에 장애를 초래케 하였다 하여 위와 같은 사정만으로는 이른바 신의성실의 원칙을 위배한 것이라고 할 수 없다.

(2) 쟁송단계에서 명의신탁의 주장(대법원 1993.6.8. 선고, 92누12483 판결)

가) 사실관계

토지가 소외 甲 등 4인으로부터 원고 회사 앞으로 소유권이전등기가 되었다가 다시 위 4인 앞으로 소유권이전등기가 된 것은, 원고가 (구)주식회사 乙의 제염공장을 인수받기 위한 입찰참가자격을 갖출 목적으로 그 소유 명의만을 신탁받았다가 그 후 입찰참가자격이 완화되어 해당 토지를 보유할 필요가 없어졌음에 따라 그 소유명의를 반환하였던 것에 불과한 것이고 실제의 매매거래에 따라 이루어진 것이 아니다. 그럼에도 납세의무자가 회계장부 등의 편의를 위하여 실제 매매거래가 있는 것처럼 법인세 신고를 하였다가 과세관청이 부당행위계산부인규정에 의거하여 신고한 양도가액을 부인하자, 쟁송단계에 이르러 비로소 명의신탁사실을 주장하였다.

나) 판결의 요지

과세처분의 적법성에 대한 입증책임은 과세관청에 있고 조세법률관계에 있어서 과세관청은 실지조사권을 가지는 등 납세의무자에 대하여 우월적 지위에 있다는 점 등을 고려하면 이를 가지고 신의성실의 원칙에 위배된 것이라고 볼 수 없다.

(3) 허위기장한 납세의무자의 필요경비 공제주장(대법원 1993.9.24. 선고, 93누 6232 판결)

가) 사실관계

납세의무자가 고용된 의사 등에게 일정한 금액의 급여를 지급하되 그에 따른 갑종근로소득세도 대신 부담하기로 하여 약정금액을 전부 지급하면서 그로 인한 갑종근로소득세의 부담을 경감시킬 의도로 장부상 급여액을 과소 계상하고 그 재원을 확보하기 위하여 병원 수입금액을 누락신고하였는데, 과세관청은 납세의무자에 대한 종합소득세 과세처분에서 이에 따른 장부상 지출금액 이외의 추가 지출금액이 1988년에 금 223,356,670원, 1989년에 금 275,806,670원에 이르는 사실은 인정된다고 하면서도, 위와 같이 납세의무자가 장부상 지급금액 이외에 추가로 지급한 급여 등은 당해 연도의 총수입금액에 대응하는 필요경비로서 소득금액을 계산함에 있어 공제되어야 함에도 불구하고 이를 공제하지 아니하였다.

나) 판결의 요지

납세의무자가 의사 등의 급여소득에 대한 갑종근로소득세를 대신 부담하기로 하고 그 부담을 덜기 위하여 스스로 그 급여액을 줄여 허위기장하고 그에 따라 원천징수하여야 할 갑종근로소득세를 적게 징수하여 납부하는 일방 그 부담분에 충당하기 위하여 일부 수입금액을 누락하여 기장, 신고하여 오다가 이제 와서 위 실지지급액을 지급하였다고 주장하면서 그 차액을 필요경비로 공제하여 달라고 주장하는 것은 신의성실의 원칙위반 이라고 과세관청은 주장한다.

납세의무자가 장부를 허위 기재하고 원천징수하여야 할 갑종근로소득세를 적게 징수하여 납부하는 등으로 조세권의 행사에 지장을 주었다고 하더라도 과세관청은 납세의무자에 대하여 실지조사권을 가지며 한편 소득금액의 계산에 있어서 당해 연도의 총수입금액에 대응하는 비용의 합계액은 필요경비로서 공제되어야 하므로 과세관청이 납세의무자의 당해 연도의 총수입금액을 실지조사에 의하여 결정함에 있어 당초 신고에서 누락된 수입금액을 발견한 때에도 납세의무자가 그 수입누락분에 대응하는 필요경비의 누락사실을 주장 입증한 경우에는 그 누락된 필요경비를 공제받을 수 있다 할 것이고, 그 수입누락분에 대응하는 필요경비를 공제하지 아니한 부과처분은 위법성을 면할 수 없다고 할 것인바, 원심이 확정한 사실만으로는 납세의무자가 장부상 지급금액 이외에 추가로 지급한 급여 등은 당해 연도의 총수입금액에 대응하는 필요경비로서 소득금액의 계산에 있어 공제되어야 한다는 납세의무자의 주장이 신의성실의 원칙이나 금반언의 원칙에 위배되는 것이라고 볼 수 없다고 판시하고 있다.[114]

(4) 국토이용관리법의 규정을 잠탈하여 증여 원인의 소유권이전등기를 한 자가 무효등 기를 주장(대법원 1997.3.20. 선고 95누18383 전원합의체 판결)

가) 사실관계

납세의무자 甲이 1990년 12월경 소외 乙로부터 토지를 매수하였으나 토지거래허가가 나지 아니하자 1991년 3월 8일 증여를 원인으로 한 소유권이전등기를 마치게 되었다. 즉 甲이 토지거래에 관한 규제를 잠탈하기 위하여 매도자 乙과 사이에 증여증서를 작성하고 이를 원인증서로 하여 소유권이전등기를 하였다. 그 후, 과세관청이 증여세부과처분을 하게 되자 이에 대하여 甲이 토지를 매수 취득한 것이고 증여받은 것은 아니라고 주장하여 다투는 사건이다.

---

114) 이 판결에 대한 평석으로, 이전오, "허위기장한 납세의무자의 필요경비 공제주장과 신의성실의 원칙", 『조세판례백선』, 한국세법학회, 2005, 43~46면.

나) 판결의 요지

실질과세의 원칙하에서는 행위의 외형이 아니라 실질을 따져서 과세함이 원칙인바, 등기원인이 매매라 하여도 실질이 증여이면 증여로 과세하여야 할 것이고 반대의 경우도 마찬가지라 할 수 있는데, 거래당사자가 법령상의 제한 등의 이유로 실질이 따라 등기를 하지 아니하고 실질과 달리 등기를 한 후 소송에서 그 실질이 등기부상의 등기원인과 다른 것이라고 주장한다 하여 이를 모순되는 행태라고 하기는 어렵고, 또 과세관청은 실지조사권을 가지고 있을 뿐 아니라 경우에 따라서 그 실질을 조사하여 과세하여야 할 의무가 있고 그 과세처분의 적법성에 대한 입증책임도 부담하고 있는데 적절한 실지조사권 행사를 하지 아니한 과세관청에 대하여 납세의무자 스스로 등기원인을 달리하여 등기하였음을 사전에 알리지 않고 부과처분이 있은 후 뒤늦게 다툰다는 것만으로 심한 배신행위를 하였다고 할 수도 없고, 과세관청이 등기부상의 등기원인만을 보고 이를 그대로 신뢰하였다 하더라도 이를 보호받을 가치가 있는 신뢰라고 할 수도 없다.

한편 등기를 말소하는 등 문제 된 행위가 있기 이전의 상태로 원상복구하였는지는 배신행위 여부를 판단하는 요건이 될 수 없고, 원상복구 여부가 배신행위 여부를 판단함에 있어 고려할 대상이라 할 수도 없다.

따라서 매매계약을 체결한 후 토지거래 허가가 나지 아니하자 증여를 원인으로 한 소유권이전등기를 하였다면 그 계약은 확정적으로 무효가 되었고 그 소유권이전등기 또한 무효이어서 그에 대한 증여세 납부의무도 없다 할 것이므로, 그 무효 등기의 원상복구 여부와 관계없이 증여세 납부의무를 다툰다 하여 이를 신의성실의 원칙이나 금반언의 원칙에 위반되는 것이라 할 수 없다.

다) 반대의견

이 경우 증여세 납부의무를 다투는 납세의무자의 주장이 신의성실의 원칙에 위반되는 것인지에 대하여 다음과 같이 반대견해가 제시되었다.[115]

"조세법상 납세의무자에 대하여 신의성실의 원칙 등을 적용하기 위한 요건에 모두 해

---

115) 민사판례에서 대법원 1995.11.21. 선고 94다20532 판결, 1995.2.28. 선고 94다51789 판결 등은 국토이용관리법상의 규제지역 내의 토지거래에 대하여 허가를 받도록 한 취지는 규제지역 내의 개인 간의 토지거래가 위 법의 투기거래 방지 목적에 저촉되는지를 관할 관청이 검토한 후 허가하게 하고, 이와 같은 허가 없이는 당사자를 구속하는 계약의 효력 자체가 발생하는 것을 금지하려는 것이므로, 이와 같은 허가를 받지 아니하고 거래한 당사자 스스로가 무효를 주장하는 것이 신의성실의 원칙에 위배되는 권리의 행사라는 이유로 이를 배척한다면 투기거래 계약의 효력발생을 금지하려는 국토이용관리법의 입법 취지를 완전히 몰각시키는 결과가 될 것이어서 특단의 사정이 없는 한 그러한 주장이 신의성실의 원칙에 반한다고는 할 수 없다고 판시한 바 있다.

당하고, 나아가 그 모순의 정도와 주관적 귀책 가능성의 정도 및 신뢰의 보호가치의 정도, 국토이용관리법의 입법 취지 등을 종합적으로 고려하여 볼 때 신의성실의 원칙 등에 위배되는 것이다.

그 이유로서 매매 농지에 관하여 국토이용관리법의 규정을 잠탈하여 증여를 원인으로 소유권이전등기를 경료하였다가 증여세가 부과되자 그 증여세 납부의무를 다투는 경우, 먼저 스스로 증여의 언동을 취하였다가 그 증여의 언동이 진실이 아니라고 주장하고 있는 점에서 객관적으로 모순적인 행태가 존재함이 명백하고, 스스로 강행법규인 국토이용관리법상의 토지거래허가제도를 잠탈하기 위하여 위법적인 법률상태(무효의 소유권이전등기)를 작출하였다고 자인하면서도 자기에게 유리한 위법적인 법률상태는 그대로 유지한 채 자기에게 불리한 과세처분만을 제거하려고 한다는 점에서, 즉 전에 스스로 한 행위와 모순되는 행위를 하면서 자기에게 유리한 법적 지위만을 악용하려고 한다는 점에서 그 주관적 귀책가능성이 극히 무겁다고 할 것이며, 또한 토지를 매수하고도 그 거래 상대방과 통모하여 증여를 원인으로 한 등기를 경료한 사안에 있어서 그 등기부상 등기원인을 신뢰한 과세관청은 선의의 제3자에 해당한다고 할 것인바, 등기의 적법추정의 법리에 비추어 보아 이는 우리 법체계상 보호받을 가치가 있는 신뢰라 할 수 있으며, 나아가 다수의견을 취한다면 오히려 국토이용관리법 잠탈행위를 용인하게 되어 투기거래를 방지하고자 하는 국토이용관리법의 입법 취지를 몰각시키고 토지거래허가를 적법하게 받은 경우보다 오히려 유리하게 되는 불합리한 결과가 초래된다."

토지거래 허가구역 내의 토지에 관하여 거래가 있다고 하더라도 토지거래 허가가 없으면 원칙적으로 유동적 무효이고, 이 상태에서는 양도소득세를 부과할 수 없다는 것이 판례의 입장이다. 이러한 민사법상의 법률이론을 조세법에도 그대로 적용한 것이 이 판결이다. 종래 대법원은 민사법의 해석에서 토지거래허가를 받지 아니하고 거래한 당사자가 스스로 무효를 주장하는 것이 신의성실의 원칙에 위배되는 권리행사라는 이유로 이를 배척한다면 투기거래 계약의 효력 발생을 금지하려는 입법취지를 완전히 몰각시키는 결과가 될 것이라고 하였는데 이를 조세법에도 그대로 적용하고 있는 것이다.[116]

(5) 허위주소 기재 후 관할위반 주장(대법원 1999.11.26. 선고 98두17968 판결)
가) 사실관계
상속세 신고 시 피상속인의 주소를 실제 주소지와 다르게 기재한 납세의무자가 상속세

---

116) 김현석, "토지거래허가와 과세문제", 『조세법연구 X – 2』, 한국세법연구회, 2004, 300면.

부과처분이 있은 후 그 부과처분의 관할위반을 다투는 것이 신의성실의 원칙에 위반되는지

나) 판결의 요지

상속세 신고를 받았으나 관할이 없는 세무서장으로서는 그 관할을 조사하여 그에 따른 조치를 취하여야 하는 점에 비추어 보면, 그와 같은 조사의무를 다하지 아니한 과세관청에 대하여 상속세 신고 시 피상속인의 주소지를 실제 주소지와 다르게 기재한 납세의무자가 상속세부과처분이 있은 후에 그 부과처분의 관할위반을 뒤늦게 다툰다는 것만으로 심한 배신행위를 하였다고 할 수 없을뿐더러, 과세관청이 주민등록표등본 등에 의하여 피상속인의 주소지를 확인하여 보지도 아니한 채 납세의무자의 신고에만 의지하여 관할이 있는 것으로 믿었다 하여 그 관할에 관한 신뢰가 보호받을 가치가 있는 신뢰라고 할 수도 없다.

(6) 명의신탁의 주장(대법원 2007.6.28. 선고 2005두2087 판결)

가) 사실관계

해당 부동산의 일부 임차상인들이 해당 부동산을 매수하였음에도 일정 비율의 영업용 자기재산을 소유하는 법인이 아니면 시장을 개설할 수 없었던 법령상의 제한 때문에 부득이 원고 명의로 소유권이전등기를 한 것이고, 부동산에 대한 점유·처분 등이 원고와 관계없이 상인들에 의하여 임의로 이루어졌으며, 주주·임원단기차입금으로 회계처리된 부동산 취득자금에 대하여 중간에 상인들에게 이자를 지급하거나 원금을 상환한 적이 없고, 해당 부동산에 대한 감가상각비를 계상한 적이 없다.

나) 판결의 요지

해당 부동산은 상인들의 실질적 공유로서 상설시장개설을 위해 불가피하게 그 각 지분에 관한 소유명의만을 시장관리법인에 불과한 원고에게 명의신탁한 것이므로, 부동산이 원고 소유의 부동산임을 전제로 한 처분은 위법하다고 판단한 것은 정당하다.

원고가 해당 부동산의 소유명의만을 자신에게 등기해 놓고 법인세 및 부가가치세를 신고납부하여 오다가 동 부동산을 처분한 후 그 처분이익 등에 대하여 법인세가 부과되자 쟁송단계에 이르러 비로소 명의신탁 사실을 주장하였다는 사정만으로는 이를 신의성실의 원칙이나 조세정의에 어긋나는 것이라고 보기 어렵다고 판단한 것은 정당한 것으로 수긍이 가고, 거기에 상고이유에서 주장하는 바와 같은 신의성실의 원칙에 관한 법리오해 등

의 위법이 있다고 할 수 없다.

(7) 분식결산 후 경정청구(대법원 2006.1.26. 선고 2005두6300 판결)

납세의무자가 자산을 과대계상하거나 부채를 과소계상하는 등의 방법으로 분식결산을 하고 이에 따라 과다하게 법인세를 신고납부하였다가 그 과다납부한 세액에 대하여 취소소송을 제기하여 다투는 경우, 납세의무자에게 신의성실의 원칙을 적용할 수 없다고 하였다. 이 판례는 그 후 대법원의 일관된 입장이다.

가) 사실관계

원고는 1999년 8월 26일 대우계열 12개사 채권금융기관협의회에서 기업개선작업(워크아웃) 기업으로 지정되었는데, 기업개선작업 과정에서 실시된 회계감사 결과 분식결산사실이 처음으로 지적되었다.

증권선물위원회는 1999년 12월경부터 2000년 6월경까지 실지조사 등을 통하여 원고의 재무제표를 감리한 후 2000년 9월 18일 1997사업연도에 비용 375,304,060,266원을, 1998사업연도에 비용 285,030,964,987원을, 1996사업연도까지의 누적된 비용 1,336, 324,045,466원을 각각 과소계상하여 1998년 12월 31일 기준으로 총 1,996,659,070,719원의 비용이 분식결산되었다는 내용의 이행보고서를 작성한 다음 이를 금융감독원에 제출하였다.

그 후 위 이행보고서 내용을 기초로 하여 원고의 대표이사이던 소외인 등 분식회계 관련자들은 주식회사의 외부감사에 관한 법률 및 특정경제가중처벌 등에 관한 법률 위반사건으로 기소되어 유죄판결을 각 선고받았다.

원고는 1996년도부터 1998년도까지 당초 법인세 신고 당시 자산을 과대계상하거나 부채를 과소계상하는 등의 방법으로 분식결산을 하여 왔는데, 증권선물위원회의 원고에 대한 재무제표 감리 결과 과소계상 된 비용으로 확인된 금액이 1996사업연도에는 391,800,000,000원, 1997사업연도에는 375,304,000,000원, 1998사업연도에는 285,000,000,000원에 달하고 있다.

원고는 실질과세의 원칙상 위 분식금액도 해당 사업연도 법인세 과세표준 산정 시 반영되어야 함에도 불구하고, 이 사건 각 부과처분에는 위와 같이 과소계상된 비용을 손금산입하지 아니한 위법이 있다고 주장한다.

나) 판결의 요지

조세법률주의에 의하여 합법성이 강하게 작용하는 조세 실체법에 대한 신의성실의 원칙 적용은 합법성을 희생하여서라도 구체적 신뢰보호의 필요성이 인정되는 경우에 한하여 허용된다고 할 것이고, 과세관청은 실지조사권을 가지고 있을 뿐만 아니라 경우에 따라서 그 실질을 조사하여 과세하여야 할 의무가 있으며, 과세처분의 적법성에 대한 입증책임도 부담하고 있는 점 등에 비추어 보면, 납세의무자가 자산을 과대계상하거나 부채를 과소계 상하는 등의 방법으로 분식결산을 하고 이에 따라 과다하게 법인세를 신고납부하였다가 그 과다납부한 세액에 대하여 취소소송을 제기하여 다툰다는 사정만으로 신의성실의 원칙 에 위반될 정도로 심한 배신행위를 하였다고 볼 수는 없는 것이고, 과세관청이 분식결산 에 따른 법인세 신고를 그대로 믿고 과세하였다고 하더라도 이를 보호받을 가치가 있는 신뢰라고 할 수도 없다. 그러므로 위 납세의무자에게 신의성실의 원칙을 적용할 수 없다.

2) 신의성실의 원칙에 반한다고 본 판례

(1) 자경의사로 농지소유 후 원인무효등기 주장(대법원 1990.7.24. 선고 89누8224 판결)
가) 사실관계

농지의 명의수탁자가 적극적으로 농가이거나 자경의사가 있는 것처럼 하여 소재지관서 의 증명을 받아 그 명의로 소유권이전등기를 마치고 그 농지에 관한 소유자로 행세하면 서, 한편으로 증여세 등의 부과를 면하기 위하여 농가도 아니고 자경의사도 없었음을 들 어 농지개혁법에 저촉되기 때문에 그 등기가 무효라고 주장한 사건이다.

나) 판결의 요지

전에 스스로 한 행위와 모순되는 행위를 하는 것으로 자기에게 유리한 법지위를 악용 하려 함에 지나지 아니하므로 이는 신의성실의 원칙이나 반금언의 원칙에 위배되는 행위 로서 법률상 용납될 수 없다.

무릇 농지에 대해서는 자경 또는 자영의 의사가 없는 한 농지에 대한 소유권을 취득할 수 없고, 자경 또는 자영의 의사 없이 소유권이전등기만을 경유하는 경우에 그 소유권이 전등기는 원인무효라 할 것이며, 부동산의 실질소유자가 아닌 제3자 명의로 된 등기가 원인무효인 경우에는 그 원인무효의 등기만에 의하여 실질소유자가 그 명의자에게 증여 한 것으로 보는 상속세법 제32조의 2 제1항의 규정은 적용할 수 없는 것이지만 이 사건 에서와 같이 원고 스스로 적극적으로 농가이거나 자경의사가 있는 것처럼 하여 소재지관 서의 증명을 받아 그 명의로 소유권이전등기를 마치고 이 사건 토지들에 관한 소유자로 행사하면서 이제 와서 한편으로 증여세 등의 부과를 면하기 위하여 농가도 아니고 자경의사도 없었음을 들어 농지개혁법에 저촉되기 때문에 그 등기가 무효라고 주장함은 전에 스스로 한 행위와 모순되는 행위를 하는 것으로 자기에게 유리한 법지위를 악용하려 함에 지나지 아니하므로 이는 신의성실의 원칙이나 금반언의 원칙에 위배되는 행위로서 법률상 용납될 수 없다.

(2) 명의신탁 주장(대법원 2009.4.23. 선고 2006두14865 판결)

가) 사실관계

소외1 회사의 최대주주 겸 대표이사로서 소외2 회사 등을 사실상 지배하여 온 소외3은 소외1 회사 등에 대하여 1998년 8월경 화의절차개시결정이 이루어지자, 강제집행을 면할 목적으로 2001년 11월 처남인 납세의무자 甲에게 소외1 회사 등 소유의 이 사건 부동산을 명의신탁하였다. 그리하여 이 사건 제1항 내지 제15항 기재 부동산에 관해서는 1993년부터 1996년까지 사이에 소외2 주식회사 명의로 각 소유권이전등기가 경료되었다가 2001년 11월 15일 甲 명의로 소유권이전등기가 경료되었고, 제16항 기재 부동산에 관해서는 1993년경 소외1 주식회사 명의로 소유권이전등기가 경료되었다가 역시 2001년 11월 15일 甲 명의로 소유권이전등기가 경료되었다.

甲은 2001년 10월 5일 과세관청에 대하여 상호를 乙실업으로 하고 사업장 소재지를 이 사건 부동산 중의 하나인 아산시 음봉면으로 하며 사업개시일을 2001년 9월 17일부터로 하여 부동산 임대업 및 조명기기 제조업을 영위하겠다면서 사업자등록을 하였다.

그런데 과세관청은 甲이 2004년 제1기 귀속분 부가가치세로 9,300,000원을 확정신고하고서도 이를 납부기한까지 납부하지 아니하자, 2004년 9월 6일 甲에 대하여 미납부된 위 9,300,000원과 그에 대한 납부불성실 가산세 117,180원 등 합계 9,417,180원을 납부할 것을 고지하였다.

그 후 과세관청은, 甲이 2004년 9월 22일 부동산 임대업을 자진폐업 신고함에 따라, 다시 甲에 대하여 2004년 10월 1일, 2004년 제2기 귀속분 부가가치세 9,300,000원을 부과함과 아울러, 같은 해 12월 10일에는 부가가치세법 제6조 제4항에 의하여 폐업 시 잔존재화인 이 사건 각 부동산의 감가상각된 시가만큼을 甲 자신에게 공급한 것으로 보고 그 공급가액에 대한 부가가치세 101,685,268원 및 그에 대한 신고불성실 가산세와 납부불성실 가산세 등을 2004년 제2기 귀속분 부가가치세로 각각 부과하였다.

나) 판결의 요지

위 인정 사실에 나타난 甲의 모순된 언동과 그에 이르게 된 경위 및 비난가능성의 정도, 이 사건 2004년 제2기 부가가치세 과세표준의 성격과 피고의 신뢰에 대한 보호가치의 정도, 부가가치세 등과 같이 원칙적으로 납세의무자가 스스로 과세표준과 세액을 정하여 신고하는 신고납세방식의 조세에 있어서 과세관청의 조사권은 이차적·보충적인 점 등을 앞서 본 법리에 비추어 보면, 甲이 명의신탁 받은 이 사건 부동산을 그 신탁자 등에게 임대한 것처럼 가장하여 사업자등록을 마치고 그중 건물 등의 취득가액에 대한 매입세액까지 환급받은 다음 폐업 시의 잔존재화 자가공급 의제규정에 따른 과세관청의 이 사건 2004년 제2기 부가가치세 부과처분 등이 있은 후에야 비로소 이 사건 부동산은 명의신탁된 것이므로 그 임대차계약은 통정허위표시로서 무효라고 주장하는 것은 신의성실의 원칙에 위배된다고 봄이 상당하다.

(3) 금지금 수출업자의 매입세액공제·환급주장(대법원 2011.1.20. 선고 2009두 13474 전원합의체 판결)

가) 사실관계

금지금 수출업자인 원고는 2004.2.12. 금괴 등의 제조·도소매업을 목적으로 하여 설립된 회사로서 자본금이 1억 원에 불과하며 그 대표이사인 소외 2는 종전에 금지금업이나 무역업에 종사한 경험이 전혀 없다. 그럼에도 원고는 설립 첫해에 수십 차례에 걸쳐 거액의 이 사건 금지금을 매입하여 같은 날 또는 짧은 기일 내에 그대로 또는 금목걸이 형태로 가공하여 대부분 수출하였다. 원고의 전 단계 거래자인 소외 주식회사 등의 악의적 사업자들은 오로지 매출세액을 포탈하여 이를 이윤으로 삼을 의도하에 면세로 공급된 수입 금지금을 매입하여 의도적으로 면세추천을 받지 아니한 과세사업자들에게 저가로 공급하면서 그 매출세액을 국가에 납부하지 아니하고 폐업하였다. 원고에 의한 금지금의 매입거래와 수출거래는 모두 금지금의 시세에 못 미치는 가격으로 이루어졌다. 원고는 2004년 제1기분 및 제2기분 부가가치세를 신고하면서 이 사건 금지금 중 수출된 부분에 관하여 영세율 적용을 이유로 그 매입세액의 공제·환급을 구하였으나 과세관청은 2005.10.4. 이를 거부하는 취지에서 환급신청에 대한 거부처분과 기환급액의 회수를 위한 부가가치세 부과처분 등의 각 처분을 하였다.

나) 판결의 요지

구 부가가치세법 제15조, 제17조 제1항에서 채택하고 있는 이른바 전 단계 세액공제 제도의 구조에서는 각 거래단계에서 징수되는 매출세액이 그에 대응하는 매입세액의 공제·환급을 위한 재원이 되므로, 그 매출세액이 제대로 국가에 납부되지 않으면 부가가치세의 체제를 유지하는 것이 불가능하게 된다. 따라서 만일 연속되는 일련의 거래에서 어느 한 단계의 악의적 사업자가 당초부터 부가가치세를 포탈하려고 마음먹고, 오로지 부가가치세를 포탈하는 방법에 의해서만 이익이 창출되고 이를 포탈하지 않으면 오히려 손해만 보는 비정상적인 거래(부정거래)를 시도하여 그가 징수한 부가가치세를 납부하지 않는 경우, 그 후에 이어지는 거래단계에 수출업자와 같이 영세율 적용으로 매출세액의 부담 없이 매입세액을 공제·환급받을 수 있는 사업자가 있다면 국가는 부득이 다른 조세수입을 재원으로 삼아 그 환급 등을 실시할 수밖에 없는바, 이러한 결과는 소극적인 조세수입의 공백을 넘어 적극적인 국고의 유출에 해당되는 것이어서 부가가치세 제도 자체의 훼손을 넘어 그 부담이 일반 국민에게 전가됨으로써 전반적인 조세체계에까지 심각한 폐해가 미치게 된다. 수출업자가 그 전 단계에 부정거래가 있었음을 알면서도 아랑곳 없이 그 기회를 틈타 자신의 이익을 도모하고자 거래에 나섰고, 또한 그의 거래 이익도 결국 앞서의 부정거래로부터 연유하는 것이며 나아가 그의 거래 참여가 부정거래의 판로를 확보해 줌으로써 궁극적으로 부정거래를 가능하게 한 결정적인 요인이 되었다면, 이는 그 전제가 되는 매입세액 공제·환급제도를 악용하여 부당한 이득을 추구하는 행위이므로, 그러한 수출업자에게까지 다른 조세수입을 재원으로 삼아 매입세액을 공제·환급해 주는 것은 부정거래로부터 연유하는 이익을 국고에 의하여 보장해 주는 격이 됨은 물론 위에서 본 바와 같은 전반적인 조세체계에 미치는 심각한 폐해를 막을 수도 없다. 따라서 이러한 경우의 수출업자가 매입세액의 공제·환급을 구하는 것은 보편적인 정의관과 윤리관에 비추어 도저히 용납될 수 없으므로, 이는 구 국세기본법 제15조에서 정한 신의성실의 원칙에 반하는 것으로서 허용될 수 없다. 이러한 법리는 공평의 관점과 결과의 중대성 및 보편적 정의감에 비추어 수출업자가 중대한 과실로 인하여 그와 같은 부정거래가 있었음을 알지 못한 경우, 곧 악의적 사업자와의 관계로 보아 수출업자가 조금만 주의를 기울였다면 이를 충분히 알 수 있었음에도, 거의 고의에 가까운 정도로 주의의무를 현저히 위반하여 이를 알지 못한 경우에도 마찬가지로 적용된다고 보아야 하고, 그 수출업자와 부정거래를 한 악의적 사업자 사이에 구체적인 공모 또는 공범관계가 있는 경우로 한정할 것은 아니다.

Ⅲ. 세법의 해석 또는 국세행정의 관행에 따른 신뢰보호의 적용요건

세무행정청이 과세대상으로 파악하였는데 어떤 공익상의 이유로 과세를 하지 않았든지 조세법규를 오해하여 과세대상이 되지 않는다고 파악하였기 때문이든지 일정한 사안에 대하여 과세하지 아니하는 사실상태가 장기간 계속되어 일반 납세자의 입장에서 볼 때 앞으로는 과세되지 아니할 것으로 신뢰가 형성되는 경우 이를 비과세관행이라고 말한다. 그런데 비과세관행이 당초 잘못되었다 할지라도 이를 신뢰하고 그에 터 잡아 경제활동을 수행한 일반납세자의 신뢰는 보호해 주지 않으면 안 된다.

세법은 국세기본법 제18조 제3항에서 비과세관행이 성립된 후에는 소급하여 과세할 수 없다고 규정하고 있고, 소급과세금지원칙의 적용요건으로서는 신의성실의 원칙에 관한 일반적 요건 외에 특별요건으로서 다음과 같은 것이 요구된다. ① 과세관청의 언동인 세법의 해석 또는 국세행정의 관행이 일반적으로 납세자에게 받아들여져야 하고 ② 과세관청이 그 해석 또는 관행에 반하여 새로운 해석 또는 관행에 의하여 소급적으로 적법한 과세처분을 하여야 한다.

여기서 세법의 해석 또는 국세행정의 관행이 일반적으로 납세자에게 받아들여진 것이라 함은 특정 납세자가 아닌 불특정한 일반 납세자들에게 그와 같은 해석 또는 관행이 이의 없이 받아들여지고 납세자가 그 해석 또는 관행을 신뢰하는 것이 무리가 아니라고 인정될 정도에 이른 것을 말한다. ☞〈**참고판례 27**〉

그런데 이 규정의 적용범위를 좁게 해석하여 비과세 관행으로 제한하지 않고, 세무행정청의 과세요건규정, 비과세 요건규정, 감면세 요건규정 및 과세요건사실의 인정에 관한 과거의 해석 또는 관행에 반한 행위로 납세자에게 조세부담을 증가시키는 경우까지 적용하는 것으로 넓게 해석하는 것이 통설적 견해이다. 또한 이 규정은 납세자의 신뢰를 보호하려는 규정이므로 세무행정청의 계속 되풀이된 위법한 과세처분이나 세법의 해석을 국세행정의 관행으로 보아 이를 적법한 것으로 볼 수는 없다.

대법원의 확립된 판례에 의하면 비과세관행은 단순히 과세누락이 있었다는 것만으로는 성립될 수 없는 것이고, ① 상당한 기간에 걸쳐 과세를 하지 아니한 객관적 사실이 존재할 뿐만 아니라 ② 과세관청 자신이 그 사항에 관하여 세금을 부과할 수 있음을 알면서도 어떤 특별한 사정 때문에 과세하지 않는다는 의사가 있어야 하며 ③ 공적 견해나 의사는 묵시적으로 표시될 수도 있지만 묵시적 표시가 있다고 하기 위해서는 단순한 과세누락과는 달리 과세관청이 상당기간의 비과세상태에 대하여 과세하지 않겠다는 의사표시

를 한 것으로 볼 수 있는 사정이 있어야 한다.117) ☞ 〈**참고판례 28**〉

　　최근 판례는 위와 같이 비과세관행 인정 여부에 관하여 다소 엄격하게 보아 온 태도와 달리 부가가치세 영세율 적용대상의 판정과 사업소세 과세 여부의 판정에 있어서 이례적으로 비과세관행의 성립을 긍정하고 있어 주목할 만하다.118)

〈참고판례 27〉

　　대법원 2010.9.9. 선고 2009두23419 판결【양도소득세부과처분취소】

　　【판시사항】

　　[1] 구 국세기본법 제18조 제3항이 정하고 있는 비과세의 관행의 의미 및 성립요건

　　[2] 구 조세특례제한법 제99조의 3 제1항 제1호에서 정한 '고급주택'에 커튼월(Curtain Wall) 공법으로 시공된 발코니 부분의 면적이 전용면적에 포함되는지(소극)

　　[3] 주택건설사업자로부터 전용면적이 165㎡에 약간 모자라는 주상복합건축물인 주택을 매수하여 타인에게 양도하면서 과세관청에 양도소득세 감면신청을 한 사안에서, 발코니 부분의 면적은 공동주택의 전용면적에 포함시키지 않는다는 의사를 대외에 묵시적으로 표시한 과세관행이 성립된 것으로 보아, 발코니 부분의 면적을 전용면적에 포함시켜 과세한 양도소득세부과처분은 납세자에게 받아들여진 국세행정의 관행에 반하는 것으로서 위법하다고 본 원심판단은 정당한 것으로 수긍할 수 있다고 한 사례

　　【이유】

　　상고이유를 본다.

　　구 조세특례제한법(2002.12.11. 법률 제6762호로 개정되기 전의 것) 제99조의 3 제1항 제1호는 "신축주택취득기간 내에 주택건설업자와 최초로 매매계약을 체결하고 계약금을 납부한 자가 주택건설사업자로부터 취득하는 신축주택을 그 취득한 날로부터 5년 이내에 양도함으로써 발생하는 소득에 대해서는 양도소득세의 100분의 100에 상당하는 세액을 감면하되, 그 신축주택이 소득세법 제89조 제3호의 규정에 의하여 양도소득세의 비

---

117) 대법원 1993.2.23. 선고 92누12919 판결 등.
118) 대법원 2010.4.15. 선고 2007두19294 판결, 대법원 2009.12.24 선고 2008두15350 판결.

과세대상에서 제외되는 고급주택에 해당하는 경우에는 그러하지 아니하다"고 규정하고, 구 소득세법(2002.12.18. 법률 제6781호로 개정되기 전의 것) 제89조 제3호는 비과세양도소득의 하나로 '대통령령이 정하는 일세대 일주택(거주용 건물의 연면적·가액 및 시설 등이 대통령령이 정하는 기준을 초과하는 고급주택을 제외한다)과 이에 부수되는 토지의 양도로 인하여 발생하는 소득'을 규정하고 있으며, 구 소득세법 시행령(2002.10.1. 대통령령 제17751호로 개정되기 전의 것) 제156조 제2호는 '공동주택으로서 주택의 전용면적(주거전용으로 사용되는 지하실 부분의 면적을 포함한다)이 165㎡ 이상이고 그 양도 당시의 실거래가액이 6억 원을 초과하는 것'을 비과세양도소득의 대상에서 제외되는 고급주택으로 규정하고 있다.

한편, 구 국세기본법(2010.1.1. 법률 제9911호로 개정되기 전의 것) 제18조 제3항이 규정하고 있는 비과세의 관행이란 비록 잘못된 해석 또는 관행이라도 특정납세자가 아닌 불특정한 일반납세자에게 정당한 것으로 이의 없이 받아들여져 납세자가 그와 같은 해석 또는 관행을 신뢰하는 것이 무리가 아니라고 인정될 정도에 이른 것을 말하고(대법원 2010.4.15. 선고 2007두19294 판결 등 참조), 조세법률관계에서 과세관청의 행위에 대하여 비과세의 관행이 성립되었다고 하려면 장기간에 걸쳐 어떤 사항에 대하여 과세하지 아니하였다는 객관적 사실이 존재할 뿐만 아니라, 과세관청 자신이 그 사항에 대하여 과세할 수 있음을 알면서도 어떤 특별한 사정에 의하여 과세하지 않는다는 의사가 있고, 이와 같은 의사가 대외적으로 명시적 또는 묵시적으로 표시될 것임을 요하는데(대법원 2003.9.5. 선고 2001두7855 판결 등 참조), 위와 같은 공적 견해의 표시는 비과세의 사실상태가 장기간에 걸쳐 계속되는 경우에 그것이 그 사항에 대하여 과세의 대상으로 삼지 아니하는 뜻의 과세관청의 묵시적인 의향의 표시로 볼 수 있는 경우 등에도 이를 인정할 수 있다(대법원 2009.12.24. 선고 2008두15350 판결 등 참조).

원심판결 이유에 의하면, 원심은 그 채용 증거들을 종합하여 공동주택에 1958년경부터 설치되기 시작한 발코니는 초기에는 건물 외벽 밖으로 돌출되고 외부에 개방되어 있었으나, 공동주택이 널리 확산·보급되면서부터 주거를 위한 공간으로 자리 잡고 그 크기도 확대됨에 따라 발코니 좌우측 또는 그 중간에도 본체와 일체로 기둥 겸 내력벽 역할을 하는 철근콘크리트 벽체를 설치하는 한편 그 외곽으로 상당한 높이의 철근콘크리트 또는 조적 벽체를 세우고 창호를 설치하는 것이 일반화됨으로써 본체와 유사한 내부공간으로 변모되어 온 사실, 이와 같이 공동주택의 발코니가 초기와는 달리 본체와 유사한 내부공간이 되어 더 이상 건축법령상 건축물 외부에 노출된 바닥형태의 구조물을 의미하는 '노대'의 범주에 포섭될 수 없게 되었으므로 건축법령상 바닥면적에서 제외될 수 없게 되었음에도 건축 관련 행정청은 공동주택의 건축에 관하여 구 주택건설촉진법(2003.5.29. 법률 제6916호 주택법으로 전부 개정되기 전의 것)에 의한 사업계획승인이나 건축법에 의한 인·허가를 발코니 부분의 면적이 제외된 바닥면적으로 산정한 전용면적 및 연면적을 기준으로 결정하여 온 사실, 서울특별시는 원고가 이 사건 주택을 취득한 이후에야 비로소 이 사건 주택과 같이 '커튼월(Curtain Wall) 공법'으로 시공된 21층 이상 주상복합건축물의 경우 발코니 부분의 면적을 바닥면적에 포함하는 내용의 건축심의위원회 심의기준을 만들었고, 건설교통부도 한때 같은 내용의 기준을 마련하여 법제화하려 하였으나 일반 아파트 등과의 형평성 문제로 백지화한 사실, 한편 집합건물의 소유 및 관리에 관한 법률은 집합건축물대장에 구분소유권의 목적인 전유 부분의 면적을 등록하도록 규정하고 있고 내부공간인 발코니는 전유 부분에 해당함에도, 그동안 전국의 집합건축물대장상 전유 부분의 면적란에는 발코니 부분의 면적이 제외된 바닥면적으로 산정한 전용면적이 등재되어 왔고 부동산등기부상 '전유 부분의 건물의 표시'란에도 마찬가지로 전용면적이 등재되어 온 사실, 이에 과세관청도 조세를 부과함에 있어서 전용면적이 기준이 되는 경우에 공부상 등재된 전유 부분의 면적을 과세자료로 삼아 왔고, 일반 국민들 사이에서도 공동주택을 거래함에 있어서나 조세와 관련한 각종 신고를 함에 있어 발코니 부분의 면적이 제외된 전용면적을 기준으로 하여 온 사실, 삼성중공업 주식회사는 이 사건 주택을 공급하면서 이러한 관행을 신뢰하여 전용면적(발코니 면적 제외)을 당시 법령상의 고급주택 면적기준인 165㎡에 약간 모자라는 164.99㎡로 건축하였고, 원고도 이러한 관행을 신뢰하여 이 사건 주택을 매수한 사실, 그런데 피고는 주상복합건축물인 이 사건 주택의 경우 '커튼월 공법'이라는 시공 공법의 특성상 건물 외벽 바깥에 발코니가 설치된 일반 아파트와는 달리 건물 외벽 내부에 발코니가 존재하여 이 사건 발코니 부분의 면적 35.68㎡를 전용면적에 포함시켜야 하고, 이 경우 감면요건인 전용면적 165㎡를 초과하게 된다는 이유로 원고의 감면신청을 배제한 채 2006년 9월 1일 원고에게 2003년 귀속 양도소득세 341,764,020원(본세 274,156,930원 + 납부불성실가산세 67,607,090원)을 결정고지한 사실, 이에 원고가 불복하여 조세심판원에 심판청구를 하자 조세심판원은 이 사건 주택이 감면요건에 해당하지 않아 위 부가처분 중 본세 부분은 적법하지만 원고에게 양도소득세 감면대상으로 신고할 수밖에 없었던 정당한 사유가 있었다고 보아 납부불성실가산세를 부과한 부분은 잘못이라는 이유로 위 납부불성실가산세를 부과하지 않는 것으로 경정하고 원고의 나머지 청구를 기각하는 결정을 한 사실 등을 인정한 다음, 사정이 이러하다면 과세관청이 오랜 기간 동안 고급주택 등의 기준이 되는 공동주택의 전용면적을 산정함에 있어 발코니 부분의 면적을 제외함으로써 과세행정에 있어서 발코니 부분의 면적은 공동주택의 전용면적에 포함시키지 않는다는 의사를 대외에 묵시적으로 표시한 것으로 볼 수 있고, 원고뿐만 아니라 일반 납세자에게도 과세행정에서 공동주택의 전용면적을 산정함에 있어 발코니 부분의 면적을 제외하는 것이 정당한 것으로 이의 없이 받아들여져 납세자가 그와 같은 관행을 신뢰하는 것이 무리가 아니라고 인정될 정도에 이르렀다고 할 수 있으므로 공동주택의 전용면적을 산정함에 있어 발코니 부분의 면적을 제외하는 과세관행이 성립되었다고 판단하였다.

나아가 원심은 이 사건 주택과 같이 '커튼월 공법'에 의하여 시공된 주상복합건축물의 발코니는 일반 아파트의 발코니와는 그 규율하는 법령이 서로 다를 뿐만 아니라 구조적으로 개방성을 상실하여 달리 보아야 한다는 피고의 주장에 대하여, 일반적으로 아파트는 구 주택건설촉진법이나 현행 주택법의 적용을 받고 주상복합건축물은 건축법의 적용을 받으나 모두 주거를 목적으로 한다는 점에서 차이가 없고, 일반 아파트의 발코니도 본체와 같은 구조에 외부 벽체와 창호까지 설치된 경우에는 건축법령상 노대에 포섭되기 어려울 뿐만 아니라 주상복합건축물의 발코니와 그 구조나 기능에 있어서도 다를 바 없으며, 또한 일반 아파트에 있어서 발코니의 외부 벽체 및 창호와 주상복합건축물에 있어서 '커튼월 공법'으로 시공된 외벽 사이에 질적 차이가 있다고 보기 어렵다는 이유로, 주상복합건축물의 경우를 일반 아파트와 달리 취급하여 발코니 부분의 면적을 전용면적에 포함시켜 과세한 이 사건 부과처분은 납세자에게 받아들여진 국세행정의 관행에 반하는 것으로서 위법하다고 판단하였다.

앞서 본 법리와 기록에 비추어 살펴보면, 원심의 위와 같은 사실인정과 판단은 모두 정당한 것으로 수긍할 수 있고, 거기에 피고가 상고이유에서 주장하는 바와 같은 전용면적 및 비과세관행 등에 관한 법리오해나 자유심증주의의 한계를 벗어난 채증법칙 위배 등의 위법이 없다.

〈참고판례 28〉

서울고법 1995.9.15. 선고 94구31541 판결: 확정【부가가치세부과처분취소】

【판시사항】

세무서에서 면세사업자용 사업자등록증을 교부받아 부가가치세를 면세받은 사실이 국세기본법 제18조 제3항 소정의 비과세 관행인지(소극)

【판결요지】

일반적으로 조세법률관계에서 과세관청의 행위에 대하여 신의성실의 원칙이 적용되기 위해서는 과세관청이 납세자에게 신뢰의 대상이 되는 공적인 견해표명을 하여야 하고, 또한 국세기본법 제18조 제3항에서 말하는 비과세관행이 성립하려면 상당한 기간에 걸쳐 과세를 하지 아니한 객관적 사실이 존재할 뿐만 아니라, 과세관청 자신이 그 사항에 관하여 과세할 수 있음을 알면서도 어떤 특별한 사정 때문에 과세하지 않는다는 의사가 있어야 하며, 그와 같은 공적 견해나 의사는 명시적 또는 묵시적으로 표시되어야 하지만 묵시적 표시가 있다고 하기 위해서는 단순한 과세누락과는 달리 과세관청이 상당기간의 비과세 상태에 대하여 과세하지 않겠다는 의사표시를 한 것으로 볼 수 있는 사정이 있어야 할 것인데, 부가가치세법상의 사업자등록은 과세관청으로 하여금 부가가치세의 납세의무자를 파악하고 그 과세자료를 확보케 하려는 데 입법취지가 있으므로 이는 단순히 사업사실의 신고로서 사업자가 소관 세무서장에게 소정의 사업자등록 신청서를 제출함으로써 성립되는 것이고 사업자등록증의 교부는 이와 같은 등록사실을 증명하는 증서의 교부행위에 불과한 것이며, 사업자등록증에 대한 검열 역시 과세관청이 등록된 사업을 계속하고 있는 사업자의 신고사실을 증명하는 사실행위에 지나지 않으므로, 비록 세무서에서 면세사업자용 사업자등록증을 교부받아 부가가치세를 과세받지 않은 사실이 있다고 하여도 이 사실만으로는 세무서가 신뢰의 대상이 되는 공적 견해를 표명하였고 비과세관행이 성립되었다고 볼 수 없다.

제3절 신의성실의 원칙과 다른 조세법해석·적용원칙의 관계

Ⅰ. 신의성실의 원칙과 조세법률주의의 관계

조세법에 신의성실의 원칙을 적용한 결과 위법한 조세행정을 시인하는 결과가 될 경우에 과연 조세법률주의와의 관계를 어떻게 해석해야 할지에 관하여 다음과 같이 논의된다.

우선 신의성실의 원칙을 적용한 결과 위법한 조세행정이나 존속력을 시인하는 것이 되는 경우에는 신의성실의 원칙의 적용을 인정할 수 없다는 견해가 있다. 조세는 국민의 재산권을 침해할 가능성이 높으므로 국민의 재산권보장을 위하여 조세행정은 법률에 근거해서 이루어져야 하고 법률에 의하지 않고 조세를 부과하거나 감면하는 것은 허락되지 않는다는 것이다. 공법 중에서도 특히 조세법 분야는 엄격한 법률의 지배를 고려해야 하므로 신의성실의 원칙과 같은 불명확한 기준에 의하여 과세·비과세를 결정하는 것은 조세법률주의의 정신에 반한다고 한다.

다음으로 신의성실의 원칙을 적용하더라도 조세법률주의에는 저촉되지 않는다는 견해가 있다. 행정의 합법성의 원칙은 법치국가의 원칙 중의 하나로서 법적 안정성의 원칙을 포함한 법치국가의 양 측면적 구성요소로서 동가치적인 것이라고 한다. 따라서 조세법에 있어서 신의성실의 원칙의 적용유무는 조세법률주의의 한 측면인 합법성의 원칙을 관철할 것인가 아니면 다른 한 측면인 법적 안정성 즉 신뢰보호의 원칙을 중시할 것인가라고 하는 조세법률주의의 내부에 있어서 가치대립의 문제라고 설명한다. 이 견해에 의하면 조세법률주의는 법적 안정성의 요청을 충족하기 위한 것이기 때문에 세무행정청의 표시가 잘못되어도 그 표시를 신뢰한 선의의 납세자를 배신하는 것은 납세자의 신뢰를 보호하지 않고 법적 안정성을 침해하는 것이 된다.

생각건대 법률의 근거 없이 행해진 세무행정청의 행위를 믿고서 행동한 선량한 납세자의 신뢰를 보호하려는 것은 확실히 조세법률주의의 한 측면을 깨뜨리는 결과가 될 것이다. 그러나 이러한 경우에 신의성실의 원칙의 적용을 부인하는 것도 법의 일반원리로 인정되고 있는 신의성실의 원칙의 성격에 위배되고 법적 안정성도 해치게 된다. 따라서 구체적인 경우에 따라 세무행정청의 합법성에 대한 공적 이익과 행정청의 언동을 신뢰한 납세자의 보호 내지 법적 안정성의 요청에 따른 사적 이익과의 비교형량의 결과에 따라 신의성실의 원칙을 적용해야 타당할 것이다. 다만 조세법률주의는 조세법의 해석·적용에 있어서 최고원칙이므로 이와 같은 비교형량의 결과를 판단함에 어려움이 있을 때에는 원칙적으로 합법성이 우선하는 것으로 보아야 할 것이다.

이에 대하여 조세법상 신뢰보호의 성립요건이 지나치게 엄격하여 납세자의 권리구제에 충분하지 못하므로 신뢰보호에 근거한 확약의 법리 또는 신의성실의 원칙에 근거한 실권의 법리를 적극 도입하여야 한다고 주장하는 견해가 있다. 그러나 이러한 견해는 조세법에서 최고의 가치기준인 조세법률주의를 이해하지 못하고 합법성의 요청을 도외시한 견해로서 찬성할 수 없다. 물론 이러한 해석이 납세자의 권리구제에는 미흡한 것은 사실이지만 다른 납세자에 대한 조세공평의 차원에서도 이와 같이 해석할 수밖에 없다. 달리 말해서 조세법에 있어서 신의성실의 원칙을 적용함에 있어서는 민사법 혹은 행정법의 경우보다 더 신중한 판단을 요하는 것을 의미한다. 그러므로 모든 법의 일반원칙으로 인정되는 신의성실의 원칙을 조세법의 원리에 맞게 재정립할 필요성이 있다.

Ⅱ. 신의성실의 원칙과 조세공평주의의 관계

합법성의 원칙을 양보하고 어떤 납세자의 신의성실의 원칙 주장을 받아 준 결과 다른 납세자에 대한 관계에서 조세공평주의를 침해하는 것은 아닌가라는 문제가 제기될 수 있다. 신의성실의 원칙과 조세공평주의의 관계에 관해서는 다음과 같이 세 가지 견해로 나누어 볼 수 있다.

첫째, 조세법률주의뿐 아니라 조세공평주의에 비추어 볼 때도 신의성실의 원칙은 적용될 수 없다는 견해이다. 즉 신의성실의 원칙을 적용하여 조세를 감면하거나 과세를 포기하는 것은 조세공평주의에 반한다고 보는 것이다.

둘째, 조세공평주의와 신의성실의 원칙은 동일한 정의의 이념에 기인한 것이고, 신의성실의 원칙의 근거를 헌법상의 평등원칙의 조세법에서의 구현형태인 조세공평주의에서 찾을 수 있기 때문에 시간적으로 먼저 한 처분을 기준으로 후에 한 처분에 대해 신뢰이익을 보호하는 것은 조세공평주의에 비추어 부인할 것이 아니라는 견해이다.

셋째, 신의성실의 원칙을 적용한 결과와 조세공평주의가 충돌할 경우에는 신의성실의 원칙의 적용을 전면 부인할 것이 아니라 상호의 비교형량에 의해서 그 적용 여부를 결정할 것이라는 견해이다.

신의성실의 원칙의 적용문제는 원칙적으로 납세자와 과세관청의 개별적 관계에서 파악된다. 따라서 엄격한 요건하에 인정되는 신의칙의 적용효과를 조세공평주의라고 하는 다른 납세자와의 일반적 관계를 이유로 거부해서는 안 될 것이다. 또한 조세법에서 납세자의 신뢰이익의 보호요청은 조세법의 최고원칙으로 인정되고 있는 조세법률주의와의 관계에서도 거의 대등하게 받아들여지는 점을 고려할 때 조세법률주의보다 하위의 가치기준을 가진다고 볼 수 있는 조세공평주의의 저촉을 이유로 신의칙을 부인하는 것은 타당하지 않다.

Ⅲ. 신의성실의 원칙과 실질과세 원칙의 관계

신의성실의 원칙과 실질과세의 원칙의 관계에 관해서는 주로 납세자의 과세관청에 대한 신의칙 위배행위에 관한 법리구성을 둘러싸고 문제 된다. 판례의 입장은 원칙적으로 실질과세의 원칙을 우선시하여 납세자의 과세관청에 대한 배신행위를 좀처럼 인정하지 않은 경향이다.

예를 들어 납세의무자가 자산을 과대계상하거나 부채를 과소계상하는 등의 방법으로 분식결산을 하고 이에 따라 과다하게 법인세를 신고납부하였다가 그 과다납부한 세액에 대하여 취소소송을 제기하여 다투는 경우, 이러한 사정만으로 신의성실의 원칙에 위반될 정도로 심한 배신행위를 하였다고 볼 수는 없고, 실질과세의 원칙에 비추어 법인세의 과세소득을 계산함에 있어서 구체적인 세법적용의 기준이 되는 과세사실의 판단은 당해 법인의 기장내용, 계정과목, 거래명의에 불구하고 그 거래의 실질내용을 기준으로 하여야 한다고 일관되게 판시하고 있다.[119] ☞ 〈**참고판례 29**〉

〈참고판례 29〉

대법원 2006.1.26. 선고 2005두6300 판결【법인세 등 부과처분취소】

【판시사항】
납세의무자가 자산을 과대계상하거나 부채를 과소계상하는 등의 방법으로 분식결산을 하

---

119) 대법원 2006.1.26. 선고 2005두6300 판결 참조.

고 이에 따라 과다하게 법인세를 신고납부하였다가 그 과다납부한 세액에 대하여 취소소송을 제기하여 다투는 경우, 납세의무자에게 신의성실의 원칙을 적용할 수 없다고 한 사례

【판결요지】

납세의무자에게 신의성실의 원칙을 적용하기 위해서는 객관적으로 모순되는 행태가 존재하고, 그 행태가 납세의무자의 심한 배신행위에 기인하였으며, 그에 기하여 야기된 과세관청의 신뢰가 보호받을 가치가 있는 것이어야 할 것인바, 조세법률주의에 의하여 합법성이 강하게 작용하는 조세 실체법에 대한 신의성실의 원칙 적용은 합법성을 희생하여서라도 구체적 신뢰보호의 필요성이 인정되는 경우에 한하여 허용된다고 할 것이고, 과세관청은 실지조사권을 가지고 있을 뿐만 아니라 경우에 따라서 그 실질을 조사하여 과세하여야 할 의무가 있으며, 과세처분의 적법성에 대한 증명책임도 부담하고 있는 점 등에 비추어 보면, 납세의무자가 자산을 과대계상하거나 부채를 과소계상하는 등의 방법으로 분식결산을 하고 이에 따라 과다하게 법인세를 신고납부하였다가 그 과다납부한 세액에 대하여 취소소송을 제기하여 다툰다는 사정만으로 신의성실의 원칙에 위반될 정도로 심한 배신행위를 하였다고 볼 수는 없는 것이고, 과세관청이 분식결산에 따른 법인세 신고를 그대로 믿고 과세하였다고 하더라도 이를 보호받을 가치가 있는 신뢰라고 할 수도 없다는 이유로, 위 납세의무자에게 신의성실의 원칙을 적용할 수 없다고 한 사례

【이유】

[1] 상고이유 제1점에 대하여

실질과세의 원칙에 비추어 법인세의 과세소득을 계산함에 있어서 구체적인 세법적용의 기준이 되는 과세사실의 판단은 당해 법인의 기장내용, 계정과목, 거래명의에 불구하고 그 거래의 실질내용을 기준으로 하여야 하는 것이다(대법원 1993.7.27. 선고 90누10384 판결 참조).

같은 취지에서 원심이, 원고가 자산을 과대계상하거나 부채를 과소계상하는 등의 방법으로 분식결산한 기업회계서류를 기초로 하여 법인세 과세표준과 세액을 결정한 이 사건 각 부과처분은 거래의 실질에 부합하지 않는 것이어서 위법하다고 판단한 것은 수긍할 수 있고, 거기에 상고이유에서 주장하는 바와 같은 실질과세의 원칙에 관한 법리오해 등의 위법이 없다.

나아가 원고가 분식결산에 따라 과다하게 법인세를 납부한 행위는 민법 제746조 소정의 불

법원인급여에 해당하므로 그 반환이 거부되어야 한다는 상고이유의 주장은 피고가 상고심에 이르러 비로소 하는 새로운 주장으로서 원심판결에 대한 적법한 상고이유가 될 수 없을 뿐만 아니라(대법원 2001.4.27. 선고 99다17319 판결 등 참조), 법인이 분식결산에 터 잡아 법인세를 과다하게 신고납부한 행위를 민법 제746조가 규정하고 있는 '불법의 원인으로 인하여 재산을 급여한 때'에 해당한다고 보기도 어려우므로, 이 부분 상고이유의 주장도 이유 없다.

[2] 상고이유 제2점에 대하여

납세의무자에게 신의성실의 원칙을 적용하기 위해서는 객관적으로 모순되는 행태가 존재하고, 그 행태가 납세의무자의 심한 배신행위에 기인하였으며, 그에 기하여 야기된 과세관청의 신뢰가 보호받을 가치가 있는 것이어야 할 것인바(대법원 1999.11.26. 선고 98두17968 판결 참조), 조세법률주의에 의하여 합법성이 강하게 작용하는 조세 실체법에 대한 신의성실의 원칙 적용은 합법성을 희생하여서라도 구체적 신뢰보호의 필요성이 인정되는 경우에 한하여 허용된다고 할 것이고, 과세관청은 실지조사권을 가지고 있을 뿐만 아니라 경우에 따라서 그 실질을 조사하여 과세하여야 할 의무가 있으며, 과세처분의 적법성에 대한 입증책임도 부담하고 있는 점 등에 비추어 보면, 납세의무자가 자산을 과대계상하거나 부채를 과소계상하는 등의 방법으로 분식결산을 하고 이에 따라 과다하게 법인세를 신고납부하였다가 그 과다납부한 세액에 대하여 취소소송을 제기하여 다툰다는 사정만으로 신의성실의 원칙에 위반될 정도로 심한 배신행위를 하였다고 볼 수는 없는 것이고, 과세관청이 분식결산에 따른 법인세 신고를 그대로 믿고 과세하였다고 하더라도 이를 보호받을 가치가 있는 신뢰라고 할 수도 없다.

같은 취지에서 원심이, 원고의 이 사건 청구가 신의성실의 원칙에 위반될 정도로 심한 배신행위에 기인하였다고 보기 어렵다는 이유로 신의성실의 원칙에 위반된다는 피고의 주장을 배척한 조치는 수긍이 가고, 거기에 상고이유에서 주장하는 바와 같은 신의성실의 원칙에 관한 법리오해 등의 위법이 없다.

제5장 근거과세의 원칙과 기업회계의 존중

제1절 근거과세의 원칙

I. 근거과세원칙의 의의와 내용

1. 근거과세원칙의 의의

근거과세의 원칙이란 납세의무자가 세법에 의하여 장부를 비치·기장하고 있는 경우에는 해당 국세 과세표준의 조사와 결정은 그 비치·기장한 장부와 이에 관계되는 증빙자료에 의하여야 한다는 원칙을 말한다(국세기본법 제16조 제1항).

한편 기장의 내용이 사실과 다르거나 기장에 누락된 것이 있는 때에는 그 부분에 한하여 정부가 조사한 사실에 따라 결정할 수 있고, 이 경우에는 정부가 조사한 사실과 결정의 근거를 결정서에 부기하도록 하고 있다(동 조 제2항, 제3항).

아울러 당해 납세의무자 또는 그 대리인이 결정결의서의 열람 또는 등·초본을 요구할 때에는 그에 응하여야 한다(동 조 제4항).

한편 납세자는 각 세법이 규정하는 바에 따라 모든 거래에 관한 장부 및 증빙서류를 성실하게 작성하여 비치하여야 한다(국세기본법 제85조의 3 제1항). 그리고 이들 장부 및 증빙서류는 당해 국세의 법정신고기한이 경과한 날부터 5년간 보존하여야 한다(동 조 제2항).

이러한 규정들은 조세부과에 있어서 과세관청의 자의적 과세를 방지하기 위한 것으로 납세자의 권리를 보호하고 납세의무의 적정성을 보장하기 위한 중요한 원칙이다.

2. 근거과세원칙의 내용

근거과세의 원칙은 장부를 비치·기장한 경우의 근거과세와 기타의 경우의 과세방법이라는 두 가지 내용으로 나누어 볼 수 있다.

먼저 장부를 비치·기장한 경우의 근거과세라는 것은 기업이 비치·기장한 장부와 그에 관련되는 증빙자료를 근거로 하여 과세표준을 조사 또는 결정하여야 한다는 원칙이다.

다음으로 기타 경우의 과세방법이라는 것은 기장내용의 오류 또는 기장 누락이 있는 경우에 기장이 제대로 되어 있는 부분에 관해서는 장부와 증빙을 근거로 하되, 그렇지 못한 부분에 관해서는 정부가 조사한 내용에 따라 결정할 수 있다는 의미이다. 요컨대 근거과세 원칙에 의하더라도 기장이 제대로 되어 있는 부분에 관해서는 장부와 증빙을 근거로 하고, 기장에 오류가 있는 부분에 관해서는 정부가 조사한 내용에 따라 결정할 수 있다.

Ⅱ. 과세표준 등의 결정방법

조세법이 과세표준의 결정방법으로 정하고 있는 것은 원칙적으로 서면조사방법과 실지조사방법, 그리고 예외적으로 추계조사방법이다.

서면조사방법은 납세의무자가 제출한 과세표준확정신고서와 그 첨부서류에 의하여 정부가 과세표준 및 세액을 결정 또는 경정하는 방법이다. 즉 정부가 실지조사를 하지 아니하고 서류만을 심리하여 결정 또는 경정하는 것이다(소득세법시행령 제142조 제1항).

실지조사방법은 정부가 납세의무자의 비치·기장된 장부 기타 증빙서류를 실지 조사하여 이를 근거로 과세표준과 세액을 결정 또는 경정하는 방법이다(소득세법 제80조 제3항 본문, 동법 시행령 제142조 제1항).

추계조사방법은 실지조사에 의하여 과세표준과 세액을 결정 또는 경정할 수 없는 일정한 사유가 있는 경우에 정부가 장부 기타 증빙서류에 의하지 아니하고 기준경비율, 동업자권형 기타 합리적인 방법에 의하여 소득금액을 추산하여 과세표준과 세액을 결정 또는 경정하는 것을 말한다(소득세법 제80조 제3항 단서, 동법 시행령 제143조).

납세의무자의 무신고에 대응하여 과세관청이 부과결정을 하거나 납세신고에 의한 서면조사방법에 의문이 있어 경정처분을 하는 경우에 조세법은 근거과세를 원칙으로 하므로 장부 기타 증빙서류에 의한 실지조사방법이 원칙적인 과세방법이고 추계조사방법은 예외적인 경우의 과세방법으로서 엄격한 요건하에 행해져야 한다.

　판례를 보면, 종합소득세의 과세표준과 세액은 실지조사의 방법에 의하여 밝혀진 실액에 의하여 결정하는 것이 원칙이고 추계조사 방법에 의하여 이를 결정하려면 납세자의 장부나 증빙서류 등이 없거나 그 중요 부분이 미비 또는 허위로 기재되어 신뢰성이 없고 달리 과세관청이 그 소득의 실액을 밝힐 수 있는 방법이 없는 때에 한하여 예외적으로 허용되는 것이므로, 납세자가 소득세법이 정하는 장부를 비치・기장한 바 없다고 하더라도 계약서 등 다른 증빙서류를 근거로 과세표준을 계산할 수 있다면 과세표준과 세액은 실지조사 방법에 의하여 결정하여야 하고 추계조사 방법에 의해서는 아니 되고, 납세자 스스로 추계의 방법에 의한 조사결정을 원하고 있다는 사유만으로는 추계조사의 요건이 갖추어진 것으로 볼 수 없다고 한다.120) ☞ 〈참고판례 30〉

〈참고판례 30〉

대법원 2007.10.26. 선고 2006두16137 판결【종합소득세부과처분취소】

【판시사항】
　[1] 수사 또는 세무조사 과정에서 작성된 자료에 의하여 납세신고내용의 오류・탈루를 경정할 수 있는지(한정 적극)
　[2] 어음할인으로 인한 사업소득의 귀속시기가 어음의 만기일이 속하는 연도라고 한 사례
　[3] 추계과세를 하는 경우 및 실지조사 방법에 의한 결정이 가능함에도 납세자가 추계과세를 원하는 경우에 추계과세가 가능한지(소극)
　[4] 종합소득세과세처분 취소소송에서 과세표준에 대한 증명책임의 소재(＝과세관청) 및 필요경비에 대한 증명책임을 납세의무자에게 인정하는 경우

【이유】
　상고이유를 판단한다.
　[1] 상고이유 제1점과 제2점 중 어음할인 수입금액 계산과 관련한 부분에 대하여

---

120) 대법원 1999.1.15. 선고 97누20304 판결.

일반적으로 납세의무자의 과세표준과 세액 등 신고내용에 오류 또는 탈루가 있어 이를 경정함에 있어서는 장부나 증빙 등에 의함이 원칙이겠으나 다른 자료에 의하여 그 신고내용에 오류 또는 탈루가 있음이 인정되고 실지조사가 가능한 경우에는 그 다른 자료에 의하여서도 경정할 수 있다고 할 것이고(대법원 1995.6.30. 선고 94누149 판결, 대법원 1998.7.10. 선고 96누14227 판결 등 참조), 한편 수사 또는 세무조사 과정에서 작성된 자료들은 과세의 근거가 될 수 있는 사유가 기재되어 있다고 하여 바로 그 다른 자료의 하나로 삼을 수는 없는 것이나, 그 작성의 경위 및 내용을 검토하여 당사자나 관계인의 자유로운 의사에 반하여 작성된 것이 아니고 그 내용 또한 과세자료로서 합리적이어서 진실성이 있다고 인정되는 경우에는 실지조사의 근거가 될 수 있는 그 다른 자료의 하나로 삼을 수 있다고 할 것이다(대법원 1991.12.10. 선고 91누4997 판결 참조).

위 법리와 기록에 비추어 살펴보면, 원심이 그 판시와 같은 사실을 인정한 다음, 원고가 검찰조사에서 당초 진술하였던 내용을 나중에 일부 부인하였다가 다시 형사재판절차에서 이 사건 과세처분의 기초가 된 사실관계를 모두 인정하고 있는 점 등에 비추어, 이 사건 과세처분의 근거가 된 검찰 수사과정에서의 원고의 진술이나 제출된 어음할인내역 자료들이 원고 등의 자유로운 의사에 의한 것이라고 인정되고, 그 어음할인의 경위, 어음할인내역 자료들의 작성 및 제출경위, 그 내용의 구체성 등에 비추어 볼 때 그 합리성과 신빙성도 인정된다고 본 후, 위 자료들을 근거로 한 이 사건 어음할인 수입금액의 계산방법도 적법하다는 취지로 판단한 것은 정당하고, 거기에 상고이유에서 주장하는 바와 같은 근거과세에 관한 법리오해, 과세처분의 근거자료 및 소득금액 계산에 대한 심리미진 및 채증법칙 위배 등의 위법이 없다.

[2] 나머지 상고이유 제2점에 대하여

소득세법 제39조 제1항은 "거주자의 각 연도의 총수입금액과 필요경비의 귀속연도는 총수입금액과 필요경비가 확정된 날이 속하는 연도로 한다"라고 규정하고 있고, 제24조 제1항은 "거주자의 각 소득에 대한 총수입금액의 계산은 당해 연도에 수입하였거나 수입할 금액의 합계액에 의한다"라고, 같은 조 제3항은 "총수입금액의 계산에 있어서 수입하였거나 수입할 금액의 범위와 계산 또는 확정시기에 관하여 필요한 사항은 대통령령으로 정한다"라고 각 규정하고 있으며, 그 위임을 받은 소득세법 시행령 제48조 제10호는 사업소득에 대한 총수입금액의 수입할 시기는 어음의 할인의 경우 그 어음의 만기일(다만, 만기 전에 그 어음을 양도하는 때에는 그 양도일로 한다)로 규정하고 있다.

위 각 규정 및 기록에 의하면, 주식회사 광영토건(이하 '광영토건'이라 한다) 및 주식회사 부영(이하 '부영'이라 한다)의 하도급업체들은 광영토건 및 부영으로부터 공사기성금으로 통상 150일 후에 만기가 도래하는 약속어음을 지급받아 그 즉시 이를 원고로부터 현금으로 할인받는 한편, 원고는 만기일에 위 약속어음 액면금 상당을 지급받는 방법으로 어음할인금액 상당의 수입을 얻었음을 알 수 있으므로, 원고의 이 사건 어음할인으로 인한 소득의 귀속시기는 어음의 만기일이 속하는 연도라 할 것이다.

그렇다면 원고의 이 사건 어음할인으로 인한 사업소득의 귀속시기는 그 어음의 만기일로 보아야 함에도 불구하고 위 하도급업체들에게 공사기성금으로 어음이 지급된 날을 귀속시기로 보아 이루어진 이 사건 과세처분이 적법하다고 판단한 원심판결에는 어음할인의 수입시기에 관한 법리를 오해하여 그 귀속시기에 관한 판단을 그르친 잘못이 있고 이는 판결 결과에 영향을 미쳤다고 할 것인바, 이 점을 지적하는 원고의 이 부분 상고이유 주장은 이유가 있다.

[3] 상고이유 제3점 및 제4점에 대하여

종합소득세의 과세표준과 세액은 실지조사의 방법에 의하여 밝혀진 실액에 의하여 결정하는 것이 원칙이고 추계조사 방법에 의하여 이를 결정하려면 납세자의 장부나 증빙서류 등이 없거나 그 중요 부분이 미비 또는 허위로 기재되어 신뢰성이 없고 달리 과세관청이 그 소득의 실액을 밝힐 수 있는 방법이 없는 때에 한하여 예외적으로 허용되는 것이므로, 납세자가 소득세법이 정하는 장부를 비치·기장한 바 없다고 하더라도 계약서 등 다른 증빙서류를 근거로 과세표준을 계산할 수 있다면 과세표준과 세액은 실지조사 방법에 의하여 결정하여야 하고 추계조사 방법에 의해서는 아니 되고, 납세자 스스로 추계의 방법에 의한 조사결정을 원하고 있다는 사유만으로는 추계조사의 요건이 갖추어진 것으로 볼 수 없다(대법원 1999.1.15. 선고 97누20304 판결 등 참조).

또한, 종합소득세과세처분 취소소송에서 과세근거로 되는 과세표준에 대한 입증책임은 과세관청에 있는 것이고, 과세표준은 수입으로부터 필요경비를 공제한 것이므로 수입 및 필요경비의 입증책임도 원칙적으로 과세관청에 있다 할 것이나, 필요경비는 납세의무자에게 유리한 것일 뿐 아니라 필요경비를 발생시키는 사실관계의 대부분은 납세의무자가 지배하는 영역 안에 있는 것이어서 과세관청으로서는 그 입증이 곤란한 경우가 있으므로, 그 입증의 곤란이나 당사자 사이의 형평 등을 고려하여 납세의무자로 하여금 입증케 하는 것이 합리적인 경우에는 납세의무자에게 입증의 필요성을 인정하는 것이 공평의 관념에 부합한다(대법원 2004.9.23. 선고 2002두1588 판결 등 참조).

위 법리와 기록에 비추어 살펴보면, 이 사건 어음할인 소득의 발생과 관련된 직접적인 장부나 증빙서류는 없으나, 피고가 앞서 본 바와 같은 어음할인수입의 발생시기, 원인, 금액 및 상대방 등에 대한 원고의 수사기관에서의 진술 및 제출된 어음할인내역 등의 과세자료를 근거로 하여 이 사건 처분의 과세표준과 세액을 결정한 것은 적법한 실지조사방법에 의한 것이라 할 것이고, 한편 이 사건과 같이 원고가 하도급업체(위장협력업체)들에게 과다계상된 공사대금을 지급하였다가 과다계상분을 되돌려 받는 방식으로 부외자금을 조성하는 과정에서, 위 위장협력업체의 직원을 통하여 원고 자신의 개인자금으로 하도급업체의 현장공사업자들에게 약속어음을 할인하여 주고 어음할인에 따른 이자 상당의 수입을 얻는 거래형태의 대금업의 사업소득에 있어서는 그 필요경비는 대부분 원고의 지배영역 안에 있는 것이어서 과세관청인 피고로서는 그 입증이 어려우므로 원고에게 그 입증의 필요가 있다고 봄이 타당하고, 일반적인 대금업에 의한 사업소득의 경우와 달리 위와 같은 특수한 형태의 대금업에 의한 사업소득에 있어서 그 필요경비의 발생이 경험칙상 명백하다고 보기도 어렵다.

같은 취지에서 원심이, 위 자료들에 근거하여 이루어진 이 사건 과세처분이 적법한 실지조사방법에 의한 것이라고 인정한 다음, 이 사건 사업소득에 있어서 소요된 필요경비에 관하여 원고의 주장·입증이 없는 이상 수입금액에서 공제할 필요경비는 없다고 할 것이고, 원고가 추계방법에 의한 조사결정을 원하고 있다는 사유만으로는 추계조사의 요건이 갖추어진 것으로 볼 수 없다고 보아, 표준소득률을 적용하는 추계조사방법에 의하여 필요경비를 공제하여야 한다는 원고의 주장을 배척한 것은 정당하고, 거기에 상고이유에서 주장하는 바와 같은 비용의 추계 및 필요경비 공제에 관한 법리오해, 판단유탈, 채증법칙 위배 등의 위법이 없다.

제2절 기업회계의 존중

Ⅰ. 기업회계와 세무회계

기업은 경영 주체로서 기업성과의 발생, 자산 및 부채의 증감 등을 파악하여 주주 등

이해관계인에게 제시해 주기 위하여 기업회계를 실행하고 있다.

한편 국가는 개인기업 및 법인의 이익을 대상으로 소득세 및 법인세를 부과하지만 조세의 본질상 기업이익을 그대로 과세소득으로 할 수는 없다. 그리하여 조세행정상의 요청, 경제정책적 요청 또는 조세정책의 내용에 따라 기업의 소득에 여러 가지 조정을 가하여 과세소득을 산출해 내도록 하고 있다. 이와 같이 기업이익으로부터 과세소득을 산정해 내기 위하여 세법상의 특별한 목적에 따라 하는 세법적 조정을 '세무회계'라 한다.

과세소득은 기업이익을 가감조정해서 산출해 내는 것이어서 기업이익과 그 본질을 같이하고 있으며, 세무회계는 기업회계에 의하여 산출된 기업이익에서 조세목적에 의하여 조정된 과세소득을 산출해 내는 회계이다. 세무회계는 본질적으로는 기업회계와 그 내용을 같이하고 있으므로 기업회계에 그 바탕을 두고 있어야 한다. 따라서 세무회계는 세법에서 특별히 규정하고 있는 것 외에는 기업회계의 원리를 따라 주어야 마땅하다. 법인세법 제60조에서 과세표준과 세액의 신고 시에 기업회계기준에 따라 작성된 재무제표와 세무조정계산서를 제출하도록 하고 있는 것도 그러한 이유이다.

다만 기업회계는 과세의 통일성과 수입확보를 위하여 강행되는 세무회계와는 달리 각 기업의 사정과 판단에 따른 회계 실제가 일반적으로 인정·수용되어 하나의 관행을 이루어 나가는 것이다. 기업회계는 완전한 통일원칙에 따라 실행될 수 없는 것이지만, 세무회계는 과세목적상 세법에서 일률적으로 규정되는 통일적인 회계처리가 실행된다는 점에 결정적인 차이가 있다.

II. 기업회계의 존중

앞서 설명한 바와 같이, 세무회계는 기업회계에 의하여 산출된 기업이익에서 조세목적에 따라 조정(세무조정계산)된 과세소득을 도출해 내는 회계이므로 본질적으로 기업회계에 바탕을 두고 있는 것이다. 그러므로 세법을 적용함에 있어서는 조세목적상 특별히 규정된 경우 외에는 기업회계의 원리와 관행을 존중하여야 마땅하다.

국세기본법 제20조에서 "국세의 과세표준을 조사·결정할 때에는 해당 납세의무자가 계속하여 적용하고 있는 기업회계의 기준 또는 관행으로서 일반적으로 공정·타당하다고 인정되는 것은 존중하여야 한다. 다만, 세법에 특별한 규정이 있는 것은 그러하지 아니하다"고 규정하고 있는 것도 그러한 뜻을 나타낸 것으로 볼 수 있다.

또한 법인세법 제43조는 "내국법인의 각 사업연도의 소득금액을 계산할 때 그 법인이 익금과 손금의 귀속사업연도와 자산·부채의 취득 및 평가에 관하여 일반적으로 공정·타당하다고 인정되는 기업회계기준을 적용하거나 관행을 계속 적용하여 온 경우에는 이 법 및 조세특례제한법에서 달리 규정하고 있는 경우를 제외하고는 그 기업회계의 기준 또는 관행에 따른다"고 하여 기업회계기준이 세법의 보충적 법원으로 인정됨을 규정하고 있다.121) ☞ 〈참고판례 31〉

여기서 주의하여야 할 것은 납세의무자가 적용하고 있는 기업회계의 기준이나 방식은 일반적으로 공정·타당하다고 인정되고 있는 것이어야 하며, 아울러 보편적으로 널리 적용하고 있는 것이라야 한다. 왜냐하면 과세소득의 계산에 사용되는 계산의 기준이 일반화되지 않고 어느 특정인이나 소수인에 의해서만 사용되는 것일 때는 과세의 공평성을 상실할 우려가 있기 때문이다.

〈참고판례 31〉

대법원 1992.10.23. 선고 92누2936, 2943(병합) 판결 【법인세 등 부과처분취소】

【판시사항】

[1] 법인세법 제17조에 열거된 조항으로 손익의 귀속을 정하는 것이 어려운 경우 기업회계기준상의 손익의 발생에 관한 기준을 채택하여 손익의 귀속을 정할 수 있는지

[2] 아파트분양사업자가 장기간에 걸쳐 아파트를 건설하여 분양하는 경우 기업회계상의 예약매출로 보아 분양수입 및 토지가액을 포함한 분양원가를 아파트건축공사의 공사진행기준에 따라 분배하고 귀속시킬 수 있는지(적극)

【판결요지】

[1] 법인세법 제17조 제1항에 의하면 내국법인의 각 사업연도의 익금과 손금의 귀속사업연도는 그 익금과 손금이 확정된 날이 속하는 사업연도로 한다고 규정하여 손익확정주의를 선언한 다음, 같은 조 제2항 이하에서 거래의 유형 내지 대금의 지급방법에 따라

---

121) 대법원 2000.2.22. 선고 97누3903 판결, 대법원 1992.10.23. 선고 92누2939, 2943(병합) 판결.

그 귀속시기를 개별적으로 열거하고 있으나, 이러한 거래유형 등에 따른 세법상의 손익 귀속에 관한 규정은 현대사회의 다종다양한 모든 거래유형을 예측하여 그 자체 완결적으로 손익의 귀속을 정한 규정이라 할 수 없으므로, 위 열거된 조항으로 손익의 귀속을 정하는 것이 어려운 경우에는, 법인세법상의 손익확정주의에 반하지 아니하는 한, 일반적으로 공정타당한 회계관행으로 받아들여지는 기업회계기준상의 손익의 발생에 관한 기준을 채택하여 손익의 귀속을 정할 수도 있다 할 것이고 또한 그렇게 함이 국세기본법 제20 조 소정의 기업회계존중의 원칙에도 부합한다 할 것이다.

[2] 아파트분양사업자가 장기간에 걸쳐 아파트를 건설하여 분양하는 것은 기업회계상 예약매출에 해당되고 그 예약매출에 대해서는 법인세법상 그 귀속시기를 명확히 규정한 바 없다 할 것이어서 기업회계기준 제67조 제1항 제4호 단서 소정의 공사진행기준에 의하여 손익을 분배하고 그 귀속을 정할 수도 있다 할 것이고, 또한 그렇게 한다 하여 법인세법상의 손익확정주의에 반한다고 할 수 없으며, 한편 위 기업회계기준상의 공사진행기준(공사진행률)이라 함은 당해 각 사업연도 투입원가가 전체예정원가(토지대금과 아파트건설도급금액의 합계액)에 차지하는 비율을 가리키는 것으로 분양원가의 하나인 토지가액은 기업회계의 원리상 그 자체 원가배분의 대상이 되는 것으로서 위 공사진행률을 산정함에 있어 토지가액 전부가 공사착공연도에 일시에 투입되었다고 볼 것이 아니라 공사진행기준에 따라 분배되어 투입된다고 볼 것이고 따라서 분양수입 및 토지가액을 포함한 분양원가는 결국 아파트건축공사의 공사진행기준(작업진행률)에 따라 분배되고 귀속된다 할 것이다.

【이유】

가. 원고소송대리인들의 상고이유를 본다.

[1] 아파트분양사업의 손익귀속사업연도에 대하여

법인세법 제17조 제1항에 의하면 내국법인의 각 사업연도의 익금과 손금의 귀속사업연도는 그 익금과 손금이 확정된 날이 속하는 사업연도로 한다고 규정하여 손익확정주의를 선언한 다음, 같은 조 제2항 이하에서 거래의 유형 내지 대금의 지급방법에 따라 그 귀속시기를 개별적으로 열거하고 있으나, 이러한 거래유형 등에 따른 세법상의 손익귀속에 관한 규정은 현대사회의 다종다양한 모든 거래유형을 예측하여 그 자체 완결적으로 손익의 귀속을 정한 규정이라 할 수 없으므로, 위 열거된 조항으로 손익의 귀속을 정하는 것이 어려운 경우에는, 법인세법상의 손익확정주의에 반하지 아니하는 한, 일반적으로 공정타당한 회계관행으로 받아들여지는 기업회계기준상의 손익의 발생에 관한 기준을 채택하여 손익의 귀속을 정할 수도 있다 할 것이고 또한 그렇게 함이 국세기본법 제20조 소정의 기업회계존중의 원칙에도 부합한다 할 것이다.

원심이 확정한 사실에 의하면 원고는 토건업, 주택건설업을 목적사업으로 하는 법인으로서 그 소유의 서울 서초구 서초동 산 192의 3 외 5필지 지상에 23개동 2,390세대의 삼풍아파트를 건축분양하기로 하여 1986년 11월 3일 아파트건설공사에 착공한 다음 분양을 개시하여 1988년 7월 19일 준공함으로써 3년 동안 분양수입금을 얻었다는 것으로서, 원고와 같은 아파트분양사업자가 장기간에 걸쳐 아파트를 건설하여 분양하는 것은 기업회계상 예약매출에 해당되고 그 예약매출에 대해서는 법인세법상 그 귀속시기를 명확히 규정한 바 없다 할 것이어서 기업회계기준 제67조 제1항 제4호 단서 소정의 공사진행기준에 의하여 손익을 분배하고 그 귀속을 정할 수도 있다 할 것이고, 또한 그렇게 한다 하여 법인세법상의 손익확정주의에 반한다고 할 수 없으며, 한편 위 기업회계기준상의 공사진행기준(공사진행률)이라 함은 당해 각 사업연도 투입원가가 전체 예정원가(토지대금과 아파트건설도급금액의 합계액)에 차지하는 비율을 가리키는 것으로 분양원가의 하나인 토지가액은 기업회계의 원리상 그 자체 원가배분의 대상이 되는 것으로서 위 공사진행률을 산정함에 있어 토지가액 전부가 공사착공연도에 일시에 투입되었다고 볼 것이 아니라 공사진행기준에 따라 분배되어 투입된다고 볼 것이고 따라서 분양수입 및 토지가액을 포함한 분양원가는 결국 아파트건축공사의 공사진행기준(작업진행률)에 따라 분배되고 귀속된다 할 것이다.

따라서 원심이 1986 내지 1988사업연도 법인세 과세표준 등을 신고함에 있어 위 기업회계기준 제67조 제1항 제4호 단서 소정의 공사진행기준에 따르면서도 그 아파트부지로 제공된 토지대금 전액을 착공연도인 1986사업연도에 일시에 투입되었다고 보아 산정한 공사진행률에 따라 손익의 분배, 귀속을 정한 원고의 조치를 배척하면서, 분양원가의 하나인 토지가액 그 자체도 원가배분의 대상이 된다는 이유로 분양수입 및 토지가액을 포함한 분양원가를 아파트건축공사의 공사진행률에 따라 배분되고 귀속된다고 보아 손익의 귀속을 다시 정한 다음 원고의 각 사업연도 법인세 과세표준 등을 경정한 피고의 조치를 지지하고 있는바, 원심의 이러한 판단은 정당하고, 이와 반대의 입장에서 원심의 판단을 비난하는 논지는 모두 이유 없다 할 것이다.

원심이 원고주장을 배척하는 이유의 하나로 위 아파트 부지는 원고가 그 이전부터 소유하고 있던 것으로 공사착공연도인 1986년에 비로소 구입한 것이 아니라고 설시하였는바, 이러한 원심표현은 만약 공사착공연도에 취득한 토지라면 그 취득연도에 일시에 분양원가로서 투입되어 공사진행률을 산정할 수 있는 듯한 오해를 불러일으킬 소지가 있어 부적절하다 할 것이나, 결국 피고의 경정처분이 정당하다고 판단한 것이어서 판결결과에 아무런 영향이 없다. 그 밖에 논지가 지적하는 판단유탈, 이유불비의 위법도 없다. 논지는 이유 없다.

[2] 건설자금에 충당한 차입금의 지급이자 손금불산입 여부에 대하여

법인의 차입금 중 대통령령이 정하는 건설자금에 충당한 금액의 이자는 각 사업연도의 소득금액 계산상 이를 손금에 산입하지 아니하도록 되어 있고(법인세법 제16조 제11호), 건설자금에 충당한 금액의 이자라 함은 그 명목 여하에 불구하고 당해 사업용 고정자산의 매입, 제작, 건설에 소요되는 차입금에 대한 지급이자 또는 이에 유사한 성질의 지출금을 말하는 것이지만(같은 법 시행령 제33조 제1항), 어느 차입금이 사업용 고정자산의 건설 등에 소요된 여부가 분명하지 아니한 경우에는 그 지급이자 중 소정의 산식에 의한 일정금액을 자본적 지출로 보아 사업용 고정자산의 원본에 가산될 뿐이어서 손금으로는 산입되지 아니한다 할 것이다(같은 법 시행령 제33조 제6항, 같은 법 시행규칙 제12조 제3항).

원심은 원고가 그 판시의 백화점 건설기간 중인 이 사건 1988사업연도에 차입금에 대한 이자로서 합계 금 768,361,635원을 지급하였는데 그 차입금이 사업용 고정자산인 백화점건설에 사용된 여부가 분명하지 아니하다고 인정한 다음, 법인세법시행규칙 제12조 제3항 소정의 산식에 따른 지급이자 금 200,174,655원을 손금에 산입하지 아니한 피고의 조치를 적법하다고 판단하면서 그와 반대되는 원고제출의 증거들을 배척하였는바, 관계법령과 기록에 비추어 살펴보면 원심의 이와 같은 사실인정과 판단은 정당하다. 논지가 내세우는 증거들만으로는 위 차입금이 건설자금으로 사용되지 아니하였다고 단정하기에 부족하고 원심판결에 증거판단을 하지 아니하였거나 채증법칙 및 입증책임의 법리를 위반한 잘못이 없다. 논지는 이유 없다.

그 밖에 법인세법시행령 제33조 제3항, 제4항, 제5항의 규정을 들어 피고의 처분이 위법하다고 하는 논지는, 원심에서 주장하지 아니한 새로운 위법사유를 상고심에서 비로소 주장하는 것이므로 받아들일 수 없다.

Ⅲ. 국제회계기준(IFRS)의 적용

1. 국제회계기준의 의의

국제회계기준(International Financial Reporting Standards)이란 자본시장 자유화에 따라 국제적으로 통일된 회계기준 제정을 목표로 국제회계기준위원회에서 제정한 회계기준이다. 우리나라의 경우 2011년부터 모든 상장기업들이 국제회계기준(이하 K - IFRS라 함)을 적용하여 재무제표를 작성하고 공시하도록 의무화하였다. 다만, 비상장법인은 적용 여부가 기업의 선택에 달려 있다.

우리나라에서 K - IFRS를 전면 도입하게 된 이유는 기업이 제공하는 회계정보의 투명성을 높이고 그에 따른 한국 기업에 대한 국제신인도 제고에 있다고 할 수 있다. 이러한 효과가 나타나게 되면 기업의 투명성에 대한 투자자의 불신에서 기인한 불확실성이 제거되고 기업의 가치 상승을 기대할 수 있게 된다.

그러나 기업회계정보는 기업의 외부투자자에게 의사결정을 위한 정보로 사용될 뿐만 아니라 전술한 바와 같이 납부세액 결정을 위한 자료로서의 역할도 매우 중요하다고 할 수 있다. 따라서 K - IFRS의 도입에 따라 법인세법에 따른 과세소득에 많은 영향을 미칠 수 있으므로 과세소득의 변화를 최소화하기 위한 세법개정의 필요성이 대두된다. 이에 대하여 정부는 2010년부터 법인세법령의 개정작업으로 어느 정도 세법에 대한 문제점을 해결한 바 있다.

2. 종전의 회계기준과 국제회계기준의 주요 차이점

1) 공시체계의 차이

종전에는 대부분의 공시를 개별회사 중심의 개별재무제표를 원칙으로 하고 연결재무제표는 부수적으로 기말보고서에서만 차후에 공시하지만, 국제회계기준은 연결재무제표를 기본으로 하고 사업보고서, 분·반기 보고서 등 모든 공시서류가 연결회사 전체에 대한 연결재무제표 기준으로 작성·공시한다.

2) 자산·부채의 평가방법 차이

종전 회계기준은 정보의 신뢰성을 중시하여 객관적인 평가가 어려운 항목들에 대해서는 역사적 원가로 평가하지만, 국제회계기준은 정보이용자에게 시의적절한 정보를 제공하기 위해 원칙적으로 자산·부채를 공정가치로 평가한다.

3) 법률 및 정책적 목적에 따른 기준의 차이

종전에는 법률 및 정책적 목적에 따라 현실을 고려하여 일부 항목에 대해 특정한 회계처리를 규제 또는 허용하는 데 반해 국제회계기준은 거래의 실질에 맞는 회계처리방법을 규정하고 있다.

제3편 租稅債權과 租稅債務

제1장 조세채권 · 채무관계

제1절 조세채권자와 조세채무자

Ⅰ. 조세채권자

조세채권자는 조세채권이 귀속되는 자를 뜻한다. 국세에서는 국가, 지방세에 있어서는 지방자치단체가 조세채권자이다. 조세채권자는 조세채권을 실현시키기 위하여 과세권력을 행사하기 때문에 과세권자라고도 한다. 조세채권자는 조세를 부과 · 징수 · 수납하는 기능을 담당한다.

그런데 조세의 부과 · 징수와 수납을 담당하는 기관은 각각 분리되어 있다. 조세법에 규정된 조세 부과 · 징수의 권한을 담당하는 공법상의 지위에 있는 자를 세무공무원이라 한다. 국세기본법에 규정된 세무공무원은 다음과 같다(국세기본법 제2조 17호).

① 국세청장 · 지방국세청장 · 세무서장 또는 그 소속공무원

② 세법에 의하여 국세에 관한 사무를 관장하는 경우의 그 세관장 또는 그 소속 공무원

Ⅱ. 조세채무자

조세법에서 조세채무자를 과세권자에 대응하는 의미에서 납세의무자라고 한다. 납세의무자는 납세의무의 성립요건 중의 하나로서 개별 세법에서는 명문으로 납세의무자를 규정하고 있다.

한편 국세기본법에서는 본래의 납세의무자 외에 납부의무자, 납세자를 구분하여 정의

하고 있다(국세기본법 제2조 9호, 10호).

1. 본래의 납세의무자

납세의무자는 개별 세법이 정하는 바에 따라 당해 조세에 대한 납세의무가 있는 자를 말한다. 이 같은 의미의 납세의무자는 자신에게 귀속되는 과세대상을 전제로 하는 본래의 납세의무를 지는 자이다. 이를 좁은 의미의 납세의무자라고 말할 수 있는데 조세실체법상 납세의무자의 개념 중에서 승계납세의무자, 연대납세의무자, 제2차 납세의무자 등은 제외되는 개념이다.

2. 납부의무자

납부의무자는 어떤 조세에 관하여 납부할 의무를 부담하는 자를 말한다. 여기에는 본래의 납세의무자뿐만 아니라 본래 납세의무가 없는 납부의무자를 포함하는 개념이다. 이를 넓은 의미의 납세의무자라고 말할 수 있는데 승계납세의무자, 연대납세의무자, 제2차 납세의무자, 납세보증인 등을 포함하는 개념이다.

3. 납세자

국세기본법에서 납세자라 함은 "납세의무자와 세법에 의하여 국세를 징수하여 납부할 의무를 지는 자를 말한다"고 규정하고 있다. 이 같은 국세기본법상의 납세자 개념은 앞서 본 본래의 납세의무자를 포함한 납부의무자뿐만 아니라, 원천징수의무자, 기타 징수의무자 등을 포함하는 징수절차상의 개념이라고 볼 수 있다.

그럼에도 조세법과 세무실무에서는 납세자라는 용어를 사용함에 있어 납세의무자라는 용어와 엄격히 구분하지 아니하고 혼용하고 있는 실정이다. 특히 납세자라는 말은 강학상으로 넓은 의미의 납세의무자를 지칭하는 의미로 사용되는 것이 일반적이다.

제2절 조세법률관계

Ⅰ. 조세법률관계의 성질

조세에 관한 채권자와 채무자와의 법률관계를 조세법률관계라고 한다. 조세법률관계는 조세행정을 둘러싼 양 당사자의 관계로, 달리 말하면 과세권자와 납세의무자 간의 법률 관계이다. 조세법률관계의 성질을 어떻게 이해할 것인가에 관해서는 이론적으로 조세권 력관계설과 조세채무관계설이 대립하여 왔다.

조세권력관계설은 주로 조세의 부과·징수에 있어서 절차적인 면에 주목해서 조세의 부과·징수는 국가통치권의 한 작용인 조세고권(Steuerhoheit)의 발동이라고 이해하므로 조세법률관계는 공권력의 행사에 의해서 성립하고 소멸하는 것이 된다.

이에 비하여 조세채무관계설은 주로 납세의무의 발생·소멸이라는 실체적인 면에 주 목하여 조세는 원래 일정액의 금전적 급부를 내용으로 하는 채권·채무의 관계이고 그 채권·채무의 법률관계는 법률이 정한 구성요건 해당 사실의 충족이라는 것에 의해서 법 률상 당연히 발생하고 소멸하는 데 있다고 본다.

따라서 조세법률관계에는 공권력의 주체로서 행정청의 의사가 개입할 여지가 없고, 다 만 조세채권자로서의 행정 주체와 조세채무자로서의 납세의무자가 함께 대등한 관계에서 법률의 규정에 복종하는 관계이고, 이것이 바로 공법상의 채권·채무관계라고 설명한다.

국내외의 지배적 견해는 조세법률관계를 조세실체관계와 조세절차관계르 나누어 전자 는 조세채무관계로 후자는 조세권력관계로 풀이하는 이원적 구성론을 취하고 있다.

Ⅱ. 조세법률관계의 특색

조세법률관계는 다음과 같은 점에서 사법상의 채권·채무관계와 다른 특색이 있다.[122]

---

122) 사법상의 채권·채무관계에 있어서는 자력구제가 금지되고 법률분쟁이 있는 때에는 법원에 의하여 권 리·의무의 관계를 명확히 확정하는 판결을 받은 다음 국가기관에 의한 강제집행을 통하여 그 채권의 만족을 얻게 된다.

1. 법정채무

조세법상의 채무는 당사자의 의사에 관계없이 법이 정한 법정채무이다. 사법상의 법률관계에는 사적 자치의 원칙이 적용되므로 당사자의 자유의사에 의해서 법률관계가 발생·변경·소멸되고 그 구체적 내용이 결정된다.

이에 비하여 조세법률관계는 이러한 것들이 조세법의 규정에 의해서 정해지고 있는 점에 특색이 있다. 따라서 조세채무는 조세법이 정한 과세요건을 충족하는 사실이 발생하면 당연히 발생하는 채무라고 말할 수 있다.

2. 공법상의 법률관계

조세에 관한 채권·채무의 내용은 상당히 공적인 성질을 띤 것으로서 조세법률관계는 공법상의 법률관계이다.

따라서 구체적으로 조세를 둘러싼 분쟁이 발생하면 행정사건으로 취급되어 행정관계법의 적용을 받음은 물론 법률관계의 조속한 안정을 위하여 조세채무자에게 불리한 제소기간의 제한을 받게 된다.

3. 조세채권자의 우월적 지위

현행 조세법의 구조를 생각해 볼 때 조세법률관계에 있어서 조세채권자는 조세채무자에 대하여 우월성을 갖고 있다고 볼 수 있다.

조세채권자는 부과과세방식 조세의 경우에 납세의무를 확정해서 조세채무자에게 그 이행을 청구하고, 신고납세방식 조세의 경우에는 납세자의 신고에 대하여 경정을 하거나 누락된 세액을 결정하는 지위가 법률상 규정되어 있다.

조세채무자의 채무불이행이 있는 경우에는 조세채무자에 대한 판결절차를 거치지 않고서도 바로 재산의 압류 및 강제환가라는 절차에 의해 조세채권을 실현시킬 수 있다. 즉 행정기관에 불과한 세무관청이 법원의 힘을 빌리지 않고도 집행권한을 행사할 수 있는 자력집행권을 가지고 있다.

아울러 조세채권자에게는 채무자에 대한 납세자료의 획득 및 실정파악을 위해서 직접 자료수집을 하고, 질문·검사할 수 있는 권한이 법에 의하여 부여되고 있다.

그 외에도 조세법에 위반하여 조세를 납부하거나 탈세를 하는 경우에는 그 위법행위에 대하여 형벌의 제재를 과하는 벌칙을 조세법에 규정하고 있는 것도 일반 사법상의 채권·채무관계와 다른 특색이다.

제2장 납세의무의 성립과 확정

제1절 납세의무의 성립

I. 개설

　　납세의무 또는 조세채무는 개별 세법이 정하는 과세요건이 충족됨으로써 성립한다.[123] 즉 일정한 시점에서 어떤 사람에게 과세대상이 귀속하게 되면 세법이 정한 바에 따라 이를 화폐 또는 수량으로 측정하여 과세표준을 산정하고, 이것에 세율을 적용할 수 있는 상태에 이르러 그 사람에게 법률상 당연히 조세채무가 성립하여 납세의무가 발생한다.

　　이러한 납세의무는 사법상의 채권·채무와 달리 그 성립을 위하여 과세관청이나 납세의무자의 특별한 행위가 필요 없고 과세요건 사실만 존재하면 당연히 발생하는 것이다. 이러한 납세의무를 추상적 납세의무라고 한다.

　　과세요건의 충족을 기초로 성립하는 추상적 납세의무가 이행을 청구할 수 있는 구체적인 것이 되기 위해서는 추상적 납세의무를 확정하는 절차가 필요하다. 이 확정절차가 바로 납세의무자에 의한 과세표준 및 세액의 신고 또는 과세관청에 의한 부과처분이다.

---

123) 납세의무와 조세채무는 엄밀히 말하면 구별되는 개념이나 교과서와 실무에서는 이를 구분하지 아니하고 사용하고 있다. 납세의무란 조세의 납부를 비롯하여 국민이 과세관청에게 지는 일체의 납세협력의무를 말한다. 이에 비하여 조세채무란 납세자가 과세관청에 이행해야 하는 금전지급채무를 말한다. 납세의무를 조세채무와 동의어로 보더라도 조세법률관계에 관한 통설인 조세채권·채무관계설에 의하면 납세의무자의 과세관청에 대한 '납세의무'라고 하기보다 조세채무자의 조세채권자에 대한 '조세채무'라고 해야 타당하지만, 국세기본법에서는 일관되게 '납세의무'라는 용어를 사용하고 있으므로 혼동을 피하기 위해서 '납세의무'라고 하기로 한다.

Ⅱ. 과세요건

과세요건은 조세의 실체적 구성요건을 의미하므로 조세의 종류에 따라서 다소 차이가 있다. 각 세목에 따른 개별적 과세요건은 각 세법에 규정되어 있는데, 여기서는 각 세목에 공통되는 일반적 과세요건에 대하여 살펴보기로 한다.

각 세목에 공통되는 과세요건으로는 ① 납세의무자, ② 과세대상(과세객체, 과세물건), ③ 과세표준, ④ 세율 등으로 분류하는 것이 통설의 입장이나 경우에 따라서는 과세권자를 포함하기도 한다.

과세가 가능하려면 먼저 과세대상이 있어야 하고 그 과세대상이 귀속되어 과세처분의 상대방이 될 납세의무자가 있어야 하며 처분의 구체적인 내용을 이루는 과세표준과 세율이 법정되어 있어야 하는 것이다. 이를 하나씩 살펴보기로 한다.

1. 납세의무자

납세의무자는 개별 세법에 의하여 조세를 납부할 의무가 있는 자를 말한다. 자연인이든 법인이든 불문하며, 권리능력 없는 단체도 납세의무자가 될 수 있다. 납세의무자의 개념에 대해서는 이미 앞에서 설명한 바 있다.

납세의무자는 담세자와 구별된다. 담세자는 경제적 의미에서 조세부담의 귀착자를 의미한다. 즉 경제상의 조세부담자를 '담세자'라 하고 법률상의 조세부담자를 '납세의무자'라 한다.

직접세에 있어서는 법률상 조세부담자와 경제상의 조세부담자가 일치하는 것이 원칙이지만, 간접세에 있어서는 양자가 불일치하는 것이 원칙이다. 예를 들면 부가가치세·개별소비세·주세 등 간접세에서 소비자는 담세자이지만 납세의무자(사업자, 제조·반출자 등)는 아닌 것이다. 이와 같이 법률상의 납세의무자에게 부과된 조세가 담세자의 경제적 부담으로 전화하는 현상을 '조세의 전가'라 한다.

2. 과세대상

1) 의의

조세법이 과세의 목적물로 정하고 있는 물건·행위 또는 사실을 과세대상이라 한다.

이것은 납세의무를 성립시키기 위한 물적 기초로서 납세자의 담세력(경제적 부담능력)을 표상하는 것이다. 과세대상은 조세의 종류마다 다르므로 각 세목에 있어서 무엇이 과세대상인가는 그 개별 세법의 해석에 의하여 정해진다.

2) 과세대상의 종류

과세대상은 크게 소득·재산·소비(행위)로 나눌 수 있다. 소득은 소득세의 과세대상이고, 재산은 재산세, 소비행위는 소비세의 과세대상인 것이다.

우리나라 주요 조세의 과세대상을 살펴보면 다음과 같다.

① 소득세: 개인의 소득

② 법인세: 법인의 소득

③ 상속세: 상속재산

④ 부가가치세: 재화 또는 용역의 공급(담세자인 소비자의 입장에서 보면 소비)

⑤ 개별소비세: 특정물품, 특정장소에의 입장행위 및 특정장소에서의 유흥음식행위

⑥ 관세: 수입물품

⑦ 재산세: 재산

3) 과세대상의 귀속

납세의무가 성립하려면 과세대상이 귀속되는 납세의무자가 확인되어야 하는데, 여기서 과세대상의 귀속이란 과세대상과 납세의무를 부담할 자와의 결합관계를 말한다.

조세법은 국세기본법 제14조 제1항에서 실질귀속자 과세를 선언하고 있으므로, 조세법상 귀속은 사법상의 취득과 달리 정당한 법적 권원의 수반은 묻지 않고 경제적 이익의 사실적 지배 및 결합관계를 의미한다.

3. 과세표준

조세법상 과세대상을 금액, 용량 등 일정한 가치척도에 의하여 금액화, 계량화하여 측정한 값을 과세표준이라 한다. 국세기본법은 "세법에 의하여 직접적으로 세액산출의 기초가 되는 과세대상의 수량 또는 가액"을 과세표준이라고 정의하고 있다(국세기본법 제2조 14호).

과세대상인 소득·재산·소비 등에 대한 세액을 산정하기 위해서는 우선 과세되어야 할 과세대상의 금액이나 수량 등이 산정되어야 한다. 과세대상이 금액화·수량화되어야만 여기에 세율을 적용하여 세액이 산출되기 때문이다. 그런데 과세표준은 대체로 과세대상의 크기 그 자체가 아니라 과세대상의 크기에서 인적 공제 등 여러 가지 항목을 공제하여 산출하는 구조이다.

4. 세율

세율이란 세액산정을 위하여 과세표준에 곱하여야 할 비율을 말한다. 다시 말하면 과세표준에 세율을 곱하면 납세의무자가 납부해야 할 세액이 산정된다.

종가세의 경우에 세율은 백분율 또는 천분율로, 종량세의 경우에 세율은 단위에 대한 금액으로 표시된다.

1) 세율의 형태

세율은 다음의 세 가지 형태로 나타난다.
① 비례세율(flat rate, proportional rate): 과세표준의 크기에 상관없이 동일하게 적용되는 세율을 말한다. 비례세율은 단순비례세율과 차등비례세율로 나누어지는데, 전자는 재화와 용역의 종류에 상관없이 모두 동일하게 적용되는 비례세율을 말하고, 후자는 과세물건이 되는 물품 또는 과세장소에 따라 차등적으로 적용되는 비례세율을 말한다.
② 누진세율(progressive rate): 과세표준이 증가함에 따라서 높은 세율이 적용되는 경우를 말한다. 이에는 단순누진과 초과누진의 두 가지 형태가 있다. 단순누진세율이란 과세표준의 전체에 대하여 그에 상당하는 계층의 세율을 적용하는 경우이고, 초과누진세율은 과세표준을 여러 단계로 분할하여 높은 단계로 올라감에 따라 더 높은 세율을 누진 적용하는 경우를 말한다. 우리 조세법은 소득세·법인세·상속세 및 증여세 등에서 초과누진세율구조를 취하고 있다.
③ 역진세율(regressive rate): 누진세율과 반대의 형태로서 과세표준이 증가함에 따라 세율이 오히려 감소하는 경우를 말한다. 그러나 현대 세제에 있어서 역진세율이 적용되는 세목은 전혀 없다. 다만 부담세액과 소득과의 관계에 있어서 실질적인 조세부담의 내용이 역진적 부담이 되는 경우가 있다. 예를 들면 비례세율에 의하여 과세되고 있는 부가가치세의 부담액을 그 소비자의 소득액과 대비하는 경우에 세부

담의 역진현상이 생기게 된다.

2) 탄력세율

법률이 정한 범위 내에서 시행세율의 조정권한을 행정부에 위임하는 경우에 그에 따라 행정부가 신축적으로 적용하는 세율을 탄력세율이라 한다.[124]

탄력세율은 일반적으로 조세의 경기조절적 기능을 수행하기 위하여 채용되고 있다. 예를 들어 국제 원유가의 등락에도 불구하고 휘발유에 대한 세율을 탄력적으로 운영함으로써 휘발유 값을 안정시키는 것이 대표적이다.

탄력세율에 대하여 과세요건인 세율을 국회가 제정한 법률로 정할 것을 요구하는 조세법률주의에 반하는 것이 아닌가 하는 논란이 있을 수 있으나, 법률로써 시행세율의 상한과 하한이 명확하게 규정되어 위임되는 한 조세법률주의의 내용인 과세요건법정주의에 반하는 것은 아니라고 할 것이다. 다만 시행세율의 상한과 하한의 폭이 너무 과도하게 규정되는 경우에는 사실상 세율을 확정하고 있지 않은 경우와 마찬가지가 되므로 조세법률주의에 위배되는 문제점이 발생할 수 있다.

Ⅲ. 납세의무의 성립시기

납세의무는 과세요건을 충족하는 사실이 발생하는 때에 성립한다. 그러므로 납세의무의 성립시기는 과세요건의 충족시기의 문제이다.

납세의무의 성립시기에 관하여 국세기본법 제21조는 각 세목별로 다음과 같이 규정하고 있다(국세기본법 제21조 제1항).

① 소득세·법인세: 과세기간이 끝나는 때(다만 청산소득에 대한 법인세는 해당 법인이 청산하는 때)

② 상속세: 상속이 개시되는 때

③ 증여세: 증여에 의하여 재산을 취득하는 때

---

124) 예컨대 양도소득세의 세율에 대하여 소득세법 제104조 제4항은 기본세율의 100분의 15를 가감한 범위 안에서 대통령령으로 세율을 조정할 수 있다고 규정하고 있다. 그 밖에 관세법(제69조), 증권거래세법 제8조 제2항, 개별소비세법 제1조 제6항 등에서도 탄력세율을 채택하고 있다.

④ 부가가치세: 과세기간이 끝나는 때, 다만 재화수입에 대한 부가가치세는 세관장에 게 수입신고를 하는 때

⑤ 개별소비세 또는 주세: 과세물품을 제조장으로부터 반출하거나 판매장에서 판매하 는 때 또는 과세장소에 입장하거나 과세유흥장소에서 유흥음식행위를 한 때, 다만 수입물품의 경우에는 세관장에게 수입신고를 하는 때

⑥ 인지세: 과세문서를 작성하는 때

⑦ 증권거래세: 해당 매매거래가 확정되는 때

⑧ 교육세: 국세에 부과되는 경우는 해당 국세의 납세의무가 성립하는 때, 금융·보험업 자의 수익금액에 부과되는 경우에는 4분기별 과세기간이 끝나는 때

⑨ 농어촌특별세: 농어촌특별세법 제2조 제2항에 따른 본세의 납세의무가 성립하는 때

⑩ 종합부동산세: 과세기준일

⑪ 가산세: 가산할 국세의 납세의무가 성립하는 때

그러나 다음의 국세는 위의 성립시기에 관한 규정에 불구하고 그 성립시기를 달리한다 (제2항).

① 원천징수하는 소득세 또는 법인세: 소득금액 또는 수입금액을 지급하는 때

② 납세조합이 징수하는 소득세 또는 예정신고하는 소득세: 그 과세표준이 되는 금액 이 발생한 달의 말일

③ 중간예납하는 소득세·법인세, 예정신고기간에 대한 부가가치세: 중간예납기간 또 는 예정신고기간이 종료하는 때

④ 수시 부과에 의하여 징수하는 국세: 수시 부과할 사유가 발생하는 때

제2절 납세의무의 확정

과세요건의 충족에 의하여 납세의무가 성립되었다 하더라도 그것의 내용이 구체적으로 확 정되지 않으면 그 이행을 청구할 수 없다. 따라서 각 개별 세법은 추상적으로 성립된 납세의 무를 구체적으로 확정하는 방법과 절차를 규정하고 있다. 국세기본법 역시 "국세는 해당

세법에 따른 절차에 따라 그 세액이 확정된다"고 규정하고 있다(국세기본법 제22조 제1항).

이와 같이 납세의무의 성립에는 아무런 절차가 필요하지 않으나, 납세의무의 확정에는 납세신고 또는 부과처분이라는 특별한 절차를 요한다. 다만 예외적으로 과세관청이나 납세의무자의 특별한 절차 없이 성립과 동시에 확정되는 경우도 있다.

Ⅰ. 납세의무 확정의 방식

납세의무를 확정하는 방식에는 크게 신고납세방식과 부과과세방식 두 가지 방식이 있으며, 그 외 자동확정방식이 있다.

1. 신고납세방식

신고납세방식이란 과세요건의 충족에 의하여 성립한 납세의무를 납세의무자가 스스로 확인, 계산하여 과세표준과 세액을 정부에 신고하면 과세관청의 별다른 처분 없이 신고한 그대로 납세의무가 구체적으로 확정되는 것을 말한다.

조세를 정부가 확정하여 징수하는 것보다 납세의무자가 스스로 결정하여 신고납부하게 하는 것이 민주적 납세방식에 적합하다. 또 거래내용과 그 결과는 누구보다도 납세의무자가 가장 정확하게 파악하고 있는 것이므로 신고납세방식이 조세의 능률적 징수의 요청에 부합한다고 말할 수 있다.

다만 세액 계산에는 고도의 전문성과 기술성을 요하고 납세의무자의 조세기피성향 때문에 고의 또는 과실로 부실한 신고를 할 우려가 있으므로 신고납세방식을 채택하더라도 과세관청의 납세의무자에 대한 조사, 확정권이 전면적으로 배제되지 않는다. 즉 납세의무자가 신고를 하지 않거나 신고를 성실하게 하지 않은 경우에는 과세관청의 결정권 또는 경정결정권이 발동된다.

현행법상 신고납세방식을 채택하고 있는 세목은 소득세·법인세·부가가치세·개별소비세·증권거래세·주세 등을 들 수 있다.

2. 부과과세방식

부과과세방식이란 과세관청의 부과처분에 의하여 납부할 세액을 확정하는 것을 말한다. 부과과세방식에 있어서 조세부과처분은 과세요건의 충족으로 이미 성립한 납세의무에 관하여 과세요건사실을 파악, 확인하고 관계되는 세법을 적용하여 세액을 결정하는 것이다.

이 방식하에서도 납세의무자에게 과세표준의 신고의무를 지우는 세목이 있는데, 이 경우 납세의무자의 신고는 과세관청의 부과처분에 참고자료가 될 뿐이고 납세의무를 확정하는 효과가 없다. 일반적으로 신고납세방식을 실행하기 부적합하거나 곤란한 경우에는 부과과세방식을 채택하게 된다.

현행법상 부과과세방식을 채택한 세목으로는 상속세·증여세 등을 들 수 있다.

3. 자동확정방식

납세의무의 부수적인 확정방식으로 과세관청이나 납세의무자의 특별한 절차 없이 성립과 동시에 당연히 확정되는 자동확정방식이 있다.

인지세, 원천징수하는 소득세 또는 법인세, 납세조합이 징수하는 소득세, 중간예납하는 법인세(세법에 의하여 정부가 조사, 결정하는 경우를 제외)처럼 과세표준과 세액의 산정이 간단한 국세에 있어서는 특별한 절차 없이 납세의무가 성립하는 때에 세액이 확정되는 것으로 하고 있다(국세기본법 제22조 제2항).

Ⅱ. 납세의무의 확정절차

1. 납세신고

1) 신고와 변경

납세신고란 납세의무자가 세법의 규정에 따라 소정의 신고서를 갖추어 과세표준과 세액을 정부에 제출하는 것을 말한다. 납세신고의 법적 성격과 효력은 신고납세방식에서의 신고인가, 부과과세방식에서의 신고인가에 따라 다르다. 신고납세방식에 있어서 납세신고는 납세의무를 구체적으로 확정시키는 효력을 갖는 사인의 공법행위의 일종이지만, 부과과세방식에 있어서 납세신고는 납세의무를 확정시키는 효력은 없고 다만 정부의 과세결정의 정확과 편의를 위하여 제공하는 납세정보에 불과한 것이다.

세법 규정에 따른 납세의무자의 과세표준 및 세액의 신고는 법정기한 내에 정확하게 행해져야 한다. 그러나 세법의 적용은 고도의 전문지식과 기술성을 요하므로 납세신고가 정확하지 못한 경우가 발생할 수 있다. 이러한 경우에 납세자 스스로 그 잘못을 수정할 수 있는 기회를 주는 것이 조세행정의 능률적이고 원활한 수행을 위하여 필요하다. 이를 위하여 국세기본법은 납세의무자가 수정신고와 경정청구를 통하여 당초의 신고를 변경할 수 있도록 하였다. 이에 비하여 과세관청은 경정처분으로써 당초의 신고를 변경할 수 있다.

2) 급여소득자와 납세신고권

소득세 같은 신고납세방식의 조세에서는 납세의무자에게 자기가 납부할 세금을 스스로 결정하게 하는 것이 원칙이다. 그러나 급여소득자는 소득세의 원천징수로 인하여 사실상 납세신고권을 박탈당하고 있고, 이로 인하여 급여소득자는 납세의무자로서의 법적 지위가 약화되어 있다. 또 근로소득세를 원천징수하여 공제한 급여를 받기 때문에 조세를 납부하고 있다는 의식과 그 조세의 용도에 대해서도 무관심한 사람이 대부분이다.

이와 같이 원천징수제도는 조세징수의 편의성만을 목적으로 하는 결과로 우리 사회에서 가장 중요한 비중을 차지하고 있는 급여소득자의 법적 지위와 권리를 제대로 배려하지 못하고 있다. 납세의무자가 납세의무자로서의 권리의식이 없고 조세의 용도에 관심이 없다면 주권자로서 국민의 도리를 다하지 못하는 것이 된다. 납세신고권은 헌법상의 국민주권주의로부터 나오는 것이므로 모든 국민이 납세신고권을 보장받을 수 있도록 하여야 할 것이다. 다행히 근로소득자에게도 경정청구권이 보장되고 있다(국세기본법 제45조의 2 제4항).

2. 조세 부과처분

1) 조세 부과처분의 의의

조세 부과처분은 과세관청이 국세 및 지방세의 과세표준과 세액을 결정하는 행정처분이다. 즉 납세의무를 구체적으로 확정시키는 과세관청의 행위이다. 이를 통하여 납부의무의 구체적 개별적 내용이 확정되게 된다.

조세 부과처분은 부과과세방식의 조세뿐 아니라 신고납세방식의 조세에 있어서도 납세의무자가 신고를 하지 않거나 신고 내용에 오류·탈루가 있을 때 행해진다.

과세처분이 그 효력을 발생하기 위해서는 당해 납세의무자에 대한 납세의 고지가 있어야 한다. 과세관청의 납세고지는 과세처분의 효력발생요건이다. 판례도 과세관청이 조사, 확인한 과세표준과 세액을 부과·결정한 때에 납세의무가 구체적으로 확정되는 것이나, 그 확정의 효력은 납세의무자에게 그 결정이 고지된 때에 발생한다고 한다.[125]

이와 같이 조세의 부과처분은 납세고지와 개념상 구별된다. 납세고지는 세무서장이 조세를 징수하기 위하여 이미 확정된 조세채무의 이행을 청구하는 절차이다. 그러므로 개념상 조세 부과처분이 선행되고 납세고지가 뒤따르게 된다. 그러나 납세고지서에 의하여 납세고지를 하는 경우에 조세의 부과·결정을 고지하는 부과처분과 확정된 세액의 납부를 고지하는 징수처분의 성질을 모두 갖고 있는 경우가 많음을 유의할 필요가 있다. ☞ 〈참고판례 32〉

2) 납세고지의 방법

납세고지는 통상 납세고지서라는 성문의 형식으로써 하게 된다. 그러나 반드시 납세고지서라는 양식의 문건으로 할 필요는 없고 당해 납세자에게 부과결정의 내용이 통지되었다면 충분하다고 보아야 한다.[126]

납세고지서는 원칙적으로 관할 세무서장이 발부한다. 납세고지서는 납세의무자에게 발부되어야 하고 납세의무자가 다수인 경우에는 각자에 대하여 발부되어야 한다.

납세고지서의 기재사항은 필요적 기재사항이므로 징수하고자 하는 국세의 과세연도, 세목, 세액 및 그 산출근거, 납부기한과 장소 등을 명백히 하여야 한다(국세징수법 제9조 제1항). 납세고지의 방법에 관하여 정한 조세법의 규정은 납세의무자에게 과세처분의 내용을 알려 조세행정의 투명성을 확보하고 이에 대한 불복의 결정에 도움을 줌으로써 억울하게 사실과 다른 과세처분을 받는 일이 없도록 하기 위한 취지이므로 모두 강행규정이라고 해석해야 한다. 그러므로 위 기재사항을 누락한 고지서의 발급은 고지처분의 하

---

125) 대법원 1985.1.29. 선고 84누111 판결.
126) 대법원 1997.8.22. 선고 96누5285 판결.

자로 인한 위법한 처분이 된다.[127]

〈참고판례 32〉

대법원 2004.9.3. 선고 2003두8180 판결【양도소득세부과처분취소】

【판시사항】
양도소득세 납세의무자가 과세표준과 세액의 신고만 하고 세액을 납부하지 아니하여 과세관청이 신고한 사항에 대하여 아무런 경정 없이 신고내용과 동일한 세액을 납부하도록 고지한 경우, 그 납세고지의 법적 성질(＝징수처분)

【판결요지】
양도소득세는 2000년 1월 1일 이후 최초 양도하는 분부터는 신고납세 방식으로 전환된 조세로서 납세의무자가 그 과세표준과 세액을 신고하는 때에 세액이 확정되어 신고와 함께 세액을 납부할 의무가 있는 것으로서, 납세의무자가 과세표준과 세액의 신고만 하고 세액을 납부하지 아니하여 과세관청이 신고한 사항에 대하여 아무런 경정 없이 신고내용과 동일한 세액을 납부하도록 고지한 것은 확정된 조세의 징수를 위한 징수처분일 뿐 취소소송의 대상이 되는 과세처분으로 볼 수는 없다.

【이유】
국세기본법 제22조, 같은 법 시행령 제10조의 2 및 구 소득세법(2001.12.31. 법률 제6557호로 개정되기 전의 것) 제105조, 제114조에 의하면, 양도소득세는 2000년 1월 1일 이후 최초 양도하는 분부터는 신고납세방식으로 전환된 조세로서 납세의무자가 그 과세표준과 세액을 신고하는 때에 세액이 확정되어 신고와 함께 세액을 납부할 의무가 있는 것으로서, 납세의무자가 과세표준과 세액의 신고만 하고 세액을 납부하지 아니하여 과세관청이 신고한 사항에 대하여 아무런 경정 없이 신고내용과 동일한 세액을 납부하도록 고지한 것은 확정된 조세의 징수를 위한 징수처분일 뿐 취소소송의 대상이 되는 과세처

---

127) 대법원 1993.12.21. 선고 93누10316 전원합의체 판결.

분으로 볼 수는 없다.

기록에 비추어 살펴보면, 원심의 사실인정과 판단은 위와 같은 법리에 따른 것으로 정당하고, 거기에 상고이유에서 주장하는 것과 같은 부동산 양도신고 및 양도소득세 예정신고나 소의 적법 여부에 관한 법리오해 등의 위법이 있다고 할 수 없으며, 또한 소의 적법 여부는 소송요건으로서 당사자의 주장이 없더라도 법원이 직권으로 이를 조사할 수 있는 것이므로 피고나 조세심판원이 당초 이 사건 납세고지를 과세처분이라고 하였다가 소송과정에서 징수처분이라고 주장하였다고 하여 신의칙이나 금반언의 원칙에 반한다고 할 것은 아니다.

그러므로 상고를 기각하기로 하여 관여 대법관의 일치된 의견으로 주문과 같이 판결한다.

III. 수정신고와 경정청구제도

1. 수정신고

1) 의의

과세표준신고서에 기재된 과세표준 및 세액이 세법에 의하여 신고하여야 할 과세표준 및 세액에 미달하거나, 과세표준신고서에 기재된 결손금액 또는 환급세액이 세법에 의하여 신고하여야 할 결손금액 또는 환급세액을 초과하는 때에 과세표준신고서를 법정신고기한 내에 제출한 자는 관할 세무서장이 당해 국세의 과세표준과 세액을 결정 또는 경정하여 통지를 하기 전으로서 조세의 부과제척기간이 끝나기 전까지 과세표준 수정신고서를 제출할 수 있다(국세기본법 제45조). 이것을 수정신고라 한다.

수정신고는 납세자에게 인정되는 경정청구제도와 개념을 구분해야 한다. 수정신고제도는 과세표준 등의 증액, 결손금액 또는 환급세액의 감액의 경우에 대해서만 적용이 있고, 경정청구제도는 이와 반대로 과세표준 등의 감액, 결손금액 또는 환급세액의 증액의 경우에 대해서만 가능하도록 입법되어 있다.[128]

---

128) 이러한 구분은 과세표준 등의 증액의 경우뿐 아니라 감액의 경우까지도 수정신고가 가능하도록 하였던 1994년 12월 22일 개정 전의 구 국세기본법과 큰 차이가 있으므로 주의를 요한다.

2) 취지

과세표준 및 세액의 신고사항 중 그 실체적 진실과 다르게 과소신고 했거나 환급세액 등을 과대신고 하였을 경우에 이를 납세의무자의 신고에 의하여 정정하도록 하는 것은 정의의 관념에도 적합하고, 과세관청의 경정결정을 통하여 바로잡는 것보다 세무행정력을 절감할 수 있어 더 효과적이다.

수정신고제도는 부과과세방식을 채택하든지 신고납세방식을 채택하든지 양쪽에 다 필요한 제도이다. 왜냐하면 신고납세방식 조세의 경우에 신고에 의하여 납세의무가 확정되듯이 과소신고나 환급세액의 과대신고를 바로잡는 것도 납세의무자의 수정신고를 통하여 해결함이 균형에 맞는다. 부과과세방식 조세의 경우에도 과세관청은 다른 특별한 사유가 없는 한 납세의무자가 과세의 근거자료를 제공하는 납세협력 의무를 이행함에 따라서 신고한 과세표준과 세액을 존중하여 과세처분을 하기 때문이다.

국세기본법은 수정신고를 유도하기 위하여 납세의무자가 이를 한 경우에 과소신고 가산세에 있어서 경감혜택을 받을 수 있게 하고 있다(국세기본법 제48조 제2항).

3) 요건

수정신고는 과세표준신고서를 법정신고기한 내에 제출한 자만이 할 수 있다. 당초의 적법한 과세표준을 신고하지 아니한 경우에는 수정신고로서의 효력을 인정하지 않는다.

수정신고는 납세의무자가 신고한 당해 국세의 과세표준 및 세액을 관할 세무서장이 각 세법의 규정에 의하여 결정 또는 경정하여 통지하기 전까지 하여야 한다. 따라서 신고납세방식 조세의 경우는 경정하여 통지하기 전까지, 부과과세방식 조세의 경우는 결정 또는 경정하여 통지하기 전까지 수정신고를 할 수 있다. 다만, 국세부과의 제척기간이 만료하기 전까지 신고하여야 한다.

과세표준신고서를 법정신고기한까지 제출하였으나 과세표준신고액에 상당하는 세액의 전부 또는 일부를 납부하지 아니한 자는 그 세액과 세법에서 정하는 가산세를 세무서장이 고지하기 전에 납부할 수 있다(국세기본법 제46조 제3항).

4) 효과

(1) 납세의무의 확정력

부과과세방식의 조세에 있어서는 과세표준이나 세액의 신고가 과세관청의 부과처분을 위한 과세자료를 제출하는 것에 불과한 것과 마찬가지로 수정신고도 납세의무를 확정하는 효력은 없고, 단지 과세자료를 수정하거나 추가로 제출하는 협력의무의 이행에 해당한다.

그에 비하여 신고납세방식의 조세에 있어서는 당초의 신고가 납세의무를 신고한 내용대로 확정하는 효력을 발생하는 것처럼 수정신고에도 납세의무를 수정된 대로 확정하는 효력이 있는 것으로 보아야 한다. 즉 세무서장의 경정을 기다리지 않고 과세표준과 세액이 수정되어 확정된다.

(2) 과소신고 가산세의 경감

과세표준 수정신고서를 법정신고기한이 지난 후 6월 이내에 제출한 자에 대해서는 최초의 과소신고로 인하여 부과하여야 할 가산세의 100분의 50, 6월 초과 1년 이내에 제출한 자에 대해서는 100분의 20, 1년 초과 2년 이내에 제출한 자에 대해서는 100분의 10에 해당하는 세액을 감면한다(국세기본법 제48조 제2항).

세법에 따라 과세표준신고액에 상당하는 세액을 자진 납부하는 국세에 관하여 과세표준수정신고서를 제출하는 납세자는 이미 납부한 세액이 과세표준수정신고액에 상당하는 세액에 미치지 못할 때에는 그 부족한 금액과 세법에서 정하는 가산세를 과세표준수정신고서 제출과 동시에 추가하여 납부하여야 한다(국세기본법 제46조 제1항). 국세를 추가하여 납부하여야 할 자가 납부하지 아니한 경우에는 가산세 감면을 적용받을 수 없도록 하였다(동 조 제2항).

2. 기한 후 신고

1) 의의

법정신고기한 내에 과세표준신고서를 제출하지 않은 자로서 납부하여야 할 세액(가산세 제외)이 있는 자는 관할세무서장이 당해 국세의 과세표준과 세액을 결정 통지하기 전까지 과세표준신고서를 제출할 수 있는데, 이때 하는 신고를 '기한 후 신고'라 한다.

현행 수정신고제도는 법정신고 기한 내에 신고한 자에 대해서만 허용하고 있어 당초 법정신고기한 내에 무신고한 납세자가 세무신고를 할 수 있도록 한 것이다(국세기본법 제45조의 3).

2) 절차

기한 후 과세표준신고서를 제출하는 자는 기한 후 과세표준신고액에 상당하는 세액과 가산세를 동시에 납부하여야 한다. 납세자가 기한 후 신고를 하는 경우 세무서장은 과세표준과 세액을 결정하여야 한다.

종전에는 기한 후 신고에 대한 세무서장의 결정 기한에 대하여 명시적인 규정이 없어 그 결정이 있을 때까지 불복청구가 무한정 지연될 우려가 있었다. 현행법은 기한 후 과세표준신고서를 제출한 경우(납부할 세액이 있는 경우에는 그 세액을 납부한 경우만 해당) 관할 세무서장은 신고일로부터 3개월 이내에 해당 국세의 과세표준과 세액을 결정하도록 하고 있다. 다만, 그 과세표준과 세액을 조사할 때 조사 등에 장기간이 걸리는 등 부득이한 사유로 3개월 이내에 결정하지 못할 경우 그 사유를 신고인에게 통지하여야 한다(국세기본법 제45조의 3 제2항, 제3항).

3) 효과

기한 후 신고는 법정신고기한 내의 신고가 아니므로 수정신고나 통상의 경정청구를 하기 위한 요건에 해당하지 아니한다. 다만, 납세의무자로 하여금 소득세·법인세·부가가치세 등의 무신고가산세의 경감이 가능하게 한다. 즉 법정신고기한이 지난 후 1개월 이내에 기한 후 신고납부를 한 경우는 해당 가산세액의 100분의 50에 상당하는 금액, 법정신고기한이 지난 후 1개월 초과 6개월 이내에 기한 후 신고납부를 한 경우는 해당 가산세액의 100분의 20에 상당하는 금액을 경감하는 혜택을 준다(국세기본법 제48조 제2항).

한편 과세관청으로서는 무신고자 조사결정에 필요한 과세자료의 취득이 용이해지게 된다.

4) 특례

법인세법 제62조에 따른 과세표준신고 특례를 적용받는 비영리내국법인은 기한 후 신고에 의하여 원천징수세액의 환급신청을 할 수 없다. 비영리내국법인이 과세표준신고를 하지 아니한 이자소득은 원천징수로 납부의무가 종결되는바(법인세법 제62조), 과세표준신고 특례를 기한 후 신고를 규정한 국세기본법 제45조의 3보다 우선 적용하기 때문이다(국세기본법 제3조 제1항).

3. 경정청구제도

1) 의의

법정신고기한 내에 과세표준신고서를 제출한 납세의무자는 법에 정한 사유에 해당하는 사항이 있는 경우에 법정신고기한 경과 후 3년 내에 최초신고 및 수정신고한 국세의 과세표준 및 세액 등의 결정 또는 경정을 관할 세무서장에게 청구할 수 있다(국세기본법 제45조의 2 제1항). 이것을 '경정청구'라 하고, 이 제도를 이용할 납세의무자의 권리를 '경정청구권'이라 한다.

경정청구는 두 가지로 나뉜다. ① 과세표준신고서에 기재한 과세표준 및 세액이 오류로 인하여 과다신고되어 이를 시정하기 위한 경정청구의 경우, ② 법에 정해진 후발적 사유가 발생하여 과세표준 또는 세액 등의 계산의 기초에 변동이 생겼기 때문에 실체적 진실에 맞게 과세표준 및 세액 등을 시정하기 위한 경정청구의 경우가 있다. 위 ①의 경정청구를 '감액경정청구' 또는 '통상의 경정청구'라고 하고, ②의 경정청구를 '후발적 사유에 의한 경정청구'라고 한다.

2) 취지

종전에 신고납세방식의 조세에 있어서 착오로 납세의무자가 과·오납한 경우에 납세신고를 접수한 세무관청의 행위를 확인적 부과처분으로 보아 그 취소를 구하는 것이 가능한지에 대하여 논란이 되었는데 판례는 이를 부정하는 입장이 명백하였다.[129] 그리하여 과세관청에 의한 부과처분이 없게 되는 경우에 납세자의 권리구제방법이 문제가 되었다.

한편으로 조세채권자인 국가는 납세의무자의 신고에 오류·탈루가 있는 경우에 부과제척기간 내에는 언제든지 이를 경정·결정할 수 있는 막강한 권한을 부여받고 있는 데

---

129) 대법원 1990.5.11. 선고 87누553 판결, 대법원 1990.4.13. 선고 87누642 판결.

비하여, 납세의무자는 오류로 인하여 납부의무 없는 신고를 하거나 과다신고를 한 경우에 스스로 이를 시정할 방법이 거의 없었다. 이는 납세의무자와 과세관청 간에 법적 지위의 불균형을 초래하고 납세자의 권리가 외면당하는 결과를 가져왔다.

이러한 문제로 국세기본법에서 납세의무자에게 경정청구권을 인정하기에 이르렀는데 납세의무자 스스로 신고한 세액이 과다하거나 환급세액이 과소하게 신고된 경우 또는 법정신고기한 후에 후발적 사유가 발생하여 최초의 신고 또는 결정·경정이 납세의무자에게 불리한 경우에 이를 변경, 시정하기 위한 장치이다. 이러한 점에서 경정청구제도는 납세의무자의 권리를 사후적으로 구제하는 기능을 가지는 것이다. 아울러 납세의무자의 입장에서 보면 납세신고에 있어서 오류·착오로 인한 과오납의 두려움에서 벗어나 납세의무를 이행할 수 있게 부담을 완화시켜 주는 역할도 하고 있다.

3) 요건

(1) 청구권자

통상의 경정청구권자는 법정신고기한 내에 과세표준신고서를 제출한 납세의무자이어야 한다(국세기본법 제45조의 2 제1항). 법정신고기한 내의 신고에 대하여 과세관청의 결정 또는 경정을 받은 납세의무자도 경정청구의 기간이 경과되기 전에는 경정청구를 할 수 있다.

납세의무자로서 과세표준신고서를 법정신고기한 내에 제출한 이상 신고납세방식의 조세에 관한 신고를 한 경우뿐 아니라, 부과과세방식의 조세에 관해서도 납세의무자의 협력의무를 위하여 규정한 신고기한 내에 신고한 경우에는 경정청구를 할 수 있다.

경정청구권자가 관할세무서장에게 청구할 수 있는 내용 중 '결정'은 부과과세방식의 조세, '경정'은 신고납세방식의 조세에 관하여 규정한 것으로 볼 수 있다.[130]

후발적인 사유에 기한 경정청구는 과세표준의 신고 또는 과세표준 및 세액의 결정이 있은 후 납세의무자 자신의 임의적 의사와는 관계없이 과세표준 및 세액의 기초가 된 사실에 중대한 변경사유가 발생한 경우 납세자를 보호하기 위하여 예외적으로 허용한 것으로서 통상적인 경정청구와 달리 법정신고기한 내에 과세표준신고서를 제출하지 아니한 자에게도 허용된다(동 조 제2항).

---

130) 이창희, 앞의 책, 210면.

(2) 경정청구의 사유

가) 통상의 경정청구의 경우

① 과세표준신고서에 기재된 과세표준 및 세액(각 세법의 규정에 의하여 결정 또는 경정이 있는 경우에는 당해 결정 또는 경정후의 과세표준 및 세액)이 세법에 의하여 신고하여야 할 과세표준 및 세액을 초과하는 때

② 과세표준신고서에 기재된 결손금액 또는 환급세액(각 세법의 규정에 의하여 결정 또는 경정이 있는 경우에는 당해 결정 또는 경정 후의 결손금액 또는 환급세액)이 세법에 의하여 신고하여야 할 결손금액 또는 환급세액에 미달하는 때

이와 같이 통상의 경정청구는 신고액이 '세법에 의하여 신고하여야 할' 과세표준 및 세액을 초과하거나, '세법에 의하여 신고하여야 할' 결손금액 또는 환급세액에 미달하는 때를 경정청구의 사유로 규정하고 있다. 예를 들어 농지를 취득하여 해당 농지를 8년 이상 재촌 자경하면 보유한 자가 농지를 양도하고 신고 기한 내에 양도소득세를 신고·납부하였다가, 해당 농지가 조세특례제한법에 규정하는 8년 이상 자경농지에 대한 양도소득세 감면대상이라고 경정청구를 할 수 있다.

나) 후발적 경정청구의 경우(국세기본법 제45조의 2 제2항)

① 최초의 신고·결정 또는 경정에 있어서의 과세표준 및 세액의 계산근거가 된 거래 또는 행위 등이 그에 관한 소송에 대한 판결(판결과 동일한 효력을 가지는 화해 기타 행위를 포함한다)에 의하여 다른 것으로 확정된 때

② 소득 기타 과세물건의 귀속을 제3자에게로 변경시키는 결정 또는 경정이 있는 때

③ 조세조약의 규정에 의한 상호 합의가 최초의 신고·결정 또는 경정의 내용과 다르게 이루어진 때

④ 결정 또는 경정으로 인하여 해당 결정 또는 경정의 대상이 되는 과세기간외의 과세기간에 대하여 최초에 신고한 국세의 과세표준 및 세액이 세법에 의하여 신고하여야 할 과세표준 및 세액을 초과한 때

⑤ 위와 유사한 사유로서 대통령령이 정하는 사유가 해당 국세의 법정신고기한 경과 후에 발생한 때

위에서 후발적 경정사유의 하나인 '~ 그에 관한 소송에 대한 판결(판결과 동일한 효력을 가지는 화해 기타 행위를 포함한다)에 의하여 다른 것으로 확정된 때'에 있어서 '판결'이라 함은 과세표준 및 세액의 계산근거가 된 거래 또는 행위 등이 재판과정에서 투

명하게 다투어졌고, 그것이 판결의 주문과 이유에 의하여 객관적으로 확인되는 민사사건, 행정사건 등의 판결을 말한다. 여기에서 말하는 판결에는 형사사건의 판결은 포함되지 아니하는 것으로 해석하여야 할 것이다.[131] 형사판결은 재판과정에서 기소를 담당한 검사 측의 일방적인 범죄사실 입증과 피고인의 자백에 의하여 사실관계가 확정될 뿐 대체로 사실관계가 치열하게 다투어지지 않기 때문이다.

당연한 것이지만 후발적 경정사유가 적용되기 위하여서는 판결 등의 결과 과세표준 및 세액계산의 기초로 된 사실에 변동이 발생하는 것이 필요하다. 과세표준 등의 근거가 된 '거래 또는 행위'에 관한 소송에 대한 것으로서 그로 말미암아 거래 또는 행위의 법률효과 내지 법적 의미에 관하여 직접적인 영향을 미치는 것을 말하는 것이다. 그러므로 각하판결은 소송요건에 대해서만 판결의 효력이 미치는 것이므로 후발적 경정청구 사유의 하나로 규정하고 있는 '판결'에 해당하지 않는다.[132] 경정청구 규정의 취지로 보아 조세를 회피할 목적으로 납세자가 담합하여 받은 판결은 여기에서 말하는 판결에 포함되지 아니하는 것으로 보아야 한다.

'판결과 동일한 효력을 가지는 화해 기타 행위'란 판결이나 결정문 자체로는 거래 또는 행위에 대한 판단을 알 수 없더라도 거래 또는 행위 등이 재판과정에서 투명하게 다투어졌고 그 결론에 이르게 된 경위가 조서 등에 의하여 쉽게 확정할 수 있는 자백간주에 의한 판결이나 임의조정, 강제조정, 재판상 화해 등의 경우만을 한정한다고 해석하여야 할 것이다. 또한 판결과 동일한 효력이 있는 화해 등에 있어서도 조세를 회피할 것을 목적으로 담합하여 한 것은 여기에서 말하는 화해 기타 행위에 포함되지 아니하는 것으로 해석하여야 한다.

판례를 살펴보면, 기간과세 조세에 있어서 비록 경정청구대상 사안과 판결 등의 쟁점이 동일하다 하더라도 문제 되고 있는 해당 과세기간에 대한 경정청구사유는 해당 과세기간에 대한 판결인 경우에만 인정하고 다른 과세기간에 대한 동일 쟁점의 판결 또는 불복결정은 경정청구 사유로 인정하지 않는 경향이다.[133]

이와 같이 판례를 보면 후발적 경정청구사유로서 판결의 범위를 매우 좁게 해석하고 있으나 납세자와 과세관청 사이에 사실관계에 다툼이 없고 법적 쟁점이 완전 동일한 경우까지 후발적 경정청구사유를 자유롭게 인정하지 아니하고 제한하는 것은 납세자 권리구제

---

131) 대법원 2007.10.12. 선고 2007두13906 판결.

132) 대법원 2008.7.24. 선고 2006두10023 판결

133) 대법원 2008.7.24. 선고 2006두10023 판결, 서울행정법원 2004.2.3. 선고 2002구합3164 판결.

제도로서 경정청구제도의 취지를 몰각시키는 것이다. ☞ **(참고판례 33, 34, 35)**

(3) 경정청구의 기한

통상의 경정청구의 기한은 법정신고기한 경과 후 3년 내이다(국세기본법 제45조의 2 제1항). 3년 내로 제한한 취지는 조세법률관계의 조속한 안정 등과 같은 공익상의 필요와 납세의무자의 권익보호라는 서로 상충하는 이익을 조화시키기 위한 것이다.

국세의 과세표준 및 세액의 결정 또는 경정처분을 받은 경우 그 처분 자체에 대한 쟁송의 제기를 방해하지 아니한다. 가령 납세의무자가 과세표준신고를 하지 아니하여 과세관청이 부과처분을 한 경우 그 후에 발생한 계약의 해제 등 후발적 경정사유를 원인으로 한 경정청구가 가능하더라도 그 처분 자체에 대한 쟁송의 제기를 방해하는 것은 아니므로 경정청구와 별도로 위 처분을 다툴 수 있다.[134]

그러나 제소기간의 제한으로 말미암아 위와 같은 후발적 사유는 대부분 부과처분에 대한 쟁송제기 기간이 지난 후에 발생하기 마련이고 이 경우에는 경정청구만 가능하다고 할 것이다.

종전에는 정부의 결정이 있거나 과세표준신고서를 법정신고기한 내에 제출한 후 증액경정처분이 있는 경우 경정 후의 세액이 세법에 의해 신고하여야 할 과세표준 및 세액을 초과하는 경우에 증액경정처분에 대한 불복기간이 경과하였는지와 상관없이 경정청구의 기한이 남아 있는 한 경정청구의 대상이 된다고 보는 것이 판례의 입장이었다.[135] 이렇게 해석하면 납세자의 권리구제에 보다 충실한 것이 되지만 불복쟁송 제기 기한의 의미가 없어지고 이에 따른 불가쟁력도 무력화되는 점에서 문제가 있었다.[136] 그리하여 현행법은 각 세법에 따른 결정 또는 경정이 있는 경우에 그로 인하여 증가된 과세표준 및 세액에 대해서는 해당 처분이 있음을 안 날(처분의 통지를 받은 때에는 그 받은 날)부터 90일 이내(법정신고기한이 지난 후 3년 이내에 한한다)에 경정청구를 하여야 한다고 규정하고 있다(동조 동항 단서). 이에 따라 납세자는 불복쟁송을 제기하든지 경정청구를 하든지 선택할 수 있으나 그 기한은 불복청구기한에 따라야 한다.

후발적 사유에 따른 경정청구의 기한은 그 후발적 사유가 생긴 것을 안 날로부터 2개월 이내이다(동 조 제2항).

---

134) 대법원 2002.9.27. 선고 2001두5989 판결.
135) 대법원 2009.10.29. 선고 2007두10792 판결.
136) 이창희, 앞의 책, 211면.

(4) 원천징수대상자의 경정청구

소득세법 제73조 제1항 제1호부터 제7호까지에 해당하는 소득이 있는 자, 소득세법 제119조 제1호·제2호, 제4호부터 제8호까지, 제10호부터 제12호까지의 규정에 해당하는 소득이 있는 자 또는 법인세법 제93조 제1호·제2호, 제4호부터 제6호까지 및 제9호부터 제11호까지의 규정에 해당하는 국내 원천소득이 있는 자(원천징수대상자)가 다음의 어느 하나에 해당하는 경우에는 경정청구를 할 수 있다(동 조 제4항).[137]

① 원천징수의무자가 연말정산에 의하여 소득세를 납부하고 지급명세서를 제출기한까지 제출한 경우

② 원천징수의무자가 원천징수한 소득세를 납부하고 지급명세서를 제출기한까지 제출한 경우

③ 원천징수의무자가 원천징수한 법인세를 납부하고 급명세서를 제출기한까지 제출한 경우

(5) 경정청구의 특례

상속세 및 증여세법에서는 후발적 사유에 따른 경정청구의 특례를 규정하고 있다.

상속세 과세표준 및 세액을 신고한 자 또는 상속세 과세표준 및 세액의 결정 또는 경정결정을 받은 자로서 다음 중 하나에 해당하는 사유가 발생한 경우에는 그 사유가 발생한 날로부터 6월 이내에 시행령이 정하는 바에 따라 결정 또는 경정을 청구할 수 있다(상속세 및 증여세법 제79조).

① 상속재산에 대한 상속회복청구소송 등 시행령이 정하는 사유로 인하여 상속개시일 현재 상속인간 상속재산가액의 변동이 있는 경우

② 상속개시 후 1년이 되는 날까지 상속재산의 수용 등 시행령이 정하는 사유로 인하여 상속재산의 가액이 현저히 하락한 경우

---

137) 이 경우 국세기본법 제45조의 2 제1항 및 제2항 각 호 외의 부분 중 '과세표준신고서를 법정신고기한까지 제출한 자'는 '연말정산 또는 원천징수하여 소득세를 납부하고 소득세법 제164조, 제164조의 2 및 법인세법 제120조, 제120조의 2에 따라 지급명세서를 제출기한까지 제출한 원천징수의무자 또는 원천징수대상자'로, 제1항 각 호 외의 부분 중 '법정신고기한이 지난 후'는 '연말정산세액 또는 원천징수세액의 납부기한이 지난 후'로, 제1항 제1호 중 '과세표준신고서에 기재된 과세표준 및 세액'은 '원천징수영수증에 기재된 과세표준 및 세액'으로, 제1항 제2호 중 '과세표준신고서에 기재된 결손금액 또는 환급세액'은 '원천징수영수증에 기재된 환급세액'으로 본다.

4) 효과

경정청구는 그 자체로 과세표준 및 세액을 감액하여 확정시키거나 이를 감액하여 수정, 확정시키는 효력이 없다. 경정청구는 과세관청이 경정청구한 내용을 확인 조사하도록 촉구함으로써 과세표준 및 세액 등을 결정하거나 경정하도록 강제하는 것에 불과하다.

납세자로부터 결정 또는 경정의 청구를 받은 세무서장은 그 청구를 받은 날로부터 2월 이내에 과세표준 및 세액 등을 결정 또는 경정하거나 아니면 그러한 처분을 할 이유가 없다는 뜻을 경정청구자에게 통지하여야 한다(국세기본법 제45조의 2 제3항).

5) 경정청구의 절차

결정 또는 경정의 청구를 하고자 하는 자는 다음의 사항을 기재한 결정 또는 경정청구서를 제출하여야 한다(국세기본법 제45조의 2 제5항, 동법 시행령 제25조의 3).
① 청구인의 성명과 주소 거소
② 결정 또는 경정 전의 과세표준 및 세액
③ 결정 또는 경정 후의 과세표준 및 세액
④ 결정 또는 경정의 청구를 하는 이유
⑤ 기타 필요한 사항

〈참고판례 33〉

대법원 2008.7.24. 선고 2006두10023 판결【법인세경정거부처분취소】

1. 사안의 개요

[1] 원고(주식회사 대교)는 학습지 사업자로서 1996사업연도 법인세 신고를 함에 있어서, 학습지교사들이 회원들로부터 수금해 오는 다음 달분의 회비를 다음 달분의 매출로 계상하는 한편, 매월 15일 학습지교사들에게 그 전달에 수금한 회비총액의 일정비율로 산출되는 금액을 수수료로 지급하면서 그 수수료를 회비가 입금되는 달의 비용으로 계상

하는 등의 방법으로 법인세를 신고납부하였다.

[2] 이에 관악세무서장(이하 '피고'라 한다)은 원고에 법인세를 조사하면서, 위와 같은 원고의 산정방법은 수익비용대응의 원칙에 반하므로 매년 12월분의 손금으로 계상된 수수료는 다음해 1월에 산정되어야 한다며 원고에게, 1992사업연도부터 1995사업연도까지의 법인세를 다시 계산하여 부과, 고지하는 한편, 1996사업연도 해당 법인세에 대해서는 금 19,445,647원 상당을 감액경정하였다(차후 1996사업연도 법인세는 별도 사유로 다시 증액 경정됨).

[3] 그러자 원고는 1997사업연도분 법인세부터는 피고가 요구하는 손익귀속시기를 기준으로 계산하여 법인세를 신고납부하는 한편, 피고를 상대로, 피고의 위 1997년 9월 1일자 1992사업연도부터 1996사업연도 법인세 부과처분의 취소를 구하는 소를 서울행정법원에 제기하였다. 그리하여 원고는 2000년 11월 24일 위 법원으로부터 1992사업연도부터 1995사업연도 부분에 대해서는 원고의 수수료 손금산입 시기가 기업회계기준 또는 회계관행에 부합하다는 등의 이유로 인용판결을 받았으나, 1996사업연도분에 대해서는 조세의 부과처분이라 할 수 없는 감액경정처분을 취소청구대상으로 삼았다는 이유로 각하판결을 받았다(이하 '이 사건 제1심 각하 판결'이라 한다. 이 부분은 항소되지 아니한 채 그 무렵 확정되었다).

[4] 위 판결이 나자 원고는 2001년 1월 22일 피고에게, 원고가 삼은 손익귀속시기를 기준으로 계산하여 1996사업연도 법인세를 감액하여 달라는 청구(이하 '이 사건 2001년 1월 22일자 감액경정청구'라 한다)를 하는 한편, 위 제1심 판결 중 이 사건 제1심 각하판결을 제외한 나머지 부분이 피고의 항소 및 상고에 의한 항소심과 상고심에서 항소기각 및 상고기각으로 2003년 1월 24일 확정되자(이하 '이 사건 확정판결'이라 한다) 2003년 2월 3일 피고에게, 1996사업연도 법인세 13,604,921,290원을 12,891,932,812원으로 감액하여 달라는 청구를 하였다(이하 '이 사건 2003년 2월 3일자 감액경정청구'라 한다).

2. 쟁점

[1] 이 사건 1심 각하판결이 후발적 경정청구 사유 해당하는지
[2] 과세권자의 손금귀속시기에 대한 판단이 위법하다는 이유로 어느 과세기간의 부과처분을 취소한 확정판결이 그 다음 과세기간의 법인세와 관련하여 국세기본법상의 후발적 경정청구사유에 해당하는지

3. 쟁점의 검토

가. 이 사건 1심 각하판결이 후발적 경정청구 사유에 해당하는지

[1] 법 제45조의 2 제2항 제1호의 판결이라 함은 과세표준 및 세액계산의 근거가 된 '거래 또는 행위'에 관한 소송에 대한 것으로서 그로 말미암아 거래 또는 행위의 법률효과 내지 법적 의미에 관하여 직접적인 영향을 미치는 것을 말하는 것이라 할 것이다. 그러나 각하판결은 소송요건에 대해서만 판결의 효력이 미치는 것이므로 국세기본법 제45조의 2 제1항 제1호에서 후발적 경정청구 사유의 하나로 규정하고 있는 '판결'에는 해당하지 않는다.

[2] 과세처분이 있은 후 증액경정처분이 있는 경우, 그 증액경정처분은 당초의 처분을 그대로 둔 채 당초 처분에서의 과세표준 및 세액을 초과하는 부분만을 추가로 확정하는 것이 아니라 당초의 처분에서의 과세표준 및 세액을 포함시켜 전체로서 하나의 과세표준과 세액을 다시 결정하는 것이므로, 당초 처분은 증액경정처분에 흡수되어 당연히 소멸하고 그 증액경정처분만이 쟁송의 대상이 되고, 당초 처분의 취소를 구하는 소는 그 대상이 없는 것으로서 부적법한 것이므로 이를 각하하여야 한다.

나. 과세권자의 손금귀속시기에 대한 판단이 위법하다는 이유로 어느 과세기간의 부과처분을 취소한 확정판결이, 그 다음 과세기간의 법인세와 관련하여 국세기본법상의 후발적 경정청구사유에 해당하는지

[1] 원심의 견해

이 사건에서 보건대, 이 사건 확정판결의 소송경위와 내용에 비추어 이는 국세기본법 제45조의 2 제2항 제1호나 제4호 또는 제5호에서 정하고 있는 후발적 경정사유에 해당하는 것으로 보이고, 원고의 이 사건 2003년 2월 3일자 감액경정청구 시기가 이 사건 판결 확정이라는 후발적 경정사유가 발생한 날인 2003년 1월 24일로부터 국세기본법 제4조의 2 제2항에서 정한 2월이 경과하지 아니하였음은 역수상 명백하다(서울행정법원 2004.9.21. 선고 2004구합8262 판결, 서울고등법원 2006.5.18. 선고 2004누21342 판결).

[2] 대법원의 견해

법 제45조의 2 제2항 제1호 소정의 '거래 또는 행위 등이 그에 관한 소송에 대한 판결에 의하여 다른 것으로 확정된 때'라 함은 '거래 또는 행위 등에 대하여 분쟁이 생겨 그에 관한 판결에 의하여 다른 것으로 확정된 때'를 의미하므로(대법원 2006.1.26. 선고 2005두7006 판결 참조), 원고의 법인세 신고 당시의 사실관계를 바탕으로 그 손금귀속시

기만을 달리 본 피고의 손금귀속방법이 위법하다고 판단하여 부과처분을 취소한 이 사건 확정판결은 법 제45조의 2 제2항 제1호 소정의 판결에 포함되지 않는다고 봄이 상당하다.

그리고 법 제45조의 2 제2항 제5호 및 시행령 제25조의 2 제1호 내지 제4호의 각 규정 내용에 비추어 볼 때, 위와 같이 그 손금귀속시기만을 한 달씩 늦춘 피고의 손금귀속방법이 위법하다고 판단하여 1992 내지 1995사업연도의 법인세 부과처분을 취소한 이 사건 확정판결은 1996사업연도 법인세에 대한 관계에서 법 제45조의 2 제2항 제5호, 시행령 제25조의 2 제1호 내지 제4호 소정의 후발적 경정청구사유에도 해당하지 않는다고 봄이 상당하다.

〈참고판례 34〉

대법원 2007.10.12. 선고 2007두13906 판결 【법인세경정거부처분취소】

1. 사안의 개요

원고(사업자)는 피고(과세관청)에게, 소외 에스케이건설 주식회사(이하 '소외 회사'라 한다)가 원고에게 인천도시철도 정거장 전기공사 및 에스케이그룹 사옥신축 전기공사를 하도급 줄 때, 소외 회사의 경영지원부문장인 피고인 배정화가 실제 공사대금보다 ○○원을 과대계상하여 지급한 후 실제로 지급하여야 할 기성고 상당액과의 차액 상당을 반환받는 방법으로 비자금을 조성한 사실을 인정한 서울중앙지방법원 2005년 6월 2일 선고 2004노3850 업무상 배임 사건의 형사판결(이하 '이 사건 형사판결'이라 한다)이 국세기본법(이하 '법'이라 한다) 제45조의 2 제2항 제1호 소정의 후발적 경정사유에 해당한다면서, 위와 같이 과대계상된 도급금액에 상당하는 납부세액이 환급되어야 한다는 내용의 경정청구를 하였으나, 피고는 2005년 8월 25일 원고에 대하여 위 경정청구가 법 제45조의 2 제2항 제1호의 후발적 경정청구사유에 해당되지 않는다는 이유로 경정청구를 거부하는 이 사건 처분을 하였다.

2. 쟁점

형사판결이 국세기본법 제45조의 2 제2항에서 규정한 판결 등에 해당하는지

3. 판결의 요지

후발적인 사유에 기한 경정청구는 과세표준의 신고 또는 과세표준 및 세액의 결정이 있은 후 납세의무자 자신의 임의적 의사와는 관계없이 과세표준 및 세액의 기초가 된 사실에 중대한 변경사유가 발생한 경우 납세자를 보호하기 위하여 예외적으로 허용한 특별규정으로서, 일반적인 경정청구와 달리 법정신고기한 내에 과세표준신고서를 제출하지 아니한 자에게도 허용되고, 일반적인 경정청구기간의 제한을 받지 않는다는 점 및 실질과세의 원칙과 기간과세의 원칙, 권리의무확정주의, 기타 세법상의 제 원칙 등을 종합할 때, 법 제45조의 2 제2항 제1호의 후발적 경정사유인 '과세표준 및 세액의 계산근거가 된 거래 또는 행위 등이 그에 관한 소송에서 판결 등에 의하여 다른 것으로 확정된 때'에 있어서 '판결 등'이라 함은 과세표준 및 세액의 계산근거가 된 거래 또는 행위 등이 재판과정에서 투명하게 다투어졌고, 그것이 판결의 주문과 이유에 의하여 객관적으로 확인되는 민사사건의 판결이나, 그 이외에 판결이나 결정문 자체로는 거래 또는 행위에 대한 판단을 알 수 없더라도 거래 또는 행위 등이 재판과정에서 투명하게 다투어졌고 그 결론에 이르게 된 경위가 조서 등에 의하여 쉽게 확정할 수 있는 자백간주에 의한 판결이나 임의조정, 강제조정, 재판상 화해 등의 경우만을 한정한다고 해석하여야 할 것이다.

그런데 이 사건 형사판결은, 소외 회사의 경영지원부문장이었던 피고인 배정화가 소외 회사와 원고회사와의 하도급계약을 체결한 다음 공사대금증액계약을 수차례 더 체결하는 과정에서 계약서에 실제 공사대금보다 과다계상된 공사금액을 기재하고 그 대금을 지급하여 원고회사로 하여금 과다계상된 금액 상당의 재산상 이익을 취득하게 하고 소외 회사에게 동액 상당의 손해를 가한 것으로 기소된 업무상 배임사건에서, 위 피고인이 실제 공사대금보다 과다계상된 금액을 지급하고 이를 반환받았다는 사실만으로는 위 피고인이 원고회사에게 과다계상된 공사금액 상당의 재산상 이익을 취득하게 하거나 소외 회사에게 재산상 손해를 가하였다고 볼 수 없다는 이유로 무죄가 선고된 판결로서 피고인 배정화의 범죄사실의 존부 및 범위를 확정하기 위하여 주로 원고 회사의 재산상 이익의 취득 여부 및 소외 회사의 재산상 손해의 발생 여부를 심리하여 판단한 것에 지나지 않고, 과

세표준 및 세액의 계산근거가 된 이 사건 거래 또는 행위가 재판과정에서 대립된 당사자 사이에 투명하게 다투어졌고 판결의 주문이나 이유에서 명확히 판단된 소송에 대한 판결이라고 볼 수는 없다. 그러므로 이 사건 형사판결에 의하여 과세표준 및 세액의 계산근거가 된 이 사건 공사도급계약이 다른 것으로 확정되었다고 단정할 수 없고, 달리 이 점을 인정할 만한 아무런 증거가 없으므로 위 형사판결이 후발적 경정사유에 해당한다고는 볼 수 없다.

<h2 style="text-align:center">〈참고판례 35〉</h2>

서울행정법원 2004.2.3. 선고 2002구합3164 판결

1. 사안의 개요

원고(KBS)는 구 한국방송공사법에 의하여 징수하는 수신료를 원고가 제공하는 방송용역의 대가로서 부가가치세법 제12조 제1항 제7호의 면세용역의 공급대가에 대한 수입금액에 해당한다고 보아 과세사업과 면세사업에 공통되는 매입세액을 부가가치세법 시행령 제61조 제1항에 의하여 안분계산한 뒤 매출세액에서 면세사업에 해당하는 매입세액을 불공제하는 방법으로 다음과 같이 납부세액을 산출하여 법정신고기한 내에 1995년 제1기분, 1995년 제2기분, 1996년 제1기분 부가가치세를 신고납부하였다.

단위: 원

		1995년 제1기분	1995년 제2기분	1996년 제1기분
매출세액		22,572,489,903	25,957,193,894	29,088,537,994
매입세액	공제	6,866,324,252	11,785,833,389	12,225,771,200
	불공제	3,955,044,996	5,172,080,261	4,451,295,059
납부세액		15,706,165,651	14,171,360,505	16,862,766,794

원고는, 위 수신료는 원고가 제공하는 방송용역에 대한 대가인 수입이 아니어서 원고가 제공하는 방송은 무상용역에 해당하여 부가가치세의 과세대상이 아님에도 불구하고, 일반방송분에 대한 매입세액이 부가가치세법이 정한 매입세액 불공제대상에 해당하는 것으로

보아 총매출세액에서 일반방송분에 대한 매입세액 상당을 공제하지 않아 1989년 7월부터 1994년까지 부가가치세를 잘못 신고납부하였으므로 위 신고행위에는 중대하고 명백한 하자가 있어서 당연무효라는 이유로, 대한민국을 상대로 부가가치세액 등의 반환을 구하는 부당이득금반환청구의 소를 제기하였다. 위 사건의 항소심인 서울고등법원은 1998년 8월 21일 97나43552호로 원고가 징수하는 수신료는 구 한국방송공사법의 관련 규정에 비추어 보면, 공영방송사업이라는 특정한 공익사업의 경비조달에 충당하기 위하여 수상기를 소지한 특정집단에 대하여 부과되는 특별부담금에 해당된다고 할 것이어서 원고의 방송용역제공에 대한 대가로 지불하는 수수료로 볼 수 없어 원고가 제공하는 방송은 일반시청자에 대한 관계에서 무상용역의 공급에 해당하므로 부가가치세법 제7조 제3항에 의하여 부가가치세 과세대상이 아니라고 할 것이지만, 비과세대상으로서 매출부가가치세를 거래징수하지 않는 경우 매입부가가치세는 과세사업에 사용된 재화나 용역에 대한 세액이 아니므로 이를 공제할 수 없는 것이므로 원고가 방송제작을 위하여 지출한 비용 중 광고방송분에 대한 매입세액만을 매출세액에서 공제하고, 일반방송분에 대한 매입세액을 공제하지 않는 것에 어떠한 하자가 있다고 할 수 없고, 광고방송분 매입세액을 계산함에 있어 광고방송분 매입세액과 일반방송분 매입세액의 실지귀속을 구분할 수 없어 매입세액 중 총수입에 대한 광고료 수입의 비율에 따라 광고방송분 매입세액을 안분계산한 조치도 부가가치세법 시행령 제61조 제1항을 유추적용한 것으로 정당하다는 이유로 원고의 청구를 기각하였다.

이에 대하여 원고가 대법원 98다47184호로 상고하였고, 2000년 2월 25일 대법원으로부터, 수신료의 법적 성격은 원심판결과 같이 원고의 서비스에 대한 대가로서 지불하는 수수료가 아니라 특별부담금에 해당하나 원고가 실제 영위하고 있는 방송업은 부가가치세 과세사업은 물론 면세사업에도 해당되지 않아 부가가치세법상으로는 원고는 과세사업인 광고업만을 영위하고 있는 것과 같은 결과가 되는 셈이므로, 원고의 부가가치세액에서 공제되어야 할 매입세액을 산정함에 있어서 방송업과 광고업에 공통으로 사용되어 실지귀속을 구분할 수 없는 매입세액을 계산하는 경우에 과세산업과 면세사업을 겸영하는 경우에 관한 구 부가가치세법 시행령(1995.12.30. 대통령령 제14863호로 개정되기 전의 것) 제61조 제1항 본문은 이에 적용될 수 없고, 원고의 수신료 수입에 의한 방송용역의 공급은 원칙적으로 무상용역의 공급으로서 그 공급가액을 확정할 수 없으므로 위 제61조 제1항 본문에 규정된 산식을 유추적용할 수도 없다 할 것이고, 구 부가가치세법(1995.12.29. 법률 제5032호로 개정되기 전의 것) 제17조에 의하여 과세사업인 광고업을 위하여 사용되었거나 사용될 재화 또는 용역의 공급 등에 대한 세액(제1항)으로 제2항의 예외사유에 해당하지 않는 것에 한하여 매입세액으로서 공제될 수 있다고 하여야 할 것인바, 원고가 광고방송분 매입세액을 계산하면서 광고업과의 관련성이 인정되는 부분을 구분, 확정함이 없이 원고의 총 매입세액 중에서 총수입(광고료와 수신료 등을 모두 합친 수입)에 대한 광고료 수입의 비율에 따라 광고방송분 매입세액을 안분계산한 뒤 이를 공제하여 산출한 부가가치세액을 신고한 행위는 위법하다 할 것이고, 원심이 위 신고행위가 구 부가가치세법 시행령 제61조 제1항을 유추적용한 것으로서 정당하다고 판단한 것은 적절치 않다 할 것이나, 위와 같은 하자가 외관상 명백한 것이라고 보기는 어려워 원고의 신고행위가 당연무효로 인정될 수는 없다는 이유로 이를 기각하였다. 원고는 위 대법원 판결선고일로부터 2개월 이내인 2000년 4월 20일 피고를 상대로 구 국세기본법(2000.12.29. 법률 제6303호로 개정되기 전의 것, 이하 '법'이라 한다) 제45조의 2 제2항 제1호에서 정한 '최초의 신고에 있어서 과세표준 및 세액의 계산근거가 된 거래 또는 행위 등이 그에 관한 소송에 대한 판결에 의하여 다른 것으로 확정된 때'에 해당한다는 이유로 다음과 같이 부가가치세에 대하여 감액경정청구를 하였고, 피고는 2000년 6월 13일 원고에게, 원고가 부가가치세 신고납부 시 수신료를 면세로 신고한 것은 정당한 것이며, 수신료를 면세수입금액으로 보아 공통매입세액을 안분계산한 것은 부가가치세법 시행령 제61조의 규정에 의하여 적법하다는 이유로 법 제45조의 2 제3항에 따라 위 법인세 등의 부과처분을 경정할 이유가 없다는 뜻을 통보하는 내용의 이 사건 거부처분을 하였다.

2. 쟁점

이 사건 대법원 판결이 법 제45조의 2 제2항에서 규정한 판결 등에 해당하는지

3. 판단

원고는 원고의 수신료 수입이 부가가치세법상 면세대상인 방송용역의 대가로 보아 매출세액에서 면세사업에 해당하는 일반방송업 관련 매입세액을 불공제하여 부가가치세를 자진 신고하였는데, 그 후 대법원에서 수신료의 법적 성격을 법인세 과세대상인 매출이 아닌 특별부담금으로 규명하는 판결을 하였는바, 위 판결은 이 사건 처분의 대상인 1995년, 1996년 사업연도 수신료에 관한 판결이 아니라 그 이전의 수신료에 관한 판결이므로 이와 같은 사유는 위 부가가치세 신고 시의 '과세표준 및 세액의 계산근거가 된 거래 또

는 행위가 다른 것으로 확정된 때'에 해당한다고 볼 수 없다.

Ⅳ. 세무조사

1. 세무조사의 의의와 종류

1) 세무조사의 의의

세무조사란 과세관청의 조사공무원이 조세행정목적 달성을 위하여 각 세법에 규정하는 질문조사권에 기하여 납세자 또는 당해 납세자와 거래가 있다고 인정되는 자 등을 상대로 질문을 하거나 장부, 서류, 기타 물건을 검사, 조사 또는 확인하는 행위를 말한다.

납세의무는 납세의무자의 자진신고 또는 과세관청의 결정, 경정 등을 통하여 확정되는 것이 원칙이다. 그런데 부과과세방식에 있어서 적정한 과세를 하기 위하여 또는 신고납세방식에 있어서 신고가 없거나 신고가 적정하지 않는 경우에 조세형평의 관점에서 이를 시정하는 처분을 하여야 한다. 이를 위해서는 우선 납세의무자의 과세요건사실에 관한 자료를 확보할 필요성이 있다.

나아가 조세의 징수확보를 위해서도 납세의무자의 재산에 관한 자료를 조사하고 입수하여야 한다. 이를 위하여 조세법은 세무관청에게 광범위한 질문·검사권한을 부여하고 있는데 이러한 권한의 행사를 일컬어 세무조사라고 한다.

세무조사에 있어 부과·징수 사무에 종사하는 공무원은 그 직무상 필요한 경우에는 납세의무자 및 그 이외의 일정한 범위 내에 해당하는 자에 대하여 질문하거나 당해 장부·서류 기타 물건을 조사하거나 그 제출을 명할 수 있다(조사사무처리규정 제2조 제1호).

2) 법적 근거

세무조사는 행정법상 행정조사의 일종이다. 세무조사에는 피조사자의 승낙이 필요하기 때문에 조사자는 피조사자의 협력을 얻어야 한다. 그러므로 사전에 피조사자에게 조사의 필요성을 설명할 것이 요구된다. 따라서 피조사자가 이를 거부하는 경우어 실력으로 강제할 수 없으나 조세범처벌법에서 정당한 사유 없는 질문·검사의 거부를 처벌하고 있는 점에서 간접 강제조사의 성격을 지닌다.

　과세관청이 세무조사를 할 수 있는 법적 근거는 각 개별 세법에 규정되어 있는 '질문·조사'에 관한 권한이다. 국세기본법에서는 세무조사에 관한 실체법적 규정을 두고 있지 아니하며 납세자권리에 관한 규정에서 세무조사의 절차적 규정과 이에 따른 납세자의 권리를 선언하며 간접적으로 세무조사란 용어를 사용하고 있을 뿐이다. 따라서 소득세법 제170조, 법인세법 제122조, 상속세 및 증여세법 제84조, 부가가치세법 제35조, 지방세기본법 제136조 등이 세무조사의 직접 근거규정이 된다.

　이러한 조세법 체계 아래서 개별 세법의 법적 근거 없이 세무조사가 행해지는 것이 적법한가를 생각해 볼 때, 세무조사는 납세자의 재산권 보호와 직접 관련되므로 엄격한 요건 아래서 조사의 목적이나 절차에 합당하게 이루어져야 한다. 따라서 세무조사는 법률에 의한 제한이 반드시 필요하고 법적 근거 없는 세무조사는 위법하다고 보아야 할 것이다.[138]

　이와 같이 세무조사는 개별 세법의 근거를 두고 있으나 실제 세무조사에서 조사의 방법, 대상의 선정, 조사기간 등 세무조사 행정의 집행기준이 되고 있는 것은 국세청 훈령인 '조사사무처리규정'과 '세무조사운영준칙'이다.

3) 세무조사의 분류

　세무조사는 그 의미와 목적에 따라 다음과 같이 크게 분류할 수 있다.

　첫째, 가장 넓은 의미로는 조세행정 목적을 위한 모든 조사를 일컫는다.

　둘째, 넓은 의미로는 조세행정 목적을 위한 세무조사 중 과세처분을 위한 조사, 징수처분을 위한 조사, 범칙사건조사, 불복심판을 위한 조사를 말한다.

　① 과세처분을 위한 세무조사: 소득세법 제170조, 법인세법 제68조, 부가가치세법 제35조, 지방세기본법 제136조 등에 규정되어 있으며 경정, 결정, 재경정 등의 과세처분을 행하는 것을 목적으로 한다.

　② 징수처분을 위한 세무조사: 국세징수법 제27조에 규정되어 있는 것으로 확정된 세액에 관하여 체납이 있는 경우에 그 세액의 징수를 목적으로 해서 체납자의 재산을 파악하는 것을 목적으로 한다.

　③ 범칙사건의 조사: 조세범처벌절차법 제2조 이하에 규정되어 있고 범칙사건의 조사에 있어서 증거자료를 수집하는 것을 목적으로 한다. 과세처분 또는 징수처분을 위

---

138) 구재이, 『조세절차론』, 광교이택스, 2010, 390면.

한 세무조사와 여기서의 고발을 목적으로 한 범칙조사는 엄격히 구별하는 것이 통설의 입장이다.

④ 불복심판을 위한 조사: 불복심판쟁송 중 과세처분청의 증거자료를 수집하는 것을 목적으로 한 조사를 말한다.

셋째, 좁은 의미로는 넓은 의미의 세무조사 중 과세처분을 위한 조사만을 말한다.

2. 세무조사의 요건

1) 조사의 객관적 필요성

세무공무원의 질문·검사권은 직무수행상 필요한 경우 또는 업무를 위하여 필요한 경우에 행사할 수 있다. 따라서 과세요건사실을 조사하든가, 체납처분을 위하여 압류한 재산의 소재·수량을 파악할 필요가 있을 때 허용된다. 조사의 객관적 필요성이 인정되지 아니하는데도 질문·검사권을 행사할 경우에 납세의무자는 이를 거절할 수 있다. 다만 세무조사에 있어서 그 실체적 진실에 관한 자료는 납세의무자 측에서 갖고 있는 경우가 대부분이고 주로 납세의무자에 대한 질문·검사를 통해서 자료가 입수될 것이므로 객관적 필요성은 폭넓게 해석되어야 할 것이다.

2) 피조사자

질문·검사의 상대방은 납세의무자 또는 납세의무가 있다고 인정되는 체납자, 납세관리인 등이다.

납세의무자 본인에 대한 세무조사에 있어서 원칙적으로 조사를 받을 의무가 있는 사람은 그 본인이고 가족이나 종업원은 조사를 받을 의무가 없다. 법인에 있어서는 대표자가 당연히 조사를 받을 의무가 있는 자이고 때로는 경리담당자도 대상이 될 수 있다.

또한 납세의무자 또는 납세의무가 있다고 인정되는 자와 거래관계가 있는 자도 조사의 대상인데 이들에 대한 조사를 '반면조사'라고 한다. 여기에는 원천징수의무자, 지급조서 제출의무자, 납세조합, 납세의무자가 조직한 동업조합과 이에 준하는 단체 등이 포함된다(소득세법 제170조, 법인세법 제122조).

반면조사는 납세의무자 본인에 대한 조사를 행하였음에도 과세요건사실 관계에 대한 의문이 남아 있는 경우에 비로소 그 의문을 밝혀내기 위하여 가능한 것으로 해석하여야 할 것이다. 이 경우에도 그 의문을 해명하기 위한 목적의 한도 내에서 조사가 행해져야 한다. 납세의무자 본인에 대한 조사를 충분히 행하지 않고 갑자기 반면조사를 행하는 것은 위법한 조사권의 행사라고 하여야 할 것이다.[139]

3) 조사의 대상

세무조사는 구체적으로 세무관청이 피조사자인 납세자에게 질문·검사권을 행사함으로써 행해진다. 세무조사 담당공무원은 납세의무자 또는 관계인에게 필요에 따라 질문을 할 수 있고 관계 서류, 장부, 기타 물건을 검사할 수 있다.

질문·검사에 있어서 질문의 대상은 과세요건사실에 관계되는 일체의 사항 또는 조세 징수에 필요한 일체의 사항이 된다.

한편 검사의 대상은 장부, 서류, 기타 물건이다. 이것들은 당해 사업과 관련된 것이어야 하며 사업과 관련이 없는 가족의 물건은 검사의 대상이 되지 않는다. 그리고 기타 물건의 범위에 대하여 장부·서류와 동일성이 있는 것에 한정된다는 견해도 있으나 이에 국한되지 않고 재고자산, 고정자산 등도 포함된다고 넓게 해석하는 견해가 다수설이다.[140]

조사자의 검사권한에는 피조사자의 장부·서류 등을 점유하는 권한은 포함되지 않는다고 본다. 다만 조사를 위하여 필요할 경우에는 피조사자의 동의를 얻어 특정 장소에 가져갈 수는 있을 것이다. 그때도 피조사자의 영업활동에 방해가 되지 않도록 해야 한다.

3. 세무조사의 종류

세무조사의 종류에는 일반조사와 심층조사, 추적조사, 전부조사와 부분조사, 실지조사[141]와 간접조사, 확인조사, 통합조사, 긴급조사, 조세범칙조사 등 여러 가지가 있다.

특히 세무조사 대상자 선정과 관련하여 정기선정과 수시선정으로 구분할 수 있다.

---

139) 浦野廣明, 『納稅者の權利と法』, 新日本出版社, 1998, 105면.

140) 이태로·한만수, 『조세법강의』, 박영사, 2009, 171면.

141) 실지조사란 납세의무자에게 직접적으로 임하여 실지로 당해 사업연도 또는 당해 과세기간의 관세표준과 세액을 결정하기 위하여 당해 결산서나 비치기장한 장부와 관계 증빙서류에 의거 질문, 검사하는 조사를 말한다. 이 실지조사는 서면조사만으로는 소기의 성과를 달성할 수 없을 때에 집행되는 조사로서 심층조사, 일반조사 및 반면조사 등으로 구분된다.

1) 정기선정

세무공무원은 다음 어느 하나에 해당하는 경우에 정기적으로 신고의 적정성을 검증하기 위하여 대상을 선정하여 세무조사를 할 수 있다. 이 경우 세무공무원은 객관적 기준에 따라 공정하게 그 대상을 선정하여야 한다(국세기본법 제81조의 6 제1항).

① 국세청장이 납세자의 신고 내용에 대하여 정기적으로 성실도를 분석한 결과 불성실 혐의가 있다고 인정하는 경우
② 최근 4과세기간(또는 4사업연도) 이상 같은 세목의 세무조사를 받지 아니한 납세자에 대하여 업종, 규모 등을 고려하여 신고 내용이 적정한지를 검증할 필요가 있는 경우
③ 무작위추출방식으로 표본조사를 하려는 경우

정기선정 시 세무조사 대상을 선정하는 방법으로는 신고상황과 과세자료를 전산입력하여 성실도를 분석하는 '성실도분석 방식'이 주로 활용되고 있다. 하지만 평가대상 항목의 한계로 납세자별 특성이나 현실거래의 다양성을 제대로 반영하지 못함으로써 납세성실도를 정확히 분석하는 데 한계가 있다. 그러므로 미국의 '납세자순응도측정프로그램(TCMP)' 및 '조사대상선별시스템(DIF)'과 같은 납세성실도를 보다 정확히 검증할 수 있는 실증적 표본조사모델의 개발이 필요하다.[142]

2) 수시선정

세무공무원은 정기선정에 의한 조사 외에 조세탈루혐의가 있다고 의심되는 다음 어느 하나에 해당하는 경우에는 세무조사를 할 수 있다(국세기본법 제81조의 6 제2항).

① 납세자가 세법에서 정하는 신고, 세금계산서 또는 계산서의 작성·교부·제출, 지급명세서의 작성·제출 등의 납세협력의무를 이행하지 아니한 경우
② 무자료거래, 위장·가공거래 등 거래 내용이 사실과 다른 혐의가 있는 경우
③ 납세자에 대한 구체적인 탈세 제보가 있는 경우
④ 신고 내용에 탈루나 오류의 혐의를 인정할 만한 명백한 자료가 있는 경우

수시선정은 과세관청의 판단에 의하여 조사대상이 결정되고 그 방법에 있어서 주로 심층조사의 방식이 사용된다. 따라서 세무조사의 권한이 남용되기 쉬우므로 세무조사의 공

---

142) 이에 대한 상세한 내용은 구재이, 앞의 책, 460~462면 참조.

정성과 객관성이 확보될 수 있도록 신중을 기해야 할 것이다.

3) 부과결정을 위한 선정

세무공무원은 과세관청의 조사결정에 의하여 과세표준과 세액이 확정되는 세목의 경우 과세표준과 세액을 결정하기 위하여 선정요건에 관계없이 언제든지 세무조사를 할 수 있다(국세기본법 제81조의 6 제3항).

4. 소규모성실사업자에 대한 세무조사 면제

1) 면제 요건

세무공무원은 수입금액이 일정금액 이하이고, 장부의 기록 등이 일정한 요건을 충족한 자에 대해서는 이에 따른 세무조사를 하지 아니할 수 있다. 하지만 객관적인 증거자료에 의하여 과소신고한 것이 명백한 경우에는 그러하지 아니하다(국세기본법 제81조의 6 제4항).

(1) 소규모성실사업자
업종별 수입금액이 다음에 정하는 금액 이하인 사업자를 말한다(동법 시행령 제63조의 5 제1항).
① 개인의 경우 소득세법 제160조 제3항에 따른 간편장부 대상자
② 법인의 경우 법인세법 제60조에 따라 법인세 과세표준 및 세액 신고서에 적어야 할 해당 법인의 수입금액(과세기간이 1년 미만인 경우에는 1년으로 환산한 수입금액)이 1억 원 이하인 자

(2) 장부기록 등이 일정한 요건을 충족하는 사업자
다음의 요건을 모두 갖춘 사업자를 말한다.
① 모든 거래사실이 객관적으로 파악될 수 있도록 복식부기방식으로 장부를 기록·관리할 것
② 과세연도 개시 이전에 여신전문금융업법에 따른 신용카드가맹점으로 가입하고 해당 과세기간에 법 제84조의 2 제1항 제3호 각 목의 행위를 하지 아니할 것(소득세

법 제162조의 3 제1항 및 법인세법 제117조의 2 제1항에 따라 현금영수증가맹점으로 가입하여야 하는 사업자만 해당)

③ 과세연도 개시 이전에 조세특례제한법 제126조의 3에 따른 현금영수증가맹점으로 가입하고 해당 과세기간에 법 제84조의 2 제1항 제4호 각 목의 행위를 하지 아니할 것(소득세법 제162조의 3 제1항 및 법인세법 제117조의 2 제1항에 따라 현금영수증가맹점으로 가입하여야 하는 사업자만 해당)

④ 소득세법 제160조의 5에 따른 사업용 계좌를 개설하여 사용할 것(개인인 경우만 해당)

⑤ 업종별 평균 수입금액 증가율 등을 고려하여 국세청장이 정하여 고시하는 수입금액 등의 신고기준에 해당할 것

⑥ 해당 과세연도의 법정신고납부기한 종료일 현재 최근 3년간 조세범으로 처벌받은 사실이 없을 것

⑦ 해당 과세연도의 법정신고납부기한 종료일 현재 국세의 체납사실이 없을 것

2) 의의

세무조사 면제기준을 법으로 정한 것은 납세자의 기본권 보장을 위하여 큰 의미를 가지고 있으나 기준이 법적으로 명확하지 않는 점이 문제이다. 또 실제 운용에 있어서 과세관청의 재량을 폭넓게 허용하고 있으며, 정부의 정책목표에 따라 세무조사의 대상과 면제대상이 임의로 결정되어 조세행정의 공평성이 훼손되고 있다.[143]

5. 세무조사 절차와 방법

1) 사전통지

세무조사에 있어서 세무에 종사하는 공무원은 조사를 시작하기 10일 전에 조사대상 세목, 조사기간 및 조사사유 그 밖에 필요한 사항 등을 통지하여야 한다. 다만 조세범처벌법에 의한 범칙사건에 대하여 조사하는 경우 또는 사전에 통지하면 증거인멸 등으로 조사목적을 달성할 수 없다고 인정되는 경우에는 사전통지를 생략할 수 있다(국세기본법

---

143) 구재이, 앞의 책, 411면.

제81조의 7 제1항).

2) 신분증의 제시

세무조사에 있어서 세무에 종사하는 공무원은 그 신분을 나타내는 증명서를 휴대하고 관계인의 요구가 있을 때 이를 제시하여야 한다.

3) 조사방법

세무조사 담당공무원은 피조사자에 대한 금융기관거래내역 추적, 어음·증권계좌 등 추적, 재고수량 확인 등을 통해 과세요건사실 등을 확인하게 된다.

세무조사방법에 대한 문제점으로 지적되는 것은 조사 과정에서 세무공무원이 납세자 등으로부터 받아내는 조사내용을 자인하는 확인서의 증거가치이다. 예를 들어 과세관청이 법인의 사업소득에 대한 실지세무조사를 하는 과정에서 회사의 대표이사로부터 매출누락이 있었음을 자인하는 확인서를 작성, 교부받거나 법인의 회계담당자로부터 법인의 장부상에 기재된 일정한 부분의 거래가 가공거래임을 자인하는 내용의 확인서를 작성받는 경우 등이다.

판례는 과세관청이 세무조사를 하는 과정에서 납세의무자로부터 일정한 부분의 거래가 가공거래임을 자인하는 내용의 확인서를 작성받았다면 그 확인서가 작성자의 의사에 반하여 강제로 작성되었거나 혹은 그 내용의 미비 등으로 인하여 구체적인 사실에 대한 입증자료로 삼기 어렵다는 등의 특별한 사정이 없는 한 그 확인서의 증거가치는 쉽게 부인할 수 없는 것으로 보고 있다.[144] ☞ 〈참고판례 36〉

세무조사 과정에서 관계인에게 확인서를 받는 경우, 그 작성자는 거래일시와 수량 및 거래액이나 그 수불내용을 총괄적으로 기재하는 경우가 많아 이를 과세의 근거로 할 수 있는지 문제 된다. 그러나 위와 같은 확인서의 내용을 통해 위 거래일시, 수량, 거래액, 거래처 등이 밝혀질 경우 거래내용이 구체적으로 확인되는 것이라면 그 확인서를 과세의 자료로 사용할 수 있다고 볼 것이다.

또한 확인서는 그 개별적인 거래내용의 확인에는 일부 착오나 오류가 있을 수 있는 것이나 위 확인서 일부기재 내용이 다르다는 이유만으로 나머지 기재 내용 전부를 믿기 어

---

144) 대법원 2002.12.6. 선고 2001두2560 판결, 대법원 1998.5.22. 선고 98두2928 판결 참조.

려운 것이라고 단정할 수 없고, 그 확인서가 작성자의 의사에 반하여 강제르 작성되었거나 혹은 그 내용의 미비 등으로 인하여 구체적인 사실에 대한 입증자료로 삼기 어렵다는 등의 특별한 사정이 없는 한 그 확인서의 증거가치는 쉽게 부인할 수 없다고 봄이 타당하다.[145]

6. 세무조사의 한계

1) 목적상의 한계

앞서 본 바와 같이 세무조사는 납세의무의 내용을 구체적으로 확정하기 위한 과정으로서 정확한 과세표준과 세액을 파악하거나 또는 조세의 징수를 목적으로 체납자의 재산을 파악하는 데 목적을 두고 있다. 그러므로 세무조사는 목적과 성격에 의해서 엄격한 한계가 있으므로 그 목적을 위해서만 행해져야 하는 것이고 그 밖의 다른 목적을 위하여 행해지는 것은 위법하다고 보아야 한다.

예를 들어 납세자에게 정치적 압력을 넣기 위해 또는 범죄사실의 발견을 위하여 세무조사권한을 행사함은 목적상의 한계를 넘는 것이다.

2) 비례원칙상의 한계

세무조사는 임의조사이기 때문에 조사의 정도·시기·장소·방법 등에 일정한 한계가 있다고 보아야 한다. 따라서 납세자의 영업활동을 현저히 침해하거나 신용을 상당히 실추시키는 정도로 행해졌다면 조사의 한계를 벗어난 것이다.

또한 사업에 관한 장부·서류 등에 대한 조사도 과세처분에 필요한 범위 내에서만 가능하며 포괄적으로 장부·서류 일체의 제시를 요구한다든지 피조사자의 동의 없이 강제적으로 금고나 책상서랍 등을 열고 검사하는 것은 허용되지 아니한다.

---

145) 대법원 1992.11.13. 선고 92누1438 판결.

7. 납세자의 권리

1) 납세자권리헌장 제정 및 교부

국세청장은 세무조사와 관련하여 규정된 사항과 그 밖에 납세자의 권리보호에 관한 사항을 포함하는 납세자권리헌장을 제정하여 고시하여야 한다(국세기본법 제81조의 2 제1항).

세무공무원은 다음의 어느 하나에 해당하는 경우에는 납세자권리헌장의 내용이 수록된 문서를 납세자에게 내주어야 한다(동 조 제2항).

① 국세의 과세표준과 세액을 결정 또는 경정하기 위하여 질문을 하거나 해당 장부·서류 또는 그 밖의 물건을 검사·조사하거나 그 제출을 명하는 경우(조세범 처벌절차법에 따른 조세범칙조사를 포함)
② 사업자등록증을 발급하는 경우
③ 그 밖에 대통령령으로 정하는 경우

세무조사에 있어서 납세자의 권익이 침해당하는 경우가 적지 않다. 이를 방지하기 위하여 국세기본법은 납세자의 권리를 광범위하게 규정하고 있다. 납세자의 권리를 구체적으로 설명하면 아래와 같다.

2) 납세자의 성실성 추정

세무공무원은 납세자가 납세협력의무불이행 등에 해당하는 경우를 제외하고는 납세자가 성실하며 납세자가 제출한 신고서 등이 진실한 것으로 추정하여야 한다(국세기본법 제81조의 3).

3) 세무조사권 남용 금지

세무공무원은 적정하고 공평한 과세를 실현하기 위하여 필요한 최소한의 범위에서 세무조사를 하여야 하며, 다른 목적 등을 위하여 조사권을 남용해서는 아니 된다(국세기본법 제81조의 4 제1항).

4) 재조사 및 중복조사 금지

세무공무원은 다음의 어느 하나에 해당하는 경우가 아니면 같은 세목 및 같은 과세기간에 대하여 재조사를 할 수 없다(국세기본법 제81조의 4 제2항).
① 조세탈루의 혐의를 인정할 만한 명백한 자료가 있는 경우
② 거래상대방에 대한 조사가 필요한 경우
③ 2개 이상의 사업연도와 관련하여 잘못이 있는 경우
④ 심사청구에 대한 결정에 따라 그 청구의 대상이 된 처분의 취소 등 결정을 하거나 필요한 처분의 결정에 따라 조사를 하는 경우
⑤ 그 밖에 위와 유사한 경우로서 부동산투기, 매점매석, 무자료거래 등 경제질서 교란 등을 통한 탈세혐의가 있는 자에 대하여 일제조사를 하는 경우, 각종 과세자료의 처리를 위한 재조사나 국세환급금의 결정을 위한 확인조사 등을 하는 경우, 부과처분을 위한 실지조사를 하지 아니하고 재경정하는 경우(동법 시행령 제63조의 2)

5) 세무조사 시 조력을 받을 권리

납세자는 범칙사건의 조사 또는 소득세·법인세·부가가치세의 결정 또는 경정을 위하여 국세의 과세표준과 세액을 결정하거나 경정하기 위한 조사 등 부과처분을 위한 실지조사(세무조사)를 받는 경우에 세무사로 하여금 조사에 참여하게 하거나 의견을 진술하게 할 수 있다(국세기본법 제81조의 5).

6) 세무조사의 사전통지와 연기신청

세무공무원은 세무조사(조세범처벌 절차법에 따른 조세범칙조사는 제외)를 하는 경우에는 조사를 받을 납세자(납세자가 제82조에 따라 납세관리인을 정하여 관할 세무서장에게 신고한 경우에는 납세관리인)에게 조사를 시작하기 10일 전에 조사대상 세목, 조사기간 및 조사 사유, 그 밖에 필요한 사항을 통지하여야 한다. 다만, 사전에 통지하면 증거인멸 등으로 조사 목적을 달성할 수 없다고 인정되는 경우에는 그러하지 아니하다(국세기본법 제81조의 7 제1항).
위와 같은 통지를 받은 납세자가 천재지변이나 그 밖의 사유로 조사를 받기 곤란한 경

우에는 관할 세무관서의 장에게 조사를 연기해 줄 것을 신청할 수 있다(동 조 제2항). 세무조사 연기신청 사유는 다음과 같다(동법 시행령 제63조의 7 제1항).

① 화재, 그 밖의 재해로 사업상 심각한 어려움이 있을 때
② 납세자 또는 납세관리인의 질병, 장기출장 등으로 세무조사가 곤란하다고 판단될 때
③ 권한 있는 기관에 장부, 증거서류가 압수되거나 영치되었을 때
④ 위에 준하는 사유가 있을 때

세무조사의 연기신청을 하려는 자는 세무조사의 연기를 받으려는 자의 성명과 주소 또는 거소, 세무조사의 연기를 받으려는 기간, 세무조사의 연기를 받으려는 사유 등을 적은 문서를 해당 행정기관장에게 제출하여야 한다(동법 시행령 동 조 제2항).

이에 따라 연기신청을 받은 관할 세무관서의 장은 연기신청 승인 여부를 결정하고 그 결과를 조사 개시 전까지 통지하여야 한다(국세기본법 제81조의 7 제3항).

7) 세무조사 기간

세무공무원은 조사대상 세목·업종·규모, 조사 난이도 등을 고려하여 세무조사 기간이 최소한이 되도록 하여야 한다. 다만, 다음의 어느 하나에 해당하는 경우에는 세무조사 기간을 연장할 수 있다(국세기본법 제81조의 8 제1항).

① 납세자가 장부·서류 등을 은닉하거나 제출을 지연하거나 거부하는 등 조사를 기피하는 행위가 명백한 경우
② 거래처 조사, 거래처 현지 확인 또는 금융거래 현지 확인이 필요한 경우
③ 세금탈루 혐의가 포착되거나 조사 과정에서 조사유형이 조세범처벌절차법에 따른 조세에 관한 범칙조사로 전환되는 경우
④ 천재지변이나 노동쟁의로 조사가 중단되는 경우
⑤ 그 밖에 위와 유사한 경우로서 세무조사의 범위가 확대되는 경우

이 외에도 세무조사의 기간을 연장할 특별한 사유가 있는 경우로서 납세자보호관 또는 담당관이 세금탈루혐의와 관련하여 추가적인 사실 확인이 필요하다고 인정하는 경우, 세금탈루혐의에 대한 해명 등을 위하여 조사대상자가 세무조사 기간의 연장을 신청한 경우로서 담당관 등이 이를 인정하는 경우에는 세무조사가 연장된다(국세기본법시행령 제63조의 8).

세무공무원은 세무조사 기간을 정할 경우 조사대상 과세기간 중 연간 수입금액 또는 양도가액이 가장 큰 과세기간의 연간 수입금액 또는 양도가액이 100억 원 미만인 납세

자에 대한 세무조사 기간은 20일 이내로 한다(동 조 제2항).

조사기간을 정한 세무조사를 연장하는 경우로서 최초로 연장하는 경우에는 관할 세무관서의 장의 승인을 받아야 하고, 2회 이후 연장의 경우에는 관할 상급 세구관서의 장의 승인을 받아 각각 20일 이내에서 연장할 수 있다. 다만, 세금계산서에 대한 추적조사가 필요한 경우 등 아래의 경우에는 세무조사 기간의 제한 및 세무조사 연장기간의 제한을 받지 아니한다(동 조 제3항, 동법 시행령 제63조의 9).

① 무자료거래, 위장·가공거래 등 거래 내용이 사실과 다른 혐의가 있어 실제 거래 내용에 대한 조사가 필요한 경우

② 국제조세조정에 관한 법률 제2조 제1항 제1호에 따른 국제거래를 이용하여 세금을 탈루하거나 국내 탈루소득을 해외로 변칙유출한 혐의로 조사하는 경우

③ 명의위장, 이중장부의 작성, 차명계좌의 이용, 현금거래의 누락 등의 방법을 통하여 세금을 탈루한 혐의로 조사하는 경우

④ 거짓계약서 작성, 미등기양도 등을 이용한 부동산 투기 등을 통하여 세금을 탈루한 혐의로 조사하는 경우

⑤ 상속세·증여세 조사, 주식변동 조사, 범칙사건 조사 및 출자·거래관계에 있는 관련자에 대하여 동시조사를 하는 경우

세무공무원은 납세자가 자료의 제출을 지연하는 등 아래의 사유로 세무조사를 진행하기 어려운 경우에는 세무조사를 중지할 수 있다. 이 경우 그 중지기간은 세무조사 기간 및 세무조사 연장기간에 산입하지 아니한다(동 조 제4항, 동법 시행령 제63조의 10).

① 세무조사 연기신청 사유에 해당하는 사유가 있어 납세자가 조사중지를 신청한 경우

② 국외자료의 수집·제출 또는 상호 합의절차 개시에 따라 외국 과세기관과의 협의가 필요한 경우

③ 납세자가 장부·서류 등을 은닉하거나 그 제출을 지연 또는 거부하는 등으로 인하여 세무조사를 정상적으로 진행하기 어려운 경우

④ 노동쟁의 등이 발생하여 세무조사를 정상적으로 진행하기 어려운 경우

⑤ 납세자보호관 또는 담당관이 세무조사의 일시중지를 요청하는 경우

세무공무원은 세무조사를 중지한 경우에는 그 중지사유가 소멸하게 되면 즉시 조사를 재개하여야 한다. 다만, 조세채권의 확보 등 긴급히 조사를 재개하여야 할 필요가 있는 경우에는 세무조사를 재개할 수 있다(동 조 제5항).

세무공무원은 세무조사 기간을 연장하는 경우에는 그 사유와 기간을 납세자에게 문서

로 통지하여야 하고, 세무조사를 중지 또는 재개하는 경우에는 그 사유를 문서로 통지하여야 한다(동 조 제6항).

8) 세무조사 범위 확대의 제한

과세관청의 세무조사 진행 중 세무조사대상 기간 및 세목 등을 확대할 수 있는 사유를 명시하여 세무조사의 예측가능성을 높이고 있다.

세무공무원은 구체적인 세금탈루 혐의가 여러 과세기간 또는 다른 세목까지 관련되는 것으로 확인되는 경우 등 아래의 경우를 제외하고는 조사 진행 중 세무조사의 범위를 확대할 수 없다(국세기본법 제81조의 9 제1항, 동법 시행령 제63조의 11).

① 구체적인 세금탈루 혐의가 다른 과세기간·세목 또는 항목에도 있어 다른 과세기간·세목 또는 항목에 대한 조사가 필요한 경우

② 조사 과정에서 조세범처벌절차법에 따른 범칙사건 조사로 전환하는 경우

③ 특정 항목의 명백한 세금탈루 혐의 또는 세법 적용 착오 등이 다른 과세기간으로 연결되어 그 항목에 대한 다른 과세기간의 조사가 필요한 경우

④ 그 밖에 구체적인 세금탈루 혐의가 있어 세무조사의 범위를 확대할 필요가 있는 경우로서 기획재정부령으로 정하는 경우

세무공무원은 세무조사의 범위를 확대하는 경우에 그 사유와 범위를 납세자에게 문서로 통지하여야 한다(동 조 제2항).

9) 장부·서류 보관 금지

세무공무원은 세무조사의 목적으로 납세자의 장부 또는 서류 등을 세무관서에 임의로 보관할 수 없다. 다만, 납세자의 동의가 있는 경우에는 세무조사 기간 동안 일시 보관할 수 있다(국세기본법 제81조의 10 제1항).

일시 보관하고 있는 장부 또는 서류 등에 대하여 납세자가 반환을 요청한 경우에는 조사에 지장이 없는 한 즉시 반환하여야 한다. 이 경우 세무공무원은 장부 또는 서류 등의 사본을 보관할 수 있고, 그 사본이 원본과 다름없다는 사실을 확인하는 납세자의 서명 또는 날인을 요구할 수 있다(동 조 제2항).

10) 통합조사의 원칙

세무조사는 특정한 세목만을 조사할 필요가 있는 등 아래의 경우를 제외하고는 납세자의 사업과 관련하여 세법에 따라 신고납부의무가 있는 세목을 통합하여 실시하는 것을 원칙으로 한다(국세기본법 제81조의 11, 동법 시행령 제63조의 12). 이는 특정세목을 조사하는 것이 합리적인 경우 등 통합조사 원칙의 예외 사유를 명시하여 세무조사의 신축적 운영을 도모하기 위한 것이다.

① 세목의 특성, 납세자의 신고유형, 사업규모, 세금탈루 혐의 등을 고려하여 특정 세목만을 조사할 필요가 있는 경우
② 조세채권의 확보 등을 위하여 긴급히 조사할 필요가 있거나 혐의 내용이 특정 사업장, 특정 항목 또는 특정 거래에만 한정되어 그와 관련된 특정 세목만을 조사할 필요가 있는 경우
③ 그 밖에 세무조사의 효율성, 납세자의 편의 등을 고려하여 특정 세목만을 조사할 필요가 있는 경우로서 기획재정부령으로 정하는 경우

11) 세무조사의 결과 통지

세무공무원은 범칙사건의 조사, 법인세의 결정 또는 경정을 위한 조사 등 부과처분을 위한 세무조사를 마쳤을 때에는 그 조사 결과를 서면으로 납세자에게 통지하여야 한다. 다만, 폐업한 경우와 납세관리인을 정하지 아니하고 국내에 주소 또는 거소를 두지 아니한 경우에는 그러하지 아니하다(국세기본법 제81조의 12, 동법 시행령 제63조의 13).

12) 정보제공

세무공무원은 납세자가 납세자의 권리 행사에 필요한 정보를 요구하면 신속하게 정보를 제공하여야 한다(국세기본법 제81조의 14).

13) 비밀유지의무

세무공무원은 납세자가 세법에서 정한 납세의무를 이행하기 위하여 제출한 자료나 국

세의 부과·징수를 위하여 업무상 취득한 자료 등(과세정보)을 타인에게 제공 또는 누설하거나 목적 외의 용도로 사용해서는 아니 된다. 다만, 다음의 어느 하나에 해당하는 경우에는 그 사용 목적에 맞는 범위에서 납세자의 과세정보를 제공할 수 있다(국세기본법 제81조의 13 제1항).

① 지방자치단체 등이 법률에서 정하는 조세의 부과·징수 등을 위하여 사용할 목적으로 과세정보를 요구하는 경우

② 국가기관이 조세쟁송이나 조세범 소추를 위하여 과세정보를 요구하는 경우

③ 법원의 제출명령 또는 법관이 발부한 영장에 의하여 과세정보를 요구하는 경우

④ 세무공무원 간에 국세의 부과·징수 또는 질문·검사에 필요한 과세정보를 요구하는 경우

⑤ 통계청장이 국가통계작성 목적으로 과세정보를 요구하는 경우

⑥ 다른 법률의 규정에 따라 과세정보를 요구하는 경우

위 ①·②·⑤ 및 ⑥에 따라 과세정보의 제공을 요구하는 자는 문서로 해당 세무관서의 장에게 요구하여야 한다(동 조 제2항).

세무공무원은 위 규정을 위반하여 과세정보의 제공을 요구받으면 그 요구를 거부하여야 한다(동 조 제3항).

납세자의 과세정보를 알게 된 사람은 이를 타인에게 제공 또는 누설하거나 그 목적 외의 용도로 사용해서는 아니 된다(동 조 제4항). 또한 과세정보를 제공받아 알게 된 사람 중 공무원이 아닌 사람은 형법이나 그 밖의 법률에 따른 벌칙을 적용할 때에는 공무원으로 본다(동 조 제5항).

8. 질문·검사에 대한 거부와 벌칙

조세범처벌법은 소득세법·법인세법 등 세법의 질문·조사권 규정에 따른 세무공무원의 질문에 대하여 거짓으로 진술을 하거나 그 직무집행을 거부 또는 기피한 자는 5,000,000원 이하의 과태료에 처한다고 규정하고 있다(조세범처벌법 제17조 5호).

9. 위법한 세무조사의 법적 효과

국가권력의 행사는 그것이 법률에 정한 일정한 절차에 따라서 행해진 경우에 한해서

적법하게 된다. 절차에 위법이 있는 질문·검사권의 행사에 대해서는 납세의무자가 답변하지 아니하고 검사를 거부하더라도 정당한 이유가 있는 것으로서 조세범처벌법상의 범죄를 구성하지 않는다. 또한 형법상의 공무집행방해죄는 적법한 직무집행행위에 대해서만 성립하기 때문에 법적 한계를 넘는 위법한 직무행위에 대해서는 폭행·협박의 사실이 있다 하더라도 공무집행방해죄를 구성하지 않는다.

더욱 중요한 문제는 법의 한계를 넘는 질문·검사권의 행사로 인하여 위법한 조사가 행해졌을 때 또는 법적 절차를 지키지 아니한 조사가 행해졌을 때 이에 기한 과세처분의 효력을 어떻게 볼 것인가 하는 점이다.

판례에 따르면 위법·부당한 세무조사에 의해 확인된 과세요건사실이라 해도 실체적 진실에 부합하는 한 세무조사와 과세처분은 별개의 것이므로 해당 과세처분은 적법하다.146) 다만 그 위법성의 정도가 형벌법규에 저촉되거나 공공질서와 선량한 사회풍속에 어긋나는 정도가 되면 이에 기초한 과세처분은 위법한 것으로 본다.147)

과세요건이 충족되었는데도 불구하고 사소한 절차위반을 내세워 해당 과세처분을 위법하다고 보는 것은 합법성의 원칙을 저해하고 공평과세의 원칙을 위배하게 된다. 하지만 헌법상의 적법절차원칙 및 조세법률주의의 정신에 비추어 볼 때 중대한 절차위반의 경우에는 그에 기한 과세처분이 위법하게 된다고 해석해야 할 것이다.

판례는 구국세기본법 제81조의 3 중복조사 금지규정에 위반하여 한 부가가치세 부과처분을 같은 세목 및 같은 과세기간에 대하여 중복하여 실시한 위법한 중복조사에 기초하여 이루어진 것이므로 위법하다고 하였다.148) 이와 달리 세무조사에 대한 결과통지 없이 납세고지를 하거나,149) 세무조사의 사전통지절차 위반 또는 세무조사의 연장통지와 관련하여 흠결이 있었다 하더라도 그에 기초한 과세처분이 중대한 절차상의 하자가 있어 위법하거나 무효는 아니라고 본 행정심판례가 있다.150)

---

146) 대법원 1992.7.28. 선고 91누10695 판결.

147) 대법원 1992.3.31. 선고 91다32053 판결, 대법원 1990.7.27. 선고 89누5867 판결.

148) 대법원 2006.6.2. 선고 2004두12070 판결.

149) 국심 2006중2848, 2007.1.22.

150) 조심 2008부3651, 2009.4.15.

10. 과세전적부심사

1) 청구의 요건

다음에 해당하는 통지를 받은 자는 통지를 받은 날부터 30일 이내에 통지를 한 세무서장이나 지방국세청장에게 통지 내용의 적법성에 관한 심사를 청구할 수 있다. 이를 '과세전적부심사'라 한다(국세기본법 제81조의 15 제1항, 동법 시행령 제63조의 14 제2항).
① 세무조사 결과에 대한 서면통지
② 세무서 또는 지방국세청에 대한 지방국세청장 또는 국세청장의 업무감사 결과(현지에서 시정조치하는 경우를 포함한다)에 따라 세무서장 또는 지방국세청장이 하는 과세예고 통지
③ 실지조사에서 확인된 해당 납세자 외의 자에 대한 과세자료 및 현지 확인조사에 따라 세무서장 또는 지방국세청장이 하는 과세예고 통지
④ 납세고지하려는 세액이 3백만 원 이상인 과세예고 통지

다만, 법령과 관련하여 국세청장의 유권해석을 변경하여야 하거나 새로운 해석이 필요한 경우 등 아래에 해당하는 사항에 대해서는 국세청장에게 청구할 수 있다(동법 시행령 제63조의 14 제1항).
① 법령과 관련하여 국세청장의 유권해석을 변경하여야 하거나 새로운 해석이 필요한 것
② 국세청장의 훈령·예규·고시 등과 관련하여 새로운 해석이 필요한 것
③ 세무서 또는 지방국세청에 대한 국세청장의 업무감사 결과(현지에서 시정조치하는 경우는 제외한다)에 따라 세무서장 또는 지방국세청장이 하는 과세예고 통지에 관한 것
④ 위 ①부터 ③에 해당하지 아니하는 사항 중 과세전적부심사 청구금액이 10억 원 이상인 것

하지만 과세전적부심사를 할 수 있는 경우에 해당하는 통지를 받은 자는 과세전적부심사를 청구하지 아니하고 통지를 한 세무서장이나 지방국세청장에게 통지받은 내용의 전부 또는 일부에 대하여 과세표준 및 세액을 조기에 결정하거나 경정결정해 줄 것을 신청할 수 있다. 이 경우 해당 세무서장이나 지방국세청장은 신청받은 내용대로 즉시 결정이나 경정결정을 하여야 한다(동법 동 조 제7항).

2) 청구의 예외

다음에 해당하는 경우에는 과세전적부심사를 허용하지 아니한다(국세기본법 제81조의 15 제2항).

① 국세징수법에 규정된 납기전징수의 사유가 있거나 세법에서 규정하는 수시부과의 사유가 있는 경우

② 조세범처벌법 위반으로 고발 또는 통고처분하는 경우

③ 세무조사 결과 통지 및 과세예고 통지를 하는 날부터 국세부과 제척기간의 만료일까지의 기간이 3개월 이하인 경우

④ 국제조세조정에 관한 법률에 따라 조세조약을 체결한 상대국이 상호 합의절차의 개시를 요청한 경우

3) 심사 및 결정의 통지

과세전적부심사 청구를 받은 세무서장·지방국세청장 또는 국세청장은 그 청구 부분에 대하여 결정이 있을 때까지 과세표준 및 세액의 결정이나 경정결정을 유보하여야 한다. 다만, 위 과세전적부심사를 허용하지 않는 예외에 해당하는 경우 또는 납세자의 즉시 결정·경정신청이 있는 경우에는 그러하지 아니하다(국세기본법시행령 제63조의 14 제4항).

과세전적부심사청구를 받은 세무서장, 지방국세청장 또는 국세청장은 각각 국세심사위원회의 심사를 거쳐 결정을 하고 그 결과를 청구를 받은 날부터 30일 이내에 청구인에게 통지하여야 한다(국세기본법 제81조의 15 제3항).

다만, 심사청구금액이 3천만 원 미만으로서 사실판단과 관련된 사항 등 경미한 사안의 과세전적부심사청구에 대해서는 국세심사위원회의 심의를 거치지 않고 결정할 수 있다(국세기본법시행령 제53조 제13항).

4) 결정

과세전적부심사 청구에 대한 결정은 다음의 구분에 따른다(국세기본법 제81조의 15 제4항).

① 청구가 이유 없다고 인정되는 경우에는 채택하지 아니한다는 결정

② 청구가 이유 있다고 인정되는 경우에는 채택하는 결정. 다만, 청구가 일부 이유 있다고 인정되는 경우에는 일부 채택하는 결정을 할 것

③ 청구기간이 지났거나 보정기간에 보정하지 아니한 경우에는 심사하지 아니한다는 결정

5) 절차

과세전적부심사에 관한 절차에 대해서는 심사청구 및 행정심판법에 관한 제 규정을 준용한다(국세기본법 제81조의 15 제5항, 제6항).

11. 납세자보호관

1) 의의

국세기본법은 국세청장에게 직무를 수행함에 있어 납세자의 권리가 보호되고 실현될 수 있도록 성실하게 노력하여야 한다는 임무를 부여하고 있다(국세기본법 제81조의 16 제1항). 이에 따라 납세자의 권리보호를 위하여 국세청에 납세자 권리보호업무를 총괄하는 납세자보호관을 두고, 세무서 및 지방국세청에 납세자 권리보호업무를 수행하는 담당관을 각각 1인을 두고 있다(동 조 제2항).

2) 납세자보호관 및 담당관의 자격·직무 등

납세자보호관은 조세·법률·회계 분야의 전문지식과 경험을 갖춘 사람으로서 학력·경력 등을 고려하여 국세청장이 정하는 기준에 해당하는 사람으로 보하고 있다(동법 시행령 제63조의 15 제1항).

납세자보호관의 직무 및 권한은 다음과 같다(동 조 제2항).

① 세금 관련 고충민원의 해소 등 납세자 권리보호에 관한 사항

② 납세서비스 관련 제도·절차 개선에 관한 사항

③ 위법·부당한 처분(세법에 따른 납세의 고지는 제외한다)에 대한 시정요구

④ 위법·부당한 세무조사의 일시중지 및 중지

⑤ 위법·부당한 처분이 행하여 질 수 있다고 인정되는 경우 그 처분 절차의 일시중지 및 중지

⑥ 납세자의 권리보호업무에 관하여 세무서 및 지방국세청의 담당관에 대한 지도·감독

⑦ 그 밖에 납세자의 권리보호와 관련하여 국세청장이 정하는 사항

3) 권한의 위임

납세자보호관은 업무를 효율적으로 수행하기 위하여 담당관에게 그 직무와 권한의 일부를 위임할 수 있다. 담당관은 국세청 소속 공무원 중에서 그 직급·경력 등을 고려하여 국세청장이 정하는 기준에 해당하는 사람으로 한다(국세기본법시행령 제63조의 15 제3항, 제4항).

담당관의 직무 및 권한은 다음과 같다(동 조 제5항).

① 세금 관련 고충민원의 해소 등 납세자 권리보호에 관한 사항

② 납세자보호관으로부터 위임받은 업무

③ 그 밖에 납세자 권리보호에 관하여 국세청장이 정하는 사항

국세청장은 납세자보호관을 개방형 직위로 운영하고 납세자보호관 및 담당관이 업무를 수행함에 있어 독립성이 보장될 수 있도록 하여야 한다(국세기본법 제81조의 16 제3항).

〈참고판례 36〉

대법원 2002.12.6. 선고 2001두2560 판결【법인세 등 부과처분취소】

1. 사안의 개요

사이비종교단체인 아가동산에 대한 검찰의 수사과정에서, 압수된 금전출납부 및 개인어음발행 비밀장부 등에 의하여 그 계열회사인 A유통 등이 음반 등의 매입사실을 누락시킨 것이 밝혀지게 되었다. 이에 따라 그 거래처별로 구분하여 조사한 결과 A유통 등이 원고로부터도 세금계산서를 발행받지 아니한 채 음반 등을 매입한 사실이 드러나자, 피고는 위와 같은 자료에 의하여 원고가 1991년 9월 26일부터 1994년 7월 26일까지 A유

통 등에 대하여 매출 누락한 액수를 산출한 다음 이를 기초로 원고의 대표이사로부터 이러한 매출누락이 있었음을 자인하는 확인서를 작성·교부받았고, 피고는 원고가 비치·기장하고 있는 장부나 증빙에 의한 실지조사를 하지 아니하고 공급받는 자가 작성한 비망록에 의하여 매출누락을 인정하였다.

원고 회사에 대한 세무조사 결과 밝혀진 매출 누락금에 관하여 대표이사가 이를 모두 자신의 개인용도에 사용하였다고 진술, 확인서를 작성하여 주었고, 위 대표이사가 1987년 3월 이래 원고 회사의 대표이사로 근무하여 왔고, 그의 나이, 경력, 이 사건 처분에 이르게 된 경위 등을 종합하여, 위 매출누락금은 모두 사외유출된 것으로서 대표이사에게 현실적으로 귀속되었다고 인정되었다.

2. 쟁점

과세관청이 세무조사를 하는 과정에서 납세의무자로부터 일정한 부분의 거래가 가공거래임을 자인하는 내용의 확인서를 작성받은 경우 그 확인서의 증거가치가 인정되는지이다.

과세관청은 회사가 비치, 기장하고 있는 장부나 증빙에 의한 실지조사를 하지 아니하고 공급받는 자가 작성한 비망록에 의하여 매출누락을 인정하게 된 사안에서 회사가 비치, 기장하고 있는 장부나 증빙에 의한 실지조사를 하지 아니하고 공급받는 자가 작성한 비망록에 의하여 일방적으로 매출누락을 인정함으로써 과세처분을 한 경우 근거과세의 원칙을 위배하였는지가 문제 된다.

3. 판결의 요지

[1] 매출누락에 관하여

과세관청이 세무조사를 하는 과정에서 납세의무자로부터 일정한 부분의 거래가 가공거래임을 자인하는 내용의 확인서를 작성받았다면 그 확인서가 작성자의 의사에 반하여 강제로 작성되었거나 혹은 그 내용의 미비 등으로 인하여 구체적인 사실에 대한 입증자료로 삼기 어렵다는 등의 특별한 사정이 없는 한 그 확인서의 증거가치는 쉽게 부인할 수 없는 것이다.

피고는 원고가 비치, 기장하고 있는 장부나 증빙에 의한 실지조사를 하지 아니하고 공급받는 자가 작성한 비망록에 의하여 일방적으로 매출누락을 인정함으로써 근거과세의 원칙을 위배하였으며, 소외 신라유통 주식회사(다음부터 '신라유통'이라 한다)로부터 압수하였다는 어음발행 비밀장부에 기재된 원고와 신라유통 사이의 어음거래는 단지 자금차용을 위한 융통어음에 불과한 것임에도 이를 근거로 원고의 매출누락을 인정한 것은 위법하다는 원고의 주장에 대하여, 원심은 그의 판시와 같은 사실을 인정한 다음, 이 사건 부과처분은 사이비종교단체인 아가동산에 대한 검찰의 수사과정에서 압수된 금전출납부 및 개인어음발행 비밀장부 등을 기초로 하여 그 계열회사인 신라유통 등이 음반 등의 매입사실을 누락시킨 것이 밝혀지게 되었고, 이에 따라 그 거래처별로 구분하여 조사한 결과 신라유통 등이 원고로부터도 세금계산서를 발행받지 아니한 채 음반 등을 매입한 사실이 드러나자, 피고는 위와 같은 자료에 의하여 원고가 1991년 9월 26일부터 1994년 7월 26일까지 신라유통 등에 대하여 매출누락한 액수를 산출한 다음 이를 기초로 원고의 대표이사인 박춘으로부터 이러한 매출누락이 있었음을 자인하는 확인서를 작성·교부받음으로써 이에 근거하여 이루어진 적법한 처분이라고 판단하였다.

위의 법리 및 관계 법령과 기록에 비추어 살펴보니, 위와 같은 원심의 인정과 판단은 정당하고, 거기에 법인의 매출누락 여부에 관하여 증거법칙에 위반하여 사실을 오인한 위법이 없으며 그 사실관계에 터 잡은 그 판단도 정당하여 거기에 소득의 현실귀속에 관한 법리오해 등의 위법이 없다.

그리고 상고이유서에서 들고 있는 대법원판결은 그 사안을 달리하는 것이어서 이 사건에 원용하기에 적절하지 아니하다.

[2] 현실귀속에 관하여

법인이 매출사실이 있음에도 불구하고 그 매출액을 장부에 기재하지 아니한 경우에는 특별한 사정이 없는 한 원료매입비 등 원가상당액을 포함한 매출누락액 전액이 사외로 유출된 것으로 보아야 하고, 이 경우 그 매출누락액이 사외로 유출된 것이 아니라고 볼 특별사정은 이를 주장하는 법인이 입증하여야 하는 것이다(대법원 1993.5.14. 선고 93누630 판결, 대법원 1999.5.25. 선고 97누19151 판결 등 참조).

원고가 가사 원고회사에 매출누락이 있다 하더라도 그 매출누락액이 대표이사인 박춘에게 현실적으로 귀속되지 아니한 것이어서 현실귀속을 전제로 한 근로소득세 부과처분 역시 위법하다고 주장한 데 대하여, 원심은 그의 판시와 같은 사실을 인정한 다음, 원고회사에 대한 세무조사 결과 밝혀진 매출누락금에 관하여 대표이사인 박춘이 이를 모두 자신의 개인용도에 사용하였다고 진술하고 확인서를 작성하여 주었는바, 박춘이 1987년

3월 이래 원고 회사의 대표이사로 근무하여 온데다가 그의 나이, 경력, 이 사건 처분에 이르게 된 경위 등을 종합하여, 위 매출누락금은 모두 사외유출된 것으로서 대표이사인 박춘에게 현실적으로 귀속되었다고 인정·판단하였다.

위의 법리 및 관계 법령과 기록에 비추어 살펴보니, 위와 같은 원심의 인정과 판단은 정당하고, 거기에 소득의 현실귀속 등에 관한 법리오해의 위법이 없다.

V. 과세처분과 경정처분

1. 경정처분과 납세의무의 확정

과세처분을 납세의무를 확인하는 준법률행위적 행정행위로 보는 경우 불가변력 내지 실질적 확정력이 발생하므로 과세관청은 이에 기속되고 이미 고지한 과세처분의 내용을 함부로 변경할 수는 없다. 그러나 조세법규는 전문성·기술성·복잡성을 지니고 있기 때문에 납세의무자에 대해서는 물론 과세권자에 있어서도 그 해석·적용이 쉽지 않고, 과세자료가 일시에 드러나지 않는 경우도 있어 그 확정과정에서 오류 또는 탈루가 있게 되어 과세처분의 확정절차를 단 1회로 종료한다는 것은 기대하기 어렵다.

따라서 공평과세의 이념과 과세징수권의 적정행사를 위하여 세무서장에게 부과권의 제척기간 등 장애사유가 없는 한 과세처분에 오류 또는 탈루가 있는 경우 그 회수에 제한 없이 경정 또는 재경정처분을 할 수 있게 하고 있다.

2. 증액경정과 감액경정

경정제도는 부과납세방식과 신고납세방식에 모두 인정된다.

부과과세방식의 조세에서는 납세의무자의 신고에 의하여 과세처분을 하더라도 그 신고는 납세의무확정의 효력이 없기 때문에 처음으로 결정하는 것을 '결정' 또는 '당초결정'이라 하고, 당초결정에 오류·탈루가 있어 고쳐 결정하는 것을 '경정결정'이라 한다. 과세처분은 행정처분으로서 납세의무자에게 통지함으로써 그 효력이 발생되는 것이므로 과세관청 내부에서만 과세표준과 세액을 결정 또는 경정결정 하였을 뿐인 단계와 구별한다는 의미에서 통상 '당초결정'을 '당초처분', '경정결정'을 '경정처분'이라 한다. 경정처분은 단일한 과세단위 즉 처분의 동일성이 인정되는 범위에서만 가능하고, 가산세와 본세는 경정처분에 있어 별개로 취급하고 있다.

신고납세방식의 조세에서는 납세의무자가 과세표준 신고를 하지 않음으로 인하여 과세관청이 조사하여 결정할 때 이를 '결정' 또는 '당초결정'이라 하고, 과세표준 신고는 하였으나 그 신고에 오류 또는 탈루가 있어 이를 시정하여 결정하는 것을 '경정'이라 한다.

경정처분은 그 후에 반복되는 것도 모두 경정처분이기는 하나, 구별의 편의상 재경정처분, 재재경정처분이라고 부른다. 이에는 과세표준 또는 세액을 증가시키는 증액경정처분과 감소시키는 감액경정처분이 있다. 경정처분이 증액경정인지 감액경정인지의 판단기준은 전체로서의 세액이다. 일부항목에 대한 증액과 다른 항목에 대한 감액을 동시에 한 결과 전체로서 세액이 감소된 때에는 감액경정에 해당한다.[151]

공동상속인이 있는 경우 상속세경정처분이 증액경정처분인지 감액경정처분인지는 각 공동상속인에 대하여 납부하도록 고지된 개별적인 세액을 기준으로 할 것이지 공동상속인 전체에 대한 총 상속세액을 기준으로 판단할 것은 아니다.[152]

경정처분은 당초처분의 취소 또는 철회와 구별된다. 경정처분은 당초처분을 그대로 둔 채 새로운 과세처분을 하는 것이고, 취소 또는 철회는 당초처분을 소급적으로 또는 장래에 한하여 소멸시키는 것이다.

제3절 납세의무의 승계

I. 납세의무의 승계

조세채무는 금전급부가 원칙이고, 성질상 대체적 채무이기 때문에 승계가 가능한 것으로 보고 있다. 그러나 납세의무의 승계는 사인 간의 계약 등에 의해서 자유로이 행해질

---

151) 대법원 1996.11.15. 선고 95누8904 판결.
152) 대법원 2004.2.13. 선고 2002두9971 판결.

수 없다. 납세의무자의 담세력 및 인적 사정이 중요하게 고려되기 때문이다.

현행법은 포괄적 승계에 해당하는 법인의 합병과 상속의 경우에 한하여 납세의무가 승계되는 것으로 규정하고 있다. 즉 국세기본법은 ① 법인의 합병으로 인한 납세의무의 승계(동법 제23조)와 ② 상속으로 인한 납세의무의 승계(동법 제24조)에 대하여 규정하고 있다. 합병이나 상속이 권리·의무의 포괄적 승계에 해당하기 때문에 납세의무가 승계됨을 규정한 위 조항은 당연한 규정이다.

Ⅱ. 승계의 종류

1. 법인의 합병으로 인한 승계

법인이 합병한 경우 합병 후 존속하는 법인 또는 합병으로 설립된 법인은 합병으로 소멸된 법인에 부과되거나 그 법인이 납부할 국세·가산금과 체납처분비를 납부할 의무를 진다(국세기본법 제23조).

개별 세법에서는 이러한 국세기본법상의 납세의무 승계를 확인하는 규정을 두는 경우가 많다. 예를 들면 법인세법시행령 제127조 제2항은 "법인이 합병 또는 분할로 인하여 소멸한 경우 합병법인 등은 피합병법인 등이 납부하지 아니한 각 사업연도의 소득에 대한 법인세 또는 청산소득에 대한 법인세를 납부할 책임을 진다." 소득세법 제157조 제2항은 "법인이 합병한 경우에 합병 후 존속하는 법인이나 합병으로 설립된 법인은, 합병으로 소멸된 법인이 원천징수를 하여야 할 소득세를 납부하지 아니하면 그 소득세에 대한 납세의무를 진다"고 각각 규정하고 있다.[153]

2. 상속으로 인한 승계

상속인은 피상속인에게 부과되거나 그 피상속인이 납부하여야 할 국세·가산금과 체납처분비를 상속으로 받은 자산의 한도에서 납부할 의무를 진다(국세기본법 제24조 제1항). 이를 구체화하여 소득세법에서도 거주자가 과세기간 중에 사망함으로써 상속이 개시된 경우에 피상속인의 소득금액에 대하여 그 상속인이 납세의무를 진다(소득세법 제2조의 2

---

153) 법인세법시행령 제116조 제2항도 동일한 취지.

제2항)고 규정하고 있는데 당연한 규정이다. 이 경우에 피상속인의 소득금액에 대한 소득세는 상속인의 소득금액에 대한 소득세와 구분하여 계산하여야 한다(소득세법 제44조).

상속인이 2인 이상인 때에는 각 상속인은 피상속인에게 부과되거나 그 피상속인이 납부할 국세·가산금과 체납처분비를 민법(제1009조·제1010조·제1012조·제1013조)의 규정에 의한 그 상속분에 따라 나누어 계산한 국세·가산금과 체납처분비를 상속으로 받은 재산의 한도에서 연대하여 납부할 의무를 진다(국세기본법 제24조 제2항).

상속인은 피상속인의 국세 등 조세채무 전액을 승계하는 것이 아니라 그 상속분에 따라 승계하지만 과세관청은 실제로 상속인이 받은 상속재산을 한도로 하여 상속인으로부터 징수할 수 있음에 그친다.[154] 즉 상속인은 피상속인의 조세채무를 상속으로 얻은 재산을 한도로 승계하는 것임을 주의하여야 한다. 상속으로 받은 재산 가액의 산정은 상속받은 자산총액에서 상속받은 부채총액과 그 상속으로 인하여 부과되거나 납부할 상속세를 공제한 가액으로 한다(국세기본법시행령 제11조 제1항).

판례는 설사 공동상속인 중 한 사람이 피상속인의 재산을 실질적으로 단독 상속하였다고 하더라도 그 상속인에게 승계되는 피상속인의 국세 등에 관한 납부의무는 민법의 규정에 의한 상속분에 따라 안분 계산한 금액 범위에 한정된다고 한다.[155]

승계하는 납세의무의 범위는 '부과되거나', '납부할 국세 등'이므로 이미 납세의무가 성립한 국세로서 장차 확정될 예정이거나 확정되었는데도 아직 납부하지 아니한 국세 등이다. 납세의무에는 피상속인이 부담할 제2차 납세의무도 포함한다.

이와 같이 피상속인의 납세의무를 상속인이 승계하는 것은 과세관청이나 상속인의 특별한 행위를 요하지 않고 법에 의하여 당연히 이루어지는 것이다. 이는 민법상 피상속인의 채무를 상속인이 승계하는 것과 마찬가지다. 따라서 납세의무를 상속인이 한정승인(민법 제1028조)하거나 상속을 포기(민법 제1041조)할 수도 있는데 국세기본법에서 '상속으로 받은 재산'을 한도로 조세채무를 승계하도록 규정한 이상 민법상의 한정승인과 다를 것이 하나도 없으므로 오로지 상속의 포기에 의하여 납세의무의 승계를 벗어날 수 있다고 할 것이다.[156]

---

154) 대법원 1991.4.23. 선고 90누7395 판결.
155) 대법원 1997.10.24. 선고 96누9973 판결.
156) 최명근, 앞의 책, 455면.

제4절 연대납세의무

I. 연대납세의무의 의의

하나의 납세의무를 두 사람 이상이 연대하여 부담하는 경우를 연대납세의무라 한다. 국세기본법 제25조 제1항은 공유물의 공유자, 공동사업자가 국세, 가산금과 체납처분비를 연대하여 납부할 의무를 진다고 규정하고 있다. 이 조항은 일반적인 국세의 연대납부의무에 관한 규정이고, 국세기본법 제25조의 2에서는 민법의 연대채무에 관한 규정을 준용하도록 하고 있다.

연대납세의무가 자신의 조세채무를 넘어 타인의 조세채무까지 책임지도록 납세의무의 범위를 부당하게 확장하고 불평등한 취급을 하고 있는지, 개인책임을 기초로 하는 헌법상의 전문, 재산권보장의 원리에 위배된다고 볼 수 있는지 문제가 된다.

대법원은 통상 공유물이나 공동사업에 관한 권리 의무는 공동소유자나 공동사업자에게 실질적·경제적 면에서 공동으로 귀속하게 되는 관계로 담세력도 공동의 것으로 파악하는 것이 조세실질주의의 원칙에 따라 합리적이기 때문에 조세채권의 확보를 위하여 그들에게 연대납세의무를 지우고 있는 것은 헌법위반이 아니라고 하였다.[157]

연대납세의무자의 상호연대관계는 이미 확정된 조세채무의 이행에 관한 것이지 납세의무 자체의 확정에 관한 것은 아니다. 그러므로 연대납세의무자라 할지라도 각자의 구체적 납세의무는 개별적으로 확정함을 요하는 것이어서, 연대납세의무자의 1인에 대하여 납세고지를 하였다고 하더라도 이로써 다른 연대납세의무자에게도 부과처분의 통지를 한 효력이 발생한다고 할 수 없다.[158]

---

157) 대법원 1999.7.13. 선고 99두2222 판결.
158) 대법원 1998.9.4. 선고 96다31697 판결.

II. 조세법상 연대납세의무

1. 공유물·공동사업 등

국세기본법 제25조 제1항은 "공유물·공동사업 또는 그 공동사업에 속하는 재산에 관계되는 국세·가산금과 체납처분비는 공유자 또는 공동사업자가 연대하여 납부할 의무를 진다"고 규정하고 있다.

그럼에도 소득세법 제43조 제2항에서는 공유물 또는 공동사업에 관한 소득세에 대하여 위 국세기본법의 특례규정을 두고 있다. 즉 사업소득이 발생하는 사업을 공동으로 경영하는 경우에 공동사업에서 발생하는 소득금액은 공동사업자 간에 약정된 손익분배 비율(약정된 손익분배비율이 없는 경우에는 지분비율)에 의하여 분배되었거나 분배될 소득금액에 따라 각 거주자별로 그 소득금액을 계산하는 것으로 하여 국세기본법상의 연대납세의무를 배제하고 있다.

국세기본법 제25조 규정과 소득세법 제43조 제2항의 규정은 일반규정과 특별규정의 관계이다. 국세기본법 제3조 제1항 단서는 국세기본법은 세법에 우선하여 적용하되 국세기본법 제25조를 포함한 일부 규정의 경우 각 세법에서 특례규정을 두고 있는 때에는 그 세법이 정하는 바에 의하도록 하고 있다. 따라서 공유물 또는 공동사업에 관한 국세 중 소득세에 있어서는 각 공유자 또는 각 공동사업자가 그 지분 또는 손익분배의 비율에 따라 안분 계산한 소득금액에 대한 소득세를 개별적으로 납부할 의무를 부담할 뿐이며, 국세기본법의 연대납세의무 규정은 그 적용이 배제된다.

2. 법인의 분할 등

법인이 분할되거나 분할합병되는 경우 분할되는 법인에 대하여 분할일 또는 분할합병일 이전에 부과되거나 납세의무가 성립한 국세·가산금 및 체납처분비는 다음의 자가 연대하여 납부할 의무를 진다(국세기본법 제25조 제2항).

① 분할되는 법인
② 분할 또는 분할합병으로 신설되는 법인
③ 분할되는 법인의 일부가 다른 법인과 합병하여 그 다른 법인이 존속하는 경우 그 다른 법인

법인이 분할 또는 분할합병으로 해산하는 경우 해산하는 법인에 대하여 부과되거나 그 법인이 납부할 국세·가산금 및 체납처분비는 다음의 자가 연대하여 납부할 의무를 진다 (동 조 제3항).

① 분할 또는 분할합병으로 설립되는 법인

② 존속하는 분할합병의 상대방 법인

법인이 채무자 회생 및 파산에 관한 법률 제215조에 따라 신회사를 설립하는 경우 기존의 법인에 부과되거나 납세의무가 성립한 국세·가산금 및 체납처분비는 신회사가 연대하여 납부할 의무를 진다(동 조 제4항).

3. 공동상속의 경우

공동상속의 경우 그 공동상속인도 상속세를 각자가 받았거나 받을 재산을 한도로 연대하여 납부할 의무를 진다(상속세 및 증여세법 제3조 제3항). 이것은 상속 등에 의해서 받은 재산을 한도로 해서 공동상속인 전원이 각자 납부해야 할 금액에 관해 상호 연대하여 납부할 책임을 진다는 것이다. 따라서 민법의 연대채무와는 성질이 다소 다르기 때문에 국세기본법상 연대납세의무를 규정한 동법 제25조 제1항이 그대로 적용되는 것은 아니라 할 것이다.

4. 증여자의 증여세

증여세의 납세의무자는 원칙적으로 수증자이지만 일정한 경우에 한하여 증여자도 연대 납부의무를 진다. 즉 ① 수증자의 주소 또는 거소가 분명하지 아니한 경우로서 조세채권의 확보가 곤란한 경우이거나 ② 증여세를 납부할 능력이 없다고 인정되는 경우로서 체납으로 인하여 체납처분을 하여도 조세채권의 확보가 곤란한 경우에 해당하게 되면 증여자는 수증자가 납부할 증여세에 대하여 연대하여 납부할 의무를 진다(상속세 및 증여세법 제4조 제4항).

다만, 수증자가 비거주자인 경우 또는 명의신탁에 의한 증여의제에 해당하는 경우에는 수증자가 위와 같은 사유에 해당하지 아니하는 경우에도 증여자가 수증자와 연대하여 납부할 의무를 진다(동 조 제5항).

5. 연결법인의 법인세

연결법인은 법인세법 제76조의 14 제1항에 따른 각 연결사업연도의 소득에 대한 법인세(각 연결법인의 법인세법 제55조의 2에 따른 토지 등 양도소득에 대한 법인세를 포함한다)를 연대하여 납부할 의무를 진다(법인세법 제2조 제4항).

6. 인지세

2인 이상이 공동으로 문서를 작성하는 경우에 그 작성자는 해당 문서에 대한 인지세를 연대하여 납부할 의무가 있다(인지세법 제1조 제2항).

Ⅲ. 연대납세의무의 성질

연대납세의무에 대해서는 민법의 연대채무에 관한 대부분의 규정이 준용된다(국세기본법 제25조의 2). 연대납세의무의 성질은 사법상의 연대채무와 동일하게 규정된 것이다. 그러므로 과세관청은 징세를 위하여 모든 연대납세의무자에 대하여 동시 또는 순차로 조세채무의 전부나 일부를 청구하거나 독촉, 체납처분을 할 수 있다(민법 제414조). 그리고 어느 연대납세의무자에 대한 이행청구는 다른 연대납세의무자에 대해서도 그 효력이 발생한다(민법 제416조).

연대납세의무자 1인에 대하여 소멸시효가 완성되거나 납세의무를 면제한 때에는 그 자의 부담 부분에 한하여 다른 연대납세의무자의 조세채무가 소멸 또는 면제된다(민법 제419조, 제421조).

연대납세의무자 중 1인이 조세채무의 전부 또는 일부를 이행한 경우에는 다른 연대납세의무자의 조세채무도 그 이행한 한도 내에서 소멸한다. 이 경우 납세의무를 이행한 연대납세의무자는 자기 부담분을 초과한 금액에 대하여 다른 연대납세의무자에게 구상권을 행사할 수 있다(민법 제425조).

제5절 보충적 납세의무

Ⅰ. 개요

국세기본법상 본래의 납세의무자 이외의 다른 사람이 보충적 납부책임을 지는 경우로 다음과 같은 것이 있다.

① 납세의무자가 국세 등을 체납하였을 때 그 납세의무자의 재산에 대하여 체납처분을 하여도 그가 납부하여야 할 국세·가산금 및 체납처분비를 충당하기에 부족한 경우에 그 납세의무자와 일정한 관계에 있는 자에게 보충적으로 납세의무를 지우는 제2차 납세의무(국세기본법 제38조 내지 제41조).

② 본래의 납세자가 국세 등을 체납한 경우에 그 납세자에게 양도담보재산이 있을 때에는 그 납세자의 다른 재산에 대하여 체납처분을 집행하여도 징수할 금액에 부족한 경우에 그 양도담보재산으로써 납세의무를 지우는 양도담보권자의 물적 납세의무(국세기본법 제42조 제1항).

③ 납세자가 납세의무를 이행하지 않는 경우에 그 납세자의 국세·가산금 또는 체납처분비의 납부를 보증하는 납세보증인(국세기본법 제29조 5호).

제2차 납세의무나 양도담보권자의 물적 납세의무는 보충적 납부책임을 지는 자의 의사와 관계없이 법이 정한 요건이 충족되면 당연히 국세 등을 대신 납부할 책임을 지게 된다.

반면에 납세보증인이 보충적으로 국세 등의 납부책임을 지는 것은 납세보증계약에 의해서만 성립하게 된다.

Ⅱ. 제2차 납세의무

1. 개설

1) 의의

제2차 납세의무란 납세의무자가 국세 등을 체납하였을 때 그 납세의무자의 재산에 대하여 체납처분을 하여도 그가 납부하여야 할 국세·가산금 및 체납처분비를 충당하기에 부족할 경우에 그 납세의무자와 일정한 관계에 있는 자에게 보충적으로 지우는 납세의무를 말한다. 즉 제2차 납세의무자는 납세의무자가 납세의무를 이행할 수 없는 경우에 납세의무자에 갈음하여 납세의무를 지는 자이다.

국세기본법에서는 해산법인의 청산인(동법 제38조), 법인의 무한책임사원·과점주주(동법 제39조), 무한책임사원 또는 과점주주 등이 출자하고 있는 법인(동법 제40조) 및 사업의 양수인(동법 제41조)에 대하여 제2차 납세의무를 지우고 있다.

2) 성질

제2차 납세의무는 본래의 납세의무에 갈음하는 의무이기 때문에 본래의 납세의무에 대하여 부종성과 보충성을 가진다.

(1) 부종성
제2차 납세의무는 본래의 납세의무가 이행되지 않은 경우에 본래의 납세의무자와 일정한 관계에 있는 자로 하여금 그 납세의무를 이행하도록 하는 것이므로 본래의 납세의무의 존재를 전제로 하여 성립한다. 따라서 본래의 납세의무가 어떤 사유로 소멸하면 제2차 납세의무도 소멸하게 된다.

제2차 납세의무자로 지정된 자는 제2차 납세의무 부과요건이 충족되지 아니한 경우에 제2차 납세의무자에 대한 납부통지 그 자체에 대하여 위법함을 다툴 수 있을 뿐만 아니라 본래의 납세의무자에 대한 부과처분 등에 하자가 있는 경우에도 무효 도는 위법을 이유로 이를 다툴 수 있다.[159)]

판례도 제2차 납세의무자는 주된 납세의무자의 위법 여부에 대한 확정에 관계없이 자신에 대한 제2차 납세의무 부과처분의 취소소송에서 주된 납세의무자에 대한 부과처분의 하자를 주장할 수 있다고 한다.[160]

제2차 납세의무의 부종성과 관련하여 본래의 납세의무에 대한 소멸시효의 중단 또는 완성의 효과가 제2차 납세의무에도 미치는 것인가에 대하여 견해의 대립이 있다. 판례에 따르면 국세에 관한 제2차 납세의무는 그 발생, 소멸에 있어 주된 납세의무에 부종하는 것이므로 주된 납세의무자에 대한 시효의 중단은 제2차 납세의무자에 대해서도 그 효력이 있다.[161]

(2) 보충성

제2차 납세의무자는 본래의 납세의무가 이행되지 않은 경우에 비로소 제2차적으로 본래의 납세의무자로부터 징수할 수 없는 금액을 한도로 그 이행을 책임진다. 따라서 제2차 납세의무는 본래의 납세의무자의 재산이 징수할 국세 등의 금액에 부족한 경우에 성립한다.

여기서 '부족한 경우'란 함은 본래의 납세의무자의 재산에 대하여 체납처분을 하더라도 징수할 국세·가산금과 체납처분비에 충당하기에 부족할 것이라는 점이 인정되기만 하면 충분하다고 본다. 따라서 본래의 납세의무자에 대하여 현실적으로 체납처분을 집행한 결과에 기할 필요는 없다.

3) 성립과 확정

제2차 납세의무가 성립하기 위해서는 다음의 세 가지 요건을 갖추어야 한다.
① 본래의 납세의무의 불이행, 즉 체납이 있어야 한다.
② 본래의 납세의무자의 재산으로는 체납처분을 하여도 국세·가산금 및 체납처분비에 충당하기에 부족하여야 한다.
③ 제2차 납세의무자가 본래의 납세의무자와 일정한 관계에 있어야 한다.

이와 같은 요건이 충족되면 과세관청의 특별한 행위 없이 제2차 납세의무가 성립한다. 이렇게 추상적으로 성립된 제2차 납세의무는 제2차 납세의무자에 대한 납부통지에 의하

---

160) 그러나 제2차 납세의무자 지정통지는 항고소송의 대상이 되는 처분으로 보지 아니하는 데에 주의를 요한다. 대법원 1985.2.8. 선고 84누132 판결.
160) 대법원 2009.1.15. 선고 2006두14926 판결.
161) 대법원 1985.11.12. 선고 85누488 판결.

여 구체적으로 확정된다(국세징수법 제12조).

4) 납부통지

제2차 납세의무자에 대한 납부통지는 독립된 과세처분의 성질을 가진다. 다만 형식적으로 본래의 납세의무자에 대한 과세처분과 별개의 처분이지만 실질적으로는 과세처분 등에 의하여 확정된 본래의 납세의무에 대한 징수절차상의 처분으로서의 성격을 가진다. 그러므로 제2차 납세의무자에 대하여 납부통지를 하려면 먼저 본래의 납세의무자에 대하여 과세처분 등을 하여 그의 구체적인 납세의무를 확정하는 절차를 거쳐야 하고, 그러한 절차를 거침이 없이 바로 제2차 납세의무자에 대하여 납부통지를 하는 것은 위법하게 된다.162)

2. 청산인 등의 제2차 납세의무

1) 의의

법인이 해산한 경우에 그 법인에게 부과되거나 그 법인이 납부할 국세·가산금 또는 체납처분비를 납부하지 아니하고 잔여재산을 분배 또는 인도한 때에 그 법인에 대하여 체납처분을 하여도 징수할 금액에 부족한 경우에는 청산인 또는 잔여재산의 분배 또는 인도를 받은 자는 그 부족액에 대하여 제2차 납세의무를 진다(국세기본법 제38조 제1항).

청산인 등에게 제2차 납세의무를 지우는 이유는 납세의무를 이행함이 없이 잔여재산을 분배한 데 따른 책임을 지우거나 분배받은 잔여재산의 가액 중 청산인이 납세의무를 제대로 이행하였더라면 받아 갈 수 없었을 부분을 부당이득으로 반환한다는 취지이다.163)

2) 요건

(1) 법인의 해산

법인이 상법의 규정에 따라 해산하여야 한다. 주주총회에 의한 해산결의, 정관에 정한 해산사유의 발생, 해산결정 또는 해산명령 등에 의한 해산이 이에 해당하나, 해산절차가

---

162) 대법원 1998.10.27. 선고 98두4535 판결.
163) 이태로·한만수, 앞의 책, 92면.

필요 없는 합병에 의한 해산은 여기에 해당하지 않는다. 합병으로 소멸된 법인에게 부과되거나 그 법인이 납부할 국세 등의 납부의무는 합병 후 존속하는 법인 또는 합병으로 설립된 법인에게 승계되기 때문이다(국세기본법 제23조).

(2) 부과되거나 납부할 국세

해산하는 법인에게 부과되거나 그 법인이 납부할 국세·가산금 또는 체납처분비가 있어야 한다.

여기서 '해산한 법인에게 부과되거나 그 법인이 납부할 국세 등'의 의미는 구체적으로 확정된 국세 등은 물론 추상적으로 성립되어 있는 납세의무를 가리키는 것으로 해석할 수 있다. 즉 청산인 등이 부담하는 제2차 납세의무는 해산 시 또는 잔여재산의 분배·인도 시에 이미 납세의무가 확정된 국세에 한하지 않고 당해 법인이 결과적으로 납부하여야 할 국세에 미치는 것으로 보아야 한다.

(3) 잔여재산의 분배 또는 인도

청산인이 해산법인에게 부과되거나 그 법인이 납부할 국세 등을 납부하지 않고 잔여재산을 분배 또는 인도하여야 한다.

(4) 징수부족액의 발생

해산법인의 재산에 대한 체납처분으로 징수할 수 있는 금액이 그 법인이 부담할 국세 총액에 부족한 경우이어야 한다. 따라서 해산법인의 재산으로 조세채무를 충당할 수 있는 경우에는 청산인이나 잔여재산을 분배받은 자가 제2차 납세의무를 부담하지 않는다.

3) 부담의 범위

청산인과 잔여재산을 분배 또는 인도받은 자는 징수부족된 금액에 대하여 보충적 납부책임을 지게 된다. 그 징수부족액을 범위로 하여 청산인은 분배 또는 인도한 재산의 가액을 한도로, 그 분배 또는 인도를 받은 자는 각자가 받은 재산의 가액을 한도로 하여 제2차 납세의무를 진다(국세기본법 제38조 제2항).

여기서 한도의 기준이 되는 재산의 가액은 당해 잔여재산을 분배 또는 인도한 날 현재의 시가에 의한다(동법 시행령 제19조).

3. 출자자의 제2차 납세의무

1) 의의

법인(상장법인을 제외)의 재산으로 그 법인에게 부과되거나 그 법인이 납부할 국세·가산금과 체납처분비에 충당하여도 부족한 경우에는 그 국세의 납세의무의 성립일 현재 무한책임사원과 과점주주 중 일정한 자는 그 부족액에 대하여 제2차 납세의무를 진다(국세기본법 제39조 제1항).

합명회사 및 합자회사의 무한책임사원은 회사의 재산으로 회사의 채무를 완제할 수 없는 때에는 연대하여 변제할 책임이 있기 때문에(상법 제212조, 제269조) 법인의 조세채무에 대하여 무한책임사원이 제2차 납세의무를 지는 것은 당연하다.

이에 비하여 유한책임사원과 주식회사의 주주는 회사의 채무에 대하여 출자가액·출자금액·주식의 인수가액을 한도로 하여 책임을 지게 되어 있으므로(상법 제279조, 제553조, 제331조), 주주 등에게 법인의 조세채무에 대한 제2차 납세의무를 지우는 것은 상법상의 유한책임 원칙과 상충된다.

그러나 우리나라의 경우 회사형태 중 주식회사가 차지하는 비율이 높고 상장법인을 제외한 대부분의 회사가 친족·친지 등을 주주로 하여 구성되어 있는 1인 또는 수인의 지배회사이다. 이러한 소규모 폐쇄회사 등은 조세법규를 남용하여 법인의 임의해산, 사무소의 폐쇄 등의 방법으로 법인재산을 주주 개인에게 귀속시킴으로써 법인의 납세의무를 면하려는 경향이 있다. 이러한 사실 때문에 조세채권을 확보하기 위한 예외적 조치가 필요하게 된다. 이에 따라 국세기본법은 주식회사 또는 유한회사의 과점주주 또는 과점출자자 중 사실상 그 법인을 지배·경영하는 지위에 있는 자에 한하여 법인의 조세채무에 대하여 변제의 무한책임을 지도록 규정하고 있는 것이다. ☞ 〈참고판례 37〉

과점주주의 제2차 납세의무에 대한 이론적 근거로는 법인격부인의 법리와 실질과세의 원칙을 들 수 있으나, 이에 대한 비판적 견해는 과점주주의 제2차 납세의무제도의 법적 정당성에 의문을 제기하고 동 제도의 폐지를 주장하고 있다.[164]

과점주주의 제2차 납세의무제도는 외국의 입법례에서 찾아볼 수 없고 이론적 근거가 다소 부족한 면이 있으나 그 입법취지에 비추어 보면 제도적 타당성도 인정된다. 그러므

---

164) 김완석, "주주의 제2차 납세의무에 관한 연구", 「토지공법연구 제25집」, 한국토지공법학회, 2005.2., 296면.

로 폐쇄적으로 운영되는 비상장법인의 조세채권 확보방안이 따로 마련된다면 이 제도를 폐지하여야 할 것이다.

2) 요건

(1) 비상장 법인

본래의 납세의무자인 법인이 비상장 법인이어야 한다. 발행된 주식을 한국증권거래소에 상장한 상장법인의 주주에 대해서는 출자자의 제2차 납세의무 규정이 적용되지 않는다. 상장법인의 경우에는 그 법인을 사실상 지배하는 과점주주에 의한 법인제도의 남용으로 납세의무를 면하려는 폐단이 적기 때문이다.

(2) 무한책임사원과 과점주주 중 법이 정한 자

① 무한책임사원(제1호)

'무한책임사원'이란 회사의 재산으로 회사의 채무를 완제할 수 없는 때에 각 사원이 연대하여 변제할 책임이 있는 출자자를 말한다(상법 제212조, 제269조).

② 과점주주(제2호)

'과점주주'란 주주 또는 유한책임사원 1명과 그의 특수관계인 중 일정한 관계에 있는 자로서 그들의 소유주식 합계 또는 출자액 합계가 해당법인의 발행주식총수 또는 출자총액의 100분의 50을 초과하면서 그에 관한 권리를 실질적으로 행사하는 자들을 말한다.

'특수관계인'이란 본인과 혈족·인척 등 친족관계, 임원·사용인 등 경제적 연관관계, 주주·출자자 등 경영지배관계 중 하나에 해당하는 관계에 있는 자를 말한다. 이 경우 본인도 그 특수관계인의 특수관계인으로 본다(국세기본법 제2조 20호).

여기서 '친족관계'란 6촌 이내의 혈족, 4촌 이내의 인척, 배우자(사실상의 혼인관계에 있는 자를 포함), 친생자로서 타인에게 친양자 입양된 자 및 그 배우자·직계비속 중 어느 하나에 해당하는 경우를 말한다(국세기본법시행령 제1조의 2 제1항).

'경제적 연관관계'란 임원 기타 사용인, 본인의 금전 기타 재산으로 생계를 유지하는 자, 이들과 생계를 함께 하는 친족 중 어느 하나에 해당하는 경우를 말한다(동 조 제2항).

'경영지배관계'란 다음 중 어느 하나에 해당하는 경우를 말한다(동 조 제3항).

가) 본인이 개인인 경우

㉮ 본인이 직접 또는 그의 위 친족관계 및 경제적 연관관계에 해당하는 특수관계인을

통하여 어느 법인의 경영에 대하여 지배적인 영향력을 행사하고 있는 경우 그 법인

㉯ 본인이 직접 또는 그의 위 친족관계, 경제적 연관관계 및 ㉮에 해당하는 특수관계인을 통하여 어느 법인의 경영에 대하여 지배적인 영향력을 행사하고 있는 경우 그 법인

나) 본인이 법인인 경우

㉮ 개인 또는 법인이 직접 또는 그의 특수관계인을 통하여 본인의 경영에 대하여 지배적인 영향력을 행사하고 있는 경우 그 개인 또는 법인

㉯ ㉮의 개인 또는 법인의 친족관계 및 경제적 연관관계에 해당하는 특수관계인

㉰ 본인이 직접 또는 그의 경제적 연관관계, ㉮ 및 ㉯에 해당하는 특수관계인을 통하여 어느 법인의 경영에 대하여 지배적인 영향력을 행사하고 있는 경우 그 법인[165]

㉱ 본인이 직접 또는 그의 경제적 연관관계 및 ㉮부터 ㉰까지에 해당하는 특수관계인을 통하여 어느 법인의 경영에 대하여 지배적인 영향력을 행사하고 있는 그 법인

㉲ 본인이 독점규제 및 공정거래에 관한 법률에 따른 기업집단에 속하는 경우 그 기업집단에 속하는 다른 계열회사 및 그 임원

'일정한 관계에 있는 자'란 해당 주주등과 국세기본법시행령 제18조의 2에 열거한 친족관계, 경제적 연관관계, 경영지배관계 중 어느 하나에 해당하는 관계에 있는 자를 말한다(국세기본법시행령 제20조).

'과점주주'에 해당하는지는 과반수 주식의 소유 집단의 일원인지 및 법 소정의 친족관계에 있는지에 의하여 판단하여야 하고, 구체적으로 회사경영에 관여한 사실이 없다고 하더라도 그것만으로 과점주주가 아니라고 판단할 수 없다.[166] 주식의 소유사실은 특별한 사정이 없는 한 과세관청에게 그 입증책임이 있다. 다만 과세관청으로서는 주주명부나 주식이동상황명세서 또는 법인등기부등본 등에 의하여 과점주주라고 볼 수 있는 자료를 제출하면 일응의 입증을 하였다고 보아야 한다. 주주 명의를 도용당하였거나 실질소

---

165) 해당 법인의 경영에 대하여 지배적인 영향력을 행사하고 있는 것으로 보는 경우는 다음과 같다(국세기본법시행령 제1조의 2 제4항).
   1. 영리법인인 경우
     가. 본인 또는 그의 특수관계인이 그 법인의 발행주식총수 등의 100분의 30 이상을 출자한 경우
     나. 본인 또는 그의 특수관계인이 임원의 임면권의 행사, 사업방침의 결정 등 그 법인의 경영에 대하여 사실상 영향력을 행사하고 있다고 인정되는 경우
   2. 비영리법인인 경우
     가. 본인 또는 그의 특수관계인이 그 법인의 이사의 과반수를 차지하는 경우
     나. 본인 또는 그의 특수관계인이 그 법인의 출연재산의 100분의 30 이상을 출연하고 그중 1인이 설립자인 경우

166) 대법원 2008.9.11. 선고 2008두983 판결, 대법원 2008.1.10. 선고 2006두19105 판결, 대법원 2004.7.9. 선고 2003두1615 판결 등 참조.

유주의 명의가 아닌 차명으로 등재되었다는 등의 사정이 있는 경우에는 단지 그 명의만으로 주주에 해당한다고 볼 수는 없으나, 이는 제2차 납세의무자로서의 책임을 면하고자하는 자가 그 주주 명의를 도용당하였다거나 실질적 주주가 아니고 형식상의 주주에 불과하다는 등 제2차 납세의무자가 될 수 없는 사실을 입증하여야 한다.[167]

과점주주에 해당하는지에 대한 판정은 본래의 납세의무 성립일 현재를 기준으로 한다. 따라서 과점주주였던 자가 주식을 처분하여 납세의무 성립일 현재는 과점주주가 아닌 경우 및 납세의무 성립일 이후에 주식을 취득하여 과점주주가 된 경우에는 제2차 납세의무를 부담하지 않는다.

국세기본법 제39조에 의하여 법인의 주주에게 제2차 납세의무를 부담시키기 위해서는 과점주주로서 그 법인의 경영을 실질적으로 지배할 수 있는 위치에 있음을 요한다. 단지 형식상으로 법인의 주주명단에 주주로 등재되어 있는 사유만으로 곧 과점주주라고 하여 납세의무를 부담시킬 수 없다.

개정 전 구 국세기본법 제39조 제2호와 관련하여 "발행주식총수 또는 출자총액의 50%를 초과하는 주식 또는 출자지분에 관한 권리를 실질적으로 행사하는 자"란 50%를 초과하여 소유하고 있는 과점주주 1인을 의미하는 것인지 과반수 주식을 소유한 과점주주 전원을 의미하는 것인지 해석상 논란이 있었다.[168] 과점주주를 일정한 특수관계인 집단으로 규정하고 있는 입법취지와 위 규정의 개정연혁, 과점주주의 지분율에 따라 과점주주의 책임한도를 제한하는 규정 등을 종합하면 지배주주 1인만을 가리키는 것으로 해석할 수 없다. 구법에서의 판례도 이와 같이 해석하고 있고 개정법에서는 이를 반영하여 법문언상으로 해석을 명확히 하였다. ☞ 〈참고판례 38〉

(3) 법인에게 부과되거나 법인이 납부할 국세

본래의 납세의무자인 법인(상장법인을 제외한다)에게 부과되거나 그 법인이 납부할 국세·가산금과 체납처분비가 있어야 한다. 부과되거나 또는 납부할 국세 등의 의미는 청산인 등의 제2차 납세의무에서 설명한 것과 같다.

---

167) 대법원 2004.7.9. 선고 2003두1615 판결.
168) 이중교, "세법상 과점주주의 지위와 과점주주의 개선방안에 관한 연구", 「토지공법연구 제44집」, 한국토지공법학회, 2009.5., 299면.

(4) 징수부족액의 발생

본래의 납세의무자(비상장법인)의 재산으로 그 법인에게 부과되거나 그 법인이 납부할 국세·가산금과 체납처분비에 충당하여도 부족한 경우이어야 한다. 따라서 법인의 재산으로 법인의 조세채무를 충당할 수 있는 경우에는 무한책임사원 또는 과점주주가 제2차 납세의무를 부담하지 않는다.

3) 부담의 범위

제2차 납세의무자는 본래의 납세의무자인 법인이 납부할 세액 중 법인의 재산으로 충당하여도 부족한 금액에 대하여 보충적 납세의무를 진다.

이 경우에 무한책임사원은 부족액 전체에 대하여 책임을 지지만, 과점주주의 경우에는 그 부족한 금액을 그 법인의 발행주식 총수(의결권이 없는 주식은 제외) 또는 출자총액으로 나눈 금액에 해당 과점주주가 실질적으로 권리를 행사하는 주식(의결권이 없는 주식은 제외) 또는 출자액을 곱하여 산출한 금액을 한도로 제2차 납세의무를 진다.

청산인 등의 제2차 납세의무 또는 법인의 제2차 납세의무에 있어서와 균형을 맞추기 위하여 이와 같이 부담액에 대한 한정규정을 둔 것이다.

4. 법인의 제2차 납세의무

1) 의의

국세의 납부기간 만료일 현재 법인의 무한책임사원 또는 과점주주의 재산으로 그 출자자가 납부할 국세·가산금과 체납처분비에 충당하여도 부족한 경우에는 그 법인은 법정요건에 해당하는 경우에 한하여 그 출자자의 소유주식 또는 출자지분의 가액을 한도로 그 부족액에 대하여 제2차 납세의무를 진다(국세기본법 제40조).

법인은 출자자와 서로 동일한 이해관계에 의해 지배된다는 점에 그 근거가 있다.

2) 요건

(1) 무한책임사원 또는 과점주주

본래의 납세의무자가 법인의 무한책임사원 또는 과점주주이어야 한다. 무한책임사원과 과점주주의 개념에 대해서는 이미 설명하였다. 무한책임사원 또는 과점주주는 국세의 납부기간 만료일 현재를 기준으로 판단한다.

(2) 출자자가 납부할 국세 등

본래의 납세의무자인 출자자 등이 '납부할' 국세·가산금과 체납처분비에 대하여 법인이 제2차 납세의무를 진다. 법인이 부담하는 제2차 납세의무의 범위에는 '부과할' 국세 등이 포함되지 않는다. 여기서 '납부할' 국세 등이라 함은 구체적으로 확정된 조세채무를 뜻한다.

(3) 징수부족액의 발생

출자자의 재산(당해 법인의 발행 주식 또는 출자지분을 제외한다)으로 그가 납부할 국세 등에 충당하여도 부족하여야 한다.

(4) 출자자의 소유주식 또는 출자지분의 환가불능

출자자의 소유주식 또는 출자지분이 환가 가능하다면 그 주식 또는 지분으로부터 국세를 징수하면 될 것이다. 그러므로 다음의 경우에 한하여 출자자의 조세채무에 대하여 출자자의 법인이 제2차 납세의무를 진다.

① 정부가 출자자의 소유주식 또는 출자지분을 재공매하거나 수의계약에 의하여 매각하려 하여도 매수희망자가 없는 경우

출자자의 소유주식이나 출자지분을 압류한 다음 매각절차에까지 들어갔음에도 불구하고 매수희망자가 없어 매각이 되지 아니한 경우에 비로소 법인의 제2차 납세의무가 발생하는 것을 규정하고 있는 것이므로, 주식인도 요구에 불응하여 주식을 압류하지 못하였다는 사실만으로는 이 요건을 갖추었다고 볼 수 없다.[169]

② 출자자의 소유주식 또는 출자지분이 법률 또는 그 법인의 정관에 의하여 양도가 제한되는 경우

회사가 주권을 발행하지 않았더라도, 상법 제335조 제2항에 의하면 회사성립 후 또는

---

169) 대법원 1993.3.12. 선고 92누13219 판결.

신주의 납입기일 후 6월이 경과한 때에는 회사에 대한 관계에서 유효하게 주식을 양도할 수 있으므로, 회사가 주권을 발행하지 아니한 채 주권을 발행하여 인도하라는 요구에 불응하고 있다는 사정만으로 주식의 양도가 제한된 때에 해당한다고 볼 수 없으며, 위와 같은 사정들이 있다고 하여 위 ①에 해당한다고 볼 수도 없다.

3) 부담의 범위

법인이 부담하는 제2차 납세의무의 범위는 본래의 납세의무자인 무한책임사원 또는 과점주주의 재산으로 충당하여도 부족한 금액이다. 또한 법인은 징수부족액의 범위에서 출자자의 소유주식 또는 출자지분의 가액을 한도로 하는데, 국세기본법 제40조 제2항에 의하면 법인의 제2차 납세의무는 그 법인의 자산총액에서 부채총액을 공제한 가액을 그 법인의 발행주식총액 또는 출자총액으로 나눈 가액에 그 출자자의 소유주식금액 또는 출자액을 곱하여 산출한 금액을 한도로 한다고 규정하고 있다.

여기서 자산총액과 부채총액의 평가는 당해 국세(2 이상의 국세에 있어서는 납부기한이 뒤에 도래한 국세)의 납부기간 만료일 현재의 시가에 의한다(국세기본법시행령 제21조).

5. 사업양수인의 제2차 납세의무

1) 의의

사업의 양도·양수가 있는 경우에 양도일 이전에 양도인의 납세의무가 확정된 당해 사업에 관한 국세·가산금과 체납처분비를 양도인의 재산으로 충당하여도 부족이 있는 때에는 대통령령이 정하는 사업의 양수인은 그 부족액에 대하여 양수한 재산의 가액을 한도로 제2차 납세의무를 진다(국세기본법 제41조).

2) 요건

(1) 사업의 포괄적 양도·양수

제2차 납세의무를 지게 되는 사업의 양수인이란 사업장별로 그 사업에 관한 모든 권리(미수금에 관한 것을 제외한다)와 모든 의무(미지급금에 관한 것을 제외한다)를 포괄적으로 승계한 자를 말한다(국세기본법시행령 제22조).

사업의 포괄적 양도·양수는 사업장별로 판단한다. 따라서 사업의 양도인에게 둘 이상의 사업장이 있는 경우에 한 사업장을 양수한 자의 제2차 납세의무는 양수한 사업장에 관계되는 국세·가산금 체납처분비에 한한다(동 시행령 제23조).

사업에 관한 모든 권리와 의무를 포괄적으로 승계한다고 함은 양수인이 양도인으로부터 그의 모든 사업시설뿐만 아니라 영업권과 그 사업에 관한 채권·채무 등 일체의 인적·물적 권리와 의무를 양수함으로써 양도인과 동일시되는 정도의 법률상의 지위를 그대로 승계하는 것을 의미한다.[170)]

판례는 "외상대금채권 또는 기타 채무를 인수하거나 종전 고용원 등을 계속 고용하기로 약정한 바 없더라도 경영하던 영업의 시설물·상품 및 비품 일체를 매수하고 또 영업권을 인수하여 같은 장소에서 동종의 영업을 하였더라면 다른 사정이 없는 한 사업의 포괄적 승계를 인정할 수 있다"고 하였다.[171)]

결국 사업의 동일성이 유지되는 데 필요한 모든 권리·의무가 이전되면 사업의 포괄적 승계라고 할 수 있다. 따라서 사업의 일부 재산이나 고용원 등의 일부 또는 전부가 당사자의 특약에 의하여 배제되었다 하더라도 사업의 동일성이 필연적으로 깨지는 것은 아니므로 사업의 동일성이 유지되는 한 사업의 포괄적 승계로 보아야 한다.

승계하는 권리에서 미수금에 관한 것과 승계하는 의무에서 미지급금에 관한 것을 제외한다. 다시 말하면 미수금과 미지급금은 사업의 양도대상에서 제외하고 있다. 미수금과 미지급금을 제외한다는 뜻은 모든 채권·채무를 제외한다는 의미가 아니라 일반적인 상거래 이외에서 발생한 미수채권·미지급채무를 제외하는 것으로 해석해야 할 것이다.[172)]

(2) 양도일 이전에 확정된 국세 등

사업양수인이 제2차 납세의무를 지는 국세 등의 범위는 사업양도일 이전에 양도인의 납세의무가 '확정된' 국세·가산금과 체납처분비이어야 한다.

과거에는 사업양수인이 제2차 납세의무를 지게 되는 대상을 청산인 등의 제2차 납세의무에 관한 국세기본법 제38조와 마찬가지로 "그 양도인에게 '부과되거나' 그 양도인이 '납부할' 당해 사업에 관한 국세·가산금과 체납처분비"로 규정하여, 그 의미에 대하여 양도 당시에 이미 양도인에게 부과된 국세에 한정되는지 양도 이전의 원인에 의하여 추

---

170) 대법원 1990.8.28. 선고 90누1892 판결.
171) 대법원 1978.11.28. 선고 78누107 판결.
172) 임승순, 앞의 책, 91면.

상적으로 성립한 국세를 포함하는지 두 가지 해석이 있었으나 현행법에서는 그 대상을 양도일 이전에 양도인의 납세의무가 '확정된' 당해 사업에 관한 국세·가산금과 체납처분비로 한정하고 있다.

사업양도인의 납세의무의 확정시기는 국세기본법 제22조 및 동법 시행령 제10조의 2 규정이 정하는 바에 따른다.

(3) 당해 사업에 관한 국세

사업양수인이 제2차 납세의무를 지는 국세 등은 양수한 사업에 관한 것이어야 한다. 다시 말하면 사업양수인이 제2차 납세의무를 지는 것은 양도·양수의 대상이 된 사업의 경영과 관련된 국세 등이거나 사업의 양수에 포함된 재산에 관련된 국세 등이어야 한다. 따라서 사업의 양도로 발생한 법인세나 양도소득세는 제2차 납세의무의 대상이 될 수 없다. 이러한 국세 등은 사업양도일 이전에 납세의무가 확정될 수도 없기 때문에 여기에 포함될 수 없음은 분명하다.

(4) 징수부족액의 발생

사업양도인의 재산으로 확정된 국세 등에 충당하여도 부족한 경우이어야 한다. 양수인의 제2차 납세의무도 보충적인 것이므로 양도인의 재산으로 조세채무를 충당할 수 있는 경우에는 양수인이 제2차 납세의무를 부담하지 않는다.

3) 부담의 범위

사업의 양수인은 사업양도인의 국세 등에 대하여 그 양도인의 재산으로 충당하여도 부족한 금액이 있는 때에 그 부족액에 대하여 양수한 재산의 가액을 한도로 하여 보충적 납세의무를 진다. 즉 사업양수인의 보충적 납부책임은 양수한 재산의 가액을 한도로 한다. 여기서 '양수한 재산의 가액'이란 사업의 양수인이 양도인에게 지급하였거나 지급하여야 할 금액이 있는 경우에는 그 금액을 말한다. 만일 이러한 금액이 없거나 불분명한 경우에는 양수한 자산 및 부채를 상속세 및 증여세법 제60조부터 제66조까지의 규정을 준용하여 평가한 후 그 자산총액에서 부채총액을 뺀 가액으로 한다. 그럼에도 불구하고 양수인이 양도인에게 지급한 대가와 시가의 차액이 3억 원 이상이거나 시가의 100분의 30에 상당하는 금액 이상인 경우에는 양 금액 중 큰 금액으로 한다(국세기본법시행령 제

23조 제2항, 제3항).

사업의 양도인에게 둘 이상의 사업장이 있는 경우에 한 사업장을 양수한 자는 양수한 사업장에 관계되는 국세·가산금과 체납처분비에 한하여 제2차 납세의무를 진다. 이때에 둘 이상의 사업장에 공통되는 국세·가산금과 체납처분비가 있는 경우에는 양수한 사업장에 배분되는 금액에 대하여 사업양수인에게 제2차 납세의무가 있다(동 조 제1항).

〈참고판례 37〉

헌법재판소 1997.6.26. 결정, 93헌바49, 94헌바38 41, 95헌바64(병합)

납세의무의 확장의 하나로서의 과점주주의 제2차 납세의무는 국세부과 및 세법적용상의 원칙으로서의 실질과세의 원칙을 구현하려는 것으로서, 형식적으로는 제3자에게 재산이 귀속되어 있으나 실질적으로는 주된 납세의무자와 동일한 책임을 인정하더라도 공평을 잃지 않을 특별한 관계에 있는 제3자를 제2차 납세의무자로 하여 보충적인 납세의무를 지게 하여 그 재산의 형식적인 권리귀속을 부인함으로써 그 내용상의 합리성과 타당성 내지 조세형평을 기하는 한편 조세징수의 확보라는 공익을 달성하기 위한 제도이므로 그 제도의 취지 자체는 실질적 조세법률주의에 위배되지 않는다.

국세기본법 제39조는 과점주주의 주식의 소유 정도 및 과점주주의 소유의 주식에 대한 실질적인 권리의 행사 여부와 법인의 경영에 대한 사실상의 지배 여부 등 제2차 납세의무의 부과를 정당화시키는 실질적인 요소에 대해서는 고려함이 없이, 소정 과점주주 전원에 대하여 일률적으로 법인의 체납액 전부에 대한 무제한의 납세의무를 인정함으로써, 과점주주에 대한 조세형평이나 재산권보장은 도외시한 채 조세징수의 확보만을 지나치게 강조하여 실질적 조세법률주의에 위반되고 재산권을 과도하게 침해하며 또 과점주주들 간에 불합리한 차별을 하여 평등의 원칙과 그 조세분야에서의 실현형태인 조세평등주의에도 위배된다.

그러나 과점주주에 대하여 제2차 납세의무를 부과하는 것 자체가 모두 위헌이라고 볼 수 없으므로 실질적 조세법률주의의 원칙에 비추어 제2차 납세의무를 부담하는 과점주주의 범위를 적절히 제한하거나 과점주주의 책임의 한도를 설정하면 그 위헌성이 제거될 수 있을 것인데, 입법부는 이미 과점주주의 범위를 제한하는 방법으로 법률을 개정함으로써 제도의 입법목적인 조세징수의 확보라는 공익적인 요청과 과점주주의 재산권보장이라는 요청을 조화시키려는 시도를 하였고, 또 그러한 방법으로 위헌성을 제거하는 것이 가장 합리적이라고 보이는바, 이에 제2차 납세의무를 부과함이 상당하다고 인정되는 과점주주의 범위에 대하여 살펴보면, 그 입법목적에 비추어 이를 주식회사를 실질적으로 운영하면서 이를 조세회피의 수단으로 이용할 수 있는 지위에 있는 자, 즉 법인의 경영을 사실상 지배하거나 과점주주로서의 요건, 즉 당해 법인의 발행주식총액의 100분의 51 이상의 주식에 관한 권리를 실질적으로 행사하는 자로 제한함이 상당하다 할 것이다.

<h2 align="center">〈참고판례 38〉</h2>

대법원 2008.9.11. 선고 2008두983 판결【제2차 납세의무자지정 및 관세부과처분취소】

【판시사항】

[1] 과점주주의 제2차 납세의무에 관한 구 국세기본법 제39조 제1항 제2호 (가)목 규정의 의미 및 그 판단 기준

[2] 과점주주의 제2차 납세의무에 관한 구 국세기본법 제39조의 제1항 제2호 (다)목 규정의 의미

【이유】

[1] 구 국세기본법(2006.4.28. 법률 제7930호로 개정되기 전의 것, 이하 '법'이라 한다) 제39조 제1항 제2호는 '과점주주 중 다음 각 목의 1에 해당하는 자'는 제2차 납세의무를 진다고 하면서, 그 (가)목에서 '당해 법인의 발행주식총수의 100분의 51 이상의 주식에 관한 권리를 실질적으로 행사하는 자'를, (나)목에서 '명예회장·회장·사장·부사장·전무·상무·이사 기타 그 명칭에 불구하고 법인의 경영을 사실상 지배하는 자'를, (다)목에서 '(가)목 및 (나)목에 규정하는 자의 배우자(사실상 혼인관계에 있는 자를 포함한다, 이하 같다) 및 그와 생계를 같이하는 직계존·비속'을 각 규정하고 있고, 같은 조 제1항 단서는 그 책임의 한도를 '그 부족액을 그 법인의 발행주식총수(의결권이 없는 주식을 제외한다)로 나눈 금액에 과점주주의 소유주식수[제2호 (가)목 및 (나)목의 과점주주의 경우에는 당해 과점주주가 실질적으로 권리를 행사하는 주식수]를 곱하여 산출한

금액'으로 한정하고 있으며, 같은 조 제2항은 "제1항 제2호에서 과점주주라 함은 주주 1인과 그와 대통령령이 정하는 친족 기타 특수관계에 있는 자로서 그들의 소유주식의 합계가 당해 법인의 발행주식총수의 100분의 51 이상인 자들을 말한다"고 규정하고 있다.

법 제39조의 입법 취지 및 개정경과 등에 비추어 보면, <u>법 제39조 제1항 제2호 (가)목의 의미는 과점주주 중 발행주식총수의 100분의 51 이상의 주식에 관한 권리를 실질적으로 행사하는 과점주주에 해당하는 자들은 모두 제2차 납세의무를 부담하되, 다만 그 책임 범위는 자신의 소유지분 범위 내로 제한된다는 취지로 봄이 상당하고, 과점주주에 해당하는 주주 1인이 100분의 51 이상의 주식에 관한 권리를 실질적으로 행사할 것을 요구하는 것은 아니며</u>(대법원 2008.1.10. 선고 2006두19105 판결 등 참조), 위 (가)목에서 말하는 <u>100분의 51 이상의 주식에 관한 권리 행사는 반드시 현실적으로 주주권을 행사한 실적이 있어야 할 것을 요구하는 것은 아니고, 납세의무 성립일 현재 소유하고 있는 주식에 관하여 주주권을 행사할 수 있는 지위에 있으면 족하다고 할 것이다</u>(대법원 2004.10.15. 선고 2003두8418 판결, 대법원 2003.7.8. 선고 2001두5354 판결 등 참조).

한편, 법 제39조 제2항 소정의 과점주주에 해당하는지는 특수관계에 있는 100분의 51 이상 주식의 소유집단의 일원인지에 의하여 판단하여야 하며, 주식의 소유사실은 과세관청이 주주명부나 주식이동상황명세서 또는 법인등기부등본 등 자료에 의하여 이를 입증하면 되고, 다만 위 자료에 비추어 일견 주주로 보이는 경우에도 실은 주주 명의를 도용당하였거나 실질소유주의 명의가 아닌 차명으로 등재되었다는 등의 사정이 있는 경우에는 단지 그 명의만으로 주주에 해당한다고 볼 수는 없으나 이는 주주가 아님을 주장하는 그 명의자가 입증하여야 할 것이다(대법원 2004.7.9. 선고 2003두1615 판결 등 참조).

원심은 그 채용 증거들을 종합하여 판시와 같은 사실을 인정한 다음, 아버지인 소외1에 의하여 주주 명의를 도용당하였거나 명의상 주주에 불과하다는 원고의 주장을 배척하고, 원고와 소외2(원고의 큰아버지), 소외3(원고의 어머니)은 소외4 주식회사의 주주이자 국세기본법 시행령 제20조에 규정한 친족관계에 있는 자들로서 그들의 보유주식(100분의 68)이 발행주식총수의 100분의 51 이상에 해당하므로, 원고는 소외2ㆍ3과 더불어 법 제39조 제2항 소정의 과점주주에 해당한다고 판단하였는바, 위 법리와 관계 법령 및 기록에 비추어 살펴보면, 위와 같은 원심의 판단은 옳고, 거기에 상고이유에서 주장하는 바와 같은 채증법칙 위반이나 법령위반 등의 위법이 있다고 할 수 없다.

[2] 원심은, 원고가 자신의 주식보유비율(17/100)을 넘어서 '발행주식총수의 100분의 51 이상'에 대한 권리를 실질적으로 행사하는 자의 지위에 있다고 보기 어렵고, 오히려

소외4 주식회사의 발행주식총수의 100분의 51을 초과하는 13,600주(주식보유비율 68/100)의 주식에 대하여 원고와 소외2·3에 대한 위임 내지 사실상 지배의 방법으로 실질적으로 권리를 행사한 자 및 소외4 주식회사의 경영을 지배한 자는 소외1이라고 봄이 상당하다고 보아, 원고는 법 제39조 제1항 제2호 (가)목 및 (나)목 소정의 제2차 납세의무를 지는 과점주주에는 해당하지 않는다 할 것이나, 소외1이 법 제39조 제1항 제2호 (가)목의 '발행주식총수의 100분의 51 이상의 주식에 관한 권리를 실질적으로 행사하는 자' 및 (나)목의 '법인의 경영을 사실상 지배하는 자'에 해당하고, 원고는 이 사건 관세 등의 납세의무 성립일 당시 아버지인 소외1과 생계를 같이하는 직계비속에 해당하므로, 법 제39조 제1항 제2호 (다)목 소정의 제2차 납세의무를 지는 과점주주에 해당한다고 판단하였다.

그러나 법 제39조의 입법 취지, 개정 경과 및 규정형식 등에 비추어 보면, 법 제39조 제1항 제2호 (다)목에 의하여 제2차 납세의무를 지는 자는 같은 호 (가)믁 및 (나)목에 해당하는 과점주주의 배우자 또는 그와 생계를 같이하는 직계존·비속인 과점주주에 한한다고 해석함이 상당함에도 불구하고, 원심이 이와 달리 위 (다)목 소정의 '(가)목 및 (나)목에 규정하는 자'는 과점주주임을 요하지 않는다는 전제하에, 소외1이 자신의 보유 주식이 전혀 없어 법 제39조 제2항 소정의 과점주주에 해당하지 않는다고 하더라도, 위 (다)목 소정의 '(가)목 및 (나)목에 규정하는 자'에는 해당하므로 원고는 그와 생계를 같이하는 직계비속으로서 위 (다)목 소정의 제2차 납세의무를 지는 과점주주에 해당한다고 판단한 것은 위 (다)목 소정의 제2차 납세의무를 지는 과점주주에 관한 법리를 오해한 위법이 있다고 할 것이다.

다만, 원심이 확정한 사실관계에 의하더라도, 소외4 주식회사의 법인등기부상 소외3은 대표이사로, 원고 및 소외2는 각 이사로 각 등재되어 있으며, 원고는 소외4 주식회사로부터 2003년 720만 원을 급여 형식으로 지급받는 외에 매월 자신 소유의 차량에 관한 유지비 및 공과금, 휴대전화 요금 및 신용카드대금을, 소외3은 2002년 4월경부터 2003년 12월경까지 매월 생활비, 차량유지비, 신용카드대금을 각 지급받았고, 소외2는 2002년과 2003년에 각 1,800만 원을 급여 형식으로 지급받았으며, 감사중임의 건을 의안으로 하여 진행된 2004년 3월 29일자 소외4 주식회사의 정기주주총회의사록에 의장 대표이사로 소외3 이름이, 이사로 원고 이름이 각 기재되어 있고, 그 옆에 소외3 및 원고 명의의 인장이 각 날인되어 있음을 알 수 있는바, 이러한 사실관계를 앞서 본 법리에 비추어 보면, 이 사건 관세 등 납세의무 성립일 현재 원고 및 소외2, 3은 법 제39조 제2항 소정의 과점주주로서 자신들의 소유주식에 관한 권리를 실질적으로 행사하였거나 행사할 지위에 있었다고 봄이 상당하고, 따라서 원고는 소외2, 3과 더불어 소외4 주식회사 발행주식총수의 100분의 51 이상의 주식에 관한 권리를 실질적으로 행사하는 자로서 법 제39조 제1항 제2호 (가)목 소정의 제2차 납세의무를 지는 과점주주에 해당한다고 할 것이다.

그렇다면 원심이 비록 원고가 법 제39조 제1항 제2호 (가)목이 아니라 (다)목에 의한 제2차 납세의무를 지는 과점주주로 본 잘못은 있으나, 원고가 제2차 납세의무를 지는 과점주주에 해당한다고 판단한 결론에 있어서는 옳고, 따라서 위와 같은 잘못은 판결 결과에 영향을 미친 위법이라고 할 수 없다.

Ⅲ. 양도담보권자의 물적 납세의무

1. 의의

납세자(양도담보설정자)가 국세·가산금 또는 체납처분비를 체납한 경우에 그 납세자에게 양도담보재산이 있는 때에는 그 납세자의 다른 재산에 대하여 체납처분을 집행하여도 징수할 금액에 부족한 경우에 한하여 국세징수법이 정하는 바에 의하여 그 양도담보재산으로써 납세자의 국세·가산금과 체납처분비를 징수할 수 있다(국세기본법 제42조 제1항). 이를 양도담보권자의 물적 납세의무라고 한다.

2. 취지

양도담보란 담보목적물인 재산에 대한 권리를 양도시키는 방법에 의하여 채권담보의 수단으로 활용하는 제도이다. 이 경우 채무자가 담보로 제공한 재산을 계속해서 사용·수익하지만 그 재산의 소유권은 채권자에게 이전시키는 것이다.

어느 재산에 대하여 양도담보가 설정되면 법률상으로 그 양도담보재산의 소유권은 채권자(양도담보권자)에게 귀속되므로 채무자(양도담보설정자)의 국세 등의 체납을 이유로 양도담보재산에 대하여 압류 등 체납처분을 할 수 없다. 이렇게 되면 양도담보가 국세 등의 법정기일 후에 이루어진 경우에도 양도담보재산에 대하여 체납처분을 할 수 없으므로 양도담보의 피담보채권은 국세 등에 우선하는 결과가 된다.

이에 따라 납세자(양도담보설정자)가 국세 등을 체납한 경우에 양도담보재산이 담보권자의 소유임을 인정하면서 양도담보권자에게 보충적 납세의무를 지우고 있는 것이다.

3. 요건

1) 양도담보설정자의 체납

납세자인 양도담보설정자가 국세·가산금 또는 체납처분비를 '체납'하고 있어야 한다. 따라서 납세의무가 확정되지 않거나 확정되더라도 납기가 도래하지 않은 국세에 대해서는 물적 납세의무를 지울 수 없다.

2) 양도담보재산의 존재

본래의 납세자에게 채무의 담보를 목적으로 한 양도담보재산이 있어야 한다. 여기서 양도담보재산은 당사자 간의 계약에 의하여 납세자가 그 재산을 양도한 때에 실질적으로 양도인에 대한 채권담보의 목적이 된 재산을 말한다(국세기본법 제42조 제2항).

양도담보에는 ① 채권담보의 목적으로 담보의 목적물을 채권자에게 양도하고 그 담보된 채무를 이행하는 경우에는 목적물을 채권자로부터 반환받지만, 불이행하는 경우에는 채권자가 그 재산을 매각하여 우선 변제를 받거나 그 재산을 확정적으로 취득하게 되는 '광의의 양도담보', ② 채무자가 담보재산을 채권자에게 매도하고 매도인이 일정한 기간 내에 매매대금을 반환하면 매수인으로부터 목적물을 다시 찾을 수 있는 형태의 '매도담보', ③ 매매가 있은 후에 매도인이 그 목적물을 다시 찾아오는 권한을 확보하는 환매(민법 제590조 이하)와 재매매의 예약(민법 제564조 이하) 등을 모두 포함한다.

3) 징수부족액의 발생

양도담보설정자의 다른 재산에 대하여 체납처분을 집행하여도 징수할 금액에 부족한 경우이어야 한다. 부족액의 판정은 체납자의 재산가액이 징수하고자 하는 국세 등의 금액에 미달하는 것이 명백하게 인정되는 것으로 족하고 체납처분을 현실적으로 집행한 결과에 기할 필요는 없다.

4) 국세의 법정기일 후 설정

양도담보권자에게 물적 납세의무를 지우기 위해서는 체납된 국세의 법정기일 후에 담보의 목적으로 설정된 것이어야 한다. 즉 체납국세의 법정기일 전에 담보의 목적이 된 양도담보재산에 대해서는 물적 납세의무를 지울 수 없다(국세기본법 제42조 제1항 단서).

여기서 '법정기일'이라 함은 신고납세방식 국세의 경우 과세표준 및 세액의 신고일, 부과과세방식 국세의 경우 납세고지서의 발송일, 제2차 납세의무자와 물적 납세의무를 지는 양도담보권자로부터 징수하는 국세는 납부통지서의 발송일, 인지세 원천징수의무자 또는 납세조합으로부터 징수하는 국세는 납세의무의 확정일을 말한다(동법 제35조 제1항 3호).

4. 효과

1) 물적 납세의무의 발생

국세기본법 제42조의 요건이 충족되면 징세관청은 양도담보재산에서 납세자의 체납된 국세·가산금 또는 체납처분비를 징수할 수 있다. 양도담보권자가 이러한 물적 납세의무를 이행하지 않으면 징세관청은 양도담보재산에 대하여 체납처분을 할 수 있다. 이 경우에 체납처분의 대상은 양도담보재산에 한정되는 것이고 양도담보권자의 다른 재산에 대하여 체납처분을 할 수 없음은 당연하다.

2) 물적 납세의무의 부담한도

제2차 납세의무에 관한 국세기본법의 규정은 모두 징수부족액에 대하여 제2차 납세의무를 진다고 규정하고 있는데, 양도담보권자의 물적 납세의무에 관한 규정에서는 '징수할 금액에 부족한 경우에 한하여' 양도담보재산으로써 징수할 수 있다고 정하고 있을 뿐이다. 즉 물적 납세의무의 부담한도액에 대하여 정하고 있지 아니하다.

물적 납세의무도 제2차 납세의무와 마찬가지로 보충적 납세의무이고 징수부족을 그 성립요건으로 하고 있다. 따라서 양도담보권자가 부담하는 물적 납세의무의 한도는 징수부족액에 한한다고 보아야 할 것이다.173) 또한 양도담보권자의 물적 납세의무는 양도담보재산으로써 부담하는 것이므로 양도담보재산의 가액을 최고 한도로 한다.

3) 납부고지 후 담보채권이 소멸된 경우

양도담보권자로부터 납세의무자의 국세·가산금 또는 체납처분비를 징수하고자 할 때에는 양도담보권자에게 납부의 고지를 하여야 한다. 납부의 고지가 있은 후 해당 재산의 양도에 의하여 담보된 채권이 채무불이행으로 소멸되거나 기타 변제 이외의 이유에 의하여 소멸된 경우(양도담보재산의 환매, 재매매의 예약 기타 이에 유사한 계약을 체결한 경우에 기한의 경과 기타 그 계약의 이행 이외의 이유로 계약의 효력이 상실된 때를 포함한다)에도 그 재산은 양도담보재산으로 존속하는 것으로 본다(국세징수법 제13조 제2항).

'기타 변제 이외의 이유'라 함은 양도담보재산에 의하여 담보되는 채권이 소멸되는 경우에 있어서 양도담보재산이 납세자에 복귀하지 아니하게 되는 경우를 말한다. 따라서 상계(민법 제492조), 면제(민법 제506조), 혼동(민법 제507조), 소멸시효의 완성(민법 제162조) 등으로 인하여 양도담보재산에 의하여 담보되는 채권이 소멸되는 경우에는 이에 해당하지 아니한다.174)

위 괄호에서 '기한의 경과'라 함은 환매조건부매매에 있어 환매기간이 경과하거나 재매매의 예약에 있어 예약기간이 경과하는 등의 사유로 인하여 납세자가 양도담보재산을 자기에게 복귀하도록 청구할 수 없게 되는 것을 말한다.175) 또 '기타 그 계약의 이행 이외의 이유'라 함은 납세자가 양도담보재산을 자기에게 복귀시킬 것을 청구할 수 있는 권리가 소멸하게 되는 이유 중 기한의 경과 기타 그 계약의 이행 이외의 이유를 말한다. 따라서 환매권 또는 재매매의 예약의 완결권의 소멸시효의 완성 등은 이에 해당되나 계약에 관한 채권의 소멸 등(상계·면제·혼동·소멸시효의 완성 등)에 의한 것은 해당되지 아니한다.176)

납부고지 전에 담보채권이 소멸된 경우에는 물적 납세의무도 소멸한다. 따라서 물적 납세의무자에 대한 납부고지는 양도담보의 법률관계가 존속하는 동안에 행해져야 유효하

---

173) 최명근, 앞의 책, 277면.
174) 국세징수법 통칙 13 - 0…2.
175) 국세징수법 통칙 13 - 0…3.
176) 국세징수법 통칙 13 - 0…4.

게 된다.[177)

양도담보재산이 양도담보권자로부터 다시 제3자에게 양도가 된 경우에는 납부 고지 후에 양도가 된 경우에도 압류가 되기 전에 양도된 때에는 물적 납세의무가 소멸한다.[178)

Ⅳ. 납세보증인의 보증채무

1. 의의

납세보증인은 납세자의 국세·가산금 또는 체납처분비의 납부를 보증한 자이다(국세기본법 제2조 12호). 납세보증은 주된 납세자가 납세의무를 이행하지 않는 경우에 그 이행을 담보하기 위한 제도이다.

국세기본법상의 납세담보는 물적 담보와 인적 담보로 나누어지는데 납세보증인은 인적 담보에 속한다. 물적 담보가 담보물이 된 재산의 교환가치에 의하여 조세채무를 담보하는 것이라면 인적 담보인 납세보증인은 그가 소유하는 일반재산의 가치와 그의 신용에 의하여 조세채무를 담보한다.

납세보증인의 납세보증채무는 조세채권자와 납세보증인 간의 납세보증계약에 의하여 성립한다. 이러한 점에서 조세법이 정한 요건에 해당하는 경우 당사자의 의사와 관계없이 성립하는 제2차 납세의무, 물적 납세의무와 법적 성질이 다르다.

그러나 납세보증채무는 당사자 간의 계약으로 성립되는 것이 아니라 세법의 규정에 의하여 성립된다는 점에서 민법상의 보증채무와 다르다. 이와 같이 납세보증채무는 법정사유에 해당하는 경우에만 성립될 수 있으나 그 본질에 있어서는 민법상의 보증채무와 다르지 않다. 따라서 납세보증인에게도 최고의 항변권과 검색의 항변권(민법 제437조)이 있다고 보아야 한다.[179) 과세관청이 주된 납세자에게 조세채무를 청구하지 아니하고 바로 납세보증인에게 한 경우에 납세보증인은 우선 주된 납세자에게 변제능력이 있다는 사실 및 주된 납세자에 대한 집행이 용이하다는 것을 증명하여 먼저 주된 납세자에게 청구할 것과 그 재산에 대하여 집행할 것을 항변할 수 있다.

---

177) 대법원 1990.4.24. 선고 89누2615 판결.
178) 국세징수법 통칙 13 - 0…1.
179) 최명근, 앞의 책, 279면.

2. 납세보증을 요구할 수 있는 경우

현행 세법상 과세관청이 납세자에게 납세보증을 요구할 수 있는 경우는 다음과 같다.

1) 징수유예

국세징수법 제15조 또는 동법 제17조의 규정에 의하여 징수를 유예할 때에 세무서장은 그 유예에 관계되는 금액에 상당하는 납세담보의 제공을 요구할 수 있다(국세징수법 제18조).

2) 체납처분유예

세무서장은 일정한 경우 체납액에 대하여 체납처분에 의한 재산의 압류나 압류재산의 매각을 유예할 수 있다. 또한 필요하다고 인정하는 때에는 이미 압류한 재산의 압류를 해제할 수 있다. 이에 따라 재산의 압류를 유예하거나, 압류한 재산의 압류를 해제하는 경우에 세무서장은 그에 상당하는 납세담보의 제공을 요구할 수 있다(국세징수법 제85조의 2).

3) 국세확정 전 압류 해제

세무서장은 납세자에게 납기전징수사유(국세징수법 제14조 제1항)가 있어 국세의 확정 후에는 당해 국세를 징수할 수 없다고 인정되는 때에는 국세로 확정되리라고 추정되는 금액의 한도 안에서 납세자의 재산을 압류할 수 있다(국세징수법 제24조 제2항). 이 경우 납세자는 납세담보를 제공하고 압류해제를 요구할 수 있다(동 조 제5항).

4) 상속세 등의 연부연납

세무서장은 상속세 납부세액 또는 증여세 납부세액이 2천만 원을 초과하는 경우에 납세의무자의 신청을 받아 연부연납을 허가할 수 있다. 이 경우에 납세의무자는 담보를 제공하여야 한다(상속세 및 증여세법 제71조 제1항).

5) 과세물품의 수입면허 전 보세구역에서의 반출

개별소비세의 과세물품을 관세법에 따라 수입신고수리 전에 보세구역에서 반출하려는 자는 해당 개별소비세액에 상당하는 담보를 제공하여야 한다(개별소비세법 제10조 제4항).

6) 과세유흥장소의 경영자에 대한 납세보전

세무서장은 과세유흥장소 또는 과세영업장소의 경영자에 대하여 납세 보전을 위하여 필요하다고 인정하면 해당 개별소비세액에 상당하는 담보의 제공을 요구할 수 있다(개별소비세법 제10조 제5항).

7) 주류제조자에 대한 납세보전

세무서장은 주세 보전을 위하여 필요하다고 인정하면 주류제조자에 대하여 금액 및 기간을 정하여 주세에 대한 담보를 제공하거나 납세보증으로서 주세액에 상당하는 가액의 주류를 보존할 것을 명할 수 있다(주세법 제36조).

3. 납세보증의 성립요건

1) 납세보증계약의 당사자

납세보증은 조세채권자인 국가(과세관청)와 납세보증인이 당사자가 되어 납세보증계약을 체결함으로써 성립된다. 주된 조세채무자인 납세자는 납세보증계약과 직접적인 관계가 없다.

2) 납세보증인의 자격

납세보증인은 세무서장이 확실하다고 인정하는 자이어야 한다(국세기본법 제29조 5호). 납세보증인은 조세채무의 이행을 담보하여야 하기 때문이다. 조세채권자인 세무서장은 보증채무를 이행할 수 있는 자력이 충분하다고 인정하는 자를 납세보증인으로 요구하는 것이다.

보증계약 후에 납세보증인이 자력을 상실하여도 보증계약의 효력에는 영향이 없다. 다만 세무서장은 이러한 경우 주된 납세자에게 납세보증인의 변경을 요구할 수 있다(동법 제32조 제2항).

3) 납세보증서의 제출

납세보증의 방법으로 납세보증인은 납세보증서를 세무서장에게 제출하여야 한다(국세기본법 제31조 제2항).

4. 효과

1) 납세보증채무의 성립

납세보증인이 납세보증서를 세무서장에게 제출하고 이를 세무서장이 받아들이면 납세보증채무가 성립한다.

납세보증채무는 주된 조세채무에 대한 부종성이 있으므로 주된 조세채무의 존재를 전제로 한다. 이에 따라 주된 조세채무가 처음부터 무효이거나 납부 등으로 소멸되었으면 납세보증채무도 무효이거나 소멸된다.

2) 납세보증채무의 범위

납세보증채무의 범위는 주된 조세채무의 범위를 벗어나지 못한다. 납세보증을 요구할 수 있는 경우 해당 세법은 납세보증의 책임한도액에 대하여 규정하고 있다. 예컨대 '징수유예에 관계되는 금액', '재산의 압류를 유예하거나 압류한 재산의 압류를 해제하는 경우에 그에 상당하는 금액', '확정되리라고 추정되는 금액', '당해 특별소비세액에 상당하는 금액' 등이 그것이다.

이와 같이 책임한도액을 명시하는 것은 납세보증이 본질적으로 민법상의 보증채무와 같기 때문이며, 납세보증인의 예측가능성을 보장하기 위하여 필요한 것이다.

제6절 기간과 기한

Ⅰ. 기간

국세기본법 기타 세법에 규정하는 기간의 계산은 원칙적으로 민법의 규정에 의한다(국세기본법 제4조). 기간을 일·주·월 또는 년으로 정한 때에는 기간의 초일은 산입하지 아니한다. 그러나 그 기간이 오전 영시로부터 시작하는 때에는 그러하지 아니하다(민법 제157조). 기간을 일·주·월 또는 년으로 정한 때에는 기간 말일의 종료로 기간이 만료한다(민법 제159조). 그리고 기간의 말일이 토요일 또는 공휴일에 해당한 때에는 기간은 그 익일로 만료한다(민법 제161조).

신규주택을 취득한 날부터 1년 이내에 종전 주택을 양도하는 경우에 일시적 2 주택자로 보아 1세대 1주택 비과세 규정을 적용하였던 구 소득세법 해석에서, 판례는 신규주택의 취득일부터 1년이 되는 기간의 말일이 휴무·토요일인 경우 그 말일에는 등록세 수납업무나 등기 접수업무가 행해지지 아니하므로 그 다음 월요일에 종전 주택에 관한 소유권이전등기가 접수되었다면 신규주택을 취득한 날부터 1년 이내에 종전 주택을 양도한 것에 해당한다고 보았다.[180]

Ⅱ. 기한

1. 공휴일 등 특례

기한 역시 민법상의 일반원칙에 따르지만 국세기본법은 기한에 관해 특례규정을 두고 있다.

국세기본법 또는 세법에서 규정하는 신고, 신청, 청구, 그 밖에 서류의 제출, 통지, 납부 또는 징수에 관한 기한이 공휴일, 토요일이거나 근로자의 날 제정에 관한 법률에 따른 근로자의 날일 때에는 공휴일, 토요일 또는 근로자의 날의 다음 날을 기한으로 한다(국세기본법 제5조 제1항).

---

180) 대법원 2011.6.24. 선고 2010두2081 판결.

국세기본법 또는 세법에서 규정하는 신고기한 일이나 납부기한 일에 국세정보통신망이 대통령령으로 정하는 장애로 가동이 정지되어 전자신고나 전자납부(이 법 또는 세법에 따라 납부할 국세 및 가산금을 정보통신망을 이용하여 납부하는 것)를 할 수 없는 경우에는 그 장애가 복구되어 신고 또는 납부할 수 있게 된 날의 다음 날을 기한으로 한다(동 조 제3항).

우편으로 과세표준신고서, 과세표준수정신고서, 경정청구서 또는 과세표준신고·과세표준수정신고·경정청구와 관련된 서류를 제출한 경우 우편법에 따른 통신일부인(通信日附印)이 찍힌 날(통신일부인이 찍히지 아니하였거나 분명하지 아니한 경우에는 통상 걸리는 우송일수를 기준으로 발송한 날로 인정되는 날)에 신고된 것으로 본다(동법 제5조의 2 제1항). 그리고 신고서 등을 국세정보통신망을 이용하여 제출하는 경우에는 국세정보통신망에 입력된 때에 신고된 것으로 본다(동 조 제2항). 납세자에게 유리하게 민법상의 도달주의가 아니라 발송주의를 따르고 있는 것이다.

전자신고된 경우 과세표준신고 또는 과세표준수정신고와 관련된 서류 중 대통령령으로 정하는 서류에 대해서는 대통령령으로 정하는 바에 따라 10일의 범위에서 제출기한을 연장할 수 있다(동 조 제3항).

2. 천재 등으로 인한 기한의 연장

천재지변이나 그 밖에 일정한 사유로 국세기본법 또는 세법에서 규정하는 신고, 신청, 청구, 그 밖에 서류의 제출, 통지, 납부를 정해진 기한까지 할 수 없다고 인정하는 경우나 납세자가 기한 연장을 신청한 경우에는 관할 세무서장은 그 기한을 연장할 수 있다(국세기본법 제6조 제1항).

천재지변 외에 기한연장에 해당하는 사유는 다음과 같다.

① 납세자가 화재·전화 그 밖의 재해를 입거나 도난을 당한 경우

② 납세자 또는 그 동거가족이 질병으로 위중하거나 사망하여 상중인 경우

③ 납세자가 그 사업에서 심각한 손해를 입거나 그 사업이 중대한 위기에 처한 경우 (납부의 경우만 해당)

④ 정전, 프로그램의 오류, 기타 부득이한 사유로 한국은행(그 대리점을 포함한다) 또는 체신관서의 정보통신망의 정상적인 가동이 불가능한 경우

⑤ 금융회사 등(한국은행 국고대리점 및 국고수납대리점인 금융회사 등만 해당) 또는

체신관서의 휴무, 그 밖에 부득이한 사유로 인하여 정상적인 세금납부가 곤란하다고 국세청장이 인정하는 경우

⑥ 권한 있는 기관에 장부나 서류가 압수 또는 영치된 경우

⑦ 납세자의 형편, 경제적 사정 등을 고려하여 기한의 연장이 필요하다고 인정되는 경우로서 국세청장이 정하는 기준에 해당하는 경우(납부의 경우만 해당한다)

⑧ 위 ①, ② 또는 ⑥에 준하는 사유가 있는 경우

납부기한을 연장하는 경우 관할 세무서장은 납부할 금액에 상당하는 담보의 제공을 요구할 수 있다. 다만, 위 ① · ④ 및 ⑤의 사유가 발생한 경우에는 그러하지 아니하다(동 조 제2항).

국세기본법 또는 세법에서 정한 납부기한 만료일 10일 전에 제1항에 따른 납세자의 납부기한 연장 신청에 대하여 세무서장이 신청일로부터 10일 이내에 승인 여부를 통지하지 아니한 때에는 그 10일이 되는 날에 납부기한의 연장을 승인한 것으로 본다(동 조 제3항).

3. 납부기한 연장의 취소

세무서장은 납부기한을 연장한 경우에 해당 납세자가 다음 어느 하나에 해당하게 되면 납부기한의 연장을 취소하고, 납부기한의 연장이 취소된 국세를 즉시 징수할 수 있다(국세기본법 제6조의 2 제1항).

① 담보 제공 등 세무서장의 요구에 응하지 아니한 경우(제1호)

② 국세징수법 제14조 제1항에 규정한 납기전징수 사유에 해당되어 그 연장한 납부기한까지 그 국세 전액을 징수할 수 없다고 인정되는 경우(제2호)

③ 정전, 프로그램의 오류, 기타 부득이한 사유로 한국은행(그 대리점을 포함한다) 또는 체신관서의 정보통신망의 정상적인 가동이 불가능한 경우, 금융회사 등(한국은행 국고대리점 및 국고수납대리점인 금융회사 등만 해당) 또는 체신관서의 휴무, 그 밖에 부득이한 사유로 인하여 정상적인 세금납부가 곤란하다고 국세청장이 인정하는 경우로 납부기한이 연장된 경우에 그 사유가 소멸되어 정상적인 세금납부가 가능한 경우(제3호, 국세기본법시행령 제4조의 2)

세무서장은 납부기한의 연장을 취소하였을 때에는 납세자에게 그 사실을 통지하여야 한다(동법 동 조 제2항).

4. 송달 지연에 따른 납부기한의 연장

납세고지서, 납부통지서, 독촉장 또는 납부최고서를 송달한 경우에 다음의 어느 하나에 해당하는 경우에는 도달한 날부터 14일이 지난 날을 납부기한으로 한다(국세기본법 제7조 제1항).

① 도달한 날에 이미 납부기한이 지난 경우
② 도달한 날부터 14일 이내에 납부기한이 되는 경우

이에 불구하고 국세징수법 제14조 제2항에 따른 납기전징수 고지의 경우 다음의 어느 하나에 해당하는 날을 납부기한으로 한다(동 조 제2항).

① 해당 고지서가 도달한 날에 이미 납부기한이 지났을 때에는 그 도달한 날
② 해당 고지서가 도달한 후 납부기한이 도래할 때에는 그 도래하는 날

제7절 서류의 송달

Ⅰ. 서설

납세고지서의 불송달과 같은 사유는 과세처분에 있어서 무효사유에 해당한다.[181] 이처럼 조세법상 서류의 송달은 국가와 납세의무자 사이의 조세채권·채무관계 등의 형성에 결정적 영향을 미치는 중요한 문제이다.

조세법상 서류의 송달은 국세기본법 등에 의하여 그 방법, 절차 및 효력이 규율된다. 국세기본법에는 민사소송법 중 송달에 관한 규정을 준용하는 규정이 없다. 그러나 조세소송에 관한 서류의 송달은 행정소송법 제8조 제2항의 규정에 의하여 민사소송법상의 송달에 관한 규정이 준용됨을 주의하여야 한다.

국세에 관해서는 국세기본법 제8조 내지 제12조에서 지방세에 관해서는 지방세기본법 제28조 내지 제33조에서 서류의 송달에 관하여 각 규정하고 있다. 또 지방세기본법 제

---

181) 대법원 1995.8.22. 선고 95누3909 판결.

147조는 지방세의 부과와 징수에 관하여 특별한 규정이 있는 경우를 제외하고는 국세기본법과 국세징수법을 준용하고 있다. 이같이 서류의 송달에 관한 규정은 국세기본법의 규정이 중심이 되어 있다.

그 밖에 법인세법 시행령 제99조 제3항은 공시송달에 관한 별도의 규정을 두고 있고, 관세법 제11조는 고지서의 송달에 관한 특칙을 두고 있다.

Ⅱ. 송달을 받을 자와 송달장소

1. 법률규정

송달은 송달을 받을 자격이 있는 자에게 법에 규정된 송달 장소에서 하여야 한다. 이를 위배하면 원칙적으로 그 송달은 부적법하게 된다.

국세기본법 제8조 제1항은 "이 법 또는 세법에 규정하는 서류는 그 명의인(해당 서류에 수신인으로 지정되어 있는 자)의 주소·거소·영업소 또는 사무소[정보통신망을 이용한 송달인 경우에는 명의인의 전자우편주소(국세정보통신망에 저장하는 경우에는 명의인의 사용자확인기호를 이용하여 접근할 수 있는 곳)를 말함]에 송달한다"고 규정하고 있고, 동법 제9조는 "서류의 송달을 받을 자가 주소 또는 영업소 중에서 송달받을 장소를 정부에 신고한 때에는 그 신고된 장소에 송달하여야 한다"고 규정하고 있다.

그리고 지방세기본법 제28조 제1항에서도 "이 법 또는 지방세관계법에서 규정하는 서류는 그 명의인(그 서류에 수신인으로 지정되어 있는 자)의 주소, 거소, 영업소 또는 사무소[전자송달인 경우에는 행정안전부장관이 고시하는 정보통신망에 가입된 명의인의 전자우편주소 또는 지방세정보통신망의 전자사서함(전자서명법 제2조에 따른 공인인증서를 이용하여 접근할 수 있는 곳)을 말한다]에 송달한다"고 규정하고 있다.

그 이외의 서류의 송달장소와 송달받을 자의 내용은 국세기본법의 규정에 따라야 할 것이다.

2. 송달받을 자

　송달을 받아야 할 자는 당해 서류에 수신인으로 되어 있는 자이다. 송달을 받아야 할 자가 무능력자인 경우에는 그 법정대리인, 파산선고를 받은 경우에는 파산관재인에게 송달한다. 상속개시의 경우에는 상속재산관리인이 있는 때에는 그 상속재산관리인, 납세관리인이 있는 때에 납세의 고지와 독촉에 관한 서류는 납세관리인에게 송달한다.

　송달을 받아야 할 자에는 납세의무자뿐만 아니라 수령권한을 위임받은 자도 포함한다. 이러한 수령권한의 위임은 묵시적으로도 가능하며 수임인이 반드시 위임인의 종업원이거나 동거인에 한정되는 것은 아니다.

　판례는 납세의무자가 주민등록지에서 처와 함께 살면서 장기간 출타하여 월 1, 2회 정도 집에 들르는 형편에서 그의 처가 세무공무원에게 찾아가서 상속세 등에 관하여 문의하고, 자신의 인장을 지참하여 세무서에 와서 고지서를 수령한 경우에 수령권한이 묵시적으로 위임되었다고 보고 있다.[182]

　한편 납세고지서의 명의인이 다른 곳으로 이사하였지만 주민등록을 옮기지 아니한 채 주민등록지로 배달되는 우편물을 새로운 거주자가 수령하여 자신에게 전달하도록 한 경우 그 새로운 거주자에게 우편물 수령권한을 위임한 것으로 보아 그에게 한 납세고지의 송달이 적법하다고 본 것이 있다.[183]

　국세기본법 제8조 제2항은 "연대납세의무자에게 서류를 송달하고자 할 때에는 그 대표자를 명의인으로 하며, 대표자가 없는 때에는 연대납세의무자 중 국세징수에 유리한 자를 명의인으로 한다. 다만, 납세의 고지와 독촉에 관한 서류는 연대납세의무자 모두에게 송달하여야 한다"고 규정하고 있다.

　이는 납세고지서에 의한 부과결정의 통지 등 부과처분은 연대납세의무자 각자에게 개별적으로 하여야 하나, 구체적 납세의무의 이행을 명하는 징수처분으로서 납세고지는 대표자 1인에게 할 수 있다는 뜻으로 해석된다.[184]

---

182) 대법원 1990.12.21. 선고 90누4334 판결.
183) 대법원 1998.4.10. 선고 98두1161 판결.
184) 이태로·한만수, 앞의 책, 157면.

3. 송달장소

세법상 서류는 그 명의인의 주소, 거소, 영업소 또는 사무소에 송달함이 원칙이다.

'주소'란 생활의 근거가 되는 곳으로서 생계를 같이하는 가족 및 자산의 유무 등 생활관계의 객관적 사실에 따라서 판정한다. 주소에는 민법 제21조 소정의 가주소 또는 그 명의인의 의사에 따라 전입신고된 주민등록지도 포함된다고 해석해야 한다.[185]

'거소'란 다소의 기간을 계속하여 거주하는 장소로서 주소와 같이 밀접한 일반적 생활관계가 발생하지 아니한 장소를 말하며, 주소를 알 수 없을 때 또는 국내에 주소가 없을 때에는 거소를 주소로 본다.

송달장소로서의 주소의 개념에 대해서는 주민등록지가 주소로 추정된다고 보아야 할 것이다. 그 이유는 국세기본법 제10조 제5항에서 "그 송달을 받아야 할 자가 주소 또는 영업소를 이전한 때에는 주민등록표 등에 의하여 확인하고…"라고 규정하고 있고, 동법 제11조 제1항 제2호는 공시송달의 요건으로 "주소 또는 영업소가 분명하지 아니한 때"라고 규정하면서 그 시행령 제7조는 주소 또는 영업소가 분명하지 아니한 때라 함은 "주민등록표… 등에 의해서도 이를 확인할 수 없는 경우를 말한다"고 규정하고 있다. 위 규정들을 종합해 보면 주민등록지는 주소로 인정될 수 있는 중요한 자료가 되기 때문이다.

주소 등의 이전으로 주민등록지와 사실상의 생활근거지가 다르고 사실상의 생활근거지를 과세관청이 확인할 수 없는 경우에는 주민등록이 주민의 신고에 의하여 작성되고 거주지 이전의 경우에 주민에게 그 신고의무가 있는 점 등에 비추어 주민등록지를 송달장소로 보아야 할 것이다. 다만, 이 경우 그 송달에 적법한지는 그 서류가 송달받아야 할 자에게 송달되었느냐의 문제에 달려 있을 뿐이다.

'영업소' 또는 '사무소'라 함은 송달을 받을 사람 자신이 경영하는 영업소 또는 사무소로서 영업의 중심이 되는 장소이거나 일정한 범위의 업무가 계속적으로 행하여지는 중심적 장소를 말한다. 어느 것이나 독립해서 거래를 할 수 있는 곳을 말하며 단순한 근무처는 이에 포함되지 않는다.

개인에 대한 납부통지서를 그가 대표이사로 있는 회사의 사무소 또는 공장으로 송달하여 그 회사의 경리부장이 수령한 경우,[186] 납세의무자의 형의 사업장에 찾아가서 그곳의 종업원에게 납세고지서를 교부하고 그 자로부터 납세의무자와 같은 주소지에 거주하는 동인의

---

185) 대법원 1998.4.10. 선고 98두1161 판결.
186) 대법원 1989.6.27. 선고 88누8029, 8036 판결.

형수의 인장을 받아 수령증에 날인한 경우[187] 등은 모두 송달의 효력을 인정할 수 없다.

Ⅲ. 송달방법

세법상 서류의 송달방법에는 교부·우편 또는 전자송달, 공시송달의 방법이 있고, 교부송달 및 우편송달의 경우에는 보충송달과 유치송달이 적용된다.

1. 교부송달

1) 의의

교부송달이란 당해 행정기관의 소속 공무원이 송달할 장소에서 송달을 받아야 할 자에게 교부함으로써 행하는 송달방법을 말한다.

국세기본법은 제10조 제1항에서 "제8조의 규정에 의한 서류의 송달은 교부·우편 또는 전자송달에 의한다"고 규정하고 있다. 더 나아가 제10조 제3항에서는 "송달을 받아야 할 자가 송달받기를 거부하지 아니하면 다른 장소에서도 교부할 수 있다"고 규정하고 있다. ☞ 〈참고판례 39〉

2) 보충송달

송달할 장소에서 서류의 송달을 받아야 할 자를 만나지 못한 때에는 그 사용인 기타 종업원 또는 동거인으로서 사리를 판별할 수 있는 자에게 서류를 송달할 수 있다.

여기서 '종업원'이라 함은 송달을 받아야 할 자와 고용관계에 있는 자를 말한다. 법인에 대한 송달은 그 대표자에게 교부함이 원칙이나 대표자를 만나지 못한 때에는 사무원이나 고용원으로서 사물을 판별할 지능이 있는 자에게 교부할 수 있다.

'동거인'이라 함은 송달을 받을 자와 동일 장소 내에서 공동생활을 하고 있는 자를 말한다. 생계를 같이할 것까지를 요하지 않는다.

---

187) 대법원 1986.10.28. 선고 86누553 판결.

'사리를 판별할 수 있는 자'라 함은 송달의 취지를 이해하고 영수한 서류를 송달받을 자에게 교부하는 것을 기대할 수 있는 정도의 능력을 의미한다.

3) 유치송달

서류의 송달을 받아야 할 자 또는 보충송달을 받을 수 있는 자가 정당한 사유 없이 서류의 수령을 거부한 때에는 송달할 장소에 서류를 둘 수 있다.

유치송달을 받을 자에는 송달을 받을 본인, 수령권한을 위임받은 대리인 외에 사용인, 종업원 및 동거인이 포함됨이 법문상 당연하다. '정당한 사유 없이 서류의 수령을 거부한 때'라 함은 송달을 받을 자가 그 주소 또는 영업소 등 송달장소에서 고의로 수령을 거부한 때를 말한다. 따라서 송달을 받아야 할 자의 주소 또는 영업소 이외의 장소에서 서류를 송달하려 하였으나 수령을 거부한 때에는 유치송달을 할 수 없다.[188]

2. 우편송달

우편송달에는 통상우편송달과 등기우편송달이 있다. 납세의 고지 · 독촉 · 체납처분 또는 세법에 의한 정부의 명령에 관계되는 서류의 송달을 우편에 의하고자 할 때에는 등기우편에 의하여야 한다(국세기본법 제10조 제2항).

통상우편에 의하여 서류를 송달한 때에는 당해 행정기관의 장은 서류의 명칭, 송달을 받아야 할 자의 성명 · 송달장소 · 발송연월일 · 서류의 주요 내용 등을 확인할 수 있는 기록을 작성 · 보관하여야 한다(동 조 제7항).

우편송달의 경우에도 교부송달과 마찬가지로 보충송달에 관한 규정이 적용된다.

3. 공시송달

1) 의의

공시송달이란 서류의 송달을 받아야 할 자에게 교부나 우편에 의한 정상적인 방법으로

---

188) 대법원 1996.6.28. 선고 96누3562 판결.

송달할 수 없는 일정한 사유가 있는 경우에 서류의 요지를 공고함으로써 서류가 송달된 것과 같은 효과를 발생시키는 제도를 말한다.

2) 공시송달의 사유

공시송달은 예외적인 송달방법으로서 공시송달의 요건과 사유는 엄격하게 해석하여야 한다. 납세자에게 책임이 없는 사유로 정상적인 송달이 이루어지지 못하고 공시송달이 된다면 납세자는 불복청구의 기회를 박탈당하거나 자신도 모르는 사이에 체납처분을 당하는 등 불측의 손해를 입을 가능성이 있기 때문이다.

국세기본법 제11조 제1항은 다음과 같이 공시송달의 사유를 규정하고 있다.

① 주소 또는 영업소가 국외에 있고 그 송달이 곤란한 경우(제1호)

납세자가 납세지인 국내에 납세관리인을 두지 아니하였다고 하여 바로 이를 송달이 곤란한 경우라고 볼 수는 없고, 국외에 송달을 하였는데도 송달이 불능한 경우가 이에 해당한다.

② 주소 또는 영업소가 분명하지 아니한 경우(제2호)

주소 또는 영업소가 분명하지 아니한 경우란 주민등록표·법인등기부 등에 의해서도 확인할 수 없는 경우를 가리킨다(국세기본법시행령 제7조). 가령 납세고지서를 등기우편으로 송달하였으나 주소불명 또는 수취인부재 등으로 송달 불능하였다고 하여 바로 공시송달한 것은 적법한 송달이 아니며,[189] 과세관청이 선량한 관리자의 주의의무를 다하여 송달 가능한 주소를 조사, 탐문하는 노력을 한 후에 한 공시송달만 적법하다고 볼 수 있다.[190]

③ 법 제10조 제4항에서 규정한 자가 송달할 장소에 없는 경우로서 등기우편으로 송달하였으나 수취인의 부재로 반송되는 경우 등 대통령령이 정하는 경우(제3호)

'대통령령이 정하는 경우'로는 서류를 등기우편으로 송달하였으나 수추인이 부재중인 것으로 확인되어 반송됨으로써 납부기한 내 송달이 곤란하다고 인정되는 경우(제1호), 세무공무원이 2회 이상 납세자를 방문하여 서류를 교부하고자 하였으나 수취인인 부재중인 것으로 확인되어 납부기한 내 송달이 곤란하다고 인정되는 경우(제2호) 등이 규정되어 있다(국세기본법시행령 제7조의 2).

---

189) 대법원 1992.7.10. 선고 92누4246 판결.
190) 대법원 1992.8.14. 선고 92누7146 판결, 대법원 1994.10.14. 선고 94누4134 판결, 대법원 1984.10.10. 선고 84누429 판결.

3) 방법

공시송달은 세무서, 해당 서류의 송달장소를 관할하는 시·군·구의 게시판, 기타 적절한 장소에 서류의 요지를 게시하거나 관보 또는 일간신문에 게재한 날로부터 14일이 경과함으로써 서류의 송달이 있는 것으로 본다.

4. 관세법의 경우

관세법의 경우에는 그 납세고지서를 납세의무자에게 직접 교부하는 경우와 인편 또는 우편으로 송달하는 방법에 의한다(관세법 제11조 제1항). 다만 납세의무자의 주소·거소·영업소 또는 사무소가 모두 불명인 때에는 당해 세관의 게시판이나 기타 적당한 장소에 납세고지사항을 공시하여 송달할 수 있다(동 조 제2항). 이 경우에 공시한 날로부터 14일이 경과한 때에는 납세의무자에게 납세고지서가 송달된 것으로 본다(동 조 제3항).

〈참고판례 39〉

대법원 1997.5.23. 선고 96누5094 판결【종합소득세 등 부과처분취소】

[1] 납세고지서의 교부송달에도 납세의무자 또는 그와 일정한 관계에 있는 사람이 현실적으로 이를 수령하는 행위가 반드시 필요하다 할 것이므로, <u>세무공무원이 납세의무자와 그 가족들이 부재중임을 알면서도 아파트 문틈으로 납세고지서를 투입하는 방식으로 송달하였다면, 이러한 납세고지서의 송달은 구 국세기본법(1996.12.30. 법률 제5189호로 개정되기 이전의 것) 제10조의 규정에 위배되어 부적법한 것으로서 효력이 발생하지 아니한다.</u>

[2] 납세의 고지에 관한 국세징수법 제9조, 구 소득세법(1994.12.22. 법률 제4803호로 전문 개정되기 전의 것) 제128조, 같은 법 시행령(1994.12.31. 대통령령 제14467호로 전문 개정되기 전의 것) 제183조 등의 규정들은 헌법과 국세기본법이 규정하는 조세법률주의의 대원칙에 따라 처분청으로 하여금 자의를 배제하고 신중하고도 합리적인 처분을 행하게 함으로써 조세행정의 공정성을 기함과 동시에 납세의무자에게 부과처분의 내용을

상세하게 알려서 불복 여부의 결정 및 그 불복신청에 편의를 주려는 취지에서 나온 것을 엄격히 해석, 적용되어야 할 강행규정이므로 <u>납세자가 과세처분의 내용을 이미 알고 있는 경우에도 납세고지서의 송달이 불필요하다고 할 수는 없다.</u>

[3] 납세자가 부과처분 제척기간이 임박하자 납세고지서의 수령을 회피하기 위하여 고지서 수령 약속을 어기고 일부러 집을 비워 두어서 세무공무원이 부득이 납세자의 아파트 문틈으로 납세고지서를 투입하였다 하여 신의성실의 원칙을 들어서 그 고지서가 송달되었다고 볼 수는 없다.

Ⅳ. 송달의 효력발생

1. 도달주의 원칙

송달할 서류는 그 송달을 받아야 할 자에게 도달한 때로부터 효력이 발생한다(국세기본법 제12조 제1항). 도달이라 함은 송달받을 사람의 지배권 내에 들어가 사회통념상 일반적으로 알 수 있는 상태에 있는 때라고 할 것이다.

납세의무자가 여행으로 부재중 그 종업원이 등기우편으로 온 서류를 수령하여 후에 송달명의인에게 전달하였다고 하더라도 종업원에게 송달된 날에 그 송달의 효력이 발생한다.191)

2. 도달의 추정

세법에 규정하는 서류의 송달은 그 서류가 송달받아야 할 자에게 도달한 때부터 효력이 발생한다. 그런데 통상 우편에 의하여 송달한 서류는 그 도달시기를 특정하기 어렵다. 이때는 당해 우편물이 보통의 경우라면 도달할 수 있었을 때에 도달한 것으로 추정한다(국세기본법 제12조 제2항).

여기서 '보통의 경우라면 도달할 수 있었을 때'란 당해 우편물을 송달할 때의 우편사정과 지리적 사정을 고려하여 합리적으로 도달할 수 있었다고 판단되는 때를 말한다.

도달 추정규정은 등기우편의 경우에도 적용된다 할 것이다. 등기우편은 우편물의 취급

---

191) 대법원 1987.6.9. 선고 87누219 판결.

과정을 특수우편물 배달증의 기록에 의하여 명확히 하는 우편물의 특수취급제도이다. 등기우편은 통상 그 배달증에 의하여 도달시기를 알 수 있다.

3. 부적법한 송달에 기한 과세처분의 효력

납세고지서의 송달이 국세기본법에 위배되어 부적법하게 되면 그 송달의 효력은 발생하지 않게 된다. 그리고 부적법한 송달에 기한 과세처분도 무효가 된다.[192]

송달이 부적법하면 과세처분이 고지되지 않은 것과 같은 결과가 된다. 이 경우에 과세처분이 부존재하는 것이 아닌가 하는 의문이 있으나 납세고지가 부적법한 경우에도 조세채권의 확정이라는 과세관청의 내부적 결의는 외부에 표시되었다고 할 것이다. 다만 그 과세처분의 효력발생요건만 갖추어지지 아니한 것이다. 그러므로 과세처분의 무효는 외부적 표시가 없는 과세처분의 부존재와는 달리 보아야 한다.

제8절 법인격과 법인으로 보는 단체

'법인격'이란 권리·의무의 주체가 될 수 있는 지위 또는 자격을 말한다. 조세법률관계의 한쪽 당사자인 납세의무자는 당연히 법률상 권리·의무의 주체가 되어야 한다. 민법에 따르면 자연인과 설립등기를 한 법인은 법인격을 가진다. 자연인과 법인에 대한 조세법상 취급은 기본적으로 민법의 구분에 따르게 된다.

다만, 법인격을 취득하지 못하여 법인이 아닌 사단·재단, 그 밖의 단체(법인 아닌 단체)에게 납세의무를 지게 함에 있어서 그 단체를 개인으로 취급할 것인지 법인으로 취급할 것인지의 문제가 발생한다. 이에 대하여 국세기본법에서는 법인으로 보는 단체를 넓게 인정하고 있다.

---

192) 대법원 1995.8.22. 선고 95누3909 판결.

Ⅰ. 법인으로 보는 단체

1. 간주법인

법인(법인세법에 따른 내국법인 및 외국법인)이 아닌 사단·재단, 그 밖의 단체로서 수익을 구성원에게 분배하지 아니하는 것은 법인으로 보아 국세기본법과 그 밖의 세법을 적용한다. 이에 해당하는 단체로 다음과 같은 것이 있다(국세기본법 제13조).
① 주무관청의 허가 또는 인가를 받아 설립되거나 법령에 따라 주무관청에 등록한 사단, 재단, 그 밖의 단체로서 등기되지 아니한 것
② 공익을 목적으로 출연된 기본재산이 있는 재단으로서 등기되지 아니한 것
이와 같이 법인으로 간주되는 단체는 성질상 비영리내국법인에 해당한다.

2. 신청에 의하여 법인으로 보는 단체

법인 아닌 단체 중 ① 단체의 조직과 운영에 관한 규정을 가지고 대표자나 관리인을 선임하고 있고, ② 단체 자신의 계산과 명의로 수익과 재산을 독립적으로 소유·관리하고 있으며, ③ 단체의 수익을 구성원에게 분배하지 아니할 것의 요건을 모두 갖추어 대표자나 관리인이 관할 세무서장에게 신청하여 승인을 받은 단체도 법인으로 보아 국세기본법과 세법을 적용한다. 이 경우 해당 사단, 재단, 그 밖의 단체의 계속성과 동질성이 유지되는 것으로 본다(국세기본법 제13조 제2항).

이에 따라 법인으로 보는 법인 아닌 단체는 그 신청에 대하여 관할 세무서장의 승인을 받은 날이 속하는 과세기간과 그 과세기간이 끝난 날부터 3년이 되는 날이 속하는 과세기간까지는 소득세법에 따른 거주자 또는 비거주자로 변경할 수 없다. 다만, 위 ① 내지 ③의 요건을 갖추지 못하게 되어 승인취소를 받는 경우에는 그러하지 아니하다(동 조 제3항).

Ⅱ. 납세의무 이행방법

법인으로 보는 법인 아닌 단체의 국세에 관한 의무는 그 대표자나 관리인이 이행하여

야 한다(국세기본법 제13조 제4항).

　법인으로 보는 단체는 극세에 관한 의무 이행을 위하여 대표자나 관리인을 선임하거나 변경한 경우에는 문서로써 관할 세무서장에게 신고하여야 한다(동 조 제5항).

　법인으로 보는 단체가 위 신고를 하지 아니한 경우에 관할 세무서장은 그 단체의 구성원 또는 관계인 중 1명을 국세에 관한 의무를 이행하는 사람으로 지정할 수 있다(동 조 제6항).

Ⅲ. 법인으로 보는 단체에 대한 세법상 취급

　법인으로 보는 법인 아닌 단체는 법인세법과 상속세 및 증여세법에서 각각 비영리법인으로 본다(법인세법 제1조, 상속세 및 증여세법상 제4조 제7항).

　법인이 아닌 단체 중 국세기본법에 의하여 법인으로 보는 단체 외의 단체로서 대표자 또는 관리인이 선임되어 있고 이익의 분배방법 및 분배비율이 정하여져 있지 아니한 경우에는 거주자로 보아 소득세법을 적용한다(소득세법 제1조 제3항).

　부가가치세법에는 납세의무자인 사업자에 개인·법인과 법인격 없는 사단·재단, 그 밖의 단체를 포함한다고 할 뿐(부가가치세법 제2조 제2항) 특별한 규정이 없다.

제3장 납세의무의 소멸

제1절 개설

국세기본법 제26조는 납세의무의 소멸사유에 대하여 조세의 납부·충당, 조세부과의 취소, 국세부과권의 제척기간의 만료 및 국세징수권의 소멸시효의 완성에 의하여 소멸한다고 규정하고 있다.

납세의무는 사법상의 채무와 마찬가지로 공법상의 채무의 변제에 해당하는 세액의 납부에 의해서 소멸하는 것이 원칙이다. 그런데 납세자에 의한 조세의 납부가 이행되지 않는 경우에는 납세자의 재산에 대하여 체납처분을 하여 이를 환가·충당함으로써 조세를 강제로 징수하게 된다. 그러므로 체납처분에 의한 조세의 강제징수도 조세의 납부로서 체납처분이 종료되면 납세의무는 당연히 소멸된다.

사법상의 채무가 상계에 의하여 소멸되는 것과 마찬가지로 납세자가 국가로부터 환급받을 국세환급금으로 납세자가 납부할 세액에 충당할 수 있다. 이 경우도 납세의무는 소멸한다. 또한 과세관청의 부과처분 취소에 의하여 납세의무가 소멸되며, 국세부과권의 제척기간 경과 및 국세징수권의 소멸시효 완성으로 인하여 납세의무는 소멸된다.

제2절 납세의무의 소멸사유

Ⅰ. 조세의 납부

납세의무는 세무관청에 조세를 납부함으로써 소멸되는 것이 원칙이다. 조세의 납부는 본래의 납세의무자에 의하여 이행되는 것이 원칙이다. 그러나 자력이 충분하지 못한 경우에는 제3자에 의하여 이행될 수도 있다. 조세납부는 본래의 납세의무자에 갈음하여 보충적 납부책임을 지는 제2차 납세의무자, 물적 납세의무자, 납세보증인에 의하여 이행될 수도 있다.

그 외 제3자에 의한 임의납부도 인정된다. 따라서 민법상의 제3자 변제와 마찬가지로 조세법에 있어서도 연대납세의무나 보충적 납세의무가 없는 제3자에 의한 조세의 납부도 가능하고 그에 따라서 납세의무는 소멸하게 된다.

조세의 납부는 현금으로 하는 것이 원칙이지만 납세의무자가 세법에 따라 신고하거나 과세관청이 결정 또는 경정하여 고지한 세액 중 1천만 원 이하는 국세납부 대행기관을 통하여 신용카드, 직불카드 등으로 납부할 수 있다(국세기본법 제46조의 2 제1항). 신고 및 고지세액이 500만 원을 초과하는 경우에도 500만 원까지는 신용카드 등으로 납부할 수 있다고 해석된다. 납세의무자의 납세편의를 도모하기 위한 것으로 개인이든 법인이든 불문하며 대상 세목에도 제한이 없다.

신용카드 등으로 국세를 납부하는 경우에는 국세납부대행기관의 승인일을 납부일로 본다(동 조 제2항).

Ⅱ. 충당

1. 의의

납세의무자가 납세의무가 없는데 착오로 인하여 조세를 납부했거나, 납부해야 할 금액을 초과하여 납부한 경우가 있을 수 있다. 그리고 세법에 의하여 과세관청이 납세자에게 환급해야 할 세액이 있는 경우에 이러한 오납액·초과납부액 또는 환급세액을 일컬어 국세환급금이라 한다.

국세환급금은 원칙적으로 이를 납세의무자에게 반환하여야 하는 것이다. 그런데 납세의무자가 다른 원인에 의하여 납부하여야 할 조세채무가 있는 경우에는 납세의무자가 국가로부터 환급받을 국세환급금과 그 대등액에 있어서 서로 소멸시키도록 하고 있는데, 이를 국세환급금의 충당이라 한다.

2. 성질과 효력

국세환급금의 충당은 환급과 징수의 절차상의 번잡을 피하고 국가와 납세의무자 사이의 채권·채무관계를 간결하게 결제시키려는 방법이다. 이것은 민법상의 상계제도와 유사한 것으로 볼 수 있다. 다만 민법상의 상계는 당사자의 일방이 상대방에 대한 의사표시로 행해지며 반대의 의사표시가 있는 경우에는 상계의 효력이 발생하지 않는 데 비하여, 국세환급금의 충당은 당사자인 과세관청과 납세의무자의 의사와는 관계없이 세무서장이 의무적으로 이행하도록 되어 있다.

또 민법상의 상계에는 민법 제493조 제2항에 의하여 소급효가 인정되는 데 비하여 이러한 명문규정이 없는 국세환급금의 충당은 그 행위가 있는 날로부터 장래에 향하여만 효력을 발생한다.

3. 충당되는 국세

국세환급금으로 충당할 수 있는 국세는 다음과 같으며, 이미 납기가 도래하였거나 경과된 것이어야 한다.
① 납세고지에 의하여 납부하는 국세
② 체납된 국세·가산금과 체납처분비
③ 세법에 의하여 자진 납부하는 국세

다만 ①, ③의 경우에는 납세자가 그 국세에 충당받고자 하는 뜻을 세무서장에게 표시한 경우에 한하여 충당할 수 있다(국세기본법 제51조 제2항).

국세환급금을 납세자의 다른 조세의무에 충당하는 경우에 그 조세채무는 대등액의 범위에서 소멸한다. 충당하고 남은 환급금이 있으면 그 잔여금은 국세환급금의 결정을 한 날로부터 30일 이내에 납세자에게 지급하여야 한다(동 조 제5항).

Ⅲ. 부과처분의 취소

1. 의의

과세관청의 납세의무자에 대한 조세부과처분이 취소되면 납세의무는 당연히 소멸한다. 부과처분의 취소는 일단 유효하게 성립한 부과처분에 대하여 그 성립에 흠이 있음을 이유로 권한 있는 기관이 그 법률상의 효력을 소멸시키는 것이다.

2. 종류

부과처분의 취소에는 두 가지가 있다. 그 하나는 과세관청이 부과처분이 잘못된 것임을 인정하고 스스로 그 부과처분을 취소하는 것이다. 이를 직권취소라고 한다. 다른 하나는 납세의무자가 부과처분에 불복하여 조세쟁송을 제기한 결과, 행정심판의 재결 또는 행정소송의 판결에 의하여 취소하는 것이다. 이를 쟁송취소라고 한다.

국세기본법 제26조에서 말하는 부과의 취소에는 적법한 부과처분의 효력을 사후에 새로운 사정에 기하여 소멸시키는 철회도 포함되는 것으로 보아야 할 것이다.

나아가 무효인 부과처분의 무효임을 확정하는 무효선언까지도 납세의무를 소멸시키는 부과의 취소에 포함시키는 견해가 있다.[193] 그러나 무효인 행정행위는 처음부터 아무런 효력을 발생하지 않으므로 무효인 부과처분에 의해서는 납세의무가 처음부터 성립하지 아니하여 소멸될 납세의무가 없다고 보아야 할 것이다.

3. 부과처분 취소의 취소

과세관청이 부과처분이 잘못된 것임을 인정하고 부과처분을 취소하는 직권취소에 있어

---

193) 최명근, 앞의 책, 458면.

서 취소처분에 흠이 있는 경우에 그 효과가 문제 된다. 부과처분의 취소라는 행정처분에 중대하고 명백한 흠이 있으면 그 취소처분은 무효이며, 그에 따라 원부과처분은 아무런 영향을 받지 않게 된다.

그러나 취소사유에 불과한 흠이 존재하는 때에는 이를 다시 직권취소할 수 있는지에 대하여 견해가 나뉜다. 다수의 견해는 직권취소 행위도 하나의 행정행위인 이상 이에 취소사유가 있으면 행정행위 취소에 대한 일반적인 원칙에 따라 취소할 수 있다고 한다. 이에 대하여 부정적 견해는 법령에 명문의 규정이 없는 한, 취소에 의하여 이미 소멸한 행정행위의 효력을 다시 소생시킬 수는 없으므로 원처분을 소생시키려면 원처분과 같은 내용의 행정행위를 다시 행하는 수밖에 없다고 한다.

판례를 보면, "부과의 취소에 하자가 있는 경우의 부과의 취소의 취소에 대해서는 법령이 명문으로 그 취소요건이나 그에 대한 불복절차에 대하여 따로 규정을 둔 바도 없으므로, 설사 부과의 취소에 위법사유가 있다고 하더라도 당연무효가 아닌 한 일단 유효하게 성립하여 부과처분을 확정적으로 상실시키는 것이므로, 과세관청은 부과의 취소를 다시 취소함으로써 원부과처분을 소생시킬 수는 없다"고 하여 부과처분 취소의 취소에 대하여 소극적인 입장을 취하고 있다.194)

Ⅳ. 부과권의 제척기간

1. 부과권의 의의

부과과세방식의 조세에 있어서 납세의무의 발생은 과세관청이 납세의무를 확정하는 부과처분을 함으로써 이루어진다. 한편 신고납세방식의 조세에 있어서는 신고가 없거나 이미 신고한 납세의무의 내용이 적정하지 않을 경우에 납세의무를 결정하거나 납세의무의 내용을 변경하는 과세관청의 경정처분이 있게 된다.

이와 같이 납세의무를 구체적으로 확정시키는 행위를 조세의 부과라고 하고, 과세관청의 조세부과 행위인 결정 또는 경정처분을 부과권이라 한다.

국세기본법은 국세부과권의 제척기간과 국세징수권의 소멸시효를 구분하여 규정하고

---

194) 대법원 1995.3.10. 선고 94누7027 판결.

있다. 국세부과권의 제척기간은 납세의무가 성립한 후 이를 확정함에 있어서 과세관청에 부여된 기간이며, 국세징수권의 소멸시효는 납세의무가 확정된 상태에서 조세채권을 징수함에 있어서 징수권자에게 부여된 기간으로 그 대상을 달리하는 하는 점에서 차이가 있다.

2. 제척기간

제척기간이란 법률관계를 신속히 확정 짓기 위하여 일정한 권리에 대하여 법이 예정하는 존속기간이다. 따라서 권리의 존속기간인 제척기간이 만료하게 되면 권리는 당연히 소멸한다.

이것은 권리자가 그 권리를 행사할 수 있음에도 불구하고 일정한 기간 동안 그 권리를 행사하지 않는 상태가 계속되는 경우에 그 권리를 소멸시켜 버리는 소멸시효제도와 다름에 유의해야 한다.

조세부과의 제척기간이 끝난 날 후에는 조세를 부과할 수 없다. 조세부과권에 제척기간을 두는 이유는 조세법률관계를 조속히 확정하여 국민의 법적 안정성을 도모하려는 데에 있다. 그러나 한편으로 통상의 행정력으로는 파악하기 어려운 특정재산에 대한 과세의 편의를 위하여 또는 사기, 기타 부정한 방법으로 조세를 포탈하려는 자에 대해서는 끝까지 추적하여 과세함으로써 부의 세습을 방지하고 탈세를 적발할 수 있도록 예외적으로 부과제척기간을 연장할 필요도 있다.

그리하여 제척기간은 각 세목별로 그 기간이 다소 다르게 규정되어 있으며, 이를 일반제척기간과 특별제척기간으로 구별한다.

1) 일반제척기간

(1) 원칙

국세부과의 제척기간은 원칙적으로 국세를 부과할 수 있는 날로부터 5년간이다(국세기본법 제26조의 2 제1항 3호). 관세는 해당 관세를 부과할 수 있는 날부터 2년이 지나면 부과할 수 없다(관세법 제21조 제1항).

(2) 과세표준신고서 미제출

납세자가 법정신고기한 내에 과세표준신고서를 제출하지 아니한 경우에 제척기간은 해당 국세를 부과할 수 있는 날부터 7년간이다(국세기본법 제26조의 2 제1항 2호).

소득세법상 부당행위계산부인 규정에 의하여 소득세가 과세되는 경우에는 사기나 그 밖의 부정한 행위에 해당되지 아니하고 과세표준신고가 되어 있지 않은 경우 여기에 해당하여 부과제척 기간이 7년이다.[195]

관세의 경우 부정한 방법으로 관세를 포탈하였거나 환급받은 경우, 관세법 제27조 제1항을 위반하여 가격신고를 하지 아니하였거나 과세가격의 일부를 신고하지 아니하여 납부하여야 할 세액에 미치지 못한 경우에는 관세를 부과할 수 있는 날부터 5년이다(관세법 제21조 제1항 단서).

(3) 이월결손금공제

위 원칙적 제척기간과 과세표준신고서 미제출 제척기간이 끝난 날이 속하는 과세기간 이후의 과세기간에 소득세법 제45조 제3항, 법인세법 제13조 제1호, 제76조의 13 제1항 제1호 또는 제91조 제1항 제1호에 따라 이월결손금을 공제하는 경우에는 그 결손금이 발생한 과세기간의 소득세 또는 법인세는 이월결손금을 공제한 과세기간의 법정신고기한 으로부터 1년간이다(국세기본법 제26조의 2 제1항 5호). 이는 법인세법상 이월결손금의 공제기간이 10년으로 연장됨에 따라 개정법에서 신설한 것이다.

(4) 사기나 그 밖의 부정한 행위

납세자가 사기나 그 밖의 부정한 행위로써 국세를 포탈하거나 환급·공제받는 경우에는 해당 국세를 부과할 수 있는 날로부터 10년간이다(국세기본법 제26조의 2 제1항 1호).

이 경우 부정행위로 포탈하거나 환급·공제받은 국세가 법인세이면 이와 관련하여 법인세법 제67조에 따라 처분된 금액에 대한 소득세 또는 법인세에 대해서도 그 소득세 또는 법인세를 부과할 수 있는 날부터 10년간으로 한다(동 호 후단). 납세자가 부정한 행위로 소득세법 제81조 제3항 제4호, 법인세법 제76조 제9항 제1호, 부가가치세법 제22조 제3항 및 제6항에 따른 가산세 부과대상이 되는 경우 해당 가산세는 부과할 수 있는 날부터 10년간이다(동 항 1호의 2).

'사기나 그 밖의 부정한 행위'란 조세범처벌법상 조세포탈행위의 구성요건과 동일하게

---

195) 대법원 2010.9.30. 선고 2008두12160 판결.

규정하고 있다. 즉 조세범처벌법 제3조 제6항 각 호의 어느 하나에 해당하는 행위를 말한다(국세기본법시행령 제12조의 2 제1항). 따라서 조세의 부과·징수를 불가능하게 하거나 또는 현저히 곤란하게 하는 위계 기타 부정한 적극적인 행위가 있음을 의미한다. 이러한 행위가 수반됨이 없이 단순히 세법상의 신고를 하지 아니하거나 허위의 신고를 하거나 또는 조세를 납부하지 아니한 사실은 해당되지 아니한다.196)

과세실무에서는 소위 다운계약서라는 이중계약서를 작성하고 그에 근거하여 납세신고를 한 사실에 대하여 과세관청에 대한 사기나 그 밖의 부정한 행위로 보고 있다. 아울러 거래 상대방에게 세금계산서를 발행하지 못하여 불가피하게 매출 신고 시 누락한 경우, 부동산을 미등기 상태로 양도하고 양도소득세를 신고하지 아니한 경우에도 사기나 그 밖의 부정한 행위로 보고 있으나 단순히 과세표준을 미신고한 경우로 볼 여지도 있다고 생각한다.

판례를 보면, 법정신고기한 내에 과세표준신고서를 제출한 납세자가 사기 기타 부정한 행위를 하였다고 하더라도 그로 인하여 국세를 포탈하거나 환급·공제받지 아니하는 경우에는 원칙으로 돌아가 그 부과제척기간은 5년이 되고, 이는 해당 납세자가 다른 납세자의 조세포탈 등에 가담하였더라도 자신의 포탈세액 등이 없는 이상 달리 볼 것은 아니라고 한다.197)

법인이 경비를 과다계상하여 그 부분이 손금불산입되고 소득이 사외유출되었으나 그 귀속이 불분명한 경우 대표자인정상여 처분을 하게 된다. 이때 원천징수의무자인 법인에게 소득금액변동통지를 함으로써 법인은 원천징수세액을 납부할 의무를 부담한다. 법인의 원천징수의무는 원천납세의무자의 소득세 납세의무가 부과제척기간의 경과로 소멸되지 아니하였음을 전제로 하므로 원천납세의무자의 소득세 납세의무 부과제척기간이 문제 된다.

종전 판례에 따르면 법인의 대표자가 법인의 자금을 횡령하는 과정에서 법인의 장부를 조작하는 등의 행위를 한 것은 그 횡령금을 빼돌린 사실을 은폐하기 위한 것일 뿐, 그 횡령금에 대하여 향후 과세관청의 소득처분이 이루어질 것까지 예상하여 그로 인해 자신에게 귀속될 상여에 대한 소득세를 포탈하기 위한 것으로 보기 어려우므로, 납세자가 사기 기타 부정한 행위로써 국세를 포탈한 경우에 해당하지 않는다.198) 이러한 판례의 입장은 구 조세범처벌법 제9조 조세포탈죄에서 인정상여 등 소득처분은 사기나 그 밖의 부

---

196) 대법원 2003.2.14. 선고 2001도3797 판결, 대법원 2000.4.21. 선고 99도5355 판결.
197) 대법원 2009.12.24. 선고 2007두16974 판결.
198) 대법원 2010.1.28. 선고 2007두20959 판결, 대법원 2010.4.29. 선고 2007두11382 판결.

정한 행위가 아니라고 명시한 규정을 감안하여 세법질서를 통일적으로 해석한 것으로 보인다. 이 점을 반영하여 개정법에서는 소득처분된 금액에 대한 소득세 또는 법인세에 대해서도 10년의 부과제척기간을 적용하는 것으로 입법하였다.

2) 특별제척기간

(1) 판결 등의 확정 후

과세처분에 대하여 이의신청·심사청구·심판청구, 감사원법에 의한 심사청구 또는 행정소송법에 의한 소송에 대한 결정 또는 판결이 있어 그에 따라 경정결정 또는 필요한 처분을 하여야 할 경우에 그 처분은 심사청구 등의 결정 또는 소송의 판결이 확정된 날로부터 1년이 경과하기 전까지는 이를 할 수 있다(국세기본법 제26조의 2 제2항 1호).

또한 결정 또는 판결에서 명의대여 사실이 확인된 경우에는 그 결정 또는 판결이 확정된 날부터 1년 이내에 명의대여자에 대한 부과처분을 취소하고 실제로 사업을 경영한 자에게 경정결정이나 그 밖에 필요한 처분을 할 수 있다(동 조 제3항).

부과권의 제척기간 만료 후에 과세처분에 대한 납세자의 불복이 인용된다면 이에 대하여 과세관청은 감액경정 등 필요한 처분을 할 수 없게 된다. 특히 조세행정소송의 경우 절차의 지연 등으로 인하여 확정판결을 받기까지 상당한 기일이 걸리는 것이 보통이다. 판결이 과세처분의 제척기간 경과 후에 확정되면 불복납세자의 권익은 보호받을 수 없게 되는 불합리를 방지하기 위하여 별도의 제척기간을 두고 있는 것이다. 다만 과세권자는 그 결정 또는 판결 등의 취지에 따라 결정 또는 경정처분을 해야 하는 것이지 그 판결 등에 따르지 아니한 새로운 경정 등 처분을 하는 것이 허용되는 것은 아니다.[199] ☞ 〈**참고판례 40**〉

그렇다고 하여 위 특별한 제척기간이 오로지 납세자를 위한 것이라고 보아 납세자에게 유리한 결정이나 판결을 이행하기 위하여만 허용된다고 볼 근거는 없으므로, 납세고지의 위법을 이유로 과세 처분이 취소되자 과세관청이 그 판결 확정일로부터 1년 내에 그 잘못을 바로잡아 다시 처분을 하는 것은 잘못이 없다.[200] ☞ 〈**참고판례 41**〉

---

199) 대법원 2010.6.24. 선고 2007두16493 판결, 대법원 2004.6.10. 선고 2003두1752 판결, 대법원 2002.9.24. 선고 2000두6657 판결.
200) 대법원 2002.1.5. 선고 2001두9059 판결, 대법원 1996.5.10. 선고 93누4885 판결.

(2) 조세조약에 따른 상호 합의

조세조약에 부합하지 아니하는 과세의 원인이 되는 조치가 있는 경우에 그 조치가 있음을 안 날로부터 3년 이내에 그 조세조약의 규정에 의한 상호 합의의 신청이 있는 것으로서 그에 대한 상호 합의가 있는 때에는 그 상호 합의가 종결된 날로부터 1년이 경과되기 전까지 상호 합의에 따라 경정결정 기타 필요한 처분을 할 수 있다(동 조 제2항 2호).

(3) 후발적 경정청구가 있는 경우

국세기본법 또는 국제조세조정에 관한 법률에 따른 후발적 경정청구 또는 국제조세조정에 관한 법률 제10조의 3 제1항에 따른 조정권고가 있는 경우에는 경정청구일부터 2개월이 지나기 전까지는 해당 경정청구에 따라 경정결정이나 그 밖에 필요한 처분을 할 수 있다(동 조 제2항 3호).

(4) 상속세와 증여세

상속세와 증여세에 대한 제척기간은 원칙적으로 이를 부과할 수 있는 날로부터 10년 간이다(동 조 제1항 4호). 이는 상속세와 증여세의 경우 다른 세목에 비해 세원 포착이 어렵고 조세면탈의 가능성이 많으므로 제척기간을 장기로 한 것이다. 더 나아가 다음의 경우에는 제척기간을 이를 부과할 수 있는 날로부터 15년간으로 더 장기로 정하고 있다 (4호 단서).

① 납세자가 부정한 행위로 상속세·증여세를 포탈하거나 환급, 공제받는 경우

② 상속세 및 증여세법 제67조(6월 이내에 상속세의 과세가액 및 과세표준을 신고) 및 제68조(3월 이내에 증여세의 과세가액 및 과세표준을 신고)의 규정에 의하여 신고서를 제출하지 아니한 경우

③ 위 상속세 및 증여세법에 따른 과세표준신고서를 제출한 자가 거짓신고 또는 누락 신고를 한 경우. 다만, 이 경우 15년의 제척기간이 적용되는 부분은 그 거짓신고 또는 누락신고를 한 부분에 한한다. ☞ **〈참고판례 42〉**

'거짓신고 또는 누락신고'를 한 경우란 조세법처벌법 제3조 제6항 각 호의 어느 하나에 해당하는 경우를 말한다(국세기본법시행령 제12조의 2 제2항).

특히 사기 등으로 상속세·증여세를 포탈하는 경우로서 상속재산 등이 ① 제3자 명의의 재산, ② 장기계약 중에 있는 재산, ③ 국외소재 재산, ④ 유가증권·서화·골동품 등에 해당하는 경우에는 당해 상속·증여가 있음을 안 날로부터 1년으로 제척기간을 연

장 규정하고 있다(동 조 제4항).

이는 상속 및 증여가 가족 또는 특수관계인 간에 은밀하게 이루어져 과세자료 파악에 어려움이 있기 때문에 제척기간을 늘려 과세권을 강화한 것이다. 다만 상속인 또는 증여자·수증자가 사망하였거나 재산가액이 50억 원 이하인 경우에는 제외한다.

3. 제척기간의 기산점

부과권의 제척기간 기산일은 국세를 부과할 수 있는 날이다. 국세기본법시행령이 정하고 있는 세목별 국세부과 제척기간의 기산일은 다음과 같다(국세기본법시행령 제12조의 3).

① 과세표준과 세액을 신고하는 국세에 있어서는 당해 국세의 과세표준과 세액에 대한 신고기한 또는 신고서 제출기한(과세표준 신고기한)의 다음 날

여기서 '신고하는 세액'에는 과세요건의 충족에 의하여 성립한 납세의무를 납세의무자가 스스로 확인·계산하여 과세표준과 세액을 정부에 신고함으로써 납세의무가 확정되는 국세뿐만 아니라, 과세관청의 부과처분에 의하여 납세의무가 확정되는 부과과세방식에서도 납세의무자에게 과세표준의 신고의무를 과하는 세목도 포함된다.

위의 과세표준 신고기한에는 중간예납·예정신고·예정결정기간에 대한 신고 및 수정신고기한은 포함되지 아니한다. 즉 신고기한은 과세표준과 세액에 대한 정기분 또는 확정신고기한을 말하는 것이다.

② 법정신고기한 없이 과세되는 부당이득세 및 인지세의 국세에 있어서는 납세의무가 성립한 날

③ 원천징수의무자 또는 납세조합에 대하여 부과하는 국세에 있어서는 당해 원천징수세액 또는 납세조합 징수세액의 법정납부기한의 다음 날

④ 과세표준신고기한 또는 원천징수세액·납세조합징수세액의 법정납부기한이 연장된 경우에는 그 연장된 기한의 다음 날

⑤ 공제·면제·비과세 또는 낮은 세율의 적용 등에 따른 세액(소득공제를 받은 경우에는 그 공제받은 소득금액에 상당하는 세액을 말하고, 낮은 세율을 적용받은 경우에는 일반 세율과의 차이에 상당하는 세액)을 의무불이행 등의 사유로 인하여 징수하는 경우에는 당해 공제세액 등을 징수할 수 있는 사유가 발생한 날

제척기간은 기간의 말일이 종료함으로써 만료한다. 만료일까지의 기간계산은 민법의

규정에 따른다.

4. 제척기간 만료의 효과

조세부과권의 제척기간이 만료되면 부과권이 소멸함은 물론 납세의무가 소멸한다. 조세부과의 제척기간이 도과된 후에 이루어진 과세처분, 즉 조세채무와 관련하여 과세표준이나 세액을 변경하는 결정이나 경정은 그 하자가 중대하고 명백하여 무효이다.[201]

<h2 style="text-align:center">〈참고판례 40〉</h2>

대법원 2005.2.25. 선고 2004두11459 판결【양도소득세 등 부과처분취소】

【판시사항】
[1] 구 국세기본법 제26조의 2 제2항에 의하여 과세제척기간 이후 판결 등에 따른 후속조치로서 할 수 있는 경정결정 등의 범위 및 위 '판결'에 원고의 청구를 기각하거나 소를 각하하는 판결이 포함되는지(소극)
[2] 소득세할 주민세 부과처분의 취소를 구하는 항고소송의 피고적격

【판결요지】
[1] 구 국세기본법(1989.12.30. 법률 제4177호로 개정되기 전의 것) 제26조의 2 제2항의 문언상 과세권자로서는 당해 판결 등에 따른 경정결정이나 그에 부수되는 처분만을 할 수 있을 뿐, 판결 등이 확정된 날로부터 1년 내라 하여 판결 등에 따르지 아니하는 새로운 결정이나 증액경정결정까지도 할 수 있는 것은 아니며, 또한 위 법조항 소정의 '판결'이란 그 판결에 따라 경정결정 기타 필요한 처분을 행하지 않으면 안 되는 판결, 즉 조세부과처분이나 경정거부처분에 대한 취소판결 등을 의미하는 것이고, 원고의 청구를 기각하는 판결이나 소를 각하하는 판결은 여기에 해당하지 않는다.
[2] 지방세법 제177조의 4에 의하면, 소득세할 주민세 부과처분의 취소를 구하는 항고

---

201) 대법원 1999.6.22. 선고 99두3140 판결, 대법원 1995.5.23. 선고 94누15189 판결.

소송의 피고는 소득세 납세지를 관할하는 시장·군수가 되어야 하는 것이고, 세무서장을 상대로 주민세부과처분의 취소를 구하는 소는 피고 적격이 없는 자를 상대로 한 것이어서 부적법하다.

【이유】

[1] 구 국세기본법(1989.12.30. 법률 제4177호로 개정되기 전의 것) 제26조의 2 제1항에 의하면 소득세, 방위세 등은 이를 부과할 수 있는 날로부터 5년이 경과한 후에는 부과할 수 없다고 규정하는 한편, 같은 조 제2항은 행정소송법에 의한 소송의 제기 등이 있는 경우에는 제1항의 규정에 불구하고, 그 판결 등이 확정된 날로부터 1년이 경과하기 전까지는 당해 판결 등에 따라 경정결정 기타 필요한 처분을 할 수 있다고 규정하고 있는바, 위 제1항 소정의 과세제척기간이 일단 만료되면 과세권자는 새로운 결정이나 증액 경정결정은 물론 감액경정결정 등 어떠한 처분도 할 수 없게 되는 결과, 과세처분에 대한 행정소송 등의 쟁송절차가 장기간 지연되어 그 판결 등이 과세제척기간이 지난 후에 행하여지는 경우 그 판결 등에 따른 처분조차도 할 수 없게 되는 불합리한 사례가 발생하는 것을 방지하기 위하여 제2항이 마련된 것임에 비추어 볼 때, 그 문언상 과세권자로서는 당해 판결 등에 따른 경정결정이나 그에 부수되는 처분만을 할 수 있을 뿐, 판결 등이 확정된 날로부터 1년 내라 하여 판결 등에 따르지 아니하는 새로운 결정이나 증액 경정결정까지도 할 수 있는 것은 아니라고 할 것이고(대법원 1994.8.26. 선고 94다3667 판결, 1996.9.24. 선고 96누68 판결 등 참조), 또한 위 법조항 소정의 '판결'이란 그 판결에 따라 경정결정 기타 필요한 처분을 행하지 않으면 안 되는 판결, 즉 조세부과처분이나 경정거부처분에 대한 취소판결 등을 의미하는 것이고, 원고의 청구를 기각하는 판결이나 소를 각하하는 판결은 여기에 해당하지 않는다고 할 것이다.

원심판결 이유에 의하면, 원심은 판시와 같은 사실을 인정한 다음, 위 법조항 소정의 '당해 판결 등에 따라 필요한 처분'이라 함은 당해 판결 등에 의하여 대상처분이 변동되는 내용에 따라 감액경정하거나 그 처분이 단순히 절차상의 위법사유로 인하여 취소되는 경우에 그 하자를 치유하여 동일한 내용의 처분을 다시 할 수 있는 정도를 의미할 뿐이고, 쟁송과정 중에 과세표준의 증액사유를 발견하였다고 하더라도 이미 브과권의 제척기간이 만료된 이상 당해 판결 등의 내용과는 달리 새로운 처분을 하거나 증액경정처분을 할 수는 없다고 할 것인데, 이 사건 양도소득세 및 방위세 부과처분은 당초처분보다 세액이 증가된 증액경정처분이어서 위 법조항 소정의 '당해 판결 등에 따라 필요한 처분'

에 해당하지 아니하고, 따라서 국세부과의 제척기간이 도과된 후에 이루어진 위 과세처분은 무효라고 판단하였다.

위의 법리와 기록에 비추어 살펴보면, 원심의 위와 같은 사실인정과 판단은 정당하고, 거기에 상고이유에서 주장하는 바와 같은 구 국세기본법 제26조의 2 제2항 소정의 쟁송시의 특례제척기간에 관한 법리오해 등의 위법이 없으며, 또한 피고는 원고가 대전세무서장을 상대로 제기한 대전고등법원 96구2680호 양도소득세 등 부과처분취소소송에 대한 판결이 2001년 6월 15일에 확정되었음을 이유로 그로부터 1년 내인 2001년 12월 10일에 이 사건 처분을 한 것인데, 원심판결 이유와 기록에 의하면, 위 확정판결은 원고의 청구를 기각하는 판결이어서 위 법조항 소정의 '그 판결에 따라 경정결정 기타 필요한 처분'을 행하지 않으면 안 되는 '판결'에 해당하지 아니하므로, 이 점에서도 위 과세처분이 위 법조항 소정의 재처분에 해당할 여지는 없다고 할 것이다.

[2] 다만 직권으로 살피건대, 지방세법(1999.12.28. 법률 제6060호로 개정된 것) 제177조의 4 제1항, 제2항, 제5항에 의하면, 소득세할 주민세는 소득세의 납세지를 관할하는 시장·군수(특별시·광역시의 경우에는 구청장, 이하 같다)에게 납부하여야 하는 지방세이고, 세무서장이 국세기본법 또는 소득세법에 의한 경정·결정 등에 따라 부과고지방법에 의하여 소득세를 징수하는 경우, 그 소득세할 주민세를 함께 부과고지하더라도 이는 해당 시장·군수가 부과고지한 것으로 본다고 규정하고 있으므로, 이 사건 소득세할 주민세 부과처분의 취소를 구하는 항고소송의 피고는 원고의 소득세 납세지를 관할하는 구청장인 서울특별시 강남구청장이 되어야 하는 것이고, 따라서 이 사건 소 중 주민세부과처분의 취소를 구하는 부분은 피고적격이 없는 자를 상대로 한 것이어서 부적법하다고 할 것인바, 이를 간과하고 본안에 관하여 심리·판단한 원심판결에는 조세소송의 피고적격에 관한 법리를 오해하여 판결 결과에 영향을 미친 위법이 있다(한편, 같은 조 제4항에 의하면, 세무서장이 소득세할의 과세표준이 된 소득세를 환급한 경우, 시장·군수는 당해 소득세할 주민세 등을 환부하여야 한다고 규정하고 있으므로, 원고로서는 피고를 상대로 한 소송에서 위 양도소득세 부과처분의 취소판결을 받으면 족하고, 이와는 별도로 소득세할 주민세 부과처분의 취소를 구하는 소를 제기할 필요도 없다고 할 것이다).

〈참고판례 41〉

대법원 2002.7.23. 선고 2000두6237 판결【종합소득세부과처분취소】

【판시사항】

[1] 과세처분취소판결 기판력의 객관적 범위 및 과세처분권자가 확정판결에 나온 위법 사유를 보완하여 한 새로운 과세처분이 확정판결의 기판력에 저촉되는지(소극)

[2] 과세대상 소득이 부동산임대소득이 아니라 이자소득이라는 이유로 종합소득세 등 부과처분이 확정판결에 의하여 전부 취소된 경우, 과세관청이 그 소득을 이자소득으로 보고 종전처분의 부과세액을 한도로 하여 다시 종합소득세 등 부과처분을 한 것은 확정 판결의 기속력 내지 기판력에 반하지 아니한다고 한 사례

[3] 구 국세기본법 제26조의 2 제2항에 의한 재처분의 경우 같은 조 제1항의 제척기 간의 적용 여부(소극) 및 납세자에게 불리한 재처분은 할 수 없다는 국세행정관행의 존 부(소극)

【판결요지】

[1] 과세처분을 취소하는 확정판결의 기판력은 확정판결에 나온 위법사유에 대해서만 미치므로 과세처분권자가 확정판결에 나온 위법사유를 보완하여 한 새로운 과세처분은 확정판결에 의하여 취소된 종전의 과세처분과는 별개의 처분으로서 확정판결의 기판력에 저촉되지 아니한다.

[2] 과세대상 소득이 부동산임대소득이 아니라 이자소득이라는 이유로 종합소득세 등 부과처분이 확정판결에 의하여 전부 취소된 후 과세관청이 그 소득을 이자소득으로 보고 종전처분의 부과세액을 한도로 하여 다시 종합소득세 등 부과처분을 한 경우, 그 처분은 종전처분에 대한 확정판결에서 나온 위법사유를 보완하여 한 새로운 과세처분으로서 종 전처분과 그 과세원인을 달리하여 확정판결의 기속력 내지 기판력에 어긋나지 아니한다 고 한 사례

[3] 종전의 과세처분이 위법하다는 이유로 이를 취소하는 판결이 선고·확정된 후 1년 내에 과세관청이 그 잘못을 바로잡아 다시 과세처분을 한 경우에는 구 국세기본법 (1993.12.31. 법률 제4672호로 개정되기 전의 것) 제26조의 2 제1항이 정한 제척기간의 적용이 없고, 과세관청은 납세자에게 유리한 재처분만 할 수 있을 뿐 납세자에게 불리한

재처분을 할 수 없다는 국세행정관행이 존재한다고 볼 수 없다.

【이유】

[1] 과세처분을 취소하는 확정판결의 기판력은 확정판결에 나온 위법사유에 대해서만 미치므로 과세처분권자가 확정판결에 나온 위법사유를 보완하여 한 새로운 과세처분은 확정판결에 의하여 취소된 종전의 과세처분과는 별개의 처분으로서 확정판결의 기판력에 저촉되지 아니한다(대법원 1992.9.25. 선고 92누794 판결, 1992.11 24. 선고 91누10275 판결 등 참조).

원심이 같은 취지에서, 원고들이 제기한 1988년도 내지 1992년도 귀속분 종합소득세 및 방위세 부과처분(아래에서는 '종전처분'이라고 한다) 취소소송에서 원고들이 안영자로부터 받은 돈이 부동산임대소득이 아니라 이자소득이라는 이유로 종전처분을 전부 취소하는 판결이 확정되고, 그에 따라 피고들이 그 돈을 이자소득으로 보고 종전처분의 부과세액을 한도로 하여 다시 원고들에게 이 사건 종합소득세 등 부과처분을 하였으므로, 이 사건 처분은 종전처분에 대한 확정판결에서 나온 위법사유를 보완하여 한 새로운 과세처분으로서 종전처분과 그 과세원인을 달리하여 위 확정판결의 기속력 내지 기판력에 어긋나지 아니한다고 판단한 것은 옳고, 거기에 상고이유의 주장과 같은 법리오해 등의 잘못이 없다. 따라서 이 부분 상고이유는 받아들일 수 없다.

[2] 종전의 과세처분이 위법하다는 이유로 이를 취소하는 판결이 선고·확정된 후 1년 내에 과세관청이 그 잘못을 바로잡아 다시 과세처분을 한 경우에는 구 국세기본법(1993.12.31. 법률 제4672호로 개정되기 전의 것) 제26조의 2 제1항이 정한 제척기간의 적용이 없다(대법원 1996.5.10. 선고 93누4885 판결, 2002.1.5. 선고 2001두9059 판결 등 참조).

원심이 같은 취지에서, 이 사건 처분은 종전처분 취소소송에 대한 판결이 확정된 날로부터 1년 내에 확정판결에 나온 위법사유를 보완하여 한 과세처분이므로 제척기간을 도과한 위법이 없다고 판단한 것은 옳고, 거기에 상고이유의 주장과 같은 법리오해 등의 잘못이 없으며, 또 과세관청은 납세자에게 유리한 재처분만 할 수 있을 뿐 납세자에게 불리한 재처분을 할 수 없다는 국세행정관행이 존재한다고 볼 수도 없다. 따라서 이 부분 상고이유도 모두 받아들일 수 없다.

[3] 원심이, 원고들이 안영자로부터 받은 돈은 구 소득세법(1994.12.22. 법률 제4803호로 전문 개정되기 전의 것, 아래에서도 같다) 제17조 제1항 제11호의 비영업대금의 이

익에 해당하는 이자소득으로 보아야지 이를 원고들이 대금업을 영위하면서 얻은 수입에 해당하는 사업소득으로 인정할 수 없다고 판단한 것은 옳고, 거기에 상고이유의 주장과 같은 법리오해나 채증법칙 위배 등의 잘못이 없다. 따라서 이 부분 상고이유도 받아들일 수 없다.

〈참고판례 42〉

대법원 2006.2.9. 선고 2005두1688 판결 【납세고지처분취소】

【판시사항】
[1] 공동상속인이 있는 경우 상속세경정처분이 증액경정처분인지 감액경정처분인지의 판단 기준
[2] 구 국세기본법 시행령 제12조의 2에서 정한 유형 이외의 경우에도 상속세의 부과제척기간이 연장되는지(소극) 및 위 조항에 의한 부과제척기간 연장의 범위
[3] 구 국세기본법 제26조의 2 제1항, 제2항에 의하여 국세의 부과제척기간 이후 판결·결정에 따른 후속조치로서 할 수 있는 경정결정 등의 물적·인적 범위

【판결요지】
[1] 공동상속인이 있는 경우 상속세경정처분이 증액경정처분인지 감액경정처분인지는 각 공동상속인에 대하여 납부하도록 고지된 개별적인 세액을 기준으로 할 것이지 공동상속인 전체에 대한 총 상속세액을 기준으로 판단할 것은 아니다.
[2] 구 국세기본법(1993.12.31. 법률 제4672호로 개정되기 전의 것) 제26조의 2 제1항 제1호 (나)목은 상속세 신고서를 제출한 자가 대통령령이 정하는 허위신고 또는 신고누락한 경우에는 그 허위신고 또는 신고누락한 부분에 한하여 상속세의 부과제척기간을 10년으로 연장하도록 규정하고, 그 위임에 따른 구 국세기본법시행령(1993.12.31. 대통령령 제14076호로 개정되기 전의 것) 제12조의 2는 그 각 호에서 부과제척기간의 연장 사유가 되는 허위신고 또는 신고누락의 유형을 구체적으로 열거하여 규정하고 있는바, 위 각 규정의 취지와 그 문언에 비추어 보면, 위 시행령 제12조의 2 각 호가 규정한 허위신고 또는 신고누락한 경우에 해당하지 않으면 상속세의 부과제척기간이 연장된다고 할 수 없고, 나아가 부과제척기간이 연장되는 부분도 당해 허위신고 또는 신고누락한 부

분에 한정된다.

[3] 구 국세기본법(1993.12.31. 법률 제4672호로 개정되기 전의 것) 제26조의 2 제1항, 제2항의 규정 취지에 비추어 보면, 과세권자는 판결 등이 확정된 날로부터 1년 내라하더라도 납세의무가 승계되는 등의 특별한 사정이 없는 한, 당해 판결 등을 받은 자로서 그 판결 등이 취소하거나 변경하고 있는 과세처분의 효력이 미치는 납세의무자에 대하여서만 그 판결 등에 따른 경정처분 등을 할 수 있을 뿐 그 취소나 변경의 대상이 된 과세처분의 효력이 미치지 아니하는 제3자에 대하여서까지 재처분을 할 수 있는 것은 아니다.

【이유】

상고이유를 판단한다.

[1] 상고이유 제1점에 대하여

공동상속인이 있는 경우 상속세경정처분이 증액경정처분인지 감액경정처분인지는 각 공동상속인에 대하여 납부하도록 고지된 개별적인 세액을 기준으로 할 것이지 공동상속인 전체에 대한 총 상속세액을 기준으로 판단할 것은 아니다.

같은 취지에서 원심이, 이 사건 5차 처분은 4차 처분에 비하여 총 상속세액은 감소하였지만 원고들이 부담하여야 할 고유의 상속세액이 각 증가하였기 때문에 이는 원고들에 관한 한 증액경정처분에 해당한다고 판단한 것은 환송판결의 환송취지에 따른 것으로서 정당하고, 거기에 상고이유에서 주장하는 바와 같은 상속세의 증액경정처분에 관한 법리 등을 오해한 위법이 있다고 할 수 없다.

[2] 상고이유 제2점에 대하여

가. 부과제척기간이 10년으로 연장되어야 한다는 주장에 관하여

구 국세기본법(1993.12.31. 법률 제4672호로 개정되기 전의 것, 이하 '구 국세기본법'이라 한다) 제26조의 2 제1항 제1호 (나)목은 상속세 신고서를 제출한 자가 대통령령이 정하는 허위신고 또는 신고누락한 경우에는 그 허위신고 또는 신고누락한 부분에 한하여 상속세의 부과제척기간을 10년으로 연장하도록 규정하고, 그 위임에 따른 구 국세기본법 시행령(1993.12.31. 대통령령 제14076호로 개정되기 전의 것, 이하 '시행령'이라 한다) 제12조의 2는 그 각 호에서 부과제척기간의 연장사유가 되는 허위신고 또는 신고누락의 유형을 구체적으로 열거하여 규정하고 있는바, 위 각 규정의 취지와 그 문언에 비추어 보면, 시행령 제12조의 2 각 호가 규정한 허위신고 또는 신고누락한 경우에 해당하지 않으면 상속세의 부과제척기간이 연장된다고 할 수 없고, 나아가 부과제척기간이 연장되는

부분도 당해 허위신고 또는 신고누락한 부분에 한정된다고 할 것이다.

같은 취지에서 원심이, 적법한 상속인이 아닌 자를 상속인에 포함하여 신고를 하였다는 사정은 시행령 제12조의 2가 규정하고 있는 '허위신고 또는 신고누락'의 유형에 해당하지 아니하고, 또 증여받은 재산을 일부 신고누락하였다는 사정은 이 사건 5차 및 6차 처분과 직접 관련된 증액경정사유가 아니므로, 위와 같은 사정들은 모두 상속세 부과제척기간의 연장사유가 될 수 없다고 판단한 것은 정당한 것으로 수긍이 되고, 거기에 상고이유에서 주장하는 바와 같은 상속세의 부과제척기간에 관한 법리 등을 오해한 위법이 있다고 할 수 없다.

나. 특례제척기간이 적용되어야 한다는 주장에 관하여

구 국세기본법 제26조의 2 제1항, 제2항의 규정 취지에 비추어 보면, 과세권자는 판결 등이 확정된 날로부터 1년 내라 하더라도 납세의무가 승계되는 등의 특별한 사정이 없는 한, 당해 판결 등을 받은 자로서 그 판결 등이 취소하거나 변경하고 있는 과세처분의 효력이 미치는 납세의무자에 대하여서만 그 판결 등에 따른 경정처분 등을 할 수 있을 뿐 그 취소나 변경의 대상이 된 과세처분의 효력이 미치지 아니하는 제3자에 대하여서까지 재처분을 할 수 있는 것은 아니라고 할 것이다(대법원 1996.9.24. 선고 96누68 판결, 대법원 2005.3.24. 선고 2003두9473 판결 등 참조).

같은 취지에서 원심이, 김용성에 대한 상속세부과처분을 취소하는 판결이 확정되었다고 하더라도 피고는 그 판결에 따라 김용성에게 부과된 상속세를 취소하는 데 필요한 처분을 할 수 있을 뿐이지 취소의 대상이 된 과세처분의 효력이 미치지 아니하는 원고들에게 추가로 상속세를 부과하는 처분을 할 수는 없다고 판단한 것은 정당한 것으로 수긍이 되고, 거기에 상고이유에서 주장하는 바와 같은 특례제척기간에 관한 법리 등을 오해한 위법이 있다고 할 수 없다.

V. 징수권의 소멸시효

1. 징수권의 의의

조세의 징수란 확정된 조세채권을 실현하기 위하여 납세자에게 이행을 청구하고 임의로 이행이 이루어지지 않을 경우에는 그 이행을 강제하고 납부된 세액을 수납하는 과세권자의 일련의 행위를 말한다. 이때 부과에 의하여 확정된 세액의 이행을 청구하는 과세관청의 권리를 징수권이라 한다.

소멸시효는 권리자가 권리를 행사할 수 있었음에도 불구하고 일정한 기간 권리를 행사하지 않은 상태가 계속되는 경우에 그 권리를 소멸시키는 제도이다. 국가의 조세 징수권이 오랫동안 행사되지 않고 있으면 그 징수권은 소멸하게 된다.

국세징수권의 소멸시효에 관해서는 국세기본법 또는 다른 세법에 특별한 규정이 없는 한 민법에 의한다(국세기본법 제27조 제2항).

2. 소멸시효 기간

국세기본법 제27조 제1항은 "국세의 징수를 목적으로 하는 국가의 권리는 이를 행사할 수 있는 때로부터 5년간 행사하지 아니하면 소멸시효가 완성한다"고 규정하고 있다. 즉 국세징수권의 소멸시효기간은 5년이다. 지방세징수권의 소멸시효기간도 이와 동일하다(지방세기본법 제39조). 관세징수권의 소멸시효도 마찬가지로 5년이다(관세법 제22조 제1항). 관세납세자의 과오납금 및 기타 관세의 환급청구권은 이를 행사할 수 있는 날로부터 5년간 행사하지 아니하면 소멸시효가 완성된다(동 조 제2항).

3. 소멸시효의 기산점

국세징수권의 소멸시효의 기산일은 국세의 징수를 목적으로 하는 국가의 권리를 행사할 수 있는 때이다. 국세징수권 소멸시효의 기산일은 다음과 같다(국세기본법시행령 제12조의 4).

① 과세표준과 세액의 신고에 의하여 납세의무가 확정되는 국세에 있어서 신고한 당해 세액에 대해서는 그 법정신고 납부기한의 다음 날

② 과세표준과 세액을 정부가 결정·경정 또는 수시부과 결정하는 경우에 고지한 당해 세액에 대해서는 그 납세고지에 의한 납부기한의 다음 날

③ 원천징수의무자 또는 납세조합으로부터 징수하는 국세에 있어서는 당해 원천징수세액 또는 납세조합 징수세액의 법정납부기한의 다음 날

④ 인지세에 있어서는 당해 국세의 납세의무가 성립한 날

⑤ 과세표준과 세액이 신고에 의하여 확정되는 국세의 법정신고 납부기한 또는 원천

징수세액·납세조합 징수세액의 법정납부기한이 연장된 경우에는 그 연장된 기한의 다음 날

4. 소멸시효의 중단과 정지

1) 중단

소멸시효는 권리의 불행사라고 하는 사실상태가 일정기간 지속된 경우에 그 사실상태를 존중하여 진정한 권리를 소멸시키는 제도이다. 그러므로 시효가 완성되기 전에 권리행사로 볼 수 있는 사실이 생기면 그때까지 진행된 시효기간은 전혀 효력을 잃게 되고, 그 사실이 끝나면 시효는 새로이 진행된다.

국세기본법이 인정하는 소멸시효의 중단사유로는 ① 납세고지, ② 독촉 또는 납부최고, ③ 교부청구, ④ 압류 등이 있다(국세기본법 제28조 제1항). 그 외 징수권의 소멸시효에 관하여 국세기본법 또는 세법에 특별한 규정이 있는 경우를 제외하고는 민법의 규정에 의한다(국세기본법 제27조 제2항). 민법에서는 가압류, 가처분, 승인도 소멸시효 중단사유로 규정하고 있으나 '가압류'는 국세징수법 제24조 제2항에 가압류와 유사한 '확정 전 보전압류'를 규정하고 있으므로 굳이 시효중단사유로 정할 필요가 없고, 위 압류에도 포함된다고 해석할 수 있다. '가처분'은 성질상 조세라는 금전청구에 부합하지 아니한다. 그러므로 승인만 문제 되는데 시효가 진행되는 과정에서 납세의무자가 징수유예나 물납을 신청하는 경우 등과 같이 조세채무를 승인하는 행위를 하는 때도 징수권의 소멸시효 중단사유로 보아야 한다.[202]

'납세고지'란 세무서장이 조세를 징수하기 위하여 먼저 확정된 납세의무의 이행을 청구하는 절차이다. 정부가 부과과세하는 경우 통상 납세고지로 부과처분과 징수처분이 함께 이루어지게 되므로 납세고지는 납세의무자가 스스로 신고하였으나 세액을 납부하지 아니한 경우에 시효중단으로서 의의를 가진다.

'독촉'이란 납세의무자에게 일정기간 내에 납세의무를 이행할 것을 최고하고, 그 불이행 시에 체납처분을 할 것을 예고하는 통지행위를 말한다.

'납부최고'란 제2차 납세의무자가 납부통지된 체납세액을 납부기한까지 완납하지 않는

---

202) 이창희, 앞의 책, 143면.

경우에 하는 절차이다. 납부최고는 그 대상이 제2차 납세의무자라는 점에서 본래의 납세의무자에 대하여 행하는 독촉과 차이가 있다.

'교부청구'란 이미 다른 기관에 의하여 강제환가절차가 개시된 경우 그 집행기관에 대하여 환가대금의 교부를 청구하는 방법으로 조세채권을 실현하는 절차이다.

'압류'란 조세채권의 내용을 실현하기 위하여 납세자의 특정재산을 강제적으로 확보하는 체납처분기관의 강제적 행위를 말한다. 판례에 의하면 세무공무원이 국세징수법 제24조 이하의 규정에 따라 납세자의 재산에 대한 압류 절차에 착수하는 것을 가리키는 것이므로, 세무공무원이 국세징수법 제26조에 의하여 체납자의 가옥·선박·창고 기타의 장소를 수색하였으나 압류할 목적물을 찾아내지 못하여 압류를 실행하지 못하고 수색조서를 작성하는 데 그친 경우에도 소멸시효 중단의 효력이 있다.[203]

위와 같이 중단된 징수권의 소멸시효는 ① 고지한 납부기간, ② 독촉 또는 납부최고에 의한 납부기간, ③ 교부청구 중의 기간, ④ 압류해제까지의 기간이 경과한 때로부터 새로 진행한다(국세기본법 제28조 제2항).

2) 정지

징수권의 소멸시효는 세법에 따른 분납기간, 징수유예기간, 체납처분유예기간 또는 연부연납기간, 세무공무원이 국세징수법 제30조에 따른 사해행위취소소송이나 민법 제404조에 따른 채권자대위 소송을 제기하여 그 소송이 진행 중인 기간 중에는 진행하지 아니한다(국세기본법 제28조 제3항).

사해행위 취소소송 또는 채권자대위 소송의 제기로 인한 시효정지의 효력은 소송이 각하·기각 또는 취하된 경우에는 효력이 없다(동 조 제4항).

5. 소멸시효완성의 효과

징수권의 소멸시효가 완성되면 조세징수권이 소멸함은 물론 납세의무도 소멸한다. 연대납세의무자 1인에 대하여 소멸시효가 완성한 때에는 그 부담부분에 한하여 다른 연대납세의무자의 납세의무도 소멸된다. 본래의 납세의무가 시효완성으로 소멸하면 납세보증인의 납세의무나 제2차 납세의무자의 납세의무도 소멸한다.

---

203) 대법원 2001.8.21. 선고 2000다12419 판결.

주의할 것은 사법상의 소멸시효완성과 다르게 조세법상 소멸시효가 완성되면 납세자의 원용이 없더라도 조세징수권이 소멸하고 납세자에 의한 시효이익의 포기도 없다는 점이다. 이는 조세법을 지배하는 합법성의 원칙에 기인한다.

제4편 租稅債權의 確保와 實現

제1장 조세채권의 확보

제1절 조세와 일반채권의 관계

Ⅰ. 조세우선의 원칙

1. 조세우선의 의의

국세나 지방세의 강제실현절차, 즉 체납처분에 있어서 국세 등이 공과금이나 그 밖의 일반채권과 경합되고, 채무자의 모든 재산이 경합 청구된 채권 전부를 변제하기에 부족한 때에 국세 등을 우선적으로 징수할 수 있는 권리를 조세의 우선권이라 한다.

국세기본법 제35조 제1항은 "국세·가산금 또는 체납처분비는 다른 공과금 기타의 채권에 우선하여 징수한다"고 규정하고 있으며, 지방세기본법 제99조에서도 이와 동일한 규정을 두고 있다. 이를 일반적으로 국세우선의 원칙이라고 하는데, 지방세법상의 조세도 일반채권에 우선하는 점에서 조세우선의 원칙이라고 한다.

조세의 우선권은 징세관청의 자력집행권과 함께 세액 징수의 확보를 실현할 수 있는 강력할 수단으로 기능한다. 채무자가 조세채무 이외에 다른 채무를 지고 있고, 납세자의 전재산이 경합하는 채무 전액을 변제하기에 부족한 경우에는 조세의 공공성과 공익성을 감안하여 조세에 대하여 다른 채권 또는 공과금에 우선하는 효력을 부여하고 있는 것이다.

조세의 우선권은 납세자의 재산에 대한 강제집행, 경매, 체납처분 등의 강제환가절차에서 조세를 다른 공과금 기타 채권에 우선하여 징수하는 효력을 의미할 뿐이고, 그 이상으로 납세자의 총재산에 대하여 조세채권을 위한 일반의 선취특권이나 특별담보권을 인정하는 것은 아니다.

조세우선의 원칙은 조세채권이 등기나 등록에 의하여 공시되는 것이 아니라는 점에서 조세채권에 대하여 다른 채권에 항상 우선하는 효력을 부여하는 것은 사법질서를 깨뜨리는 것이 되어 거래의 안전에 큰 장애가 된다. 국세와 지방세에 대해서 우선권을 인정하는 것은 세액 징수의 확보에는 필요하다고 할 수 있지만 일반채권에 관한 권리를 침해하는 것이 되어 그 범위는 극히 제한적으로 적용하도록 하여야 한다. 이에 따라 국세기본법은 조세우선의 원칙에 대한 일정한 예외규정을 두고 있으며, 조세채권 상호 간의 우선관계도 조정하고 있다.

2. 이론적 근거

국세와 같은 조세채권에 일반적 우선권이 인정되는 이론적 근거는 다음과 같다.[204]

첫째, 조세는 국가 재정수입의 대부분을 차지하고 국가 활동의 경제적 기초를 이루는 것으로 가장 기본적인 공익비용이라 할 수 있다.

둘째, 조세는 소득발생의 기초가 되는 국가 활동의 비용으로 법률이 정하는 바에 따라 과세요건의 충족에 의하여 성립한다. 따라서 소득의 발생 등이 있으면 그 소득 중에는 세금으로 충당되는 부분이 포함되어 있어 이를 우선하여 징수할 수 있다.

셋째, 일반채권은 채권자가 채무자, 채권금액의 범위 등을 자유로이 선택할 수 있고, 담보권의 설정 등에 의한 채권의 확보조치도 가능하나 조세채권자는 그런 점을 선택할 수 없다.

넷째, 조세는 일반채권과는 달리 직접적으로 반대급부를 수반하지 아니하기 때문에 임의로 이행할 가능성이 낮다. 따라서 우선징수권에 의하여 보호받을 필요가 있다.

판례도 조세우선권의 적용에 대하여 "국세는 법률상 과세요건의 충족에 따라 일률적·무선택적·필연적으로 성립한다는 점에서 일반채권과 근본적으로 그 성질을 달리하고 한편으로는 그 공익성으로 말미암아 그 징수확보를 위해 채권평등의 원칙에 예외적 효력인 국세우선의 원칙이 적용되는 것으로, 이는 납세자 소유의 모든 재산에 관하여 등기 등 기타의 공시방법의 필요 없이 인정될 뿐 아니라 질권, 저당권 등 담보물권에 의해서 담보되는 채권에 대해서도 원칙적으로 그 적용이 있다"고 판시한 바 있다.[205]

---

204) 이성식, 『조세법총론』, 경제법륜사, 2010, 305~306면; 吉國二郎 外, 『國稅徵收法精解』, 大藏財務協會, 2009, 130~133면.

205) 대법원 1983.11.22. 선고 83다카1105 판결.

조세의 우선권은 채권평등의 원칙에 반하는 것이기 때문에 헌법 제22조의 재산권보장에 위반되는 것이 아닌가 하는 의문이 있다. 하지만 재산권의 행사는 공공복리에 적합하도록 하여야 하고 조세의 우선권은 공공복리의 요청에 부응하는 것이기 대문에 헌법에 위반되지 않는 것으로 보는 것이 통설이다.[206]

조세의 우선권은 어디까지나 조세채권의 강제실현절차에서 적용되는 것으로 납세자가 조세보다 먼저 다른 채권을 임의로 변제하는 것까지 제한하는 것은 아니다. 또한 납세자의 총재산에 대하여 조세채권을 위한 일반의 선취특권이나 특별담보권을 인정하는 것도 아니므로 조세의 우선권을 근거로 이미 제3자 앞으로 소유권이 이전된 재산권을 압류할 수는 없다.[207] 또 납세자의 채권을 압류한 경우에 제3채무자는 그 압류통지가 송달되기 이전에 채무자에 대하여 상계적상(相計適狀)에 있었던 반대채권(자동채권)을 가지고 압류통지가 송달된 이후에도 상계로써 압류채권자에게 대항할 수 있다.[208]

일반채권에 대한 조세의 우선권을 너무 지나치게 인정하는 것은 사적 거래의 안전을 해하게 되므로 바람직하지 아니하다. 일반채권이 담보물권에 의하여 보호되어 있는 경우에는 특히 더 그렇다. 그러하기 때문에 조세와 담보권부 채권을 어떻게 조정하는가 하는 것은 상당히 중요한 문제이다. 따라서 조세의 우선권은 사법질서에 대하여 최소의 침해에 머물도록 그 한계를 엄격히 설정하는 것이 요구된다 할 것이다.

3. 국세 및 공과금 상호 간의 조정

1) 국세·가산금 및 체납처분비의 우선

국세, 공과금이나 그 밖의 채권이 납세자의 재산에서 경합적으로 징수 또는 변제되는 경우에 국세·가산금 또는 체납처분비는 다른 공과금이나 그 밖의 채권에 우선하여 징수한다(국세기본법 제35조 제1항 본문). 그러므로 국세(가산금 및 체납처분비 포함)는 납세자의 총재산에 대한 강제징수절차에 있어서 공과금 기타의 채권에 우선하는 것이 원칙이다. 여기서 '체납처분비'란 체납처분의 집행에 소요되는 경비로서 납세자가 부담하여야 할 실비변상적 성질을 가진 것을 말한다.

---

206) 강인애, 앞의 책, 283~284면.
207) 대법원 1996.10.15. 선고 96다17424 판결. 이는 해당 재산에 대하여 부과된 국세(소위 당해 세)의 경우도 마찬가지이다.
208) 대법원 1985.4.9. 선고 82다카449 판결.

다만, 지방세나 공과금의 체납처분을 할 때 그 체납처분금액 중에서 국세·가산금 또는 체납처분비를 징수하는 경우에는 그 지방세나 공과금의 체납처분비를 국세 등보다 우선하여 징수한다(동 조 제1항 1호).

이는 지방세 또는 공과금의 체납처분에 있어서 국세 등의 교부청구가 있는 경우에는 지방세의 가산금과 체납처분비 또는 공과금의 가산금과 체납처분비를 국세보다 우선적으로 징수한다는 취지로서 후술하는 '압류에 의한 우선'에서 설명하는 압류선착주의를 적용한다는 의미이다.[209]

이 경우 국세와 다른 국세와의 사이, 지방세와 다른 지방세와의 사이 또는 국세와 지방세와의 사이 등 조세 상호 간에는 관념적으로 우선순위의 관계가 없다. 따라서 이러한 관념적인 동일한 순위를 전제로 압류선착주의에 관한 규정이 적용되어야 한다. 다만, 지방세에 있어서 지방세기본법 제67조 제1항에 따라 시·군이 그 시·군 내에서 징수하여 도에 납입할 의무를 지는 도세는 시·군세에 우선하여 징수하는 것으로 하고 있다(지방세기본법 제62조 제2항).

체납자의 재산으로 국세 등의 전액을 만족시킬 수 없는 경우 국세징수법 제81조 제4항에서는 민법이나 그 밖의 법령에 따라 배분할 순위와 금액을 정하여 배분하도록 하고 있으나, 2010년 1월 1일 개정된 국세징수법 제4조에 따라 체납처분비, 국세, 가산금의 순위에 따라 배분할 금액을 정하도록 하여야 할 것이다.[210]

2) 공익비용

강제집행·경매 또는 파산절차에 따라 재산을 매각하는 때에 그 매각금액 중에서 국세 등을 징수하는 경우 그 강제집행, 경매 또는 파산절차에 든 비용(강제집행비용)은 국세 등에 우선하여 변제된다(국세기본법 제35조 제1항 2호). 이를 공익비용 우선의 원칙이라 한다.

3) 조세채권 상호 간의 우선관계

조세채권이 상호 간에 경합하는 경우에는 원칙적으로 조세채권평등의 원칙에 의하여

---

209) 강인애, 『국세징수법』, 한일조세연구소, 2004, 57면.

210) 이성식, 앞의 책, 308면. 지방세의 경우에도 지방세기본법에서 그 징수 순위를 체납처분비, 지방세, 가산금으로 하고 있다(지방세기본법 제62조 제1항).

해결하여야 한다. 그러나 미리 압류한 조세는 압류에 관계되지 않는 조세에 우선하여 징수되고, 담보 있는 조세는 담보 없는 조세에 우선하여 징수된다.

(1) 압류에 의한 우선

국세의 체납처분에 의하여 납세자의 재산을 압류한 경우에 다른 국세·가산금·체납처분비 또는 지방세의 교부청구가 있는 때에는 압류에 관계되는 국세·가산금 또는 체납처분비는 교부청구한 다른 국세·가산금·체납처분비와 지방세에 우선하여 징수한다(국세기본법 제36조 제1항).

이를 압류우선주의 또는 압류선착주의라고 한다. 압류우선주의의 취지는 다른 조세채권자보다 조세채무자의 자산 상태에 주의를 기울이고 조세 징수에 열의를 가지고 있는 징수권자에게 우선권을 부여하고자 하는 것이다.[211]

지방세의 체납처분에 의하여 납세자의 재산을 압류한 경우에 국세·가산금 또는 체납처분비의 교부청구를 한 때에는 교부청구한 국세·가산금과 체납처분비는 압류에 관계되는 지방세의 다음 순위로 징수한다(동 조 제2항). 이 경우 교부청구에는 교부청구에 갈음하여 한 참가압류를 포함한다.[212]

교부청구된 조세 상호 간에 대해서는 일본의 경우 먼저 교부청구된 조세가 우선하는 것으로 하고 있으나,[213] 우리나라는 이에 관한 명문의 규정이 없으므로 차권평등의 원칙에 따르도록 할 수밖에 없을 것이다.[214]

이와 같이 압류를 먼저 착수한 국세나 지방세에 우선권이 인정되므로 조세채권자는 적극적으로 납세자의 재산을 압류하여 조세채권을 실현할 필요가 있다.

(2) 담보 있는 국세 또는 지방세의 우선

납세담보물을 매각한 때에는 압류에 의한 우선순위에 관한 규정에 불구하고 그 국세·가산금 또는 체납처분비는 매각대금 중에서 다른 국세·가산금·체납처분비와 지방세에 우선하여 징수한다(국세기본법 제37조). 지방세기본법 제102조에서도 이와 같은 규정을 두고 있다. 즉 담보 있는 조세와 담보 없는 조세 사이에는 담보 있는 조세가 우선하여

---

211) 대법원 2003.7.11. 선고 2001다83777 판결.

212) 국세기본법 기본통칙 36 - 0···1

213) 일본 국세징수법 제13조에서 이를 '교부청구선착주의'라 한다. 다만, 파산절차에 대해서는 적용되지 아니한다.

214) 이성식, 앞의 책, 309면.

징수되고, 담보 있는 조세의 우선 징수는 압류순위에 의한 우선 징수보다 그 효력이 앞선다.

4) 관세의 우선

관세를 납부하여야 하는 물품에 대해서는 다른 조세 기타 공과금과 채권에 우선하여 그 관세를 징수한다. 다만, 국세징수의 예에 의하여 관세를 징수하는 경우 체납처분의 대상이 해당 관세를 납부하여야 하는 물품이 아닌 재산인 때에는 관세는 국세기본법에 의한 국세와 동일한 순위로 한다(관세법 제3조).

Ⅱ. 조세우선의 원칙의 예외

조세는 원칙적으로 일반채권에 우선하여 징수하나 이를 예외 없이 인정하면 사법상 거래의 안전을 침해하게 된다. 또한 경제적으로 취약한 위치에 있는 자들의 생존권을 보호할 목적으로 국세기본법 및 지방세기본법은 조세우선의 원칙에 대하여 몇 가지 예외를 두고 있다.

1. 전세권 등으로 담보된 채권의 우선

(1) 법정기일 전에 설정된 담보권의 피담보채권 우선

국세의 '법정기일' 전에 전세권, 질권 또는 저당권설정을 등기하거나 등록한 사실이 일정한 방법에 따라 증명되는 재산을 매각하는 때에 그 매각금액 중에서 국세 등을 징수하는 경우에는 그 전세권 등으로 담보된 채권이 국세 또는 가산금에 우선하여 변제된다(국세기본법 제35조 제1항 제3호). 다만, 그 재산에 대하여 부과된 국세와 가산금은 전세권 등으로 담보된 채권보다 우선하여 징수한다(동 조 제5항).215)

---

215) 이 경우 주택의 임대차는 그 등기가 없다 하더라도 임차인이 주택의 인도와 주민등록(전입신고)을 마친 때에는 그 다음 날부터 제3자에 대하여 효력이 생기며(주택임대차보호법 제3조 제1항), 상가건물의 임대차는 그 등기가 없다 하더라도 임차인이 건물의 인도와 부가가치세법 제5조, 소득세법 제168조 또는 법인세법 제111조에 따른 사업자등록을 신청하면 그 다음 날부터 제3자에 대하여 효력이 생기므로(상가건물 임대차보호법 제3조 제1항), 주택의 인도와 전입신고 또는 상가의 인도와 사업자등록은 전세권

여기서 '법정기일'이란 다음의 기일을 말한다(동 조 제1항 제3호).

① 과세표준과 세액의 신고에 따라 납세의무가 확정되는 신고납세방식에 의한 국세, 중간예납하는 법인세와 예정신고 납부하는 부가가치세의 경우 신고한 해당 세액에 대해서는 그 신고일

신고납세방식의 조세의 경우 설사 납세의무자가 그 과세표준과 세액을 과세관청에 신고하기만 하고 납부하지는 아니하였다고 하더라도 그 신고일과 저당권 등의 설정 등기일을 비교하여 우선순위 여부를 판단하는 데 지장이 없다.216) 그러나 신고납세제도에 의한 조세의 경정처분에 의하여 증액된 조세의 법정기일은 증액세액의 납세고지서 발송일이다.217) 국세기본법 제45조에 따른 수정신고도 그 신고세액에 확정적 효력이 부여되는 것으로 볼 것이므로 수정신고를 한 날을 신고일로 하여야 할 것이다. 그러나 국세기본법 제45조의 2에 따른 경정 등의 청구는 그 청구에 의하여 세액이 감액되더라도 이는 결과적으로 이미 확정된 세액의 일부를 감액하는 것일 뿐 당초의 신고일은 변동이 없는 것으로 보아야 할 것이다. 또한 국세기본법 제45조의 3에 따른 기한 후 신고는 그 신고세액에 확정적 효력이 부여되는 것이 아니므로 신고가 없어 정부가 부과 결정할 경우에 적용하는 규정에 따르는 것으로 보아야 한다.

② 과세표준과 세액을 정부가 결정·경정 또는 수시부과 결정을 하는 경우 고지한 해당 세액에 대해서는 그 납세고지서의 발송일

이 경우 고지한 세액에는 국세징수법 제14조에 따라 납기전징수를 하기 위한 납세고지서의 발송일을 포함하는 것으로 보아야 할 것이다(다만, 이미 납세고지를 한 것의 납부기한을 변경하여 고지한 때에는 당초의 납세고지서의 발송일로 하여야 할 것이다). 또한 연부연납이 허가된 상속세 또는 증여세에 대하여 납세고지를 한 때에 그 법정기일은 원래의 부과처분에 따른 납세고지서의 발송일이 되고 그 후 연부연납허가와 그에 근거한 납세고지가 이루어졌다고 하더라도 법정기일이 변경되는 것은 아니다.218)

③ 원천징수의무자나 납세조합으로부터 징수하는 국세와 인지세의 경우에는 그 납세의무의 확정일

④ 제2차 납세의무자 및 보증인의 재산에서 국세를 징수하는 경우에는 국세징수법 제

설정의 등기를 한 것과 동일한 법률적 효력이 있다.

216) 대법원 1999.1.26. 선고 98다54298 판결.
217) 대법원 2003.1.24. 선고 2002다63732 판결.
218) 대법원 2001.11.27. 선고 99다22311 판결.

12조에 따른 납부통지서의 발송일

⑤ 양도담보재산에서 국세를 징수하는 경우에는 국세징수법 제13조에 따른 납부통지서의 발송일

⑥ 국세징수법 제24조 제2항에 따라 국세로 확정될 것으로 추정되는 금액의 한도 안에서 납세자의 재산을 압류(확정 전 압류)한 경우에 그 압류와 관련하여 확정된 세액에 대해서는 그 압류등기일 또는 등록일

국세기본법 또는 개별 세법에 따른 가산세의 법정기일은 납세고지서의 발송일로 하고, 국세징수법에 따른 가산금 및 중가산금과 저당권 등에 의하여 담보된 채권 사이의 우선순위를 가리는 법정기일은 본세가 아니라 가산금 자체를 기준으로 하여 결정하는 것이 타당하다 할 것이다. 가산금의 법정기일에 관해서는 국세기본법에 따로 규정이 없으나, 가산금은 납부기한 또는 그 이후 소정의 기한까지 체납된 세액을 납부하지 아니하면 과세관청의 가산금 확정절차 없이 당연히 발생하고 그 액수도 확정되는 점에 비추어 보면 납부기한이 경과하여 그 납세의무가 확정되는 날로 봄이 상당하다.[219]

전세권, 질권 또는 저당권의 설정을 등기 또는 등록한 사실의 증명은 다음의 어느 하나에 해당하는 것에 의한다(국세기본법시행령 제18조 제2항).

① 부동산등기부등본

② 공증인의 증명

③ 질권에 대한 증명으로 세무서장이 인정하는 것

④ 공부 또는 금융기관의 장부상의 증명으로서 세무서장이 인정하는 것

(2) 법정기일의 설정 취지

국세기본법에 법정기일을 설정한 취지는 등기·등록 등 공시를 수반하는 담보물권과 관련하여 거래의 안전을 보장하려는 사법적 요청과 조세채권의 실현을 확보하려는 공익적 요청을 적절하게 조화시키려는 데 있다.[220] 하지만 일정 기간 사이에 조세를 잠탈하기 위한 담보권 설정 등의 처분행위가 개재되는 것을 막기 위하여 법정기일을 신고일 또는 납세고지서의 발송일 등으로 하고 있는 관계로 담보권자가 실제로 담보권설정자의 납세의무의 존부와 범위를 확인할 수 있는 국세징수법 제5조에 따른 납세증명서에 의하여서도 법정기일에는 이를 확인하는 것이 불가능하다는 문제가 있다.

---

219) 대법원 2003.3.11. 선고 2002다74374 판결, 대법원 2001.12.28. 선고 2000다52882 판결.
220) 대법원 2003.1.10. 선고 2001다44376 판결.

헌법재판소는 우선순위의 기준을 국세의 법정기일로 하는 것에 대하여, "신고납세방식의 국세에서 납세의무자가 이를 신고한 경우 그 조세채권과 담보권과의 우선순위를 국세신고일을 기준으로 하도록 규정한 것은 조세의 우선권과 담보권자의 우선변제청구권을 조화적으로 보장하기 위한 것으로서 이는 결국 '조세징수의 확보'와 '사법질서의 존중'이라는 두 가지 공익목적의 합리적인 조정을 도모하고자 한 것이라고 볼 수 있다. 따라서 위 조항은, 담보권자의 예측가능성을 현저히 해한다거나 또는 과세관청의 자의가 개재될 소지를 허용하는 것이 아니고, 달리 그 기준시기의 설정이 현저히 불합리하다고 볼 수도 없으므로, 입법재량의 범위를 벗어난 것이라고 할 수 없다"고 하였다.[221]

(3) 국세에 우선하는 피담보채권의 범위와 확정 시기

부동산의 압류 전에 근저당권이 설정되었다 하더라도 국세에 우선하는 피담보채권의 범위는 압류일 현재 확정된 것에 한하고 압류 후 추가로 발생된 채권은 국세에 우선하지 아니하는지 문제가 된다.

판례는 조세채권자가 체납처분을 하는 경우 선순위 근저당권자 등의 피담보채권은 그 근저당권 등이 소멸하는 시기, 즉 매수대금을 완납한 때에 확정된다고 보고 있다.[222] 국세에 우선하는 근저당권이 설정되어 있는 부동산에 대하여 체납처분을 하려는 조세채권자는 선순위 근저당권의 채권 최고액만큼의 담보가치는 이미 선순위 근저당권자에 의하여 파악되어 있는 것으로 인정하고 절차를 취하는 것이 보통이다. 체납처분절차가 개시된 이후의 어떤 시점에 선순위 근저당권의 피담보채무액이 증가하더라도 그와 같이 증가한 피담보채무액이 선순위 근저당권의 채권최고액 한도 안에 있다면 조세채권자가 예측하지 못한 손해를 입게 된다고 볼 수 없다. 한편 이러한 경우 선순위 근저당권자는 자신이 경매신청을 하지 아니하였으면서도 체납처분으로 인하여 근저당권을 상실하게 되므로 거래의 안전을 해하지 아니하는 한도 안에서 선순위 근저당권자가 파악한 담보가치를 최대한 활용할 수 있도록 함이 타당하기 때문이다.

따라서 체납처분절차 개시 후 선순위 근저당권의 피담보채무액이 증가하더라도 채권최고액 한도 이내는 국세에 대하여 우선 배분 대상이 된다.

그 외 전세권 등으로 담보된 채권액의 범위는 원칙적으로 민법상 각 담보권에 관한 규정에 따라 다음과 같이 해석하여야 할 것이다.

---

221) 헌법재판소 2007.5.31. 선고 2005헌바60 전원재판부결정.
222) 대법원 2001.12.11. 선고 2001두7329 판결.

① 전세권으로 담보되는 채권액은 전세금 외에 위약금이나 배상금 등으로 등기된 금액을 포함한다.[223] 이 경우 전세권자가 목적물의 개량을 위하여 지출한 유익비도 채권액의 범위에 포함되는 것으로 해석하여야 할 것이다.[224]

② 질권으로 담보되는 채권액은 질권의 설정행위에 특별한 규정이 없는 한 민법 제334조에서 규정하는 원본, 이자, 위약금, 질권의 실행비용, 질물의 보존비용 및 채무불이행 또는 질물의 하자로 인한 손해배상금 등을 포함한다.[225]

③ 저당권으로 담보되는 채권액은 채권의 원금, 이자, 위약금, 채무불이행으로 인한 손해배상 및 저당권의 실행비용을 포함하되 등기된 채권최고액의 범위 이내로 한정한다.[226]

(4) 사해행위취소

전세권 등으로 담보된 채권의 우선을 적용함에 있어서 세무서장은 납세자가 제3자와 짜고 거짓으로 재산에 전세권 등의 설정계약을 하고 그 등기 또는 등록을 함으로써 그 재산의 매각금액으로 국세나 가산금을 징수하기가 곤란하다고 인정하는 때에는 그 행위의 취소를 법원에 청구할 수 있다.

이 경우 납세자가 국세의 법정기일 전 1년 내에 일정 범위의 특수관계인과 전세권 등의 설정계약을 한 때에는 짜고 한 거짓 계약으로 추정한다. 이 규정은 질권, 저당권 설정계약, 가등기 설정계약 또는 양도담보 설정계약의 경우에도 동일하게 적용된다(국세기본법 제35조 제4항).

2. 그 재산에 대하여 부과된 국세 우선

담보권의 목적물인 그 재산에 대하여 부과된 국세(이를 강학상 '당해 세'라 한다)는 비록 전세권·질권 또는 저당권이 법정기일 전에 설정되고 등기 또는 등록된 사실이 증명된 경우에도 담보권의 피담보채권보다 우선하여 징수하도록 하고 있다(국세기본법 제35조 제2항 제3호 및 동 조 제2항 단서).

---

223) 국세기본법 기본통칙 35 - 0…5.
224) 최명근, 앞의 책, 506면.
225) 국세기본법 기본통칙 35 - 0…7.
226) 국세기본법 기본통칙 35 - 0…12.

여기서 말하는 '그 재산에 대하여 부과된 국세'란 담보물권을 취득한 사람이 장래 그 재산에 대하여 부과될 것을 상당한 정도로 예측할 수 있는 것으로서 오로지 당해 재산을 소유하고 있는 것 자체에 담세력을 인정하여 부과되는 조세만을 의미하는 것으로 보아야 한다.227) 해당 조세가 담보물권에 의하여 담보되는 채권에 우선한다고 하더라도 이로써 담보물권의 본질적 내용까지 침해되어서는 아니 되기 때문이다. 그러므로 당해 세 우선은 거래의 안전을 보장하려는 사법적 요청과 조세채권의 실현을 확보하려는 공익적 요청을 적절하게 조화시키는 범위에서 운용되어야 한다.228) ☞ 〈**참고판례 43**〉

따라서 그 대상이 되는 조세는 담보물권을 취득하려는 자가 그 담보목적물에 대하여 장래에 부과될 조세를 상당한 정도로 예측할 수 있는 것이어야 하며, 이에 합당한 것은 재산세에 속하는 조세이다. 이러한 취지에 따라 당해 세는 국세의 경우에 상속세, 증여세와 종합부동산세를 말한다(동법 제35조 제5항).229) 지방세의 경우에는 재산세·자동차세(자동차 소유에 대한 자동차세만 해당)·지역자원시설세(특정부동산에 대한 지역자원시설세만 해당) 및 지방교육세(재산세분과 자동차세분)를 말한다(지방세기본법 제99조 제5항).

과거 대법원에서 "부동산등기부 기재상 상속재산임이 공시되어 있지 아니한 부동산의 경우, 담보물권자가 해당 부동산에 상속세가 부과되리라는 점을 예측할 수 없어 상속세는 당해 세에 해당하지 아니한다"고 판결한 바 있다.230) 이에 따라 2003년 12월 30일 국세기본법을 개정하는 때에 상속세와 증여세는 당해 세에 해당하는 것으로 명문화하게 되었다.

하지만 학설은 공부상 상속이나 증여사실이 드러나지 않는 경우에는 상속세나 증여세의 우선권을 인정하지 아니하고,231) 판례도 상속세나 증여세가 당해 세로서 우선변제받는 범위를 비교적 좁게 해석하고 있다. 예컨대 상속세 및 증여세법 제72조에 따른 상속세 또는 증여세의 연부연납에 따른 이자상당액은 당해 세인 상속세 또는 증여세에 포함된다.232) 그러나 저가양도로 인한 증여로 보아 부과되는 증여세, 재산의 취득자금을 증여받은 것으로 추정하여 부과되는 증여세는 그 재산에 대하여 부과된 국세가 아니므로 당

---

227) 대법원 1999.3.18. 선고 96다23184 판결.

228) 헌법재판소 1994.8.31. 선고 91헌가 결정.

229) 대법원 및 헌법재판소는 과거 토지초과이득세의 성격을 양도소득세와 유사한 수득세르 보고, 또한 취득세와 등록세는 조세부담의 예측이 가능한 재산세에 속하는 조세가 아니라는 이유로 고두 당해 세로 할 수 없다고 한 사례가 있다(대법원 1999.3.18. 선고 96다23184 판결, 헌법재판소 1994.8.31. 선고 91헌가1 결정).

230) 대법원 2003.1.10. 선고 2001다44376 판결.

231) 이창희, 앞의 책, 171면.

232) 대법원 2001.11.27. 선고 99다22311 판결.

해세에 포함되지 아니하는 것으로 해석하여야 한다.[233]

3. 소액임차보증금의 우선

주택임대차보호법 제8조가 적용되는 임대차관계에 있는 주택[234] 또는 상가건물 임대차보호법 제14조가 적용되는 임대차관계에 있는 건물[235]을 강제매각절차에 의하여 매각하고 그 매각금액 중에서 국세 또는 가산금을 징수하는 경우 임대차에 관한 보증금 중 일정액 이하의 금액(소위 소액임차보증금)은 국세 또는 가산금에 우선하여 변제된다(국세기본법 제35조 제1항 4호). 이는 주택 및 상가건물임대차보호법상 소액보증금의 우선변제권과 조세의 우선권을 조정하기 위한 것이다.

주택임대차보호법 및 상가건물임대차보호법에서 주택 또는 건물에 대한 소액임차보증금에 대하여 우선변제권을 부여한 것은 다른 채권자의 지위를 해하게 되더라도 그 소액임차보증금의 회수를 보장하는 것이 영세민의 주거생활 및 경제활동의 안정을 도모할 수 있다는 사회보장적 고려 내지 정책적 판단에서 나온 것으로 조세법에서도 이를 받아들여 소액임차보증금의 우선변제권을 인정하고 있는 것이다.

이 경우 주택임차인의 주택의 인도와 전입신고 또는 상가임차인의 건물의 인도와 사업자등록을 신청한 날이 법정기일 전인 때에는 소액임차보증금에 해당하는지를 불문하고

---

233) 대법원 2002.6.14. 선고 2000다49534 판결, 대법원 1996.3.12. 선고 95다47831 판결.

234) 주택의 임차보증금에 대하여 우선변제를 받을 수 있는 자는 늦어도 공매공고일 이전에 주택의 인도와 주민등록을 마친 자(전입신고를 한 자)로 하며, 소액임차보증금은 주택의 임차보증금이 수도권정비계획법에 따른 수도권 중 과밀억제권역 6,000만 원, 광역시(군 지역과 인천광역시 지역을 제외한다) 5,000만 원, 그 밖의 지역 4,000만 원 이하인 것으로 하며(주택임대차보호법 시행령 4조), 우선변제를 받을 수 있는 일정액은 수도권정비계획법에 따른 수도권 중 과밀억제권역 2,000만 원, 광역시(군지역과 인천광역시지역은 제외한다) 1,700만 원, 그 밖의 지역 1,400만 원 이하의 금액으로 한다. 이 경우 그 일정액이 주택가액의 2분의 1을 초과하는 때에는 주택가액의 2분의 1에 해당하는 금액까지만 우선변제권이 있다(주택임대차보호법 시행령 제3조 제1항, 제2항).

235) 상가의 임차보증금에 대하여 우선변제를 받을 수 있는 자는 건물의 점유인도를 받고 사업자등록을 한 자로 하며, 소액임차보증금은 상가의 임차보증금(차임이 있는 때에는 월단위의 차임액을 100분의 1로 나누어 환산한 금액을 포함한다)이 서울특별시 4,500만 원, 수도권정비계획법에 따른 수도권 중 과밀억제권역(서울특별시를 제외한다) 3,900만 원, 광역시(군 지역과 인천광역시 지역을 제외한다) 3,000만 원, 그 밖의 지역 2,500만 원 이하인 것으로 하며(상가건물 임대차보호법 시행령 6조), 우선변제를 받을 수 있는 일정액은 서울특별시 1,350만 원, 수도권정비계획법에 따른 수도권 중 과밀억제권역(서울특별시를 제외한다) 1,170만 원, 광역시(군지역과 인천광역시지역을 제외한다) 900만 원, 그 밖의 지역 750만 원 이하의 금액으로 한다. 이 경우 그 일정액이 상가건물가액의 3분의 1을 초과하는 때에는 상가건물가액의 3분의 1에 해당하는 금액까지만 우선변제권이 있다(상가건물 임대차보호법 시행령 제7조 제1항, 제2항).

위 전세권 등으로 담보된 채권의 우선이 적용된다.236) 그러므로 주택의 인도와 전입신고 또는 상가임차인의 건물의 인도와 사업자등록을 신청한 날이 법정기일 이후인 경우에 비로소 위 소액보증금 우선의 원칙이 의미를 가지는 것으로 해석할 수 있다.

4. 임금채권의 우선

사용자의 재산을 매각하거나 추심을 하여 그 매각금액 또는 추심금액 중에서 국세나 가산금을 징수하는 경우에 근로기준법 및 근로자퇴직급여보장법에 따라 국세나 가산금에 우선하여 변제되는 임금, 퇴직금, 재해보상금, 그 밖에 근로관계로 인한 채권은 국세 또는 가산금에 우선하여 변제된다(국세기본법 제35조 제1항 5호).

이는 근로기준법상의 임금채권의 우선변제권과 조세의 우선권을 조정하기 위한 것으로 근로자의 최저생활을 보장하고자 하는 사회정책적 견지에서 예외적으로 국세우선권의 효력을 일부 제한하고 임금 채권의 우선변제권을 인정한 것이다.

근로기준법 제38조 및 근로자퇴직급여보장법 제11조에 따르면 최종 3개월분의 임금237)과 재해보상금 및 계속근로기간 1년에 대하여 30일분의 평균임금으로 계산한 최종 3년간의 퇴직금은 사용자의 총재산에 대하여 질권 또는 저당권에 의하여 담보된 채권, 조세·공과금 및 다른 채권에 우선하여 변제되고, 이에 해당하지 아니하는 임금과 그 밖에 근로관계로 인한 채권 및 퇴직금은 사용자의 총재산에 대하여 질권 또는 저당권에 의하여 담보된 채권과 질권 또는 저당권에 우선하는 조세·공과금을 제외하고는 조세·공과금 및 다른 채권에 우선하여 변제되는 것으로 하고 있다.

그리하여 압류재산에 대하여 국세의 법정기일 전에 저당권 등이 설정되어 있는 경우를 가정하면, ① 체납처분비, ② 최종 3개월분의 임금, 재해보상금 및 최종 3년간의 퇴직금, ③ 당해 세 등 피담보채권에 우선하는 국세, 가산금, ④ 저당권 등에 의하여 담보된 채권, ⑤ 최종 3개월분 외의 임금, 최종 3년 외의 퇴직금 및 그 밖에 근로관계로 인한 채권, ⑥ 국세, 가산금, ⑦ 일반 채권의 순으로 변제의 우선순위가 정해지게 된다.

만일 압류재산에 대하여 국세의 법정기일 후에 저당권 등이 설정되어 있는 경우에는 ① 체납처분비, ② 최종 3개월분의 임금, 재해보상금 및 최종 3년간의 퇴직금, ③ 당해

---

236) 이성식, 앞의 책, 318면.

237) 최종 3개월 사이에 지급사유가 발생한 임금채권을 의미하는 것이 아니라 최종 3개월간 근무한 부분의 임금채권을 말한다(대법원 2002.3.29. 선고 2001다83838 판결).

세를 포함한 국세, 가산금, ④ 저당권 등에 의하여 담보된 채권, ⑤ 최종 3개월분 외의 임금, 최종 3년 외의 퇴직금 및 그 밖의 근로관계로 인한 채권, ⑥ 일반 채권의 순으로 우선순위가 정해진다.

5. 조세와 가등기담보권의 관계

채권담보의 목적으로 한 가등기(가등록을 포함)가 경료되어 있는 재산을 압류한 경우에 그 가등기에 따른 본등기가 압류 후에 행하여진 때, 즉 가등기, 압류, 본등기의 순서로 행하여진 때의 국세 또는 가산금과 가등기담보재산 피담보채권의 우선순위는 다음에 따른다(국세기본법 제35조 제2항).

① 그 재산에 대하여 부과된 국세와 가산금은 가등기를 한 날에 관계없이 가등기담보재산의 피담보채권에 우선하여 징수한다.

② 국세 또는 가산금의 법정기일 전에 가등기된 재산에 대해서는 가등기담보재산의 피담보채권이 국세 또는 가산금에 우선하여 변제된다.

③ 국세 또는 가산금의 법정기일 이후에 가등기된 재산에 대해서는 국세 또는 가산금을 가등기담보재산의 피담보채권에 우선하여 징수한다. 이 경우 담보권자는 가등기에 따른 권리를 주장할 수 없으므로 담보목적물을 매각하여 국세의 징수금에 충당하는 것이 가능하다고 할 것이다.

가등기가 담보목적이 아니라 소유권이전청구권의 보전을 위한 것인 때에는 그 가등기에 따른 본등기를 하면 가등기 후에 행한 압류등기는 말소되지만 그 가등기가 담보의 목적으로 된 것인 때에 그 가등기는 실질이 질권 또는 저당권과 동일한 효력이 있다. 그러므로 질권 또는 저당권에 의하여 담보된 채권과 동일하게 취급하려는 것이다. 다시 말해 담보의 목적으로 된 가등기는 조세채권과의 조정에서 저당권과 같은 취급을 받게 되는 것이다.

위에서 '그 재산에 대하여 부과된 국세' 및 '법정기일'은 전세권 등으로 담보된 채권의 우선의 경우와 동일하게 해석하여야 할 것이다.

6. 기타 조세 우선권의 예외

채무자 회생 및 파산에 관한 법률에 따른 회생절차에 있어서 파산재단이 재단채권의 총액을 변제하기에 부족한 것이 분명하게 된 때에 재단채권의 변제는 다른 법령이 규정하는 우선권에 불구하고 아직 변제하지 아니한 채권액의 비율에 따라 동등하게 변제한다(채무자 회생 및 파산에 관한 법률 제477조). 이 경우 변제하지 아니한 채권액에는 조세채권도 포함되므로 조세는 다른 채권과 동순위로 변제된다.[238]

〈참고판례 43〉

헌법재판소 1994.8.31. 선고 91헌가1 결정

【결정의 요지】

당해 세 우선에 관한 특례규정이 위헌이 되지 않으려면 그것이 저당권 등 담보물건의 본질적인 내용을 침해하지 않아야 함과 동시에 이른바 과잉금지의 원칙에도 위배되지 않아야 한다. 이러한 관점에서 지방세법(1991.12.14. 법률 제4415호로 개정되기 전의 것) 제31조 제2항 제3호 단서는 먼저 성립하고 공시방법을 갖춘 저당권 등이 그 후에 발생하고 아무런 공시방법도 갖추지 아니한 조세채권에 의하여 그 우선순위를 추월당함으로써 담보물건이 그 우선변제청구의 기능을 발휘하지 못하도록 되어 있으므로 그 본질적인 내용의 침해이거나 과잉금지의 원칙에 위배되는 것이 아닌가 하는 의문도 없지 않다. 그러나 다른 한편 담보물건의 담보적 기능은 그 담보물권자가 담보목적물의 매각대금에서 그 피담보채권의 전액 또는 그에 가까운 변제를 받는 데 있다고 할 것이므로 담보물건이 조세채권에 의하여 그 우선순위를 추월당한다고 하더라도 그 조세채권의 우선징수에 의하여 영향을 받지 않고 피담보채권의 전액 또는 그에 가까운 변제를 받을 수 있는 경우에는 그 담보물건의 본질적인 내용이 침해당한다거나 그 내용이 과도하게 제한되는 것이라 볼 수 없을 것이다.

---

238) 국세기본법 기본통칙 35 − 0···14.

제2절 납세담보

Ⅰ. 납세담보의 개념

1. 납세담보의 의의

납세담보는 조세채권의 실현을 확실히 보장하기 위하여 납세자 등으로부터 받는 물적·인적 담보를 말한다. 납세자는 자신의 일반재산으로 조세채무를 이행할 의무를 부담한다. 그러나 납세자의 일반재산으로부터 조세채권의 확보가 어렵다고 인정되는 경우에 납세담보라는 방법을 통하여 납세자에게 특정재산을 납세의 담보로 제공토록 하거나(물적 납세담보), 제3자의 일반재산으로써 그 채무의 이행을 보증(인적 납세담보)하도록 할 수 있다. 이는 민법상 물적 담보인 담보물권제도와 인적담보인 보증제도와 유사하다.

판례도 납세담보는 세법이 그 제공을 요구하도록 규정된 경우에 한하여 과세관청이 요구할 수 있고 세법에 근거 없이 제공한 납세보증은 공법상의 효력이 없다고 판시하고 있다.[239] ☞ 〈**참고판례 44**〉

물적 납세담보가 담보물이 된 재산의 교환가치에 의하여 조세채무를 담보하는 것이라면, 인적 납세담보인 납세보증인은 그가 소유하는 일반재산의 가치와 그의 신용에 의하여 조세채무를 담보한다.

2. 필요적 납세담보와 임의적 납세담보

현행 세법상 납세담보를 제공하는 경우는 그 제공이 의무인 경우(필요적 납세담보)와 세무서장이 요구할 수 있는 경우(임의적 납세담보)로 나누어진다.

(1) 필요적 납세담보
① 상속세 또는 증여세를 연부연납할 경우(상속세 및 증여세법 제71조)
② 개별소비세의 과세물품을 수입신고수리 전에 보세지역에서 반출할 때(개별소비세법

---

239) 대법원 1990.12.26. 선고 90누5399 판결.

제10조 제4항)

③ 국세의 확정 전 납세자의 요구에 의하여 담보를 제공하고 압류를 해제할 때(국세징수법 제24조 제5항)

(2) 임의적 납세담보

① 국세의 징수유예를 할 때(국세징수법 제18조)

② 체납처분유예를 할 때(국세징수법 제85조의 2 제3항)

③ 개별소비세법상 과세유흥장소의 경영자에 대하여 납세보전상 필요하다고 인정하는 경우(개별소비세법 제10조 제5항)

④ 주류제조업자에 대한 주세의 담보가 필요한 경우(주세법 제36조)

〈참고판례 44〉

대법원 1990.12.26. 선고 90누5399 판결 【양도소득세 등 부과처분무효확인】

【판시사항】

제3자에게 부과되는 모든 국세에 대하여 납부할 것을 보증한다는 내용의 납세보증서에 기하여 그 보증인에 대하여 한 과세처분의 효력 유무(소극)

【판결요지】

원고가 갑의 부탁으로 갑에게 부과되는 모든 국세에 대하여 납부할 것을 보증한다는 내용의 납세보증서를 작성하여 과세관청인 피고에게 제출한 것이라면, 비록 그 납세보증서가 국세기본법 제31조 제2항, 같은 법 시행규칙 제9조 제2항 소정의 담보제공방법으로서의 보증서에 부합하는 서식에 따라 작성 제출된 것이더라도 납세담보는 세법이 그 제공을 요구하도록 규정된 경우에 한하여 과세관청이 요구할 수 있고 따라서 세법에 근거 없이 제공한 납세보증은 공법상효력이 없다고 할 것이므로, 위와 같은 납세보증행위는 조세법상의 규정에 의한 납세담보의 제공이 아니라 사법상의 보증계약에 의한 납세의 보증에 불과하여 무효라고 할 것이고, 그러한 납세보증계약에 기하여 한 피고의 이 사건 과세처분은 그 하자가 중대하고 명백하여 당연무효라고 할 것이다.

【이유】

상고이유를 본다.

조세채권은 국가재정수입을 확보하기 위하여 국세징수법에 의하여 우선변제권 및 자력집행권이 인정되는 권리로서 사법상의 채권과는 그 성질을 달리하므로 조세채권의 성립과 행사는 오직 법률에 의해서만 가능한 것이고, 조세에 관한 법률에 의하지 아니한 사법상의 계약에 의하여 조세채무를 부담하게 하거나 이를 보증하게 하여 이들로부터 조세채권의 종국적 만족을 실현하는 것은 허용될 수 없는 것이다(당원 1976.3.23. 선고 76다284 판결, 1981.10.27. 선고 81다692 판결, 1986.12.23. 선고 83누715 판결, 1987.12.22. 선고 87다카500 판결, 1988.6.14. 선고 87다카2939 판결 등 참조).

원심이 적법하게 확정한 사실에 의하면 원고는 소외 정정수로부터 그가 캐나다로 이민가면서 세무서에 제출할 납세보증서가 필요하다는 부탁을 받고 같은 달 21일 이후 위 소외인에게 부과되는 모든 국세에 대하여 납부할 것을 보증한다는 내용의 납세보증서를 작성하여 1987년 7월 21일 피고에게 제출하였는데 위 정정수가 1987년 10월 2일 그 소유의 인천 동구 송림동 11의 47 대 771㎡ 및 그 지상건물을 양도한 데 대하여 피고는 1988년 1월 16일 위 소외인에게 양도소득세 금 11,279,350원, 방위세 금 2,293,320원의 부과처분을 하였으나 위 소외인이 이를 납부하지 아니한 채 이민을 가 버리자 1988년 5월 15일 원고에게 제2차 납세의무자에 준하여 위 소외인이 체납한 위 양도소득세 및 방위세에 대하여 국세징수법 제12조 소정의 절차에 따른 납부통지서를 발부하여 이를 부과, 고지하였다는 것이다.

사실관계가 이와 같다면 원고의 위와 같은 납세보증행위는 조세법상의 규정에 의한 납세담보의 제공이 아니라 사법상의 보증계약에 의한 납세의 보증에 불과하여 무효라고 할 것이고 그러한 납세보증계약에 기하여 한 피고의 이 사건 과세처분은 그 하자가 중대하고 명백하여 당연무효라고 할 것인바, 이러한 취지에서 원심이 한 판단은 정당하고 거기에 소론과 같은 법리를 오해한 위법이 없으므로 논지는 이유 없다.

소론과 같이 국세기본법 제29조 제5호에서 담보의 종류로 세무서장이 확실하다고 인정하는 보증인의 납세보증서를 들고 있고 원고가 제출한 납세보증서가 같은 법 제31조 제2항, 같은 법 시행규칙 제9조 제2항에서 규정한 담보제공방법으로서의 보증서에 부합하는 서식에 따라 작성 제출된 것이라고 하더라도 납세담보는 세법이 그 제공을 요구하도록 규정된 경우에 한하여 과세관청이 요구할 수 있고 따라서 세법에 근거 없이 제공한 납세보증은 공법상 효력이 없다고 할 것 이므로 논지는 모두 이유 없다.

그러므로 상고를 기각하고 상고비용은 패소자의 부담으로 하기로 하여 관여 법관의 일치된 의견으로 주문과 같이 판결한다.

Ⅱ. 납세담보의 종류와 평가

1. 물적 납세담보

1) 물적 담보물

물적 납세담보는 납세자 또는 제3자가 제공하는 담보목적물의 경제적 교환가치에 의하여 조세채무를 담보하는 것이다.

국세기본법 제29조는 물적 담보로 제공할 수 있는 것을 다음과 같이 규정하고 있다.

① 금전

② 자본시장과 금융투자업에 관한 법률 제4조 제3항에 따른 국채증권, 지방채증권 및 특수채증권, 동법 제9조 제13항 제1호에 따른 유가증권시장에 주권을 상장한 법인이 발행한 사채권 중 보증사채 및 전환사채, 동법 제9조 제13항에 따른 증권시장에 상장된 유가증권으로서 매매사실이 있는 것, 동법 제4조 제5항에 따른 수익증권으로서 무기명 수익증권 및 환매청구가 가능한 수익증권, 양도성 예금증서 등 유가증권(국세기본법시행령 제13조 제1항)

③ 납세보증보험증권

④ 은행법에 따른 은행, 신용보증기금법에 따른 신용보증기금, 보증채무를 이행할 수 있는 자금능력이 충분하다고 세무서장이 인정하는 자 등의 납세보증서(동 조 제2항)

⑤ 토지

⑥ 보험에 든 등기 또는 등록된 건물·공장재단·광업재단·선박·항공기나 건설기계

2) 납세담보의 가액평가

납세담보의 가액평가는 다음과 같이 한다(국세기본법 제30조).

① 유가증권은 시가를 고려하여 결정한 가액으로 한다.

'시가를 고려하여 결정한 가액'이란 다음의 구분에 따른 금액을 말한다(동 조 제3항).

㉮ 증권시장에 상장된 유가증권으로서 담보로 제공하는 날의 전날(평가기준일) 이전 2개월 기간 중 거래실적이 있는 경우: 평가기준일 이전 최근 거래일에 증권시장에서 공표된 최종 시세가액

㉯ 그 외의 유가증권: 평가기준일에 상속세 및 증여세법 시행령 제58조 제1항 제2호를 준용하여 계산한 가액

② 납세보증서는 보증금액에 의한다.

③ 납세보증보험증권은 보험금액에 의한다.

④ 토지 또는 건물은 상속세 및 증여세법 제61조 및 제62조의 규정을 준용하여 평가한 금액에 의한다. 공장재단·광업재단·선박·항공기 또는 건설기계는 지가공시 및 토지 등의 평가에 관한 법률에 의한 감정평가업자의 평가액 또는 지방세법에 의한 시가표준액에 의한다(동 조 제4항).

2. 인적 납세담보

인적 납세담보는 제3자를 납세보증인으로 하여 그 보증인의 일반재산의 가치 내지 신용으로 납세자의 조세채무 이행을 담보하는 것이다.

이에 대해서는 이미 보충적 납세의무에서 상세히 다루고 있으므로 설명을 생략한다.

Ⅲ. 납세담보의 제공방법

금전 또는 유가증권을 납세담보로 제공하고자 하는 자는 이를 공탁하고 그 공탁수령증을 세무서장(세법에 따라 국세에 관한 사무를 세관장이 관장하는 경우에는 세관장)에게 제출하여야 한다. 등록된 유가증권의 경우에는 담보제공의 뜻을 등록하고 그 등록필증을 제출하여야 한다(국세기본법 제31조 제1항).

납세보증보험증권 또는 납세보증서를 납세담보로 제공하고자 하는 자는 그 보험증권 또는 보증서를 세무서장에게 제출하여야 한다(동 조 제2항).

토지·건물·공장재단·광업재단·선박·항공기 또는 건설기계를 납세담보로 제공하고자 하는 자는 그 등기필증, 등기완료통지서 또는 등록필증을 세무서장에게 제시하여야

하며, 세무서장은 이에 의하여 저당권의 설정을 위한 등기 또는 등록의 절차를 밟아야 한다(동 조 제3항).

IV. 납세담보의 변경과 보충

1. 납세담보의 변경

납세담보를 제공한 자는 세무서장의 승인을 얻어 납세담보를 변경할 수 있다(국세기본법 제32조 제1항). 세무서장의 승인을 얻기 위해서는 다음과 같은 요건을 갖추어야 한다(동법 시행령 제15조 제1항).
① 보증인의 납세보증서에 갈음하여 다른 담보재산을 제공한 때
② 제공한 납세담보가 가액의 변동으로 과다하게 된 때
③ 납세담보로서 제공한 유가증권 중 상환기간이 정하여진 것이 그 상환기에 이른 때

2. 납세담보의 보충

납세담보물의 가액 또는 보증인의 자력의 감소 기타의 사유로 그 납세담보를 국세·가산금과 체납처분비의 납부를 담보할 수 없다고 인정하는 때에는 세무서장은 담보를 제공한 자에 대하여 담보물의 추가제공 또는 보증인의 변경을 요구할 수 있다(국세기본법 제32조 제2항).

V. 납세담보에 의한 납부와 징수

1. 납세담보에 의한 납부

납세담보로서 금전을 제공한 자는 그 금전으로 담보한 국세·가산금과 체납처분비를 납부할 수 있다(국세기본법 제33조 제1항). 납세담보로서 제공한 금전으로 국세·가산금

과 체납처분비를 납부하고자 하는 자는 그 뜻을 기재한 문서로 관할 세무서장에게 신청하여야 한다. 이 경우 신청한 금액에 상당하는 국세·가산금과 체납처분비는 이를 납부한 것으로 본다(동법 시행령 제16조 제1항).

2. 납세담보에 의한 징수

납세담보의 제공을 받은 국세·가산금과 체납처분비가 담보의 기간 내에 납부되지 아니한 때에는 세무서장은 당해 납세담보로써 다음의 방법에 의하여 그 국세·가산금과 체납처분비를 징수한다(국세기본법시행령 제16조 제2항).

① 납세담보가 금전인 경우에는 그 금전을 당해 국세·가산금과 체납처분비에 충당한다.
② 납세담보가 국채·지방채 기타 유가증권·토지·건물·공장재단·광업재단·선박·항공기 또는 건설기계인 경우에는 국세징수법이 정하는 공매절차에 의하여 매각한다.
③ 납세담보가 납세보증보험증권인 경우에는 납세보증보험사업자에게 보험금의 지급청구를 한다.
④ 납세담보가 보증서인 경우에는 국세징수법이 정하는 납세보증인으로부터의 징수절차에 의하여 징수한다.

납세담보에 의한 납부의 방법으로 납세담보를 환가한 금액이 징수할 국세·가산금과 체납처분비에 충당하고 잔여가 있는 때에는 국세징수법이 정하는 공매대금의 배분방법에 의하여 배분한 후 납세자에게 지급한다(동 조 제3항).

Ⅵ. 납세담보의 해제

납세담보의 제공을 받은 국세·가산금과 체납처분비가 납부된 때에는 세무서장은 지체 없이 담보를 해제하여야 한다(국세기본법 제34조). 납세담보의 해제는 그 뜻을 기재한 문서로 이를 제공한 자에게 통지함으로써 행한다.

이 경우에 납세담보제공에 따라 제출한 관계 문건이 있는 때에는 이를 첨부하여야 한다. 물적 담보로서 저당권을 설정한 것은 그 저당권 말소의 등기 또는 등록을 관계관청에 촉탁하여야 한다(동법 시행령 제17조 제2항).

제3절 사해행위의 취소

Ⅰ. 의의와 취지

1. 의의

체납자가 압류를 면하고자 제3자와 통정하여 조세채권을 해하는 행위를 하는 경우가 있다. 체납자가 자신의 재산에 대한 체납처분을 예상하여 고의로 이를 양도하거나 담보권을 설정하고 양수인 또는 담보권자가 그러한 사정을 알고서 그 재산을 양수하거나 담보를 설정하는 경우에 세무공무원은 그 양도행위 등의 취소를 요구할 수 있다. 이를 사해행위의 취소라고 한다.

국세징수법 제30조는 "세무공무원은 체납처분을 집행함에 있어서 체납자가 국세의 징수를 면탈하려고 재산권을 목적으로 한 법률행위를 한 경우에는 민법 제406조 및 407조의 규정을 준용하여 사해행위의 취소를 법원에 청구할 수 있다"고 규정하고 있다.

한편 세무서장은 납세자가 제3자와 짜고 거짓으로 재산에 전세권·질권 또는 저당권의 설정계약, 가등기 설정계약, 양도담보 설정계약을 하고 그 등기 또는 등록을 함으로써 그 재산의 매각금액으로 국세나 가산금을 징수하기가 곤란하다고 인정할 때에는 그 행위의 취소를 법원에 청구할 수 있다.

이 경우 납세자가 국세의 법정기일 전 1년 내에 특수관계인과 전세권·질권 또는 저당권 설정계약, 가등기 설정계약 또는 양도담보 설정계약을 한 경우에는 짜고 한 거짓계약으로 추정한다(국세기본법 제35조 제4항).

2. 취지

납세자의 일반재산은 조세채권을 만족하기 위한 수단이다. 그런데 납세자가 고의로 그의 일반재산을 감소시키기 위하여 재산을 양도하거나 담보권을 설정함으로써 채권의 실현이 방해된다면 문제가 된다. 그러므로 이런 경우를 방지하기 위하여 납세의무자의 일반재산의 처분 등에 대한 법률행위를 취소하고 본래의 상태로 원상회복시키는 장치가 필요하고 사해행위취소의 목적이 거기에 있는 것이다.

한편 국세기본법 등은 채무자의 책임재산보전을 위한 채권자대위권에 대하여 아무런 규정을 두고 있지 아니한바, 국세기본법 제28조 제3항 5호에서 세무공무원이 국세징수법 제30조에 따른 사해행위 취소소송이나 민법 제404조에 따른 채권자대위 소송을 제기하여 그 소송이 진행 중인 기간에는 소멸시효가 진행되지 아니한다고 규정한 점에 비추어 볼 때 세무공무원에 의한 채권자대위권 행사도 인정된다고 할 것이다. 따라서 납세자가 조세채무를 변제할 충분한 자력을 가지고 있지 아니함에도 불구하고 제3자에 대한 권리를 실현하지 아니하는 경우에 세무공무원은 납세자의 일반재산을 확보, 보전하기 위하여 채권자대위권을 행사할 수 있다.[240]

체납자가 조세를 면탈할 목적으로 재산을 은닉, 탈루하는 경우에는 채권자취소권의 대상이 되는 것과는 별도로 조세범처벌법에 의하여 형사 처벌되는 경우도 있다(조세범처벌법 제7조 제1항).

Ⅱ. 징수면탈 목적의 재산권처분행위 등의 취소

1. 의의

체납자가 체납처분의 집행을 위한 압류를 면하고자 고의로 그 재산을 타인에게 처분하고 양수인이 그 정을 알고 있을 때에는 세무공무원은 민법 제406조와 제407조 채권자취소권규정을 준용하여 그 수익자 또는 전득자를 상대로 소송을 제기하여 당해 처분행위의 취소를 요구할 수 있다.

사해행위취소에 관한 이 규정은 민법상의 채권자취소권(민법406조)과 동일한 취지이다. 과세관청의 납세자에 대한 조세채권은 민법에 의한 채권자취소권을 적용받지 아니하므로 이와 같은 규정을 둔 것이다.

---

240) 임승순, 앞의 책, 216면.

2. 요건

1) 객관적 요건

(1) 국세의 징수를 면탈하려고 재산권을 목적으로 한 법률행위를 하였을 것

여기서 '국세의 징수를 면탈하려고' 함은 재산의 양도 등의 행위로 인하여 체납자의 일반재산이 감소하여 무자력 상태로 되는 것을 말한다. 즉 양도한 재산 이외에 다른 자력이 없어서 징수할 세액을 완납할 수 없는 상태를 말한다. 그러므로 제2차 납세의무자, 보증인 등으로부터 조세의 전액을 징수할 수 있는 경우에는 무자력으로 보지 않는다.[241]

사행행위취소의 대상이 되는 체납자의 행위는 '재산권을 목적으로 한 법률행위'이므로 채권자취소권을 규정한 민법 제406조의 조문과 일치한다. 따라서 재산의 양도행위뿐만 아니라 재산상에 용익물권이나 담보물권을 설정하는 행위도 사해행위취소의 대상이 될 수 있다. 즉 국세징수법 제30조의 적용대상은 민법 제406조의 적용대상과 동일하다고 해석된다.

(2) 납세자가 행한 재산처분행위일 것

국세징수법 제30조는 '체납처분을 집행함에 있어서 체납자가 국세의 징수를 면탈하려고'라고 하여 법문만 보면 마치 체납처분절차 개시 이후에 한 재산양도행위만이 사해행위취소의 대상이 되는 듯이 표현하고 있다. 그러나 이렇게 해석하면 사해행위취소 본래의 취지를 달성할 수 없게 된다.

이에 대하여 조세채권의 성립 후에 납세자가 행한 재산권을 목적으로 하는 행위가 그 대상이 된다고 해석하는 견해가 있다.[242]

그렇다면 조세채권의 성립시기가 도래하기 전에 사해행위가 있는 경우에는 이를 취소할 수 없는 것인지 문제가 된다. 법문을 넓게 해석하는 견해는 민법상 채권자취소권의 해석에 있어서 사해행위가 채권의 성립 전에 발생하더라도 취소가 가능하다고 보고 있고, 국세기본법 제35조 제4항에서 '…국세의 법정기일 전 1년 내에…'라고 하고 있는 점에서 조세채권 성립 이전의 사행행위도 취소 가능하다고 보고 있다.[243]

따라서 위 '체납처분을 집행함에 있어서'라는 법문은 사해행위의 취소를 요구할 수 있

---

241) 국세징수법 기본통칙 3-0…2.
242) 최명근, 앞의 책, 542면.
243) 이창희, 앞의 책, 153면.

는 시점을 정한 것으로 보아야 한다.[244]

2) 주관적 요건

(1) 체납자에게 국세의 징수를 면탈하고자 하는 고의가 있을 것

체납자에게 사해의 의사가 있어야 한다. 체납자의 악의에 관한 입증책임은 원고가 될 조세채권자에게 있다.[245]

(2) 재산의 수익자 등에게 악의가 있을 것

체납자가 국세의 징수를 면탈하려고 고의로 재산을 처분했다는 정을 재산의 수익자 등이 알고 있어야 한다. 수익자 또는 전득자의 선의는 수익자 등이 입증하여야 한다.

3. 권리행사의 방법

사해행위의 취소는 체납자 이외의 제3자(양수인)의 사유재산권에 대한 중대한 침해를 가져올 수 있으므로 징세관청의 자력집행권은 인정하지 않는다. 그러므로 반드시 법원에 체납자 또는 재산양수인을 상대로 소송을 제기하여 청구하여야 한다(국세징수법시행령 제36조).

국가를 당사자로 하는 소송에 관한 법률 제2조에서는 국가를 당사자로 하는 소송에서는 법무부장관이 국가를 대표하는 것으로 하고 있다. 따라서 사해행위취소의 소는 국가소송이므로 원고를 국가로 하고, 법무부장관이 국가를 대표하여야 한다. 다만, 법무부장관은 행정청의 관할사무에 관한 국가소송에서 필요하다고 인정하면 해당 행정청의 장의 의견을 들은 후 행정청의 직원을 지정하여 그 소송을 수행하게 할 수 있으므로(국가를 당사자로 하는 소송에 관한 법률 제3조 제2항) 세무서장이 사해행위취소의 소를 제기하려면 법무부장관으로부터 지정을 받은 세무공무원으로 하여금 이를 수행하게 하도록 하여야 할 것이다.[246]

사해행위취소는 징수하고자 하는 조세채권액에 필요한 범위 내에서만 행사되어야 한

---

244) 국세징수법 기본통칙 3 - 0…3.

245) 이태로·한만수, 앞의 책, 132면.

246) 강인애, 『조세법Ⅴ』, 조세통람사, 1992, 413~414면 참조.

다. 국세징수법은 사해행위취소의 행사기간에 관하여 규정하고 있지 않아서 해석상 문제이다. 민법상의 채권자취소권은 그 취소원인을 안 날로부터 1년, 법률행위를 한 날로부터 5년 내에 행사하여야 한다고 되어 있다. 국세징수법상 사해행위취소와 민법상의 채권자취소권이 그 취지에 있어서 동일한 점, 납세자의 법적 안정성의 측면에서 시효를 정할 필요가 있는 점 등을 감안할 때 민법상의 규정을 준용하여 동일하게 해석하여야 할 것이다.

4. 효과

사해행위 취소소송에서 조세채권자가 승소하였을 경우에 당해 재산양도행위는 취소되고 그 재산은 체납자의 일반재산으로 원상회복된다. 따라서 징수관청은 그 회복된 재산에 대하여 압류하고 매각하는 등 체납처분을 집행할 수 있게 된다.

Ⅲ. 사해담보설정행위의 취소

1. 의의

납세자가 제3자와 짜고 거짓으로 재산에 전세권·질권 또는 저당권의 설정계약, 가등기설정계약 또는 양도담보설정계약을 하고 그 등기 또는 등록을 함으로써 당해 재산의 매각금액으로 국세 또는 가산금을 징수하기가 곤란하다고 인정하는 때에는 세무서장이 당해 행위의 취소를 법원에 청구할 수 있다(국세기본법 제35조 제4항).

구 국세기본법(1990.12.31. 법개정 전)에서는 조세채권의 납부기한으로부터 1년 전에 전세권·질권 또는 저당권을 등기·등록한 사실이 증명되는 재산의 매각에 있어서 국세 또는 가산금을 징수하는 경우에만 그 전세권 등에 의하여 담보된 채권이 국세 등에 우선하여 변제되는 것으로 규정하고 있었다. 이에 대하여 헌법재판소는 1990년 9월 3일 선고, 89헌가95 결정에서 이 1년의 시차규정이 담보권 등의 권리의 내용을 본질적으로 침해한다는 이유로 위헌이라고 판시하였다. 이에 따라 1년의 시차규정이 삭제되고 법정기일 전에만 담보물건이 설정되었으면 피담보채권이 국세에 우선할 수 있게 되어, 납세자가 제3자와 통정하여 자신의 재산을 법정기일 전에 담보로 제공함으로써 국세의 우선징수에서 벗어날 수 있게 되었다. 이렇게 납세자가 자신의 재산에 허위의 담보설정계약을 한 경우에 세무서장은 당해 행위의 취소를 법원에 청구할 수 있게 하였다.

이 규정은 앞서 본 국세징수법 제30조 규정과 다르게 허위담보권 설정행위만을 그 대상으로 한 것으로 국세기본법 제35조에 규정한 국세우선의 원칙을 훼손할 목적의 법률행위로 인하여 국세가 후순위가 되어 결과적으로 국세의 징수가 곤란하게 되는 것을 방지하고자 하는 데 그 취지가 있다. 이는 사해행위의 취소를 정한 민법 제406조와 국세징수법 제30조에 관한 특칙규정이라고 볼 수 있다.

2. 요건

1) 객관적 요건

담보설정계약에 있어서 납세자와 제3자 간의 통정허위의 의사표시가 있는 경우이다. 이 경우에도 통정하여 허위로 담보설정계약을 하고 이를 등기 또는 등록함으로써 납세자의 무자력의 상태를 초래하여야 한다. 납세자의 다른 재산으로 조세채무액을 납부하기에 충분하다면 사해행위취소가 인정되지 않는다.

납세자와 제3자 간에 통정허위의 의사표시가 있었다는 점에 관한 입증책임은 조세채권자에게 있다.

2) 주관적 요건

납세자에게 사해의 의사라는 주관적 요건이 필요한지 문제가 된다. 납세자와 제3자가 통정하여 허위의 담보권 등을 설정함으로써 국세가 후순위가 되어 결과적으로 국세의 징수가 곤란하다고 인정되기만 하면 된다고 본다. 즉 조세채권을 해할 '사해의사'는 필요가 없다고 해석하여야 할 것이다.

3. 통정허위계약의 추정

담보권 설정계약에 있어서 당사자 사이에 서로 통모하여 허위의 의사표시를 하였는지를 과세관청이 입증하는 것은 매우 어렵다. 특히 당사자가 친족 또는 기타 특수관계에 있는 자인 경우에는 통모의 가능성이 높다.

이에 따라 국세기본법은 납세자가 국세의 법정기일 전 1년 내에 특수관계인과 전세권·질권 또는 저당권의 설정계약, 가등기설정계약 또는 양도담보설정계약을 한 경우에는 짜고 한 거짓계약으로 추정하도록 규정하고 있다(국세기본 제35조 제4항 후문).

여기서 '특수관계인'이란 해당 납세자 또는 주주등과 친족관계, 경제적 연관관계 또는 경영지배관계 중 다음 어느 하나에 해당하는 관계에 있는 자를 말한다(국세기본법시행령 제18조의 2).

① 본인이 직접 또는 그의 친족관계 및 경제적 연관관계에 해당하는 특수관계인을 통하여 어느 법인의 경영에 대하여 지배적인 영향력을 행사하고 있는 경우 그 법인

② 개인 또는 법인이 직접 또는 그의 특수관계인을 통하여 본인의 경영에 대하여 지배적인 영향력을 행사하고 있는 경우 그 개인 또는 법인

③ 위 ②의 개인 또는 법인의 친족관계 및 경제적 연관관계에 해당하는 특수관계인

④ 본인이 직접 또는 그의 친족관계, 위 ② 및 ③에 해당하는 특수관계인을 통하여 어느 법인의 경영에 대하여 지배적인 영향력을 행사하고 있는 경우 그 법인

제4절 가산세와 가산금

Ⅰ. 가산세

1. 의의

가산세란 납세의무자가 세법에 규정되어 있는 각종 신고의무·보고의무·징수의무 등을 이행하지 않거나 위반하는 경우에 세법에 규정하는 의무의 성실한 이행을 확보하기 위하여 그 세법에 의하여 산출한 세액에 부가적으로 가산하여 징수하는 금액을 말한다.

과세관청은 세법에서 정한 의무를 위반한 자에 대하여 가산세를 부과할 수 있다. 가산세는 해당 세법이 정하는 국세의 세목으로 하며, 납부한 세액에 가산하거나 환급받을 세

액에서 공제한다(국세기본법 제47조). 가산세 부과에 있어서 납세의무자의 고의·과실은 고려되지 않는다.[247]

2. 법적 성질

가산세는 과세권의 행사 및 조세채권의 실현을 용이하게 하기 위하여 납세자가 정당한 이유 없이 법에 규정된 신고, 납세 등 각종 의무를 위반한 경우에 이에 대하여 개별 세법이 정하는 바에 따라 부과되는 행정상의 제재로서 일종의 행정벌적 성질을 가진다.[248]

가산세에 대한 불복은 본세에 대한 불복과는 별도로 가산세 자체를 불복의 대상으로 하여야 한다. 다만 본세의 부과처분이 무효·취소로 되는 경우는 가산세 부과처분도 당연히 실효된다고 본다.

3. 가산금과 구별

가산세는 가산금과 본질적으로 성격이 다르므로 구별됨을 주의하여야 한다. 가산세는 가산금과 유사하지만, 가산세는 일종의 행정벌에 해당하고 가산금은 연체이자의 성격이 강하다. 가산세는 세법상의 성실한 신고납부의무의 준수에 중점을 두는 데에 비하여 가산금은 납기의 준수에 중점을 두는 것이 다르다.

가산세는 조세가 납세자의 신고에 의해 확정되는 때에 부과되고, 가산금은 조세가 정부의 고지에 의해 확정되는 때에 부과된다. 가산세는 해당 세법이 정하는 국세의 세목에 속하지만 가산금은 국세에 속하지 않는다.

4. 가산세를 부과할 수 없는 정당한 사유

가산세는 의무를 해태하였을 때에 그에 대하여 가해지는 행정벌적 성질을 가진 제재이므로 그 의무를 해태함에 있어 정당한 사유가 있는 경우에는 가산세를 부과할 수 없다. 납세의무자가 신고, 납세 등의 의무를 알지 못한 데에 충분한 이유가 있어 그것을 정당

---

247) 대법원 2003.12.11. 선고 200두4761 판결.
248) 대법원 1997.6.13. 선고 96누6745 판결.

시할 수 있는 사정이 있거나, 그 의무의 이행을 당해 납세의무자에게 기대하는 것이 무리라고 하는 사정이 있을 때에는 정당한 사유가 있는 경우에 해당한다.[249]

따라서 납세의무자의 의무위반이 불가피한 경우에는 가산세가 감면되어야 하므로, 정부는 세법에 의하여 부과되는 가산세에 있어서 그 원인이 세법에 규정된 기한연장 사유에 해당하는 때에는 이를 감면한다(국세기본법 제48조). 또 세법상의 의무를 이행할 수 없었던 사유가 정당한 경우에는 가산세를 감면하는 것으로 하고 있다. 국제조세조정에 관한 법률은 상호 합의절차의 결과에 따라 납세의무자의 과실이 없다고 확인되는 경우에는 소득세법 또는 법인세법에 따른 과소신고에 대한 가산세를 부과하지 않도록 하고 있다(국제조세조정에 관한 법률 제13조).

5. 국세의 감면과 가산세의 부과

국세기본법 제47조 제2항 단서에는 국세를 감면하는 경우에 가산세는 그 감면하는 국세에 포함시키지 아니한다고 규정하고 있다. 이에 따라 조세특례제한법 제3조 제2항에서는 감면되는 조세의 범위에는 해당 법률 등에 특별한 규정이 있는 경우를 제외하고는 가산세는 포함하지 않는다고 규정하고 있다.

가산세는 오로지 형식적으로만 조세일 뿐이고, 본질적으로는 본세의 징수를 확보하기 위한 수단이다. 그러므로 가산세를 산출하는 기초는 신고 되지 않은 과세표준, 납부되지 않은 세액 등이며 본세가 감면되는 경우이더라도 가산세까지 당연하게 감면되는 것은 아니다.

6. 가산세의 종류

종전에는 각 개별 세법에서 신고납부 불성실가산세를 규정하고 있었으나 현행법은 각 개별 세법의 가산세 규정을 총칙적 사항으로 국세기본법 제47조의 2 내지 제47조의 5에 규정하고 있다. 아울러 무신고 또는 과소신고의 경우 종전에는 일률적으로 10% 가산세를 적용하였으나 현행법은 그 유형에 따라 20% 내지 40%를 적용함으로써 가산세를 중과하고 있다.

---

249) 대법원 1996.10.11. 선고 95누17274 판결.

1) 무신고가산세

국세를 신고기한 이내에 신고하지 아니한 때에는 신고불성실에 대하여 무신고가산세가 부과된다. 다만, 추가로 납부할 세액(가산세액은 제외한다)이 없는 경우(소득세법 제114조 또는 상속세 및 증여세법 제76조)와 부가가치세법상 간이과세자로서 납부의무가 면제되는 경우(부가가치세법 제29조)에는 가산세를 적용하지 아니한다(국세기본법 제47조의 2 제3항). 또 부가가치세법에 따른 대손세액(제17조의 2 제3항 단서)에 상당하는 부분에 대해서는 가산세를 적용하지 아니한다(동 조 제4항).

양도소득세, 상속세·증여세 등 신고에 있어서 세액공제 또는 감면 등으로 납부할 세액이 없는 경우에 신고를 하지 아니하는 납세자가 많다. 법령상 납부의무는 없다 하더라도 신고의무는 있는데 신고에 소극적인 납세자들의 관행을 고려하여 납부할 세액이 없는 경우 무신고가산세를 적용하지 아니하는 것으로 한 것이다.

(1) 일반무신고 가산세

납세의무자가 법정신고기한까지 세법에 따른 과세표준 신고(예정신고 및 중간신고를 포함하며, 교육세법·농어촌특별세법 및 종합부동산세법에 따른 신고는 제외)를 하지 아니한 경우에는 다음의 구분에 따른 금액의 100분의 20에 상당하는 금액을 가산세로 한다(동 조 제1항).

① 소득세: 소득세법에 따른 산출세액
② 법인세: 법인세법에 따른 산출세액(같은 법 제84조 및 제85조에 따른 신고를 하지 아니한 경우에는 같은 법 제83조에 따른 법인세액)
③ 상속세와 증여세: 상속세 및 증여세법에 따른 산출세액(같은 법 제27조 및 제57조에 따라 더하는 금액이 있는 경우에는 그 금액을 더한다)
④ 부가가치세: 부가가치세법에 따른 납부세액
⑤ 개별소비세: 개별소비세법에 따른 산출세액에서 같은 법 제20조에 따른 공제세액·환급세액을 뺀 금액
⑥ 교통·에너지·환경세: 교통·에너지·환경세법에 따른 산출세액에서 같은 법 제17조에 따른 공제세액·환급세액을 뺀 금액
⑦ 주세: 주세법에 따른 산출세액에서 같은 법 제34조 및 제35조에 따른 공제세액·환급세액을 뺀 금액

⑧ 증권거래세: 증권거래세법 제7조에 따른 과세표준에 같은 법 제8조에 따른 세율을 적용하여 계산한 세액

다만, 과세표준 신고(소득세법 제70조 및 제124조 또는 법인세법 제60조, 제76조의 17 및 제97조에 따른 신고만 해당)를 하지 아니한 자가 소득세법 제160조 제3항에 따른 복식부기의무자 또는 법인인 경우에는 각각 위 ① 또는 ②에 따른 금액의 100분의 20에 상당하는 금액과 수입금액에 1만분의 7을 곱하여 계산한 금액 중 큰 금액을 가산세로 하고, 부가가치세법에 따른 사업자가 같은 법 제18조 제1항, 제19조 제1항 및 제27조에 따른 신고를 하지 아니한 경우로서 같은 법 또는 조세특례제한법에 따른 영세율이 적용되는 과세표준이 있는 경우에는 위 ④에 따른 금액의 100분의 20에 상당하는 금액과 영세율 과세표준의 1천분의 5에 상당하는 금액을 합한 금액을 가산세로 한다.

(2) 부정무신고 가산세

부정행위로 법정신고기한까지 세법에 따른 국세의 과세표준 신고를 하지 아니한 경우에는 산출세액 등의 100분의 40에 상당하는 금액을 가산세로 한다(동 조 제2항).

여기서 '부정행위'란 납세의무자가 국세의 과세표준 또는 세액 계산의 기초가 되는 사실의 전부 또는 일부를 은폐하거나 가장하는 것에 기초하여 국세의 과세표준 또는 세액의 신고의무를 위반하는 것을 말한다.

다만, 부정행위로 과세표준 신고(소득세법 제70조 및 제124조 또는 법인세법 제60조, 제76조의 17 및 제97조에 따른 신고만 해당)를 하지 아니한 자가 복식부기의무자 또는 법인인 경우에는 각각 소득세법에 따른 산출세액 또는 법인세법에 따른 산출세액의 100분의 40에 상당하는 금액과 수입금액에 1만분의 14를 곱하여 계산한 금액 중 큰 금액을 가산세로 하고, 부가가치세법에 따른 사업자가 과세표준 신고를 하지 아니한 경우로서 영세율 과세표준이 있는 경우에는 납부세액의 100분의 40에 상당하는 금액과 영세율 과세표준의 1천분의 5에 상당하는 금액을 합한 금액을 가산세로 한다.

(3) 중복 적용의 배제

중간예납세액, 원천징수세액, 수시부과세액 등 해당 국세를 납부할 때 공제하여 납부하는 세액(기납부세액)이 있는 경우에는 산출세액 등에서 기납부세액을 빼고, 수입금액에서 기납부세액에 관련된 수입금액을 뺀다(동 조 제5항). 또 예정신고 및 중간신고와 관련하여 무신고 가산세 또는 과소신고 가산세가 부과되는 부분에 대해서는 확정신고와 관련

하여 무신고 가산세를 적용하지 아니한다(동 조 제6항).

장부의 비치·기장불성실 가산세(소득세법 제81조 제8항, 제13항, 제115조 또는 법인세법 제76조 제1항)가 동시에 적용되는 경우에는 그중 가산세액이 큰 가산세만 적용하고, 가산세액이 같은 경우에는 무신고 가산세만 적용한다(동 조 제7항).

2) 과소신고·초과환급신고 가산세

납세의무자가 국세를 신고기한 이내에 신고는 하였지만 신고하여야 할 과세표준에 미치지 못하는 경우 또는 신고한 환급세액이 세법에 따라 신고하여야 할 환급세액을 초과하는 경우에 그 신고불성실에 대하여 과소신고·초과환급신고 가산세가 부과된다. 여기의 가산세는 부가가치세법에 따른 사업자가 아닌 자가 환급세액을 신고한 경우에도 적용한다(국세기본법 제47조의 3 제3항).

(1) 일반과소신고·초과환급신고 가산세

납세의무자가 법정신고기한까지 세법에 따른 국세의 과세표준 신고(예정신고 및 중간신고를 포함하며, 교육세법 및 농어촌특별세법에 따른 신고는 제외)를 한 경우로서 과세표준 또는 납부세액을 신고하여야 할 금액보다 적게 신고하거나 환급세액을 신고하여야 할 금액보다 많이 신고한 경우에는 다음의 구분에 따른 금액의 100분의 10에 상당하는 금액을 가산세로 한다(동 조 제1항).

① 소득세, 법인세, 상속세·증여세, 증권거래세, 종합부동산세의 과세표준을 과소신고한 경우:

$$산출세액 \times \frac{과소신고분\ 과세표준}{과세표준}$$

이 경우 종합부동산세의 산출세액은 종합부동산세법 제9조 제1항 또는 제14조 제1항·제4항에 따른 세액에서 같은 법 제9조 제3항부터 제7항까지의 규정 또는 제14조 제3항·제6항에 따른 공제액을 뺀 금액으로서 각각 같은 법 제10조 또는 제15조에 따른 금액 이내의 금액으로 한다.

② 부가가치세, 개별소비세, 교통·에너지·환경세 및 주세의 납부세액을 과소신고하거나 환급세액을 초과신고한 경우: 과소신고분 납부세액과 초과신고분(신고하여야 할 금액을 초과한 금액) 환급세액을 합한 금액

다만, 부가가치세법에 따른 사업자가 같은 법 제18조 제1항, 같은 조 제2항 단서, 제19조 제1항 및 제27조에 따른 신고를 한 경우로서 영세율 과세표준을 과소신고(신고하지 아니한 경우를 포함)한 경우에는 제2호에 따른 금액의 100분의 10에 상당하는 금액과 그 과소신고분(신고하여야 할 금액에 미달한 금액) 영세율 과세표준의 1천분의 5에 상당하는 금액을 합한 금액을 가산세로 한다(동 조 제1항 단서).

과소신고분 과세표준은 세법에 따라 신고하여야 할 과세표준과 납세자가 신고한 과세표준과의 차액을 한도로 한다. 이 경우 소득세 또는 법인세의 과세표준을 결손으로 신고하였을 때에는 결손으로 신고한 과세표준이 없는 것으로 보아 과소신고분 과세표준을 계산한다(국세기본법시행령 제27조의 2).

(2) 부정과소신고·초과환급신고 가산세

납세의무자가 부정행위로 과소신고하거나 초과환급신고한 과세표준이 있는 경우에는 가산세를 중과하여 적용한다(동 조 제2항).

부정행위로 과소신고한 경우에는 가공의 채무·명의신탁 등의 사유로 미달신고한 경우로서 재산평가기관(감정기관 또는 회계법인)과 통모하여 시가에 비하여 낮게 평가한 경우, 매매사실의 가액에 대한 허위의 증빙자료를 제출한 경우, 그 외에 상속세 및 증여세법에 의한 재산평가 또는 각종 공제와 관련하여 허위의 증빙자료를 제출한 경우 등을 포함하는 것으로 해석하여야 할 것이다.[250]

① 부정행위로 소득세, 법인세, 상속세·증여세, 증권거래세 및 종합부동산세의 과세표준의 전부 또는 일부를 과소신고한 경우: 다음 ㉮, ㉯의 금액을 합한 금액(동 항 1호)

㉮ 부정행위로 인한 과소신고분 과세표준이 과세표준에서 차지하는 비율을 산출세액에 곱하여 계산한 금액의 100분의 40에 상당하는 금액

다만, 부정행위로 과소신고(소득세법 제70조 및 제124조 또는 법인세법 제60조, 제76조의 17 및 제97조에 따른 신고만 해당)한 자가 복식부기의무자 또는 법인인 경우에는 부정과소신고 가산세액과 부정과소신고 과세표준 관련 수입금액에 1만분의 14를 곱하여 계산한 금액 중 큰 금액으로 한다.

㉯ 과소신고분 과세표준에서 부정과소신고 과세표준을 뺀 금액이 과세표준에서 차지하는 비율을 산출세액에 곱하여 계산한 금액의 100분의 10에 상당하는 금액

② 부정행위로 부가가치세, 개별소비세, 교통·에너지·환경세 및 주세의 납부세액을 과소

---

250) 구 상속세 및 증여세법시행령 제80조 제1항 참조.

신고하거나 환급세액을 초과신고한 경우: 다음 ㉮, ㉯의 금액을 합한 금액(동 항 2호).

다만, 부가가치세법에 따른 사업자가 같은 법 제18조 제1항, 같은 조 제2항 단서, 제19조 제1항 및 제27조에 따른 신고를 한 경우로서 영세율 과세표준을 과소신고(신고하지 아니한 경우를 포함)한 경우에는 다음 ㉮, ㉯의 금액을 합한 금액에 그 과소신고분 영세율 과세표준의 1천분의 5에 상당하는 금액을 합한 금액으로 한다.

㉮ 부정행위로 인한 과소신고분 납부세액과 부정행위로 인한 초과신고분 환급세액을 합한 금액의 100분의 40에 상당하는 금액

㉯ 과소신고분 납부세액에서 부정과소신고 납부세액을 뺀 금액과 초과신고분 환급세액에서 부정초과신고 환급세액을 뺀 금액을 합한 금액의 100분의 10에 상당하는 금액

(3) 기납부세액 계산의 방법

기납부세액이 있는 경우에는 일반과소신고·초과환급신고 가산세를 적용할 때에는 제47조의 3 제1항 각 호에 따른 금액에서 기납부세액을 빼서 계산한다. 또 부정과소신고·초과환급신고 가산세를 적용할 때에는 제47조 제2항 1호의 경우 일반과소신고 산출세액에서 기납부세액을 빼고, 2호의 경우 일반과소신고 납부세액 등에서 기납부세액을 빼서 계산한다(동 조 제5항).

(4) 적용의 배제

다음에 해당하는 경우에는 이와 관련하여 과소신고하거나 초과신고한 부분에 대해서는 과소신고·초과환급 가산세를 적용하지 아니한다(동 조 제4항).

① 다음에 해당하는 사유로 상속세·증여세 과세표준을 과소신고한 경우

㉮ 신고 당시 소유권에 대한 소송 등의 사유로 상속재산 또는 증여재산으로 확정되지 아니하였던 경우

㉯ 상속세 및 증여세법 제18조부터 제23조까지, 제23조의 2, 제24조, 제53조 및 제54조에 따른 공제의 적용에 착오가 있었던 경우

㉰ 상속세 및 증여세법 제60조 제2항·제3항 및 제66조에 따라 평가한 가액으로 과세표준을 결정한 경우

② 부가가치세법 제17조의 2 제3항 단서가 적용되는 경우

(5) 중복 적용의 배제

무신고 가산세에 관한 규정인 국세기본법 제47조의 2 제3항, 제6항 및 제7항은 과소신고 가산세 등에 준용한다(동 조 제6항).

3) 납부·환급불성실 가산세

(1) 가산세의 적용

납세의무자(연대납세의무자, 납세자를 갈음하여 납부할 의무가 생긴 제2차 납세의무자 및 보증인을 포함)가 세법에 따른 납부기한까지 국세의 납부(중간예납·예정신고납부·중간신고납부를 포함)를 하지 아니하거나 납부하여야 할 세액보다 적게 납부하거나 환급받아야 할 세액보다 많이 환급받은 경우에는 다음의 금액을 합한 금액을 가산세로 한다(동법 제47조의 4 제1항).

① 납부하지 아니한 세액 또는 과소납 부분 세액(세법에 따라 가산하여 납부하여야 할 이자 상당 가산액이 있는 경우에는 그 금액을 더한다) × 납부기한의 다음 날부터 자진 납부일 또는 납세고지일까지의 기간 × 금융회사 등이 연체대출금에 대하여 적용하는 이자율 등을 고려하여 대통령령으로 정하는 이자율[251]

② 초과환급받은 세액(세법에 따라 가산하여 납부하여야 할 이자상당 가산액이 있는 경우에는 그 금액을 더한다) × 환급받은 날의 다음 날부터 자진 납부일 또는 납세고지일까지의 기간 × 금융회사 등이 연체대출금에 대하여 적용하는 이자율 등을 고려하여 대통령령으로 정하는 이자율

다만, 인지세법 제8조 제1항에 따른 인지세의 납부를 하지 아니하거나 과소납부한 경우에는 납부하지 아니한 세액 또는 과소납 부분(납부하여야 할 금액에 미달한 금액) 세액의 100분의 300에 상당하는 금액을 가산세로 한다.

납부·환급불성실 가산세는 부가가치세법에 따른 사업자가 아닌 자가 부가가치세액을 환급받은 경우에도 적용한다(동 조 제2항). 하지만 부가가치세법 제17조의 2 제3항 단서에 따른 대손세액에 상당하는 부분에 대해서는 위 가산세를 적용하지 아니한다(동 조 제3항).

(2) 중복 적용의 배제

원천징수납부 등 불성실에 따른 가산세(제47조의 5)가 부과되는 부분에 대해서는 국세

---

251) 대통령령으로 정하는 이자율이란 1일 1만분의 3의 율을 말한다(국세기본법시행령 제27조의 3).

의 납부와 관련하여 위 가산세를 부과하지 아니한다(동 조 제4항).

중간예납, 예정신고납부 및 중간신고납부와 관련하여 위 가산세가 부과되는 부분에 대해서는 확정신고 납부와 관련하여 위 가산세를 부과하지 아니한다(동 조 제5항).

(3) 기타

국세(소득세, 법인세 및 부가가치세만 해당)를 과세기간을 잘못 적용하여 신고납부한 경우에는 가산세를 적용할 때 실제 신고납부한 날에 실제 신고납부한 금액의 범위에서 당초 신고납부하였어야 할 과세기간에 대한 국세를 자진 납부한 것으로 본다. 다만, 해당 국세의 신고가 부정행위(제47조의 2 제2항 또는 제47조의 3 제2항)에 해당하는 경우에는 그러하지 아니하다(동 조 제6항).

부가가치세법에 따른 사업자가 같은 법에 따른 납부기한까지 어느 사업장에 대한 부가가치세를 다른 사업장에 대한 부가가치세에 더하여 신고납부한 경우에는 위 가산세를 적용할 때 부가가치세를 납부한 것으로 본다(동 조 제7항).

4) 원천징수납부 등 불성실가산세

(1) 가산세의 적용

국세를 징수하여 납부할 의무를 지는 자가 징수하여야 할 세액을 세법에 따른 납부기한까지 납부하지 아니하거나 과소납부한 경우에는 납부하지 아니한 세액 또는 과소납부분 세액의 100분의 10에 상당하는 금액을 한도로 하여 다음의 금액을 합한 금액을 가산세로 한다(동법 제47조의 5 제1항).
① 납부하지 아니한 세액 또는 과소납부분 세액의 100분의 3에 상당하는 금액
② 납부하지 아니한 세액 또는 과소납부분 세액 × 납부기한의 다음 날부터 자진 납부일 또는 납세고지일까지의 기간 × 금융회사 등이 연체대출금에 대하여 적용하는 이자율 등을 고려하여 대통령령으로 정하는 이자율

여기서 '국세를 징수하여 납부할 의무'란 다음 어느 하나에 해당하는 의무를 말한다.
① 소득세법 또는 법인세법에 따라 소득세 또는 법인세를 원천징수하여 납부할 의무
② 소득세법 제149조에 따른 납세조합이 같은 법 제150조부터 제152조까지의 규정에 따라 소득세를 징수하여 납부할 의무
③ 부가가치세법 제34조에 따라 용역 등을 공급받는 자가 부가가치세를 징수하여 납

부할 의무

(2) 가산세 적용의 배제

다음 어느 하나에 해당하는 경우에는 가산세를 적용하지 아니한다.

① 소득세법에 따라 소득세를 원천징수하여야 할 자가 우리나라에 주둔하는 미군인 경우

② 소득세법에 따라 소득세를 원천징수하여야 할 자가 같은 법 제20조의 3 제1항 제1호·제2호 및 제6호 또는 같은 법 제22조 제1항 제4호 및 제5호의 소득을 지급하는 경우

③ 소득세법 또는 법인세법에 따라 소득세 또는 법인세를 원천징수하여야 할 자가 국가, 지방자치단체 또는 지방자치단체조합인 경우(소득세법 제128조의 2에 해당하는 경우는 제외)

5) 개별 세법의 가산세

국세기본법 외에 개별 세법에 각 세법 고유의 의무이행을 강제하기 위하여 별도로 가산세 규정을 두고 있다. 예를 들어 소득세법의 납세조합불납 가산세(소득세법 제159조), 양도소득 관련 가산세(소득세법 제115조), 지급조서제출불이행 가산세(소득세법 제81조 제1항), 법인세법의 장부비치기장 불이행 가산세(법인세법 제76조 제1항), 주식변동상황명세서 미제출 가산세(법인세법 제76조 제6항), 부가가치세법의 사업자등록 해태 가산세(부가가치세법 제22조 제1항), 세금계산서교부 불성실 가산세(부가가치세법 제22조 제3항) 등을 들 수 있다.

7. 가산세의 감면

1) 기한연장사유에 의한 감면

정부는 세법에 의하여 부과하였거나 부과할 가산세에 있어서 그 부과의 원인이 되는 사유가 국세기본법 제6조 제1항의 규정에 의한 기한연장사유에 해당하는 때에는 이를 감면한다(국세기본법 제48조 제1항). 이에 해당하는 사유는 다음과 같다.

① 천재·지변이 발생한 경우

② 납세자가 화재·전화 그 밖의 재해를 입거나 도난을 당한 경우

③ 납세자 또는 그 동거가족이 질병으로 위중하거나 사망하여 상중인 경우

④ 납세자가 그 사업에서 심각한 손해를 입거나 그 사업이 중대한 위기에 처한 경우
   (납부의 경우만 해당)

⑤ 정전, 프로그램의 오류 기타 부득이한 사유로 한국은행(그 대리점을 포함한다) 또
   는 체신관서의 정보통신망의 정상적인 가동이 불가능한 경우

⑥ 금융회사 등(한국은행 국고대리점 및 국고수납대리점인 금융회사 등만 해당) 또는
   체신관서의 휴무, 그 밖에 부득이한 사유로 인하여 정상적인 세금납부가 곤란하다
   고 국세청장이 인정하는 경우

⑦ 권한 있는 기관에 장부나 서류가 압수 또는 영치된 경우

⑧ 납세자의 형편, 경제적 사정 등을 고려하여 기한의 연장이 필요하다고 인정되는 경
   우로서 국세청장이 정하는 기준에 해당하는 경우(납부의 경우만 해당한다)

⑨ 위 ②·③ 또는 ⑦에 준하는 사유가 있는 경우

2) 정당한 사유에 의한 감면

납세의무자가 의무를 불이행한 것에 대하여 정당한 사유가 있는 때에는 해당 가산세를
부과하지 아니한다(국세기본법 제48조 제1항). 종전에 비록 명문의 규정은 없었지만 납
세의무자에게 그 의무의 태만을 탓할 수 없는 정당한 사유가 있는 경우에는 가산세를 부
과하지 않는 것으로 보던 판례의 입장을 국세기본법에 명문화한 것이다.252)

(1) 정당한 사유

국세기본법 또는 개별 세법에 따라 가산세를 부과하는 경우 납세의무자가 의무를 불이
행한 것에 대하여 정당한 사유가 있는 때에는 해당 가산세를 부과하지 아니한다. 하지만
가산세가 면제되는 '정당한 사유'가 무엇인지에 대하여 세법은 침묵을 지키고 있다. 따라
서 판례와 행정해석에 의존하여 해석할 수밖에 없다. 예를 들어 부가가치세법에서 당기
의 매출을 전기의 매출로 신고하여 납부하고 당기의 매출을 무신고하는 경우 납부불성실
가산세는 적용하지 아니하며,253) 총괄납부승인을 받은 사업자가 본부사업장명의로 발행

---

252) 대법원 2001.1.30. 선고 99두7876 판결.

된 세금계산서를 당해 법인의 매입세액으로 잘못 신고한 경우로서 거래사실이 확인되는 것은 정당한 사유가 있어 납부불성실가산세가 부과되지 아니한다.[254]

(2) 판례의 태도

판례는 법령의 무지 또는 오인은 정당한 사유가 아니라고 본다.[255] 그 외 세무공무원의 잘못된 설명을 믿고 신고납부의무를 이행하지 아니하였다 하더라도 그것이 관계법령에 어긋나는 것임이 명백한 때,[256] 납세의무자가 대법원과 다른 견해에 선 국세심판소의 결정 취지를 그대로 믿어 법에 규정된 신고납부의무 등을 해태한 경우,[257] 납세자가 국세기본법기본통칙이 자신에게도 적용되는 것으로 오해하고 이를 신뢰하여 신고납부의무를 불이행한 경우,[258] 감정평가법인의 감정평가액이 공정성과 합리성을 갖추지 못하여 구 부가가치세법 시행령 제48조의 2 제4항 제3호 소정의 실지거래가액으로 볼 수 없는 경우 그 감정평가액에 따라 부가가치세를 과소신고·납부한 경우[259] 등은 그 정당한 사유에 해당한다고 볼 수 없다.

3) 경미한 의무위반 등에 대한 가산세액 감면

가산세 부과원인이 되는 사유가 기한연장사유에 해당하거나 의무 불이행에 정당한 사유가 있어 가산세를 감면받는 경우 외에도 다음 어느 하나에 해당하는 경우에는 해당 가산세액에서 다음에 정하는 금액을 감면한다(국세기본법 제48조 제2항).

(1) 법정신고기한이 지난 후 수정신고한 경우(제1호)

과소신고가산세(국세기본법 제47조의 3)만 해당하며, 과세표준과 세액에 관하여 경정이 있을 것을 미리 알고 과세표준수정신고서를 제출한 경우를 제외한다. 즉 해당 국세에 관하여 세무공무원이 조사에 착수한 것을 알고 과세표준수정신고서를 제출한 경우에는

---

253) 국심 2005부2505, 2005.12.12.

254) 국심 2005서575, 2005.4.7.

255) 대법원 1999.9.17. 선고 98두16705 판결.

256) 대법원 2004.9.24. 선고 2003두10350 판결, 대법원 1997.8.22. 선고 96누15404 판결.

257) 대법원 1999.8.20. 선고 99두3515 판결.

258) 대법원 2002.2.8. 선고 2000두1652 판결.

259) 대법원 2001.1.30. 선고 99두7876 판결.

가산세의 감면을 적용하지 아니한다(국세기본법시행령 제29조).
① 법정신고기한이 지난 후 6개월 이내에 수정신고한 경우는 해당 가산세액의 100분의 50에 상당하는 금액
② 법정신고기한이 지난 후 6개월 초과 1년 이내에 수정신고한 경우는 해당 가산세액의 100분의 20에 상당하는 금액
③ 법정신고기한이 지난 후 1년 초과 2년 이내에 수정신고한 경우는 해당 가산세액의 100분의 10에 상당하는 금액

(2) 법정신고기한 경과 후 기한 후 신고납부를 한 경우(제2호)
무신고가산세(국세기본법 제47조의 2)만 해당한다.
① 법정신고기한이 지난 후 1개월 이내에 기한 후 신고납부를 한 경우는 해당 가산세액의 100분의 50에 상당하는 금액
② 법정신고기한이 지난 후 1개월 초과 6개월 이내에 기한 후 신고납부를 한 경우는 해당 가산세액의 100분의 20에 상당하는 금액

(3) 경미한 의무위반 등 다음에 해당하는 경우에는 해당 가산세액의 100분의 50에 상당하는 금액(제3호)
① 과세전적부심사 결정·통지기간에 그 결과를 통지하지 아니한 경우[결정·통지가 지연됨으로써 해당 기간에 부과되는 납부·환급불성실가산세(국세기본법 제47조의 4만 해당)]
② 세법에 따른 제출, 신고, 가입, 등록, 개설의 기한이 지난 후 1개월 이내에 해당 세법에 따른 제출 등의 의무를 이행하는 경우(제출 등의 의무위반에 대하여 세법에 따라 부과되는 가산세만 해당)

4) 가산세의 한도

다음에 해당하는 가산세에 대해서는 그 의무위반의 종류별로 각각 5천만 원(중소기업기본법 제2조 제1항에 따른 중소기업이 아닌 기업은 1억 원)을 한도로 한다. 다만, 해당 의무를 고의적으로 위반한 경우에는 그러하지 아니하다(국세기본법 제49조 제1항).

① 소득세법 제81조 제1항, 제3항부터 제6항까지 및 제12항에 따른 가산세
② 법인세법 제76조 제4항부터 제7항까지, 제9항 및 제10항에 따른 가산세
③ 부가가치세법 제22조 제1항(같은 법 제28조 제3항에서 준용되는 경우를 포함)·제 2항·제4항·제5항 및 제7항에 따른 가산세
④ 상속세 및 증여세법 제78조 제3항·제5항(같은 법 제50조 제1항 및 제2항에 따른 의무를 위반한 경우만 해당)·제12항 및 제13항에 따른 가산세
⑤ 조세특례제한법 제30조의 5 제5항 및 제90조의 2 제1항에 따른 가산세

Ⅱ. 가산금

1. 의의

가산금이란 납세의무자가 조세채무를 납부기한까지 납부하지 않는 경우에 고지된 세액에 가산하여 징수하는 금액을 말한다. 국세징수법은 납부기한이 경과한 날로부터 체납된 세금에 대하여 100분의 3에 상당하는 가산금을 징수하도록 하고 있다(국세징수법 제21조 제1항).

가산금은 국세가 납부기한까지 납부되지 않을 경우에 미납분에 대한 지연이자의 의미로 부과되는 부대세로서의 성질을 가진다.

2. 중가산금

가산금과는 별도로 납부기한이 경과한 날로부터 매 1월이 경과할 때마다 체납된 세금의 1천분의 12에 해당하는 중가산금을 가산금에 가산하여 징수하게 된다(국세징수법 제22조 제1항). 그러나 국가와 지방자치단체에 대해서는 이러한 가산금과 중가산금을 징수하지 아니한다(동법 제21조 단서 및 제22조 제3항).

제5절 국세환급금의 충당

납세자가 납부할 조세와 과세관청이 납세자에게 환급해 주어야 할 국세환급금이 함께 존재할 때 국세환급금을 납세자에게 환급해 주지 않고 납세자가 납부할 세액에 납입시키는 것을 충당이라 한다(국세기본법 제51조 제2항).

충당의 성격은 민법상의 상계(제492조)와 비슷하다. 다만 세법상 충당이 민법상의 상계와 다른 점은 민법상의 상계는 당사자가 반대의사를 표시하는 경우에는 적용하지 않는데 비하여 세법상 국세환급금의 충당은 일부의 국세(세법에 따라 자진 납부하는 국세 등)를 제외하고는 강제규정이기 때문에 납세자의 의사에 관계없이 세무서장은 의무적으로 충당하여야 한다는 것이다.

국세환급금 충당의 강제규정은 일면 국세채권의 확보를 위한 것이지만 다른 면으로는 납세자에게 돌려주어야 할 국세환급금이 있을 때 세무관청은 이를 지체 없이 납세자에게 환급해 줄 것을 의무화하는 규정이기도 하다.

세무서장은 국세환급금을 국세·가산세 또는 체납처분비에 충당한 때에는 그 뜻을 기재한 문서로 당해 납세자에게 통지하여야 한다(국세기본법시행령 제31조).

제6절 수시부과

Ⅰ. 의의

소득세 및 법인세에 있어서는 그 과세기간이 종료하는 때에 과세기간의 소득에 대한 납세의무가 성립한다(국세기본법 제21조 제1항 1호). 그리고 납세의무는 원칙적으로 납세의무자의 법에 따른 신고 또는 신고가 없거나 신고의 내용에 오류 또는 탈루가 있을 때에는 정부의 결정에 의하여 납세의무가 확정된다.

그러나 납세의무자에게 어떤 사정이 있어 그 조세채권의 확보가 어렵다고 인정될 때에 과세관청은 수시로 그 과세표준과 세액을 확정하여 부과할 수 있도록 하고 있다(소득세법 제82조, 법인세법 제69조). 이것을 '수시부과'라고 한다.

수시부과를 하는 경우 납세의무의 성립시기는 수시부과 할 사유가 발생한 때이다(국세기본법 제21조 제2항 4호).

Ⅱ. 수시부과의 사유

관할세무서장은 다음과 같은 경우에 수시부과 할 수 있다.
① 정당한 사유 없이 장기간 휴업 또는 폐업 상태에 있는 때로서 조세를 포탈할 우려가 있다고 인정되는 경우(소득세법 제82조 제1항 1호)
② 기타 조세를 포탈할 우려가 있다고 인정되는 상당한 이유가 있는 경우(소득세법 제82조 제1항 2호, 법인세법시행령 제108조 제1항 3호)
③ 사업부진 기타의 사유로 인하여 폐업신고를 한 경우로서 해당 사업자가 수시부과를 받고자 신청하는 경우(소득세법 제82조 제1항 3호, 법인세법시행령 제108조 제1항 2호)
④ 신고를 하지 아니하고 본점 등을 이전한 경우(법인세법시행령 제108조 제1항 1호)

위 소득세법 및 법인세법 시행령상의 수시부과 사유는 예시적으로 규정한 것에 불과하므로 조세를 포탈할 우려가 있는 기타의 경우에도 수시부과할 수 있다. 그러므로 부도발생 또는 채무누적 등의 사유로 인하여 법원에 의하여 소유부동산이 경매될 것이 예상되는 경우에도 수시부과 사유에 해당된다.[260]

---

260) 소득세법 기본통칙 82－3.

제7절 납기전징수와 압류

Ⅰ. 납기전징수

1. 의의

조세채권은 그것이 확정된 후에 현실적으로 이행되고 또 그것이 제대로 이행되지 않은 경우에 강제징수절차로서의 체납처분이 집행되는 것이 조세채권실현의 원칙적인 순서이다. 그러나 조세채권이 확정되기 전에 납세자에게 특수한 사정이 발생하여 그 조세채권이 확정되기까지 기다리는 경우에는 조세채권이 제대로 실현되기 어려운 상태가 되면 이에 대한 응급조치를 취해야 조세채권의 확보가 가능하게 될 것이다.

조세채무가 확정된 후에는 법정납부기한 또는 고지에 의한 납부기한이 부여된다. 이 납부기한은 납세자에게 부여된 기한의 이익이며 그 납부기한 전에는 납세채권자인 정부는 그 집행을 강요할 수 없는 것이 원칙이다. 그러나 그 납부기한까지 기다리는 경우 조세채권의 확보가 어렵다고 인정되는 특수한 사유가 생긴 경우에는 조세채권의 확보를 위하여 세무서장은 부득이 납세자로부터 그 기간의 이익을 박탈하고 납기 전이라도 국세를 징수할 수 있도록 하고 있다.

2. 납기전징수 사유

국세징수법이 규정하고 있는 납기전징수를 할 수 있는 사유는 다음과 같다(국세징수법 제14조 제1항).
  ① 국세의 체납으로 체납처분을 받은 때
  ② 지방세 또는 공과금의 체납으로 체납처분을 받을 때
  ③ 강제집행을 받을 때
  ④ 어음법 및 수표법에 의한 어음교환소에서 거래정지처분을 받은 때
  ⑤ 경매가 개시된 때
  ⑥ 법인이 해산할 때

⑦ 국세를 포탈하고자 하는 행위가 있다고 인정되는 때

⑧ 납세관리인을 정하지 아니하고 국내에 거소 또는 주소를 두지 아니하게 된 때

이미 납세의 고지를 한 국세를 기간 전에 징수하고자 할 때에는 세무서장은 그 납부기한의 변경을 고지하여야 하며, 납부고지를 아직 하지 아니한 납세를 납부 전에 징수하고자 할 때에는 그 납부기한(본래의 법정납부기한 도래 전)을 정하여 납세자에게 그 뜻을 고지하여야 한다(국세징수법 제14조 제2항).

납세자가 기간 전 징수의 납부기한까지 국세 및 가산금을 납부하지 아니하는 때에는 독촉절차를 거치지 아니하고 체납처분절차를 진행할 수 있다(국세징수법 제23조 제1항 단서).

Ⅱ. 확정 전 압류

국세징수법은 세무서장에게 조세채권 확정 전에 압류권한을 부여하고 있다. 즉 납세자에게 국세징수법 제14조 제1항과 같은 사유가 발생하여 국세의 확정 후에는 당해 국세를 징수할 수 없다고 인정되는 때에는 국세로 확정되리라고 추정되는 금액의 한도 안에서 납세자의 재산을 압류할 수 있다(국세징수법 제24조 제2항).

제8절 납세증명제도

Ⅰ. 납세증명서

1. 취지

국세징수법에서는 납세의무가 있는 자가 과세권자인 국가 또는 지방자치단체 등과 관계하여 어떤 특정행위를 할 때 납세의무를 이행하고 있다는 사실증명을 제출케 함으로써 조세징수의 원활을 기하고 조세납부를 간접적으로 강제하고 있다(국세징수법 제5조).

국세징수법에서 규정하고 있는 납세증명서는 발급일 현재 국세징수법 제15조 내지 제17조의 규정에 의한 징수유예액, 채무자 회생 및 파산에 관한 법률 제140조에 따른 징수유예액 또는 체납처분에 의하여 압류된 재산의 환가유예에 관련된 체납액과 국세징수법 제85조의 2의 규정에 의한 체납처분유예액을 제외하고는 다른 체납액이 없다는 사실을 증명하는 것이다(국세징수법시행령 제2조).

2. 미납국세 등의 열람

세무서장은 납세자로부터 납세증명서의 발급신청을 받은 때에는 그 사실을 확인하고 즉시 해당 증명서를 발급하여야 한다(국세징수법 제6조).

주택임대차보호법에 의한 주거용 건물 또는 상가건물임대차보호법에 의한 상가건물을 임차하여 사용하고자 하는 자는 당해 건물에 대한 임대차계약을 하기 전에 임대인의 동의를 얻어 임대인이 납부하지 아니한 국세의 열람을 임차할 건물 소재지의 관할세무서장에게 신청할 수 있다. 이 경우 관할세무서장은 열람신청에 응하여야 한다(국세징수법 제6조의 2 제1항). 이때 임차인이 열람할 수 있는 국세는 임대인의 체납액, 납세고지서 또는 납부통지서를 발부한 후 납기가 도래하지 아니한 국세, 각 세법의 규정에 의한 과세표준 및 세액의 신고기한 내에 신고한 국세 중 납부하지 아니한 국세에 한한다(동 조 제2항).

Ⅱ. 납세증명서를 제출해야 할 경우

납세자는 다음과 같은 경우에 관계기간에 납세증명서를 제출하여야 한다(국세징수법 제5조). 여기서 '납세자'란 모든 내국인과 납세의무 있는 외국인을 말한다.

① 국가·지방자치단체 또는 정부관리기관으로부터 대금을 지급받을 경우

여기서 정부관리기관이라 함은 감사원법 제22조 제1항 3호 및 4호의 규정에 의하여 감사원의 검사대상이 되는 법인을 말한다(국세징수법시행령 제3조).

② 국세를 납부할 의무(징수하여 납부할 의무를 포함)가 있는 외국인이 출국할 경우

③ 내국인이 외국으로 이주하거나 1년을 초과하여 외국에 체류할 목적으로 외교통상부장관에게 거주 목적의 여권을 신청하는 경우

국가·지방자치단체 또는 정부관리기관으로부터 대금을 지급받는 자가 당초의 계약자

이외의 자인 경우에는 납세증명서의 제출은 다음과 같이 하여야 한다(국세징수법시행령 제4조).

① 채권 양도로 인한 경우에는 양도인과 양수인 쌍방의 증명서를 제출한다.

② 법원의 전부 명령에 의한 경우에는 압류채권자의 증명서를 제출한다.

③ 하도급거래 공정화에 관한 법률 제14조 제1항 1호에 따라 건설공사의 하도급대금을 직접 지급받는 경우에는 수급사업자의 납세증명서를 제출한다.

세무서장은 납세자로부터 납세증명서의 발급신청을 받았을 때에는 그 사실을 확인하고 즉시 납세증명서를 발급하여야 한다(국세징수법 제6조).

Ⅲ. 납세증명서 제출의 예외

다음 어느 하나에 해당하는 때에는 납세증명서를 제출하지 아니하여도 된다(국세징수법시행령 제5조 제1항).

① 국가를 당사자로 하는 계약에 관한 법률 시행령 제26조 제1항 각 호의 규정(같은 항 제7호 가목부터 다목까지의 규정은 제외) 및 지방자치단체를 당사자로 하는 계약에 관한 법률 시행령 제25조 제1항 각 호의 규정(같은 항 제7호 나목은 제외)에 해당하는 수의계약과 관련하여 대금을 지급받는 때

② 국가 또는 지방자치단체가 대금의 지급을 받아 그 대금이 국고 또는 지방자치단체 금고에 귀속되는 때

③ 국세의 체납처분에 의한 채권압류에 의하여 세무공무원이 그 대금을 지급받는 때

④ 채무자 회생 및 파산에 관한 법률에 의한 파산관재인이 납세증명서를 발급받지 못하여 원활한 파산절차의 진행이 곤란하다고 관할법원이 인정하고, 당해 법원이 납세증명서의 제출예외를 관할세무서장에게 요청하는 때

⑤ 납세자가 계약대금 전액을 체납세액으로 납부하거나 계약대금 중 일부 금액으로 체납세액 전액을 납부하려는 때

그 외 납세자가 납세증명서를 제출하여야 하는 경우에 당해 주무관서 등은 국세청장(국세정보통신망을 통한 조회에 한한다) 또는 세무서장에게 조회하거나 납세자의 동의를 받아 전자정부법 제21조 제1항 또는 제22조의 2 제1항에 따른 행정정보의 공동이용을 통하여 그 체납사실 여부를 확인함으로써 납세증명서의 제출을 생략하게 할 수 있다(동 조 제2항).

제9절 관허사업의 제한

納세자가 국세를 체납한 경우에는 그가 하고자 하는 사업을 제한하는 것도 유효적절한 조세채권의 간접적 실현방법이 될 수 있다. 국세징수법은 납세자가 앞으로 새로 사업을 경영하고자 할 때에는 그 사업을 허가 또는 인가하지 않도록 하고 있다. 아울러 그 납세자가 이미 관의 허가 등을 받아 사업을 경영하고 있을 때에는 그 사업의 정지 또는 그 허가를 취소하도록 하고 있다.

세무서장은 납세자가 법정사유(국세징수법시행령 제8조) 없이 국세를 체납한 때에는 허가·인가·면허 및 등록과 그 갱신을 요하는 사업의 주무관서에 당해 납세자에 대하여 그 허가 등을 하지 아니할 것을 요구할 수 있다(국세징수법 제7조 제1항).

그리고 이미 주무관서의 허가를 받아 사업을 경영하고 있는 납세자가 법정사유(국세징수법시행령 제9조 제2항) 없이 국세를 3회 이상 체납한 때에는 세무서장은 그 주무관서에 사업의 정지 또는 허가의 취소를 요구할 수 있다(동 조 제2항).

세무서장은 위와 같은 요구를 한 후 당해 국세를 징수하였을 때에는 지체 없이 그 요구를 철회하여야 한다(동 조 제3항).

한편 세무서장의 허가제한 또는 허가취소의 요구가 있을 때에는 해당 주무관서는 정당한 사유가 없는 한 요구에 따라야 하며, 그 조치결과를 즉시 해당 세무서장에게 알려야 한다(동 조 제4항).

제2장 조세채권의 실현절차

　납세자는 조세채권이 확정되어 구체적 납세의무가 발생하면 조세채권자인 국가 또는 지방자치단체에 조세를 자진 납부하는 것이 원칙이다. 그럼에도 실제로 이를 이행하지 아니하면 조세채권은 실현되지 아니한다. 이때 국가 또는 지방자치단체는 조세채권을 실현하기 위한 절차를 강구하게 되는데 이를 체납처분이라 한다. 이와 같이 조세를 자진 납부하는 경우를 조세채권의 임의적 실현, 체납처분의 실시를 조세채권의 강제적 실현이라고 말한다.

제1절 조세채권의 임의적 실현절차

Ⅰ. 자진 납부

1. 납부의 주체

　납세자는 자신의 조세채무를 스스로 자진 이행하는 것이 보통의 경우이다. 납세자의 조세 납부행위에 의해 조세채권은 그 목적을 달성하여 소멸하게 된다.

　납부의 주체는 원칙적으로 본래의 납세의무자이며, 보충적으로 제2차 납세의무자, 물적 납세의무자 또는 납세보증인이 조세를 납부하게 된다. 체납처분절차 중에 제3자가 조세를 납부할 수도 있으나 반드시 체납자의 명의로 납부하여야 한다(국세징수법 제71조 제1항, 동법 시행령 제74조).

2. 납부의 방법

1) 납부의 방법

(1) 금전납부

조세는 국가재정의 수요를 충족하기 위한 목적을 갖는 것이므로, 납부의 방법은 금전납부가 원칙이다. 납부의 수단으로서의 금전은 강제 통용력을 갖는 통화를 의미한다. 따라서 현금이나 수표가 포함되나 외국통화는 이에 포함되지 않는다.

(2) 인지납부

금전납부방법의 예외로서 정부가 발행하는 인지를 납세자가 미리 구입하여, 납세의무 이행 시에 일정한 서류에 인지를 첨부함으로써 납부하는 방식도 인정되고 있다. 이는 금전납부방법의 변형으로 볼 수 있는데 징수의 편의상 인정된다. 현행법으로는 인지세법에서 인정되고 있다(인지세법 제8조).

(3) 물납

금전납부방법의 예외로서 물납은 금전 이외의 다른 재산에 의하여 납부하는 방식을 말한다. 이는 금전으로 납부하기 곤란한 경우에 일정한 재산을 납부하는 것이다. 일정한 요건을 구비하여 세무관서의 허가를 받은 경우에 한하여 인정된다. 현행법상으로는 상속세·증여세·법인세·양도소득세 등 경우에 허용되고 있다.

2) 납부의 구분

세금의 납부는 일시납으로 하는 방법이 원칙이다. 그러나 납세자의 경제적 사정을 고려하여 일정한 경우에는 분납이나 연부연납의 방법도 인정되고 있다.

분납제도는 법인세와 소득세의 경우에 인정되고 있으며, 납부금액의 일부를 납부기한 경과 후에 납부할 수 있는 방법이다.

연부연납 제도는 상속세나 증여세의 경우에 인정되고 있다. 납세의무자가 신청하여 담보를 제공하고 정부의 허가를 받아 납부한다. 그 기간은 분납의 경우보다 장기로 되어 있다.

3. 납부의 효과

수납기관이 납부의 목적물인 금전 등을 수령한 때에 조세채권은 그 금액의 범위 내에서 실현되어 소멸한다. 따라서 조세채권에 담보가 설정되어 있는 경우에는 담보권이 실행되지 않으며, 조세채무의 연체문제도 발생하지 않는다.

Ⅱ. 납세의무자에 대한 납세고지

1. 의의

납세의 가장 전형적인 모습은 납세자가 스스로 그 세액을 정부에 자진 납부하는 것이다. 그러나 정부가 부과 결정하는 조세는 세무서장이 조세를 징수하기 위하여 먼저 확정된 조세채무의 이행을 청구하는 절차를 거쳐야 하는데 이를 납세고지라 한다.

납세고지는 일정한 조세의 징수를 위한 사전적 절차일 뿐만 아니라 납세자가 고지된 조세를 체납하는 경우에 그 체납액에 대한 체납처분을 행하기 위한 선행절차인 독촉장 발부의 전제요건이 된다.

2. 납세고지의 법적 성격

납세고지는 개념상 납세고지 이전에 선행되는 부과처분과 구분된다. 납세고지는 조세의 징수차원의 행위이므로 조세채무를 구체적으로 확정시키는 부과처분과는 개념상 구별된다. 즉 조세채무의 개별적 내용확정은 납세고지 행위를 통해서가 아니라, 그 이전 단계인 부과처분을 통하여 행하여진다. 따라서 양자의 행위는 서로 구별된다.

당연한 결과로 조세채무 확정절차상의 부과처분의 하자는 조세징수절차로서의 납세고지에 승계되지 않는다. 그러나 과세관청이 부과결정의 고지를 별도로 하지 아니하고 징수절차에서 납세고지서에 의하여 고지를 하는 경우에는 조세채무의 확정과 조세징수절차가 결합되는 결과가 되어 그 납세고지는 부과·결정을 고지하는 과세처분의 성질과 확정된 세액의 납부를 명하는 징수처분의 성질을 모두 갖게 된다. 따라서 이때 고지행위의 하자는 부과처분과 징수처분 모두에게 미치게 된다.

3. 납세고지의 방법

1) 납세고지서의 발부

(1) 발부 주체

납세고지행위는 그 법적 성격이 행정행위이며, 성문형식을 필요로 한다. 따라서 고지서라는 서면형식에 의해 고지행위가 행해진다.

납부고지서의 발부 주체는 원칙적으로 관할세무서장이 되며, 발부대상자는 원칙적으로 납세의무자이다. 납세의무자가 다수인 때에는 각자에 대하여 납세고지서를 발부하여야 한다.

(2) 기재사항

납세고지서의 기재사항은 징수하고자 하는 국세의 과세연도·세목·세액 및 그 산출근거·납부기한과 장소이다(국세징수법 제9조 제1항). 이러한 기재사항은 필요적 기재사항이므로 이를 누락한 고지서발급은 하자 있는 고지행위가 되어 그 효력이 없게 되는데 그 하자의 법적 효과는 원칙적으로 취소사유로 본다. 이에 반해 필요적 기재사항이 제대로 기재되어 있다면, 다른 기재사항의 일부가 누락되어도 이러한 경미한 하자는 보완되거나 치유될 수 있는 것으로 보게 된다.

(3) 발부시기

납세고지서의 발부시기는 납기일과 관련하여 법정되어 있다. 즉 납부기한이 일정한 경우에는 납기가 시작되기 5일 전에 발부하여야 한다. 또 납부기한이 일정하지 아니한 경우에는 징수결정 즉시 발부하여야 한다(국세징수법 제10조). 여기서 '징수결정'이라 함은 국세를 징수하고자 수입징수관이 수입연도, 수입과목, 세액, 납부기한 등 징수에 필요한 사항에 관하여 내부적인 의사결정을 하는 것을 말한다. 그리고 세법에 따라 기간을 정하여 징수유예한 경우에는 징수유예기간이 끝난 날의 다음 날에 발부하여야 한다.

이와 같은 납세고지서의 발부시기는 훈시규정으로 해석되므로 법정된 발부시기 후에 발부되어도 고지서의 효력에는 영향이 없다.[261]

2) 납세고지서의 송달

이미 앞에서 자세히 설명하였으므로 설명을 생략한다.

3) 납세기한의 지정

(1) 의의

납세고지서에는 조세채무의 이행기한인 납세기한을 지정하여야 한다. 납세기한은 납세자의 이익을 위하여 존재하는 것이다. 따라서 통상적으로 납세기한은 법정되어 있으나 납세고지의 경우에는 납세고지에 의하여 그 납부기한이 지정된다. 세무서장은 납세고지에 의한 납부기한을 납세 또는 납부의 고지를 하는 날부터 30일 이내로 지정할 수 있다(국세징수법 제11조).

(2) 송달지연으로 인한 납부기한의 연장

송달지연이 존재하는 때에는 납세자의 이익을 위하여 납부기한은 연장된다. 즉 납세고지서가 도달한 날에 이미 그 지정된 납부기한이 경과되었거나 도달한 날로부터 14일 내에 납부기한이 도래하는 경우에는 납부기한은 연장되어 도달한 날로부터 14일이 경과한 날을 납부기한으로 하게 된다(국세기본법 제7조 제1항).

다만 납기전징수의 경우에는 당해 고지서가 도달한 날에 이미 납부기한이 경과한 때에는 그 도달한 날을 납부기한으로 하고, 당해 고지서의 도달 후 납부기한이 도래하는 때에는 그 도래한 날을 납부기한으로 한다(국세징수법 제14조 제2항).

4. 납세고지의 효력

1) 조세채무 이행의무의 발생

납세고지는 기본적으로 납세자에게 조세채무를 이행하도록 하는 효력을 발생시킨다. 즉 법정요건의 충족에 의하여 구체적으로 확정된 조세채무가 납세고지행위에 의하여 납세자에게 효력을 발생하며, 징수관청은 조세를 확정적으로 수납할 권능이 발생하게 된다.

---

261) 국세징수법 기본통칙 10 - 0···1.

2) 체납처분의 전제요건 충족

체납처분은 행정상의 강제징수절차에 해당하며, 이를 행하기 위해서는 납세의무의 불이행이 전제된다. 따라서 납세고지에 의하여 납세의 이행의무가 발생되므로 납세의무자가 납세의무를 불이행하는 경우에는 체납처분절차의 전제요건이 충족되는 결과가 발생하게 된다.

3) 소멸시효의 중단

납세고지는 징수권을 갖는 과세관청이 조세채무의 이행을 청구하는 행위이다. 이는 조세채권자의 채무이행의 청구로 보게 된다(민법 제168조 참조). 따라서 국세징수권의 소멸시효의 진행을 중단시킨다(국세기본법 제28조 제1항 1호).

5. 보충적 납세의무자 등에 대한 납부고지

납세의무자로부터 납세의무실현이 불가능한 경우에는 제2차 납세의무자 등으로부터 조세채무를 징수할 수 있다. 이를 위해서는 보충적 납세의무자에 대해서도 납세고지를 하여야 한다.

1) 제2차 납세의무자에 대한 납부고지

납세자의 국세·가산세 또는 체납처분비를 제2차 납세의무자(납세보증인 포함)로부터 징수하고자 할 때에는 제2차 납세의무자에게 납부통지서에 의하여 고지하여야 한다(국세징수법 제12조). 제2차 납세의무자에 대한 납부통지서에 의한 납부고지는 추상적으로 성립된 제2차 납세의무의 확정행위로서의 부과처분과 징수처분으로서의 성질을 함께 가진다고 볼 수 있다.[262]

납부통지서에는 제2차 납세의무자에게 징수하고자 하는 국세·가산세 또는 체납처분비의 과세연도·세목·세액 및 그 산출근거·납부기한·납부장소와 제2차 납세의무자로

---

262) 강인애, 『국세징수법』, 한일조세연구소, 2004, 111면.

부터 징수할 금액 및 그 산출근거 기타 필요한 사항을 기재하여야 한다.

2) 납세보증인에 대한 납부고지

납세보증인은 납세의무자가 납부할 조세에 관하여 보증책임을 부담하는 자이므로 주된 채무자인 납세의무자가 그 의무를 이행하지 않는 경우에 그 이행의 책임을 부담한다. 납세보증인에 대한 납부고지의 성질과 방법은 제2차 납세의무자에 대한 것과 동일하다.

3) 양도담보권자에 대한 납부고지

세무서장은 양도담보권자로부터 납세자의 조세채무이행을 확보할 수 있는 경우에는(국세기본법 제42조) 양도담보권자에게 납부고지를 하여야 한다. 그리고 양도담보권자의 주소 또는 거소를 관할하는 세무서장과 납세자에게 그 뜻을 통지하여야 한다(국세징수법 제13조 제1항).

그러나 양도담보권자에 대한 납부고지는 물적 납세의무를 구체적으로 확정하는 징수처분으로서의 성격을 가질 뿐 부과처분의 성질을 가지지 않는다. 즉 위 납브의 고지에 의하여 제2차 납세의무자에 대한 납부고지의 경우와 같은 조세채무로서의 납세의무를 부담하는 것은 아니다.

Ⅲ. 독촉 또는 최고

납세고지에도 불구하고 납세자 등이 조세채무를 이행하지 않는 경우에 과세관청은 강제징수절차인 체납처분절차에 착수하게 된다. 국세징수법은 납세자의 권리보호를 중시하는 입장에서 바로 체납처분 절차에 들어가지 아니하고 독촉을 행하여 체납처분을 예고하는 규정을 두고 있다.

1. 독촉

1) 의의

독촉은 납세의무자에게 일정기간 내에 조세채무를 이행할 것을 최고하고, 그 불이행 시에 체납처분을 할 것을 예고하는 통지행위를 말한다. 독촉은 이행지체에 빠져 있는 조세채무의 납부를 촉구하는 데 그치지 아니하고 체납처분의 개시를 예고하려는 목적을 갖고 있는 점에서 납세고지와 차이가 있다.

독촉의 법적 성질에 대해서는 단순한 관념의 통지가 아니라 준법률행위적 행정행위라고 보는 것이 일반적이다. 납세의무자가 납세고지서에 의하여 지정된 납부기한까지 조세채무를 이행하지 않을 것이 전제요건이다.

2) 절차

독촉은 독촉장의 발부라는 방법으로 일정한 기한 내에 새로운 납부기한을 정하여 행한다. 독촉장은 세무서장이 발부한다(국세징수법 제23조 제1항). 이때의 독촉장에는 납부할 국세의 과세연도·세목·세액·가산금·납부기한과 납부장소가 기재되어야 한다(동법 시행령 제26조).

독촉장은 납부기한 경과 후 10일 내에 발부하여야 하며, 이때에는 새로운 납부기한을 발부일로부터 20일 내로 정하여야 한다(국세징수법 제23조 제3항).

2. 최고

제2차 납세의무자가 납부통지된 체납세액을 납부기한까지 완납하지 않는 경우에는 최고의 절차를 거치게 된다. 최고는 그 대상이 제2차 납세의무자라는 점에서 본래의 납세의무자에 대하여 행하는 독촉과 차이가 있다. 그러나 성질에 있어서는 납세의무자에 대한 독촉과 유사하다.

형식에 있어서도 독촉의 경우와 마찬가지로 성문의 문서인 납부최고서의 발부에 의한다. 납부최고서의 발부기한도 납기경과 후 10일 이내가 된다(국세징수법 제23조 제2항). 그러나 세무서장만이 발부할 수 있는 점에서 독촉과 차이가 있다.

납부최고서의 기재사항은 납세자의 주소 또는 거소와 성명, 제2차 납세의무자 등으로부터 징수하고자 하는 국세의 과세연도·세목·세액·납부기한과 납부장소 등이 된다 (동법 시행령 제27조).

납세보증인의 조세채무 이행지체와 관련해서는 국세징수법에 특별한 규정을 두고 있지 않으나 제2차 납세의무자에 대한 최고의 경우와 동일하게 해석하여야 할 것이다.[263]

3. 독촉 또는 최고의 효과

1) 체납처분의 전제요건

납세자가 독촉장(납부최고서 포함)을 받고 지정된 납부기한까지 국세와 가산금을 완납하지 아니한 때에는 체납처분절차가 개시된다. 따라서 독촉 또는 최고행위는 체납처분절차의 첫째 단계인 압류의 전제요건이 된다.

국세징수법에 의하면 납세자가 독촉장을 받고 지정된 기한까지 조세채무를 이행하지 아니한 때에는 납세자의 재산을 압류한다고 규정하고 있다(국세징수법 제24조 제1항 1호). 그러므로 독촉이 행하여지지 않거나 무효인 독촉에 기하여 행한 압류처분은 무효라고 보아야 할 것이다. 판례도 독촉 없이 행한 압류처분은 무효라고 보고 있다.[264] 그러나 예외적으로 독촉절차 없이 압류처분을 하였더라도 이러한 사유만으로는 압류처분이 당연무효가 되는 것은 아니라고 본 경우도 있음을 유의하여야 할 것이다.[265]

2) 소멸시효의 진행중단

독촉 또는 납부최고는 조세채무를 최고하는 효력을 가지므로 국세징수권의 소멸시효의 진행을 중단시킨다(국세기본법 제28조 제1항 2호).

---

263) 강인애, 앞의 책, 272면.
264) 대법원 1982.8.24. 선고 81누162 판결.
265) 대법원 1984.9.25. 선고 84누107 판결.

4. 독촉이 필요 없는 경우

현행법상 독촉이 필요 없는 경우는 ① 납기전징수로서 국세를 징수하는 경우(국세징수법 제23조 제1항 단서), ② 확정 전 보전압류에 관계된 국세를 징수하는 경우(동법 제24조 제2항), ③ 납세담보(보증인의 납세보증채무를 제외한다)에 의한 징수(국세기본법 제33조 제2항)에 관계되는 국세를 징수하는 경우가 있다. 이 경우에 독촉절차 없이 즉시 체납처분을 개시할 수 있다.

이와 다소 다르지만 납부기한이 도래하기 전에 고지세액에 대하여 징수유예를 한 경우에는 그 납부기한이 도과하여도 그 징수유예기한이 경과하기까지는 독촉을 할 수 없다(동법 제19조 제3항).

5. 체납액 징수업무의 위탁

세무서장은 독촉과 최고에도 불구하고 납부되지 아니한 체납액을 징수하기 위하여 금융회사부실자산 등의 효율적 처리 및 한국자산관리공사의 설립에 관한 법률에 따라 설립된 한국자산관리공사에 다음의 업무를 위탁할 수 있다. 이 경우 한국자산관리공사는 위탁받은 업무를 제3자에게 다시 위탁할 수 없다(국세징수법 제23조의 2 제1항).
① 체납자의 주소 또는 거소 확인
② 체납자의 재산 조사
③ 체납액의 납부를 촉구하는 안내문 발송과 전화 또는 방문 상담
④ 위에 준하는 단순 사실행위에 해당하는 업무로서 대통령령으로 정하는 사항

제2절 조세채권의 강제적 실현절차

Ⅰ. 체납처분

1. 체납처분의 개념

체납처분이라 함은 납세자가 조세채무를 임의로 이행하지 않는 경우에 납세자의 재산으로부터 조세채권을 강제적으로 실현하려는 목적으로 행하는 일련의 절차를 말한다.

체납처분은 협의의 체납처분과 광의의 체납처분으로 나뉜다. 협의의 체납처분이란 정부가 스스로 납세자의 재산을 압류하여 이를 환가하여 조세채무에 충당하는 절차이다. 체납처분을 광의로 이해하는 경우에는 징수권자가 납세자의 의사에 무관하게 조세채권을 실현하는 절차를 전반적으로 총칭하게 된다. 여기에는 징수권자가 스스로 강제징수절차를 개시한 경우뿐 아니라, 다른 주체에 의하여 납세의무자의 재산에 대한 강제 환가절차가 진행 중인 경우에 교부청구나 참가압류하는 경우도 포함된다.

교부청구란 이미 다른 기관에 의하여 강제환가절차가 개시된 경우 그 집행기관에 대하여 환가대금의 교부를 청구하는 방법으로 조세채권을 실현하는 절차이다. 또 참가압류란 정부가 압류하고자 하는 납세자의 재산이 이미 다른 기관에 의하여 압류된 때에는 그 다른 기관의 압류에 참가하여 환가최고권·환가대금에 대한 배분참가권, 기압류기관이 압류를 해제하는 경우에 참가압류시점에 소급하여 본압류로 효력을 갖는 권리 등을 확보하는 절차이다.

국세징수법에 따른 체납처분절차는 재산의 압류, 압류재산의 환가처분(매각), 매각대금의 체납된 국세 등에 배분(청산)의 순서로 이루어진다.

2. 체납처분절차의 의의

1) 사법상의 강제집행절차와의 비교

체납처분절차는 조세채무의 불이행 시에 행해지는 강제절차라는 점에서, 일응 사법상의 채무불이행에 대한 강제집행절차와 유사하게 보인다. 그러나 구체적인 절차에서 차이가 있다.

사법상의 채권은 자력구제가 허용되지 않고 강제집행을 위하여 법원을 통한 집행권원과 집행문을 필요로 하게 된다. 그러나 조세채권의 경우는 그 내용확정이나 강제집행이 법률규정 자체에 의하여 허용된다. 따라서 집행권원이나 집행문이 필요하지 않는 것이다.

이러한 조세징수절차상의 특수성은 국가 수입의 대종을 이루는 조세채권의 성질이 대량적·반복적·무차별적으로 발생하기 때문에 조세징수를 신속·정확하게 하려는 정책적 견지에서 인정된다.

2) 체납처분 규정의 의의

현행법상 체납처분절차는 국세의 경우 국세징수법, 지방세의 경우 지방세기본법에서 각각 규정하고 있다.

국세징수법상의 체납처분절차는 국세에 한정하지 않고 공법상의 금전채권의 경우에 통용되는 일반적인 강제징수절차로서의 의미를 지닌다. 즉 지방세 체납의 경우에는 지방세기본법상 별도의 규정이 없는 한 국고금관리법 및 국세징수법의 체납처분의 예에 의하도록 하고 있다(지방세기본법 제75조, 제147조). 또 공법상의 금전납부의무 불이행에 대해서는 이러한 내용의 지방세 체납처분의 예에 의하도록 하고 있다(지방자치법 제20조 제5항 등). 따라서 국세징수법상의 국세에 대한 체납처분절차는 개별법상의 특별한 규정이 없는 한, 공법상의 금전채권에 대한 일반적인 강제징수절차로서의 의미도 가진다.

3. 과세처분과 체납처분의 관계

1) 과세처분의 하자와 위법성의 승계

과세처분은 조세채권을 구체적으로 확정하는 행위로서 실체법상의 법률효과를 목적으로 하는 행정처분이다. 이에 대하여 체납처분은 부과처분의 집행을 위한 절차에 불과하므로 일단 유효하게 확정된 조세채권의 존재를 전제로 한다. 만일 과세처분이 무효이거나 부존재하는 경우에 후행처분인 체납처분은 그 성립요건에 중대한 하자가 있게 되어 무효가 된다.

이와 달리 과세처분의 하자가 명백하지 아니하거나 중대하지 아니하여 과세처분에 단지 취소사유가 존재하는 때에는 이러한 하자가 체납처분에 어떠한 영향을 미치는지 문제된다. 이 경우 우리나라의 학설과 판례는 선행처분인 과세처분에 내재하는 하자나 납세의무자의 신고행위의 하자는 이미 불복기간이 도과한 이상 후행처분인 징수처분 또는 체납처분에 그 하자가 승계되지 않는 것으로 보고 있다.[266]

과세처분과 징수처분은 각각 독자적인 목적과 다른 법률효과를 가진 별개의 독립된 행정처분으로 보아 과세처분의 위법성은 체납처분에 승계되지 않기 때문이다. 따라서 과세처분이나 신고행위에 취소원인이 있다 하여도 이를 이유로 체납처분의 위법을 주장할 수 없다. 즉 이러한 때에는 체납처분에 아무런 영향도 미치지 않는 것이다.

만일 어떤 과세처분이 위헌법률에 근거하였다는 위법사유가 있다고 하더라도 위헌결정 전에 이루어진 과세처분은 당연무효가 아니라 취소할 수 있는데 불과하다는 것이 판례의 입장이므로, 그 과세처분이 위헌법률에 근거한 위법이 있다고 하더라도 이를 이유로 후행처분인 체납처분의 취소를 구할 수 없게 된다.[267]

2) 체납처분절차의 하자와 위법성의 승계

협의의 체납처분절차인 납부고지, 독촉 등 징수처분에 취소원인이 있는 경우에는 압류처분이나 공매처분도 위법하게 된다고 보아야 한다. 조세채권의 강제적 실현을 목적으로 하는 강제징수절차는 여러 단계의 일련 절차로 구성된다. 이때에 체납처분절차를 구성하는 개별 절차들은 동일한 목적을 추구하는 행위이므로, 개별 행위의 하자는 후행 행위에 그 위법성이 승계된다. 따라서 당사자는 선행행위의 위법성을 들어 후행행위의 위법성을 다툴 수 있는 것으로 보는 것이다. ☞ 〈참고판례 45〉

나아가 납세고지 또는 독촉이 흠결된 경우에 체납처분의 효력이 문제 되나 당연무효로 해석하여야 할 것이다. 이는 앞서 본 과세처분이 무효인 경우에서 설명한 바와 같다.

---

266) 강인애, 앞의 책, 290면; 이창희, 앞의 책, 147면; 대법원 2006.9.8. 선고 2005두14394 판결, 대법원 1989.7.11. 선고 88누12110 판결.

267) 소순무, "조세법의 헌법적 조명", 「헌법문제와 재판(하)」, 569면.

대법원 1991.6.28. 선고 89다카28133 판결【소유권이전등기 등】

【판시사항】

[1] 증여자에게 납부통지만 하였을 뿐 납세고지가 없는 상태에서 증여자의 재산에 대하여 한 압류처분의 효력 유무(소극)

[2] 당초부터 무효인 압류와 그 압류등기 후에 체납액이 발생하였다고 하여 유효한 것으로 전환되는지(소극)

[3] 무효인 압류처분에 기한 공매처분의 효력

【판결요지】

[1] 증여자에게 상속세법시행령 제39조에 의한 납부통지만 하였을 뿐 달리 국세징수법 제9조에 따른 납세고지가 없었다면 아직 적법한 과세처분이 없어 증여세의 연대납세의무가 발생할 수 없는 것이므로 이와 같은 경우에는 세무서장이 징수권을 행사하여 증여자의 재산에 대하여 한 압류처분은 그 하자가 중대하고도 명백하여 당연무효라 할 것이다.

[2] 국세징수법 제47조 제2항에 의하여 압류가 그 압류의 등기를 한 후에 발생한 체납액에 대해서도 효력을 미치기 위해서는 그 압류가 유효하게 존속함을 전제로 한다고 할 것이고 압류가 당초부터 무효인 경우에는 그 압류등기 후에 체납액이 발생하였다고 하여 바로 그 체납액에 대한 압류로서 유효한 것으로 전환되는 것은 아니다.

[3] 무효인 압류처분에 기한 공매처분 역시 당연무효의 처분이고, 공매처분이 무효인 이상 이에 대해 이의신청 등을 제기하지 아니한 사실만 가지고 그 처분이 유효하게 되었다 할 수 없다.

【이유】

피고들의 소송대리인들 및 피고보조참가인 소송수행자의 상고이유를 함께 판단한다.

증여자에게 상속세법시행령 제39조에 의한 납부통지만 하였을 뿐 달리 국세징수법 제9조에 따른 납세고지가 없었다면 아직 적법한 과세처분이 없어 증여세의 연대납세의무가 발생할 수 없는 것이므로(당원 1986.9.23. 선고 86누109 판결; 1988.6.14. 선고 88누2120 판결 및 1989.12.22. 선고 89누4781 판결 등 참조), 이와 같은 경우에는 세무서장이 징수권을 행사하여 증여자의 재산에 대하여 한 압류처분은 그 하자가 중대하고도 명백하여 당연무효라 할 것이다(당원 1989.5.23. 선고 88누3741 판결 참조). 또한 국세징수법 제47조 제2항에 의하여 압류가 그 압류의 등기를 한 후에 발생한 체납액에 대해서도 효력을 미치기 위해서는 그 압류가 유효하게 존속함을 전제로 한다고 할 것이고 압류가 당초부터 무효인 경우에는 그 압류등기 후에 체납액이 발생하였다고 하여 바로 그 체납액에 대한 압류로서 유효한 것으로 전환되는 것은 아니라고 할 것이다.

원심판결 이유에 의하면 원심은, 원고가 1979년 12월 22일경 자기의 아들인 소외 김민식에게 서울 강서구 화곡동 216의 4 전 등 3필지의 토지를, 1980년 12월 30일경 같은 김중식에게 같은 동 216의 16 전 1필지를 각 증여한 사실이 있는데 한강세무서장은 위 김민식, 김중식이 위 각 증여받은 토지에 대한 증여세를 체납한다는 이유로 1985년 7월 15일경 원고소유의 이 사건 부동산(같은 동 1025의 26 대 468.6평방미터)에 대하여 압류처분을 하고 같은 달 19일 강서등기소에 압류등기를 촉탁한 사실, 위 한강세무서장은 위 압류등기를 마친 후인 1985년 12월 2일에 이르러 수증자인 위 소외인들이 증여세를 체납하였으니 상속세법 제29조의 2 제2항에 따라 증여자인 원고에게 의 각 체납증여세 및 그 가산금의 연대납부책임이 있으므로 같은 법 시행령 제39조에 의하여 이를 증여자인 원고에게 통지한다는 내용의 납부통지를 한 사실, 그 후 위 한강세무서장은 위 체납처분절차를 진행함으로써 1986년 7월 31일 이 사건 부동산이 공매처분되어 같은 해 9월 25일 피고 송진섭, 같은 이건형 공동명의로 소유권이전등기가 경료되었고 위 등기에 터 잡아 피고 전승수 명의의 소유권이전등기가 순차 경료된 사실을 각 인정하고, 위 한강세무서장이 원고에게 상속세법시행령 제39조에 따른 납부통지만 하였을 뿐 위 국세징수법 제9조에 따른 납세고지를 하였다고 볼 아무런 증거가 없는 이 사건에서는 원고에 대해서는 구체적으로 증여세 연대납세의무가 발생하지 아니한다고 할 것인데, 그럼에도 불구하고 원고의 위 증여세 체납을 이유로 원고소유의 이 사건 부동산에 대하여 한 위 압류처분은 그 하자가 중대하고도 명백하여 당연무효의 처분이라 할 것이고, 또한 원고에 대한 증여세부과처분은 원고가 소정의 이의기간 내에 이의청구나 심사청구를 하지 아니함으로써 위 처분이 적법한 것으로 확정되었다는 주장에 대해서는 그 증여세부과처분이 존재하지 않으므로 이에 대해 더 판단할 필요가 없다고 한 다음, 원고는 위 압류등기 후인 1985년 12월 31일이 납기인 판시 토지에 대한 양도소득세 등을 체납하였으므로 위 압류는 위 체납된 조세에 대한 압류로서 유효한 압류로 전환되었다는 주장에 대하여 압류가 무효인 이상 그 압류등기 후에 체납액이 발생하였다고 하여도 국세징수법 제47조

제2항에 의하여 그 체납액에 대한 압류로서 유효한 것으로 전환되는 것은 아니라 할 것이며 무효인 압류처분에 기한 공매처분 역시 당연무효의 처분으로서 위 공매처분에 기하여 이루어진 피고 송진섭, 이건형 명의의 각 소유권이전등기 및 이에 터 잡아 이루어진 피고 전승수 명의의 소유권이전등기는 각 원인무효의 등기라고 판단하였다.

기록에 의하여 살펴보면, 원심의 위 인정은 옳고 원심의 위 판단 또한 정당하며 거기에 소론이 지적하는 증여세의 연대납세의무의 성립에 관한 법리오해 무효 등기의 유효전환에 관한 법리오해나 이유불비의 위법이 있다고 할 수 없고 또한 소론은 압류 후의 새로운 체납사실의 발생으로 인하여 무효인 압류등기가 새로운 실체를 갖추어 유효한 등기로 전환되었다는 주장에 대하여 원심이 판단을 유탈하였다는 것이나 압류등기의 등기원인은 체납사실 자체가 아니라 이를 이유로 한 체납처분으로서의 압류이기 때문에 원심이 압류가 무효인 이상 그 후 체납사실이 있다 하여 그 무효인 압류가 유효로 전환될 수 없다고 판단한 것은 결국 소론이 주장하고 있는바 압류등기의 실체가 형성된 여부에 대하여 이미 판단을 한 것으로 보이며 공매처분이 무효인 이상 이에 대해 이의신청 등을 제기하지 아니한 사실만 가지고 그 처분이 유효하게 되었다 할 수 없고 소론이 지적하는 당원 판례들은 사안을 달리하여 이 사건에 적절한 예가 되지 아니하므로 소론 주장들은 모두 이유 없다.

그리고 원고가 이 사건에서 소론과 같이 그 지상건물이 피고들에게 양도되기에 이른 후에 뒤늦게 그 공매처분의 무효임을 이유로 위 각 소유권이전등기의 말소를 구하는 것은 금반언 및 신의칙에 위반되거나 권리의 남용이라는 등의 소론주장은 원심 당시까지 제기하지 않다가 당심에 이르러 비로소 주장하는 것이므로 적법한 상고이유가 되지 못한다.

Ⅱ. 재산의 압류

1. 압류의 의의

압류란 조세채권의 내용을 실현하기 위하여 납세자의 특정재산을 강제적으로 확보하는 체납처분기관의 강제적 행위를 말한다. 압류는 체납처분절차의 개시라는 의미를 가지고 있다.

압류는 조세채권의 확보를 위하여 불가피한 조치로 볼 수 있지만 반면에 피압류자의 재산권 행사에 대한 중대한 침해를 수반하게 된다. 따라서 압류행위는 돌가피하더라도 과잉압류행위는 헌법 및 법률에 위배되어 금지되므로 압류는 채권확보에 필요한 최소한의 범위에 그쳐야 한다.

2. 압류의 요건

1) 보통의 압류의 경우

보통의 경우에 독촉(또는 납부최고)의 절차를 거쳐 체납처분을 개시한다. 이때 압류의 요건은 다음과 같다(국세징수법 제24조 제1항 1호).

① 납세자가 독촉장 또는 납부최고서의 송달을 받았을 것
② 지정된 기한까지 국세와 가산금을 완납하지 않았을 것

2) 납기전징수의 경우

납기전징수(국세징수법 제14조)의 경우에는 납세자가 납기 전에 납부의 고지를 받고 지정된 기한까지 완납하지 아니한 때에 독촉절차를 거치지 않고 납세자의 재산을 압류할 수 있다(국세징수법 제24조 제1항 2호).

3) 확정 전 보전압류의 경우

납세자에게 납기전징수 사유가 존재하여 국세의 확정 후에는 당해 국세를 징수할 수 없다고 인정되는 때에 한하여 국세로 확정되리라고 추정되는 금액의 한도 안에서 납세자의 재산을 압류할 수 있다(국세징수법 제24조 제2항).

이 경우에 세무서장은 미리 국세청장의 승인을 얻어야 하며(동 조 제3항), 재산을 압류할 때에는 당해 납세자에게 문서로 통지하여야 한다(동 조 제4항).

3. 압류의 대상

압류의 대상은 납세자의 재산으로서 금전으로 환가할 수 있는 것이면 모두 해당된다. 따라서 동산, 유가증권, 채권, 부동산, 무체재산권 등을 포함한 금전적 가치가 있는 모든 유가물이 대상이 된다. 그러나 압류의 대상물건은 압류금지물건이 아니어야 한다.

1) 납세자의 재산일 것

압류의 대상으로 되는 재산은 압류 당시에 납세자에게 귀속되는 것이어야 한다. 따라서 타인 소유의 재산인 경우에는 압류가 허용되지 않는다. 만일 제3자 소유의 재산에 압류행위를 하였다면 그 압류처분은 처분의 내용이 법률상 실현될 수 없는 것이어서 당연무효로 보아야 한다.268) ☞ **〈참고판례 46〉**

다만 납세자가 국세의 징수를 면하고자 재산권을 목적으로 한 법률행위를 한 경우에는 민법과 민사소송법의 규정을 준용하여 세무공무원은 사해행위 취소권을 법원에 행사할 수 있다(국세징수법 제30조).

2) 교환적 가치나 양도성이 있는 재산일 것

압류는 궁극적으로 대상물건을 금전으로 바꾸기 위한 것을 전제로 하므로 압류의 대상은 교환적 가치 있는 재산이어야 한다. 또 교환적 가치의 확보를 위해서는 압류재산의 양도성을 필요로 한다. 따라서 양도성이 인정되지 않는 일신전속적인 재산이나 체납자의 작위 또는 부작위를 목적으로 하는 채권은 압류대상으로부터 제외된다.

3) 법령상 압류금지재산이 아닐 것

압류의 대상으로 되는 재산은 법률의 규정에 의하여 압류가 금지되지 아니한 재산이어야 한다. 국세징수법은 이와 관련하여 압류가 금지 또는 제한되는 재산을 세 가지로 유형화하고 있다.

---

268) 대법원 2006.4.13. 선고 2005두15151 판결, 대법원 1996.10.15. 선고 96다17424 판결.

(1) 절대적 압류금지 재산(국세징수법 제31조)

① 체납자와 그 동거가족의 생활상 없어서는 아니 될 의복·침구·가구와 주방구

② 체납자와 그 동거가족이 필요한 3월간의 식료와 연료

③ 실인 기타 직업에 필요한 인장

④ 제사·예배에 필요한 물건·석비와 묘지

⑤ 체납자 또는 그 동거가족의 상사·장례에 필요한 물건

⑥ 족보 기타 체납자의 가정에 필요한 장부·서류

⑦ 직무상 필요한 제복·법의

⑧ 훈장 기타 명예의 증표

⑨ 체납자와 그 동거가족의 수학상 필요한 서적과 기구

⑩ 발명 또는 저작에 관한 것으로서 공표되지 아니한 것

⑪ 법령에 의하여 급여하는 사망급여금과 상이급여금

⑫ 의료·조산의 업 또는 동물진료업에 필요한 기구·약품 기타 재료

(2) 조건부 압류금지 재산(동법 제32조)

다음의 재산은 체납자가 국세·가산금 및 체납처분비에 충당할 만한 다른 재산을 제공하는 때에는 이를 압류할 수 없다.

① 농업에 필요한 기계·기구·가축류·사료·종자와 비료

② 어업에 필요한 어망·어구·어선

③ 직업 또는 사업에 필요한 기계·기구와 비품

(3) 급여의 압류제한(동법 제33조)

급료·연금·임금·봉급·세비·상여금·퇴직금·퇴직연금 그 밖에 이와 비슷한 성질을 가진 급여채권에 대해서는 그 총액의 2분의 1에 해당하는 금액은 압류하지 못한다. 다만, 그 금액이 국민기초생활보장법에 따른 최저생계비를 고려하여 정하는 금액에 미치지 못하는 경우 또는 표준적인 가구의 생계비를 고려하여 정하는 금액을 초과하는 경우에는 그 정하는 금액으로 한다.

〈참고판례 46〉

대법원 2006.4.13. 선고 2005두15151 판결【압류처분취소】

【판시사항】

[1] 납세자 아닌 제3자의 재산을 대상으로 한 체납압류처분의 효력(무효)

[2] 과세관청이 체납자가 점유하고 있는 제3자 소유의 동산을 압류한 경우, 체납자가 그 압류처분의 취소나 무효확인을 구할 원고적격이 있는지(적극)

[3] 부부공유 유체동산의 압류에 관한 민사집행법 제190조의 규정을 체납처분의 경우에 유추적용할 수 있는지(적극)

【판결요지】

[1] 과세관청이 납세자에 대한 체납처분으로서 제3자의 소유 물건을 압류하고 공매하더라도 그 처분으로 인하여 제3자가 소유권을 상실하는 것이 아니고, 체납처분으로서 압류의 요건을 규정하는 국세징수법 제24조 각 항의 규정을 보면 어느 경우에나 압류의 대상을 납세자의 재산에 국한하고 있으므로, 납세자가 아닌 제3자의 재산을 대상으로 한 압류처분은 그 처분의 내용이 법률상 실현될 수 없는 것이어서 당연무효이다.

[2] 국세징수법 제38조, 제39조의 규정에 의하면 동산의 압류는 세무공무원이 점유함으로써 행하되, 다만 일정한 경우 체납자로 하여금 보관하게 하고 그 사용 또는 수익을 허가할 수 있을 뿐이며, 여기서의 점유는 목적물에 대한 체납자의 점유를 전면적으로 배제하고 세무공무원이 이를 직접 지배, 보관하는 것을 뜻하므로, 과세관청이 조세의 징수를 위하여 체납자가 점유하고 있는 제3자의 소유 동산을 압류한 경우, 그 체납자는 그 압류처분에 의하여 당해 동산에 대한 점유권의 침해를 받은 자로서 그 압류처분에 대하여 법률상 직접적이고 구체적인 이익을 가지는 것이어서 그 압류처분의 취소나 무효확인을 구할 원고적격이 있다.

[3] 부부공유 유체동산의 압류에 관한 민사집행법 제190조의 규정은 체납처분의 경우에 유추적용을 배제할 만한 특수성이 없으므로 이를 체납처분의 경우에도 유추적용할 수 있다.

【이유】

상고이유를 본다.

[1] 이 사건 압류처분 중 이 사건 1, 2, 4, 5 동산에 관한 부분

과세관청이 납세자에 대한 체납처분으로서 제3자의 소유 물건을 압류하고 공매하더라도 그 처분으로 인하여 제3자가 소유권을 상실하는 것이 아니고, 체납처분으로서 압류의 요건을 규정하는 '국세징수법' 제24조 각 항의 규정을 보면 어느 경우에나 압류의 대상을 납세자의 재산에 국한하고 있으므로, 납세자가 아닌 제3자의 재산을 대상으로 한 압류처분은 그 처분의 내용이 법률상 실현될 수 없는 것이어서 당연무효이지만(대법원 1993.4.27. 선고 92누12117 판결, 1996.10.15. 선고 96다17424 판결, 2001.2.23. 선고 2000다68924 판결 등 참조), '국세징수법' 제38조, 제39조의 규정에 의하면 동산의 압류는 세무공무원이 점유함으로써 행하되, 다만 일정한 경우 체납자로 하여금 보관하게 하고 그 사용 또는 수익을 허가할 수 있을 뿐이며, 여기서의 점유는 목적물에 대한 체납자의 점유를 전면적으로 배제하고 세무공무원이 이를 직접 지배, 보관하는 것을 뜻하므로, 과세관청이 조세의 징수를 위하여 체납자가 점유하고 있는 제3자의 소유 동산을 압류한 경우, 그 체납자는 그 압류처분에 의하여 당해 동산에 대한 점유권의 침해를 받은 자로서 그 압류처분에 대하여 법률상 직접적이고 구체적인 이익을 가지는 것이어서 그 압류처분의 취소나 무효확인을 구할 원고적격이 있다고 할 것이다.

기록에 의하면, 이 사건 압류처분 당시 이 사건 1, 2, 4, 5 동산은 비록 체납자인 원고의 소유는 아니라고 하더라도, 원고가 그 배우자인 남편 소외인과 함께 위 각 동산을 공동점유하고 있어 위 각 동산에 대한 공동점유자 중 1인인 사실을 알 수 있다.

그럼에도 불구하고, 원심은 위 각 동산의 공동점유자로 보이는 원고가 피고를 상대로 이 사건 압류처분 중 위 각 동산에 관한 부분의 취소를 구하고 있는 이 부분 청구에 대하여, 그 판시와 같이 위 각 동산은 체납자인 원고의 소유가 아니고 체납자의 소유가 아닌 재산에 대하여 압류처분이 행해졌을 경우 자기 소유의 재산에 대해서는 아무런 압류처분이 없이 단지 형식적으로 압류처분의 상대방에 불과한 체납자는 사실상 간접적인 이해관계를 가질 뿐 법률상 직접적이고 구체적인 이익을 가지는 사람이 아니므로 원고는 그 압류처분의 취소나 무효확인을 구할 당사자적격이 없다고 하여 이 사건 소 중 위 각 동산에 관한 부분이 부적법하다고 판단하였으니, 이 부분 원심판결에는 원고적격에 관한 법리를 오해하여 판결에 영향을 미친 위법이 있다고 할 것이다.

[2] 이 사건 압류처분 중 이 사건 3, 6, 7, 8 동산에 관한 부분

가. 원심은 위 각 동산이 원고의 소유가 아니라 남편인 소외인의 특유재산이라는 원고의 주장에 대하여, 이를 인정할 증거가 없다는 이유로 배척하였는바, 기록에 비추어 살펴

보면, 원심의 위와 같은 판단은 정당한 것으로 수긍할 수 있고, 이 부분 원심판결에 상고이유의 주장과 같이 채증법칙을 위반하여 사실을 잘못 인정한 위법이 없으며, 원심이 원고의 주장에 부합하는 듯한 증거들에 대하여 일일이 배척하는 판단을 하지 아니하였다고 하더라도 원심판결에 영향을 미친 판단누락의 위법이 있다고 할 수 없다. 이 부분 상고이유의 주장은 이유 없다.

나. 원심은 또, 위 각 동산이 '국세징수법' 제31조 제1호에서 규정하는 체납자 및 그 동거가족이 기본적인 의식주생활을 위하여 꼭 필요한 재산에 해당한다고 볼 수 없고, 위 각 동산이 모두 금전적 가치가 있음을 전제로 위 각 동산의 추산가액이 체납처분비에 충당하고 잔여가 생길 여지가 없다고 볼 수도 없다고 판단하였는바, 기록에 비추어 살펴보면, 원심의 위와 같은 판단은 정당하고, 이 부분 원심판결에도 상고이유의 주장과 같이 채증법칙을 위반하여 사실을 잘못 인정하거나 압류금지재산 등의 법리를 오해한 위법이 있다고 할 수 없다.

다. 원고가 원심에서 "비록 위 각 동산이 원고 부부의 공유재산이라고 하더라도 부부공유 유체동산의 압류에 관한 '민사집행법' 제190조의 규정을 체납처분에 유추적용할 수 없어 불가분물인 부부공유재산은 국세징수법에 의하여 압류할 수 없다"는 주장을 하였음에도 불구하고 원심이 위와 같은 원고의 주장에 대한 판단을 전혀 하지 않아 원심판결에 판단누락의 위법이 있다고 할 것임은 상고이유 주장과 같지만, 부부공유 유체동산의 압류에 관한 '민사집행법' 제190조의 규정은 체납처분의 경우에 유추적용을 배제할 만한 특수성이 없으므로 이를 체납처분의 경우에도 유추적용할 수 있다 할 것인바, 원심의 위와 같은 판단누락의 위법이 판결 결과에 영향을 미치지 못한다고 할 것이어서, 이에 관한 상고이유의 주장도 받아들일 수 없다.

4. 압류절차

1) 압류절차 일반

(1) 신분증의 제시

압류행위는 체납자의 재산에 대한 실력행사로서 집행을 당하는 자의 권리에 중대한 영향을 미치게 된다. 이에 따라 세무공무원이 압류를 하기 위해서는 신분을 표시하는 증표를 휴대하고 이를 제시하도록 하고 있다(국세징수법 제25조).

(2) 수색

압류를 위하여 필요한 경우에 세무공무원은 수색을 할 수 있다(동법 제26조 제1항). 일반적으로 압류를 위한 수색의 경우는 영장 없이도 가능한 것으로 보고 있다. 국세징수법은 수색의 시간에 관하여 원칙적으로 해 뜰 때부터 해 질 때까지 해야 하지만 해가 지기 전에 개시한 수색은 해가 진 후에도 계속할 수 있도록 정하고 있다(동 조 제3항). 이와 같이 수색은 체납자의 정상적인 일상생활이나 영업활동에 제약을 주는 행위이므로 시간적으로 일정한 제한하에서만 허용된다.

(3) 질문검사권

압류를 위하여 압류할 재산의 소재 또는 수량을 알고자 할 때에는 체납자 등에게 질문하거나 장부·서류 기타의 물건을 검사할 수 있다(국세징수법 제27조). 질문검사를 수인할 당사자로는 체납자, 체납자와 거래관계가 있는 자, 체납자의 재산을 점유하는 자, 체납자와 채권·채무관계가 있는 자, 체납자가 주주 또는 사원인 법인, 체납자의 법인의 주주 또는 사원이 해당한다.

(4) 참여자 설정

세무공무원이 수색 또는 검사를 하고자 할 때에는 당해 수색 또는 검사를 받는 자, 그 가족·동거인 또는 사무원 기타의 종업원을 증인으로 참여시켜야 한다(국세징수법 제28조 제1항). 이러한 참여자가 없거나 참여에 응하지 않는 때에는 성년자 2인 이상 또는 서울특별시·광역시·시·군의 공무원이나 경찰공무원을 증인으로 참여시켜야 한다(동 조 제2항).

참여자의 자격이나 능력이 없는 자를 증인으로 참여시키거나 참여자의 참여 없이 수색 등을 집행하는 등 참여자 설정절차를 흠결하여도 압류의 효력이 당연무효가 되는 것은 아니고 단지 절차에 하자가 있어 위법한 처분이 된다.[269]

(5) 압류조서의 작성

압류를 할 때에는 압류조서를 작성하여야 한다. 압류재산이 동산 또는 유가증권, 채권, 채권과 소유권을 제외한 재산권(무체재산권 등)에 해당하는 때에는 압류조서의 등본을 체납자에게 교부하여야 한다(국세징수법 제29조).

판례에 따르면 압류조서에 참여인의 기재와 서명날인이 없는 경우에도 압류의 본질적

---

269) 강인애, 앞의 책, 386면.

요소를 이루는 사소한 절차상의 잘못에 불과하므로 이것을 이유로 압류 자체를 무효로 볼 것은 아니다.[270]

2) 동산과 유가증권의 압류절차

(1) 동산과 유가증권의 의의

동산은 민법상의 개념으로서 부동산 이외의 물건을 말한다(민법 제99조 제2항). 부동산은 토지 및 그 정착물을 말하므로 국세징수법에서 말하는 동산은 민법 제99조 제2항에서 규정하는 동산 중에서 국세징수법 제45조 및 제46조의 규정의 적용을 받는 물건을 제외한 유체동산을 가리킨다.

유가증권은 재산적 가치가 있는 재산권을 나타내는 증권을 말한다. 유가증권은 증권의 소지 또는 교부에 의하여 그 권리의 행사 또는 이전의 효력이 발생하게 된다.

(2) 압류의 절차

동산과 유가증권에 대한 압류의 절차는 원칙적으로 세무공무원이 점유함으로써 행한다. 동산 및 유가증권에 대한 압류의 효력은 세무공무원이 그 재산을 점유한 때에 발생한다. 다만 예외적으로 운반하기 어려운 재산은 시장·군수·체납자 또는 제3자로 하여금 보관하도록 하여 세무공무원의 간접점유의 방법을 취할 수도 있다. 이때에는 봉인 기타의 방법으로 압류재산임을 명백히 하여야 한다(국세징수법 제38조).

(3) 압류재산의 사용·수익

동산을 압류하여 체납자 또는 이를 사용하거나 사용할 권리를 가진 제3자에게 보관시킨 경우에 국세징수에 지장이 있다고 인정되는 때를 제외하고는 당해 재산의 사용 또는 수익을 허가할 수 있다(국세징수법 제39조).

압류는 체납된 조세징수를 위하여 체납자 재산의 교환가치를 확보하는 절차이므로, 재산의 성질상 이를 사용하더라도 그 가치가 현저히 훼손되지 않는 경우에는 사용·수익이 허용된다.

---

270) 대법원 1989.11.14. 선고 88다카19033 결정.

(4) 유가증권에 관한 채권의 추심

유가증권을 압류한 때에 세무서장은 그 유가증권에 관계되는 금전채권을 추심할 수 있다. 이때에는 추심받은 한도 내에서 체납자의 압류에 관계되는 체납액을 징수한 것으로 보게 된다(국세징수법 제40조).

3) 채권의 압류절차

(1) 채권의 범위

채권은 특정인이 다른 상대방에게 일정한 내용의 급여, 즉 채무자의 작위 또는 부작위를 청구할 수 있는 권리를 말한다. 그런데 압류대상이 되는 채권은 금전의 급부 또는 매각할 수 있는 재산의 급부를 목적으로 하는 내용을 갖는 것이어야 한다. 따라서 일신전속적 채권, 법령에 의하여 지급하는 사망급여금과 상이급여금, 기타 특별법의 규정에 따라 압류가 금지된 채권은 포함되지 아니한다.

(2) 압류의 절차

채권의 압류는 채권자인 체납자가 채권행사를 하지 못하도록 하는 방법을 취하여야 한다. 따라서 세무서장이 채권을 압류한 때에는 이러한 사정을 채무자에게 통지하여, 체납자에게 채무내용을 이행하지 못하도록 하여야 한다(국세징수법 제41조 제1항).

이러한 채무자에 대한 압류통지는 서면의 형식을 필요로 하며, 일정한 사항을 기재하여야 한다. 기재사항으로는 ① 체납자의 주소 또는 거소와 성명, ② 체납국세의 과세연도・세목・세액과 납부기한, ③ 압류한 채권의 종류와 금액, ④ 체납자에 대한 채권의 이행을 금지하고 세무공무원에게 지급하게 할 사항이 된다(동법 시행령 제44조 제1항).

채권압류의 효력은 채권압류통지서가 채무자에게 송달된 때에 발생한다(동법 제42조). 판례에 의하면 채무자에 대하여 체납자에 대한 채무이행을 금지하는 통지는 체납처분으로서의 채권압류의 본질적 내용이라 할 것이므로 이것이 없는 때에는 채권압류의 효력이 없다고 한다.[271]

채권압류를 한 때에는 또한 체납자에게도 통지하여야 한다(동법 제41조 제3항). 그러나 이는 압류의 효력확보를 위한 전제요건이 아니므로, 세무서장이 체납자에게 이러한 사실을 통지하지 않았더라도 압류의 효력발생에는 영향을 미치지 않는다고 해석되고 있다.[272]

---

271) 대법원 1973.11.26. 선고 72마59 판결.

(3) 채권압류의 범위

압류할 채권의 범위는 체납된 세금의 징수확보를 위하여 필요한 최소한도의 범위에 한정된다. 따라서 원칙적으로는 국세·가산금과 체납처분비를 한도로 하게 된다. 국세징수법은 채권압류의 범위에 관하여만 규정하고 있지만 다른 재산의 압류에 있어서도 과잉금지의 원칙상 필요한 최소한의 범위에서만 압류가 허용된다고 해석하여야 한다.

그러나 예외적으로 압류할 채권이 국세·가산금과 체납처분비를 초과하는 경우에 필요하다고 인정되는 경우에는 채권전액을 압류할 수 있다(국세징수법 제43조).

피압류채권액이 체납세액을 초과하는 경우에 이를 무조건 초과압류라고 단정할 것은 아니다. 비록 체납세액을 넘더라도 당해 피압류채권이 1개의 채권인 경우에는 이를 위법한 압류라고 볼 것은 아니다.[273]

(4) 채권압류의 효력

채권의 압류는 채무자에 대해서 체납자에 대한 지급을 금하고 채권자에 대해서는 채권의 처분과 영수를 금하는 효력이 있다. 더 나아가 채권압류의 중요한 효력은 세무관청이 채권자인 체납자를 대위하여 당해 채권을 채무자로부터 자기 명의로 추심할 수 있다는 것이다. 즉 세무서장은 채권압류의 뜻을 채무자에게 통지한 때에는 국세·가산금과 체납처분비를 한도로 하여 채권자에게 대위하게 된다(국세징수법 제41조 제2항).

한편 압류채권의 채무자는 체납자에게 채무를 이행하여서는 아니 되며, 채무자와의 상계도 금지된다.

4) 부동산 등의 압류절차

(1) 부동산의 의의

등기나 등록에 의하여 물권관계가 공시되는 재산의 압류에 대해서 국세징수법은 별도의 규정을 마련하고 있다. 이러한 재산으로는 등기를 요하는 부동산·공장재단·광업재단·선박과 등기를 요하는 항공기·건설기계·자동차가 해당한다. 여기서 부동산은 민법상 개념으로서 토지 및 그 정착물을 말한다.

---

272) 강인애, 앞의 책, 544면.
273) 강인애, 앞의 책, 545면.

(2) 압류의 절차

이러한 재산에 대한 압류절차는 압류의 사실을 등기나 등록함으로써 행한다. 이를 위하여 세무서장은 압류등기나 압류의 등록을 소관 등기소나 관계관서에 촉탁하여야 한다.

가) 등기절차

부동산·공장재단·광업재단·선박을 압류하고자 할 때에는 세무서장은 압류등기를 소관 등기소에 촉탁하여야 한다. 그 내용을 변경하는 등기를 하는 경우에도 동일하다(국세징수법 제45조 제1항). 압류 시에 부동산·공장재단 또는 광업재단의 분할이나 구분이 필요한 때에는 분할 또는 구분의 등기를 소관 등기소에 촉탁하여야 한다(동 조 제2항). 아직 보존등기가 되지 않은 부동산을 압류하고자 할 때에는 토지대장등본이나 가옥대장 등본을 갖추어서 보존등기를 소관 등기소에 촉탁하여야 한다(동 조 제3항). 압류재산을 등기한 때에는 이러한 사실을 세무서장이 체납자에게 통지하여야 한다(동 조 제4항).

나) 등록절차

항공기·건설기계·자동차를 압류할 때에는 압류의 등록을 관계관서에 촉탁하여야 한다(국세징수법 제46조 제1항). 세무서장은 이때에 건설기계나 자동차를 체납자가 점유하고 있는 경우에는 인도할 것은 명하여 점유할 수 있다(동 조 제2항). 압류재산을 등록한 사실은 체납자에게 통지하여야 한다(동 조 제3항).

다) 통지절차

이러한 압류재산에 전세권·질권·저당권이 설정되어 있는 경우에는 압류한 사실을 당해 채권자에게 통지하여야 한다(국세징수법 제48조 제1항). 이때에 국세에 대하여 우선권을 갖는 채권자가 이러한 통지를 받고 자신의 권리를 행사하고자 하는 경우에는, 통지를 받은 날로부터 10일 이내에 그 사실을 세무서장에게 신고하여야 한다(동 조 제2항).

(라) 압류부동산 등의 사용·수익

등기 또는 등록의 대상이 되는 압류재산은 그 교환가치가 현저하게 감손될 우려가 없는 한, 체납자 또는 이러한 재산을 사용 또는 수익할 권리를 가진 제3자가 계속하여 종전과 같이 사용 또는 수익할 수 있다(국세징수법 제49조 제1항, 제2항).

그러나 압류재산을 사용 또는 수익할 권리를 가진 제3자가 압류 당시와 달리 사용 또는 수익하고자 할 때에는 압류한 세무서장에게 일정한 사항을 기재한 문서를 제출하여 허가를 받아야 한다. 이때에 허가를 받은 자는 사용 또는 수익에 있어서 선량한 관리자의 주의를 다하여야 하며, 세무서장의 인도요구가 있는 때에는 지체 없이 이에 응하여야 한다(동법 시행령 제54조, 제42조 제1항, 제3항).

(3) 압류의 효력

압류의 효력은 등기 또는 등록이 완료된 때에 발생한다(국세징수법 제47조 제1항). 이러한 절차를 거친 압류는 당해 압류재산의 소유권이 이전되기 전에 국세기본법 제35조 제1항의 규정에 의한 법정기일이 도래한 국세의 체납액에 대해서도 그 효력이 미친다(동 조 제2항).

5) 무체재산권 등의 압류절차

(1) 무체재산권의 의의

무체재산권은 그 개념상 일반적으로 지적소유권과 출판권 및 저작권 등과 같이 정신적 작용에 의한 산물을 대상으로 하는 권리를 말한다. 그러나 국세징수법은 '무체재산권 등'이라는 표현을 사용하여 무체재산권 이외에도 채권과 소유권을 제외한 모든 재산권을 포함시키고 있다(국세징수법 제29조 3호). 따라서 무체재산권 등의 범위에 지상권, 전세권, 광업권, 어업권, 양도 가능한 전화가입권, 합명회사의 사원의 지분 등이 포함되는 것으로 해석되고 있다.

(2) 압류의 절차

무체재산권 등은 개별적인 유형에 따라 압류절차가 다르게 규정되어 있다. 우선 등기나 등록을 요하지 않는 재산권인 때에는 세무서장이 압류의 뜻을 당해 권리자에게 통지함으로써 행한다(국세징수법 제51조 제1항).

그러나 무체재산권 등의 이전에 관하여 등기 또는 등록을 요하는 것에 대해서는 압류의 등기 또는 등록을 관계관서에 문서로써 촉탁하여야 한다(동 조 제2항). 이때에는 체납자에게 압류한 사실을 통지하여야 한다(동 조 제3항, 동법 제41조 제3항).

그 밖에도 무체재산권 등 중에서 제3채무자 또는 이에 준하는 자가 있는 재산권을 압류한 때에는 이들 제3채무자 등에게도 압류의 통지를 하여야 한다.

6) 국·공유재산에 대한 권리의 압류절차

체납자가 국유 또는 공유재산을 매수한 것이 있는 때에는 소유권이전 전이라도 그 재산에 관하여 체납자가 정부나 공공단체에 대하여 갖는 권리를 압류할 수 있게 된다. 이러한 권리를 압류한 때에는 이러한 사실을 세무서장이 체납자에게 통지하여야 한다.

압류한 체납자의 국·공유재산을 매각함에 따라 이를 매수한 자는 그 대금을 완납한 때에, 그 국·공유재산에 대한 체납자의 정부 또는 공공단체에 대한 모든 권리·의무를 승계한다(국세징수법 제52조 제3항).

5. 압류재산의 범위

국세징수법은 제33조의 2에서 "세무서장은 국세를 징수하기 위하여 필요한 재산 이외의 재산을 압류할 수 없다"고 하여 압류재산의 범위에 관하여 일반적 규정을 두고 있다.

그 외에 다음과 같이 재산의 압류범위와 관련된 두 개의 규정을 두고 있다.

우선 국세징수법 제43조에서 채권을 압류할 때에 압류를 위한 채권의 범위를 원칙적으로 체납된 국세·가산금 및 체납처분비에 한하도록 규정하고 있다. 이 규정은 법의 일반원칙인 과잉금지의 원칙을 확인하고 있는 규정으로서 채권압류의 경우에만 국한되어 적용되는 것이 아니라 재산의 유형에 관계없이 적용된다.

다음으로 국세징수법 제53조 제2항 1호에서 재산압류 후 재산가격의 변동 기타의 사유로 그 재산의 가격이 징수할 체납액의 전부를 현저히 초과하는 때에는 압류재산의 전부 또는 일부를 해제할 수 있도록 하고 있다.

이 규정은 당초 필요한 범위 내의 재산압류이었다고 할지라도 압류재산의 가격상승 등으로 필요 이상의 가액에 해당하는 재산이 압류된 상태가 되는 경우에는 결과적으로 압류의 범위를 초과하게 되는 것이므로 압류재산의 전부 또는 일부를 해제하여야 한다는 것이다.

결국 이러한 국세징수법의 규정들을 종합하면, 압류하는 재산의 범위는 그 압류절차의 유형에 상관없이 과잉금지의 원칙에 따라 필요한 최소한에 머물러야 하는 것이다.

6. 압류의 효력

1) 처분금지적 효력

압류의 기본적 효력은 압류재산의 현상을 그대로 유지하는 것이다. 따라서 체납자 또는 제3자가 압류재산을 처분하는 행위와 압류재산에 대하여 용익물권·임차권·담보물권 등을 설정하는 행위는 압류의 목적에 반하게 되어 금지된다. 그러나 압류재산의 사용·수익은 조세의 강제징수에 지장이 없는 한도 내에서 허용된다(국세징수법 제49조).

또한 처분금지적 효력은 상대적이므로 체납자와 제3자 사이의 압류재산에 대한 처분행위는 압류한 조세채권자에게 대항할 수 없을 뿐 당사자 사이에서는 사법적으로 유효한 법률행위가 된다.

그러나 질권이 설정된 재산을 세무공무원이 압류하고자 할 때에 질권자는 질권의 설정시기 여하에 불구하고 질물을 세무공무원에게 인도하여야 한다(동법 제34조).

2) 시효중단의 효력

압류는 국세징수권이라는 권리의 행사이므로 국세징수권의 소멸시효의 진행을 중단시킨다(국세기본법 제28조 제1항 4호). 그리고 압류가 해제될 때에 국세징수권의 소멸시효가 다시 진행된다.

3) 가압류·가처분에 대한 효력

체납처분은 재판상의 가압류나 가처분으로 인하여 그 집행에 영향을 받지 아니한다(국세징수법 제35조). 그러나 재판상 가처분·가압류된 재산을 압류할 때에는 그 뜻을 당해 법원·집행공무원 또는 강제관리인에게 통지하여야 한다. 그 압류를 해제한 때에도 같다(동법 시행령 제39조).

4) 압류효력의 물적 범위

압류재산으로부터 발생하는 천연과실과 법정과실은 모두 체납된 세금의 징수를 위하여 압류재산의 범위에 포함된다.

압류된 재산에서 발생하는 경제적 수익을 법률용어로 과실이라 하는데 과실에는 천연과실과 법정과실이 있다. 민사집행법이 압류의 효력을 천연과실에만 미치게 하고 있는 데 비하여 국세징수법은 법정과실에도 압류의 효력이 미치게 규정하고 있다(국세징수법 제36조). 다만 압류재산에 대하여 체납자나 제3자가 사용 또는 수익을 할 수 있는 경우에는 당해 재산으로부터 발생하는 천연과실에 대해서는 압류의 효력이 미치지 않는다(동 조 단서).

이러한 입법례는 원칙적으로 국세징수법상 압류의 효력이 천연과실에만 미치게 하고 있는 일본 및 독일의 경우와 다르고, 국세징수법 규정이 민사집행법 규정과 다른 점이다.[274]

5) 압류효력의 인적 범위

체납자의 재산에 대한 압류가 있은 후에 체납자가 사망하거나 체납자인 법인이 합병에 의하여 소멸한 경우에도 압류의 효력은 유지되는가 문제이다.

이에 관해 국세징수법은 체납자의 사망이나 법인의 합병소멸에 의해서도 압류행위는 영향을 받지 않으며(국세징수법 제37조 제1항), 체납자가 사망한 후에 체납자 명의의 재산에 대하여 한 압류는 그 재산을 상속한 상속인에게 대하여 효력을 발생하는 것으로 정하고 있다(동 조 제2항).

따라서 체납법인의 재산을 압류한 후 체납법인이 합병에 의하여 소멸한 때에도 그 재산압류의 효력은 합병 후 존속법인 또는 합병 후 신설법인에 대해서도 미치게 된다.

7. 압류의 해제

1) 압류해제의 의의

압류가 그 목적을 달성하거나 압류행위가 목적을 달성할 수 없는 경우에는 압류를 해제하게 된다. 압류의 해제는 압류의 효력을 장래에 향하여 소멸시키는 행정처분을 말한다. 따라서 압류의 해제는 압류의 효력을 소급적으로 소멸시키는 압류의 취소와 구별된다.

---

274) 강인애, 앞의 책, 493~494면 참조.

2) 압류해제의 요건

국세징수법은 반드시 압류를 해제하여야 하는 경우와 압류를 해제할 수 있는 경우를 규정하고 있다.

(1) 필요적 해제사유

압류가 그 목적을 이미 달성하거나 또는 목적을 달성할 수 없는 사정이 발생한 경우에 세무서장은 압류를 즉시 해제하여야 한다. 이러한 경우에 해당하는 것은 다음과 같다(국세징수법 제53조 제1항).

① 납부·충당·공매의 중지·부과의 취소 그 밖의 사유로 압류가 필요가 없게 된 경우
② 압류한 재산에 대한 제3자의 소유권주장이 상당한 이유가 있다고 인정하는 경우
③ 제3자가 체납자를 상대로 소유권에 관한 소송을 제기하여 승소판결을 받고 그 사실을 증명한 경우

(2) 임의적 해제사유

일정한 사유가 존재하는 때에는 세무서장이 압류를 해제할 수 있게 된다. 이때의 압류해제는 전부 또는 일부의 범위에서 할 수 있다(국세징수법 제53조 제2항). 그 사유는 다음과 같다.

① 압류 후 재산가격이 변동하여 체납액 전액을 현저히 초과하는 경우
② 압류에 관계되는 체납액의 일부가 납부 또는 충당된 경우
③ 부과의 일부를 취소한 경우
④ 체납자가 압류할 수 있는 다른 재산을 제공하여 그 재산을 압류한 경우

그런데 위와 같은 사유가 있는 경우에 세무서장은 자유재량에 의하여 압류의 해제 여부를 판단하여야 하는 것이 아니라 특별한 사유가 없는 한 반드시 압류를 해제하여야 하는 것으로 해석하여야 한다.[275] 이로써 납세자의 재산보호와 권리회복에 합당하고 부당하게 국민의 재산권이 침해되는 것을 방지할 수 있을 것이다.

---

275) 강인애, 앞의 책, 721면.

(3) 압류해제의 신청권

국세징수법 제53조의 압류해제 사유가 있는 경우에 체납자에게 압류해제신청을 할 수 있는 권리가 있는지 문제될 수 있다.

이런 경우에 체납자에게 압류해제 신청권이 인정되지 않는다면 조세채권이 소멸된 경우에도 체납자의 재산이 압류된 상태로 방치되는 결과가 되므로 적극적으로 해석하여야 할 것이다. 만일 체납자의 신청이 있음에도 세무서장이 압류를 해제하지 아니하는 경우에는 그 거부처분 또는 부작위에 대하여 행정쟁송을 제기할 수 있을 것이다.[276]

3) 압류해제의 절차

(1) 통지

압류해제는 당해 재산에 대하여 이해관계를 갖는 모든 사람에게 통지되어야 한다. 따라서 세무서장은 당해 재산의 압류통지를 한 권리자·제3채무자 또는 제3자에게 문서의 형식으로 통지하여야 한다(국세징수법 제54조 제1항).

(2) 압류말소의 등기 등의 촉탁

세무서장은 압류의 등기 또는 등록을 한 것에 대해서 압류해제조서를 첨부하여 압류말소의 등기 또는 등록을 관계관서에 촉탁하여야 한다(동 조 제2항).

(3) 압류물의 반환

제3자가 압류재산을 보관하고 있는 경우에는 보관자에게 압류해제를 통지하고, 압류재산을 체납자 또는 정당한 권리자에게 반환하도록 하여야 한다(동 조 제3항). 이때에 세무서장이 필요하다고 인정하는 경우에는 보관자에게 그 재산의 인도를 위촉할 수 있다(동 조 제4항).

세무서장이 보관 중인 재산을 반환할 때에는 영수증을 받아야 하나, 압류조서에 영수한 사실을 기입하여 서명 날인하게 함으로써 영수증에 갈음할 수 있다(동 조 제5항).

---

276) 강인애, 앞의 책, 729면; 대법원 1989.12.12. 선고 89누4024 판결.

4) 참가압류한 경우와 압류의 해제

세무서장이 다른 기관의 압류재산에 대하여 참가압류를 한 경우에 기압류기관이 압류를 해제하고자 하는 때에는 기압류기관은 재산목록을 첨부하여 그 뜻을 압류에 참가한 세무서장에게 통지하여야 한다(국세징수법 제58조 제2항).

이 경우에 압류해제 재산이 동산 또는 유가증권으로서 기압류기관이 점유하고 있거나 제3자로 하여금 보관하게 하고 있는 것은 이를 압류에 참가한 세무서장에게 직접 인도하여야 한다. 이때에 제3자로 하여금 보관하게 하고 있는 것에 대해서는 그 제3자가 발행한 당해 보관증을 인도함으로써 이에 갈음할 수 있다(동 조 제3항).

8. 참가압류

1) 참가압류의 의의

참가압류라 함은 압류하고자 하는 재산이 이미 다른 기관에 의하여 압류되어 있을 때에 세무서장이 다른 기관의 압류에 참가하는 것을 말한다.

국세징수법 제56조에서 규정하고 있는 교부청구는 선행의 집행절차가 해제되거나 취소되는 경우에는 그 효력을 상실하고 압류의 효력이 발생하지 아니하는 문제점이 있다. 이러한 결함을 보완하는 것이 참가압류이다.

참가압류는 선행되어 있는 강제집행절차가 해제되더라도 압류의 효력이 소급하여 발생하도록 하여 세무서장의 체납처분절차의 집행을 보다 확실하게 보장하도록 하기 위하여 마련된 제도이다.

참가압류는 성질상 민사집행법상의 배당요구와 압류의 경합으로서의 기능을 함께 갖고 있다고 볼 수 있다.

2) 참가압류의 요건

(1) 일반적인 압류의 요건이 충족되어야 한다.

참가압류는 선행압류가 해제되거나 또는 취소되는 경우에 압류로 전환되기 때문이다. 따라서 징수유예된 국세에 대해서는 참가압류를 할 수 없다. 또 압류의 요건으로서 독촉이 필요한 경우에는 그 전제요건으로서 독촉의 절차를 거쳐야 한다.

(2) 이미 다른 기관에서 압류한 재산이어야 한다.

3) 참가압류의 절차

(1) 참가압류의 방법

세무서장은 교부청구에 갈음하여 참가압류 통지서를 압류하고자 하는 재산을 이미 압류한 기관에 송달함으로써 압류에 참가할 수 있다(국세징수법 제57조 제1항).

(2) 통지

압류에 참가할 때에는 그 뜻을 체납자와 그 재산에 대하여 권리를 가진 제3자에게 통지하여야 한다(동 조 제2항).

(3) 등기 또는 등록의 촉탁

참가압류 하고자 하는 재산이 권리변동에 있어서 등기 또는 등록을 요하는 것인 때에는 참가압류의 등기 또는 등록을 관계관서에 촉탁하여야 한다(동 조 제3항).

4) 참가압류의 효력

(1) 배당요구의 효력

참가압류는 넓은 의미의 교부청구에 해당하므로 교부청구의 효력과 같은 배당요구의 효력이 있다. 즉 선행압류가 해제 또는 취소되지 아니하고 압류재산이 매각되는 경우에 참가압류는 교부청구와 같은 순위에 의해 그 매각대금을 교부받을 수 있게 된다(국세징수법 제81조 제1항 2호).

재산을 압류한 기관이 장기간 동안 압류재산을 매각하지 않는 경우에는 이러한 기관에 매각처분을 최고할 수 있다(동법 제58조 제4항).

(2) 기압류해제 시의 소급효

참가압류의 중요한 효력은 압류에 참여하였으나 기압류기관의 압류가 해제된 경우에 발생한다. 이때 참가압류는 처음부터 압류를 행한 것과 같은 소급효가 인정된다.

소급효 발생시점은 참가압류 재산이 그 권리변동을 위하여 등기 또는 등록을 필요로 하는지에 따라 다르다. 등기 또는 등록을 필요로 하는 재산에 대해 참가압류를 한 때에 그 소급효는 참가압류의 등기 또는 등록이 완료된 때에 소급하여 발생한다. 이 경우 참가압류가 다수인 때에는 가장 먼저 등기 또는 등록이 된 것을 우선시한다.

또한 등기 또는 등록을 필요로 하지 않는 재산에 대해 참가압류를 한 때에는 참가압류통지서가 기압류기관에 송달된 때에 소급하여 압류의 효력이 발생한다. 이 경우에도 참가압류가 다수인 때에는 가장 먼저 참가압류통지서가 송달된 것을 우선시한다(국세징수법 제58조 제1항).

(3) 소멸시효의 중단

참가압류도 넓은 의미의 체납처분에 해당하여 국세징수권 행사의 한 방법이 되므로 국세징수권의 소멸시효의 진행을 중단시키는 효력이 발생한다(국세기본법 제28조 제1항).

5) 참가압류의 해제

참가압류는 통상적인 압류와 큰 차이를 나타내지 않기 때문에 그 해제에 있어서 압류해제의 경우와 다를 것이 없다. 그리하여 참가압류의 해제를 위한 요건 및 절차 등에 대해서는 별도의 규정이 존재하지 않고, 일반 압류해제에 관한 규정이 준용되고 있다(국세징수법 제59조).

따라서 이미 앞에서 설명한 압류해제의 요건 및 절차에 대한 설명이 그대로 타당하게 된다.

Ⅲ. 교부청구

1. 교부청구의 의의와 성질

체납자의 재산에 대하여 이미 다른 기관의 체납처분, 강제집행 등 강제환가절차가 개시된 경우에 동일재산에 대하여 중복하여 압류를 하는 것은 적당하지 아니하다. 세무서

장은 이 경우에 스스로 압류하지 아니하고 이들 절차의 집행기관에 체납극세의 교부를
청구하여 선행집행절차에 의한 환가대금 중에서 체납액에 상당하는 금액의 교부를 받는
제도를 교부청구라 한다.

교부청구의 성질에 대해서 학설과 판례는 민사집행법상의 배당요구와 같은 것으로 이
해하고 있다.277)

2. 교부청구의 요건

1) 교부청구의 사유

교부청구사유에 대해서는 국세징수법 제14조 제1항 1호 내지 6호의 납기전징수를 위
한 사유를 그대로 따르고 있다(국세징수법 제56조). 따라서 납세자에게 다음 중 하나의
사유가 발생하여야 한다.

① 국세의 체납처분을 받을 때
② 지방세 또는 공과금의 체납처분을 받을 때
③ 강제집행을 받을 때
④ 파산선고를 받은 때
⑤ 경매가 개시된 때
⑥ 법인이 해산한 때

파산선고 시에는 ① 압류한 재산의 가액이 징수할 금액에 부족하거나 부족하다고 인
정되는 때, ② 납세담보물 제공자가 파산선고를 받은 경우에 체납처분에 의하여 그 담보
물을 공매하고자 할 때에는 파산법상의 절차를 밟은 후 별제권의 행사로 부족하거나 부
족하다고 인정되는 경우에 파산관재인에게 교부청구를 하여야 한다(동법 시행령 제62조).

2) 징수할 국세 등

교부청구는 체납자에게 조세의 체납사실이 있어야 하는 것을 전제로 한다. 따라서 확

---

277) 강인애, 앞의 책, 741면; 최명근, 앞의 책, 537면; 대법원 1992.12.11. 선고 92다35431 판결.

정된 조세채권이 존재하여야 하는데 여기서 말하는 조세채권은 체납된 국세·가산금과 체납처분비를 포함한다.278)

여기서 교부청구를 할 수 있는 국세에는 ① 제2차 납세의무자의 국세, ② 납세보증인의 국세, ③ 확정 전 압류보전에 관련된 국세, ④ 징수유예를 한 국세, ⑤ 체납처분유예를 한 국세도 포함하는 것으로 본다.279)

3. 교부청구의 절차

1) 교부청구의 당사자

(1) 교부청구는 세무서장 등 징세관서의 장이 문서의 형식으로 하여야 한다. 교부청구서에는 ① 체납자의 주소 또는 거소와 성명, ② 교부청구에 관계되는 국세의 과세연도·세목·세액과 납부기한이 기재되어야 한다(국세징수법시행령 제61조).
(2) 교부청구의 상대방은 이미 강제환가절차를 행하고 있는 체납처분을 행한 관서·공공단체·집행법원·집행공무원·강제관리인·파산관재인 또는 청산인이 된다(국세징수법 제56조).

2) 교부청구의 시기

교부청구는 목적물의 환가절차의 종료 시까지만 할 수 있다.280) 교부청구는 이미 다른 기관에 의하여 실시되고 있는 강제환가절차를 이용하는 제도이므로 이와 같이 해석함은 지극히 당연하다.

각각의 경우에 교부청구할 수 있는 시기는 다음과 같다.281)
① 체납처분의 경우는 배분계산서를 작성할 때까지
② 동산에 대한 강제집행 또는 경매의 경우는 경매기일의 종료 시까지
③ 부동산 등에 대한 강제집행 또는 경매의 경우는 경락기일의 종료 시까지

---

278) 대법원 1992.4.28. 선고 91다44834 판결.
279) 국세징수법 기본통칙, 3 – 9…1.
280) 최명근, 앞의 책, 539면; 대법원 1994.3.22. 선고 93다19276 판결.
281) 국세징수법 기본통칙, 3 – 9…2.

④ 금전채권에 대한 강제집행의 경우는 전부 명령 또는 추심명령에 의하여 압류채권
　자가 금전채권을 추심하고 집행법원에 신고하는 때까지

4. 교부청구의 제한

　교부청구에 대해서도 국세우선의 원칙과 그 예외규정의 적용이 있다. 따라서 강제환가
절차에 있어서 교부청구가 있게 되면 조세보다 변제에 있어서 후순위가 되는 채권자 등
이해관계인은 중대한 영향을 받게 되므로 교부청구는 제한될 필요가 있다.[282]
　그런데 현행법은 교부청구를 제한하는 명문의 규정을 두고 있지 않아서 해석상 문제가
있다. 일본의 경우는 국세징수법 제83조에서 법률로 제한규정을 두고 있다.
　우리나라의 경우 기본통칙에서 세무서장은 납세자가 매각이 용이하고 제3자의 권리의
목적으로 되어 있지 아니한 재산을 보유하고 있고 그 재산에 의하여 국세의 전액을 징수할
수 있다고 인정될 경우에는 교부청구를 하지 아니할 수 있다고 규정하고 있을 뿐이다.[283]

5. 교부청구의 효력

1) 배당요구

　교부청구는 강제 환가절차의 집행기관에 그 환가대금으로부터 체납국세를 교부해 줄
것을 청구하는 것이므로 배당요구의 효력을 가진다.

2) 시효중단의 효력

　교부청구는 국세징수권의 행사에 해당하므로 소멸시효의 진행을 중단시키는 효력이 발
생하게 된다(국세기본법 제28조 제1항).

---

282) 최명근, 앞의 책, 542면.
283) 국세징수법 기본통칙, 3 - 9…3.

6. 교부청구의 해제

세무서장은 납부·충당·부과의 취소 그 밖의 사유에 의하여 교부를 청구한 국세·가산금 또는 체납처분비의 납부의무가 소멸되었을 때에는 교부청구를 해제하여야 한다. 교부청구의 해제는 교부청구를 받은 기관에 그 뜻을 통지함으로써 한다(국세징수법 제60조).

Ⅳ. 압류재산의 환가

1. 의의

체납처분은 궁극적으로 체납자의 재산으로부터 조세채권의 만족을 얻는 것을 목적으로 한다. 조세는 금전으로 징수함을 목적으로 하므로 압류재산은 이를 매각하여 금전으로 환가하여야 한다.

압류재산이 금전일 경우에는 이를 직접 체납세액에 충당할 수 있으므로 환가가 필요하지 아니하다. 또한 압류재산이 채권일 때, 유가증권일 때, 제3채무자 등이 있는 무체재산권일 경우에도 환가는 필요하지 않다. 그러므로 환가는 체납처분을 위하여 압류한 재산이 금전 이외의 동산이나 부동산 등의 재산인 경우를 대상으로 하게 된다.

환가절차는 체납자와 조세채권자 모두에게 중요한 이해관계가 달린 문제이므로 국세징수법은 그 방법과 절차를 엄격히 법정하고 있다. 국세징수법은 환가의 공정성의 유지와 체납자의 이익을 보호하기 위하여 압류재산의 매각방법은 원칙적으로 공매에 의하도록 하고 있다(국세징수법 제61조 제1항). 다만 압류재산이 공매에 의할 수 없는 예외적인 특별한 사유가 있는 경우에 한하여 수의계약에 의하여 매각할 수 있도록 하고 있다(동법 제62조).

2. 공매

1) 의의

공매란 압류재산을 공개적인 절차를 통하여 매각하여 금전으로 교환하는 행위를 말하며, 환가절차의 통상적인 방법이다.

국세징수법은 공매처분의 중요성을 감안하여 공매의 집행기관을 세무서장으로 한정하고 있다. 다만, 납세자의 권익보호와 행정효율을 도모하기 위하여 공매에 전문지식이 필요하거나 기타 사정이 있는 경우에 한국자산관리공사로 하여금 공매를 대행하게 할 수 있다(국세징수법 제61조 제5항).

2) 요건

(1) 압류한 재산

공매는 압류절차를 전제로 하므로 그 대상인 재산도 체납된 조세채권의 확보를 위하여 적법하게 압류한 재산이어야 한다.

(2) 공매대상재산

공매의 대상이 되는 재산은 체납처분을 위하여 압류한 동산·유가증권·부동산·무체재산권과 체납자에게 대위하여 받은 물건(통화는 제외)이다(국세징수법 제61조).

세무서장은 압류된 재산이 증권시장에 상장된 증권일 때에는 해당 시장에서 직접 매각할 수 있다(동 조 제2항). 공매는 금전적 가치를 얻기 위한 것이므로 압류재산이 금전이거나 압류재산이 금전으로 추심하는 내용인 채권은 공매의 대상이 되지 못한다. 또한 압류채권이 금전 이외의 것을 급부의 목적으로 하는 경우에는 세무서장이 체납자에 대위하여 추심한 재산을 다시 압류하여 공매하여야 한다.

3) 공매의 제한

(1) 보전압류의 경우

조세채권은 원칙적으로 그 내용이 확정되어 있어야 압류를 할 수 있는 것이 원칙이다.

그러나 예외적으로 일정한 사유(국세징수법 제14조 제1항)가 존재하여 국세의 확정 후에는 국세를 징수할 수 없다고 인정되는 때에는 국세로 확정되리라고 추정되는 금액의 한도 내에서 납세자의 재산을 압류할 수 있다(동법 제24조 제2항). 이를 보전압류라 한다. 그러나 이러한 사유로 압류한 재산도 납세의무가 확정된 후에만 공매할 수 있으며, 확정되기 전에는 공매할 수 없다(동법 제61조 제3항).

(2) 불복청구 계류 중의 압류재산

체납자가 과세처분이나 압류행위 등에 대하여 불복하여 이의신청·심사청구 또는 심판청구절차가 진행 중이거나 행정소송이 계속 중인 국세의 체납으로 압류한 재산은 그 신청 또는 청구에 대한 결정이나 소에 대한 판결이 확정되기 전에는 공매하지 못한다(국세징수법 제61조 제4항 본문).

이는 공매 후에 체납자의 불복이 받아들여지게 되는 경우에 그 권리의 회복을 기대하기 어렵기 때문이다. 그러나 압류재산의 상태가 부패·변질 또는 감량되기 쉬운 것으로서 빨리 매각하지 않으면 재산가액이 감손될 우려가 있는 경우에는 예외적으로 불복절차에 관한 결정 또는 판결 이전이라도 공매할 수 있게 된다(동 항 단서).

(3) 법원의 집행정지결정

행정소송법 제23조에 규정된 집행정지에 의하여 법원이 체납처분에 대한 집행정지결정을 한 때에는 압류재산을 공매할 수 없다.

4) 공매의 방법

공매의 방법은 입찰 또는 경매에 의한다(국세징수법 제67조 제1항). 이러한 방법은 공개적인 경쟁절차를 거치게 함으로써 절차의 공정성을 도모함과 동시에 환가금을 극대화함으로써 체납자 등의 손해를 방지하고 이익을 도모하기 위한 것이다. 입찰과 경매는 다음과 같이 구별된다.

(1) 입찰

압류재산을 매수할 청약자에게 개별적으로 입찰가액 기타 필요한 사항을 기재한 입찰서로써 매수의 신청을 하게 하여, 미리 정하여 놓은 매각예정가격 이상의 입찰자 중 최고가 입찰자를 낙찰자로 정하여 그 자를 매수인으로 하는 방법을 말한다.

(2) 경매

압류재산을 매수할 청약자에게 구두로 순차 고가의 매수신청을 하게 하여, 매각예정가격 이상의 청약자 중 최고가의 청약자를 경락자로 하여 매각결정을 행하고, 그자를 매수인으로 정하는 방법을 말한다.

5) 공매의 주체

(1) 세무서장

공매는 조세채권의 실효성을 확보하기 위한 공권력 행사로서 원칙적으로 세무서장이 시행한다.

(2) 공매의 대행

예외적으로 일정한 요건하에서 한국자산관리공사에 의한 대행도 허용된다. 이는 공매업무의 전문성으로 인하여 전문기관에 의한 업무수행을 가능하도록 하기 위한 것이다.

(3) 공매대행의 성격

한국자산관리공사와 세무서장 사이의 법적 관계는 법적으로 대리의 성질을 가지며, 따라서 대리행위의 효과는 세무서장에게 귀속된다. 이로 인해 한국자산관리공사에 의하여 대행한 공매는 세무서장이 이를 직접 행한 경우와 동일한 법적 효과가 인정된다(국세징수법 제61조 제5항).

한국자산관리공사가 공매를 대행하는 경우에 이를 행하는 한국자산관리공사의 직원은 형법 기타 법률의 적용에 있어서 이를 세무공무원으로 의제한다(동 조 제8항).

6) 공매의 절차

(1) 공매의 공고

공매를 하고자 할 때에는 세무서장은 일정한 사항을 공고하여야 한다(국세징수법 제67조 제2항). 이는 공매절차의 공개성을 보장하기 위한 것이다. 공고사항으로는 매수대금의 납부기한, 공매재산에 관한 사항, 입찰 또는 경매의 장소와 일시, 개찰의 장소와 일시, 보증금의 금액이다.

공고장소는 원칙적으로 지방국세청, 세무서, 세관, 시·군, 기타 적절한 장소에 게시하여 행한다. 그러나 예외적으로는 필요에 따라 관보 또는 일간신문에 게재할 수 있다(동조 제3항). 세무서장은 매각결정 기일 전에 해당 재산의 압류를 해제하였을 때에는 그 공매의 취소를 공고하여야 한다(동법 제69조). 공매는 공고한 날로부터 10일 경과한 후에 행한다. 그러나 당해 재산의 보관에 다액의 비용이 들거나 현저히 그 가액을 감손할 우려가 있는 때에는 이러한 기간을 기다리지 않고도 공매할 수 있다(동법 제70조).

(2) 공매의 장소

공매는 원칙적으로 지방국세청, 세무서, 세관 또는 재산이 소재하고 있는 시·군에서 행한다. 그러나 예외적으로 세무서장이 필요하다고 인정하는 때에는 다른 장소에서 할 수 있다(동법 제64조).

(3) 공매의 통지

공매의 공고를 한 때에는 이러한 내용을 체납자·납세담보물 소유자와 그 재산상에 전세권·질권·저당권 기타의 권리를 가진 자에게 통지하여야 한다(동법 제68조). 이는 당해 재산이 일반인에게 권리이전되기 전에 체납자 및 이해관계인이 체납액을 납부하거나 또는 권리를 행사할 수 있는 기회를 주기 위한 것이다.

공매의 통지가 공매의 요건인지 법적으로 문제 된다. 공매의 통지가 공매의 요건이라면 공매통지가 위법할 경우 공매처분이 위법하게 된다. 종전판례는 공매통지가 공매사실 그 자체를 체납자에게 알려 주는데 불과하여, 공매통지의 상대방의 법적 지위나 권리의무에 직접 영향을 주는 것이 아니므로 공매공고가 되어 있는 한 공매통지를 하지 아니하고 공매처분을 하였더라도 당연무효는 아니라고 하였다. 그러나 최근의 판례는 이러한 입장을 변경하여 공매통지의 처분성을 인정함과 동시에 공매통지의 하자를 이유로 공매처분의 위법성을 인정하고 있다.[284]

(4) 매각예정가액의 결정

압류재산을 공매에 붙이기 전에 세무서장은 미리 그 매각예정금액을 정하여야 한다.

---

284) 대법원 2008.11.20. 선고 2007두18154 전원합의체 판결.

매각예정금액을 정하기 어려운 때에는 감정인에게 그 평가를 의뢰하여 그 가액을 참고할 수 있다(동법 제63조).

세무서장이 정한 매각예정가격은 최저공매가격으로서의 의의를 가진다. 따라서 매수희망가액이 이러한 예정가액에 도달하지 못하는 경우에는 재공매에 붙여야 한다(동법 제74조 제1항).

(5) 경매 또는 입찰의 절차

가) 공매보증금의 납부

공매는 경매 또는 입찰을 행함으로써 구체화된다. 경매 또는 입찰하는 경우에 필요하다고 인정하는 때에는 세무서장은 입찰보증금 또는 계약보증금을 받을 수 있다(국세징수법 제65조 제1항). 입찰보증금 또는 계약보증금은 입찰가격 또는 매수가격의 100분의 10 이상으로 한다(동 조 제2항). 이러한 입찰보증금 또는 계약보증금은 현금 이외에도 국·공채 또는 증권거래소에 상장되거나 한국증권업협회에 등록된 증권, 보험회사가 발행한 보증보험증권으로 갈음하여 납부할 수 있다(동 조 제3항). 입찰보증금은 낙찰자 또는 경락자가 매수계약을 체결하지 아니한 때에는 체납처분비, 압류와 관계되는 국세·가산금 순으로 충당하고 잔액은 체납자에게 지급한다(동 조 제4항).

나) 경매 또는 입찰의 구체적 절차

경매의 방법을 선택하는 경우에는 세무서장은 경매인을 선정하여 이를 취급하게 할 수 있다(동법 제67조 제5항).

입찰의 방법이 선택된 경우에 입찰하고자 하는 자는 개찰개시 전에 일정한 사항을 기재하여 공무를 집행하는 공무원에게 제출하여야 한다. 이러한 사항으로는 입찰자의 주소·거소·성명, 매수하고자 하는 재산의 명칭·입찰가격·입찰보증금, 기타 필요한 사항이 된다(동법 제73조 제1항). 이러한 입찰자의 입찰서 제출이 종료하면 가찰이 행해지며, 개찰은 공매를 집행하는 공무원이 공개하여 이를 행하고 각각 기재된 입찰가격을 불러 입찰조서에 기록하여야 한다(동 조 제2항).

다) 매수인 또는 공매참가인의 제한

체납자 또는 세무공무원은 직간접을 불문하고 압류재산을 매수하지 못한다(동법 제66조). 또한 일정한 비위사실이 있는 자에 대하여 세무서장은 당해 사실이 있은 후 2년간 공매장소에의 출입을 제한하거나 입찰에 참가시키지 아니할 수 있다(동법 제72조).

이러한 비위사실로서는 ① 입찰을 하고자 하는 자의 공매참가·최고가격입찰자의 결정 또는 매수인의 매수대금납부를 방해한 사실, ② 공매에 있어서 부당하게 가격을 떨어뜨릴 목적으로 담합한 사실, ③ 거짓명의로 매수신청을 한 사실이 해당한다. 이러한 비위사실이 있은 후 2년을 경과하지 아니한 자를 사용인 기타 종업원으로 사용한 자와 이러한 자를 입찰의 대리인으로 한 자에 대해서도 세무서장은 공매참가를 제한할 수 있다.

(6) 매각결정

경매 또는 입찰의 절차가 종료되면, 세무서장은 매각예정금액 이상의 입찰자나 청약자 중에서 최고가입찰자 또는 최고가청약자를 낙찰자 또는 경락자로 하여 최종적인 매각결정을 행하게 된다(동법 제73조 제3항).

입찰의 경우에는 낙찰이 될 가격의 입찰을 한 자가 2인 이상인 때에는 즉시 추첨으로 낙찰자를 정하게 되며, 이때에 입찰자 중 출석하지 아니한 자 또는 추첨을 하지 아니한 자가 있는 때에는 입찰사무에 관계없는 공무원으로 하여금 이를 대신하여 추첨하게 할 수 있다(동 조 제4항, 제5항).

매각결정의 효력은 매각결정 기일에 매각결정을 한 때에 발생한다(동법 제75조 제2항).

(7) 공유자의 우선 매수권

공매재산이 공유물의 지분인 경우에 공유자는 매각결정 기일 전까지 공매보증금을 제공하고 최고입찰가격과 같은 가격으로 우선 매수하겠다는 신고를 할 수 있고, 세무서장은 최고액의 입찰자에 불구하고 그 공유자에게 매각결정을 하여야 한다(동법 제73조의 2).

(8) 매수대금의 납부

매수인은 매각결정통지서에 의하여 정하여진 납부기한 내에 매수대금을 납부하여야 한다. 납부기한은 원칙적으로 매각결정을 한 날로부터 7일 이내이며, 세무서장이 필요하다고 인정하는 때에는 30일을 한도로 연장할 수 있다(동법 제75조 제4항).

매수인이 매수대금을 지정된 기한까지 납부하지 않는 경우에는 세무서장은 다시 기한을 정하여 납부를 최고하여야 한다(동법 제76조). 이러한 최고에 대해서도 매수인이 매수대금을 지정된 기한까지 납부하지 않는 경우에는 세무서장은 매각결정을 취소하고, 그 뜻을 매수인에게 통지하여야 한다. 이 경우에 계약보증금은 체납처분비, 압류와 관계되는 국세·가산금순으로 충당하고 잔액은 체납자에게 지급한다(동법 제78조).

　매수인은 매수대금을 납부한 때에 매각재산을 취득한다(동법 제77조 제1항). 따라서 매수인이 매각재산을 취득하도록 체납자는 권리이전절차를 밟아야 한다. 이때에 체납자가 이러한 절차에 따르지 않는 때에는 세무서장이 대신하여 그 절차를 밟게 된다(동법 제79조).

　세무서장이 매수인으로부터 매수대금을 수령한 때에는 그 한도 안에서 체납자로부터 체납액을 징수한 것으로 본다(동법 제77조 제2항).

(9) 재공매

　공매절차를 진행하였으나 그 목적을 달성할 수 없는 사유가 발생한 경우에는 다시 공매절차를 붙이는 재공매를 하여야 한다.

　재공매 사유로는 매수희망자가 존재하지 않는 경우, 매수희망가격이 매각예정금액 미만인 경우, 매수자로 정하여진 당사자가 매수대금의 납부기한까지 대금을 납부하지 않는 경우로 규정되고 있다(동법 제74조 제1항, 제2항).

　재공매 절차는 공매절차와 동일하다(동 조 제3항).

(10) 공매의 중지

　매각결정 기일 전에 공매의 절차가 필요 없게 되는 사정이 발생한 경우에는 공매집행공무원은 공매를 중지하여야 한다(동법 제71조).

　공매중지사유로서는 ① 매각결정 기일 전에 체납자 또는 제3자가 국세·가산금과 체납처분비를 체납자의 명의로 완납한 때, ② 여러 재산을 일괄하여 공매에 붙이는 경우에 그 일부의 공매대금으로 체납액의 전액에 충당될 때가 해당한다.

3. 수의계약

1) 의의

　수의계약이란 공개적인 절차에 의하지 아니하고 임의로 그 상대방을 선정하여 압류재산의 매각에 관하여 체결하는 계약을 말한다. 압류재산의 매각은 원칙적으로 공매의 방법에 의하여야 한다. 하지만 공매에 적합하지 아니하거나 특별한 사정이 존재하는 경우에는 특정인에게 수의계약에 의하여 매각할 수 있게 하고 있다.

2) 사유

다음 사유 중 하나에 해당하면 수의계약에 의하여 압류재산을 매각할 수 있다(국세징수법 제62조).
① 수의계약에 의하지 아니하면 매각대금이 체납처분비에 충당하고 잔여가 생길 여지가 없는 경우
② 부패·변질 또는 감량되기 쉬운 재산으로서 속히 매각하지 않으면 그 재산가액이 줄어들 우려가 있는 경우
③ 압류한 재산의 추산가격이 1천만 원 미만인 경우
④ 법령으로 소지 또는 매매가 규제된 재산인 경우
⑤ 제1회 공매 후 1년간 5회 이상 공매하여도 매각되지 아니한 경우
⑥ 공매하는 것이 공익을 위하여 적절하지 아니한 경우

3) 절차

수의계약으로 압류재산을 매각하고자 할 때에는 추산가격조서를 작성하고 2인 이상으로부터 견적서를 받아야 한다(국세징수법시행령 제69조).

V. 청산

1. 청산의 의의

청산은 압류재산의 매각으로 인해 받은 매각대금 등을 체납세액을 비롯한 각 채권에 배분하고 잔여금액을 체납자에게 반환함으로써 체납처분을 종료하는 절차를 말한다.

2. 배분의 대상이 되는 금전

배분의 대상이 되는 금전은 체납처분절차에 의하여 취득한 금전이 된다.

구체적으로는 다음의 내용이 된다(국세징수법 제80조).

① 압류한 금전

② 채권・유가증권・무체재산권 등의 압류로 인하여 체납자 또는 제3채무자로부터 받은 금전

③ 압류재산의 매각대금

④ 교부청구에 의하여 받은 금전

3. 배분의 방법

1) 배분을 받을 자격이 있는 체납액과 채권

국세징수법에 규정된 배분을 받을 수 있는 체납액과 채권은 다음과 같다(국세징수법 제81조 제1항). 다만, 배분 요구의 종기까지 배분요구를 하여야 하는 채권의 경우에는 배분요구를 한 채권에 대해서만 배분한다.

① 압류에 관계되는 국세・가산금과 체납처분비

② 교부청구를 받은 국세・가산금・체납처분비・지방세 또는 공과금

③ 압류재산에 관계되는 전세권・질권 또는 저당권에 의하여 담보된 채권

④ 주택임대차보호법 또는 상가건물임대차보호법에 따라 우선변제권이 있는 임차보증 금반환채권

⑤ 근로기준법 또는 근로자퇴직급여보장법에 따라 우선변제권이 있는 임금, 퇴직금, 재해보상금 및 그 밖의 근로관계로 인한 채권

⑥ 압류재산에 관계되는 가압류 채권

⑦ 집행력 있는 정본에 의한 채권

2) 배분방법

'압류재산의 매각대금'과 '채권・유가증권・무체재산권 등의 압류로 인하여 체납자 또는 제3채무자로부터 받은 금전'은 배분을 받을 자격 있는 모든 채권에 배분된다. 이러한 매각대금 등이 국세・가산금과 체납처분비 기타 배분받을 자격 있는 채권의 총액에 부족한 때에는 세무서장은 민법 기타 법령에 의하여 배분순위와 금액을 정하여 배분하여야

한다(동 조 제4항).

'압류한 금전'과 '교부청구에 의하여 받은 금전'은 각각 그 압류 또는 교부청구의 원인이 된 국세·가산금과 체납처분비에 충당한다(동 조 제2항).

국·공유재산에 관한 권리를 압류하여 매각한 대금은 그 국·공유재산 매수대금 중 체납자가 아직 지급하지 못한 금액을 지급하고, 다음으로 체납액에 충당한 후 잔여금액은 체납자에게 지급한다(등법 제82조).

3) 배분잔액의 처리

배분한 금전에 잔액이 있는 때에는 이를 체납자에게 지급하여야 한다(국세징수법 제81조 제3항).

체납처분에 의하여 압류된 재산에 관하여 가압류 또는 가처분이 되어 있는 경우에도 배분의 잔여금은 가압류채권자 등에게 공탁할 것이 아니라 체납자에게 교부한다.[285]

그러나 체납자가 자기의 재산에 관하여 관리능력을 상실하는 등 특별한 사정이 있는 경우에는 체납자 이외의 자에게 배분잔여금을 지급하는 경우가 있다. 예를 들어 매각재산이 양도담보재산 또는 물상보증인의 것인 때에 배분잔액은 본래의 납세의무자가 아니라 양도담보권자 또는 압류 시의 담보물소유자에게 지급하여야 한다. 압류재산에 대하여 압류 후 소유권이 이전된 경우에 배분한 금전에 잔액이 있는 때에는 그 잔여의 금전은 최종소유자에게 지급한다.[286]

한편 체납자에게 파산선고가 있는 경우에는 배분잔액은 파산관재인에게 지급하여야 하며, 주식회사가 회사정리절차 개시결정을 받은 경우에는 채무자회생 및 파산에 관한 법률상의 관리인에게 지급하여야 한다.[287]

4) 배분계산서의 작성과 열람

(1) 배분계산서의 작성

세무서장은 금전의 배분을 할 때에 배분계산서를 원안을 작성하고 이를 배분기일 7일

---

285) 강인애, 앞의 책, 920면.
286) 국세징수법 기본통칙 81 − 0···3.
287) 국세징수법 기본통칙 81 − 0···4.

전까지 갖추어 두어야 한다(국세징수법 제83조 제1항). 이때에 작성하는 배분계산서에는 다음의 사항이 기재되어야 한다(동법 시행령 제80조).

① 체납자의 주소 또는 거소와 성명
② 배분할 매각금액의 총액
③ 압류에 관계되는 국세의 금액
④ 채권자의 주소 또는 거소와 성명·채권금액
⑤ 배분의 순위 및 금액
⑥ 매각대금 교부 연월일
⑦ 기타 필요한 사항

(2) 저당권자 등의 열람청구

매각재산에 대하여 전세권·질권·저당권을 가진 자는 세무서장에게 배분계산서의 열람을 청구할 수 있다(국세징수법 제83조 제3항). 세무서장은 이러한 열람청구에 대하여 반드시 응하여야 한다(동 조 제4항).

5) 체납세액의 충당

매각대금 등을 체납세액에 충당할 때에는 국세징수의 일반적인 순서에 따라서 충당하게 된다. 따라서 체납처분비·국세·가산금의 순서에 의하여 충당된다(국세징수법 제4조).

이러한 충당에 있어서 국세에 우선하는 채권이 있음에도 불구하고 배분순위의 착오나 교부청구의 부당, 기타 이에 준하는 사유로 인하여 체납액에 먼저 배분하거나 충당한 경우에는, 그 배분하거나 충당한 금액을 국세에 우선하는 채권자에게 국세환급금의 환급의 예에 의하여 지급한다(동법 제81조 제5항).

제3절 조세채권의 실현과 유예

Ⅰ. 징수유예와 체납처분의 유예

1. 징수유예

납기개시 전에 납세자에게 특정한 사유가 존재하여 국세를 납부할 수 없다고 인정하는 때에는, 세무서장은 납세의 고지를 유예하거나 결정세액을 분할하여 고지할 수 있다. 이를 징수유예라고 하며, 일반적인 징수유예의 사유로서는 다음의 사항이 해당된다(국세징수법 제15조 제1항).

① 재해 또는 도난으로 재산에 심한 손실을 받을 때
② 사업에 현저한 손실을 받은 때
③ 사업이 중대한 위기에 처한 때
④ 납세자 또는 그 동거가족의 질병이나 중상해로 장기치료를 요하는 때는 당국과 상호 합의절차가 진행 중인 때
⑤ 조세의 이중과세방지를 위하여 체결한 조약에 의하여 외국의 권한 있는 당국과 상호 합의절차가 진행 중인 때. 다만, 이 경우에는 국제조세조정에 관한 법률 제24조 제2항・제4항 및 제6항에서 정하는 징수유예의 특례에 따른다.
⑥ 위 ① 내지 ④에 준하는 사유가 있는 때

이 외에도 납세고지서를 송달할 수 없는 때에도 징수를 유예할 수 있다(국세징수법 제16조). 한편 징수유예는 납세자의 신청에 의해서도 가능하다(동법 제15조 제2항).

2. 체납처분의 유예

1) 의의

일정기간 체납처분의 집행을 유예함으로써 사업을 정상적으로 운영할 수 있게 되어 체

납액의 징수가 가능하다고 인정되는 자에 대하여 일정기간 체납처분에 의한 재산의 압류 또는 압류재산의 매각을 유보하는 납세의 완화조치를 체납처분의 유예라고 한다.

이 제도의 취지는 체납처분의 유예에 의하여 체납자의 사업이 다시 정상화될 가능성이 있는 기업을 보호하고자 하는 데 있다.

2) 체납처분 유예의 요건

(1) 유예 사유

체납처분은 ① 체납자가 국세청장이 성실납세자로 인정하는 기준에 해당하거나, ② 재산의 압류나 압류재산의 매각을 유예함으로써 체납자가 사업을 정상적으로 운영할 수 있게 되어 체납액의 징수가 가능하다고 인정되는 때에 가능하게 된다(국세징수법 제85조의 2 제1항).

(2) 유예의 절차

체납처분의 유예절차에 대해서는 징수유예에 관한 절차가 준용되고 있다. 이에 따라서 체납처분의 유예를 위해서는, 체납자가 세무서장에게 문서의 형식으로 신청하여야 한다(동법 시행령 제23조). 이러한 신청에 대해 세무서장은 유예 여부를 결정하게 되며, 유예를 하는 경우에 필요하다고 판단되는 때에는 이미 압류한 재산의 압류를 해제할 수 있다(동법 제85조의 2 제2항). 세무서장이 재산압류를 유예하거나 압류한 재산의 압류를 해제하는 경우에는 그에 상당하는 납세담보의 제공을 요구할 수 있다(동 조 제3항).

징수유예결정이 내려지게 되면 세무서장은 문서로서 징수유예를 통지하여야 한다(동법 시행령 제24조).

3) 체납처분 유예의 효과

(1) 체납처분의 유예

체납처분의 유예결정이 내려지면, 그 유예한 날의 다음 날로부터 1년 이내의 기간 동안 체납처분이 유예된다(국세징수법시행령 제82조의 2 제1항). 세무서장은 체납처분이 유예된 체납세액을 체납처분 유예기간 내에 분할하여 징수할 수 있다(동 조 제2항).

(2) 소멸시효의 정지

국세징수권의 소멸시효는 체납처분의 유예기간 중에는 진행되지 아니한다(국세기본법 제28조 제3항).

4) 체납처분 유예의 취소

(1) 취소의 사유

체납처분 유예의 취소와 체납액의 일시징수에 관해서는 징수유예의 취소에 관한 규정인 국세징수법 제20조가 준용된다(국세징수법 제85조의 2 제5항). 따라서 다음의 사유가 발생하면 체납처분의 유예는 취소된다.

① 체납액을 지정된 기한까지 납부하지 아니한 때
② 담보의 변경 기타 담보 보전에 필요한 세무서장의 명령에 응하지 아니한 때
③ 재산상황 기타 사정의 변화로 인하여 그 유예의 필요가 없다고 인정되는 때
④ 납기전징수 사유를 규정하고 있는 국세징수법 제14조 제1항 제2호 내지 제8호의 하나에 해당하여 그 유예된 기한까지 유예에 관계되는 체납액의 전액을 징수할 수 없다고 인정되는 때

(2) 취소절차

체납처분유예의 취소절차에 관해서는 징수유예의 취소에 관한 규정이 준용된다. 따라서 체납처분유예의 취소도 문서로 하여야 한다.

Ⅱ. 체납처분의 중지

1. 체납처분 중지의 의의

체납처분은 체납자 재산의 공매를 통하여 조세채권의 만족을 얻기 위한 절차이다. 따라서 체납처분절차를 진행하여도 그 목적을 달성하기 어려운 사정이 발생하는 때에는 절차의 진행을 중지하여야 할 것이다. 이와 같이 무익한 체납처분의 집행으로 인한 불필요한 노력과 행정력의 낭비를 방지하기 위하여 인정되는 수단이 체납처분의 중지이다.

2. 중지의 요건

체납처분의 중지는 다음 사유에 해당하는 경우에 할 수 있다.
① 체납처분의 목적물인 총재산의 추산가액이 체납처분비에 충당하고 잔여가 생길 여지가 없는 때(국세징수법 제85조 제1항).
② 체납처분의 목적물인 재산이 국세기본법 제35조 제1항 3호에 규정하는 채권의 담보가 된 재산인 경우에 그 추산가액이 체납처분비와 당해 채권가액에 충당하고 잔여가 생길 여지가 없는 경우(동 조 제2항).

3. 중지의 유형

체납처분의 중지는 세무서장이 직권으로 할 수 있는 경우와 당사자의 신청에 의하여 하는 경우로 나눌 수 있다.

세무서장이 직권으로 체납처분을 중지하고자 할 때에는 국세체납정리위원회의 심의를 거쳐 그 사실을 1개월간 공고하여야 한다(동 조 제3항). 이는 체납처분을 중지함에 있어서 신중을 기하려는 것으로 이를 거치지 아니하면 위법하게 된다.

또한 체납처분 중지사유가 존재하는 경우에 체납자는 체납처분의 중지를 세무서장에게 요청할 수 있다. 이 경우 체납자와 체납처분의 목적물인 재산의 소유자가 다른 경우에는 체납처분의 목적물인 재산의 소유자도 중지를 신청할 수 있다(동 조 제4항). 이러한 신청에 대해 세무서장이 어떠한 절차를 진행하여야 하는가에 대해서는 현행법상 규정이 없다. 그러나 체납처분의 중지 여부가 원칙적으로 세무서장의 직권사항인 점에 비추어 체납자의 신청은 세무서장의 판단을 구속하는 것이 아니라고 보아야 한다.

4. 체납처분 중지의 효과

체납처분의 집행을 중지한 때에는 세무서장은 해당 재산의 압류를 해제하여야 한다(국세징수법시행령 제82조 제3항).

제3장 조세의 환급

제1절 개설

조세법률관계에서 납세의무자가 국가에 대한 납세의무로서 조세채무를 지지만 반대로 국가로부터 조세를 돌려받는 경우도 종종 발생한다. 납세의무자가 국세·가산금 또는 체납처분비로서 납부한 금액 중 잘못 납부하거나 초과하여 납부한 금액이 있거나 세법에 따라 환급하여야 할 환급세액(세법에 따라 환급세액에서 공제하여야 할 세액이 있을 때에는 공제한 후에 남은 금액)이 있을 때에 개별 세법에 따라 환급하여야 하는 세액이 발생한다. 이 경우 세무서장은 즉시 그 잘못 납부한 금액, 초과하여 납부한 금액 또는 환급세액을 국세환급금으로 결정하여야 한다(국세기본법 제51조 제1항). 이를 국세환급금이라 한다.

지방세법에서도 납세자가 납부한 지방자치단체의 징수금 중 과오납한 금액이 있거나 환급하여야 할 환급세액이 있을 때에 지방세환급금으로 결정하여야 한다고 규정하고 있다(지방세기본법 제76조).

국세환급금은 그 성질이 부당이득으로서 실체법상 국가 또는 지방자치단체가 보유해야 할 정당한 이유가 없는 것이므로 납세의무자에게 반환하여야 한다. 따라서 조세법에 특별한 규정이 없어도 민법상 부당이득의 법리에 따르게 된다.

납세자는 국세환급금에 관한 권리를 대통령령으로 정하는 바에 따라 타인에게 양도할 수 있다(국세기본법 제53조).

제2절 국세환급금의 발생

국세환급금은 그 발생 원인에 따라 과오납금과 환급세액으로 나누어 살펴볼 수 있다.

I. 과오납금

'과오납금'이란 초과하여 납부한 금액(과납금)과 잘못 납부한 금액(오납금)을 함께 부르는 강학상 개념이다.

'초과하여 납부한 금액'이란 납세자의 신고 또는 부과처분이 당연 무효는 아니지만 신고·경정·결정 등에 따라 과세관청에 납부한 세액이 조세채무의 일부소멸 등으로 납부해야 할 세액보다 초과납부된 세액을 말한다.

'잘못 납부한 금액'이란 조세의 납부 시 이에 대응하는 확정된 조세채무가 존재하였으나 후에 불복에 대한 결정·판결이나 과세관청의 취소 결정 등의 사유로 채무가 소멸하게 되는 경우에 생기는 세액을 말한다.

잘못 납부한 금액은 처음부터 법률상 원인을 결한 국가의 이득이므로 납세자가 부당이득반환으로써 그 환급을 요구할 수 있다. 이에 대해서는 민법상 비채변제의 법리가 적용되지 아니한다.[288]

II. 환급세액

개별 세법에 따라 환급세액이 발생하는 경우가 있다. 예를 들어 법인세법 제64조 또는 소득세법 제76조에 따른 납부세액을 계산함에 있어서 기납부한 중간예납세액 등이 총결정세액을 초과함으로 인하여 발생하는 환급, 부가가치세법 제17조에 따른 납부세액 계산에 있어서 매입세액이 매출세액을 초과하는 경우, 개별소비세법 제20조 제2항에 따른 과세물품의 수출 등에 대한 환급, 주세법 제34조 및 제35조에 따른 환입주류 등에 대한 환

---

288) 대법원 1995.2.28. 선고 94다31419 판결.

급, 조세특례제한법 제107조 제6항에 따른 국내에 사업장이 없는 외국사업자에 대한 부가가치세의 환급, 국세기본법 제51조 제4항에 따른 원천징수세액의 환급, 법인세법 제72조와 소득세법 제85조의 2에 따른 결손금소급공제에 의한 환급세액 등이다.

제3절 청구권자

국세환급금은 그 환급의 대상이 되는 국세 등을 납부한 자의 국세 등에 충당하거나 그 자에게 지급하는 것을 원칙으로 한다. 국세환급금의 경우에도 납세의무의 승계와 동일하게 합병법인 또는 상속인이나 상속재산관리인에게 그 환급청구권이 승계된다.[289]

명의를 위장하여 사업을 경영한 경우 위장자의 명의로 납부한 세액은 실제로 사업을 경영한 자가 납부한 세액으로 본다. 따라서 실제로 사업을 경영한 자가 납부하여야 할 세액으로 공제한 후 남은 금액은 실제로 사업을 경영한 자에게 환급한다.[290] 판례에 따르면 신탁재산에 대한 부가가치세 환급세액의 환급청구권자는 위탁자이다.[291]

보증인이 납부한 국세 등에 대한 국세환급금은 피보증인인 납세자에게 환급하되, 보증인이 보증채무의 금액을 초과하여 납부함으로써 발생한 국세환급금은 해당 보증인에게 환급한다.[292] 그리고 둘 이상의 연대납세의무자, 제2차 납세의무자 또는 물적 납세의무자가 납부한 국세 등에 대한 국세환급금은 각자가 납부한 금액에 따라 나눈 금액을 각자에게 환급할 수 있다.[293]

민사집행법 제227조(금전채권의 압류)에 따라 압류되어 전부 명령 또는 추심명령이 있는 경우에는 압류채권자에게 환급한다.[294] 환급청구권이 국세징수법에 의해 체납처분(체납처분의 예에 따른 처분을 포함한다)에 의하여 압류된 경우에는 압류채권자에게 환급한다.[295]

---

289) 국세기본법 기본통칙 51 - 0⋯7, 51 - 0⋯6.
290) 국세기본법 기본통칙 51 - 0⋯1.
291) 대법원 2003.4.25. 선고 2000다33034 판결.
292) 국세기본법 기본통칙 51 - 0⋯4.
293) 국세기본법 기본통칙 51 - 0⋯5 제2항; 51 - 0⋯2 제3항.
294) 국세기본법 기본통칙 51 - 0⋯10.
295) 국세기본법 기본통칙 51 - 0⋯12.

법인이 해산한 후 청산종결등기를 한 때에는 법인격이 소멸하고 실체 또한 존재하지 아니하게 되어 권리능력을 상실하게 되므로 청산종결등기를 한 이후에 발생한 국세환급금은 해당 법인 또는 해당 법인의 청산인에게 환급할 수 없다. 다만, 법인세법에 따라 납세의무가 존속하는 때에는 해당 법인에게 환급할 수 있다.[296]

세무서장이 제3자의 질권이 설정되어 있는 체납자의 채권을 압류하여 채무자로부터 지급받은 후 체납액의 감액으로 국세환급금이 발생한 때에는 채권에 대한 질권자가 질권에 의하여 담보된 채권 중 변제받지 못한 금액의 범위 안에서 그 국세환급금의 지급을 청구한 때에는 세무서장이 이를 확인하여 해당 질권자에게 환급할 수 있다.[297]

제4절 환급금의 충당과 환급

I. 환급금의 충당

1. 국세에 충당

세무서장이 국세환급금으로 결정한 금액은 ① 납세고지에 의하여 납부하는 국세, ② 체납된 국세·가산금과 체납처분비(다른 세무서에 체납된 국세·가산금과 체납처분비를 포함), ③ 세법에 따라 자진 납부하는 국세에 충당하여야 한다.

다만, 납세고지에 의하여 납부하는 국세(국세징수법 제14조에 따른 납기전징수 사유에 해당하는 경우는 제외) 및 세법에 따라 자진 납부하는 국세에의 충당은 납세자가 그 충당에 동의하는 경우에만 한다(국세기본법 제51조 제2항).

세무서장은 국세환급금(국세환급가산금을 포함)을 다른 국세·가산금 또는 체납처분비에 충당한 경우에는 그 뜻을 적은 문서로 해당 납세자에게 통지하여야 한다(국세기본법 시행령 제31조).

---

296) 국세기본법 기본통칙 51 - 0…13.
297) 국세기본법 기본통칙 51 - 0…14.

납세자가 세법에 따라 환급받을 환급세액이 있는 경우에는 그 환급세액을 국세에 충당할 것을 청구할 수 있다. 이 경우 충당된 세액의 충당청구를 한 날에 해당 국세를 납부한 것으로 본다(국세기본법 제51조 제4항).

원천징수의무자가 원천징수하여 납부한 세액에서 환급받을 환급세액이 있는 경우에 그 환급액은 그 원천징수의무자가 원천징수하여 납부하여야 할 세액에 충당(다른 세목의 원천징수액에의 충당은 소득세법에 따른 원천징수이행상황신고서에 그 충당·조정명세를 적어 신고한 경우에만 할 수 있다)하고 남은 금액을 환급한다. 다만, 그 원천징수의무자가 그 환급액을 즉시 환급해 줄 것을 요구하는 경우나 원천징수하여 납부하여야 할 세액이 없는 경우에는 즉시 환급한다(동 조 제5항).

국세환급금 중 충당 후 남은 금액은 국세환급금의 결정을 한 날부터 30일 내에 납세자에게 지급하여야 한다(동 조 제6항).

세무서장이 국세환급금의 결정이 취소됨에 따라 이미 충당되거나 지급된 금액의 반환을 청구하는 경우에는 국세징수법의 고지·독촉 및 체납처분의 규정을 준용한다(동 조 제8항).

2. 국세환급금의 소멸시기

체납된 국세·가산금과 체납처분비에 충당이 있는 경우 체납된 국세·가산금 또는 체납처분비와 국세환급금은 체납된 국세의 법정납부기한과 국세환급금 발생일 중 늦은 때로 소급하여 대등액에 관하여 소멸한 것으로 본다(국세기본법 제51조 제3항).

납세자가 세법에 따라 환급받을 환급세액이 있는 경우에는 그 환급세액을 납세고지에 의하여 또는 자진하여 납부 할 국세에 충당할 것을 청구할 수 있다. 이 경우 충당된 세액의 충당청구를 한 날에 해당 국세를 납부한 것으로 본다(동 조 제4항).

위에서 '국세환급금 발생일'이란 다음의 구분에 따른 날을 말한다(국세기본법시행령 제32조).
① 착오납부, 이중납부 또는 납부의 기초가 된 신고 또는 부과의 취소·경정에 따라 환급하는 경우에는 그 국세 납부일(세법에 따른 중간예납액 또는 원천징수에 따른 납부액인 경우에는 그 세목의 법정신고기한의 만료일).

다만, 그 국세가 2회 이상 분할납부된 것인 경우에는 그 마지막 납부일로 하되, 국세환급금이 마지막에 납부된 금액을 초과하는 경우에는 그 금액이 될 때까지 납부일의 순서로 소급하여 계산한 국세의 각 납부일로 한다.

② 적법하게 납부된 국세의 감면으로 환급하는 경우에는 그 감면 결정일

③ 적법하게 납부된 후 법률이 개정되어 환급하는 경우에는 그 개정된 법률의 시행일

④ 소득세법, 법인세법, 부가가치세법, 개별소비세법 또는 주세법에 따른 환급세액의 신고 또는 신고한 환급세액의 경정으로 인하여 환급하는 경우에는 그 신고일.

다만, 환급세액을 신고하지 아니하여 결정에 따라 환급하는 경우에는 해당 결정일로 한다.

⑤ 원천징수의무자가 연말정산 또는 원천징수하여 납부한 세액을 법 제45조의 2 제4항에 따른 경정청구에 의하여 환급하는 경우에는 연말정산세액 또는 원천징수세액 납부기한의 만료일

Ⅱ. 물납재산의 환급

1. 물납재산으로 환급

납세자가 상속세 및 증여세법 제73조, 소득세법 제112조의 2, 법인세법 제65조 또는 종합부동산세법 제19조에 따라 상속세, 증여세, 소득세, 법인세 또는 종합부동산세를 물납한 후 그 부과의 전부 또는 일부를 취소하거나 감액하는 경정 결정에 따라 환급하는 경우에는 해당 물납재산으로 환급하여야 한다.

다만, 그 물납재산이 매각되었거나 다른 용도로 사용되고 있는 경우 등 다음의 경우에는 일반 환급금규정을 준용한다(국세기본법 제51조의 2 제1항, 국세기본법시행령 제43조의 2 제2항).

① 해당 물납재산의 성질상 분할하여 환급하는 것이 곤란한 경우

② 해당 물납재산이 임대 중이거나 다른 행정용도로 사용되고 있는 경우

③ 사용계획이 수립되어 해당 물납재산으로 환급하는 것이 곤란하다고 인정되는 경우 등 국세청장이 정하는 경우

2. 환급순서

물납재산을 환급하는 경우 환급의 순서에 관하여 납세자의 신청이 있는 경우에는 그
신청에 따라 관할 세무서장이 환급하고, 납세자의 신청이 없는 경우에는 다음의 방법에
따른다(국세기본법시행령 제43조의 2 제1항).

① 상속세 및 증여세법에 따라 물납한 재산을 환급하는 경우에는 상속세 및 증여세법
시행령 제74조 제2항에 따른 물납충당재산의 허가순서의 역순으로 환급
② 소득세법 또는 법인세법에 따라 물납한 재산을 환급하는 경우에는 소득세법 제112
조의 2 또는 법인세법 제65조에 따라 물납하는 재산으로 환급

3. 국세환급가산금 적용배제 등

물납재산을 환급함에 있어서 해당 물납재산으로 환급하는 경우에는 국세기본법 제52
조의 국세환급가산금에 관한 규정을 적용하지 아니한다(국세기본법 제51조의 2 제2항).

이와 같이 환급하는 경우에 국가가 물납재산을 유지 또는 관리하기 위하여 지출한 비
용은 국가의 부담으로 한다. 다만, 국가가 물납재산에 대하여 법인세법 시행령 제31조
제2항에 따른 자본적 지출을 한 경우에는 이를 납세자의 부담으로 한다(국세기본법시행
령 제43조의 2 제3항).

물납재산의 수납 이후 발생한 과실(법정과실 및 천연과실)은 납세자에게 환급하지 아
니하고 국가에 귀속된다(동 조 제4항).

Ⅲ. 환급가산금

1. 의의

세무서장은 국세환급금을 충당하거나 지급할 때에는 환급가산금의 기산일의 다음 날부
터 충당하는 날 또는 지급결정을 하는 날까지의 기간과 금융회사 등의 예금이자율 등을
고려하여 정하는 이자율(시중은행의 1년 만기 정기예금 평균 수신금리를 고려하여 기획

재정부령으로 정하는 이자율)에 따라 계산한 금액을 국세환급금에 가산하여야 한다(국세기본법 제52조). 이를 '국세환급가산금'이라 한다.

2. 환급가산금의 기산일

국세환급금가산금 기산일은 다음의 구분에 따른 날의 다음 날로 한다(국세기본법시행령 제30조 제2항).

① 착오납부, 이중납부 또는 납부 후 그 납부의 기초가 된 신고 또는 부과를 경정하거나 취소함에 따라 발생한 국세환급금은 그 국세 납부일. 다만, 그 국세가 2회 이상 분할납부된 것인 경우에는 그 마지막 납부일로 하되, 국세환급금이 마지막에 납부된 금액을 초과하는 경우에는 그 금액이 될 때까지 납부일의 순서로 소급하여 계산한 국세의 각 납부일로 한다(제1호).

② 적법하게 납부된 국세의 감면으로 발생한 국세환급금은 그 감면 결정일(제3호).

③ 적법하게 납부된 후 법률이 개정되어 발생한 국세환급금은 그 개정된 법률의 시행일 (제3호).

④ 소득세법·법인세법·부가가치세법·개별소비세법·주세법 또는 교통·에너지·환경세법에 의한 환급세액을 신고 또는 잘못 신고함에 따른 경정을 원인으로 한 환급은 그 신고를 한 날(신고한 날이 법정신고기일전인 경우에는 당해 법정신고기일)로부터 30일이 지난 때. 다만, 환급세액을 신고하지 아니함에 따른 결정으로 인하여 발생한 환급세액을 환급함에 있어서는 당해 결정일부터 30일이 지난 때(제4호)

⑤ 법 제45조의 2 제4항에 따른 경정청구에 의하여 원천징수의무자가 연말정산 또는 원천징수하여 납부한 세액을 원천징수의무자 또는 원천징수대상자에게 환급하는 경우는 연말정산세액 또는 원천징수세액의 납부기한부터 30일이 지난 때(제5호).

IV. 국세환급금에 관한 쟁송

국세환급금에 관한 국세기본법의 규정은 환급청구권이 확정된 국세환급금 및 가산금에 대한 내부적 사무처리절차로서 과세관청의 환급절차를 규정한 것에 불과하다. 이 규정에 따른 국세환급금결정에 의하여 비로소 환급청구권이 확정되는 것은 아니다.

국세환급금결정이나 그 결정을 구하는 신청에 대한 환급거부결정은 납세의무자가 갖는 환급청구권의 존부나 범위에 구체적이고 직접적인 영향을 미치는 처분이 아니어서 항고소송의 대상이 되는 처분으로 볼 수 없다.[298] 납세자는 환급금의 환급을 거부당한 경우에 민사소송의 한 형태인 부당이득금반환청구소송을 통해 환급받을 수 있다.

Ⅴ. 소멸시효

납세자의 국세환급금과 국세환급가산금에 관한 권리는 행사할 수 있는 때부터 5년간 행사하지 아니하면 소멸시효가 완성된다(국세기본법 제54조 제1항).

소멸시효에 관해서는 국세기본법 또는 세법에 특별한 규정이 있는 것을 제외하고는 민법에 따른다(동 조 제2항)

---

298) 대법원 2010.2.25. 선고 2007두18284 판결.

제5편 租稅爭訟

제1장 조세쟁송제도 개관

제1절 조세쟁송의 의의와 절차

Ⅰ. 조세쟁송의 개념

1. 조세쟁송권의 보장

조세쟁송이란 세무행정청과 납세자 간에 조세행정에 있어서 법률적 분쟁이 발생한 경우에 당사자 일방이 불복청구를 제기하고 국가기관이 그 불복청구를 심리·판단하는 권리구제절차를 말한다. 실제로는 주로 납세자가 과세관청을 상대로 일정한 처분의 취소를 구하기 위하여 제기하는 불복절차 또는 소송절차라고 이해하는 것이다.

조세법이 보장하고 있는 납세자의 권리 중에서 조세쟁송권의 보장, 즉 납세자의 권리구제절차에 관한 제도는 매우 중요하다. 납세자의 어떤 권리가 침해되었을 때 그 권리를 회복하기 위한 구체적 수단으로서 조세쟁송권의 행사는 납세자의 권리를 구체적으로 담보하기 때문이다.

납세자의 권리보호에 있어서 선진국이라고 할 수 있는 미국의 경우를 보면 사전구제절차가 잘 완비되어 있을 뿐만 아니라, 사후 구제절차로서 조세분쟁만을 전담하는 법원을 설치하여 조세법의 전문성에 부응하고 있는 동시에 납세자가 세금을 납부하지 않고 소송을 제기할 수 있도록 하여 납세자의 경제적 부담을 완화시키고 있다. 이러한 점에서 우리나라의 조세쟁송절차와 비교해 볼 때 국민의 재산권보장이라는 조세법률주의의 이상을 구현하고 국민주권주의를 토대로 한 납세자주의를 실질적으로 보장하고 있는 것이다.

조세쟁송절차는 크게 행정상의 구제절차인 조세행정불복청구절차와 사법상의 구제절차인 조세소송절차로 나누어진다. 이와 같은 조세쟁송절차는 위법한 처분에 대한 사후구제 절차라는 점에서 과세 전 적부심사청구 등 사전구제절차와는 구분된다.

2. 사전 조세행정구제절차

우리나라는 사전 조세행정구제절차로 과세 전 적부심사제도를 운용하고 있다. 이는 세무조사 후 그 조사결과를 납세의무자에게 통지하거나 과세자료에 의하여 결정을 하는 경우 조세를 고지하기 전에 납세자에게 과세할 내용을 미리 알려 줌으로써 이에 이의가 있는 납세자가 적부심사를 청구할 수 있는 제도이다. 과세관청은 적부심사를 청구한 내용을 심리하여 납세자의 주장이 타당한 경우에 납세고지 전에 이를 시정하여 주고 있다. 이 제도는 종전에 국세청 훈령에 의하여 운영되었던 고지 전 심사제도를 법률로 제도화하여 국세기본법상의 권리로 인정한 사전구제제도이다.

아울러 잘못된 과세처분 또는 집행으로 인한 분쟁을 쟁송절차에만 맡겨 둘 것이 아니라 세무관청 스스로 직권 시정해 주는 고충처리제도의 확대 내지 활성화가 필요하다고 보는데 최근 도입한 납세자보호담당관제의 정착이 시급하다.

Ⅱ. 조세행정불복청구의 의의와 절차

1. 의의

조세행정불복청구는 조세행정상의 법률관계에 관한 분쟁해결을 사법기관이 아닌 행정기관 내부에서 행하는 쟁송절차를 말한다. 위법·부당한 조세행정행위에 대해서 심판을 구할 법률상 이익이 있는 자가 세무행정청에 대하여 그 시정을 구하는 행정쟁송절차이다.

2. 조세행정불복청구의 존재이유

조세행정불복청구는 ① 세무행정청으로 하여금 그 조세처분을 다시 검토하게 하여 자율적 시정의 기회를 제공하고, ② 행정쟁송을 행정기관의 판단에 맡김으로써 사법절차에 따르는 비용과 시간을 절감할 수 있을 뿐만 아니라, ③ 행정기관이 갖는 전문지식을 활용함으로써 전문적·효율적으로 분쟁의 해결을 도모하고, ④ 비교적 신속하게 납세자의 권리구제에 기여할 수 있으며, ⑤ 이로써 법원의 부담을 줄여 주는 등의 이점이 있다.

행정소송법에서는 원칙적으로 일반행정심판을 행정소송을 제기하기 위한 임의적 절차로 규정하고 있으나, 예외적으로 법률의 명문규정에 의하여 행정심판을 반드시 거치도록 되어 있는 경우에는 종전과 동일하게 행정심판을 거치도록 하고 있다(행정소송법 제18조 제1항). 국세기본법은 조세소송을 제기하기 위하여 반드시 먼저 심사청구 또는 심판청구를 거칠 것을 요구하고 있다(동법 제56조 제2항). 즉 조세쟁송에 있어서 행정심판 전치주의가 엄격히 적용되는 것으로 하여 조세행정불복청구를 조세소송을 위한 필수적 전심절차로 한 것이다.

조세행정불복청구에는 심사청구, 심판청구 등이 있으며, 그 외 각각의 개별적 법률에 규정되어 있는 이의신청 제도가 있다. 단, 이의신청 제도는 임의적 절차에 불과함을 주의하여야 한다.299) 이에 대해서는 뒤에서 상세히 설명하기로 한다.

3. 조세행정불복청구절차의 구조

1) 국세의 불복절차

국세를 대상으로 한 불복절차는 조세행정이 갖는 고도의 전문성과 기술성을 반영하고 있다. 따라서 국세기본법에 정한 조세쟁송으로서의 행정불복청구는 행정심판법의 적용대상이 아닌 것으로 하였다(국세기본법 제56조 제1항 본문). 즉 특별법상의 행정심판으로서의 특징을 가진다.

이를 구체적으로 살펴보면, 국세의 부과 또는 징수를 대상으로 한 처분으로서 위법 또는 부당한 처분을 받거나 필요한 처분을 받지 못하여 권리 또는 이익의 침해를 당한 자는 국세기본법이 정하는 바에 따라 국세청장을 상대로 하여 심사청구를 하거나 조세심판원에 심판청구를 하여 그 처분의 취소 또는 변경이나 필요한 처분을 청구할 수 있다.

납세자는 심사청구 또는 심판청구를 거친 후에만 행정소송을 제기할 수 있다. 그러나 동일한 처분에 대해서는 심사청구와 심판청구를 중복하여 제기하지 못한다. 심사 및 심판

---

299) 이의신청은 행정심판에는 해당하지 않고 행정기관 내부에서 행정작용의 타당성을 다시 한 번 심사하는 제도로서, 행정심판 전에 행정청 내부의 자율적 분쟁해결을 꾀할 수 있는 장점이 있다.

청구가 중복적으로 제기되면 심리기관이나 당사자에게 불필요한 시간과 비용 등을 이중으로 낭비하게 하며, 상호 모순되거나 저촉되는 결정을 초래할 가능성이 있기 때문이다.

또한 납세자는 위 심사청구를 제기하기 전에 임의적 절차로서 세무서장 또는 지방국세청장을 상대로 이의신청을 제기할 수 있다.

이와 같이 조세행정불복청구절차는 심사청구와 심판청구 중 하나를 선택적으로 하는 불복절차를 필수적으로 하고, 이의신청을 임의적으로 제기하게 하여 필수적 전심제, 선택적 2심제의 구조를 취하고 있다.

2) 관세의 불복절차

관세에 대한 불복청구는 관세법이 규정하고 있으나(동법 제119조 이하), 전체적인 절차는 국세와 동일하게 필요적 전심제, 선택적 2심제로 구성되어 있다.

그러므로 관세법 기타 관세에 관한 법률이나 조약에 의한 처분으로서 위법 또는 부당한 처분을 받거나 필요한 처분을 받지 못함으로써 권리 또는 이익의 침해를 당한 경우에는 관세법에 따라 관세청장을 상대로 하는 심사청구 또는 조세심판원에 심판청구를 제기할 수 있다. 이러한 전심절차는 필수적인 행정심판절차이며 이를 거쳐야 행정소송을 제기할 수 있다. 그 외 이의신청제도를 두고 있다.

3) 지방세의 불복절차

지방세에 대한 불복절차는 지방세기본법에 규정하고 있으며(동법 제117조 이하) 이의신청과 심사청구·심판청구 두 단계로 구성되어 있다.

지방세의 부과·징수에 관한 위법 또는 부당한 처분을 받거나 필요한 처분을 받지 못함으로써 권리 또는 이익의 침해를 당한 자는 불복을 제기할 수 있다. 특별시세·광역시세·도세의 경우에는 특별시장·광역시장·도지사에게 이의신청을 할 수 있고, 시세·군세·구세의 경우에는 시장·군수·구청장에게 이의신청을 할 수 있다. 이의신청은 임의적 절차로서 국세를 대상으로 하는 이의신청과 같은 성질을 띤다.

이의신청을 통해 권리구제가 안 된 경우에는 특별시장·광역시장·도지사의 결정에 대해서는 조세심판원장에게 바로 심판청구를 할 수 있다. 시장·군수·구청장의 결정에 대해서는 선택적으로 특별시장·광역시장·도지사에게 심사청구를 하거나 조세심판원장에게 심판청구를 할 수 있다.

그리고 지방세에는 필수적 전심절차를 두고 있지 아니하므로 행정기관에 대한 이의신청이나 심사청구・심판청구를 거치지 아니하고도 바로 행정법원에 소송을 제기할 수 있다.

4) 감사원에 대한 심사청구

국세행정기관과 지방세행정기관은 감사원의 감사를 받는 기관이므로 이들 기관의 업무인 조세의 부과・징수에 관한 처분에 대해서는 감사원법에 따른 불복청구가 인정되고 있다. 감사원법 제43조 제1항에서 "감사원의 감사를 받는 자의 직무에 관한 처분이나 그 밖의 행위에 관하여 이해관계가 있는 자는 감사원에 그 심사의 청구를 할 수 있다"고 규정하고 있기 때문이다.

감사원에 대한 심사청구는 행정심판절차를 거친 것과 같은 효과가 인정되므로 조세소송을 제기하기 위한 전심절차로서의 의의를 가진다(감사원법 제46조의 2).

Ⅲ. 조세소송의 의의와 절차

조세소송은 조세행정불복청구를 통하여 납세자의 권익이 구제되지 못하는 때에 제기하는 쟁송절차이다. 기본적으로는 다른 일반행정소송과 마찬가지로 행정소송법의 적용을 받게 되며 개정된 법원조직법에 따라 1998년 3월 1일부터 행정법원에서 재판하고 있다. 다만 조세소송은 원칙적으로 행정소송법의 적용을 받으나 국세기본법 등 특별규정이 산재하여 우선적으로 적용되기 때문에 일반행정소송과는 구별되는 절차적 특례가 많다.

조세소송은 넓은 의미와 좁은 의미로 나누어 볼 수 있다. 넓은 의미로는 조세법률관계의 당사자 사이에서 발생하는 모든 소송을 의미하므로 과세관청의 위법한 처분으로 인하여 권리를 침해당한 납세자 측이 제기하는 행정소송법상의 주관적 소송인 항고소송과 당사자 소송, 객관적 소송인 민중소송과 기관소송 그리고 조세채권자인 국가가 제기하는 사해행위취소소송을 포함한다. 좁은 의미로는 조세법률관계에 관한 행정소송 중 행정소송법의 적용을 받는 주관적 소송으로서의 항고소송과 당사자 소송을 가리킨다. 일반적으로 조세소송이라 함은 납세자의 권리구제와 관련하여 논의되는 좁은 의미의 조세소송을 일컫는다.

Ⅳ. 현행 조세쟁송제도의 문제점

1. 조세행정불복청구절차의 문제점

현행 조세행정불복절차는 국세의 경우에 심사청구 또는 심판청구 중 하나를 필수적으로 하고 이의신청을 선택적으로 하는 제도로 되어 있고, 지방세의 경우에 특별시세·광역시세·도세의 경우는 이의신청, 심판청구, 시세·군세·구세의 경우에는 이의신청, 심사청구(또는 심판청구)의 선택적 2심제로 되어 있다.

과거 국세·지방세의 행정불복절차와 조세소송의 심급구조는 납세자의 권리구제 측면에서 문제점을 지니고 있었다. 위법한 조세행정처분을 받은 납세자가 그 권리의 구제를 받기 위하여 필수적으로 심사청구와 심판청구를 차례로 거치게 되어 행정심급을 두 번, 사법심급을 세 번 거쳐야 했기 때문에 시간과 경제적 부담이 적지 아니하여 침해된 권익의 구제를 포기하는 사태가 발생할 우려가 있었다.

이러한 문제점을 해결하기 위하여 조세행정불복절차의 심급구조를 개편해야 한다든지 조세소송의 심급구조를 단축해야 한다는 견해가 있었는데 현행법에서는 이를 반영하여 행정심급 구조를 한 단계 감축하기에 이르렀다.

또한 조세불복청구사건에 대한 이의신청 또는 심사청구는 그 재결기관이 처분청이나 처분청의 상급청이므로 본질적으로 심결에 있어서 독립성을 가지지 못하여 심리, 결정의 객관적인 적정성을 도모하기 어렵다는 지적이 있었다. 특히 심판청구에 있어서 구 국세심판원은 형식상 심판청구사건을 공정하게 판단할 수 있는 독립적 지위에 있는 준사법기관이었으나 국세심판원을 재경부장관의 소속하에 두고 있는 관계로 실제로 독립성을 보장할 수 없는 문제점이 있다.

이리하여 심판원을 국세, 관세는 물론 지방세까지 포함하는 행정불복심판기관으로 재구성하여 명실상부한 조세심판원으로 승격시키고 아울러 그 독립성과 심판기능의 적정성을 도모하기 위하여 국무총리 소속의 독립된 기관으로 설치, 운영하고 있다. 조세심판원의 완전한 독립기관화가 실현된다면 장차 조세법원으로 발전하는 기초가 마련될 수도 있을 것이다.

2. 조세소송절차의 문제점

1998년 3월 1일부터 개정된 법원조직법에 의하여 행정사건은 제1심 법원인 행정법원을 설치하여 취급하도록 하고, 조세쟁송사건은 행정소송제도에 의해서 규율되도록 되어 있다. 조세쟁송사건을 일반 행정사건과 특별히 달리 취급하지 않는 현행 행정소송제도는 조세쟁송사건의 특수성이 고려되지 않는 것으로서 납세자의 권리구제에 충분한 것이라고 인정하기는 어렵다.

조세법의 영역은 특수전문분야로 인식되고 있고 그 해석과 적용을 담당하는 기관에게도 전문성이 요구되고 있다. 따라서 조세쟁송절차가 다른 일반행정쟁송절차와 달리 전문성에 입각해야 함은 지극히 당연하고, 조세법의 전문성에 부응하여 심판 및 재판기관도 전문화되어야만 납세자의 권익이 실질적으로 보장될 수 있는 것이다.

행정소송이 과거 2심제에서 3심제로 변경되었다고 하여 조세사건의 심리가 종전보다 납세자의 권리구제 측면에서 도움이 되는 것이 아니라 오히려 조세소송에서 지게 되는 납세자의 부담만 증가시키게 되어 당초 의도한 사법적 권리구제의 확대와는 거리가 멀어질 가능성이 있다.

그러므로 조세사건의 특수성을 고려하여 조세분쟁만을 전담할 법원을 설치하는 것이 가장 이상적이다. 그리고 조세법원에서의 소송절차는 현행 행정법원에 비하여 당사자에게 시간·노력·비용이 덜 들도록 하여야 하고 그 운영 면에서는 더욱 간소한 방법으로 사건을 해결하도록 해야 할 것이다.[300]

이를 위하여 검토해야 할 사항은 조세를 납부하지 않고도 납세자가 쟁송을 제기할 수 있는 제도이다. 현행 행정소송법은 행정처분의 공정력으로 인하여 집행부정지를 원칙으로 하고 예외적으로 집행정지를 인정하고 있다. 이는 국민의 권리보호보다 행정의 원활한 운영에 중점을 두고 있다고 말할 수 있다. 현행 조세소송에 있어서도 극히 예외적인 경우를 제외하고는 집행부정지의 원칙이 획일적으로 적용되고 있다.

그러나 조세는 반대급부 없는 경제적 부담으로서 재산권 침해가 불가피하며 사후구제 기간이 장기간 소요되는 점을 감안하면 현행 집행정지요건을 조세사건에 한하여 완화시켜 조세를 납부하지 않은 상태로 제소할 수 있는 길을 열어 줄 필요가 있다.

미국의 연방조세법원 소송절차에서는 조세를 납부하지 않아도 되므로 탈루세액 결정처분에 대한 집행정지 여부를 납세자의 임의선택에 맡김으로써 납세자는 경제적 사정을 고려하여 법원을 선택하게 된다. 이로써 실질적 납세자 권리구제에 기여하고 있다.[301]

---

300) 이를 위하여 납세자의 입증책임의 경감, 신속한 진행을 위한 심리절차의 간편화, 법원을 구성하는 법관의 전문화 등이 심도 깊게 논의되어야 할 것이다.

301) 김두형, "미국의 조세쟁송제도에 관한 고찰", 『연세법학연구 제6집 제1권』, 127면.

제2절 조세행정불복청구의 제기

Ⅰ. 불복청구의 제기요건

1. 당사자에 관한 요건

1) 청구인

행정불복의 청구인이란 불복청구의 대상인 처분 또는 부작위에 불복하여 그 취소 또는 변경을 구하기 위하여 행정불복을 제기하는 자를 말한다. 청구인은 자연인·법인 등 권리능력자이어야 한다.

행정불복의 청구인이 될 수 있는 법적 자격을 청구인 적격이라고 한다.

(1) 권익의 침해를 당한 직접 당사자

국세를 대상으로 한 불복청구의 청구인 적격은 기본적으로 국세기본법 또는 세법에 의한 처분으로써 위법 또는 부당한 처분을 받거나 필요한 처분을 받지 못함으로써 권리 또는 이익의 침해를 당한 자이다(국세기본법 제55조 제1항). 따라서 청구인 적격은 원칙적으로 위법·부당한 처분을 받거나 필요한 처분을 받지 못한 직접 당사자가 가진다. 이러한 상대방의 지위를 포괄승계한 자도 청구인 적격을 갖게 된다.

이때의 권리 또는 이익의 침해는 법률상 보호되는 이익이 침해된 경우만을 대상으로 하며 단순한 사실상 이익이나 반사적 이익이 침해된 경우는 포함되지 않는다. 예를 들어 어느 단체의 대표자 자격을 둘러싼 분쟁 중에 적법 대표자임을 주장하는 자가 사업자등록 사항 중 대표자 명의변경을 신청한 경우 이를 거부하더라도 법률상 보호되는 권익을 침해한 것으로 볼 수 없다.

(2) 처분의 이해관계인

국세기본법 또는 세법에 의한 처분에 의하여 권리 또는 이익을 침해당하게 될 이해관계인이면 청구인 적격을 가진다. 이해관계인은 위법 또는 부당한 처분을 받은 자의 처분에 대하여 심사청구 또는 심판청구를 하여 그 처분의 취소 또는 변경이나 기타 필요한 처분을 청구할 수 있다. 처분의 이해관계인으로는 제2차 납세의무자로서 납부통지를 받은 자, 물적 납세의무를 지는 자로서 납부통지서를 받은 자, 납세보증인 등을 들 수 있다(동법 시행령 제55조 제2항).

제2차 납세의무자나 납세보증인은 주된 납세의무의 존재와 그 효력에 대해 실질적 관련성을 갖고 있으므로, 주된 납세의무자에 대한 과세처분의 효력 여하에 따라 자신의 권리 또는 이익이 영향을 받게 되므로 이를 다툴 수 있는 것이다.

판례는 나아가 제2차 납세의무는 주된 납세의무의 존재를 전제로 하는 것이므로 거기에 주종의 관계가 있고 주된 납세의무의 범위를 넘어서 성립할 수 없으며 또 주된 납세의무에 대하여 생긴 사유는 원칙으로 제2차 납세의무에도 영향이 미치게 되는 이른바 부종성을 가진다고 보고,[302] 제2차 납세의무자가 주된 납세의무의 위법 여부에 대한 확정과 무관하게 자신에 대한 제2차 납세의무 부과처분 취소소송에서 주된 납세의무자에 대한 부과처분의 하자를 주장할 수 있다고 한다.[303] ☞ 〈**참고판례 47**〉

이와 별도로 제2차 납세의무자, 물적 납세의무자 또는 납세보증인은 납부통지를 받은 당해 처분에 대하여 불복하는 경우에 그 납부통지의 원천이 된 본래의 납세의무자에 대한 처분의 확정 여부에 관계없이 독립하여 납부통지된 세액의 내용에 관하여 다툴 수 있음은 물론이다.

(3) 기타의 이해관계인

체납처분에 의하여 압류된 재산이 제3자의 소유인 경우에 제3자는 압류처분에 대해 청구인 적격을 가진다.

법인세의 결정 또는 경정에 있어서 그 소득을 상여 처분함으로써 소득세의 과세처분을 받은 소득자는 그 원천이 된 법인세 과세처분의 확정 여부에 관계없이 독립하여 상여 처분된 내용에 대하여 청구인 적격을 갖게 된다.

2) 피청구인

불복청구의 피청구인은 불복청구를 받는 상대방 당사자를 말한다. 원칙적으로 당해 행

---

302) 대법원 1979.11.13. 선고 79누270 판결.
303) 대법원 2009.1.15. 선고 2006두14926 판결.

정불복의 대상인 처분을 행한 행정청 또는 부작위를 한 부작위청이 피청구인이 된다(행정심판법 제17조 제1항). 처분 또는 부작위의 권한을 양수하거나 승계한 행정청은 당연히 피청구인이 된다(동 항 단서).

국세기본법에서는 청구에 있어서 해당처분을 하였거나 하였어야 할 세무서장에게 직접 이의신청을 하거나, 해당 세무서장을 거쳐 국세청장에게 하여야 한다고 규정하고 있을 뿐(국세기본법 제62조 제1항, 제66조 제1항), 피청구인을 명확히 지정하고 있지 아니한 바 원칙적으로 해당 처분을 하였거나 해야 할 세무서장이 피청구인이 된다.

2. 대상에 관한 요건

1) 개괄주의

조세행정불복청구의 대상을 무엇으로 할 것인지에 관하여 규정하는 입법례로 개괄주의와 열거주의가 있다. 조세법은 조세행정불복을 제기할 수 있는 사항을 한정하여 제한하지 아니하고 있다. 즉 세무행정청의 위법 또는 부당한 처분으로 인하여 권익의 침해를 받은 자에 대하여 널리 행정불복의 제기를 인정하는 개괄주의를 채택하고 있다.

2) 행정불복청구의 대상

(1) 세무행정청의 처분

처분의 개념에 대해서는 조세법상 개념정의가 없으므로 행정심판법상의 개념이 그대로 적용된다. 따라서 '처분'이란 행정관청이 행하는 구체적 사실에 관한 법집행으로서의 공권력의 행사 또는 그 거부와 그 밖에 이에 준하는 행정작용을 말한다(행정심판법 제2조 제1항 1호).

그러므로 구체적으로 국세기본법 및 각 세법에 따른 세무관청의 처분, 거부처분 및 부작위가 불복청구의 대상이 된다. 여기서 세무관청의 '거부처분'은 소극적 형태의 공권력 행사이다. 즉 일정한 신청이 있는 경우에 그 신청에 따르는 처분을 할 것을 거부하는 내용의 처분이다. 납세자가 제기한 경정청구에 대하여 과세관청이 거부하는 경우가 대표적이다. 적극적으로 거부의사를 나타내는 점에서 부작위에 구별된다. 세무관청의 '부작위'란 당사자의 신청에 대하여 상당한 기간 내에 일정한 처분을 하여야 할 법률상 의무가 있음에도 불구하고 이를 하지 아니한 것을 말한다.

국세기본법은 처분에 대해서 '위법 또는 부당한 처분을 받는 경우'와 '필요한 처분을 받지 못한 경우'로 구분하여 규정하고 있다(국세기본법 제55조 제1항). '필요한 처분을 받지 못한 경우'란 다음과 같은 사항에 대해 명시적 또는 묵시적으로 거부하는 것을 말한다고 볼 수 있다.[304]

① 공제·감면신청에 대한 결정
② 국세의 환급
③ 사업자등록신청에 대한 등록증교부
④ 허가·승인
⑤ 압류해제
⑥ 법 제45조의 2의 청구(즉 경정 등의 청구)에 대한 결정 또는 경정
⑦ 기타 위 사항에 준하는 것

(2) 위법 또는 부당한 처분

위법한 처분이란 세무관청의 행위가 당해 근거법규를 위반하거나 조세법의 원칙을 위반한 경우를 말한다. 처분의 위법성의 원인이 되는 하자가 중대하고 명백하면 당해 처분이 무효가 되고, 단순 위법에 해당하는 때에는 취소사유가 된다.

국세에 대한 행정불복청구에서 위법한 처분 외에 부당한 처분도 그 대상이 된다. 부당한 처분이란 위법한 처분은 아니지만 과세형평에 어긋나거나 합목적성에 위배되는 처분, 즉 자유재량을 남용하거나 공익에 적합하지 않은 처분을 말한다.

3) 불복대상에서 제외되는 처분

다음과 같은 처분에 대해서는 불복을 청구할 수 없다(국세기본법 제55조 제5항).

(1) 국세기본법에 의한 이의신청·심사청구·심판청구에 대한 처분

이의신청 재결에 대한 이의신청 등 재결처분 자체에 대한 재불복 청구를 금지하는 것으로 이는 동일한 처분에 대하여 불복의 반복을 방지하기 위한 것이다. 따라서 행정불복청구의 재결에 불복할 때에는 원처분의 위법을 이유로 다음 단계의 불복을 청구하거나

---

304) 국세기본법 기본통칙 55-0…3.

행정소송을 제기할 수 있을 뿐이다.

이의신청에 대한 재결처분에 대하여 심사청구를 하는 경우 또는 심판청구를 하는 경우는 원처분의 위법을 다투는 경우로서 재결처분 그 자체를 대상으로 하는 것이 아니므로 당연히 허용된다.

(2) 조세범처벌절차법에 따른 통고처분

조세범처벌절차법에서 규정하고 있는 통고처분은 국세청장·지방국세청장 또는 세무서장이 범칙사건의 조사에 의하여 범칙의 심증을 얻은 때에 벌금 또는 과료에 상당하는 금액, 몰수 또는 몰취에 해당하는 물품, 추징금에 상당하는 금액 등을 납부할 것을 통고하는 것을 말한다(동법 제9조).

통고처분은 그 개념상 범칙자에 대한 구속력은 없으며 범칙자가 이를 불이행하는 경우에 고발할 수 있을 뿐이다(동법 제12조). 또 범칙자도 통고처분 자체에 승복할 수 없을 때에는 통고처분을 이행하지 않을 수 있다.

이와 같이 통고처분에 대해서는 당사자에게 불복청구의 필요성이 인정되지 아니하기 때문에 불복청구에서 제외시키고 있는 것이다.

(3) 감사원법에 따라 심사청구를 한 처분이나 그 심사청구에 대한 처분

감사원의 심사청구절차를 거치게 되면 이는 행정심판을 거친 것으로서의 효력이 인정되므로 불필요한 중복청구를 방지하기 위하여 불복청구를 제기할 수 없게 하고 있다.

3. 절차에 관한 요건

1) 불복청구의 기간

(1) 불변기간

불복청구는 조세법관계 분쟁의 조기안정을 위하여 일정한 기간 내에 제기하도록 되어 있다. 다만 무효확인 등의 청구는 취소청구의 경우와 달리 청구기간의 제한을 받지 아니한다. 부작위위법확인 청구의 경우에도 제기기간의 제한이 없으며 부작위 상태가 계속되는 한 언제든지 행정불복을 제기할 수 있다.

(2) 국세기본법상 불복청구의 기간

국세기본법은 불복청구의 기간에 관해 다음과 같이 규정하고 있다.

우선 임의적 절차인 이의신청을 제기하려는 때에는 해당 처분이 있은 것을 안 날(처분의 통지를 받은 때에는 그 받은 날)로부터 90일 내에 하여야 한다.

이의신청을 거치고 않고 심사청구 또는 심판청구를 제기하고자 하는 경우에는 이의신청 제기기간과 같은 기간 내에 하여야 한다. 이의신청을 거친 후 심사청구 또는 심판청구를 하고자 할 때에는, 원칙적으로 이의신청에 대한 결정의 통지를 받은 날로 부터 90일 이내에 하여야 한다(국세기본법 제61조 제2항 본문).

2) 불복청구의 제기방식

불복청구는 일정한 사항을 기재한 서면으로 하여야 한다. 청구서는 해당 처분의 당사자인 피청구인에게 제출하여야 한다. 피청구인을 경유토록 한 이유는 피청구인에게 스스로 시정할 기회를 주는 것과 아울러 답변서 등을 제출하도록 함에 있어서 신속을 기하려는 취지이다.

〈참고판례 47〉

대법원 2009.1.15. 선고 2006두14926 판결【취득세 등 부과처분취소】

【판시사항】

[1] 제2차 납세의무자가 주된 납세의무의 위법 여부에 대한 확정과 무관하게 자신에 대한 제2차 납세의무 부과처분 취소소송에서 주된 납세의무자에 대한 부과처분의 하자를 주장할 수 있는지(적극)

[2] 주된 납세의무자가 제기한 전소와 제2차 납세의무자가 제기한 후소가 각기 다른 처분에 관한 것이어서 그 소송물을 달리하는 경우, 전소 확정판결의 기판력이 후소에 미치는지(소극)

【이유】

상고이유를 판단한다.

[1] 피고의 상고이유 제1점에 대하여

지방세법 제24조 제1항은 "사업의 양도·양수가 있는 경우 양도일 이전에 양도인의 납세의무가 확정된 당해 사업에 관한 지방자치단체의 징수금을 양도인의 재산으로 충당하여도 부족한 때에는 양수인은 그 부족액에 대하여 양수한 재산의 가액을 한도로 제2차 납세의무를 진다"고 규정하고 있고, 같은 조 제2항은 "제1항에서 양수인이라 함은 사업장별로 그 사업에 관한 모든 권리와 의무를 포괄승계(미수금에 관한 권리와 미지급금에 관한 의무의 경우에는 그 전부를 승계하지 아니하더라도 이를 포괄승계로 본다)한 자로서 양도인이 사업을 영위하던 장소에서 양도인이 영위하던 사업과 동일 또는 유사한 종목의 사업을 경영하는 자를 말한다"고 규정하고 있다.

그런데 이러한 제2차 납세의무는 주된 납세의무와는 별개로 성립하여 확정되는 것이나 주된 납세의무의 존재를 전제로 하는 것이므로, 주된 납세의무에 대하여 발생한 사유는 원칙적으로 제2차 납세의무에도 영향을 미치게 되는 이른바 부종성을 가진다고 할 것이다. 따라서 제2차 납세의무자는 주된 납세의무의 위법 여부에 대한 확정에 관계없이 자신에 대한 제2차 납세의무 부과처분의 취소소송에서 주된 납세의무자에 대한 부과처분의 하자를 주장할 수 있다고 봄이 상당하다(대법원 1969.12.23. 선고 67누146 판결, 대법원 1979.11.13. 선고 79누270 판결 참조).

같은 취지의 원심의 판단은 정당하고, 거기에 상고이유와 같은 제2차 납세의무 부과처분 취소소송에서의 불복대상 내지 범위에 관한 법리오해 등의 위법이 없다.

[2] 피고의 상고이유 제2점 및 피고보조참가인의 상고이유 제1점에 대하여

과세처분이란 법률에 규정된 과세요건이 충족됨으로써 객관적·추상적으로 성립한 조세채권의 내용을 구체적으로 확인하여 확정하는 절차로서, 과세처분 취소소송의 소송물은 그 취소원인이 되는 위법성 일반이고 그 심판의 대상은 과세처분에 의하여 확인된 조세채무인 과세표준 및 세액의 객관적 존부이다(대법원 1980.10.14. 선고 78누345 판결, 대법원 1990.3.23. 선고 89누5386 판결 등 참조). 한편, 취소판결의 기판력은 소송물로 된 행정처분의 위법성 존부에 관한 판단 그 자체에만 미치는 것이므로 전소와 후소가 그 소송물을 달리하는 경우에는 전소 확정판결의 기판력이 후소에 미치지 아니한다(대법원 1996.4.26. 선고 95누5820 판결 참조).

원심은 제1심 판결의 이유를 인용하여, 주된 납세의무자인 태영실업 주식회사(이하

'태영실업'이라 한다)가 피고를 상대로 제기한 소송은 태영실업에 대한 1998년 11월 21일자 처분에 관한 것인 반면, 이 사건은 제2차 납세의무자인 원고에 대한 2004년 6월 19일자 처분에 관한 것이어서 그 취소소송의 대상인 행정처분이 동일하지 아니하고, 원고가 전소의 계쟁물에 관한 당사자 적격을 승계한 자에 해당한다고 볼 수도 없으므로, 전소의 기판력이 원고에게 미친다고 볼 수 없다고 판단하였다.

위 법리 및 기록에 의하면, 이러한 원심의 판단은 정당하고, 거기에 상고이유와 같은 기판력에 관한 법리오해 등의 위법이 없다.

Ⅱ. 불복청구의 효과

1. 집행부정지의 원칙

이의신청, 심사청구 또는 심판청구는 세법에 특별한 규정이 있는 경우를 제외하고는 해당 처분의 집행에 효력을 미치지 아니한다(국세기본법 제57조). 이를 집행부정지의 원칙이라 한다.

일반적으로 행정처분에 대한 행정불복청구의 제기에도 불구하고 그 처쿤의 효력에는 영향이 없다는 견해가 통설이다. 그 이유는 행정작용의 안정적 수행이라는 공익적 입장에서 행정처분에 공정력이 인정된다고 보기 때문이다.

세무행정은 다른 행정의 영역과는 달리 국가재정의 수요를 충족하는 특성을 갖는 것이어서 원칙적으로 공익적 입장이 여타 행정의 영역보다 더 강조될 수밖에 없으므로 국세기본법에서 집행부정지의 원칙을 채택하고 있다고 판단된다.

2. 집행정지의 예외적 인정

집행부정지의 원칙을 인정함으로써 야기되는 문제는 행정처분의 집행으로 당사자에 회복할 수 없는 중대한 손해가 발생되는 경우이다. 따라서 예외적으로 당사자의 신청 또는 세무서장 등의 직권에 의하여 집행을 정지하는 조치를 할 필요가 있다. 이에 따라 현행법은 두 가지 경우에 한하여 집행정지의 예외규정을 두고 있다.

① 행정불복의 청구 시에 해당 재결청이 필요하다고 인정할 때에는 그 처분의 집행을 중지하게 하거나 중지할 수 있다(국세기본법 제57조 단서). 이러한 처분의 집행중지는 이의신청인, 심사청구인 또는 심판청구인이 심각한 재해를 입은 경우에는 이를 정부가 조사하기 위하여 상당한 시일이 필요하다고 인정되는 경우에만 할 수 있다(동법 시행령 제45조).

② 국세기본법에 의한 이의신청·심사청구·심판청구가 계류 중에 있거나 행정쟁송이 계속 중에 있는 국세의 체납으로 인하여 압류한 재산에 대해서는 그 신청 또는 청구에 대한 결정이나 소에 대한 판결이 확정되기 전에는 이를 공매할 수 없도록 하고 있다(국세징수법 제61조 제4항).

이는 공매가 진행되어 재산권이 제3자에게 이전되는 때에는 불복청구가 인용되어도 납세자에게 회복할 수 없는 손해가 발생되는 것을 방지하기 위한 것이다. 그러나 당해 재산이 부패, 변질 또는 감량되기 쉬운 재산으로서 속히 매각하지 아니하면 그 재산가격이 감손될 우려가 있는 때에는 예외적으로 공매할 수 있다(동 조 동 항 단서).

제3절 조세행정불복청구에 대한 심리와 재결

Ⅰ. 불복청구에 대한 심리

불복청구의 기초가 되는 사실관계와 법률관계를 명확히 하여 청구가 타당한지를 가리는 과정을 불복청구의 심리라고 한다. 불복청구의 심리절차는 비록 행정기관에서 이루어지지만 다툼이 있는 사실에 대한 판단작용이라는 점에서 조세소송에 있어서 심리절차와 크게 다를 것이 없다. 그러므로 그 절차에 있어서 가능한 한 재판절차를 준용하여 국민의 권익보호에 만전을 기해야 할 것이다.

불복청구에 대한 심리는 요건심리와 본안심리로 나누어진다.

1. 요건 심리

1) 의의

요건심리는 불복청구의 형식적 요건이 갖추어졌는지를 심리하는 것을 말한다. 이를 구체적으로 살펴보면, ① 불복청구의 대상이 불복이 허용되는 처분성을 갖는 것인지, ② 청구인 적격에 충족되는지, ③ 행정불복청구가 제기기간 내에 제기되었는지, ④ 기타 절차나 형식적 요건이 구비되었는지 등을 검토하는 것을 말한다.

요건심리의 결과 그 흠결이 발견되면 당해 불복청구는 부적법하므로 각하된다.

2) 보정요구

요건흠결이 있더라도 하자를 보완할 수 있는 때에는 청구를 즉시 각하할 것이 아니라 일정한 기간 내에 보완을 명하는 보정절차를 거치게 된다. 즉 불복청구의 결정기관은 불복청구의 내용이나 절차가 국세기본법 또는 세법에 적합하지 않지만, 보정할 수 있다고 인정되는 때에는 20일 내의 기간 또는 상당한 기간을 정하여 신청인에게 보정을 요구할 수 있다(국세기본법 제63조 제1항, 동법 제81조).

보정할 사항이 경미한 경우에는 불복청구결정기관의 직권으로 보정할 수 있다(동 조 동 항 단서). 보정기간은 청구기간 및 결정기간의 계산에는 산입하지 않는다(동 조 제3항, 동법 제81조).

2. 본안심리

1) 의의

요건심리의 결과, 형식적 요건에 하자가 없는 청구로 인정되는 때에는 청구내용의 실질적 심사인 본안심리에 들어가게 된다. 본안심리는 당사자가 제기한 불복청구의 취지를 인용할 것인지 기각할 것인지를 판단하는 과정이다.

2) 심리절차의 원칙

(1) 서면심리, 구술심리

본안심리는 일반적으로 서면을 통하여 심리하는 것을 원칙으로 한다. 그러나 예외적으로 청구인에게 의견진술의 기회가 부여됨으로써 구술심리도 가능하도록 하고 있다(국세기본법 제58조).

이는 조세행정에 대한 불복청구절차에 사법적 절차를 일부 반영한 것으로 평가되고 있다. 의견진술은 진술하고자 하는 당사자가 문서에 의하여 재결청에 대하여 신청하여야 한다(동법 시행령 제47조 제1항).

(2) 직권심리주의

재결청의 심리에 있어서는 직권심리주의에 의한다고 볼 수 있다. 따라서 청구인 등이 주장하지 아니한 이유에 관해서도 결정기관은 심리할 수 있고, 청구인이 제출하지 아니한 증거에 대해서도 조사가 가능한 것으로 해석되고 있다.

3. 당사자의 권리와 대리인

1) 관계서류의 열람권

불복청구를 제기하는 이의신청인·심사청구인 또는 심판청구인은 그 신청 또는 청구에 관계되는 서류를 열람할 수 있다(국세기본법 제58조). 이는 행정처분의 상대방으로 하여금 행정불복절차에 있어서 자신의 권리를 제대로 보호하고 필요한 증거를 적절히 제시할 수 있도록 보장할 필요에 의한 것이다.

열람은 구체적으로 서류를 직접 열람하거나 그 내용을 등사하는 방법으로 하게 되며 신청인이 구술로 당해 재결청에 요구하여야 한다. 이에 대해 재결청은 당해 서류를 열람 또는 등사하게 하거나 그 등본 또는 초본이 원본과 상위 없음을 확인하여야 한다(동법 시행령 제46조).

2) 대리인

이의신청인·심사청구인 또는 심판청구인은 변호사, 세무사 또는 세무사법 제20조의 2

제1항의 규정에 의하여 등록한 공인회계사를 대리인으로 선임할 수 있다. 대리인은 본인을 위하여 신청 또는 청구에 관한 모든 행위를 할 수 있다. 다만 신청 또는 청구의 취하는 특별한 위임을 받아야 한다(국세기본법 제59조 제1항 및 제3항).

신청 또는 청구의 대상이 소액인 경우에는 이의신청인 등의 배우자, 4촌 이내의 혈족 또는 그 배우자의 4촌 이내의 혈족을 대리인으로 선임할 수 있다(동 조 제2항).

Ⅱ. 불복청구에 대한 재결

1. 결정의 원칙

불복청구에 적용되는 주요 원칙으로는 불고불리의 원칙과 불이익변경 금지의 원칙이 있다. 이 원칙들은 행정심판법상의 원칙이지만 국세를 대상으로 한 불복청구절차에도 동일하게 적용된다.

1) 불고불리의 원칙

재결청의 심리 및 결정의 대상은 불복청구를 한 처분에 한정된다는 원칙이다.

국세기본법 제79조 제1항에서 "조세심판관회의 또는 조세심판관합동회의는 심판청구에 대한 결정을 함에 있어서 심판청구를 한 처분 이외의 처분에 대해서는 그 처분의 전부 또는 일부를 취소 또는 변경하거나 새로운 처분의 결정을 하지 못한다"고 하여 불고불리의 원칙을 명문화하고 있다.

2) 불이익변경금지의 원칙

재결청의 결정에 있어서 불복청구한 처분의 내용보다 더 불이익한 내용으로 재결청이 변경하지 못하도록 하는 원칙이다. 불복청구로 인한 당사자의 불이익을 방지하기 위하여 인정된다.

국세기본법 제79조 제2항에서 조세심판관회의 또는 조세심판관합동회의는 심판청구에 대한 결정을 함에 있어서 심판청구를 한 처분보다 청구인에게 더 불리한 결정을 하지 못하는 것으로 규정함으로써 이 원칙을 인정하고 있다.

3) 적용범위

국세기본법은 불고불리의 원칙과 불이익변경금지의 원칙을 심판청구에 대해서만 규정하고 있을 뿐 이의신청과 심사청구에 대한 결정에 있어서는 침묵을 지키고 있다. 그러나 행정불복의 절차가 준사법적 성질을 가지고 있고 이의신청이나 심사청구도 역시 권리구제절차로서 성격을 갖는 이상, 심판청구의 경우와 달리 볼 필요가 없을 것이다.

그러므로 불고불리의 원칙과 불이익변경금지의 원칙은 명문의 규정이 없는 이의신청과 심사청구를 포함하여 국세불복절차에 공통적으로 적용되는 원칙으로 이해하여야 할 것이다.[305]

2. 결정의 효력

1) 구속력

불복청구에 대한 결정은 그 성질상 행정행위로서의 성질이 인정되며 그 기본적 효력인 결정의 내용이 불복청구인 및 관계인을 구속하는 구속력이라 할 수 있다.

구속력이란 당해 청구의 당사자 기타의 관계인이 재결취지에 따르도록 구속하는 효력을 말한다. 구속력은 모든 행정행위에 인정되는 효력이며 또한 결정내용에 무효사유가 존재하면 아무런 효력이 없음도 통상적인 행정행위의 경우와 동일하다.

2) 불가쟁력

불복청구에 대한 결정에 대하여 행정심판이나 행정소송에서 다투고자 할 때에는 일정한 기간 내에 청구서나 소장을 제출하여야 하는데, 이러한 청구기간이나 제소기간을 경과하면 당해 결정에 대해서는 더 이상 다툴 수 없게 된다. 이를 불가쟁력 또는 형식적 존속력이라 한다.

---

305) 대법원 2007.11.16. 선고 2005두10675 판결 참조.

3) 불가변력

통상적인 행정행위는 그 처분 후 위법성이 발견되거나 사정변경이 발생한 때에는 행정주체가 그 내용을 변경하거나 취소할 수 있다. 그러나 일정한 경우에는 행정행위의 성질상 그 변경·취소 가능성이 부정되는 효력이 발생한다. 이를 불가변력 또는 실질적 존속력이라고 한다.

어떠한 경우에 불가변력이 인정되는가에 대해서는 학자들 간에 논란이 있으나, 대체적으로 행정행위가 준사법적 절차를 거쳐 행해진 경우에는 처분청도 그 내용을 변경하지 못하는 것으로 이해하고 있다.

국세에 대한 불복청구에 대해서는 사법절차에 준하는 절차에 따라 결정이 행해지므로 이에 대해서는 일반적으로 불가변력을 인정할 수 있을 것이다.

4) 기속력

불복청구에 대한 결정이 청구인의 청구취지를 인용하는 것인 때에는 관계행정기관은 그 청구인용결정의 취지에 따라 행하도록 구속을 받게 되며, 그 결정의 취지에 반하는 행위를 하지 못하게 된다. 이러한 효력을 기속력이라 한다(국세기본법 제80조 제1항).

따라서 재결청이 청구를 인용하여 처분을 취소 또는 변경한 경우에는 처분의 전제가 되는 사실관계나 법률관계 등에서 변화가 없는 한, 동일한 처분을 반복하거나 또는 결정의 내용에 반하는 처분을 할 수 없다. 다만 새로운 사정하에 동일한 내용의 재처분을 내리는 것은 방해되지 않는다.

5) 형성력

형성력이란 별도의 집행행위를 매개로 하지 않고 행정행위 자체에 의하여 그 내용에 따른 법률관계의 변동을 야기하는 효력을 말한다.

이의신청은 스스로 처분청이 신청에 대한 결정을 발하는 것이므로 그 결정의 형성력 여부는 처음부터 문제 되지 않는다. 그러므로 행정행위의 내용이 형성적 효력을 갖는 처분의 취소·변경의 결정에 대하여 형성력이 인정될 것인가는 심사청구와 심판청구에 있어서 문제 된다.

이에 대해서 행정심판법 제49조 제2항 및 제3항에 따르면 당사자의 신청을 거부하거나 부작위로 방치한 처분의 이행을 명하는 재결이 있으면 행정청은 지체 없이 이전의 신청에 대하여 재결의 취지에 따라 처분을 하여야 한다. 신청에 따른 처분이 절차의 위법 또는 부당을 이유로 재결로써 취소된 경우에는 이를 준용한다고 규정하고 있다.

국세기본법도 심판청구에 대한 결정이 있으면 당해 행정청은 결정의 취지에 따라 즉시 필요한 처분을 하여야 한다고 규정하고 있다(국세기본법 제80조 제2항). 이와 같이 국세기본법상의 규정은 처분청의 별도의 처분을 예정하고 있다.

생각건대 국세기본법의 규정은 행정심판에 관한 일반법인 행정심판법에 대하여 특별법으로서의 지위가 인정되므로 심판청구에 관해서는 국세기본법이 우선적으로 적용된다. 따라서 심판청구에 대한 결정에 있어서는 형성력을 부정한다고 보아야 한다. 심사청구에 대한 결정도 처분청 스스로 주체가 되는 것이 아니라는 점에서 심판청구와 유사하며 국세기본법상의 심판청구에 관한 규정들은 성질이 허용하는 한 다른 불복청구절차인 이의신청이나 심사청구에 원칙적으로 적용된다는 점에서 동일하게 해석하여야 할 것이다.

제4절 조세행정불복청구방법의 고지제도

I. 불복고지제도의 의의

1. 의의

국세에 대한 불복청구제도는 다른 제도에 비하여 복잡하고 다단계로 구성되어 있다. 일반인의 입장에서는 법률상의 불복제도에 대한 무지로 권리구제를 신청하지 못하거나, 불복청구기간을 도과하여 불이익을 입게 되는 경우가 발생할 수 있다. 이러한 문제에 대비하기 위해서 처분청으로 하여금 납세자에게 불복청구의 제기에 관하여 방법과 절차를 알려 주도록 법적으로 의무를 지울 필요가 있다. 이러한 요구에 응하여 마련된 것이 불복방법의 통지제도이다.

현행 국세기본법은 행정심판법상의 고지제도(행정심판법 제58조)와 같은 취지의 불복방법의 통지를 의무화하고 있다(동법 제60조). 국세기본법상의 불복방법의 통지제도는 국세기본법 제56조 제1항의 규정에 의하여 행정심판법상의 고지제도가 배제되기 때문에 국세기본법의 규정은 특별규정으로서의 성격을 가지게 된다.

2. 취지

불복방법의 통지제도는 과세기관이 불복청구와 관련된 사항들을 당사자에게 알려 주는 행위로서 불복청구의 기회보장과 행정작용의 적정화를 위한 제도로서 의의를 가진다.

Ⅱ. 통지의 절차

국세기본법상의 불복방법의 통지는 법률의 규정에 따라 재결청이 직권으로 행해야 한다. 따라서 행정심판법 제58조 제2항에서 허용되고 있는 당사자의 청구에 의한 경우는 인정되고 있지 않다.

1. 통지의 대상

국세기본법의 불복방법의 통지는 이의신청·심사청구 또는 심판청구가 그 대상이 된다.

2. 통지의 내용

통지되어야 할 주된 내용은 당해 결정서를 받은 날로부터 90일 이내에 이의신청에 대해서는 심사청구를, 심사청구에 대해서는 심판청구를, 심판청구에 대해서는 행정소송을 제기할 수 있다는 뜻을 알려 주는 것이다.

그러나 이 외에도 이러한 불복방법의 대상기관, 불복청구절차, 불복청구기간도 통지의 내용에 포함된다고 보아야 할 것이다.

3. 통지의 방법과 시기

통지는 재결청이 개별 불복청구인에게 결정서라는 서면으로써 행한다. 즉 재결청은 결정서에 상급단계로의 불복청구의 가능성 또는 행정소송의 제기가능성을 부기하는 방법에 의하여 불복방법을 통지하게 된다(국세기본법 제60조 제1항).

불복청구에 대한 결정기간이 경과하여도 결정을 하지 못한 때에는 재결청은 지체 없이 결정의 통지를 받기 전이라도 그 결정기간이 경과한 날로부터 상급단계로의 불복청구 또는 행정소송을 제기할 수 있다는 뜻을 서면으로 청구인에게 통지하여야 한다(동 조 제2항).

Ⅲ. 통지의무 위반의 효과

재결청이 불복방법 등을 통지함에 있어서 불복을 할 기관을 잘못 통지하여 그 통지된 기관에 신청 또는 청구를 한 때에는 정당한 기관에 불복청구를 한 것으로 간주되며(국세기본법시행령 제49조 제1항), 이때에 당해 불복청구를 받은 기관은 관련서류를 지체 없이 정당한 권한 있는 기관에 이송하고, 그 사실을 신청인 또는 청구인에게 통지하여야 한다(동 조 제2항).

또한 불복청구기간을 잘못 통지한 경우에는 비록 청구기간이 도과되었다 하더라도 그 잘못 통지된 기간 내에 제기된 청구는 적법한 것으로 보아야 할 것이다.

제2장 조세행정불복청구제도

제1절 이의신청

Ⅰ. 이의신청의 개념

이의신청이란 행정처분에 대하여 처분청을 상대로 하여 제기하는 불복청구절차를 말한다. 이는 처분청으로 하여금 당해 처분을 스스로 재고하여 그 위법 부당성을 시정하려는데 본질이 있다. 이의신청은 법률이 특별히 인정하고 있는 경우에 한하여 허용된다.

국세에 있어서 이의신청은 선택적인 행정불복절차이므로 납세자는 이를 임의로 선택할 수 있다. 국세에 관한 세무서장의 처분 등에 대하여 이의신청을 제기하는 경우 당해 처분을 하였거나 하였어야 할 세무서장 외에도 당해 세무서장의 감독관청인 소관 지방국세청장을 대상으로 할 수 있다(국세기본법 제66조).

Ⅱ. 이의신청의 내용

1. 이의신청의 대상

1) 처분성

국세기본법 또는 세법에 의한 처분으로써 위법·부당한 처분과 필요한 처분이 거부된 경우 또는 부작위가 그 대상이 된다(국세기본법 제55조 제3항).

이의신청은 임의적 절차이지만 그 대상은 기본적으로 심사청구나 심판청구와 차이가 없다. '처분성'에 대해서는 후술하는 제3장에서 자세히 살펴보기로 한다.

2) 배제되는 처분

다음의 처분에 대해서는 이의신청을 할 수 없다(국세기본법시행령 제44조의 2).
① 국세청장의 과세표준 조사·결정에 의한 처분
② 국세청의 감사결과에 따른 시정지시에 의한 처분
③ 국세청의 세무사찰 결과에 따른 처분
④ 기타 국세청장의 특별한 지시에 의한 처분
⑤ 세법에 의하여 국세청장이 하여야 할 처분

2. 신청절차

1) 신청의 형식

이의신청의 제기형식에 대해서는 심사청구에 관한 사항이 준용된다. 따라서 당해 처분이 있은 것을 안 날(처분의 통지를 받은 때에는 그 받은 날)로부터 90일 이내에 제기하여야 한다(국세기본법 제66조 제6항).

이의신청은 청구인의 주소 또는 거소와 성명, 처분이 있은 것을 안 연월일(처분통지를 받은 경우에는 그 받은 연월일), 통지된 사항 또는 처분의 내용, 불복이유 등을 기재한 이의신청서를 제출하여야 한다(동법 시행령 제54조, 제50조).

2) 신청대상기관

이의신청은 해당 처분을 하였거나 하였어야 할 세무서장에게 직접 하는 방법과 해당 세무서장을 경유하여 감독기관의 지위를 갖는 지방국세청장에게 하는 두 가지 방법이 있다.

다만, 다음의 경우에는 관할 지방국세청장에게 하여야 하며, 세무서장에게 한 이의신청은 관할 지방국세청장에게 한 것으로 본다(국세기본법 제66조 제1항).

① 지방국세청장의 조사에 따라 과세처분을 한 경우

② 같은 지방국세청장의 관할에 속하는 경우로서 조사한 세무서장과 과세한 세무서장이 서로 다른 경우

③ 세무서장에게 과세전적부심사를 청구한 경우

Ⅲ. 이의신청의 결정절차

1. 이의신청서의 송부

이의신청사항이 이의신청을 받은 행정기관에서 결정하지 못할 사항이면 이를 권한 있는 기관에게 송부하여야 한다. 즉 세무서장에게 제기한 이의신청의 대상이 된 처분이 지방국세청장이 조사·결정 또는 처리하였거나 하였어야 할 것인 경우에는 세무서장은 이의신청을 받은 날로부터 7일 이내에 당해 신청서에 의견서를 첨부하여 지방국세청장에게 송부하고 그 사실을 이의신청인에게 통지하여야 한다(국세기본법 제66조 제2항).

또한 지방국세청장에 대한 이의신청을 경유청으로써 제출받은 세무서장은 이의신청을 받은 날로부터 7일 이내에 해당 신청서에 의견서를 첨부하여 지방국세청장에게 송부하여야 한다(동 조 제3항).

2. 결정기관

세무서장이 조사·결정 또는 처리한 사항을 불복의 대상으로 한 이의신청에 대한 결정은 세무서장이 하고, 지방국세청장이 조사·결정 또는 처리한 사항이 이의신청의 대상이 된 때에는 지방국세청장이 결정하게 된다.

또한 이의신청을 제기받은 세무서장과 지방국세청장은 국세심사위원회의 심의를 거쳐 결정하여야 한다(국세기본법 제66조 제4항).

Ⅳ. 이의신청에 대한 결정

1. 결정기간

국세기본법은 이의신청에 대해서는 신청서가 처분청에 접수된 날로부터 30일 내에 결정하도록 하고 있다(국세기본법 제66조 제6항). 이러한 기간 내에 신청인이 결정통지를 받지 못한 경우에는 결정통지를 받기 전이라도 그 결정기간이 경과한 날로부터 다음 단계의 불복절차인 심사청구를 제기할 수 있다(동법 제61조 제2항 단서).

결정기간의 계산 시에 보정기간은 산입되지 않는다(동법 제66조 제6항, 제65조 제4항). 또 조세조약에 의한 상호 합의절차가 개시된 경우에 상호 합의절차의 개시일부터 종료일까지의 기간도 이의신청의 결정기간에 산입하지 아니한다(동법 제55조의 2, 국제조세조정에 관한 법률 제24조 제1항).

2. 결정내용

1) 각하결정

이의신청이 형식적 요건을 갖추지 못한 경우에는 요건심리만으로 각하결정을 하게 된다. 즉 신청이 적법하지 아니하거나 신청기간이 지난 후에 신청되거나 보정의 대상이 된 경우에 보정요구를 받고도 보정기간 내에 보정을 하지 아니하였을 때에 각하결정을 하게 된다(국세기본법 제65조 제1항 1호).

2) 기각결정

이의신청에 대한 본안심리의 결과 불복청구가 이유 없다고 인정될 때에는 원처분을 유지하고 이의신청을 배척하는 기각결정을 하게 된다(국세기본법 제65조 제1항 2호).

3) 인용결정

당사자의 불복청구를 심리한 결과 이의신청 사유가 이유 있다고 인정되어 청구를 받아들일 경우에는 인용결정을 하게 된다(국세기본법 제65조 제1항 3호). 다시 말해서 문제의 처분이 위법 또는 부당하였음을 인정하여 내리는 결정이다.

인용결정은 다음과 같이 나누어진다.

(1) 취소 또는 경정결정

이의신청의 주장내용 중 일부 또는 전부가 이유 있다고 인정하는 때에 처분의 일부 또는 전부를 취소하거나 처분을 경정하는 내용의 결정을 하게 된다.

(2) 필요한 처분의 결정

이의신청이 필요한 처분을 받지 못함으로써 권리 또는 이익의 침해가 있다고 인정되는 때에 재결청이 필요한 처분을 내리는 결정을 하게 된다. 이 결정은 부작위 또는 거부처분을 그 대상으로 하며 이러한 대상에 대해서는 이의신청을 인용하여 취소 또는 경정결정을 내리는 것만으로는 당사자의 권리구제가 충분치 못하기 때문에 직접적으로 필요한 처분을 내리도록 하기 위해 인정되는 것이다.

(3) 재조사결정

실무상 행해지고 있는 재조사결정은 처분청으로 하여금 과세단위의 전부 또는 일부에 관하여 결정에서 지적된 사항을 재조사하여 그 결과에 따라 과세표준과 세액을 경정하거나 당초처분을 유지하는 등의 후속처분을 하도록 하는 것이다.

재조사결정은 해당 결정에서 지적된 사항에 관해서는 처분청의 재조사결과를 기다려 그에 따른 후속 처분의 내용을 이의신청에 대한 결정의 일부분으로 삼겠다는 의사가 내포된 변형결정에 해당한다.[306]

---

306) 대법원 2010.6.25. 선고 2007두12514 전원합의체 판결.

3. 이의신청의 결정에 대한 불복

이의신청의 결정에 대해서는 이를 다시 처분으로 보아 다시 이의신청을 제기할 수 없다. 이의신청의 결정에 불복이 있는 당사자는 심사청구 또는 심판청구를 제기하여야 한다.

이의신청을 거친 후 심사청구 등을 하고자 할 때에는 이의신청에 대한 결정의 통지를 받은 날로부터 90일 이내에 하여야 한다. 다만 30일의 결정기간 내에 결정통지를 받지 못한 경우에는 결정의 통지를 받기 전이라도 그 결정기간이 경과한 날로부터 심사청구를 할 수 있다(국세기본법 제61조 제2항).

실무상 재조사결정은 처분청의 후속처분에 의하여 그 내용이 보완됨으로써 이의신청에 대한 결정으로서의 효력이 발생하는 것이므로 그 심사청구기간이나 심판청구기간은 이의신청인 등이 후속처분의 통지를 받은 날부터 기산된다고 보게 된다.

제2절 심사청구와 심판청구

Ⅰ. 심사청구와 심판청구의 개념

심사청구와 심판청구는 국세에 관한 불복청구절차로서 세무행정청의 위법·부당한 처분에 대하여 취소 등을 구하는 행정심판을 말한다.

당사자는 심사청구 또는 심판청구에 앞서 임의적으로 이의신청을 할 수 있으나, 이러한 이의신청으로 행정소송을 제기하기 위한 전심필수절차인 행정심판이 대체되는 것은 아니다. 이의신청에 대한 결정을 받아도 다시 행정심판의 성격을 갖는 심사청구나 심판청구 중 어느 하나를 제기하여야 한다.

심사청구는 결정기관이 처분청의 상급관청인 국세청장인 반면에 심판청구는 처분청으로부터 독립성·중립성을 갖는 조세심판원에 의하여 결정되는 특색이 있다.

Ⅱ. 심사청구 또는 심판청구의 내용

1. 청구의 대상

심사청구 또는 심판청구의 대상은 원칙적으로 이의신청의 대상과 동일하다. 따라서 국세기본법 또는 세법에 의한 처분으로써 위법 또는 부당한 처분과 필요한 처분이 거부된 경우 그 거부처분 또는 부작위 등이 그 대상이 된다(국세기본법 제55조 제1항). 다만 이의신청과 달리 국세청장이 조사·결정 또는 처리한 처분도 그 대상에 포함된다.

2. 청구의 형식과 절차

1) 청구의 형식

심사청구 또는 심판청구를 제기함에 있어서는 심사청구서 또는 심판청구서라는 일정한 서면의 형식에 불복의 사유 등 일정한 사항을 기재하여야 한다.

심사청구서 또는 심판청구서는 그 처분을 하였거나 하였어야 할 세무서장을 거쳐 국세청장 또는 조세심판원장에게 청구하여야 한다(국세기본법 제62조 제1항, 제69조 제1항).

2) 청구의 절차

심사청구 또는 심판청구는 해당 처분이 있은 것을 안 날(처분의 통지를 받은 때에는 그 받은 날)로부터 90일 이내에 제기하여야 한다(국세기본법 제61조 제1항, 제68조 제1항).

여기서 불복청구기간의 기산일이 되는 '처분이 있은 것을 안 날'은 통지·공고 등의 방법으로 처분이 있었음을 현실적으로 알게 된 날을 의미하고, 추상적으로 알 수 있었던 날을 의미하는 것으로 볼 수 없다.[307] 이에 관하여 판례는 불복청구기간의 기산일이 되는 '처분이 있은 것을 안 날'의 의미는 처분의 상대방이나 법령에 의하여 처분의 통지를 받도록 규정된 자 이외의 자가 이의신청 또는 심사청구를 하는 경우의 그 기간에 관한 규정이지, 과세처분의 상대방인 경우에는 처분의 통지를 받은 날을 심사청구의 초일로

---

307) 대법원 1998.2.24. 선고 97누18226 판결.

삼아야 한다고 판시하고 있다.308)

반면에 '처분의 통지를 받은 날'의 의미는 반드시 상대방이 처분의 통지를 받아 현실적으로는 그 내용을 알고 있는 날을 말하는 것은 아니며, 통지가 사회통념상 처분의 상대방에 의하여 알 수 있는 객관적 상태에 놓인 날을 의미한다.

불복청구인이 천재·지변·전쟁·사변 그 밖의 불가항력 등의 사유로 인하여 법정된 기간 내에 불복청구를 할 수 없는 때에는 그 사유가 소멸한 날로부터 14일 이내에 불복청구 할 수 있다(동법 제61조 제4항, 제66조 제6항).

이의신청을 거친 후 심사청구 또는 심판청구를 하는 경우에는 이의신청에 대한 결정의 통지를 받은 날로부터 90일 이내에 제기하여야 한다(동법 제61조 제2항). 다만 이의신청에 대한 결정기간인 30일 내에 결정의 통지를 받지 못한 경우에는 결정의 통지를 받기 전이라도 그 결정기간이 경과한 날로부터 심사청구 등을 제기할 수 있다.

심사청구서가 제출되어야 할 세무서장 이외의 다른 세무서장·지방국세청장 또는 국세청장에게 잘못 제출된 때에도 청구인의 권리보호를 위하여 정당한 심사청구가 제기된 것으로 본다(동법 제62조 제2항).

심판청구에 있어서 청구인이 경유청을 잘못 판단하여 다른 세무서장, 지방국세청장 또는 조세심판원장에게 제출한 때에도, 청구기간 내에 제출한 것이면 심판청구가 제출된 것으로 본다(동법 제69조 제2항).

Ⅲ. 심사청구 또는 심판청구의 결정절차

1. 결정기관

심사청구에 대해서는 심의기관과 재결기관이 서로 분화되어 결정하는 구조를 취하고 있다. 즉 심사청구에 대해서는 심의기관으로서 국세심사위원회의 심의를 거쳐 재결기관인 국세청장이 결정하게 된다(국세기본법 제64조 제1항). 다만 심사청구기간이 경과되어 제기된 심사청구의 경우에는 그러하지 아니하다.

심판청구에 대해서는 조세심판관회의의 심리를 거쳐 이를 결정한다. 심판청구의 대상

---

308) 대법원 1999.2.12. 선고 98두16828 판결, 대법원 1998.9.22. 선고 98두4375 판결, 대법원 1997.9.12. 선고 97누3934 판결.

이 소액이거나 경미한 것, 청구기간의 경과 후에 제기된 것에 대해서는 주심조세심판관이 심리하여 결정할 수 있다(동법 제78조 제1항).

2. 청구서의 송부

심사청구서를 받은 세무서장은 받은 날로부터 10일 이내에 자신의 의견서를 첨부하여 국세청장에게 송부하여야 한다. 다만 심사청구의 대상이 된 처분이 지방국세청장이 조사·결정 또는 처리하였거나 하였어야 할 경우와 지방국세청장에게 이의신청을 한 자가 이의신청에 대한 결정에 이의가 있거나 그 결정을 받지 못한 경우에 행하는 심사청구에 있어서는 당해 지방국세청장의 의견서를 첨부하여야 한다(국세기본법 제64조 제3항 단서, 동법 시행령 제51조).

심판청구서를 제출받은 세무서장은 이를 받은 날로부터 10일 이내에 그 청구서에 답변서를 첨부하여 조세심판원장에게 송부하여야 한다(동법 제69조 제3항). 답변서에는 이의신청에 대한 결정이 있는 경우 그 결정서, 처분의 근거와 이유 및 처분의 이유로 된 사실을 증명할 서류, 청구인이 제출한 증거서류 및 증거물 기타 심리자료 일체를 첨부하여야 한다(동 조 제4항). 답변서가 제출되면 조세심판원장은 그 부본을 지체 없이 심판청구인에게 송부하여야 한다(동 조 제5항).

심판청구인은 세무서장 답변서에 대한 항변을 위하여 증거서류 또는 증거물을 조세심판원장에게 제출할 수 있다(동법 제71조 제1항). 조세심판원장이 심판청구인에게 증거서류 또는 증거물을 제출기한을 정하여 제출할 것을 요구한 때에는 그 기한 내에 제출하여야 한다(동 조 제2항).

3. 결정절차

심사청구에 대한 결정은 국세청장이 한다. 국세청장은 심사청구서가 처분청에 접수된 날로부터 90일 이내에 심사청구에 대하여 결정하여야 한다(국세기본법 제65조 제2항). 이때에 보정기간과 상호 합의절차 진행기간의 불산입은 이의신청의 경우와 동일하다(동 조 제4항, 동법 제55조의 2).

심판청구에 대한 결정을 하기 위하여 국무총리실 소속하에 조세심판원이 설치되어 있다(동법 제67조 제1항). 조세심판원은 심리의 객관성과 중립성을 보장하도록 상위의 독립된 기관으로 되어 있는 점에 특색이 있다. 조세심판원은 심판청구를 받은 날로부터 90일 내에 심판청구에 대하여 결정하여야 한다(동법 제81조, 제65조 제2항). 기간계산에 있어서 보정기간과 상호 합의절차 진행기간의 불산입은 다른 불복절차의 경우와 같다(동법 제81조, 제65조 제4항, 제55조의 2).

4. 결정의 유형

심사청구 또는 심판청구에 대한 결정의 유형이나 효력 등은 이의신청의 결정에 대한 경우와 동일하다. 따라서 이의신청에 대한 설명이 그대로 타당하다.

Ⅳ. 청구의 결정에 대한 불복

심사청구 또는 심판청구에 불복하는 때에는 결정의 통지를 받은 날로부터 90일 이내에 행정소송을 제기할 수 있다. 다만 청구의 결정기간 내에 청구에 대한 결정통지를 받지 못한 경우에는 그 결정의 통지를 받기 전이라도 그 결정기간이 경과한 날로부터 행정소송을 제기할 수 있다(국세기본법 제56조 제3항).

제3절 감사원에 대한 심사청구

Ⅰ. 감사원에 대한 심사청구의 의의

감사원은 회계감사와 직무감찰을 그 주된 업무로 하고, 직무감찰은 국가의 행정기관이 수행하는 사무와 지방자치단체가 수행하는 사무를 그 대상으로 하므로 국세나 지방세 부과 등의 조세행정작용에 있어서도 감사원은 감사를 할 수 있게 된다(감사원법 제20조).

이러한 감사원의 권한을 근거로 하여 국세나 지방세 부과 등의 처분을 받은 당사자는 감사원에 대하여 권리구제를 청구할 수 있게 되는데, 이를 심사청구제도라고 한다.

종래 과세처분에 대한 감사원 심사청구제도는 다단계의 세무행정청에 대한 전심절차에서 구제를 기대하기 어려운 경우에 신속히 행정소송을 진행시키기 위하여 간편한 전심절차로 활용되었고, 또 세무조사 등에 의하여 결정 또는 경정을 받은 경우로서 세무행정청에 대한 전심절차에 의한 구제를 기대하기 어려운 경우에도 주로 이용된 바 있다.

Ⅱ. 감사원에 대한 심사청구의 내용

1. 심사청구의 대상

심사청구는 감사원의 감사를 받은 자의 직무에 대한 처분 기타의 행위가 그 대상이 된다(감사원법 제43조 제1항). 따라서 세무관청의 과세처분 등의 행위도 심사청구의 대상이 된다. 이때의 처분청은 '감사원의 감사를 받은 자'라는 요건을 충족하는 한 모든 행정기관이 해당되며 국세나 지방세 부과기관도 이에 포함된다.

2. 심사청구의 절차

1) 심사청구기간

심사청구의 주체는 감사원의 감사를 받는 자의 직무에 관한 처분 기타의 행위에 대하여 이해관계 있는 자이다(감사원법 제43조 제1항). 이해관계인은 심사청구의 원인이 되는 행위가 있는 것을 안 날로부터 90일, 그 행위가 있는 날로부터 180일 이내에 심사청구를 하여야 한다(동법 제44조 제1항). 이 기간은 불변기간이므로 이 기간을 경과하면 심사청구를 할 수 없다.

2) 심사청구절차

심사청구를 하기 위해서는 감사원 심사규칙이 정하는 바에 따라 청구취지와 이유를 기재한 심사청구서를 관계기관의 장을 거쳐 감사원장에게 제출하여야 한다(감사원법 제43조 제2항). 관계기관의 장은 청구가 이유 있다고 인정하는 때에는 이에 대한 시정조치를 취하고, 심사청구서에 시정조치한 내용과 기타 의견을 첨부하여 감사원에 송부하여야 하고 동시에 청구인에게도 조치결과를 통지하여야 한다(감사원심사규칙 제5조 제1항 1호).

반대로 심사청구가 이유 없다고 인정하는 때에는 관계기관의 장은 심사청구에 대한 변명서와 관계증거서류를 첨부하여 감사원에 송부해야 한다. 다만 내국세에 관한 심사청구로서 그 처분이 국세청장 또는 지방국세청장이 조사·결정한 것인 때에는 그들의 변명서와 관계증거서류를 첨부하여야 한다(동 규칙 제5조 제1항 2호).

3) 심사청구의 심리

심사청구에 대한 심리는 다른 불복절차와 마찬가지로 요건심리와 본안심리 두 가지로 나누어진다.

심리에 있어서는 서면심리주의가 원칙으로 되어 있으나, 예외적으로 감사원이 필요하다고 인정하는 때에는 심사청구자나 관계자에 대하여 자료의 제출 또는 의견의 진술을 요구하거나 필요한 조사를 할 수 있다(감사원법 제45조).

Ⅲ. 감사원 심사청구에 대한 결정

심사청구에 대해 감사원은 특별한 사유가 없는 한 그 청구를 수리한 날로부터 3월 이내에 결정하여야 한다(감사원법 제46조 제3항).

감사원은 심사청구의 내용을 심리한 결과 이유 있다고 인정하는 때에는 청구를 인용하여, 관계기관의 장에 대하여 시정 기타 필요한 조치를 하도록 요구한다(동 조 제2항). 이때에는 7일 이내에 심사청구인과 관계행정기관의 장에게 심사결정서 등본을 첨부하여 문서로서 각각 통지하여야 한다(동 조 제4항). 관계기관의 장이 시정 기타 필요한 조치를 요구하는 결정통지를 받은 때에는 그 결정에 따른 조치를 취하여야 한다(동법 제47조).

그러나 감사원의 심리결과 청구가 이유 없다고 인정할 때에는 이를 기각하게 된다(동법 제46조 제2항).

Ⅳ. 감사원의 심사청구의 결정에 대한 불복

1. 감사원에 대한 심사청구의 가능성

감사원의 심사결정이 있는 사항에 대해서는 다시 감사원에 심사청구를 할 수 없다. 즉 일사부재리의 원칙이 적용된다. 다만 각하된 사항에 대해서는 다시 심사청구를 제출할 수 있다(감사원법 제48조).

2. 국세기본법에 의한 심사청구 등의 가능성

감사원에 대한 심사청구를 제기하였거나 제기하여 그 결정을 받은 때에는 청구인은 국세기본법상의 심사청구·심판청구를 제기할 수 없다(국세기본법 제55조 제5항 3호).

만일 행정불복청구를 하는 청구인이 처음부터 감사원에 대한 불복절차를 거치는 경우에는 세무행정처분의 기관을 대상으로 한 심사청구·심판청구를 제기할 수 없으며, 동시에 중복하여 제기할 수도 없다. 양자가 중복 제기되었을 경우에는 감사원에 대한 심사청구의 심리·결정이 우선하며 국세기본법상의 심사청구·심판청구에 대해서는 각하결정을 하게 된다.

3. 행정소송과의 관계

감사원의 심사청구에 대한 결정에 대하여 불복하는 경우에는 행정소송을 제기할 수 있다. 즉 감사원의 심사청구 결정에 대한 행정소송은 그 심사청구에 대한 결정통지를 받은 날로부터 90일 내에 처분청을 상대로 제기할 수 있다(감사원법 제46조의 2).

이러한 점에 비추어 감사원의 심사청구제도는 실질적으로 행정소송과의 관계에 있어서 전심절차로서의 성격을 갖는 것으로 이해할 수 있을 것이다.

제3장 조세소송

제1절 조세소송의 개념

Ⅰ. 조세소송의 의의

조세소송은 조세행정심판을 통하여 권리의 구제를 받지 못하는 때에 제기하는 소송의 한 분야이다. 1994년 7월 27일 개정된 법원조직법에 따라 1998년 3월 1일부터 행정법원에서 재판하고 있다. 조세소송은 일반 행정소송과 달리 국세기본법 등의 특별규정이 우선적으로 적용되기 때문에 일반행정소송과는 구별되는 점이 많다.

조세소송은 넓은 의미로는 과세관청의 위법한 처분으로 인하여 권리를 침해당한 납세자가 제기하는 행정소송법상의 주관적 소송인 항고소송(처분취소소송, 무효 등 확인소송, 부작위위법확인소송)과 당사자소송, 객관적 소송인 민중소송과 기관소송 그리고 조세채권자인 국가가 제기하는 사해행위취소소송 및 세무공무원의 직무에 관련한 고의·과실에 의하여 입은 손해의 배상을 청구하는 국가배상청구소송 등의 조세민사소송이 포함된다.

협의로는 조세법률관계에 관한 행정소송 중 행정소송법의 적용을 받는 주관적 소송으로서의 항고소송(처분취소소송, 무효 등 확인소송, 부작위위법확인소송)과 당사자소송을 가리킨다.

Ⅱ. 조세소송의 특수성

조세부과처분은 일반행정처분과 달리 국민 전체를 대상으로 하여 대량적·반복적으로 이루어지는 특색이 있다. 또 내용적으로도 전문성·기술성·복잡성 등을 지니고 있다.

조세소송 중 가장 큰 비중을 차지하는 취소소송의 경우 그 형식에 있어서는 과세처분의 취소를 구하는 형성소송이지만 실질은 조세채무의 존부를 다투는 조세채무부존재 확인소송이라는 점에서 일반행정소송과 구별된다.

조세소송의 이러한 특수성으로 인하여 조세소송에 행정소송법의 일부 조항의 적용이 배제된다(국세기본법 제55조 제5항, 제56조 제2항, 관세법 제120조 제2항, 제3항, 지방세기본법 제125조 제1항). 그러나 조세소송도 기본적으로는 행정소송이므로 특별법의 규정을 제외하고는 일반법인 행정소송법과 민사소송법이 적용 또는 준용된다.

제2절 조세소송의 종류

Ⅰ. 성질상의 분류

1. 형성소송

조세법상 법률관계를 발생·변경·소멸시키는 형성판결을 목적으로 하는 소송을 말한다. 위법한 과세처분에 대한 취소소송이 이에 해당한다.

2. 확인소송

권리 또는 법률관계의 존부확인을 구하는 소송을 말한다. 과세처분의 무효 또는 부존재확인 소송이나 부작위위법확인소송 등이 이에 해당된다.

3. 이행소송

이행청구권의 확정과 이에 기한 이행명령을 목적으로 하는 소송을 말한다. 과오납금반환청구소송, 조세 부과와 징수처분이 당연무효임을 전제로 하여 제기하는 기납부 세금의 부당이득반환청구소송 등이 이에 해당된다. 판례와 실무에서는 구 행정소송법 이래 위 소송들을 줄곧 민사소송으로 취급하여 왔다.

Ⅱ. 내용상의 분류

조세행정소송은 일반행정소송과 같이 항고소송, 당사자소송, 민중소송, 기관소송으로 나뉜다. 항고소송은 다시 취소소송, 무효 등 확인소송, 부작위위법확인소송으로 나누어진다(행정소송법 제3조, 제4조).

그 외 조세민사소송과 조세헌법소송도 찾아볼 수 있다.

1. 항고소송

위법한 세무행정처분이나 부작위에 의하여 권리·이익을 침해받은 자가 제기하는 소송으로서 취소소송, 무효 등 확인소송, 부작위위법확인소송으로 나뉜다.

1) 취소소송

세무행정청의 위법한 처분의 취소 또는 변경을 구하는 소송(행정소송법 제4조 1호)으로서 처분청을 피고로 하여 제기되며 그 성질은 형성소송이다. 취소소송은 제소기간의 제한과 행정심판 전치주의가 적용된다.

실무상으로 가장 많이 제기되고 있는 조세행정소송의 전형으로 조세환급청구의 요건을 충족시키기 위한 이른바 전제소송으로서의 처분취소소송은 그 소송대상 처분에 따라 부과처분취소소송, 징수처분취소소송과 거부처분취소소송으로 나눌 수 있다.

원래 취소소송의 대상은 취소사유가 있는 조세행정처분이다. 그런데 조세행정처분에 실질적으로 무효인 하자가 있는 경우에도 취소소송의 형식으로 청구하는 한 취소소송으로서 인정하여 제소기한의 제한과 행정심판전치주의가 적용된다.[309]

---

309) 대법원 1990.8.28. 선고 90누1892 판결.

2) 무효 등 확인소송

세무행정청이 한 처분의 효력유무 또는 존재 여부의 확인을 구하는 소송이다(행정소송법 제4조 2호).

과세처분의 무효확인소송, 부존재확인소송, 실효확인소송 등이 이 유형에 속한다. 과세관청의 처분 등의 효력 유무 또는 존재 여부를 확인하는 소송을 말한다. 무효 등 확인소송은 처분에 아무런 효력도 인정할 수 없고, 언제든지 이를 주장할 수 있는 것이므로 제소기간의 제한이나 행정심판전치주의가 적용되지 않고, 법률상의 이익이 있는 자는 누구라도 제기할 수 있다(행정소송법 제35조).

3) 부작위위법확인소송

세무행정청의 부작위가 위법하다는 것을 확인하는 소송으로 납세자의 신청에 대하여 일정한 처분을 하여야 함에도 불구하고 아무런 조치도 하지 않는 경우 이러한 부작위가 위법하다는 것을 확인하는 소송이다(행정소송법 제4조 3호). 세무행정청의 행위가 위법한 부작위가 되는 경우는 당사자가 행정청에 대하여 법규상 또는 조리상 신청권이 있고, 행정청은 이에 대해 법규상 또는 조리상 처분의무가 있음에도 불구하고 아무런 행위를 하지 않는 경우이다.

판례는 과세관청이 위와 같은 응답의무를 이행하지 아니하는 경우 그 부작위가 위법하다는 것을 확인함으로써 소극적 위법상태를 제거하는 것을 목적으로 하는 소송으로 보고 있다.[310] 만일 행정청이 거부처분을 한 경우에는 취소소송의 대상이 된다.

2. 당사자 소송

행정청의 처분 등을 원인으로 하는 법률관계 기타 공법상의 법률관계에 관한 소송으로서 그 법률관계의 일방 당사자를 피고로 하는 소송이다(행정소송법 제3조 2호).

조세소송으로서 당사자 소송은 세무행정청의 처분 자체를 다투는 것이 아니라 그 처분을 원인으로 하여 발생하는 대립하는 당사자 사이의 조세법상의 법률관계에 관하여 다투는 소송이다. 그러므로 당사자 소송의 피고는 처분청이 아니라 권리·의무의 주체인 국

---

310) 대법원 1992.6.9. 선고 91누11278 판결.

가 또는 지방자치단체가 된다.

3. 객관적 소송

민중소송과 기관소송(행정소송법 제3조 3호, 4호)을 말하고 이들은 모두 법률에 정한 경우에 한하여 허용된다.

민중소송은 국가 또는 공공단체의 기관이 법률에 위반되는 행위를 한 때에 직접 자기의 법률상 이익과 관계없이 그 시정을 구하기 위하여 제기하는 소송이다. 기관소송은 지방의회의 조세조례에 관한 의결에 대하여 지방자치단체의 장이 대법원에 제기하는 것이 있다(지방자치법 제259조 제3항). 이것은 납세자의 조세구제와는 직접 관련이 없고, 더구나 민중소송은 현재 인정되지 않고 있다.

4. 조세민사소송

조세민사소송은 조세환급청구소송(부당이득반환청구소송), 국가배상청구소송, 기타 과세관청이 제기하는 사해담보설정행위취소청구소송, 사해양도행위청구소송이 있다.

5. 조세헌법소송

조세와 관련된 헌법소송으로는 조세법률에 위헌법률심판과 헌법소원이 있고 헌법소송은 1988년 9월 헌법재판소가 출범한 후 활성화되어 특히 조세법률의 위헌심판이 두드러지고 납세자 및 국가에 미치는 영향이 증대하여 그 중요성을 더하고 있다.

Ⅲ. 조세소송의 재판관할

1. 객관적 소송의 재판관할

민중소송과 기관소송은 법률에 특별한 규정이 있을 때에 인정되는데 이 경우에는 법률이 관할에 관해서도 특별규정을 두고 있다.

2. 항고소송의 재판관할

　1994년 7월 27일 법률 제4770호로 개정된 행정소송법과 법4765호로 개정된 법원조직법에 의해 1998년 3월 1일부터 피고 행정청의 소재지를 관할하는 행정법원(다만, 중앙행정기관 또는 그 장이 피고인 경우는 대법원소재지의 행정법원)이 항고소송의 제1심 법원이 되도록 하였다(행정소송법 제38조 제1항, 제9조 1항, 제13조, 법원조직법 제40조의 4, 제28조 제2호, 제14조 제2호).
　또 행정법원이 설치되지 않은 지역에서의 행정사건의 관할은 행정법원이 설치될 때까지 지방법원 본원이 관할한다(행정소송법 부칙 제2조).

3. 당사자소송의 재판관할

　항고소송에 관한 규정이 준용되므로 국가 또는 지방자치단체가 피고인 경우에는 관계 행정청의 소재지를 관할하는 행정법원이, 기타의 권리 주체가 피고인 경우에는 그 소재지를 관할하는 행정법원이 1심으로 재판한다(행정소송법 제40조, 제9조).

제3절 조세소송의 제기 요건

Ⅰ. 소송의 당사자

1. 당사자 능력

　조세소송의 당사자 능력에 관해서는 행정소송법이나 국세기본법 기타 세법 등에 특별한 규정이 있는 외에는 민사소송법에 관한 당사자능력에 관한 규정이 준용된다(행정소송법 제8조 제2항). 따라서 권리능력이 있는 자는 조세소송의 당사자 능력이 있다.

법인격 없는 단체도 비영리내국법인으로 보아 국세기본법 기타 세법이 적용되므로 조세소송의 당사자능력이 인정된다. 이에 해당하는 것으로 다음과 같은 것이 있다.

① 주무관청의 허가 또는 인가를 받아 설립되거나 법령에 의하여 주무관청에 등록한 사단·재단 기타 단체로서 등기되지 않은 것

② 공익을 목적으로 출연된 기본재산이 있는 재단으로서 등기되지 않은 것

③ 그 외의 단체 중 단체의 조직과 운영에 관한 규정을 가지고 대표자 또는 관리인을 선임하고 있고, 단체 자신의 계산과 명의로 수익과 재산을 독립적으로 소유·관리하고 있으며 또한 단체의 수익을 구성원에게 분배하지 아니할 것을 요건으로 하여 관할세무서장의 승인을 받은 단체

또한 법인격이 없는 단체 중 국세기본법에 의하여 법인으로 보는 단체 외의 단체로서 대표자 또는 관리인이 선임되어 있고 이익의 분배방법 및 분배비율이 정하여져 있지 아니한 경우에는 거주자로 보아 소득세법을 적용하므로 이와 같은 권리능력이 없는 단체도 위 한도 내에서 조세소송의 당사자능력이 인정된다.

2. 대리인

조세소송에서도 당사자는 소송대리인을 선임할 수 있는바, 이 경우 민사소송법의 소송대리인에 관한 규정이 준용된다(행정소송법 제8조 제2항, 민사소송법 제80조 내지 제88조).

조세소송의 피고가 되는 과세관청의 장은 그 소속 직원 또는 상급행정청의 직원을 지정하여 소송을 수행하게 하거나 변호사를 소송대리인으로 선임할 수 있다(국가를 당사자로 하는 소송에 관한 법률 제5조).

Ⅱ. 소송요건

일반적으로 조세소송을 적법하게 제기하기 위해서는 ① 과세처분이 항고소송의 대상으로서의 적격성 내지 처분성이 있어야 하고, ② 당해 소송에 있어서의 권리 또는 법률상 이익을 구할 자격이 있는 자가 당해 행정청을 상대로 제기하여야 하며, ③ 법원이 본안판결을 할 정도의 구체적 이익이 있어야 하고, ④ 소정의 전심절차를 밟고 제소기간을

준수하여야 한다.

1. 처분성

1) 조세행정처분

항고소송의 대상이 되는 것은 조세행정처분이다. 처분이라 함은 행정청의 구체적 사실에 관한 법집행으로서의 공권력의 행사 또는 그 거부와 그 밖에 이에 준하는 행정작용을 말한다(행정소송법 제2조 제1항 1호). 행정청의 어떤 행위가 항고소송의 대상이 될 수 있는지는 구체적으로 관련 법령의 내용과 취지, 그 행위의 내용과 형식, 그 행위와 상대방 등 이해관계인이 입는 불이익과의 실질적 견련성 등을 참작하여 결정하여야 한다.[311]

결국 항고소송의 대상이 되는 처분성이란 행정청의 우월적 지위에서 행하는 권력적 행위로서 국민에 대하여 권리를 설정하고 의무를 부과하는 개별적·구체적 행위임을 의미한다. 따라서 구체적으로 권리를 설정하거나 의무를 명하는 것이 아닌 청원에 대한 회신, 관세율표의 품목분류에 대한 질의회신, 단순한 사실행위, 자진신고 납부서나 자진 납부용 고지서를 교부하는 것과 같은 단순한 사무적 행위 등은 처분이 아니다. 부가가치세법에 따른 과세관청의 사업자등록 직권 말소행위, 위장사업자의 사업자 명의를 직권으로 실사업자 명의로 정정하는 행위 등도 단순한 폐업사실의 기재이거나 사업 주체에 대한 정정일 뿐 그로 인하여 사업자로서의 지위에 변동을 가져오는 것이 아니므로 항고소송의 대상이 되는 행정처분으로 볼 수 없다.[312]

판례는 국세기본법 제51조의 국세환급금결정이나 환급거부결정이 항고소송의 대상으로서의 행정처분인지에 대하여 그 처분성을 부정하였다.[313] 따라서 이 경우에 당사자는 민사소송을 통해 부당이득반환청구를 할 수밖에 없다. 또한 판례는 국세기본법 제51조 제2항에 의한 국세환급금의 충당도 그 처분성을 부정하며 납세자는 언제든지 민사소송으로 국세환급금의 반환을 청구할 수 있다고 한다.[314] 세무서장의 익금가산결정, 법인세 과세소득결정, 제2차 납세의무자 지정통지 등은 과세처분의 선행적 절차로서 행정청의 내

---

311) 대법원 2010.11.18. 선고 2008두167 전원합의체 판결.
312) 대법원 2011.1.27. 선고 2008두2200 판결.
313) 대법원 2010.2.25. 선고 2007두18284 판결, 대법원 1989.6.15. 선고 88누6436 전원합의체 판결.
314) 대법원 1994.12.2. 선고 92누14250 판결.

부적 의사결정일 뿐 처분이 아니다.[315]

또한 조세범처벌절차법에 따른 통고처분은 성질상 행정처분에 해당하나 통고처분을 이행하지 않을 때에는 형사절차로 옮아가기 때문에 행정소송의 대상이 되지 않는다.

이와 달리 법인세법에 따른 소득처분에 의하여 행해지는 소득금액변동통지, 세무서장이 압류재산의 공고와 동시에 체납자에게 하게 되어 있는 공매통지, 그리고 부과처분을 위한 과세관청의 질문조사권이 행해지는 세무조사 결정도 항고소송의 대상이 되는 행정처분으로 볼 수 있다는 것이 판례의 입장이다.[316] ☞ 〈**참고판례 48**〉

2) 거부처분

항고소송의 대상이 되는 거부처분이 되기 위해서는 국민이 행정청에 대하여 그 신청에 따른 행정처분을 해 줄 것을 요구할 법규상 또는 조리상의 권리가 있어야 하며 이 신청에 대한 행정청의 명시적 거부행위가 있어야 한다. 이에 해당하는 대표적인 것이 국세기본법상 경정청구권 행사에 대한 거부처분, 압류해제신청에 대한 거부처분 등이다.

3) 부작위

부작위위법확인소송에서의 부작위는 행정청이 당사자의 법규상 또는 조리상의 권리에 기한 신청에 대하여 상당한 기간 내에 일정한 처분, 즉 인용하는 적극적 처분이나 또는 각하하는 등의 소극적 처분을 하여야 할 법률상 응답의무가 있음에도 불구하고 이를 하지 아니한 것을 말한다.

---

315) 대법원 1985.2.8. 선고 84누132 판결.
316) 대법원 2006.4.20. 선고 2002두1878 전원합의체 판결, 대법원 2008.11.20. 선고 2007두18154 전원합의체 판결, 대법원 2011.3.10. 선고 2009두23617, 23624 판결.

2. 원고적격과 소의 이익

1) 원고적격

(1) 법률상 이익이 있는 자

행정소송법은 항고소송에 관하여 '처분 등의 취소를 구할 법률상 이익이 있는 자', '처분 등의 효력유무 또는 존재 여부의 확인을 구할 법률상 이익이 있는 자', '부작위의 위법의 확인을 구할 법률상 이익이 있는 자'가 각기 취소소송, 무효 등 확인소송, 부작위위법확인소송을 제기할 수 있다고 규정하고 있다(동법 제12조, 제35조, 제36조).

'법률상 이익'이 있는 자의 의미에 관해서는 여러 가지 학설이 있으나 통설과 판례는 법률상보호이익구제설을 취하고 있다.[317] 따라서 행정소송은 행정처분이 있음으로 인하여 법률상 직접적이고 구체적인 이익을 가지게 되는 자만이 제기할 이익이 있고, 사실상이며 간접적인 관계나 경제적인 관계를 가지는 데 지나지 않는 사람은 제기할 이익이 없다.[318] 즉 법률상 보호할 만한 이익을 가진 자가 조세소송을 제기할 원고적격을 가진다. 이는 무효 등 확인소송에서도 마찬가지이다.

(2) 제3자의 원고적격

조세소송의 원고적격은 원칙적으로 처분의 직접 상대방에 한하지만 처분에 이해관계를 가지는 제3자도 소송을 제기할 수 있다. 다만 판례는 제3자의 원고적격에 관하여 매우 엄격하게 해석하고 있다. 증여자가 수증자에 대한 증여세 과세처분의 취소를 구하는 소송,[319] 체납처분으로 인한 압류등기 후의 부동산 양수인이나, 압류부동산에 대한 가등기 담보권자, 저당권자가 압류처분이나 공매처분의 취소 또는 무효를 구하는 소송[320] 등은 모두 사실상 간접적인 이해관계를 가진 자가 제기한 것으로서 당사자 적격이 없어 부적법하다고 하고 있다.

그러나 연대납부의무의 징수처분을 받은 공동상속인 중 1인은 다른 공동상속인들에 대한 과세처분 자체에 취소사유가 있다는 이유만으로는 그 징수처분의 취소를 구할 수

---

317) 소순무, 『조세소송』, 영화조세통람, 2010, 229면.
318) 대법원 1989.5.23. 선고 88누8135 판결, 대법원 1989.1.24. 선고 88누3147 판결.
319) 대법원 1990.4.24. 선고 89누4277 판결, 대법원 1989.12.22. 선고 89누4871 판결.
320) 대법원 1990.10.16. 선고 89누5076 판결, 대법원 1990.6.26. 선고 89누4918 판결, 대법원 1989.10.10. 선고 89누2050 판결.

없으나 다른 공동상속인들의 상속세에 대한 연대납부의무를 지는 경우 그 공동상속인들에 대한 과세처분 자체의 취소를 구할 원고적격이 있다.[321)

판례를 보면, 과거에는 과세처분에 따라 세금을 납부한 후에는 과세처분의 부존재확인소송이나 무효확인소송을 제기할 이익이 없다고 하였다.[322) 만일 납부한 세금을 환급받으려면 무효확인소송을 할 것이 아니라 민사상 부당이득반환청구를 해야 하는 것이다.

(3) 당사자소송의 경우

당사자소송은 공법상의 법률관계에 관한 쟁송으로서 대등한 당사자 사이의 쟁송이므로 민사소송과 그 소송구조를 거의 같이한다. 따라서 원고 적격에 관하여 항고소송과 같은 제한이 없으며 민사소송의 원고적격에 관한 규정이 준용된다(행정소송법 제8조 제2항). 법률상 과오납금 또는 기납부세금에 대한 부당이득반환청구소송을 당사자소송으로 제기할 수 있다. 하지만 판례 실무는 과세처분의 무효를 전제로 제기하는 부당이득금반환청구소송을 민사소송으로 취급하고 있다.

2) 소의 이익

소의 이익이나 확인의 이익의 존부를 판단하는 시기는 변론종결 시이다.[323) 소의 이익의 존재 여부는 소송요건이자 직권조사사항이다.

최근 대법원 2008년 3월 20일 선고 2007두6342 전원합의체 판결은 부담금 납부 후 부담금 부과처분의 무효확인을 구하는 소송에서 종전판례의 입장을 변경하여, 행정처분의 근거 법률에 의하여 보호되는 직접적이고 구체적인 이익이 있는 경우에는 행정소송법 제35조에 규정된 '무효확인을 구할 법률상 이익'이 있다고 보아야 하고, 이와 별도로 무효확인소송의 보충성이 요구되는 것은 아니므로 행정처분의 무효를 전제로 한 이행소송 등과 같은 직접적인 구제수단이 있는지를 따질 필요가 없다고 해석함이 상당하다고 하였다. ☞ 〈참고판례 49〉

그 후 국세청이 국세체납을 이유로 토지를 압류한 후 공매처분한 사안에서, 그 소유권자는 국가 또는 매수인을 상대로 부당이득반환청구의 소나 소유권이전등기말소청구의 소

---

321) 대법원 2001.11.27. 선고 98두9530 판결.
322) 대법원 1982.3.23. 선고 80누476 전원합의체 판결.
323) 대법원 1979.11.13. 선고 79누242 판결.

를 제기하여 직접 위법상태를 제거할 수 있는지에 관계없이 압류처분 및 매각처분의 근거 법률에 의하여 보호되는 직접적이고 구체적인 이익을 가지고 있어 행정소송법 제35조에 규정된 '무효확인을 구할 법률상 이익'을 가지는 자에 해당하고, 따라서 압류처분 및 매각처분에 대하여 무효확인을 구할 수 있다고 하였다.[324]

3. 피고적격

취소소송, 무효 등 확인소송은 다른 법률에 특별한 규정이 없는 한 당해 처분 등을 행한 행정청을 피고로 하여 제기한다(행정소송법 제13조 제1항 본문, 제38조 제1항, 제2항).

처분 등을 행한 행정청은 권리의무의 주체인 국가 또는 지방자치단체의 기관에 불과하여 그 자체는 당사자능력이나 소송능력을 갖지 않지만 처분청은 당해 처분의 책임자이고 또한 소송기술상 편의를 고려하여 정책적으로 피고적격을 인정한 것이다.

따라서 조세소송에 있어 내국세의 경우에는 부과처분을 한 세무서장이, 관세의 경우에는 세관장이, 지방세의 경우에는 당해 처분을 한 시장·구청장 또는 군수가 피고로 된다. 전심절차로서 행정불복절차를 거친 경우에도 원처분을 한 행정청이 피고로 되는 것이지 불복신청의 재결청은 피고적격이 없다.

또한 과세처분을 한 행정청과 그 조세채권에 기하여 압류한 행정청이 상이한 경우 압류처분을 한 세관장을 상대로 과세처분의 취소를 구하는 소송은 부적법하다.[325]

부작위위법확인소송의 피고적격자는 당해 원고의 신청에 대하여 상당한 기간 내에 일정한 처분을 하여야 할 법률상 의무가 있는데도 부작위 상태로 방치하고 있는 당해 부작위청이다.

조세소송으로서의 당사자소송은 조세법상의 법률관계에 관한 대등한 당사자 사이의 소송이므로 권리 주체인 국가 또는 지방자치단체가 피고로 된다(행정소송법 제39조).

4. 전심절차 및 제소기간

과세처분은 일반의 행정처분에 비하여 대량으로 반복하여 이루어지고, 전문성·기술성·복잡성·계속성 및 정형성 등의 특성을 지니고 있기 때문에 소송의 제기에 앞서 과세

---

324) 대법원 2008.6.12. 선고 2008두3685 판결.
325) 대법원 1987.3.24. 선고 86누581 판결.

관청의 전문적인 지식과 경험을 활용하기 위하여 그 전심절차와 제소기간에 대하여 일반 행정처분과는 달리 규정하고 있다.

1) 전심절차

(1) 필요적 전치주의

행정소송법 제18조 제1항에서 "취소소송은 법령의 규정에 의하여 당해 처분에 대한 행정심판을 제기할 수 있는 경우에는 이를 거치지 아니하고 제기할 수 있다. 다만 다른 법률에 당해 처분에 대한 행정심판의 재결을 거치지 아니하면 취소소송을 제기할 수 없다는 규정이 있는 때에는 그러하지 아니한다"고 규정하고, 그 제2, 3항에서 위 단서의 규정에 의하여 행정심판을 거쳐야 하는 경우에 대한 예외를 규정하고 있으며, 이를 부작위위법확인소송에 준용하고 있다(동법 제38조 제2항).

그러나 국세기본법은 제56조 제2항에서 "제55조에 규정된 위법한 처분에 대한 행정소송은 행정소송법 제18조 제1항 본문, 제2항 및 제3항의 규정에 불구하고 이법에 의한 심사청구 또는 심판청구와 그에 대한 결정을 거치지 아니하면 이를 제기할 수 없다"고 규정하고 있다. 따라서 조세소송에서는 종래의 행정심판전치주의를 필수적으로 채택하고 있다.

이와 달리 지방세법에 따른 처분에 대해서는 지방세기본법 제125조 제1항에서 "이의신청 또는 심사청구의 대상이 되는 처분에 관한 사항에 대해서는 행정심판법을 적용하지 아니한다"고 하여 행정심판전치주의가 적용되지 아니하는 것으로 하고 있다. 다만 근래 조세심판원에서 지방세 부과처분에 대한 불복청구도 담당하도록 하고 있어 권리구제 선택의 폭을 넓히고 있다.

행정소송법은 행정심판전치에 관하여 취소소송에서 이를 규정하고 부작위위법확인소송에서 준용하고 있으므로 조세소송에서의 심판전치주의는 항고소송 중 과세처분취소소송과 부작위위법확인소송에만 적용되고 무효 등 확인소송과 당사자소송에는 그 적용이 없다.

그러나 제기된 소송의 형태가 취소소송인 한 비록 그 주장에서 처분의 하자가 당연무효임을 내세우는 등 무효 등 확인의 의미에서의 취소소송이라 하더라도 전심절차 및 제소기간의 제한을 받게 된다.

(2) 전치주의의 완화

국세에 관한 조세소송에 있어서 필요적 전치주의를 채택한다 하더라도 기본적 사실관계와 법률관계에 대하여 다시 판단할 수 있는 기회를 이미 부여하였고 납세의무자로 하여금 굳이 또 전심절차를 거치게 하는 것이 가혹하다고 판단되는 등 정당한 사유가 있는 때에는 전심절차를 거치지 아니하고도 조세소송을 제기할 수 있다. 그러한 사유로는 다음과 같은 것이 있다.

① 2개 이상의 같은 목적의 행정처분이 단계적·발전적 과정에서 이루어진 것으로서 서로 내용상 관련이 있는 경우
② 조세소송 계속 중 그 대상인 과세처분을 과세청이 변경하였는데 위법사유가 공통된 경우
③ 동일한 행정처분에 의하여 수인이 동일한 의무를 부담하게 되는 경우
④ 형식상 수개의 과세처분이 있으나 그것이 하나의 과세원인에 대한 수 개의 분할납부로서의 과세처분인 경우 등에 있어서 선행처분에 대하여 전심을 거쳤거나 또는 그 납세의무자들 중 1인이 적법한 전심절차를 거친 경우

가령 납세의무자가 과세처분이 있기 전에 소득금액변경통지에 대하여 이의신청과 심사 및 심판청구를 하였을 뿐 그 후의 과세처분에 대하여 전심절차를 거치지 아니하고 취소소송을 제기한 경우에 그 소송의 적부가 문제로 된다. 이에 대하여 판례는 필연적으로 뒤따를 과세처분에 대한 전심절차는 경유할 필요가 없다는 입장을 판시한 바 있다.[326]

지방세의 경우도 국세와 마찬가지로 행정소송법 제18조 제1항 본문, 제2·3항의 적용을 배제하는 규정을 두고 있다. 따라서 조세소송의 전심절차와 그 예외에 관한 해석은 국세와 지방세의 경우 동일하다고 볼 수 있다.

2) 제소기간

행정소송법은 제20조에서 제소기간에 관하여 규정하고 이를 부작위위법확인소송에 준용하고 있다. 무효 등 확인소송에는 제소기간의 제한이 없고, 당사자소송의 경우에도 법령에 특별한 규정에 있는 경우를 제외하고는 제소기간의 제한이 없다(행정소송법 제41조).

그러나 조세소송의 경우에는 조세법률관계의 특수성으로 인하여 그 제소기간을 일반 행정소송과 달리 취급하여 행정소송법 제20조의 규정은 그 적용이 배제된다.

국세에 과한 과세처분의 경우 국세기본법 및 관세법상의 심판청구를 거친 경우에는 그 심판청구에 대한 결정의 통지를 받은 날로부터 90일 내에 제기하여야 하되, 결정기간 내에

---

326) 대법원 1993.1.19. 선고 92누8293 전원합의체 판결.

결정의 통지를 받지 못한 경우에는 결정의 통지를 받기 전이라도 그 결정기간이 경과한 날로부터 행정소송을 제기할 수 있다. 감사원법 제43조의 규정에 의한 심사청구를 거친 경우에는 그 심사청구에 대한 결정의 통지를 받은 날로부터 90일 내에 제기하여야 한다.

지방세의 경우에는 심사청구에 대한 결정의 통지를 받은 날로부터 90일 내에, 감사원법에 의한 심사결정의 통지를 받은 날로부터 90일 내에 제기하여야 하되, 결정기간 내에 결정통지가 없이 그 결정기간이 경과한 때에는 그 결정기간이 경과한 날로부터 행정소송을 제기할 수 있다.

〈참고판례 48〉

대법원 2006.4.20. 선고 2002두1878 전원합의체 판결 【경정결정신청거부처분취소】

【판시사항】
과세관청의 소득처분에 따른 소득금액변동통지가 항고소송의 대상이 되는 조세행정처분인지(적극)

【판결요지】
[다수의견] 과세관청의 소득처분과 그에 따른 소득금액변동통지가 있는 경우 원천징수의무자인 법인은 소득금액변동통지서를 받은 날에 그 통지서에 기재된 소득의 귀속자에게 당해 소득금액을 지급한 것으로 의제되어 그때 원천징수하는 소득세의 납세의무가 성립함과 동시에 확정되고, 원천징수의무자인 법인으로서는 소득금액변동통지서에 기재된 소득처분의 내용에 따라 원천징수세액을 그 다음 달 10일까지 관할 세무서장 등에게 납부하여야 할 의무를 부담하며, 만일 이를 이행하지 아니하는 경우에는 가산세의 제재를 받게 됨은 물론이고 형사처벌까지 받도록 규정되어 있는 점에 비추어 보면, 소득금액변동통지는 원천징수의무자인 법인의 납세의무에 직접 영향을 미치는 과세관청의 행위로서, 항고소송의 대상이 되는 조세행정처분이라고 봄이 상당하다.

[대법관 김영란의 반대의견] 소득금액변동통지란 과세관청이 내부적으로 법인의 사외유출된 소득에 대하여 법인세법 제67조 및 구 법인세법 시행령(2001.12.31. 대통령령 제17457호로 개정되기 전의 것) 제106조가 정하는 바에 따라 소득의 귀속자와 소득의 종류 등을 확정하는

소득처분을 한 다음, 그 소득처분의 내용 중 법인의 원천징수의무 이행과 관련된 사항을 기재하여 원천징수의무자에게 고지하는 절차로서, 법인의 원천징수의무를 성립·확정시키기 위한 선행적 절차에 불과하여 원천징수의무자의 법률적 지위에 직접적인 변동을 가져오는 것은 아니므로, 이를 항고소송의 대상이 되는 행정처분이라고 할 수 없다.

[대법관 손지열의 반대의견] 소득금액변동통지는 그 통지의 실질이나 기능을 직시한다면 행정처분으로 보는 것이 타당하겠으나, 현재 대통령령으로 규정되어 있는 소득금액변동통지를 부과처분과 유사한 행정처분으로 볼 경우에는 구 소득세법 시행령(2000.12.29. 대통령령 제17032호로 개정되기 전의 것) 제192조 제2항은 조세법률주의에 위배된 명령으로 위헌으로 볼 수밖에 없고, 소득금액변동통지를 행정처분으로 보지 않고 단순히 조세징수에 관한 절차적 규정으로 보는 종전의 대법원판례가 법령의 문언에 정면으로 반한다든가 심히 불합리하다든가 하는 점은 찾아보기 어려우므로, 현행 법령의 해석으로는 종전의 판례를 유지하여 위헌의 문제를 피하는 것이 현명할 것으로 본다.

[다수의견에 대한 대법관 이강국, 고현철의 보충의견] 소득금액변동통지는 원천징수의무자인 법인의 납세의무에 직접 영향을 미치는 과세관청의 행위로서 항고소송의 대상이 되는 조세행정처분이라고 볼 이론적 근거가 충분하고, 또 종전의 판례하에서 소득금액변동통지를 받은 원천징수의무자는 그 원천징수의무의 성립 여부나 범위에 관하여 다투기 위해서는 당해 원천세액을 자진 납부하지 아니하고 납부불성실가산세의 제재를 받으면서 징수처분이 있기를 기다렸다가 그 징수처분에 대한 취소소송으로 다툴 수밖에 없었는데, 이는 납세자의 권리보호에 미흡하고 형평에도 맞지 않는다고 할 것이므로 소득금액변동통지 자체를 항고소송의 대상으로 삼아 불복청구를 할 수 있도록 보장하여 주는 것이 진정으로 납세자의 권리보호와 조세정의에 부합한다.

〈참고판례 49〉

대법원 2008.3.20. 선고 2007두6342 전원합의체 판결 【하수도원인자부담금부과처분취소】

【판시사항】

[1] 행정소송법 제35조에 규정된 '무효확인을 구할 법률상 이익'이 있는지를 판단할 때 행정처분의 무효를 전제로 한 이행소송 등과 같은 직접적인 구제수단이 있는지를 따

져 보아야 하는지(소극)

[2] 타 행위자인 사업시행자가 구 하수도법 제32조 제2항에 따라 타 행위로 인한 공공하수도공사 비용을 부담한 경우, 이와 별도로 같은 법 제32조 제4항에 정한 원인자부담금을 부과할 수 있는지(소극) 및 이러한 타 행위에 해당하는 사업의 기본 또는 실시설계보고서상의 '하수량'의 의미

【판결요지】

[1] 행정소송은 행정청의 위법한 처분 등을 취소·변경하거나 그 효력 유무 또는 존재 여부를 확인함으로써 국민의 권리 또는 이익의 침해를 구제하고 공법상의 권리관계 또는 법 적용에 관한 다툼을 적정하게 해결함을 목적으로 하므로, 대등한 주체 사이의 사법상 생활관계에 관한 분쟁을 심판대상으로 하는 민사소송과는 목적, 취지 및 기능 등을 달리 한다. 또한 행정소송법 제4조에서는 무효확인소송을 항고소송의 일종으로 규정하고 있고, 행정소송법 제38조 제1항에서는 처분 등을 취소하는 확정판결의 기속력 및 행정청의 재처분 의무에 관한 행정소송법 제30조를 무효확인소송에도 준용하고 있으므로 무효확인판결 자체만으로도 실효성을 확보할 수 있다. 그리고 무효확인소송의 보충성을 규정하고 있는 외국의 일부 입법례와는 달리 우리나라 행정소송법에는 명문의 규정이 없어 이로 인한 명시적 제한이 존재하지 않는다. 이와 같은 사정을 비롯하여 행정에 대한 사법통제, 권익구제의 확대와 같은 행정소송의 기능 등을 종합하여 보면, 행정처분의 근거 법률에 의하여 보호되는 직접적이고 구체적인 이익이 있는 경우에는 행정소송법 제35조에 규정된 '무효확인을 구할 법률상 이익'이 있다고 보아야 하고, 이와 별도로 무효확인소송의 보충성이 요구되는 것은 아니므로 행정처분의 무효를 전제로 한 이행소송 등과 같은 직접적인 구제수단이 있는지를 따질 필요가 없다고 해석함이 상당하다.

[대법관 이홍훈의 보충의견] 무효확인소송의 보충성 인정의 문제는 행정소송법 제35조에 규정된 '무효확인을 구할 법률상 이익'의 해석론에 관한 것으로서 행정소송의 특수성, 무효확인소송의 법적 성질 및 무효확인판결의 실효성, 외국의 입법례, 무효확인소송의 남소 가능성 및 권익구제 강화 등의 측면에서 볼 때, 무효확인소송의 보충성을 요구하지 않는 것이 행정소송의 목적을 달성할 수 있고 소송경제 등의 측면에서도 타당하며 항고소송에서 소의 이익을 확대하고 있는 대법원 판례의 경향에도 부합한다.

[2] 구 하수도법(2006.9.27. 법률 제8014호로 전문 개정되기 전의 것) 제32조 제2항 및 구 수원시 하수도사용조례(2007.1.3. 조례 제2659호로 개정되기 전의 것) 제17조 제2

항 제2호 (나)목 (1)에서 타 행위로 인하여 필요하게 된 공공하수도에 관한 공사에 요하는 비용의 전부를 타 행위자가 부담하도록 한 것은, 타 행위에 해당하는 사업으로 인하여 발생할 것이 예상되는 하수를 처리하는 데 필요한 공공하수도 설치에 소요되는 비용에 대해서는 그 원인을 조성한 타 행위자로 하여금 이를 부담하게 하려는 데 그 취지가 있으므로, 이러한 타 행위자가 그 사업으로 인하여 발생할 것으로 예상되는 하수의 처리에 필요한 공공하수도 공사비용을 부담한 부분에 대해서는 이와 별도로 하수도법 제32조 제4항 및 이 사건 조례 제17조 제2항 제4호에 따른 원인자부담금을 부과할 수 없다. 그리고 이러한 타 행위에 해당하는 사업의 기본 또는 실시 설계보고서에 반영된 하수량은 당해 사업으로 조성된 토지의 이용을 포함하여 사업계획에 따라 그 사업을 시행할 경우에 발생할 것으로 예상되는 하수량을 의미하고, 여기에는 당해 사업으로 조성된 토지에 그 사업계획에서 정해진 규모 및 용도에 따라 건축할 건축물로부터 발생할 것으로 예상되는 하수량도 포함된다. 따라서 건축물에 관하여 공공하수도 공사비용을 부담한 부분에 대해서도 마찬가지다.

제4절 조세소송의 심리

Ⅰ. 서설

소송의 심리는 법원이 소송에 대한 판결을 하기 위하여 그 기초가 될 소송자료를 수집하는 가장 중심적인 소송절차이다. 심리는 그 내용에 따라 요건심리와 본안심리로 나누어진다.

요건심리는 당해 소송이 소송요건을 갖춘 적법한 것인지를 심리하는 것을 말한다. 예컨대 관할권, 행정처분의 존재, 소의 이익, 원고적격, 피고적격, 전심절차, 제소기간 등을 살펴보는 것이다. 이는 법원의 직권조사사항이다.

요건심리의 결과 당해 소송이 소송요건을 갖춘 것으로 인정되면 그 소에 의한 청구를 인용할 것인지를 판단하는 본안심리에 들어가게 된다.

Ⅱ. 심리의 대상(소송물)

1. 소송물과 위법성 판단의 시점

과세처분은 조세의 종목과 그에 따른 각각의 과세기간에 의하여 구분되는 각 과세단위
별로 이루어진다. 따라서 각 과세단위에 관한 개개의 과세처분이 원칙적으로 조세소송의
소송물이 된다.

과세처분에 있어서의 절차적 위법도 심판의 대상이 되며, 이 점에서 심판대상이 총소
득금액 또는 실체적 세액의 존부에만 한정되지 않는다는 점을 유의하여야 한다.

조세소송에서 심리의 대상에 대한 위법성 판단의 기준시점에 대해서는 학설이 분분하
다. 행정소송에서 항고소송에 관한 위법성 판단의 기준시로 통설적 입장에 있는 처분시
설을 과세처분에도 그대로 인정하는 처분시설과 민사소송에서와 마찬가지로 변론종결 시
를 위법판단의 기준시로 보아야 한다는 판결시설, 그리고 양 학설의 중간적인 입장인 절
충설이 대립하고 있다.[327] 확립된 대법원 판례는 행정처분의 적법 여부 판단시점을 사실
심 변론종결 시가 아니라 처분 시를 기준으로 하여야 한다고 보고 있다.[328]

처분시설에 의하면, 처분 후의 사정변경이 있더라도 처분의 적법 여부는 처분 당시의
법령 및 사실상태에 의하여 판단하여야 하고 처분청이 사후에 처분의 적법성을 유지하기
위하여 추가·변경할 수 있는 사유도 처분 시에 객관적으로 존재하는 사유에 한하게 된
다. 또한 조세소송에 있어서 당사자가 사실심의 변론종결 시까지 당해 과세처분에서 인
정한 과세표준액 등이 객관적으로 존재함을 입증하게 할 주장과 자료를 제출할 수 있는
것은 '그 처분의 동일성을 해하지 아니하는 범위 내에서'만 가능하고, 이와 같은 동일성
의 범위는 원칙적으로 과세단위로 구분된다고 볼 것이다.[329]

과세처분은 조세의 종목과 그에 따른 각각의 과세기간에 의하여 구분되는 각 과세단위
별로 이루어진다. 따라서 이와 같은 각 과세단위에 관한 개개의 과세처분이 원칙적으로
조세소송의 소송물이 된다.

과세처분에서의 절차적 위법도 취소사유로서 심판의 대상이 되며, 이 점에서 심판대상이
총소득금액 또는 실체적 세액의 존부만에 한정되지 않는다는 점을 유의하여야 한다.

---

327) 소순무, 앞의 책, 379~381면.
328) 대법원 1992.2.25. 선고 91누12776 판결.
329) 대법원 1992.9.22. 선고 91누13205 판결, 대법원 1989.12.22. 선고 88누7255 판결.

2. 과세처분 취소소송의 소송물

1) 심리의 대상

일반적으로 행정처분취소소송의 소송물은 처분의 위법성 일반으로 보는 것이 통설이다. 또 조세소송에서의 과세처분은 당해 과세요건의 충족으로 객관적·추상적으로 이미 성립하여 있는 조세채권을 구체적으로 확정하는 절차로서 당해 과세처분이 적법한가는 그 처분으로 인정된 세액이 객관적으로 정당한 세액을 초과하는가에 있다. 따라서 그 심판의 대상은 과세관청이 조세채무로 인정한 과세표준 및 세액이 객관적으로 존재하는지와 결부된 당해 과세처분의 위법성 일반이다.

2) 심판의 범위

취소소송의 심판대상 중 실체적 위법사유가 있어 정당한 세액이 문제 되는 경우에 소송의 심리과정에서 원래 처분의 이유로 되었던 과세요건사실이 존재하지 아니한 경우에 과세관청이 그 처분의 적법성을 유지하기 위하여 다른 과세요건사실을 주장할 수 있는가 하는 점이 문제 된다. 이는 과세처분의 이유 내지 근거를 변경하는 것이 가능한지의 문제이다.

과세처분 취소소송의 심판의 범위에 관련해서는 총액주의와 쟁점주의의 대립이 있다.330) 이는 절차적 위법이 심판의 대상이 되는 경우에는 관련이 없는 문제이다.

(1) 총액주의

총액주의는 과세처분에 의하여 확정된 세액이 조세실체법에 의하여 객관적으로 존재하는 세액을 초과하는지가 심판의 대상 및 범위가 된다는 견해이다.

총액주의에 의하면 처분이유의 변경은 심리를 종결할 때까지 원칙적으로 자유로이 인정된다. 취소소송의 소송물은 행정처분의 위법성 일반이라고 보는 행정법의 통설과 취소소송은 그 실질에 있어서 조세채무의 부존재확인소송이라는 점을 근거로 한다.

이에 의하면 과세처분에 대하여 일부분의 불복청구가 있는 경우에도 과세처분의 대상이 된 세액 전부에 대하여 실체적 세액을 기준으로 심판하게 되고, 과세관청은 처분 당

---

330) 소순무, 앞의 책, 340~342 참조.

시의 처분사유와 다른 사유를 내세워 과세처분을 유지할 수 있게 된다. 또한 과세표준 및 세액의 계산근거로 된 사실에 관한 주장은 단순히 공격 방어방법에 지나지 않는다.

(2) 쟁점주의

쟁점주의는 심판의 대상 및 범위를 과세관청의 처분이유와 관계되는 세액의 적정성으로 한정하는 견해이다. 쟁점주의에 의하면 처분이유의 변경은 심리를 종결할 때까지 원칙적으로 인정되지 아니하게 된다.

이에 의하면 과세처분취소소송은 과세관청이 처분 시에 인정한 처분사유의 적부만을 심판의 대상으로 하고 그 인정 이유나 근거가 다르면 별개의 처분으로서 소송물도 동일하지 않게 된다. 따라서 과세처분에 대하여 불복청구가 있는 경우 실체적 세액 전부가 아니라 불복청구부분에 관련된 이유에 한정하여 심리하게 된다. 따라서 과세처분에서 인정한 이유가 잘못되었다면 과세처분에서 인정된 과세소득 이상의 실제소득이 심리 도중 밝혀지더라도 그 과세처분은 위법하다는 결론에 이른다.

(3) 판례의 입장

판례는 총액주의의 입장을 취하고 있다. 과세처분 취소소송의 심판대상은 과세관청이 부과·고지한 과세표준과 세액이 객관적으로 존재하는가이므로 부과처분에 의하여 인정된 과세표준과 세액이 정당한 과세표준과 세액에 비하여 과대한 경우에는 그 부과처분은 정당한 과세표준과 세액을 초과하는 범위에서만 위법하다고 한다.[331]

(4) 결어

통설과 판례의 입장인 총액주의에 의하면 조세쟁송에서 과세관청과 납세자 간의 다양한 공격방어방법에 관계없이 다툼을 일거에 해결한다는 점에서 장점이 있으나 쟁송의 심리에 있어서 실체법상 조세채무의 단위별로 세액이 얼마인가를 확정해야 하는 어려운 문제가 있다. 이에 의하면 심리결과 납세의무자에게 더 많은 세액의 납부를 요구하는 판단을 할 수도 있어야 한다.[332] 과세관청은 변론종결 시까지 새로운 부과처분을 하여 조세채무의 금액을 적정범위로 확장할 수 있기 때문이다.

---

331) 대법원 1997.10.24. 선고 97누2429 판결, 대법원 1995.4.28. 선고 94누13527 판결, 대법원 1990.3.23. 선고 89누5386 판결 등.

332) 이창희, 앞의 책, 222면에 의하면 미국의 경우 조세법원이 총액주의를 따르고 있는바 과거 행정심판기구였던 것이 조세법원으로 변경되어 총액주의에 따른 결과로 증액판결이 가능하다고 한다.

현실적으로도 조세행정불복의 재결기관이나 법원은 원칙적으로 당사자가 주장, 입증한 사실에 기초하여 심리를 하고 사실인정을 할 뿐이다. 실체법상 조세채무의 적정금액을 확인하기 위하여 당사자가 주장하지 아니한 사실까지 직접 조사, 결정할 수 있는 능력은 없다. 실제 소송에 있어서 심리대상으로 보는 것도 해당 처분의 추상적인 위법성 일반이 아니라 구체적인 개개의 위법사유라는 점에서 총액주의의 한계가 있다.

3. 과세처분 무효확인소송의 소송물

과세처분무효확인소송의 소송물은 권리 또는 법률관계의 존부확인이다.

과세처분부존재확인소송의 소송물은 그 부존재를 주장하는 과세처분의 결과로 인하여 생긴 조세채무의 부존재확인이다. 과세처분 중 일부에 대한 무효확인청구도 가능하다.

판례는 행정처분의 하자가 취소원인에 불과한데도 무효확인 판결을 구하여 온 경우, 그 무효확인을 구하는 청구에는 원고가 그 처분의 취소는 구하지 아니한다고 밝히지 아니하는 등 특별한 사정이 없는 한 그 처분의 취소를 구하는 취지까지도 포함되어 있다고 본다. 다만 이 경우에 취소청구를 인용하려면 그 소가 항고소송으로서의 제소요건을 갖추고 있어야 함은 물론이다.[333]

반대로 과세처분에 무효사유에 해당하는 하자가 있는데도 취소소송을 제기한 경우에는 취소소송의 소송물은 위법성 일반이므로 취소판결이 가능하다고 볼 것이다.

4. 경정처분과 소송물

1) 과세처분과 경정처분

조세법규는 전문성 · 기술성 · 복잡성을 지니고 있기 때문에 납세의무자에 대해서는 물론 과세권자에 있어서도 그 해석 · 적용이 쉽지 않고, 과세자료가 일시에 드러나지 않는 경우도 있어 그 확정과정에서 오류 또는 탈루가 있는 경우가 많다. 이에 따라 공평과세의 이념과 과세징수권의 적정행사를 위하여 세무서장에게 부과권의 제척기간 등 장애사유가 없는 한 과세처분에 오류 또는 탈루가 있는 경우 그 회수에 제한 없이 경정 또는

---

333) 대법원 1986.6.10. 선고 84누642 판결, 대법원 1985.11.12. 선고 84누250 판결.

재경정처분을 할 수 있게 하고 있다.

2) 당초처분과 경정처분의 법률관계

(1) 문제점

종래 당초처분과 경정처분과의 법률관계를 어떻게 볼 것인가에 대해서는 병존설, 흡수설, 병존적 흡수설, 역흡수설, 역흡수병존설 등 견해들이 대립되었다.[334]

위 견해들에 따라 ① 경정처분이 있는 경우 소송대상을 어떻게 특정할 것인가, ② 경정처분의 당부를 판단함에 있어서 그 처분에 존재하는 하자만을 심리할 것인가, 아니면 당초처분에 존재하는 하자도 함께 심리·판단할 것인가, ③ 경정처분에 대해서도 전심절차를 거쳐야 할 것인가, ④ 징수권에 대한 소멸시효는 어느 처분에 의하여 정하여진 납기일을 기산일로 하여 진행을 개시할 것인가, ⑤ 당초처분을 전제로 한 납부·독촉·체납처분 등의 효력은 경정처분에 의하여 어떠한 영향을 받을 것인가 등의 결론이 달라진다.

그런데 2002년 12월 18일 개정되어 신설된 국세기본법 제22조의 2 제1항에서 증액경정은 당초 확정된 세액에 관한 세법상의 권리·의무관계에 영향을 미치지 않는 것으로, 제2항은 감액경정은 감액경정에 의하여 감소되는 세액 외의 세액에 관한 세법상의 권리·의무관계에 영향을 미치지 않는 것으로 각각 규정하고 있다. 이처럼 새로운 규정이 신설됨에 따라 종래의 학설과 판례의 태도에 대한 근본적인 새로운 재검토가 필요하게 되었다.

(2) 학설의 태도
① 병존설

당초처분과 경정처분은 서로 독립하여 별개의 과세처분으로 병존하고 경정처분의 효력은 그 처분에 의하여 추가로 확정된 과세표준 및 세액 부분에만 미친다고 보는 견해이다.

이 견해에 의하면 당초처분과 경정처분은 상호 독립된 별개의 처분이므로 모두 항고소송의 대상이 되고 소의 이익도 있다고 본다. 징수권은 당초처분과 경정처분에 의하여 확정된 각 세액에 대하여 별개로 존재한다고 보게 되므로 그 소멸시효도 각 처분에 의하여 정하여진 납기일을 기산일로 하여 별개로 진행을 개시한다고 보게 된다. 이 견해는 양 처분이 별개의 형태로 존재한다는 데에 착안하여 형식적 상태 그대로를 파악한 것으로서 경정처분이 있더라도 당초처분은 그 자체의 효력이 유지되므로 당초처분을 전제로 한 세

---

334) 자세한 내용은 소순무, 앞의 책, 321면.

액의 납부, 독촉·압류 기타 체납처분 등도 유효하여 조세법률관계의 안정을 도모할 수 있다는 장점이 있다.

그러나 당초처분과 경정처분은 서로 무관한 것이 아니라 동일한 추상적 조세채무의 적정한 확정을 위한 일련의 절차로서 밀접한 관계에 있다는 것을 무시하였으며, 경정처분을 별개의 과세처분으로 보아 소송의 대상으로 삼을 경우 항상 별도의 전심절차를 경유해야 하고 제소기간을 준수해야 한다는 난점이 있다.

② 흡수설

당초처분은 경정처분에 흡수되어 소멸하고 경정처분의 효력은 처음부터 다시 조사·결정한 과세표준 및 세액 전체에 미친다고 보는 견해이다.

이 견해에 따르면 경정처분만이 취소소송의 대상이 되며, 당초처분에서 확정된 과세표준과 세액을 포함하여 경정처분에 의하여 증액된 전체로서의 과세표준과 세액이 소송물이 된다. 또한 경정처분에 따른 징수권만이 존재하게 되므로 그 소멸시효도 경정처분에서 정한 납부기일을 기산일로 하여 그 진행을 개시한다고 본다. 또한 당초처분에 기하여 이루어진 납부, 체납처분, 제2차 납세의무자 지정처분 등은 무효로 될 것이다. 이 견해는 실질적 측면에 착안하여 법률관계를 경정처분 중심으로 통일적으로 파악하여 과세처분 전체에 대한 권리구제가 가능하게 된다는 장점이 있다.

그러나 현실적으로 당초처분과 경정처분은 별개로 존재하며, 경정처분을 소송대상으로 삼지 않는 이상 소송계속 중이던 당초처분이 소 각하를 당한다는 점에서 블 때 납세자의 권리보호에 항상 유리한 것은 아니다. 또한 당초처분에 기하여 이루어진 납부, 체납처분, 제2차 납세의무자 지정처분 등이 무효로 되어 징수권 확보에 불합리한 점이 발생할 우려가 있다.

③ 병존적 흡수설

당초처분은 경정처분에 흡수·소멸되지만 그 효력은 그대로 존속하며 경정처분은 그 경정결정에 의하여 증감된 과세표준, 세액 부분에만 미친다는 견해로 병존설과 흡수설의 절충설이라고 할 수 있다. 그러나 당초처분이 소멸하는데도 그 효력은 존속한다고 보는 논리구성에서 문제점이 지적된다.

④ 역흡수설

흡수설과 반대로 경정처분이 당초처분에 흡수·소멸되어 일체가 되고, 당초처분에 의하여 확정된 과세표준과 세액은 그 경정된 내용에 따라 증감되는 효력을 발생한다고 보는 견해이다.

하나의 납세의무에 관하여 이루어진 수 개의 과세처분을 통일적·일체적으로 심리할 수 있고, 당초처분에서 정하여진 납기일을 기산일로 하여 그 소멸시효기간의 진행이 개시되는 것으로 볼 것이며, 당초처분을 전제로 한 납부, 체납처분 등도 유지된다. 그러나 이 견해는 최종 과세처분이 세액에 관한 최종규율로서 유효하며, 당초처분은 경정처분을 흡수하거나 결합할 수 있는 힘이 없다는 것을 간과하였다는 점에서 이론적 한계를 지니고 있다. 또한 당초처분에 관하여 불복기간이 경과하여 불가쟁력이 발생된 경우 증액경정처분 역시 당초처분에 흡수되어 증액경정처분만을 따로 다툴 수 없게 되는 결과를 가져온다.

⑤ 역흡수병존설

경정처분은 당초처분과 결합하여 일체로서 병존하면서 당초처분에 의하여 확정된 과세표준과 세액을 증감시키는 효력을 가진다고 보는 견해이다.

이 설에 의하면 당초처분을 소송의 대상으로 하되 경정처분은 증감된 부분에 대해서만 소송대상으로 삼을 수 있게 된다. 또한 당초처분에 의하여 확정된 세액의 징수권과 경정처분에 의하여 추가 확정된 세액의 징수권은 각 납기일의 다음 날을 기산일로 하여 별개로 그 소멸시효가 진행을 개시하게 된다. 그러나 이 학설도 역흡수설과 마찬가지의 이론적 한계를 가지고 있다.

3) 판례의 입장

판례는 경정처분의 내용에 따라 당초처분과 경정처분의 관계를 다르게 해석하고 있다.

(1) 증액경정처분의 경우

① 과세관청이 과세표준과 세액을 결정한 후 그 과세표준과 세액에 탈루 또는 오류가 있는 것이 발견되어 이를 증액하는 경정처분이 있는 경우, 그 증액경정처분은 당초처분을 그대로 둔 채 당초처분에서의 과세표준과 세액을 초과하는 부분만을 추가로 확정하는 처분이 아니고, 재조사에 의하여 판명된 결과에 따라서 당초처분에서의 과세표준과 세액을 포함시켜 전체로서의 과세표준과 세액을 결정하는 것이어서 증액경정처분이 되면 당초처분은 증액경정처분에 흡수되어 소멸하므로 그 증액경정처분만이 존재한다고 보는 것이 대법원의 확립된 견해이다. 즉 대법원은 증액경정처분의 경우, 그 증액경정처분만이 쟁송의 대상이 된다고 본다. 이는 앞서 본 흡수설의 입장을 취한 것으로 볼 수 있다.335)

② 과세처분의 증액경정이 있는 경우에는 당초처분은 경정처분의 일부로 흡수되어 독립한 존재가치를 상실하여 소멸하므로 당초처분이 불복기간의 경과나 전심절차의 종결로 이미 확정된 뒤에 증액경정처분을 한 경우에도 그 확정에 의하여 발생된 불가쟁력이나 불가변력을 인정할 여지가 없게 되어 경정처분에 대한 소송절차에서 당사자는 이미 확정된 처음의 과세처분과 세액에 대해서도 그 위법 여부를 다툴 수 있으며 법원은 이를 심리하여 위법한 때에는 취소를 할 수 있다고 하여 납세자는 증액경정처분에 대한 소송에서 당초처분에 존재하는 하자를 주장할 수 있음을 밝히고 있다. 이것은 당초처분이 불복기간의 경과 등으로 확정되어 불가쟁력, 불가변력이 생긴 경우에도 마찬가지라고 한다.336)

③ 소의 이익과 관련하여 국세의 증액경정처분이 있은 후 이를 증액하는 재경정처분이 이루어지면 경정처분은 재경정처분에 흡수되어 존재가치를 상실하고 당초의 경정처분의 취소를 구하는 소는 소의 이익을 잃게 되어 그 전체를 각하할 것이라고 판시한 판례도 흡수설의 입장에 따른 것이다.337)

④ 전심절차와 관련해서는 증액경정처분이 있으면 전심절차 이행 여부는 경정처분을 대상으로 판단하는 것이 원칙이나, 다만 당초처분과 증액경정처분의 위법사유가 공통된 경우에는 당초처분에 대하여 적법한 전심절차를 거친 이상, 과세관청으로서는 이미 기본적 사실관계와 법률문제에 대해서 다시 검토할 수 있는 기회가 부여되었을 뿐만 아니라 납세의무자에게 굳이 같은 위법사유로 다시 전심절차를 거치게 하는 것은 가혹한 것이므로 납세의무자는 전심절차를 거치지 아니하고 행정소송을 제기할 수 있다고 판시함으로써 원칙적으로 흡수설에 따르되 납세자의 권익보호를 위하여 전심절차의 반복이 의미가 없는 경우에는 이를 거칠 필요가 없음을 명백히 하였다.338)

⑤ 이와 같은 판례의 입장은 부과과세방식의 세목에서뿐만 아니라 신고납세방식의 세목에서도 그대로 유지되고 있다. 대법원은 과세관청이 내국법인의 각 사업연도의 과세표준과 세액에 대한 신고내용에 오류, 탈루 등이 있다고 인정하여 이를 경정처

---

335) 대법원 2004.8.16. 선고 2002두9261 판결, 대법원 1999.5.11. 선고 97누13139 판결, 대법원 1997.5.16. 선고 96누8796 판결, 대법원 1996.7.20. 선고 95누6328 판결 등.

336) 대법원 1999.5.28. 선고 97누16329 판결, 대법원 1990.4.10. 선고 90누219 판결, 대법원 1988.3.9. 선고 86누617 판결, 대법원 1987.12.22. 선고 85누599 판결 등.

337) 대법원 1989.7.11. 선고 88누7477 판결.

338) 대법원 1990.8.28. 선고 90누1892 판결.

분하는 경우 그 증액경정처분은 납세자의 신고에 의하여 확정된 과세표준과 세액에 증액되는 부분을 포함하여 전체로서 다시 결정하는 것이므로 증액경정처분이 되면 신고확정의 효력은 소멸되어 납세자는 증액경정처분만을 쟁송대상으로 삼을 수 있는 것이며 이 경우 당사자는 신고에 의하여 확정되었던 과세표준과 세액에 대해서도 그 위법을 함께 다툴 수 있다고 판시하고 있다.[339]

(2) 감액경정처분의 경우

① 과세표준과 세액을 감액하는 경정처분은 당초 부과처분과 별개 독립의 과세처분이 아니라 그 실질은 부과처분의 변경이고, 그에 의하여 세액의 일부 취소라는 유리한 효과가 있는 처분이므로 그 감액 결정으로도 아직 취소되지 아니하고 남아 있는 부분이 위법하다 하여 다투는 경우, 항고소송의 대상은 당초 신고나 부과처분 중 경정결정에 의하여 취소되지 않고 남은 부분이고 경정결정이 항고소송의 대상이 되는 것은 아니다.[340]

② 따라서 감액경정처분은 세액의 일부취소라는 납세자에게 유리한 효과가 있는 처분으로서 그 취소를 구할 이익이 없고, 항고소송의 대상이 되는 것은 당초처분 중 경정결정에 의하여 취소되지 않고 남아 있는 부분, 즉 감액된 당초처분이고 당초처분 중 감액부분은 소의 이익이 없다.[341]

③ 이 경우 적법한 전심절차를 거쳤는지도 당초처분을 기준으로 판단하여야 하므로 당초의 부과처분에 대하여 전심절차를 밟았다면 그것으로 족하고 경정 또는 재경정결정에 대하여 따로 전심절차를 경유할 필요가 없다고 한다.[342]

이러한 대법원의 입장이 여러 학설 중 어떤 입장을 취한 것인지 논란이 있으나, 대법원 판결을 종합하여 볼 때 감액경정처분에 대해서는 역흡수설을 취하고 있는 것으로 볼 수 있다.[343]

---

339) 대법원 1992.5.26. 선고 91누9596 판결 등, 대법원 1991.7.26. 선고 90누8244 판결, 대법원 1989.11.24. 선고 89누3724 판결, 대법원 1987.3.10. 선고 86누911 판결.
340) 대법원 1998.5.26. 선고 98두3211 판결, 대법원 1996.11.15. 선고 95누8904 판결.
341) 대법원 1990.11.13. 선고 90누6903 판결.
342) 대법원 1995.8.11. 선고 95누351 판결, 대법원 1987.12.22. 선고 85누588 판결 등.
343) 강인애, 『조세쟁송법』, 한일조세연구소, 2003, 531면.

(3) 국세기본법 제22조의 2에 대한 해석

위에서 살펴본 당초처분과 경정처분의 관계를 설명하는 제 견해들은 국세기본법 제22조의 2가 신설되기 이전부터 논의되어 왔던 것이다. 새 규정이 신설된 이상 이제는 위학설들의 기본적 논의를 토대로 가장 합리적인 해석론을 마련할 필요가 있다.

국세기본법 제22조의 2에서 경정 등의 효력에 대해 규정하면서 세법규정에 의하여 당초 확정된 세액에 대한 경정처분은 세법 등에서 규정하는 권리·의무관계에 영향을 미치지 않는다고 규정하고 있다.

법문에서 말하는 '확정된 세액'이라는 것이 불복기간이 모두 도과하여 불가쟁력이 발생한 세액을 말하는 것인지 아니면 납세의무가 확정되어 정해진 세액을 말하는 것인지 불분명하다. 또 과세관청의 경정처분이 국세기본법 또는 세법에서 규정하는 권리·의무에 영향을 미치지 않는다고 하는데 어떤 영향을 말하는 것인지, 누구와의 관계에서 영향이 없다는 것인지가 불분명하다. 이 문제는 결국 해석론으로 해결하여야 한다. 무엇보다도 납세의무자는 단기간의 경정청구 및 불복권만을 가지고 있는 반면에 과세관청은 장기의 과세부과권을 가지고 있으므로 국세기본법 제22조의 2를 해석할 때 납세의무자의 불복가능성과의 관계를 고려하여야 할 것으로 보인다.

그렇다면 경정처분을 단순히 별개처분으로 보는 병존설을 명문화하였다고 보아 종전처분의 위법성을 다툴 수 없는 것으로 해석하는 것보다 종전처분과 경정처분은 사실상 하나의 과세표준에 따라 세액이 결정되고, 경정처분에 있어서 종전처분의 위법성까지도 판단할 수 있다고 보는 것이 타당하다. 다만, 확정된 세액 부분은 불가쟁력이 발생하였다고 보는 한 더 이상 다툴 수 없는 것으로 해석하여야 한다. 따라서 국세기본법 제22조의 2 규정은 증액경정처분에 있어서 당초처분은 경정처분에 흡수·소멸되지만, 다만 확정된 세액에 대해서는 다투지 못한다는 제한적 흡수설을 채택하였다고 보아야 한다.[344]

그동안 흡수설을 취해 왔던 판례의 태도는 현행 법령에 합치되게 그 입장을 수정할 필요가 있다. 최근 판례의 입장도 제한적 흡수설의 입장인 것으로 보인다.[345] ☞ **〈참고판례 50〉**

판례는 당초처분이 증액경정처분에 흡수되는 것은 경정처분이 처분으로서 유효하게 존속함을 전제로 하는 것으로 증액경정처분이 무효가 되거나 절차상의 하자로 취소되는 경우에는 당초처분이 증액경정처분에 흡수되어 증액경정처분이 있는 것으로 간주되지 아니하고, 당초처분은 유효하게 독립적으로 존속한다고 보는 입장이다.[346] 다만, 증액경정처

---

344) 동지, 소순무, 앞의 책, 332면.
345) 대법원 2009.5.14. 선고 2006두17390 판결.

분에 무효 또는 취소 사유가 존재하지 아니하고 유효하게 존속한다면 당초처분이 증액경정처분에 흡수되어 당초처분에 확정력이 발생한 경우도 그 위법성을 다툴 수 있다는 것을 그 전제로 하고 있다. ☞ **〈참고판례 51〉**

반면, 감액경정처분은 세무행정의 실무상 납세의무자가 당초처분에 따라 세액을 납부하였을 때에는 환급통지를, 그 세액을 납부하지 아니한 때에는 세금이 감액되었다는 통지서를 각 발송함으로써 고지하고 있다. 이 경우 납세고지는 당초처분에만 존재할 뿐 그 이후에는 당초처분의 효력을 일부 취소하는 형식의 환급통지서나 세액감액통지서만이 존재할 뿐이므로 주된 처분은 당초처분인바, 역흡수설의 입장이 타당하다.

4) 결어

당초처분과 경정처분은 형식적으로 보면 서로 별개로 존재하고 있는 것처럼 보이지만 이들을 실질적으로 보면 단일한 추상적 조세채무를 있는 그대로 적정하게 확정하기 위한 일련의 조치라는 점에서 서로 밀접·불가분의 관계에 있다고 볼 수 있다. 이러한 점에서 당초처분과 경정처분의 관계를 일의적으로 파악하기 어려운 측면이 있고, 국세기본법 제22조의 2를 명문의 규정에 반하지 않는 범위 내에서 해석할 경우에도 종전처분을 다툴 수 있다고 해석하여야 국민의 재판청구권 등과 국가 징세권과의 조화로운 해석이라 할 것이다.

이러한 입장에서 각 쟁점에 대하여 구체적으로 살펴보면 다음과 같다.

첫째, 소송물과 관련하여 당초처분과 경정처분이 있는 경우 증액경정처분에 대해서는 종전처분의 하자를 포함하여 총액주의에 따라 새로 조사결정한 과세표준과 세액을 기준으로 한 경정처분만을 소송대상으로 삼아야 할 것이나, 이미 확정된 세액 부분은 다툴 수 없다고 해야 할 것이다. 감액경정처분에서는 당초 신고나 부과처분 중 경정결정에 의하여 취소되지 않고 남은 부분을 소송대상으로 삼아야 할 것이다.

둘째, 전심절차의 경유 및 제소기간의 준수 문제와 관련하여, 증액경정처분의 경우에 당초처분은 경정처분에 흡수되지만, 당초처분에 대한 불복 시 경유한 전심절차를 유효하지 않다고 보면 납세의무자에게 동일한 절차를 다시 밟게 하는 불편을 초래할 수 있으므로 전심절차 경유의 효력은 경정처분에도 계속 유효하다고 볼 것이고, 이는 감액경정처분의 경우도 마찬가지이다.

셋째, 조세징수권의 소멸시효 기산점과 관련하여, 증액경정처분의 경우 당초처분이 경정

---

346) 대법원 2004.2.13. 선고 2002두9971 판결.

처분에 흡수되지만 확정된 세액에 대한 부분은 경정처분의 효력이 미치지 못하는 것으로 해석할 수 있는바, 이미 당초처분에 의해 확정된 세액에 대한 징수권은 당초처분에서 정한 납부기한이 기산일이 되고 증액된 부분은 별도로 정한 납부기한부터 기산된다고 봄이 타당하다. 또한 감액경정처분의 경우는 당초처분에서 정한 납부기한이 기산일이 될 것이다.

넷째, 경정처분이 당초처분을 전제로 한 납부, 체납처분, 제2차 납세의무자 지정처분 등에 미치는 영향과 관련하여서는 현행 국세기본법 제22조의 2에 따르면 증액경정처분이든 감액경정처분이든 경정처분에 의하여 당초처분을 전제로 확정된 세액에 영향을 미치지 못하므로 납부, 체납처분, 제2차 납세의무자 지정처분에는 아무 영향이 없다고 보아야 할 것이다.

〈참고판례 50〉

대법원 2009.5.14. 선고 2006두17390 판결【종합소득세 등 부과처분취소】

【판시사항】

국세기본법 제22조의 2의 시행 이후 당초 과세처분에 대한 증액경정처분이 있는 경우 항고소송의 심판대상(= 증액경정처분) 및 그 항고소송에서 당초 신고나 결정에 대한 위법사유를 함께 주장할 수 있는지(적극)

【판결요지】

국세기본법 제22조의 2의 시행 이후에도 증액경정처분이 있는 경우, 당초 신고나 결정은 증액경정처분에 흡수됨으로써 독립한 존재가치를 잃게 된다고 보아야 하므로, 원칙적으로는 당초 신고나 결정에 대한 불복기간의 경과 여부 등에 관계없이 증액경정처분만이 항고소송의 심판대상이 되고, 납세의무자는 그 항고소송에서 당초 신고나 결정에 대한 위법사유도 함께 주장할 수 있다고 해석함이 타당하다.

【이유】

상고이유(상고이유서 제출기간이 경과한 후에 제출된 상고이유보충서의 기재는 상고이유를 보충하는 범위 내에서)를 판단한다.

[1] 상고이유 제1점 내지 제3점에 대하여

당초 신고하거나 결정된 세액을 증액하는 경정처분이 있는 경우 종래 대법원은, 납세의무자는 원칙적으로 그 증액경정처분만을 쟁송의 대상으로 삼아 취소를 청구할 수 있고, 이 경우 당초 신고나 결정이 불복기간의 경과나 전심절차의 종결로 확정되었다 하여도 증액경정처분에 대한 소송절차에서 증액경정처분으로 증액된 세액에 관한 부분만이 아니라 당초 신고하거나 결정된 세액에 대해서도 그 위법 여부를 다툴 수 있다고 판시하여 왔다(대법원 1992.5.26. 선고 91누9596 판결, 대법원 1999.5.28. 선고 97누16329 판결, 대법원 2001.12.27. 선고 2000두10083 판결 등 참조).

2002년 12월 18일 법률 제6782호로 개정된 국세기본법에서 신설된 제22조의 2는 '경정 등의 효력'이라는 제목으로 그 제1항에서 "세법의 규정에 의하여 당초 확정된 세액을 증가시키는 경정은 당초 확정된 세액에 관한 이 법 또는 세법에서 규정하는 권리·의무 관계에 영향을 미치지 아니한다"고 규정하고 있는바, 증액경정처분은 당초 신고하거나 결정된 세액을 그대로 둔 채 탈루된 부분만을 추가하는 것이 아니라 증액되는 부분을 포함시켜 전체로서 하나의 세액을 다시 결정하는 것인 점(대법원 1992.5.26. 선고 91누9596 판결, 대법원 2005.6.10. 선고 2003두12721 판결 등 참조), 부과처분취소소송 또는 경정거부처분취소소송의 소송물은 과세관청이 결정하거나 과세표준신고서에 기재된 세액의 객관적 존부로서 청구취지만으로 그 동일성이 특정되므로 개개의 위법사유는 자기의 청구가 정당하다고 주장하는 공격방어방법에 불과한 점(대법원 1992.2.25. 선고 91누6108 판결, 대법원 1997.5.16. 선고 96누8796 판결, 대법원 2004.8.16. 선고 2002두9261 판결 등 참조)과 <u>국세기본법 제22조의 2 제1항의 주된 입법 취지는 증액경정처분이 있더라도 불복기간의 경과 등으로 확정된 당초 신고 또는 결정에서의 세액만큼은 그 불복을 제한하려는 데 있는 점 등을 종합하여 볼 때, 국세기본법 제22조의 2의 시행 이후에도 증액경정처분이 있는 경우 당초 신고나 결정은 증액경정처분에 흡수됨으로써 독립된 존재가치를 잃게 된다고 보아야 할 것이므로, 원칙적으로는 당초 신고나 결정에 대한 불복기간의 경과 여부 등에 관계없이 증액경정처분만이 항고소송의 심판대상이 되고, 납세의무자는 그 항고소송에서 당초 신고나 결정에 대한 위법사유도 함께 주장할 수 있다고 해석함이 타당하다.</u>

같은 취지에서 원심은 판시와 같은 사실을 인정한 다음, 원고가 당초 신고한 세액에 대하여 감액경정청구를 하지 아니한 채 그 세액을 증액한 피고의 이 사건 부과처분의 취소를 구하는 소송에서 당초 신고 세액에 대한 위법사유도 함께 주장할 수 있다고 판단한 것은 정당하고, 거기에 상고이유의 주장과 같은 국세기본법 제22조의 2 소정의 경정 등의 효력이나 소송요건에 관한 법리오해 등의 위법이 없다.

<h2 style="text-align:center">〈참고판례 51〉</h2>

대법원 2009.5.14. 선고 2008두17134 판결【법인세부과처분취소】

【판시사항】

[1] 납세의무자가 신고한 비용 중 일부 금액에 관한 세금계산서가 허위인 경우, 그 비용이 실제로 지출되었다는 점에 관한 증명책임자(＝납세의무자)

[2] 국세기본법 제22조의 2의 시행 이후 당초 과세처분에 대한 증액경정처분이 있는 경우 항고소송의 심판대상(＝증액경정처분) 및 그 항고소송에서 당초 신고나 결정에 대한 위법사유를 함께 주장할 수 있는지(적극)

【이유】

상고이유를 판단한다.

[1] 2002사업연도 법인세 부과처분 취소청구 부분에 대하여

과세처분의 위법을 이유로 그 취소를 구하는 행정소송에서 과세처분의 적법성 및 과세요건사실의 존재에 대한 증명책임은 과세관청에게 있으므로 과세소득확정의 기초가 되는 필요경비에 관한 증명책임도 과세관청이 부담함이 원칙이고, 다만 납세의무자가 신고한 어느 비용 중의 일부 금액에 관한 세금계산서가 실물거래 없이 허위로 작성되었다는 점이 과세관청에 의해 상당한 정도로 증명되어 그것이 실지비용인지가 다투어지고 납세의무자가 주장하는 비용의 용도와 그 지급의 상대방이 허위임이 상당한 정도로 증명된 경우와 같은 특별한 사정이 있는 때에 한하여, 예외적으로 그러한 비용이 실제로 지출되었다는 점에 관하여 장부와 증빙 등 자료를 제시하기가 용이한 납세의무자가 이를 증명할 필요가 있다고 할 것이다(대법원 1997.9.26. 선고 96누8192 판결, 대법원 2006.4.14. 선고 2005두16406 판결 등 참조).

원심판결 이유에 의하면, 원심은 그 채용 증거를 종합하여, 원고가 2002사업연도 손금으로 산입한 비용 중 자재구입비 300,178,000원 상당액에 대한 소외1 주식회사 발행의

세금계산서 3장(이하 '이 사건 세금계산서'라 한다)은 허위로 작성된 사실, 과세관청이 이 사건 세금계산서상 자재구입비의 손금산입에 대하여 그 비용의 실제 지출에 관한 소명을 요구하자, 원고는 처음 소외1 주식회사에 현금으로 지급하였다고 소명하였다가 소외1 주식회사의 대표자가 원고와 거래한 바 없다는 내용의 자인서를 과세관청에 제출함으로써 소명이 거짓으로 드러났고, 다시 소외2 주식회사로부터 자재를 구입하고 그 대금은 어음으로 지급하였다고 소명하였으나 그 어음 역시 융통어음으로 밝혀진 사실, 원고가 그 후에는 성명불상의 덤핑판매업자들로부터 자재를 공급받고 그 대금을 현금으로 지급하였다고 주장하고 있는 사실 등을 인정한 다음 많게는 9,000만 원이 넘는 고액의 자재를 구입하면서 판매자의 신원을 전혀 확인하지 않았다는 것은 납득하기 어려운 점 등에 비추어, 원고 주장의 사정만으로는 원고가 이 사건 세금계산서상의 자재를 실제로 구입하고 그 대금을 지급하였다는 점을 인정하기 어렵다는 이유로 피고가 이 사건 세금계산서에 따른 거래를 가공거래로 보아 그 공급가액 상당액을 손금부인하여 한 2002사업연도 법인세 부과처분은 적법하다고 판단하였는바, 앞서 본 법리와 기록에 비추어 살펴보면 원심의 위와 같은 사실인정과 판단은 정당하고, 거기에 상고이유의 주장과 같은 실질과세의 원칙에 관한 법리오해 등의 위법이 없다.

[2] 2003사업연도 법인세 부과처분 취소청구 부분에 대하여

2002년 12월 18일 법률 제6782호로 개정된 국세기본법에서 신설된 제22조의 2는 '경정 등의 효력'이라는 제목으로 그 제1항에서 "세법의 규정에 의하여 당초 확정된 세액을 증가시키는 경정은 당초 확정된 세액에 관한 이 법 또는 세법에서 규정하는 권리·의무관계에 영향을 미치지 아니한다"고 규정하고 있는바, 증액경정처분은 당초 신고하거나 결정된 세액을 그대로 둔 채 탈루된 부분만을 추가하는 것이 아니라 증액되는 부분을 포함시켜 전체로서 하나의 세액을 다시 결정하는 것인 점(대법원 1992.5.26. 선고 91누9596 판결, 대법원 2005.6.10. 선고 2003두12721 판결 등 참조), 부과처분취소소송 또는 경정거부처분취소소송의 소송물은 과세관청이 결정하거나 과세표준신고서에 기재된 세액의 객관적 존부로서 청구취지만으로 그 동일성이 특정되므로 개개의 위법사유는 자기의 청구가 정당하다고 주장하는 공격방어방법에 불과한 점(대법원 1992.2.25. 선고 91누6108 판결, 대법원 1997.5.16. 선고 96누8796 판결, 대법원 2004.8.16. 선고 2002두9261 판결 등 참조)과 국세기본법 제22조의 2 제1항의 주된 입법 취지는 증액경정처분이 있더라도 불복기간의 경과 등으로 확정된 당초 신고 또는 결정에서의 세액만큼은 그 불복을 제한하려는 데 있는 점 등을 종합하여 볼 때, 국세기본법 제22조의 2의 시행 이

후에도 증액경정처분이 있는 경우 당초 신고나 결정은 증액경정처분에 흡수됨으로써 독립된 존재가치를 잃게 된다고 보아야 할 것이므로, 원칙적으로는 당초 신고나 결정에 대한 불복기간의 경과 여부 등에 관계없이 증액경정처분만이 항고소송의 심판대상이 된다고 해석함이 타당하다.

같은 취지에서 원심이 판시와 같은 사실을 인정한 다음, 원고의 이 사건 소 중 2005년 8월 1일자 2003사업연도 법인세 부과처분의 취소를 구하는 부분은 2007년 2월 1일자 증액경정처분에 흡수됨으로써 독립된 존재가치를 잃게 된 처분을 쟁송의 대상으로 삼은 것으로 부적법하다고 판단한 것은 정당하고, 거기에 상고이유의 주장과 같은 국세기본법 제22조의 2 소정의 경정 등의 효력에 관한 법리오해 등의 위법이 없다.

Ⅲ. 심리의 절차

1. 변론주의와 직권탐지주의

세무소송은 공법관계인 조세행정에 관한 분쟁을 그 대상으로 하기 때문에 납세자의 권리구제뿐 아니라 조세행정의 합법성 보장도 그 목적으로 한다. 그리하여 세무소송의 심리절차는 민사소송의 경우처럼 변론주의를 기본으로 하되, 실체적 진실을 발견하기 위하여 직권심리주의를 가미하고 있다.

변론주의라 함은 소송의 심리에 있어서 소송자료의 수집 및 제출을 소송당사자에게 맡기는 것을 말한다. 이에 반하여 직권심리주의는 법원이 당사자의 주장을 기다리지 않고 적극적으로 직권으로 필요한 사실의 탐지 및 증거조사를 하는 것을 말한다.

행정소송법 제26조는 "법원은 필요하다고 인정한 때에는 직권으로 증거조사를 할 수 있고 당사자가 주장하지 아니한 사실에 대해서도 판단할 수 있다"고 규정하고 있는바, 이 규정이 직권탐지주의를 채택한 것인가 아니면 변론주의를 채택한 것인가 문제 된다.

이에 대하여 학설과 판례는 기본적으로 민사소송에서와 같이 변론주의를 근간으로 하면서 약간의 직권주의적 태도를 가미한 것으로 해석하고 있다.[347]

---

347) 강인애, 앞의 책, 546면; 대법원 1989.8.8. 선고 88누3604 판결 등.

Ⅳ. 입증책임

1. 입증책임의 의의

입증책임이란 소송상 일정한 사실의 존부가 확정되지 아니하는 경우에 불리한 법적 판단을 받게 되는 일방 당사자의 법적 부담을 말한다. 행정소송에서의 직권심리주의는 변론주의가 배제되는 것이 아니므로 여전히 민사소송에서와 같이 입증책임의 문제가 발생한다.

행정소송에 있어서도 원칙적으로 민사소송상의 입증책임에 관한 원칙인 입증책임분배설(법률요건분류설)이 그대로 적용된다. 따라서 자신에게 유리한 법률효과를 주장하는 사람은 그 요건이 되는 사실의 존재를 스스로 입증할 책임이 있다.

재판실무에서는 입증책임에 관한 논의와 상관없이 원고가 적극적으로 행정행위의 위법성에 관한 요건사실의 주장 및 입증을 개진하고 있으며, 행정행위의 적법성에 관해서는 행정청이 그 주장, 입증을 적극적으로 펼치고 있다.

2. 입증책임의 분배

1) 서설

조세행정소송 중 취소소송에 있어서 원고와 피고 중 어느 쪽이 입증책임을 지느냐에 관하여 우리나라에서는 원고책임설(적법성 추정설), 피고책임설(적법성 담보설), 절충설(원·피고 책임설) 등의 학설의 대립이 있고, 절충설은 다시 법률요건분류설, 구체적 사안설, 헌법원리설로 나누어져 대립되어 있다.

2) 학설

(1) 적법성 추정설(원고책임설)

행정처분은 공정력이나 고도의 적법개연성을 가지고 있기 때문에 그 적법성이 법률상 또는 사실상 추정되므로 원고가 당해 행정처분이 위법함을 입증하지 않으면 안 된다고 한다. 이 견해에 의하면 원고는 필요경비·손금 등과 같은 소득금액계산상의 소극적 사유는 물론, 수입금액·익금 등과 같은 적극적 사유를 포함한 과세표준 전부에 대하여 입증책임을 부담하는 결과가 된다.

(2) 적법성 담보설(피고책임설)

법치행정의 원칙상 행정청은 행정처분의 적법성을 스스로 담보하지 않으면 안 되는 것이므로 행정처분의 적법성을 적극적으로 입증하지 않으면 안 된다고 한다. 세무소송에 있어서도 과세관청이 전적으로 입증책임을 져야 한다.

(3) 법률요건분류설

조세행정소송에 있어서도 민사소송의 통설인 법률요건분류설에 따라 실체법이 정하는 법률요건의 분류에 의하여 입증책임의 분배를 정하여야 한다는 견해이다.

이 견해에 의하면, 조세행정소송에 있어서 입증책임을 민사소송인 채무부존재확인소송에 있어서 입증책임의 분배에 준하여 고려하면 된다. 따라서 원고인 납세의무자는 조세채무의 부존재를 주장하면 족하고, 조세채권의 존재를 주장하는 과세관청이 그 처분의 적법성 및 과세요건사실의 존재에 관하여 입증책임을 부담하고, 조세채권의 방해 또는 소멸사유의 존재에 관해서는 이를 주장하는 납세의무자가 입증책임을 부담하게 된다.

기본적으로 법률요건분류설에 따르면서도 조세행정소송의 특수성에 따라 민사소송에 있어서의 입증책임의 분배에 관한 일반원칙을 어느 정도 수정하려는 견해로서 수정법률요건분류설도 제기되고 있다.

(4) 구체적 사안설

조세행정소송에 있어서 입증책임의 분배를 과세관청과 납세의무자와의 택일적으로 정할 것이 아니라, 적용할 법규의 입법취지, 당해 행정처분의 특성, 입증의 난이 등을 고려하여 구체적 사안에서 합리적이고 타당하게 결정하여야 한다는 견해이다.

(5) 헌법원리설

권리자유를 제한하는 경우와 권리이익을 확장하는 경우를 구분하여 입증책임을 배분한다는 입장이다. 즉 입증책임의 문제는 헌법질서로부터 귀납해야 한다고 하면서 국민의 자유를 제한하고, 국민에게 의무를 과하는 행정행위의 취소를 구하는 소송에서는 항상 행정청이 그 행위가 적절하다는 것의 입증책임을 부담하는 것이 타당하다고 한다. 이에 반하여 국민이 국가에 대하여 자기의 권리영역, 이익영역을 확장하는 것을 구하는 청구의 각하 처분의 취소를 구하는 경우에는 원고가 그 청구권의 근거가 된 사실에 관하여 입증책임을 부담한다고 한다.[348]

3) 판례의 경향

초기 대법원판례는 적법성 추정설에 따라 원고에게 그 위법사유의 주장·입증책임이 있다고 하였다.[349] 그러나 그 뒤 "항고소송에 있어서는 그 처분이 적법하였다고 주장하는 피고에게 그가 주장하는 적법사유에 대한 입증책임이 있다고 하는 것이 당원 판례의 견해이고, 그 견해를 행정처분의 공정력을 부정하는 것이라고 할 수 없다"고 입장을 변경하였다.[350] 그 후 과세처분에 관한 행정소송에 있어 과세원인 및 과세표준금액 등 과세요건이 되는 사실에 관해서는 다른 특별한 사정이 없는 한 과세관청에게 입증책임이 있다는 입장을 취하고 있다.[351]

나아가, "민사소송법의 규정이 준용되는 행정소송에 있어서 입증책임은 원칙적으로 민사소송의 일반원칙에 따라 당사자 간에 분배되고 항고소송의 경우에는 그 특성에 따라 당해 처분의 적법을 주장하는 피고에게 그 적법사유에 대한 입증책임이 있다 할 것인바, 피고가 주장하는 당해 처분의 적법성이 합리적으로 수긍할 수 있는 일응의 입증이 있는 경우에는 그 처분은 정당할 것이며, 이와 상반되는 주장과 입증은 그 상대방인 원고에게 그 책임이 돌아간다고 할 것이다"라고 판시하고 있다.[352]

이상과 같은 판례의 입장을 종합하면, 과세처분의 적법성 및 과세요건사실의 존재에 관해서는 과세관청에게 입증책임을 확고히 부담시키는바, 일응 법률요건분류설 또는 수정법률요건분류설의 입장에 서 있는 것으로 보인다. 원칙적으로 과세관청이 그 처분의 적법성에 대한 입증책임이 있다고 보면서도 때로는 납세자 측에 입증책임을 인정하거나 증명도의 완화 또는 입증필요의 전환 등을 꾀하여 개개의 세목과 과세방법에 따라 구체적 타당성을 기하려는 해결책을 도모하고 있는 것으로 보인다.[353]

---

348) 소순무, 앞의 책, 402면.
349) 대법원 1961.3.27. 선고 4291행상45 판결.
350) 대법원 1985.1.22. 선고 84누515 판결.
351) 대법원 1986.9.15. 선고 86누167 판결.
352) 대법원 1998.7.10. 선고 97누13894 판결.
353) 소순무, 앞의 책, 403면.

4) 결어

 행정처분의 공정력이란 행정행위의 사실상 통용력에 불과하고, 그 적법성을 추정시키는 것은 아니므로 행정처분의 공정력 내지 적법성추정은 입증책임의 분배와 아무런 관계가 없다. 또 적법성 담보설은 지나치게 행정청에게 무거운 책임을 과하여 부당하고, 사실이 불명확한 경우의 위험을 일방 당사자에게만 부담시키는 것은 입증책임의 이념인 공평이념에 반한다는 비판이 가능하다.

 민사사건의 경우와 달리 행정법규는 공익과 사익과의 조정을 그 내용으로 하고, 재판규범보다는 국가의 행정활동을 규율하기 위하여 제정된 행정기관에 대한 행위규범으로서의 성격을 가진다. 따라서 행정소송에서 입증책임의 분배를 민사소송의 경우와 동일하게 취급하려는 법률요건분류설을 정당한 것으로 받아들이는 것은 곤란하며, 조세실체법상 구체적인 요건사실을 법률요건분류설과 같이 권리근거사실, 권리장해사실 및 권리소멸사실로 분류하는 것도 어렵다는 문제가 있다.[354]

 구체적 사안설은 객관적인 기준을 정하는 입증책임분배의 법칙으로는 적합하지 않은 면이 있다. 또한 조세행정소송도 변론주의를 기본으로 하고 있으므로 특별한 경우를 제외하고는 민사소송의 일반원칙이 적용될 수 있다고 할 것이다. 그러므로 헌법원리설에 대해서는 조세행정소송에서 입증책임의 분배의 기준을 민사소송의 그것과 전혀 다른 헌법원리 내지는 조세법률주의 원칙에서 구하려는 점에서 비판이 가능하다.

 따라서 조세행정소송에서 입증책임의 분배를 정함에 있어서는 민사소송의 일반원칙을 조세법 내지 조세행정소송의 특수성에 따라 수정하여 적용함이 타당하다고 할 것이다.

3. 무효확인소송과 입증책임

 무효확인소송에 있어서도 취소소송의 경우와 같이 피고 행정청에게 그 처분의 적법성에 관한 입증책임이 있는 것으로 해석하는 견해도 있으나, 취소소송의 경우와는 달리 행정처분의 무효사유인 '중대하고 명백'한 하자의 존재에 관하여 그 무효를 주장하는 원고가 입증책임을 부담한다는 것이 통설이다.[355]

 판례도 통설의 입장과 같이 무효사유에 관하여 원고에게 입증책임을 부담시키고 있는

---

354) 강인애, 앞의 책, 867면.
355) 강인애, 앞의 책, 910면.

바, 행정처분의 당연무효를 주장하여 그 무효확인을 구하는 소송과 그 무효확인을 구하는 뜻에서 그 처분의 취소를 구하는 소송에 있어서는 그 무효를 구하는 사람(원고)에게 행정처분에 존재하는 하자(위법성)가 중대하고 명백하다는 것을 주장·입증할 책임이 있다고 하였다.[356)]

V. 과세처분의 무효사유

1. 의의

조세처분의 무효와 취소의 구별은 조세법상 중요한 의의를 지니고 있다. 일반적으로 행정행위의 취소는 위법한 행정행위를 대상으로 하고 그 절차에 있어서는 행정처분의 공익성을 고려하여 제소기간의 제한이나 전심절차 등 민사소송에 비하여 행정소송법상 많은 특례규정을 갖고 있다. 반면에 행정행위의 무효는 이와 같은 제소기간이나 전심절차 등 절차적 제한을 받지 않고 무효확인 소송을 통하여 행정행위의 효력을 다툴 수 있다.

종래 통설 및 판례는 행정행위의 하자가 그 처분의 효력에 미치는 영향에 따라 크게 취소원인과 무효원인으로 구별하여, 전자는 처분에 의하여 일단 공정력이 생기고 권한 있는 행정기관 또는 사법기관에 의하여 취소될 때까지는 효력을 가지나 취소되면 당초에 소급하여 효력이 없었던 것으로 되는 반면, 후자는 처음부터 법률효과를 발생하지 않았던 것으로 보았다.

만일 비과세소득인 1세대 1주택의 양도로 인한 양도소득에 대하여 양도소득세 부과처분이 행해졌다면 그 부과처분의 하자는 당연 무효사유에 해당하는가 아니면 부과처분의 취소사유에 불과한 것인가 하는 점이 문제 된다.

---

356) 대법원 2004.4.16. 선고 2003두7019 판결.

2. 무효와 취소의 구별기준

1) 중대명백설

과세처분이 당연무효라고 하기 위해서는 그 처분에 위법사유가 있다는 것만으로는 부족하고 그 하자가 중요한 법규에 위반한 것이고 객관적으로 명백한 것이어야 한다. 이처럼 판례와 통설은 행정행위의 하자 중 중대하고 명백한 하자를 무효사유로 하고 그 이외의 하자는 취소사유에 해당한다는 중대명백설을 취하고 있다.

그리고 하자가 중대하고도 명백한 것인가를 판별함에 있어서는 당해 과세처분의 근거가 되는 법규의 목적·의미·기능 등을 목적론적으로 고찰함과 동시에 구체적 사안 자체의 특수성에 관해서도 합리적으로 고찰함을 요한다.357)

하자의 '중대성'이란 하자가 중요한 법규에 위배된 경우를 말한다고 하는데 이견이 없다. 하지만 하자가 명백하다는 것에 대해서는, ① 행정처분의 외관상 그 하자를 누가 보더라도 일견하여 인정할 수 있는 정도이어야 한다는 외관상 일견 명백설, ② 처분관계인의 지·부지와 권한 있는 행정청의 판단과 관계없이 일반인으로서 그 어느 누구의 판단에 의하더라도 거의 동일한 결론에 이를 정도여야 한다는 객관적 명백설, ③ 행정청 또는 처분관계인이 주관적·개인적으로 그 존재를 알고 또 알아야 할 것인가에 의하여 무효사유 또는 취소사유로 구분된다는 주관적 명백설 등으로 견해가 나뉘고 있다.

판례는 외관상 일견 명백설을 채택하여 "과세대상이 되는 법률관계나 사실관계가 전혀 없는 사람에게 한 과세처분은 그 하자가 중대하고도 명백하다고 할 것이나, 과세대상이 되는 것으로 오인할 만한 객관적인 사정이 있는 경우에 그것이 과세대상이 되는지가 그 사실관계를 정확히 조사하여야 비로소 밝혀질 수 있는 경우라면 그 하자가 중대한 경우라도 외관상 명백하다고 할 수 없어 위와 같이 과세요건사실을 오인한 위법의 과세처분을 당연무효라고 할 수 없다"는 입장이다.358) ☞ **〈참고판례 52〉**

예를 들어, 무상양도를 유상양도로 보고 양도소득세를 부과한 경우 자산의 무상양도에 대하여 양도소득세를 부과한 것은 하자가 중대한 것이기는 하나, 양도행위의 유·무상 여부는 과세자료에 나타난 등기원인 등에 비추어 볼 때 과세관청이 사실관계를 정확히

---

357) 대법원 2009.4.23. 선고 2006다81257 판결, 대법원 1995.1.24. 선고 94다47797 판결, 대법원 1986.9.23. 선고 86누112 판결.

358) 대법원 1990.11.27. 선고 90다카10862 판결, 대법원 1983.12.27. 선고 83누158 판결, 대법원 1982.10.26. 선고 81누69 판결.

조사한 연후에야 비로소 밝혀낼 수 있는 것이어서 하자가 외관상 명백한 것이라고는 할 수 없으므로 이로 인하여 과세처분이 당연무효가 된다고는 할 수 없다.

2) 새로운 학설

앞에서 본 중대명백설이 취소와 무효사유를 구분하는 기준으로서 통설적 지위를 차지하고는 있지만, 중대명백설 역시 구체적·개별적인 사건에서 어떠한 하자가 중대하고 명백한 것인지를 판단함에 있어서는 적절하고도 명확한 기준을 제시하지 못하고 있다.

이에 따라 그 대안으로서 ① 중대하고 명백한 하자가 있는 경우에는 부존재로 보고 단지 중대한 하자가 있는 것만으로도 무효로 보아야 한다는 중대설, ② 명백성의 요건은 구체적인 분쟁에 있어서 이익형량의 귀결이고 일반적 기준으로서 항상 요구되는 것은 아니라고 하면서 중대성만으로도 무효라고 하여야 하고 행정의 법적 안정성, 제3자의 신뢰 보호의 요청이 있는 경우에 한하여 명백성의 요건이 추가로 요구된다는 명백성 보충요건설, ③ 여기서 한 걸음 더 나아가 무효와 취소를 구분하는 일반적인 기준을 정립할 수 있다는 것 자체에 의문을 가지고 권리구제의 요청과 행정목적의 달성, 법적 안정성의 요청 등을 구체적이고 개별적으로 비교형량하여 무효인지를 결정하여야 한다는 구체적 가치형량설 등이 제기되고 있다.

판례를 보면 납세의무자의 권익구제 등의 측면에서 현저하게 부당하다고 볼 만한 특별한 사정이 있는 때에는 예외적으로 그 하자가 명백하지 않더라도 무효가 된다고 보아 중대명백설을 따르지 아니한 것으로 보이는 사안이 있다.[359] ☞ 〈**참고판례 53**〉

〈참고판례 52〉

대법원 2009.4.23. 선고 2006다81257 판결【부당이득금】

【판시사항】

[1] 법인의 주식을 취득하여 간주취득세를 납부한 과점주주가 영업양수도의 방식으로

---

359) 대법원 2009.2.12. 선고 2008두11716 판결.

법인의 자산 전부를 취득하고 취득세를 납부한 경우, 종전에 납부한 간주취득세 상당액 부분이 이중과세에 해당하는지(적극)

[2] 신고납부방식의 조세인 취득세에 있어 납세의무자가 신고납부한 세액이 부당이득에 해당하는 경우 및 그 판단 방법

[3] 법인의 주식을 취득하여 간주취득세를 납부한 과점주주가 영업양수도의 방식으로 법인의 자산 전부를 취득하고 취득세를 신고납부함으로써 간주취득세 상당액을 이중납부한 사안에서, 그 취득세 신고행위가 당연무효라 할 수 없어 이중납부된 세액이 부당이득에 해당하지 않는다고 한 사례

【판결요지】

[1] 법인의 주식을 취득함으로써 과점주주가 된 자에 대한 간주취득세는 실제 법인의 자산을 취득하지는 않았지만 임의처분하거나 관리운용할 수 있는 지위를 취득한 것으로 보고 그 자산 자체를 취득한 것으로 의제하여 취득세를 부과한 것이므로, 그 후 그 과점주주가 영업양수도 방식으로 법인의 자산 전부를 실제 취득하고 취득세를 납부하였다면, 그중 과점주주가 이미 납부한 간주취득세 상당액 부분은 동일한 물건의 취득에 대한 이중과세에 해당한다.

[2] 취득세는 신고납부방식의 조세로서 이러한 유형의 조세에 있어서는 원칙적으로 납세의무자가 스스로 과세표준과 세액을 정하여 신고하는 행위에 의하여 납세의무가 구체적으로 확정되고, 그 납부행위는 신고에 의하여 확정된 구체적 납세의무의 이행으로 하는 것이며 지방자치단체는 그와 같이 확정된 조세채권에 기하여 납부된 세액을 보유하는 것이므로, 납세의무자의 신고행위가 중대하고 명백한 하자로 인하여 당연무효로 되지 아니하는 한 그것이 바로 부당이득에 해당한다고 할 수 없다. 여기에서 신고행위의 하자가 중대하고 명백하여 당연무효에 해당하는지에 관해서는 신고행위의 근거가 되는 법규의 목적·의미·기능 및 하자 있는 신고행위에 대한 법적 구제수단 등을 목적론적으로 고찰함과 동시에 신고행위에 이르게 된 구체적 사정을 개별적으로 파악하여 합리적으로 판단하여야 한다.

[3] 법인의 주식을 취득하여 간주취득세를 납부한 과점주주가 그 후 영업양수도의 방식으로 법인의 자산 전부를 실제 취득하고 취득세를 신고납부함으로써 간주취득세 상당액을 이중납부한 사안에서, 그 취득세의 신고행위는 법 해석상 논란이 있는 부분에 대하여 납세의무자가 납세의무가 있는 것으로 오인한 것에 불과할 뿐 하자가 객관적으로 명

백하여 당연무효라고 할 수 없으므로, 이중납부된 세액이 부당이득에 해당하지 않는다고 한 사례

【이유】

상고이유(상고이유서 제출기간이 경과한 후에 제출된 상고이유보충서의 기재는 상고이유를 보충하는 범위 내에서)를 판단한다.

[1] 상고이유 제1점에 대하여

구 지방세법(2000.12.29. 법률 제6312호로 개정되기 전의 것, 이하 '구법'이라 한다) 제105조 제6항 본문, 제111조 제4항, 제120조 제1항은 "법인의 주식을 취득함으로써 과점주주가 된 자는 당해 법인의 부동산, 차량 등을 취득한 것으로 보고, 그 부동산, 차량 등의 총가액을 그 법인의 주식총수로써 나눈 가액에 과점주주가 취득한 주식의 수를 곱한 금액을 과세표준으로 하여 이에 대한 취득세를 신고납부하여야 한다"고 규정하고 있고, 구 지방세법(2003.12.30. 법률 제7013호로 개정되기 전의 것) 제111조 제1항, 제120조 제1항은 "취득세 과세물건을 취득한 자는 취득 당시의 가액을 과세표준으로 하여 취득세를 신고납부하여야 한다"고 규정하고 있다.

원심은, 그 채용 증거를 종합하여 피고는 원고가 2000년 9월 18일 소외 주식회사의 총 발행주식 중 56.79%를 취득함으로써 소외 주식회사의 자산을 취득한 것으로 보아 간주취득세 585,500,550원(가산세 포함)을 부과고지하였고, 원고는 2001년 7월 30일 이를 납부한 사실, 그 후 원고는 지분을 그대로 보유한 상태에서 2003년 9월경 소외 주식회사로부터 그 자산 전부를 영업양수도 방식으로 취득하고 2003년 11월 27일 피고에게 취득세 861,119,650원을 신고납부한 사실 등을 인정한 다음, 원고에 대한 간주취득세는 실제 소외 주식회사의 자산을 취득하지는 아니하였지만 임의처분하거나 관리운용할 수 있는 지위를 취득한 것으로 보고 그 자산 자체를 취득한 것으로 의제하여 취득세를 부과한 것이므로(대법원 1994.5.24. 선고 92누11138 판결 참조), 이후 원고가 영업양수도 방식으로 소외 주식회사의 자산 전부를 실제 취득하고 취득세를 납부하였다면, 그중 원고가 이미 납부한 간주취득세 상당액 부분은 동일한 물건의 취득에 대한 이중과세에 해당한다고 판단하였는바, 앞서 본 각 규정의 내용 및 구법 제105조 제6항 본문의 입법 취지 등에 비추어 볼 때 위와 같은 원심 판단은 정당하고, 거기에 상고이유에서 주장하는 바와 같은 취득세에 관한 법리오해 등의 위법이 있다고 할 수 없다.

[2] 상고이유 제2점에 대하여

취득세는 신고납부방식의 조세로서 이러한 유형의 조세에 있어서는 원칙적으로 납세의무자가 스스로 과세표준과 세액을 정하여 신고하는 행위에 의하여 납세의무가 구체적으로 확정되고, 그 납부행위는 신고에 의하여 확정된 구체적 납세의무의 이행으로 하는 것이며 지방자치단체는 그와 같이 확정된 조세채권에 기하여 납부된 세액을 보유하는 것이므로, 납세의무자의 신고행위가 중대하고 명백한 하자로 인하여 당연무효로 되지 아니하는 한 그것이 바로 부당이득에 해당한다고 할 수 없고, 여기에서 신고행위의 하자가 중대하고 명백하여 당연무효에 해당하는지에 대해서는 신고행위의 근거가 되는 법규의 목적·의미·기능 및 하자 있는 신고행위에 대한 법적 구제수단 등을 목적론적으로 고찰함과 동시에 신고행위에 이르게 된 구체적 사정을 개별적으로 파악하여 합리적으로 판단하여야 한다(대법원 1995.12.5. 선고 94다60363 판결, 대법원 2005.5.12. 선고 2003다43346 판결 등 참조).

원심은, 앞서 인정한 사실관계에 비추어 원고가 동일 물건의 취득에 대하여 이중으로 취득세를 부담하는 것은 그 하자가 중대하고, 이와 같은 이중과세의 부당한 결과를 시정할 필요성이 크다고 보이는 반면 이를 시정하더라도 제3자에게 어떠한 영향을 미치거나 공공의 신뢰를 해한다고 보이지 않으므로, 원고의 이 사건 취득세 신고행위 중 이중과세에 해당하는 부분에는 조세채무의 확정력을 인정하기 어려운 중대하고 명백한 하자가 있다고 보아, 피고는 그 이중납부된 세액을 부당이득으로 반환할 의무가 있다고 판단하였다.

그러나 원심이 확정한 사실에 의하더라도 원고가 이 사건 취득세를 신고납부하는 과정에서 과세관청이 관여하거나 개입한 적이 없고, 가산세 등의 제재를 피하기 위하여 불가피하게 신고납부하였다는 등의 사정이 없이 스스로 자진하여 신고납부하였다는 것이고, 나아가 이 사건 취득세 중 이미 납부한 간주취득세 상당액이 동일 물건의 취득에 대한 이중과세에 해당하는지는 법 해석상 논란의 여지가 있을 뿐 아니라 그 사실관계를 정확히 조사하여야 밝혀지는데다가 원고도 이의신청 등 불복청구를 하지 않고 있다가 제소기간을 1년 이상 경과한 후에야 비로소 그 신고납부행위가 당연무효라고 주장하고 있는 점 등까지 함께 고려하여 보면, 이 사건 취득세 자진 신고납부행위는 법 해석상 논란이 있는 부분에 대하여 원고가 납세의무가 있는 것으로 오인하여 납부한 것에 불과하여 그 하자가 객관적으로 명백하다고 볼 수는 없으므로 당연무효라고 할 수 없다.

그럼에도 불구하고, 원심은 그 판시와 같은 이유만으로 이 사건 취득세 신고행위의 하자가 중대하고 명백하여 당연무효라고 판단하였으니, 원심판결에는 신고납부방식의 조세인 지방세에 있어서 그 신고행위의 당연무효에 관한 법리 등을 오해한 나머지 판결 결과에 영향을 미친 위법이 있고, 이 점을 지적하는 상고이유의 주장은 이유 있다.

〈참고판례 53〉

대법원 2009.2.12. 선고 2008두11716 판결【취득세부과처분무효확인】

【판시사항】

신고납부방식의 조세인 취득세 납세의무자의 신고행위의 하자가 중대하지만 명백하지는 않은 때 예외적으로 당연무효라고 할 수 있는 경우

【판결요지】

취득세 신고행위는 납세의무자와 과세관청 사이에 이루어지는 것으로서 취득세 신고행위의 존재를 신뢰하는 제3자의 보호가 특별히 문제 되지 않아 그 신고행위를 당연무효로 보더라도 법적 안정성이 크게 저해되지 않는 반면, 과세요건 등에 관한 중대한 하자가 있고 그 법적 구제수단이 국세에 비하여 상대적으로 미비함에도 위법한 결과를 시정하지 않고 납세의무자에게 그 신고행위로 인한 불이익을 감수시키는 것이 과세행정의 안정과 그 원활한 운영의 요청을 참작하더라도 납세의무자의 권익구제 등의 측면에서 현저하게 부당하다고 볼 만한 특별한 사정이 있는 때에는 예외적으로 이와 같은 하자 있는 신고행위가 당연무효라고 함이 타당하다.

【이유】

상고이유를 판단한다.

[1] 취득세는 신고납부방식의 조세로서 이러한 유형의 조세에 있어서는 원칙적으로 납세의무자가 스스로 과세표준과 세액을 정하여 신고하는 행위에 의하여 납세의무가 구체적으로 확정되고, 그 납부행위는 신고에 의하여 확정된 구체적 납세의무의 이행으로 하는 것이며 지방자치단체는 그와 같이 확정된 조세채권에 기하여 납부된 세액을 보유하는 것인바, 이러한 납세의무자의 신고행위가 당연무효라고 하기 위해서는 그 하자가 중대하고 명백하여야 함이 원칙이다. 그리고 여기에서 신고행위의 하자가 중대하고 명백하여

당연무효에 해당하는지에 대해서는 신고행위의 근거가 되는 법규의 목적·의미·기능 및 하자 있는 신고행위에 대한 법적 구제수단 등을 목적론적으로 고찰함과 동시에 신고행위에 이르게 된 구체적 사정을 개별적으로 파악하여 합리적으로 판단하여야 한다(대법원 1995.2.28. 선고 94다31419 판결, 대법원 2006.1.13. 선고 2004다64340 판결 등 참조).

그러나 취득세 신고행위는 납세의무자와 과세관청 사이에 이루어지는 것으로서 취득세 신고행위의 존재를 신뢰하는 제3자의 보호가 특별히 문제 되지 않아 그 신고행위를 당연무효로 보더라도 법적 안정성이 크게 저해되지 않는 반면, 과세요건 등에 관한 중대한 하자가 있고 그 법적 구제수단이 국세에 비하여 상대적으로 미비함에도 위법한 결과를 시정하지 않고 납세의무자에게 그 신고행위로 인한 불이익을 감수시키는 것이 과세행정의 안정과 그 원활한 운영의 요청을 참작하더라도 납세의무자의 권익구제 등의 측면에서 현저하게 부당하다고 볼 만한 특별한 사정이 있는 때에는 예외적으로 이와 같은 하자 있는 신고행위가 당연무효라고 함이 타당하다.

[2] 원심판결 이유에 의하면, 원심은 원고가 1999년 12월 16일 이 사건 부동산에 대한 취득세 등을 자진신고(이하 '이 사건 신고행위'라 한다)한 사실, 피고가 2000년 5월 16일 및 2003년 4월 1일 원고에게 이 사건 부동산에 대한 취득세 등의 납부를 각 고지하였음에도 원고는 이 사건 소를 제기하기까지 과세관청 등에 이 사건 신고행위의 하자를 이유로 한 불복청구를 하지 아니한 사실 등을 종합하면, 이 사건 신고행위의 하자가 명백하다고 할 수 없으므로, 이 사건 신고행위를 당연무효로 볼 수 없다고 판단하였다.

[3] 그러나 원심판결 이유 및 기록에 의하여 알 수 있는 다음과 같은 사정, 즉 취득세 등에 관한 이 사건 신고행위의 경우에는 그 존재를 신뢰하는 제3자의 보호가 특별히 문제 되지 않아 그 신고행위를 당연무효로 보더라도 법적 안정성이 크게 저해되지 않는 것으로 보이는 점, 원고가 이 사건 부동산에 관하여 등기와 같은 소유권 취득의 형식적 요건을 갖추지 못했을 뿐만 아니라, 대금의 지급과 같은 소유권 취득의 실질적 요건도 갖추지 못함에 따라 이 사건 부동산의 취득에 기초한 이익 등을 향유한 바 없는 것으로 보이는 점, 이와 같이 지방세법에 규정된 취득이라는 과세요건이 완성되지 않는 등의 중대한 하자가 있고, 그 법적 구제수단이 국세에 비하여 상대적으로 미비함에도 불구하고, 이 사건 신고행위로 인한 불이익을 원고에게 그대로 감수시키는 것이 원고의 권익구제 등의 측면에서 현저하게 부당하다고 보이는 점, 이 사건 신고행위를 당연무효로 보더라도 과세행정의 원활한 운영에 지장이 있다고 단정하기 어려운 점 등을 종합하면, 그 하자가 중대한 이 사건 신고행위의 경우에는 이를 당연무효라고 볼 만한 특별한 사정이 있다고

할 것이다.

그럼에도 불구하고, 원심은 이와 달리 이 사건 신고행위를 당연무효로 볼 수 없다고 판단하고 말았으니, 이러한 원심판결에는 취득세 신고행위의 당연무효에 관한 법리 등을 오해하여 판결에 영향을 미친 위법이 있다.

제5절 조세소송의 판결

Ⅰ. 판결의 종류

조세소송에 대한 판결은 다음과 같이 유형화가 가능하다.

① 종국판결이란 당해 소송의 전부 또는 일부에 대해 종국적인 효력을 가진다.

② 중간판결이란 소송과정에서 발생하는 선결문제들을 종국판결 이전에 해결하기 위한 판결이다.

③ 소송판결이란 소송의 형식적 요건을 대상으로 하며 소송요건을 충족하지 못한 소제기에 대해 각하판결을 내리는 경우가 이에 해당한다.

④ 본안판결이란 소송의 청구이유가 타당한지에 대한 판결로서 청구내용을 인용하거나 기각하는 판결이다.

Ⅱ. 판결의 효력

1. 구속력

행정소송법 제30조 제1항에서 "처분 등을 취소하는 확정판결은 그 사건에 관하여 당사자인 행정청과 그 밖의 관계행정관청을 기속한다"고 규정하고 있다. 이는 해당 행정청은 물론 기타 관계행정청이 판결의 판단내용을 존중하고 그 취지에 따라 행동하도록 구속하는 효력을 규정한 것이다.

조세소송도 행정소송의 일종이므로 당연히 구속력을 가진다. 구속력의 내용은 다음과 같이 나누어진다.

1) 동일내용의 처분금지의무

취소판결이 확정되면 당사자인 행정청과 그 밖의 관계행정청은 사실관계가 변화하지 않는 전제에서는 동일한 당사자에 대하여 종전과 동일한 내용의 처분을 할 수 없고, 만일 동일한 처분을 하면 그 하자가 중대하고 명백한 것이어서 당연무효가 된다. 취소소송의 인용판결의 경우에 인정되는 효력이다.

2) 행정청의 재처분 의무

거부처분의 취소를 내용으로 하는 판결이 확정된 경우에는 처분행정청은 판결의 취지에 따라 다시 이전의 신청에 대한 처분을 하여야 하는 재처분 의무를 부담한다(행정소송법 제30조 제2항).

이러한 재처분 의무를 이행하지 않는 경우 제1심 수소법원이 일정기간을 정하여 의무이행을 명하고, 이 기간 내에도 이행하지 않을 때에는 손해배상을 명함으로써 간접적으로 강제할 수 있다(동법 제34조 제1항). 이 제도는 부작위위법확인소송에도 준용되고 있다(동법 제38조 제2항).

2. 형식적 확정력

당해 판결에 대하여 동일한 소송절차 내에서 상소기간의 경과 또는 상소권의 포기 등의 이유로 더 이상 상소로 다툴 수 없는 경우 판결내용과는 관련 없이 형식적 이유로 판결이 확정력을 갖게 되는 효과를 형식적 확정력이라 한다.

3. 기판력

1) 의의

행정소송의 대상에 대하여 법원의 판단이 내려져서 형식적 확정력을 갖게 된 경우에 법원은 동일한 소송물을 대상으로 하는 후소에 있어서 종전의 판단에 모순되는 결정을 할 수 없으며, 소송의 당사자와 이들의 승계인들도 종전의 판단에 반하는 주장을 할 수 없는 효력을 판결의 기판력 내지 실질적 확정력이라 한다.

행정소송법상 판결의 기판력에 관하여 명문의 규정은 없으나 이는 판결의 일반적 효력으로서 행정소송인 조세소송의 판결에도 당연히 기판력은 인정된다.

2) 기판력의 주관적 범위

판결의 기판력이 미치는 인적 범위는 소송의 당사자와 그 승계인에 한정된다. 따라서 법정대리인, 소송대리인, 보조참가인 등에는 기판력이 미치지 않는다.

여기의 승계인에는 포괄승계인뿐 아니라 특정승계인도 포함되는데, 단지 변론종결 후의 승계인에 대해서만 기판력이 미친다(민사소송법 제204조 제1항).

3) 기판력의 객관적 범위

판결의 기판력은 그 물적 범위에 있어서 소송물에 한정하여 인정되며 구체적으로는 판결의 주문에 포함된 것에 한하여 인정된다(민사소송법 제202조 제1항). 따라서 취소판결이 확정되면 당해 처분의 위법성 일반이 확정된다.

그러나 처분이 절차상의 하자를 이유로 취소된 경우에는 기판력이 미치지 않는다. 즉 과세처분의 절차 내지 형식의 위법을 이유로 취소하는 판결이 확정된 경우에는 그 확정판결의 기판력은 확정판결에 적시된 절차 내지 형식의 위법사유에 한정된다. 그러므로 행정관청은 그 위법사유를 보완하여 다시 새로운 행정처분을 할 수 있다.[360]

---

360) 대법원 1992.5.26. 선고 91누5242 판결.

4) 기판력의 시간적 범위

기판력이 어느 시점에서 확정된 사실 및 법률관계에 관하여 효력을 발생하는가에 관하여 사실심의 변론종결 시까지를 기준으로 하여야 한다고 본다.

따라서 변론종결 이전에 존재하던 사실관계나 법률관계에 기인한 주장은 기판력에 의하여 더 이상 허용되지 않는다.

판례도 과세처분무효확인소송의 무효사유로 내세운 개개의 주장은 공격방어방법에 불과하므로, 사실심의 변론종결 시를 기준으로 그때까지 제출하지 않은 공격방어방법은 그 뒤 동일한 소송을 제기하여 주장할 수 없다고 한다.[361]

4. 형성력

판결의 형성력은 취소판결의 취지에 따라 기존의 법률관계 또는 법률상태를 발생·변경·소멸시키는 등 변동을 가져오는 효력을 말한다. 따라서 취소판결이 확정되면 그 취소판결의 형성력에 의하여 당해 처분의 취소는 취소통지 등 별도의 절차를 요하지 아니하고 당연히 취소의 효과가 발생한다.

판결의 형성력은 당해 소송의 당사자뿐 아니라 제3자에 대해서도 효력을 미친다. 행정소송법 제29조 제1항에서도 "처분 등을 취소하는 확정판결은 제3자에 대하여서도 그 효력이 있다"고 규정하여 대세적 효력을 인정하고 있다.

현행 행정소송법은 과거 판례의 태도를 명문화하여 취소판결의 대세효 규정인 제29조 제1항을 무효 등 확인소송과 부작위법확인소송의 인용판결에 준용하고 있다(행정소송법 제38조 제1항, 제2항).

Ⅲ. 사정판결

청구가 이유 있는 경우에도 처분 등을 취소하는 것이 현저히 공공복리에 적합하지 아니하다고 인정하는 때에는 법원은 청구를 기각할 수 있다(행정소송법 제28조). 이를 사

---

361) 대법원 1992.9.25. 선고 92누794 판결.

정판결이라 한다.

세무행정처분의 취소소송에 있어서도 사정판결을 허용할 수 있는지 문제가 된다. 판례는 일관되게 소극적 입장이다.362) 국가 재정수요의 충족과 공공복리를 구실 삼아 사정판결을 한다는 것은 조세법률주의에 위배된다고 볼 여지가 있다.

---

362) 대법원 1985.5.28. 선고 84누289 판결, 대법원 1983.7.26. 선고 82누420 판결.

제6편 租稅刑罰法

제1장 총설

　조세채권의 확보를 위하여 납세의무자 등의 조세포탈행위나 각 개별 세법상의 각종 의무위반행위를 범죄로 구성하여 형사적 제재를 가하고 있다. 이러한 조세의 부과·징수 및 납부에 관한 범죄를 총칭해서 조세범이라 한다. 그리고 조세범에 대하여 제재로서 과하여지는 벌을 조세벌이라 한다.

　조세벌은 조세법상의 의무위반행위에 대하여 제재를 과함으로써 조세법규의 실효성을 보장하는 것을 목적으로 한다. 아울러 납세의무자 등 기타 조세법상의 의무자에게 심리적 압박을 가하여 그 의무의 이행을 확보하는 것을 간접적 목적으로 한다.

　현행법상 조세벌에 관한 실정법은 내국세에 관하여 조세범처벌법과 그 특별법인 특정범죄가중처벌 등에 관한 법률이, 지방세에 관해서는 지방세기본법 제9장에서 그 일부를 정하고 나머지 사항은 위 법률을 준용하고 있다(지방세기본법 제134조). 관세에 관해서는 관세법 제268조의 2 이하에서 규정하고 있다. 이러한 법률을 총칭해서 조세형벌법 또는 조세처벌법이라 한다.

　조세범처벌절차에 대해서는 별도로 조세범처벌절차법이 존재하고 있다. 그러나 이러한 법률에 별도의 절차규정이 없는 사항에 대해서는 형법이나 형사소송법에 다른 절차가 준용될 것이다.

　우리나라의 경우처럼 조세벌을 가하는 절차를 별도의 법률로써 규정한 경우도 있지만 일본의 경우는 개별 세법에서 조세벌을 함께 규율하고 있다. 또 조세에 관한 기본법에 형벌을 규정한 입법례도 있다. 미국은 내국세입법 제7201조 내지 7203조, 7206조(1)에 조세벌을 규정하고 있으며, 독일의 경우는 조세기본법 제370조에서 탈세범을 규정하고 있다.

　조세벌은 그 성격이 조세행정작용상의 의무위반에 대한 제재지만 신체의 자유를 제약하거나 재산권의 보장을 침해하는 형벌이 부과되므로 언제나 법률의 근거를 요한다. 따라서 조세범에서도 형사범의 경우와 같이 죄형법정주의의 원칙이 그대로 적용된다.

제2장 조세범

제1절 조세범의 의의와 본질

I. 조세벌과 행정벌

조세벌은 의무위반행위에 대해 불이익을 가한다는 점에서는 가산세와 그 목적이 비슷하지만 형벌이나 과태료 등의 제재를 가한다는 점에서 조세의 형식으로 재산상의 불이익을 가하는 가산세와 구별된다.

조세법 위반행위에 대해 조세벌과 가산세를 병과할 수 있는가에 대해 일사부재리의 원칙과 관련하여 견해의 대립이 있다.

긍정설은 일사부재리의 원칙은 형사벌의 병과에 대해서만 논의되는 것이므로 형사벌인 조세벌과 행정벌인 가산세를 병과할 수 있다는 견해이다. 부정설은 형식논리적으로는 긍정설도 무리가 없으나 그 실질을 보면 동일한 행위에 대하여 이중처벌이나 마찬가지이므로 입법론적으로 조정이 필요하다고 한다.363)

생각건대 형사벌과 행정벌의 병과문제는 조세벌 이외의 경우에도 존재하고 있으며 통설이라고 할 수 있는 긍정설의 견해를 취하여도 법이론적으로 문제는 없다고 본다.

넓은 의미의 조세범은 행정범적인 특색을 가지고 있는 것을 부인할 수 없다. 다른 행정범과 같이 조세법규의 실효성이라는 행정목적을 달성하기 위해서 또한 의무이행을 확보하기 위해 그 수단으로써 조세벌을 과하는 것이기 때문이다.

조세범은 다음과 같은 점에서 일반 형사범과 다른 특색을 찾아볼 수 있다.

첫째, 자연인을 대상하는 이외에 법인이 세법상의 의무위반을 범한 경우에는 그 법인

---

363) 최명근, 앞의 책, 664면.

을 처벌한다.

둘째, 현실의 행위자 이외에 개별 세법상의 의무자에게도 그 책임을 지우고 있다.

Ⅱ. 조세범에 대한 특별규정

1. 조세범과 형법총칙의 적용 여부

1) 형법총칙 규정의 일부적용 배제

형법 제8조는 "본법 총칙은 타 법령에 정한 죄에 적용한다. 단, 그 법령에 특별한 규정이 있는 때에는 예외로 한다"고 하고 있으므로, 조세범에도 원칙적으로 형법총칙의 규정이 적용된다고 할 것이다. 그러나 조세범은 일반의 자연범과 다른 행정범의 성격도 가진 특수한 범죄유형이므로 입법상 형법총칙의 조세범에 대한 적용상의 특칙을 두고 있다.

즉 조세범칙행위로서, 조세포탈 등(제3조 내지 제6조), 세금계산서발급의무위반(제10조), 납세증명표지의 불법사용(제12조), 원천징수의무자의 처벌(제13조), 거짓으로 기재한 근로소득원천징수영수증의 발급 등(제14조)에 대해서는 형법 제38조 제1항 2호 중 벌금경합에 관한 제한가중규정을 적용하지 아니한다(동법 제20조).

그러나 형법총칙 중 공범에 관한 규정은 적용된다.

2) 몰취

조세범칙행위에 대해서 형법상의 몰수와 추징에 관한 규정(형법 제48조, 제49조)도 당연히 적용되지만, 조세범처벌법은 몰수와 관련하여 특별규정을 두고 있다. 이에 따르면 다음의 물건으로서 제조자 또는 판매자가 소지하는 물품은 이를 몰취할 수 있다(동법 제19조).

① 주세법에 의한 면허를 받지 아니하고 제조한 물품
② ①의 물품제조에 공한 기계·기구 또는 용기
③ 주세법에 따른 납세필증인의 압날 또는 납세의 사실을 증명하는 일정한 표시를 하지 아니한 물품

몰취란 형벌이 아니고 범죄의 반복을 예방하고 범죄에 의한 부당이득의 보유를 금지하

며 나아가 범죄사실에 관련된 물품의 유통을 방지할 목적으로 일정한 물품에 대하여 그 소지의 사실에 과하는 일정의 행정법상의 제재처분이다.

2. 양벌규정

법인의 대표자·대리인·사용인, 기타의 종업원이 그 법인 또는 개인의 업무 또는 재산에 관하여 조세범처벌법상의 범칙행위를 한 때에는 행위자를 처벌하는 외에 그 법인 또는 개인에 대해서도 해당 조문상의 벌금형에 처한다(동법 제18조 본문).

이는 행위자 외에 제3자를 처벌한다는 점에서 형사처벌의 원칙상 예외적인 규정에 해당하지만 당해 법인이나 사업주는 행위자의 행위를 통해 이득을 얻는 지위에 있고 또한 내부적으로는 행위자에 대한 감독 주체로서의 지위를 가진다는 점에서 책임을 지우는 것이다. 따라서 법인 또는 개인이 그 위반행위를 방지하기 위하여 해당 업무에 관하여 상당한 주의와 감독을 게을리하지 아니한 경우에는 처벌하지 아니한다.

3. 공소시효

조세범처벌법상의 범칙행위에 대해서 형벌이 과해지는 이상, 이러한 범죄행위에도 다른 형사범과 동일하게 공소시효가 존재한다(동법 제22조). 즉 제3조 내지 제14조에 규정한 범칙행위의 공소시효는 5년이다. 다만 제18조에 따른 행위자가 특정범죄가중처벌 등에 관한 법률 제8조의 적용을 받는 경우에는 제18조에 따른 법인에 대한 공소시효는 10년이 지나야 완성된다.

4. 국세청장 등의 고발

조세범처벌법에 따른 범칙행위에 대해서는 국세청장, 지방국세청장 또는 세무서장의 고발이 없으면 검사는 공소를 제기할 수 없다(조세범처벌법 제21조).

Ⅲ. 특정범죄가중처벌 등에 관한 법률에 의한 가중처벌

조세벌의 대상인 조세범의 포탈세액이 일정규모 이상인 때에는 가중처벌하도록 하고 있다.

1. 조세포탈의 가중처벌

조세범처벌법상 탈세범의 행위를 한 자(동법 제3조 제1항)의 포탈세액이 다음에 해당하는 때에는 가중처벌한다.

포탈하거나 환급받은 세액 또는 징수하지 아니하거나 납부하지 아니한 세액(이하 '포탈세액'이라 함)이 연간 10억 원 이상인 경우에는 무기 또는 5년 이상의 징역에 처한다. 또한 포탈세액 등이 연간 5억 원 이상 10억 원 미만인 때에는 3년 이상의 유기징역에 처한다(특가법 제8조 제1항). 처벌 시에는 그 포탈세액 등의 2배 이상, 5배 이하에 상당하는 벌금을 병과한다(특가법 제8조 제2항).

여기서 연간 포탈세액이라 할 때의 '연간'의 의미를 둘러싸고 견해가 나뉜다. ① 기소된 최초의 포탈 등 범칙행위의 성립시기인 특정시점으로부터 1년의 기간이라는 견해, ② 각 세목의 과세기간 등에 따라 각 세액을 합산하는 것이라는 견해, ③ 각 세목의 과세기간 등에 관계없이 포탈 등 범칙행위의 성립시기를 기준으로 삼아 각 연도별(1월 1일부터 12월 31일까지)로 포탈한 금액 또는 부정환급받은 세액을 합산한 금액이라는 견해가 그것이다.

판례는 특정범죄가중처벌 등에 관한 법률 제8조 제1항에서 말하는 연간 포탈세액 등은 각 세목의 과세기간 등에 관계없이 포탈 등 범칙행위의 성립시기를 기준으로 삼아야 하며, '연간'이란 각 연도별 1월 1일부터 12월 31일까지의 1년간이라고 판시한 바 있다.[364]

2. 세금계산서교부의무위반 등의 가중처벌(법 제8조의 2 제1항)

영리를 목적으로 조세범 처벌법 제10조 제3항 및 제4항 전단의 죄를 범한 사람은 다음의 구분에 따라 가중처벌하고 있다.

세금계산서 및 계산서에 기재된 공급가액이나 매출처별세금계산서합계표, 매입처별세

---

364) 대법원 2000.4.20. 선고 99도3822 전원합의체 판결.

금계산서합계표에 기재된 공급가액 또는 매출·매입금액의 합계액(이하 '공급가액 등의 합계액'이라 함)이 50억 원 이상인 경우에는 3년 이상의 유기징역에 처한다. 또한 공급가액 등의 합계액이 30억 원 이상 50억 원 미만인 경우에는 1년 이상의 유기징역에 처한다(특가법 제8조의 2 제1항).

처벌 시에는 공급가액 등의 합계액에 부가가치세의 세율을 적용하여 계산한 세액의 2배 이상 5배 이하의 벌금을 병과한다(특가법 제8조의 2 제2항).

제2절 조세범의 유형과 처벌

Ⅰ. 조세범의 유형

조세범의 유형은 크게 들로 나눌 수 있다. 하나는 국가의 조세채권의 성립을 직접적으로 침해하는 탈세범이다. 또 하나는 조세의 신고절차 및 조세의 징수에 관한 적정한 행사를 해하는 위험에 대하여 처벌하는 조세질서범(조세위해범)이다.

조세질서범은 조세법상의 의무위반행위에 대한 제재라는 점에서 탈세범과 기본적으로 성질을 같이한다. 하지만 의무위반의 정도가 탈세범의 경우보다는 경미한 경우를 그 대상으로 한다. 또 탈세범은 실질적으로 구체적인 조세수입의 감소를 야기하는 데 비하여, 조세질서범은 조세수입의 감소를 발생시키지 않는 점에서 구분이 된다.

조세질서범은 의무위반에 대한 처벌이 단순한 행정벌이 아니라 형벌이 부과되는 점에서 통상적인 행정질서범과는 차이점이 있다. 가산세와 비교하면, 각 세법상의 협력의무위반을 가산세의 과세요건과 조세질서범의 구성요건으로 하고 있어 대부분 동일하거나 유사하다. 물론 조세질서범은 형벌을 과하는 조세범의 하나이므로 고의가 있어야 한다. 따라서 단순무신고범 등 조세질서범이 과실에 의한 것일 때에는 조세질서범은 성립되지 않고 가산세만 적용될 것이므로 이 점에서 구별의 실익은 있다. 과실의 경우를 제외하면 조세질서범에 해당하는 경우에 대부분 가산세에도 해당될 것이고, 더구나 무신고 내지 허위신고의 경우에는 대부분 고의 내지 미필적 고의가 있는 경우가 대부분일 것이므로 가산세와 조세질서범 모두에 해당하게 된다.

여기서 이중처벌금지원칙에 위배되는 것이 아닌가 하는 문제가 제기되나, 통설은 가산세와 조세벌은 그 성질이 다르다는 점 또는 같은 위법 사실에 대하여 손해배상책임을 지는 것과 동시에 형벌을 과하는 것이 가능한 것에 비유될 수 있다는 점 등을 들어 이를 적법하다고 해석하고 있다.

그러나 행정법에서는 일반적으로 동일한 행정상의 의무위반 행위에 대하여 그 제재로서 과징금과 행정질서범인 과태료를 부과하도록 되어 있는 경우, 과징금을 부과한 행위에 대해서는 과태료를 부과할 수 없다고 규정하는 것이 그 추세인 점에 비추어, 동일한 행위에 대하여 가산세와 형벌을 과하는 조세질서범의 경우에도 그 하나만을 적용하도록 하는 입법적 해결이 기대된다고 할 것이다.

Ⅱ. 탈세범의 유형과 처벌

1. 포탈범

1) 서설

포탈범은 조세범처벌법 제3조 제1항이 규정하고 있다. 즉 사기나 그 밖의 부정한 행위로써 조세를 포탈하거나 조세의 환급·공제를 받는 행위가 포탈범이다.

포탈죄가 성립하기 위해서는 ① 납세의무자가 법에 의해 계산된 조세를 납부해야 할 의무가 있을 것, ② 그 세액을 전혀 납부하지 않거나 또는 과소세액을 납부하여 그 차액에 해당하는 조세의 납부를 면할 것, ③ 위 세액을 면하는 방법으로서 사기나 기타 부정한 행위에 의할 것을 요한다.

포탈죄가 성립하기 위해서는 기수시기를 기준으로 조세채권이 침해되고 조세수입의 감소를 가져와야 한다. 기수시기가 도래한 이후에 수정신고를 하였다거나 포탈세액을 납부한 사실이 있다고 하더라도 이미 완성된 포탈죄의 성립에 영향을 미치지 아니한다. 다만 포탈세액 등에 대하여 법정신고기한이 지난 후 2년 이내에 수정신고를 하거나 법정신고기한이 지난 후 6개월 이내에 기한 후 신고를 하였을 때에는 형을 감경할 수 있을 뿐이다(조세범처벌법 제3조 제3항).

조세범처벌법은 내국세를 그 규율대상으로 하나, 지방세에 관해서도 위 법률을 준용하므로 조세포탈범이라 함은 내국세 및 지방세에 관한 것을 말한다. 관세에 관해서는 관세법 제270조에서 관세포탈죄를 따로 규정하고 있고, 그 수사 및 처벌절차에 관해서도 관세법 제12장 제290조 이하에서 따로 규정하고 있으므로 조세범처벌법의 적용이 없다.

2) 포탈범의 본질과 보호법익

(1) 본질
① 행정범설
조세포탈범의 성질에 관하여 전통적인 견해는 국고의 재정수입을 저해하는 사기적 행위로서 국가적 법익을 해하는 행정범이라는 것이다. 행위의 범죄성보다 국가에 금전상의 손해를 가했다는 것에 처벌의 목적을 두고 형식적으로는 형벌의 일종이나 실질적으로는 불법행위에 기한 손해배상에 유사한 것으로 본다.[365]

이 견해에 의하면 조세포탈범은 금전적 배상을 본질로 하는 것으로서 형벌로서는 정액재산형이 타당하고 징역형은 단지 명목적인 것에 불과한 것이 된다. 따라서 벌금형량을 높이는 것이 조세포탈범을 방지하기 위한 방법이고, 조세형벌법에서는 형법총칙규정의 적용을 가급적 배제하여야 한다고 한다.

② 자연범설
조세확정절차로 신고납세제도가 정착되면서부터 납세는 주권자인 국민이 스스로 창설한 국가·사회의 유지존속을 위한 공동비용이라고 생각하기에 이르렀다. 그러므로 조세포탈범을 처벌하는 것은 사회적 위험성을 벌하는 것이고, 그 침해법익은 사회적 법익에 속하는 것이 된다.[366] 이에 의하면 조세포탈범의 성질은 자연범이라고 한다.

오늘날 조세포탈범의 성질에 관하여 대부분의 학설은 자연범설을 인정하여 조세포탈범의 일반 형사범화를 인정하는 경향이다. 즉 조세포탈범을 형사범으로 취급하고 이에 대한 처벌규정도 정액재산주의 대신에 일반 형사범과 동일하게 하며, 형법총칙규정의 배제를 대폭 제한하여야 한다는 것이다.

---

365) 佐藤英明, 『脫稅と制裁』, 弘文堂, 2002, 30면.
366) 松澤 智, 『租稅處罰法』, 有斐閣, 2004, 5면.

(2) 보호법익

① 금전손실설

포탈죄의 성질을 불법행위에 기한 손해배상과 유사한 것으로 보기 때문에 그 죄악성은 국가에 금전상의 손실을 가하는 데 있다고 보는 견해이다.

조세법률관계를 철저하게 사인 간의 채권채무와 마찬가지로 보고 사채권과 유사한 조세채권을 포탈죄의 대상으로 파악한다. 포탈죄의 본질을 행정범으로 보는 견해가 취하는 학설이나 오늘날 이 견해를 취하는 학자는 거의 없다.

② 균형부담이익설

포탈죄는 국민 전체의 희생을 수반하여 부당히 이익을 얻는 범죄라는 견해이다. 국가는 일정액의 조세수입을 필요로 하기 때문에 부정한 방법에 의해서 납세의무를 면하는 자가 있으면 다른 납세의무자의 조세부담을 증대시킨다. 국민이 담세력에 따라서 공평하게 조세를 부담하는 이익을 균형부담이익이라 하는데 조세포탈죄는 이를 해하는 것이라고 한다.

③ 과세권설

포탈죄의 보호법익이 국가적 법익인 과세권이라고 보는 견해이다.

포탈죄를 국가의 권력적 작용을 해하는 죄로 이해하고 개인적 법익과 구별되는 국가적 법익에서 보호법익을 찾아야 한다고 주장한다.

④ 적정한 조세수입설

포탈죄는 조세채권이라는 국가의 재산을 침해하는 재산범이라고 보는 견해이다. 독일에서 주장되는 학설로서 포탈죄의 보호법익은 적시 적정한 액의 조세수입에 대한 국가의 권리라고 보는 견해이다. 이에 따라 포탈행위의 침해의 대상이 되는 것은 조세채권의 실현이라고 보고 있다.

⑤ 조세채권설

포탈행위는 조세채권이라는 국가의 재산을 침해하는 재산범이라고 보는 견해이다.

포탈죄로 법익을 침해받는 자는 국가 또는 탈세자 이외의 일반국민이 된다. 그런데 일반국민은 포탈행위로 인해 자신의 조세부담이 증대되는 추상적 위험만 있게 되지 직접적으로 피해를 받지 않지만 국가는 법익에 대한 직접적인 침해를 받게 된다. 포탈죄의 규정이 조세포탈의 결과를 명확히 요구하고 있고 조세의 목적이 조세수입을 얻는 것이기 때문에 조세수입 내지 조세채권을 보호대상으로 한다고 한다.

3) 구성요건

(1) 범죄주체

조세범처벌법 제3조 제1항은 '조세를 포탈하거나 조세의 환급·공제를 받은 자'가 포탈범의 주체가 되는 것으로 규정하고 있다.

포탈범의 주체는 조세포탈행위자에 한하고, 행위자가 아닌 법인 또는 개인에 대해서는 행위자가 범칙행위를 한 때에 양벌규정인 제18조에 의하여 벌금형의 제재를 받을 뿐이다.[367]

(2) 사기나 그 밖의 부정한 행위

포탈범이 성립되기 위한 요건 중에서 가장 핵심적인 것은 '사기나 그 밖의 부정한 행위'이다. '사기'란 납세윤리에 반하는 반사회성을 갖는 적극적인 행위를 의미하는데,[368] 해석상 이는 부정한 행위의 예시에 불과하다고 보아야 한다. 하지만 부정한 행위의 개념은 너무 막연하다.

이에 관하여 종전 판례는 장부의 허위기재, 이중장부의 작성, 가명계좌의 설정, 업태위장 기타 거래행위 위장 등을 부정한 행위의 유형으로 들면서, "조세의 부과와 징수를 불가능하게 하거나 또는 현저히 곤란하게 하는 위계 기타 부정한 적극적인 행위가 있음을 의미하는 것이고, 다른 어떤 행위가 수반됨이 없이 단순히 세법상의 신고를 하지 아니하거나 허위의 신고를 함에 그치는 것은 여기에 해당하지 아니한다"고 하였다.[369]

현행법은 위 판례의 입장을 반영하여 '사기나 그 밖의 부정한 행위'란 다음에 해당하는 행위로서 조세의 부과와 징수를 불가능하게 하거나 현저히 곤란하게 하는 적극적 행위를 말한다고 규정하고 있다(동 조 제6항). 이는 예시적 규정으로 보아야 할 것이다.

① 이중장부의 작성 등 장부의 거짓 기장
② 거짓 증빙 또는 거짓 문서의 작성 및 수취
③ 장부와 기록의 파기
④ 재산의 은닉, 소득·수익·행위·거래의 조작 또는 은폐
⑤ 고의적으로 장부를 작성하지 아니하거나 비치하지 아니하는 행위 또는 계산서, 세금계산서 또는 계산서합계표, 세금계산서합계표의 조작

---

367) 대법원 1992.8.14. 선고 92도299 판결.
368) 松 澤智, 앞의 책, 36면.
369) 대법원 2003.2.14. 선고 2001도3797 판결, 대법원 2000.4.21. 선고 99도5355 판결 등.

⑥ 조세특례제한법 제24조 제1항 제4호에 따른 전사적 기업자원관리설비의 조작 또는 전자세금계산서의 조작

⑦ 그 밖에 위계에 의한 행위 또는 부정한 행위

포탈의 의사에 기한 것이라도 무신고라는 소극적 행위만으로는 사기나 그 밖의 부정한 행위에 해당하는 것으로 보지 않는다. 결국 부정한 행위인지 아니면 단순무신고에 해당하는지는 범행의 수단에 있어서 적극적 행위인지 소극적 행위인지에 달려 있는 것이다.

판례에 따르면 가공거래에 대하여 세금계산서를 발급받아 그에 대한 부가가치세를 매입세액으로 공제한 경우 조세포탈죄를 구성한다.[370] 반면에 취득가액과 양도가액을 실제 거래액대로 기재하지 아니하고 시가 표준액을 기준으로 기재하여 신고한 경우에는 부정행위에 해당하지 않는다.[371]

비록 과세표준을 제대로 신고하는 등으로 조세의 확정에는 아무런 지장을 초래하지 아니하지만 조세포탈죄의 기수시기에 그 조세의 징수를 불가능하게 하거나 현저히 곤란하게 하고 그것이 조세의 징수를 면하는 것을 목적으로 하는 사기 기타 부정한 행위로 인하여 생긴 결과인 경우에도 조세포탈죄가 성립할 수 있다. 다만 조세포탈죄에 해당하기 위해서는 그 행위의 동기 내지 목적, 조세의 징수가 불가능하거나 현저히 곤란하게 된 이유와 경위 및 그 정도 등을 전체적 · 객관적 · 종합적으로 고찰할 때, 처음부터 조세의 징수를 회피할 목적으로 사기 기타 부정한 행위로써 그 재산의 전부 또는 대부분을 은닉 또는 탈루시킨 채 과세표준만을 신고하여 조세의 정상적인 확정은 가능하게 하면서도 그 전부나 거의 대부분을 징수불가능하게 하는 등으로 과세표준의 신고가 조세를 납부할 의사는 전혀 없이 오로지 조세의 징수를 불가능하게 하거나 현저히 곤란하게 할 의도로 사기 기타 부정한 행위를 하는 일련의 과정에서 형식적으로 이루어진 것이어서 실질에 있어서는 과세표준을 신고하지 아니한 것과 다를 바 없는 것으로 평가될 수 있는 경우이어야 한다.[372] ☞ 〈참고판례 54〉

소득금액 결정에 있어서 세무회계와 기업회계의 차이로 생긴 금액과 법인세의 과세표준을 법인이 신고하거나 정부가 결정 또는 경정함에 있어서 그 법인의 주주 · 사원 · 사용인, 기타 특수한 관계에 있는 자의 소득으로 처분된 금액(인정상여 · 인정배당 또는 인정 기타 소득) 등은 포탈세액으로 볼 수 없으므로 부정한 행위를 구성하지 아니하는 것

---

370) 대법원 2005.9.30. 선고 2005도4736 판결.
371) 대법원 1981.7.28. 선고 81도532 판결.
372) 대법원 2007.2.15. 선고 2005도9546 전원합의체 판결.

으로 해석해야 할 것이다.373)

(3) 실행행위

조세포탈죄가 성립하기 위한 통상적인 행위유형은 조세채무의 확정방식과 관련되어 부과과세방식의 조세와 신고납세방식의 조세로 나누어 고찰을 요한다.

부과과세방식의 조세에서 포탈범은 실제보다 적은 세액을 부과·결정하도록 세무공무원을 기망하거나 이에 유사한 부정한 행위를 함으로써 세무공무원을 오신시켜 이로 인하여 세액을 면하는 것이다. 반면에 신고납세방식의 조세에서는 납세의무자가 신고납부기간 경과 후에 있을지 모르는 세무공무원의 조사에 대비하여 사전에 소득을 은닉하는 행위를 하고 나아가 무신고 또는 과소신고 하는 것이다. 이 경우 사전에 소득을 은닉하는 행위는 예비단계이고 무신고 또는 과소신고에 이르는 것이 실행행위인지, 양자 모두 실행행위라고 보아야 하는지를 둘러싸고 제한설과 포함설이 대립하고 있다.

가령 실제소득을 숨기고 과세대상이 되는 것을 회피하기 위하여 소득금액을 실제보다 적게 기재한 내용의 허위 종합소득세 과세표준신고서를 세무서장에게 제출하는 행위가 단순히 소득무신고의 부작위에 그치지 않고 사기나 그 밖의 부정한 행위에 해당하는 것인지 아니면 단순히 일부 무신고에 해당하는지 문제가 된다.

조세범을 형사범으로서 인식하는 책임설에 입각하여 볼 때 신고행위와 구분하여 국고에 반하는 행위를 했다는 이유로 처벌할 수 없으므로 소득을 숨기는 행위 자체만으로는 부정한 행위를 실행하였다고 볼 수 없다. 따라서 제한설이 타당하다고 생각한다.

(4) 포탈세액의 산정

포탈세액은 형사처벌에서 처벌의 정도 즉 양형 특히 벌금형을 정하는 기준이 되기 때문에 그 포탈세액은 구체적으로 특정되어야 한다.

형사절차에서 확정되어야 할 포탈세액은 해당 포탈범에 대하여 부과되어야 할 세법상의 조세채무 액수와 그 범위를 같이하기 때문에 결국 개별 세법이 정하는 바에 따라 산정되는 세액이라고 할 것이다.374)

---

373) 이성식, 앞의 책, 430면.
374) 대법원 1988.11.8. 선고 87도1059 판결, 대법원 1988.3.8. 선고 85도1518 판결.

(5) 고의

조세포탈범은 고의범으로 그 구성요건적 고의는 소득의 존재에 대한 인식, 사기나 그 밖의 부정한 행위에 해당하는 사실의 인식 및 포탈결과의 발생에 대한 인식이 필요하다.[375] 따라서 결과적으로 조세포탈의 결과가 발생하지 아니한 때에는 조세포탈죄를 구성하지 아니한다.

소득의 존재에 대한 인식이 그 일부에 한정되어 있을 경우에는 포탈범이 그 인식된 부분에 대해서만 성립하는지 또는 소득총액에 대하여 성립하는지가 논의되고 있으나 고의범의 본질에 비추어 후자가 타당하다.[376] 다만 개개의 수익과 손비까지의 인식을 필요로 한다고 보기는 어려우며 포탈결과에 대한 개괄적 인식으로 충분하다고 할 것이다.

4) 죄수

조세포탈의 죄수는 위반사실의 구성요건 충족 횟수를 기준으로 하여 정한다. 법인세는 사업연도를 과세기간으로 하는 것이므로 각 포탈범죄는 각 사업연도마다 각각 1개씩의 범죄가 성립한다.

특히 특정범죄가중처벌 등에 관한 법률 제8조는 연간포탈세액이 일정액 이상이라는 가중사유를 구성요건화하여 조세범처벌법 제3조 제1항의 행위와 합쳐서 하나의 범죄유형으로 하고 그에 대한 법정형을 규정하고 있다. 그러므로 위 특가법 제8조에 해당하는 경우에는 포괄하여 일죄만이 성립한다.[377]

5) 기수시기

포탈범은 부정한 행위에 의해 조세를 포탈하거나 조세의 환급·공제를 받는 범죄로서 원칙적으로 기수범을 처벌대상으로 한다.

이때 포탈범의 기수시기를 어느 시점을 기준으로 할 것인가에 대하여, 세법이 정한 조세채무의 확정단계에서 결과가 발생한다고 보는 '확정시설'과 신고납부기한 또는 과세관청에서 지정한 납부기한까지 조세채무를 이행하지 않음으로써 결과가 발생한다는 '납기

---

375) 대법원 2006.6.29. 선고 2004도817 판결.

376) 이성식, 앞의 책, 434면.

377) 대법원 2007.2.15. 선고 2005도9546 전원합의체 판결, 대법원 2002.7.23. 선고 2000도746 판결.

설'이 대립되어 왔다.

조세범처벌법 제3조 제5항은 명문규정을 두어 입법적으로 이를 해결하였다. 납세의무자의 신고에 의하여 정부가 부과·징수하는 조세는 해당 세목의 과세표준을 정부가 결정하거나 조사결정한 후 그 납부기한이 지난 때이다. 다만, 납세의무자가 조세를 포탈할 목적으로 세법에 따른 과세표준을 신고하지 아니함으로써 해당 세목의 과세표준을 정부가 결정하거나 조사결정할 수 없는 경우에는 해당 세목의 과세표준의 신고기한이 지난 때를 기수시기로 한다(제1호). 이에 해당하지 아니하는 조세는 그 신고납부기한이 지난 때를 기수시기로 한다(제2호).

여기서의 신고납부기한은 납세고지에 의하여 지정된 납부기한이 아니라 과세표준의 신고와 함께 자진 납부해야 하는 기한을 말한다. 따라서 신고납세방식의 조세에서도 납기설을 채택하였다고 할 수 있으나, 우리 세법은 신고납세방식의 조세에서 과세표준의 신고에 의하여 조세채무가 확정되고, 그 신고기한과 자진 납부기한을 일치시키고 있기 때문에 확정시설을 채택한 것으로도 볼 수 있다.

6) 처벌

2년 이하의 징역 또는 포탈세액, 환급·공제받은 세액(포탈세액 등)의 2배 이하에 상당하는 벌금에 처한다. 다만, 다음 각의 어느 하나에 해당하는 경우에는 3년 이하의 징역 또는 포탈세액 등의 3배 이하에 상당하는 벌금에 처한다(조세범처벌법 제3조 제1항).
① 포탈세액 등이 3억 원 이상이고, 그 포탈세액 등이 신고납부하여야 할 세액(납세의무자의 신고에 따라 정부가 부과·징수하는 조세의 경우에는 결정·고지하여야 할 세액)의 100분의 30 이상인 경우
② 포탈세액 등이 5억 원 이상인 경우

이러한 탈세범에 대해서는 정상에 의하여 징역과 벌금을 병과할 수 있다(동 조 제2항). 이를 상습적으로 범한 자는 형의 2분의 1을 가중한다(동 조 제4항).

대법원 2007.2.15. 선고 2005도9546 전원합의체 판결【특정범죄가중처벌 등에 관한 법률위반(조세)】

【판시사항】

[1] 조세의 확정에는 지장을 초래하지 않으면서 그 징수만을 불가능하게 하거나 현저히 곤란하게 하는 경우, 조세포탈죄의 성립 여부(한정 적극) 및 그 요건

[2] 허위의 수출계약서를 작성하여 외화획득용 원료구매승인서를 발급받아 영세율로 금괴를 구입한 사람이 이를 가공·수출하지 않은 채 구입 즉시 구입단가보다 낮은 가격에 국내업체에 과세금으로 전량 판매하면서 공급가액에 대한 부가가치세를 가산한 금원을 수령하는 방식으로 단 3개월간만 금괴의 구입 및 판매 영업을 한 후 곧 폐업신고를 하여 매수인으로부터 징수한 부가가치세를 납부하지 않은 행위가 조세포탈행위에 해당한다고 한 사례

[3] 대외무역법 위반죄와 조세범처벌법 위반죄의 관계

[4] 특정범죄 가중처벌 등에 관한 법률 제8조 제1항에서 말하는 '연간 포탈세액 등'의 의미

[5] 사업자가 폐업한 경우 부가가치세 포탈의 범칙행위의 기수시기

[6] 특정범죄 가중처벌 등에 관한 법률 제8조 제1항을 적용함에 있어 해당 연도분 부가가치세 중 제1기분 부가가치세 포탈범행과 제2기분 부가가치세 포탈범행이 각각 같은 연도에 기수에 이른 경우, 전부를 포괄하여 하나의 죄로 의율하여야 함에도 이를 실체적 경합범으로 처단한 원심판결을 직권 파기한 사례

【판결요지】

[1] [다수의견] 과세표준을 제대로 신고하는 등으로 조세의 확정에는 아무런 지장을 초래하지 아니하지만 조세범처벌법 제9조의 3이 규정하는 조세포탈죄의 기수시기에 그 조세의 징수를 불가능하게 하거나 현저히 곤란하게 하고 그것이 조세의 징수를 면하는 것을 목적으로 하는 사기 기타 부정한 행위로 인하여 생긴 결과인 경우에도 조세포탈죄가 성립할 수 있다. 다만, 조세의 확정에는 지장을 초래하지 않으면서 그 징수만을 불가능하게 하거나 현저히 곤란하게 하는 행위가 조세포탈죄에 해당하기 위해서는, 그 행위의 동기 내지 목적, 조세의 징수가 불가능하거나 현저히 곤란하게 된 이유와 경위 및 그 정도 등을 전체적·객관적·종합적으로 고찰할 때, 처음부터 조세의 징수를 회피할 목적

으로 사기, 기타 부정한 행위로써 그 재산의 전부 또는 대부분을 은닉 또는 탈루시킨 채 과세표준만을 신고하여 조세의 정상적인 확정은 가능하게 하면서도 그 전부나 거의 대부분을 징수불가능하게 하는 등으로 과세표준의 신고가 조세를 납부할 의사는 전혀 없이 오로지 조세의 징수를 불가능하게 하거나 현저히 곤란하게 할 의도로 사기, 기타 부정한 행위를 하는 일련의 과정에서 형식적으로 이루어진 것이어서 실질에 있어서는 과세표준을 신고하지 아니한 것과 다를 바 없는 것으로 평가될 수 있는 경우이어야 한다.

[대법관 김영란, 박시환, 김지형, 박일환, 전수안의 별개의견] 부가가치세와 같은 신고납세방식의 조세에 있어서는 납세의무자의 과세표준 및 세액의 신고에 의하여 그 조세채무가 구체적으로 확정되므로, 그 과세표준 및 세액을 신고할 때에 세법이 정하는 바에 따라 과세대상이 되는 공급가액 또는 거래내역 등을 실질 그대로 신고함으로써 정당한 세액의 조세채권이 확정되는 데 어떠한 방해나 지장도 초래하지 않았다면, 설사 납세의무자가 과세표준의 신고 이전에 조세를 체납할 의도로 사전에 재산을 은닉·처분하는 등의 행위를 하였다고 하더라도 '사기 기타 부정한 행위'에 의하여 조세포탈의 결과가 발생한 것으로 볼 수는 없다.

[2] 허위의 수출계약서를 작성하여 외화획득용 원료구매승인서를 발급받아 영세율로 금괴를 구입한 사람이 이를 가공·수출하지 않은 채 구입 즉시 구입단가보다 낮은 가격에 국내 업체에 과세금으로 전량 판매하면서 공급가액에 대한 부가가치세를 가산한 금원을 수령하는 방식으로, 단 3개월간만 금괴의 구입 및 판매 영업을 한 후 곧 폐업신고를 하여 매수인으로부터 징수한 부가가치세를 납부하지 않은 행위가 조세포탈행위에 해당한다고 한 사례

[3] 대외무역법 위반죄는 대외무역의 진흥을 통한 국제수지의 균형과 통상 확대를 보호법익으로 하고 있음에 비하여 조세범처벌법 위반죄는 조세의 적정한 징수·부과를 통한 국가 조세수입의 확보를 보호법익으로 하고 있고, 위 대외무역법 위반죄는 법률이 예정하고 있는 외화획득행위를 하지 않음으로써 처벌되는 것임에 비하여 조세범처벌법 위반죄는 조세의 부과 및 징수를 불가능하게 하거나 현저히 곤란하게 하는 위계, 기타 부정한 적극적인 행위를 처벌 대상으로 삼는 것이므로, 양자는 그 직접적인 보호법익, 위반행위의 내용 및 태양, 가벌성의 근거 및 정도 등을 달리하는 별개의 행위로 인한 범죄이다.

[4] 특정범죄 가중처벌 등에 관한 법률 제8조 제1항에서 말하는 '연간 포탈세액 등'은 각 세목의 과세기간 등에 관계없이 각 연도별(1월 1일부터 12월 31일까지)로 포탈한 또는 부정 환급받은 모든 세액을 합산한 금액을 의미한다.

[5] 부가가치세 포탈의 범칙행위는 부가가치세법 제3조 및 제19조의 각 규정에 의하여 각 과세기간별로 그 과세기간 종료 후 25일의 신고납부기한이 경과함으로써 기수에 이른다고 할 것이고, 과세기간은 통상의 경우 제1기분은 1월 1일부터 6월 30일까지, 제2기분은 7월 1일부터 12월 31일까지이나(같은 법 제3조 제1항), 사업자가 폐업한 경우에는 폐업일이 속하는 과세기간의 개시일로부터 폐업일까지(같은 법 제3조 제3항)로 정해져 있으므로, 사업자가 폐업한 경우 부가가치세 포탈의 범칙행위는 폐업일로부터 25일의 신고납부기한이 경과함으로써 기수에 이른다.

[6] 특정범죄 가중처벌 등에 관한 법률 제8조 제1항을 적용함에 있어 해당 연도분 부가가치세 중 제1기분 부가가치세 포탈범행과 제2기분 부가가치세 포탈범행이 각각 같은 연도에 기수에 이른 경우, 전부를 포괄하여 하나의 죄로 의율하여야 함에도 이를 실체적 경합범으로 처단한 원심판결을 직권 파기한 사례

【이유】

[1] 상고이유를 판단한다.

가. 조세범처벌법에 관한 법리오해의 주장에 대하여

(1) 조세범처벌법 제9조 제1항이 규정하는 조세포탈죄는 조세의 적정한 부과·징수를 통한 국가의 조세수입의 확보를 보호법익으로 하는 것으로서, 사기 기타 부정한 행위로써 조세의 부과와 징수를 불가능하게 하거나 현저히 곤란하게 함으로써 성립하는 것인바, 조세의 징수는 납세의무자의 납세신고나 과세관청의 부과처분 등에 의하여 조세채권이 구체적으로 확정되는 것을 당연한 전제로 하므로 사기, 기타 부정한 행위로써 위와 같은 조세의 확정을 불가능하게 하거나 현저히 곤란하게 한 경우에는 그에 따라 조세의 징수 역시 당연히 불가능하거나 현저히 곤란하게 되어 국가의 조세수입이 침해된다는 의미에서 조세포탈죄를 구성한다는 데에는 의문의 여지가 없고, 나아가 비록 과세표준을 제대로 신고하는 등으로 조세의 확정에는 아무런 지장을 초래하지 아니하지만 조세범처벌법 제9조의 3이 규정하는 조세포탈죄의 기수시기에 그 조세의 징수를 불가능하게 하거나 현저히 곤란하게 하고 그것이 조세의 징수를 면하는 것을 목적으로 하는 사기, 기타 부정한 행위로 인하여 생긴 결과인 경우에도 조세포탈죄가 성립할 수 있다고 할 것이다.

다만, 조세가 일단 정당하게 확정되면 국세기본법 제38조 이하의 제2차 납세의무에 의한 납세의무자의 확장과 같은 법 제42조의 물적 납세의무 및 일반채권에 대한 국세의 우선권의 보장, 그리고 체납처분을 통한 국세의 강제징수절차 등 조세채권의 만족을 위

한 여러 가지 제도적 장치가 마련되어 있는 한편, 조세범처벌법 제12조 제1항이 체납자 또는 체납자의 재산을 점유하는 자가 조세를 면탈할 또는 면탈케 할 목적으로써 그 재산을 장닉(장닉), 탈루하거나 또는 허위의 계약을 하였을 때를 체납자 등의 불법행위로서 따로 처벌하는 규정을 두고 있는 점 등을 고려하면, 조세의 확정에는 지장을 초래하지 않으면서 그 징수만을 불가능하게 하거나 현저히 곤란하게 하는 행위가 조세포탈죄에 해당하기 위해서는, 그 행위의 동기 내지 목적, 조세의 징수가 불가능하거나 현저히 곤란하게 된 이유와 경위 및 그 정도 등을 전체적·객관적·종합적으로 고찰할 때, 처음부터 조세의 징수를 회피할 목적으로 사기, 기타 부정한 행위로써 그 재산의 전부 또는 대부분을 은닉 또는 탈루시킨 채 과세표준만을 신고하여 조세의 정상적인 확정은 가능하게 하면서도 그 전부나 거의 대부분을 징수불가능하게 하는 등으로 과세표준의 신고가 조세를 납부할 의사는 전혀 없이 오로지 조세의 징수를 불가능하게 하거나 현저히 곤란하게 할 의도로 사기, 기타 부정한 행위를 하는 일련의 과정에서 형식적으로 이루어진 것이어서 실질에 있어서는 과세표준을 신고하지 아니한 것과 다를 바 없는 것으로 평가될 수 있는 경우이어야 한다고 보아야 할 것이다.

대법원은 대법원 1994년 6월 28일 선고 94도759 판결, 대법원 2003년 2월 14일 선고 2001도3797 판결 등에서 판시한 바와 같이, "조세범처벌법 제9조 제1항에서 말하는 '사기 기타 부정한 행위'라 함은 조세의 부과와 징수를 불가능하게 하거나 현저히 곤란하게 하는 위계 기타 부정한 적극적인 행위를 말하고, 다른 어떤 행위를 수반함이 없이 단순히 세법상의 신고를 하지 아니하거나 허위의 신고를 함에 그치는 것은 여기에 해당하지 아니한다"는 견해를 표명하여 왔는바, 이러한 판시가 조세포탈죄의 보호법익이 조세채권의 확정만으로 한정된다는 것을 전제로 한 것이 아님은 그 판문상 명백할 뿐 아니라, 조세의 징수의 불가능 등은 따로 문제가 되지 않은 사안에서의 판시이었으므로 앞에서의 설시가 종래 대법원이 표명하여 온 견해와 모순·저촉되거나 배치되는 것은 아니다.

(2) 원심판결 이유에 의하면, 피고인들은 허위의 수출계약서를 작성하여 외화획득용 원료구매승인서를 발급받아 영세율로 금괴를 구입하고서도 이를 가공·수출하지 않은 채 구입 즉시 구입단가보다 낮은 가격에 국내 업체에 과세금으로 전량 판매하면서 공급가액에 대한 부가가치세를 가산한 금원을 수령하는 방식으로, 단 3개월간만 금괴의 구입 및 판매 영업을 한 다음 곧 폐업신고를 하였고, 금괴의 판매대금이 판매법인 계좌로 입금될 때마다 곧바로 이를 전액 인출하여 법인 명의의 재산을 거의 남겨두지 않았던 사실, 위 거래 중 일부 거래에 관해서는 그에 따른 세금계산서를 발행·교부하고 과세표준 및 세

액신고서를 제출하였지만, 결국은 피고인들의 당초 의도대로 1999년도 제1기분 부가가치세 6,327,069,254원, 제2기분 부가가치세 531,223,900원을 그 납기에 납부하지 아니한 사실을 알 수 있다.

위와 같은 거래방식은 처음부터 정당한 세액의 납부를 전제로 하면 손해를 볼 수밖에 없는 구조로서, 결국은 거래상대방으로부터 거래징수하는 한편 과세관청에 대해서는 책임재산의 의도적인 산일과 그에 이은 폐업신고에 의하여 그 지급을 면하는 부가가치세 상당액이 위 거래에서 상정할 수 있는 유일한 이윤의 원천이자 거래의 동기이었음을 알 수 있으며, 또한 사정이 이와 같다면 일부 거래에 관해서는 그에 따른 세금계산서를 발행·교부하고 과세표준 및 세액신고서를 제출함으로써 조세의 확정이 정상적으로 이루어졌다 하더라도, 이는 최종적으로는 피고인들로부터 금괴를 구입한 과세사업자가 과세관청으로부터 자신들이 피고인들에게 거래징수당한 부가가치세를 매입세액으로 공제받거나 환급받는 것을 가능하게 해 줌으로써 오히려 현실적인 조세수입의 감소나 국고손실을 초래한다는 의미밖에는 없는 것이어서, 이를 전체적·종합적으로 고찰할 때 피고인들은 처음부터 부가가치세의 징수를 불가능하게 하거나 현저히 곤란하게 할 의도로 거래상대방으로부터 징수한 부가가치세액 상당 전부를 유보하지 아니한 채 사기, 기타 부정한 행위를 하는 일련의 과정에서 형식적으로만 부가가치세를 신고한 것에 지나지 아니하여 그 실질에 있어서는 부가가치세를 신고하지 아니한 것과 아무런 다를 바가 없고, 그에 따라 국가가 그 부가가치세를 징수하지 못한 이상 피고인들의 행위는 앞에서 본 법리에 따라 조세포탈죄에 해당하는 것으로 보아야 할 것이다.

그러므로 원심이, 피고인들의 일련의 행위가 조세범처벌법 제9조 제1항에서 말하는 '사기 기타 부정한 행위', 즉 조세의 부과와 징수를 불가능하게 하거나 현저히 곤란하게 하는 위계, 기타 부정한 적극적인 행위에 해당한다고 보아 이 사건 주위적 공소사실에 대하여 유죄를 선고한 것은 정당하고, 거기에 상고이유의 주장과 같은 조세범처벌법상 조세포탈죄의 구성요건에 관한 법리오해 등의 위법이 있다고 할 수 없다.

나. 상상적 경합 및 면소판결에 관한 법리오해의 주장에 대하여

대외무역법 위반죄는 대외무역의 진흥을 통한 국제수지의 균형과 통상 확대를 보호법익으로 하고 있음에 반하여 이 사건 조세범처벌법 위반죄는 조세의 적정한 징수·부과를 통한 국가 조세수입의 확보를 보호법익으로 하고 있고, 위 대외무역법 위반죄는 법률이 예정하고 있는 외화획득행위를 하지 않음으로써 처벌되는 것임에 반하여 이 사건 조세범처벌법 위반죄는 조세의 부과 및 징수를 불가능하게 하거나 현저히 곤란하게 하는 위계,

기타 부정한 적극적인 행위를 처벌대상으로 삼는 것이므로, 양자는 그 직접적인 보호법익, 위반행위의 내용 및 태양, 가벌성의 근거 및 정도 등을 달리하는 별개의 행위로 인한 범죄라고 볼 것이다.

피고인 1이 허위의 수출신고서를 작성하여 외화획득용 원료구매승인서를 발급받고 그 수입에 대응하는 외화획득을 하지 아니하였다는 대외무역법 위반의 범죄사실에 관하여 이미 판결이 확정된 바 있으나, 위 각 법률에서 정하고 있는 구성요건을 충족하는 행위 전체를 놓고 평가하여 볼 때, 위 대외무역법 위반행위와 이 사건 조세포탈 범행 상호 간에는 그 기본적 사실관계가 동일한 것으로 평가할 수 없다고 할 것이다.

원심이 같은 취지에서 이 사건 공소사실이 위 확정 판결의 공소사실과 기본적 사실관계에 있어 동일하므로 면소의 선고를 하여야 한다는 피고인1의 주장을 배척한 것은 정당하고, 거기에 상고이유의 주장과 같은 상상적 경합 및 면소판결에 관한 법리오해의 위법이 있다고 할 수 없다.

[2] 직권으로 본다.

특정범죄 가중처벌 등에 관한 법률 제8조 제1항에서 말하는 '연간 포탈세액 등'은 각 세목의 과세기간 등에 관계없이 각 연도별(1월 1일부터 12월 31일까지)로 포탈한 또는 부정 환급받은 모든 세액을 합산한 금액을 의미한다(대법원 2000.4.20. 선고 99도3822 전원합의체 판결 및 대법원 2002.7.23. 선고 2000도746 판결 등 참조).

한편, 조세범처벌법 제9조의 3은 같은 법 제9조에 규정하는 포탈범칙행위의 기수시기는 납세의무자의 신고에 의하여 부과징수하는 조세에 있어서는 당해 세목의 과세표준에 대한 정부의 결정 또는 조사결정을 한 후 그 납부기한이 경과한 때, 이에 해당하지 아니하는 조세에 있어서는 그 신고납부기한이 경과한 때로 규정하고 있으므로, 부가가치세 포탈의 범칙행위는 부가가치세법 제3조 및 제19조의 각 규정에 의하여 각 과세기간별로 그 과세기간 종료 후 25일의 신고납부기한이 경과함으로써 기수에 이른다고 할 것이고, 과세기간은 통상의 경우 제1기분은 1월 1일부터 6월 30일까지, 제2기분은 7월 1일부터 12월 31일까지이나(같은 법 제3조 제1항), 사업자가 폐업한 경우에는 폐업일이 속하는 과세기간의 개시일로부터 폐업일까지(같은 법 제3조 제3항)로 정해져 있으므로, 사업자가 폐업한 경우 부가가치세 포탈의 범칙행위는 폐업일로부터 25일의 신고납부기한이 경과함으로써 기수에 이른다고 할 것이다.

원심판결 이유에 의하면, 원심은 피고인들의 위 제1기분과 제2기분 부가가치세의 포탈행위를 각각 특정범죄 가중처벌 등에 관한 법률 제8조 제1항 제1호, 제2항, 조세범처벌법

제9조 제1항 제3호, 형법 제30조로 의율한 다음, 위 각 행위를 형법 제37조 전단의 경합범으로 의율하였으나, 원심이 인정한 바에 의하더라도 피고인1이 대표이사로, 피고인2가 과장으로 각 근무하던 공소외 주식회사는 1999년 10월 25일 폐업하였다는 것이니, 1999년도분 부가가치세 중 제1기분 부가가치세 포탈의 범행은 그 신고납부기한인 1999년 7월 25일이 경과함으로써, 제2기분 부가가치세 포탈의 범행은 폐업에 따른 신고납부기한인 1999년 11월 19일이 경과함으로써 각 기수에 이른 것으로 보아야 할 것이고, 위 제1기분 부가가치세 포탈과 제2기분 부가가치세 포탈은 그 연도를 같이하므로 전부를 포괄하여 하나의 특정범죄 가중처벌 등에 관한 법률 제8조 제1항 위반죄로 의율하였어야 할 것이다.

그럼에도 불구하고, 원심은 위 각 행위가 실체적 경합범 관계에 있다고 보아 이에 경합범 가중을 하여 처단형을 정하고 말았으니, 원심판결에는 죄수에 관한 법리를 오해함으로써 법령의 적용을 그르친 위법이 있다고 할 것이고, 이러한 위법은 판결 결과에 영향을 미쳤음이 분명하다(대법원 2003.12.26. 선고 2003도6288 판결 등 참조).

[3] 그러므로 원심판결을 파기하고, 사건을 다시 심리·판단하게 하기 위하여 원심법원에 환송하기로 하여 주문과 같이 판결한다. 이 판결에는 조세범처벌법 제9조 제1항의 법리와 관련하여 대법관 김영란, 대법관 박시환, 대법관 김지형, 대법관 박일환, 대법관 전수안의 별개의견이 있는 외에는 관여 법관들의 의견이 일치되었다.

[4] 대법관 김영란, 대법관 박시환, 대법관 김지형, 대법관 박일환, 대법관 전수안의 별개의견은 다음과 같다.

다수의견의 요지는, 조세범처벌법 제9조 제1항이 규정하는 조세포탈죄는 사기, 기타 부정한 행위로써 조세의 확정을 불가능하게 하거나 현저히 곤란하게 한 경우에 성립함은 물론이고, 나아가 비록 과세표준과 세액을 제대로 신고하는 등으로 조세의 확정에는 아무런 지장을 초래하지 않더라도 조세범처벌법 제9조의 3이 정하는 조세포탈죄의 기수시기에 조세의 징수를 불가능하게 하거나 현저히 곤란하게 하고 그것이 조세의 포탈을 목적으로 하는 사기 기타 부정한 행위의 결과인 경우에도 조세포탈죄가 성립하는 것으로 보아야 하고, 따라서 납세의무자가 처음부터 조세의 징수를 회피할 목적으로 사기, 기타 부정한 행위로써 그 재산의 전부 또는 대부분을 은닉 또는 탈루시킨 다음 정상적으로 과세표준을 신고하였으나, 그러한 신고가 조세의 징수를 불가능하게 하거나 현저히 곤란하게 할 의도로 사기, 기타 부정한 행위를 하는 일련의 과정에서 형식적으로 이루어진 것이어서 실질에 있어서는 과세표준을 신고하지 아니한 것과 다를 바 없는 것으로 평가될 수 있는 등의 요건을 갖춘 경우에는 조세포탈죄의 성립을 인정하여야 한다는 것이다.

그러나 위와 같은 다수의견에는 다음과 같은 이유에서 찬성할 수 없다.

첫째, 다수의견에 따르게 되면 결국 납세의무자로부터 조세채무의 정당한 신고가 있었는지를 불문하고 조세의 징수만을 불가능 또는 곤란하게 한 행위가 있는 경우에도 조세포탈죄가 성립한다는 결론에 이르게 되는데, 이럴 경우 종래 신고·납세방식의 조세에 있어서 조세포탈범의 구성요건은 '사전소득은닉행위 + 무신고 또는 과소신고행위'로 이루어지고 '무납부 또는 과소납부행위'는 '무신고 또는 과소신고행위'에 당연히 수반된 결과에 지나지 않는 것으로 보았으나, 앞으로는 그 구성요건에 '책임재산 은닉행위 + 무납부 또는 과소납부행위'를 포함시켜 파악할 것이고, 따라서 납세의무자로부터 조세채무의 정당한 신고가 있었는지는 법률상 별다른 의미를 가지지 못하고 오로지 징수권의 침해가 있었는지에 따라 구성요건 해당성이 판가름 나게 되어 신고·납세방식의 조세의 본질에 반하는 결과가 초래될 것이다.

둘째, 대법원이 그동안 조세포탈범의 중요한 구성요건 요소인 '사기, 기타 부정한 행위'가 되는 '사전소득은닉행위'를 과세대상이 되는 당해 소득(과세표준) 자체를 은닉하는 행위라고 보아 왔음에 반하여, 다수의견은 '사기, 기타 부정한 행위'가 있었는지를 종전의 과세표준은닉행위라는 관점에서가 아니라 납세의무자의 책임재산 일반을 감소시키는 부정한 행위로 보고 있는데, 이렇게 되면 조세포탈범의 구성요건 요소인 '사기, 기타 부정한 행위'의 범위가 지나치게 넓어져 그 행위의 정형성이 무너지게 될 것이고 종국에는 죄형법정주의의 원칙이 흔들리게 될 것이 아닌지 우려된다.

셋째, 다수의견은 조세범처벌법 제9조의 3이 정하는 조세포탈죄의 기수시기에 조세의 징수를 불가능하게 하거나 현저히 곤란하게 하는 결과를 발생시킨 경우 조세포탈죄가 성립한다는 것인데, 다수의견과 같이 사기, 기타 부정한 행위로써 납세의무자의 책임재산을 은닉·탈루시키는 행위가 있으면 조세채무의 신고 여부와는 상관없이 조세포탈죄가 성립하는 것이라면, 납세의무자가 책임재산을 은닉·탈루하여 조세의 징수를 불가능 또는 현저히 곤란하게 한 때 바로 범죄의 기수시기가 도래한 것으로 보아야 하므로, 신고납부기한이라는 기수시기를 따로 두고 있는 이유를 합리적으로 설명할 수 없다. 또 신고납부기한 전에 책임재산을 은닉·처분하기 위한 여러 가지 준비행위를 하였지만 실제 재산의 은닉·탈루는 신고납부기한이 경과한 이후에 이루어진 경우 조세포탈죄의 성립을 인정할 것인지가 문제 되고, 이 경우에도 조세포탈죄가 성립하고 조세범처벌법 제9조의 3이 정하는 바에 따라 신고납부기한이 경과한 때가 기수시기가 된다고 하면 그 당시에는 납세의무자의 책임재산에 아무런 감소가 없었음에도 조세포탈죄의 성립을 인정하는 결과가 되어 부당하다.

넷째, 다수의견은 납세의무자가 정상적으로 과세표준을 신고하였더라도 그러한 신고가 조세의 징수를 불가능하게 하거나 현저히 곤란하게 할 의도로 형식적으로 이루어진 것이어서 실질에 있어서는 과세표준을 신고하지 아니한 것과 다를 바 없는 것으로 평가될 수 있는 경우에는 조세포탈죄가 성립하는 것으로 보아야 한다는 것인데, 과연 어떠한 경우가 납세의무자의 과세표준 및 세액의 신고가 형식적인 것에 불과하여 실질적으로는 과세표준을 신고하지 아니한 것과 동일한 것으로 평가될 수 있는 경우인지 알기 어렵다.

이 사건을 보더라도 과세관청은 납세의무자(법인)의 부가가치세 신고에 의하여 그 신고내용대로 부가가치세 납세의무(조세채무)가 정상적으로 확정되었음을 전제로 하여 피고인들로부터 금지금을 공급받은 자에게 매입세액을 공제 또는 환급하여 주었을 뿐만 아니라, 법인의 제2차 납세의무자에게 피고인들이 신고한 내용대로 확정된 부가가치세를 부과·징수하는 절차에 나아간 것으로 보이는데, 그렇다면 과세관청 스스로도 피고인들의 이 사건 부가가치세 과세표준 및 세액의 신고가 형식적인 신고가 아니라 정상적인 신고에 해당하는 것으로 인정하고, 그 신고내용대로 구체적인 조세채무가 확정된 것으로 보고 있는 마당에 왜 형사절차에 있어서는 피고인들의 이 사건 부가가치세 신고를 실질적으로 신고하지 아니한 것과 동일한 것으로 평가하여야 하는지 의문이다.

다섯째, 다수의견에 따른다면 상속세나 증여세와 같은 부과과세방식의 조세에 있어서도, 조세채무의 정상적인 확정 여부와는 상관없이 조세의 징수를 불가능하게 하는 적극적인 부정행위와 징수불능이라는 결과가 발생하면 조세포탈범이 성립할 수 있는 것으로 해석할 여지를 남기게 되는데, 이렇게 된다면 종전에는 납세의무자가 상속재산의 은닉·처분 등으로 적극적인 기망행위를 하였으나 과세관청이 이에 속지 않고 은닉된 상속재산을 모두 파악하여 정당한 상속세액을 부과한 경우에는 조세포탈범이 성립하지 않는 것으로 해석하였던 데에 반하여, 앞으로는 과세관청이 납세의무자의 기망행위에 속지 않고 정당한 상속세액을 부과한 경우라고 하더라도 납세의무자가 부과된 상속세액을 납부하지 아니한 경우에는 조세포탈범이 성립하는 것으로 해석될 여지도 있어 조세포탈범의 구성요건적 행위를 종전보다 확장하게 되는 결과가 될 수 있다.

여섯째, 우리 세법은 납세의무자가 납부하여야 할 조세채무가 정당하게 확정되기만 하면 그 후 정당하게 확정된 세액을 징수하는 문제는 조세채무의 확정과는 다른 차원에서 별도로 규정하고 있다. 즉 국세기본법은 과점주주 등에 대하여 제2차 납세의무를 부담하게 하거나 공동사업자 등에 대하여 연대납세의무를 부담하게 하는 등의 방법으로 그 납세의무자의 범위를 확장하고 있을 뿐만 아니라 그 집행절차에 있어서도 조세채권에 대해서는 일반채권에 우월하는 우선변제적 효력을 부여하고 있고, 나아가 국세징수법은 세무공무원에게 질문·검사권과 수색권을 부여하는 외에 그 체납절차에 있어서도 여러 측면에서 일반 채권자에 우선하는 우월적 지위를 부여하고 있다.

이와 같이 과세관청은 납세의무자로부터 징수하여야 할 정당한 조세채권이 얼마인지 구체적으로 확정되기만 하면 그 후 세액의 징수는 위와 같은 우월적인 지위를 부여한 세법상의 규정에 따라 징수할 수 있고, 이 사건의 경우에도 피고인들은 자신들이 납부하여야 할 부가가치세 과세표준과 세액을 정상적으로 모두 신고하였고 과세관청에서도 그러한 신고내용에 따라 조세채권이 정당하게 확정되었음을 전제로 하여, 과점주주에 대한 제2차 납세의무통지 등 확정된 정당세액을 징수하는 절차에 들어간 것으로 보인다. 사정이 이러하다면, 조세범처벌법 제9조 제1항 소정의 조세포탈죄는 정당한 조세채권의 확정을 방해하거나 지장을 초래하는 행위를 처벌하는 규정으로 이해하여야 하고, 다수의견에서와 같이 정당한 조세채권의 확정에는 아무런 지장을 초래하지 아니하더라도 조세의 징수를 불가능하게 하거나 현저히 곤란하게 되는 결과가 발생한 경우까지 처벌하는 규정으로 볼 수는 없다.

이러한 점은 조세범처벌법이 제9조 제1항 소정의 조세포탈죄와는 별도로 그 제12조에서 체납자 또는 체납자의 재산을 점유하는 자가 조세를 면탈할 또는 면탈케 할 목적으로 그 재산을 장닉·탈루하거나 또는 허위의 계약을 하였을 때에는 체납처분면탈죄로 처벌하는 규정을 별도로 마련하여 '포탈'과는 구별되는 용어로 '면탈'이라는 용어를 사용하고 있는 점에 비추어 보더라도 분명하다.

이러한 이유에서 보면, 부가가치세와 같은 신고·납세방식의 조세에 있어서는 납세의무자의 과세표준 및 세액의 신고에 의하여 그 조세채무가 구체적으로 확정되므로, 그 과세표준 및 세액을 신고할 때에 세법이 정하는 바에 따라 과세대상이 되는 공급가액 또는 거래내역 등을 실질 그대로 신고함으로써 정당한 세액의 조세채권이 확정되는 데에 어떠한 방해나 지장도 초래하지 않았다면 설사 납세의무자가 과세표준의 신고 이전에 조세를 체납할 의도로 사전에 재산을 은닉·처분하는 등의 행위를 하였다고 하더라도 '사기, 기타 부정한 행위'에 의하여 조세포탈의 결과가 발생한 것으로 볼 수는 없을 것임에도, 이와 다른 견해에 서서 이 사건 주위적 공소사실에 대하여 조세포탈죄의 성립을 인정한 원심판결에는 조세포탈죄의 구성요건에 관한 법리를 오해한 나머지 판결 결과에 영향을 미친 위법이 있다.

따라서 이를 지적하는 상고이유의 주장은 이유 있고, 원심판결은 이 점에서도 파기되어야 할 것이다.

2. 간접적 탈세범

법에 의한 인·허가, 면허를 받지 아니하고 그 행위를 하는 것을 구성요건으로 하는 범죄이다. 이러한 구성요건은 외형상으로는 행정법상의 금지규정을 위반한 행위를 대상으로 하고 있으나 결과적으로 납세의무의 불이행과 연계되므로 실질적으로 탈세범과 다르지 않다. 따라서 조세질서범과 구별하여 탈세범에 준하여 처벌하도록 하고 있다. 즉 인·허가를 받지 아니한 행위 자체로는 당장 조세면탈이라는 결과가 생기지 않지만 종국에는 조세면탈에 이를 것이 거의 당연하기 때문에 이러한 행위를 간접적 탈세범이라 하여 처벌의 대상으로 한 것이다.

1) 면세유의 부정 유통

조세특례제한법 제106조의 2 제1항 제1호에 따른 석유류를 같은 호에서 정한 용도 외의 다른 용도로 사용·판매하여 조세를 포탈하거나 조세의 환급·공제를 받은 석유판매업자(같은 조 제2항에 따른 석유판매업자)는 3년 이하의 징역 또는 포탈세액 등의 5배 이하의 벌금에 처한다(조세범처벌법 제4조 제1항).

위 면세유를 공급받은 자로부터 취득하여 판매하는 자에게는 판매가액의 3배 이하의 과태료를 부과한다(동 조 제2항).

개별소비세법 제18조 제1항 제11호 및 교통·에너지·환경세법 제15조 제1항 제3호에 따른 외국항행선박 또는 원양어업선박에 사용할 목적으로 개별소비세 및 교통·에너지·환경세를 면제받는 석유류를 외국항행선박 또는 원양어업선박 외의 용도로 반출하여 조세를 포탈하거나, 외국항행선박 또는 원양어업선박 외의 용도로 사용된 석유류에 대하여 외국항행선박 또는 원양어업선박에 사용한 것으로 환급·공제받은 자는 3년 이하의 징역 또는 포탈세액 등의 5배 이하의 벌금에 처한다(동 조 제3항).

그리고 외국항행선박 또는 원양어업선박 외의 용도로 반출한 석유류를 판매하거나 그 사실을 알면서 취득한 자에게는 판매가액 또는 취득가액의 3배 이하의 과태료를 부과한다(동 조 제4항). 과태료는 관할 세무서장이 부과·징수한다(동 조 제5항).

2) 유사석유제품의 제조

석유 및 석유대체연료 사업법 제2조 제10호에 따른 유사석유제품을 제조하여 조세를 포탈한 자는 3년 이하의 징역 또는 포탈한 세액의 5배 이하의 벌금에 처한다(조세범처벌법 제5조).

3) 무면허 주류의 제조 및 판매

주세법에 따른 면허를 받지 아니하고 주류, 밑술·술덧을 제조(개인의 자가소비를 위한 제조는 제외한다)하거나 판매한 자는 3년 이하의 징역 또는 3천만 원(해당 주세 상당액의 3배 금액이 3천만 원을 초과할 때에는 그 주세 상당액의 3배의 금액) 이하의 벌금에 처한다. 이 경우 밑술과 술덧은 탁주로 본다(조세범처벌법 제6조).

3. 체납처분면탈범

1) 구성요건

납세의무자 또는 납세의무자의 재산을 점유하는 자가 체납처분의 집행을 면탈하거나 면탈하게 할 목적으로 그 재산을 은닉, 탈루하거나 거짓 계약을 한 경우가 이에 해당한다(조세범처벌법 제7조 제1항). 또한 형사소송법 제130조 제1항에 따른 압수물건의 보관자 또는 국세징수법 제38조 단서에 따른 압류물건의 보관자가 그 보관한 물건을 은닉·탈루하거나 손괴 또는 소비하였을 때에도 이에 해당한다(동 조 제2항).

2) 처벌

위의 구성요건에 해당하는 행위에 대해서는 3년 이하의 징역 또는 3천만 원 이하의 벌금에 처한다. 또한 위 사정을 알고도 이러한 행위를 방조하거나 거짓 계약을 승낙한 자는 2년 이하의 징역 또는 2천만 원 이하의 벌금에 처한다(동 조 제3항).

4. 원천징수의무 불이행 · 불납부범

1) 구성요건

조세의 원천징수의무자가 정당한 사유 없이 그 세금을 징수하지 아니하거나 징수한 세금을 납부하지 아니하는 경우가 이에 해당된다(조세범처벌법 제13조).

정당한 사유에는 체납의 정당한 사유에 준하여 천재지변 등 자연적 재난과 화재, 도난 등 인위적 재난 기타 납부할 것을 기대하기 어려운 사정 등이 해당된다.

원천징수세액은 원천징수의 대상이 되는 소득금액 또는 수입금액을 지급하는 때 납세의무가 성립되고 확정된다. 하지만 납부기한이 지나야 비로소 탈세의 결과가 발생하여 처벌할 수 있을 것이다.

2) 처벌

세금을 징수하지 아니하였을 때에는 1천만 원 이하의 벌금에 처하고, 징수한 세금을 납부하지 아니하였을 때에는 2년 이하의 징역 또는 2천만 원 이하의 벌금에 처한다.

Ⅲ. 조세질서범의 유형과 처벌

1. 장부의 소각 · 파기범

조세를 포탈하기 위한 증거인멸의 목적으로 세법에서 비치하도록 하는 장부 또는 증빙서류(국세기본법 제85조의 3 제3항에 따른 전산조직을 이용하여 작성한 장부 또는 증빙서류를 포함한다)를 해당 국세의 법정신고기한이 지난 날부터 5년 이내에 소각 · 파기 또는 은닉한 자는 2년 이하의 징역 또는 2천만 원 이하의 벌금에 처한다(조세범처벌법 제8조).

2. 성실신고 방해범

납세의무자를 대리하여 세무신고를 하는 자가 조세의 부과 또는 징수를 면하게 하기 위하여 타인의 조세에 관하여 거짓으로 신고를 하였을 때에는 2년 이하의 징역 또는 2천만 원 이하의 벌금에 처한다(조세범처벌법 제9조 제1항).

납세의무자로 하여금 과세표준의 신고(신고의 수정을 포함한다)를 하지 아니하게 하거나 거짓으로 신고하게 한 자 또는 조세의 징수나 납부를 하지 않을 것을 선동하거나 교사한 자는 1년 이하의 징역 또는 1천만 원 이하의 벌금에 처한다(동 조 제2항).

3. 세금계산서관련범

1) 발급의무 등 위반범

(1) 구성요건

부가가치세법에 따라 세금계산서(전자세금계산서를 포함한다)를 작성하여 발급하여야 할 자와 매출처별세금계산서합계표를 정부에 제출하여야 할 자가 ① 세금계산서를 발급하지 아니하거나 거짓으로 기재하여 발급한 경우, ② 거짓으로 기재한 매출처별세금계산서합계표를 제출한 경우가 이에 해당한다(조세범처벌법 제10조 제1항).

(2) 처벌

1년 이하의 징역 또는 공급가액에 부가가치세의 세율을 적용하여 계산한 세액의 2배 이하에 상당하는 벌금에 처한다.

2) 수취의무 등 위반범

(1) 구성요건

부가가치세법에 따라 세금계산서를 발급받아야 할 자와 매입처별세금계산서합계표를 정부에 제출하여야 할 자가 통정하여 ① 세금계산서를 발급받지 아니하거나 거짓으로 기재한 세금계산서를 발급받은 경우, ② 거짓으로 기재한 매입처별세금계산서합계표를 제출한 경우가 이에 해당한다(조세범처벌법 제10조 제2항).

(2) 처벌

1년 이하의 징역 또는 매입금액에 부가가치세의 세율을 적용하여 계산한 세액의 2배 이하에 상당하는 벌금에 처한다.

3) 가공세금계산서 등의 수수범

(1) 구성요건

재화 또는 용역을 공급하지 아니하거나 공급받지 아니하고 다음의 어느 하나에 해당하는 행위를 하거나 이러한 행위를 알선하거나 중개한 자가 이에 해당한다(조세범처벌법 제10조 제3항, 제4항).

① 부가가치세법에 따른 세금계산서를 발급하거나 발급받은 행위
② 소득세법 및 법인세법에 따른 계산서를 발급하거나 발급받은 행위
③ 부가가치세법에 따른 매출·매입처별계산서합계표를 거짓으로 기재하여 정부에 제출한 행위
④ 소득세법 및 법인세법에 따른 매출·매입처별계산서합계표를 거짓으로 기재하여 정부에 제출한 행위

(2) 처벌

3년 이하의 징역 또는 그 세금계산서 및 계산서에 기재된 공급가액이나 매출처별세금계산서합계표, 매입처별세금계산서합계표에 기재된 공급가액 또는 매출처별계산서합계표, 매입처별계산서합계표에 기재된 매출·매입금액에 부가가치세의 세율을 적용하여 계산한 세액의 3배 이하에 상당하는 벌금에 처한다.

이 경우 세무를 대리하는 세무사, 공인회계사 및 변호사가 위 구성요건 행위를 알선하거나 중개한 때에는 세무사법 제22조 제2항에도 불구하고 해당 형의 2분의 1을 가중한다.

이 죄를 범한 자에 대해서는 정상에 따라 징역형과 벌금형을 병과할 수 있다(동 조 제5항).

4. 명의대여행위범

조세의 회피 또는 강제집행의 면탈을 목적으로 타인의 성명을 사용하여 사업자등록을 한 자는 2년 이하의 징역 또는 2천만 원 이하의 벌금에 처한다(조세범처벌법 제11조 제1항).

조세의 회피 또는 강제집행의 면탈을 목적으로 자신의 성명을 사용하여 타인에게 사업자등록을 할 것을 허락한 자는 1년 이하의 징역 또는 1천만 원 이하의 벌금에 처한다(동조 제2항).

5. 납세증명표지의 불법사용범

1) 구성요건

다음의 행위를 구성요건으로 한다(조세범처벌법 제12조).
① 주세법 제44조에 따른 납세증명표지를 재사용하거나 정부의 승인을 받지 아니하고 이를 타인에게 양도한 자
② 납세증명표지를 위조하거나 변조한 자
③ 위조하거나 변조한 납세증명표지를 소지 또는 사용하거나 타인에게 교부한 자
④ 인지세법 제10조에 따라 소인된 인지를 재사용한 자

2) 처벌

이에 해당하는 행위자는 2년 이하의 징역 또는 2천만 원 이하의 벌금에 처한다.

6. 근로소득 원천징수영수증의 발급범

근로를 제공받지 아니하고 ① 근로소득 원천징수영수증을 거짓으로 기재하여 타인에게 발급하거나, ② 근로소득 지급명세서를 거짓으로 기재하여 세무서에 제출하는 행위를 하거나, 이러한 행위를 알선하거나 중개한 자는 2년 이하의 징역 또는 그 원천징수영수증 및 지급명세서에 기재된 총급여, 총지급액의 100분의 20 이하에 상당하는 벌금에 처한다(조세범처벌법 제14조).

7. 현금영수증 발급의무의 위반범

소득세법 제162조의 3 제4항, 법인세법 제117조의 2 제4항에 따른 의무를 위반한 자에 대해서는 현금영수증을 발급하지 아니한 거래대금의 100분의 50에 상당하는 과태료를 부과한다. 다만, 해당 거래가 국민건강보험법에 따른 보험급여의 대상인 경우에는 그러하지 아니한다(조세범처벌법 제15조 제1항).

8. 금품 수수 및 공여범

국세기본법 제2조 제17호에 따른 세무공무원이 그 직무와 관련하여 금품을 수수하였을 때에는 국가공무원법 제82조에 따른 징계절차에서 그 금품 수수액의 5배 내의 징계부가금 부과 의결을 징계위원회에 요구하여야 한다(조세범처벌법 제16조 제1항).

징계대상 세무공무원이 징계부가금 부과 의결 전후에 금품 수수를 이유로 다른 법률에 따라 형사처벌을 받거나 변상책임 등을 이행한 경우(몰수나 추징을 당한 경우를 포함한다)에는 징계위원회에 감경된 징계부가금 부과 의결 또는 징계부가금 감면을 요구하여야 한다(동 조 제2항).

징계부가금 부과 의결 요구에 관해서는 국가공무원법 제78조 제4항을 준용한다(동 조 제3항). 징계부가금 부과처분을 받은 자가 납부기간 내에 그 부가금을 납부하지 아니한 때에는 징계권자는 국세체납처분의 예에 따라 징수할 수 있다(동 조 제4항). 관할 세무서장은 세무공무원에게 금품을 공여한 자에 대해서는 그 금품 상당액의 2배 이상 5배 내의 과태료를 부과한다. 다만, 형법 등 다른 법률에 따라 형사처벌을 받은 경우에는 과태료를 부과하지 아니하고, 과태료를 부과한 후 형사처벌을 받은 경우에는 과태료 부과를 취소한다(동 조 제5항).

9. 명령사항위반 등에 대한 과태료 부과

관할 세무서장은 다음의 어느 하나에 해당하는 자에게는 500만 원 이하의 과태료를 부과한다(조세범처벌법 제17조).

이러한 행위들은 직접적으로 조세징수권을 침해하거나 세수를 감손시키는 탈세행위는 아니지만, 그 위반행위로 인하여 조세징수권의 침해나 세수의 감손 등을 야기할 우려가 있기 때문에, 이를 방지하기 위하여 처벌대상으로 규정한 것이다.

(1) 다음에 해당하는 명령사항을 위반한 자
① 개별소비세법 제25조 및 교통 · 에너지 · 환경세법 제21조에 따른 납세보전을 위한 명령
② 부가가치세법 제35조 제2항에 따른 납세보전 또는 조사를 위한 명령
③ 소득세법 제162조의 2 제5항 또는 법인세법 제117조 제5항에 따른 신용카드가맹점에 대한 명령
④ 소득세법 제162조의 3 제7항 또는 법인세법 제117조의 2 제7항에 따른 현금영수증가맹점에 대한 명령
⑤ 주세법 제40조에 따른 주세보전명령
⑥ 주세법 제44조에 따른 납세증명표지에 관한 명령
(2) 주세법을 위반하여 검정을 받지 아니한 기계 또는 용기를 사용한 자
(3) 주세법에 따른 납세증명표지가 붙어 있지 아니한 주류, 정부의 면허 없이 제조한 주류 또는 면세한 주류를 판매의 목적으로 소지하거나 판매한 자
(4) 인지를 붙일 때 인지세법 제10조에 따라 소인하지 아니한 자
(5) 소득세법 · 법인세법 등 세법의 질문 · 조사권 규정에 따른 세무공무원의 질문에 대하여 거짓으로 진술을 하거나 그 직무집행을 거부 또는 기피한 자

제3장 조세범의 처벌절차

제1절 개설

조세범칙행위도 형벌의 대상이므로 적법절차의 보장을 위하여 궁극적으로 검사의 공소제기와 법원의 재판절차 등의 형사절차를 거치게 된다. 그러나 조세범칙행위에 대해서는 조세채권·채무관계의 전문성 및 기술적 특성과 사건의 신속한 처리를 감안하여 전문적인 조사와 간편한 과벌방법이 인정되고 있다.

조세범의 처벌절차에 대해서는 조세범처벌절차법이라는 별도의 법률에서 이를 규정하고 있으며, 이에 따르면 조세범처벌절차는 조세행정관청에 의한 조사로 부터 통고처분 및 고발에 이르는 절차로 구성되고 있다.

조세범처벌절차법은 조세범처벌법에 대한 절차법으로서 내국세의 범칙사건에 관한 처벌절차를 대상으로 하고 있으며, 지방세에 관한 범칙사건의 조사처리절차에서도 준용되고 있다(지방세기본법 제134조).

제2절 범칙사건의 조사

Ⅰ. 범칙사건 조사의 의의

조세범의 혐의에 대한 구체적 단서가 있는 경우 이를 범칙사건이라 하는데 범칙사건을 규명하기 위하여 행하는 조사를 범칙조사라 한다.

　범칙사건의 조사는 조세범칙행위의 존재 여부를 확정하기 위한 절차로서 형사절차로 이행되기 위한 사전단계로서의 의미를 지니고 있다. 따라서 조사절차는 실체적 진실의 확보와 적법절차가 보장될 필요가 있다.

Ⅱ. 조사방법

1. 임의조사

　임의조사는 범칙혐의자 등의 임의적 동의하에 범칙사실을 조사하는 것을 말하며, 개별적 방법으로는 심문·검사·영치가 있다. 심문은 범칙혐의자의 임의적인 진술을 통하여 증거를 확보하는 것이다. 검사는 물건·장부·서류 등을 당사자의 임의제출의 형식으로 조사함으로써 물적인 증거를 확보하는 방법이며, 영치 또한 임의제출하에 대상 물건을 점유하는 방법으로 물적 증거를 확보하는 것을 말한다.

2. 강제조사

　강제조사는 범칙혐의자의 의사에 반하여 강제적으로 물건을 대상으로 하여 조사하는 방법을 말한다. 개별적 방법으로는 압수와 수색의 방법이 인정되고 있으나, 구속이나 체포와 같은 인신구속행위는 허용되지 않는다.

　압수는 물적 증거확보를 위하여 범칙행위와 관련되는 물건을 소유하거나 점유자의 의사와 무관하게 강제적으로 점유를 취득하는 방법을 말한다. 수색은 범칙행위와 관련되는 물건발견을 목적으로 타인의 신체·물건·주거, 기타의 장소에 대하여 행하는 강제조사 방법을 말한다.

Ⅲ. 조사절차

　범칙사건의 조사는 실질적으로는 수사절차로 볼 수 있고 이는 형사처벌 등의 준비단계이므로 엄격한 법적 절차에 의한다.

1. 조사의 주체

범칙사건의 조사는 세무공무원이 행한다. 여기서의 세무공무원은 세무에 종사하는 공무원으로서, 일반직공무원 중 지방국세청과 세무서에 있는 소속지방국세청장의 제청에 의하여 그 근무지를 관할하는 지방검찰청 검사장의 지명을 받은 자, 국세청에 있어서는 국세청장의 제청에 의하여 검찰총장의 지명을 받은 자를 말한다.

그러나 임시직 공무원 및 기한부 공무원이나 조건부 채용기간 중의 공무원은 제외한다.

범칙사건의 조사기관은 국세청장, 범칙사건 발견지 관할 지방국세청장 또는 세무서장이다. 이들 기관은 필요한 때에는 다른 국가기관에 대하여 협조를 요구할 수 있으며, 이때에 협조의 요구를 받은 자는 이에 응하여야 한다(조세범처벌절차법 제7조의 2).

2. 조사절차

1) 영장주의 원칙

강제조사인 압수나 수색을 하기 위해서는 법원이 발부한 사전영장을 필요로 한다(조세범처벌절차법 제3조). 그러나 범칙행위가 진행 중이거나 범칙혐의자가 도피 또는 증거인멸의 우려가 있어 긴급을 요하는 경우에는 사후에 영장발부를 청구할 수 있다. 이때의 압수·수색 영장발부에 관한 구체적인 절차는 형사소송법상의 압수·수색 영장발부에 관한 규정이 준용된다(동법 제4조).

2) 서명날인의 절차

세무공무원이 심문·압수·수색 또는 영치를 한 때에는 그 전말을 기재하여 입회인 또는 심문을 받은 자에게 확인을 시킨 후 그와 함께 서명날인하여야 한다. 이때에 입회인 또는 심문을 받은 자가 서명날인을 하지 아니하거나 할 수 없을 때에는 그 사유를 부기하여야 한다(조세범처벌절차법 제5조).

3) 보고의 절차

세무공무원이 범칙사건의 조사를 완료한 때에는 국세청장·지방국세청장 또는 세무서장에게 보고하여야 한다(조세범처벌절차법 제8조). 이러한 보고에 기하여 범칙행위 존재의 심증을 얻은 때에는 담당 조사관청은 통고처분을 행하게 된다.

그러나 범칙사건을 조사하여 범칙행위의 심증을 얻지 못한 때에는 국세청장·지방국세청장 또는 세무서장은 그 뜻을 범칙혐의자에게 통지하고, 물건을 압수하였을 때에는 그 해제를 명하여야 한다(동법 제14조).

제3절 통고처분과 고발

Ⅰ. 통고처분

1. 통고처분의 의의와 성질

통고처분이란 법원에 의하여 자유형 또는 재산형에 처하는 형사처벌제도에 갈음하여 행정관청이 범칙행위자에게 벌금 또는 과료에 상당한 금액을 납부할 것을 통고하고, 범칙자가 이를 이행한 경우에는 당해 위반행위에 대한 형사소추를 면하게 하는 것을 말한다(조세범처벌절차법 제9조, 관세법 제311조).

통고처분은 사법적 행위가 아니므로 범칙자는 통고처분에 반드시 구속되지 않는다. 범칙자가 통고처분을 불이행하게 되면 범칙자에게 정식 형사절차에 따른 재판이 보장된다. 이처럼 통고처분은 범칙혐의자가 불이행 할 때에는 큰 의미가 없으며 범칙혐의자가 임의로 이행할 때에만 효력을 가진다.

2. 통고처분제도의 존재이유

첫째, 조세범에 대한 효율적·기술적 처리를 도모하고 법원·검찰의 업무부담을 덜어 준다.

조세범은 범죄행위를 하는 자도 세법에 전문지식을 가진 자인 경우가 많으므로 이를 조사·처벌하는 기관도 조세법 및 회계관계의 전문지식이 필요하다. 이러한 전문지식을 가진 공무원으로 하여금 1차적으로 처리하게 하는 것이 기술적으로 합리적일 뿐만 아니라 사법기관의 가중한 업무의 부담을 덜어 주는 것이다.

둘째, 증거인멸과 재산도피 이전에 신속히 해결할 수 있고 국가 세수확보에 이바지한다. 정식 재판의 단계에 들어가지 않고 행정절차에 의하여 간이·신속하게 처리함으로써 범행으로 인한 법익침해를 신속히 회복하고 재발을 억제하는 등 제재의 취지를 효과적으로 달성할 수 있다.

셋째, 범죄자의 입장에서 볼 때 통고처분에 승복함으로써 당해 행위에 대한 법적 제재가 신속·간편하게 종결되고, 전과기록에서 제외되어 사회활동의 제약을 받지 않는다.

3. 통고처분의 요건과 절차

통고처분은 범칙행위가 벌금 또는 과료의 형에 해당되고 범칙행위자가 그 벌금 또는 과료에 상당하는 금액을 납부할 자력이 있다고 인정되는 때에만 할 수 있다.

통고권자는 국세청장·지방국세청장 또는 세무서장이 된다. 이들 행정기관은 소속 세무공무원이 범칙사건의 조사 종료 시에 제출한 결과보고 내용에 근거하여 통고처분을 결정하게 된다.

통고처분은 이유를 명시한 문서의 형식으로 하여야 한다(조세범처벌절차법 제9조, 제13조 참조).

4. 통고처분의 효력

1) 공소시효중단의 효력

통고처분이 있게 되면 당해 범칙행위의 공소시효는 중단된다(조세범처벌법 제10조). 이는 통고처분절차의 기간 동안 공소시효가 완성되는 것을 방지하기 위한 것이다.

2) 일사부재리의 효력

통고처분의 내용을 범칙행위자가 이행한 때에는 동일한 사건에 대하여 별도로 재차 형사처벌을 받지 아니한다(조세범처벌절차법 제11조 제1항).

3) 물품보관의무의 발생

통고처분의 내용이 몰수 또는 몰취에 해당하는 물품에 대한 납부의 신립인 때, 범칙행위자가 이를 이행하여 몰취에 해당하는 물품을 소지하는 경우에는 공매 기타 필요한 처분을 할 때까지 이를 보관할 의무가 발생한다(조세범처벌절차법 제11조 제2항).

5. 통고처분에 대한 불복

현행법은 범칙행위자가 통고처분에 대해 불복하고자 할 때 별도의 권리구제방법을 인정하고 있지 않다. 국세기본법에서도 통고처분은 불복의 대상이 되지 아니함을 규정하고 있다(국세기본법 제55조 제5항 2호). 따라서 통고처분에 대하여 불복할 당사자는 통고처분을 불이행하면 그뿐이다.

이와 같이 통고처분이 형사절차가 아닌 행정절차에 속하는 처분임에도 이에 대해서는 행정심판이나 행정소송의 대상에서 제외시키고 있어 위법·부당한 통고처분에 대하여 행정쟁송을 제기하여 다툴 수 없게 된다. 이것은 법관에 의한 재판을 받을 권리(헌법 제27조 제1항)를 침해하는 것이 아닌가 하는 문제가 제기된다.

이에 대하여 헌법재판소는 통고처분은 상대방의 임의의 승복을 효력 발생의 요건으로 하는 것이기 때문에 그 자체만으로는 통고의 이행을 강제하거나 권리의무를 형성하지 않는 것이어서 처분성이 없다고 보아 행정쟁송의 대상이 되지 않는다는 입장을 취한 바 있다.[378]

Ⅱ. 고발

1. 고발의 의의

조세범칙행위에 대해 통고처분을 통하여 그 목적달성이 어렵다고 인정되는 사유가 발

---

[378] 헌법재판소 1998.5.28. 선고 96헌바4 결정.

생하는 때에는 국세청장, 지방국세청장, 세무서장 또는 세무에 종사하는 공무원이 범행행 위자를 고발하게 된다.

국세청장 등의 조세행정관청은 형사소추기관이 아니므로 고발에 의해 형사소추기관에 서 담당하게 된다. 국세청장 등 조세행정관청은 형사처벌기관이 아니므로 고발을 함으로 써 정식수사기관에서 범칙수사를 담당하게 된다. 형사소추기관은 원칙적으로 조세행정관 청의 고발에 의해서만 공소제기를 할 수 있다(조세범처벌절차법 제6조). 즉 조세범처벌법 에 규정된 범칙행위에 대해서는 국세청장, 지방국세청장, 세무서장 또는 세무에 종사하는 공무원의 고발을 기다려 논하게 된다. 만일 범칙행위에 대하여 고발 없이 기소된다면 법 원은 공소기각 판결을 하여야 할 것이다.

그러나 고발은 공소제기의 요건에 불과하고 범죄의 성립요건이나 수사의 개시 요건은 아니므 로 고발이 있기 전에 조세범죄에 대한 수사를 하였더라도 반드시 위법하다고 말할 수 없다.

2. 고발의 요건

세무공무원이 범칙사건에 대한 조사를 종료하면 이를 국세청장, 지방국세청장 또는 세 무서장에게 보고하여야 한다. 그런데 ① 범칙혐의자의 거소가 분명하지 아니할 때, ② 범칙혐의자가 도주할 우려가 있을 때, ③ 증거인멸의 우려가 있을 때에는 보고 전이라도 즉시 고발할 수 있다(조세범처벌절차법 제8조).

그러나 국세청장, 지방국세청장 또는 세무서장은 다음과 같은 경우에는 반드시 고발의 절차를 밟아야 한다.

① 범칙자가 통고처분의 통고를 받은 날로부터 15일 이내에 이행하지 아니할 때(동법 제12조 제1항)
② 범칙자의 거소가 분명하지 아니하거나 범칙자가 서류의 수령을 거부함으로써 통고 할 수 없을 때(동법 제12조 제2항)
③ 범칙자가 통고대로 이행할 자력이 없다고 인정할 때(동법 제9조 제2항)
④ 범칙사건의 정상이 징역형에 처할 것으로 사료되는 때(동법 제9조 제3항)

3. 고발의 예외

범칙사건은 고발이 있어야 처벌함이 원칙이지만 예외적으로 중요한 의미를 갖는 범칙행위에 대해서는 고발 없이도 검사의 공소제기가 인정되고 있다(조세범처벌법 제6조 단서).

조세범처벌법 제12조의 2(납세증명 표지의 불법사용행위 등), 제15조(세무공무원의 직무상 범죄행위) 외에도 특정범죄가중처벌 등에 관한 법률 제16조의 경우(조세범처벌법 제9조의 탈세범으로서 포탈세액이 연간 2억 원 이상인 경우)가 이에 해당된다.

III. 통지 및 해제처분

세무서장 등이 범칙사건을 조사한 결과 범칙의 심증을 얻지 못한 경우 그 뜻을 범칙혐의자에게 통지하고, 물건을 압수하였을 때에는 그 해제를 명하여야 한다.

1. 통지처분

국세청장, 지방국세청장 또는 세무서장이 범칙사실을 조사하여 범칙의 심증을 얻지 못한 때에는 그 뜻을 범칙혐의자에게 통지하여야 한다(조세범처벌절차법 제14조). 통지처분은 범칙혐의자의 심리적 불안감을 제거해 주려는 데 목적이 있으나, 통고처분과 같이 기판력이 발생하는 것은 아니다.

따라서 통지처분을 하였더라도 후일에 새로운 증거가 발견되면 조사를 다시 할 수 있고 이에 의하여 범칙의 심증을 얻은 때에는 통고처분이나 고발처분을 할 수 있는 것이다.

2. 해제처분

국세청장, 지방국세청장 또는 세무서장이 범칙사건을 조사하여 범칙의 심증을 얻지 못한 때에는 그 뜻을 범칙혐의자에게 통지하고 물건을 압수하였을 때에는 그 해제를 명하여야 한다(조세범처벌절차법 제14조).

이는 필요한 조사를 종료하였으나 범칙사실을 인정할 수 없을 때에는 압수 또는 영치한 물건의 압류를 이유가 없기 때문이다.

제4절 포상금제도

Ⅰ. 의의

국세기본법은 조세범처벌법에 위반한 자의 포탈세액 또는 벌금액을 산정함에 있어서 중요한 자료를 제공한 자에게 법령이 정하는 바에 따라 일정액의 포상금을 지급할 수 있는 규정을 두고 있다.

Ⅱ. 지급요건

1. 포상금 수급자

1) 조세를 탈루한 자에 대한 탈루세액 또는 부당하게 환급·공제받은 세액을 산정하는 데 중요한 자료를 제공한 자(국세기본법 제84조의 2 제1항 1호)

여기서 '중요한 자료'란 다음에 해당하는 것을 말한다(동 조 제2항).
① 조세탈루 또는 부당하게 환급·공제받은 내용을 확인할 수 있는 거래처, 거래일 또는 거래기간, 거래품목, 거래수량 및 금액 등 구체적 사실이 기재된 자료 또는 장부(제1호)
자료제출 당시에 납세자의 부도·폐업 또는 파산 등으로 인하여 과세실익이 없다고 인정되는 것과 세무조사가 진행 중인 것은 제외한다.
② 위에 해당하는 자료의 소재를 확인할 수 있는 구체적인 정보(제2호)
③ 그 밖에 조세탈루 또는 부당하게 환급·공제받은 수법, 내용, 규모 등의 정황으로 보아 중요한 자료로 인정할 만한 자료로서 아래와 같은 것(제3호)
㉮ 조세탈루 또는 부당한 환급·공제와 관련된 회계부정 등에 관한 자료
㉯ 조세탈루와 관련된 토지 및 주택 등 부동산투기거래에 관한 자료
㉰ 조세탈루와 관련된 밀수, 마약 등 공공의 안전에 반하는 행위에 관한 자료

㉔ 그 밖에 조세탈루 또는 부당한 환급·공제의 수법·내용·규모 등 정황으로 보아 중요 자료로 보는 것이 타당하다고 인정되는 자료

2) 체납자의 은닉재산을 신고한 자(동 항 2호)

'은닉재산'이란 체납자가 은닉한 현금, 예금, 주식, 그 밖에 재산적 가치가 있는 유형·무형의 재산을 말한다. 다만, 다음에 해당하는 재산은 제외한다(국세기본법 제84조의 2 제3항).

① 국세징수법 제30조어 따른 사해행위취소소송의 대상이 되어 있는 재산
② 세무공무원이 은닉사실을 알고 조사 또는 체납처분 절차에 착수한 재산
③ 그 밖에 체납자의 은닉재산을 신고받을 필요가 없다고 인정되는 재산으로서 체납자 본인의 명의로 등기된 국내소재 부동산

3) 다음에 해당하는 경우로서 해당행위를 한 신용카드가맹점(여신전문금융업법에 따른 신용카드가맹점으로서 소득세법 제162조의 2 제1항 및 법인세법 제117조 제1항에 따라 가입한 신용카드가맹점)을 신고한 자(동 항 3호)

① 신용카드로 결제할 것을 요청하였으나 이를 거부하는 경우
② 신용카드매출전표(직불카드영수증과 선불카드영수증을 포함)를 사실과 다르게 발급하는 경우로서 신용카드에 의한 거래를 이유로 재화 또는 용역의 대가를 현금에 의한 거래(현금영수증을 발급받는 경우를 제외한다)보다 재화 또는 용역을 공급받은 자에게 불리하게 기재하여 신용카드매출전표를 발급하는 경우

다만, 신용카드(여신전문금융업법에 따른 직불카드와 선불카드 포함) 결제 대상 거래금액이 5천 원 미만인 경우는 제외한다.

4) 다음에 해당하는 경우로서 해당행위를 한 현금영수증가맹점(조세특례제한법 제126조의 3 제1항에 따른 현금영수증가맹점)을 신고한 자(동 항 4호)

① 현금영수증의 발급을 거부하는 경우로 현금영수증을 발급한 후 재화 또는 용역을 공급받은 자의 의사에 반하여 그 발급을 취소하는 경우에는 현금영수증 발급을 거

부한 것으로 본다(동법 시행령 제65조의 4 제9항).

② 현금영수증을 사실과 다르게 발급하는 경우로서 현금영수증의 발급을 이유로 재화 또는 용역의 대가를 다르게 기재하여 현금영수증을 발급하는 경우

다만, 조세특례제한법 제126조의 3 제4항에 따른 현금영수증 발급 대상 거래금액이 5천 원 미만인 경우는 제외한다.

5) 타인의 명의를 사용하여 사업을 경영하는 자를 신고한 자(동 항 5호)

6) 국제조세조정에 관한 법률 제34조에 따른 해외금융계좌 신고의무 위반행위를 적발하는 데 중요한 자료를 제공하는 자(동 항 6호)

여기서 '중요한 자료'란 해외금융계좌 정보를 제공함으로써 과태료 부과의 근거료 활용할 수 있는 자료를 말한다(동 조 제2항 2호).

다만, 국세기본법 제84조의 2 제1항 1호, 2호에 따라 포상금을 지급받은 자는 제외한다.

2. 첨부자료 및 신고

자료 제공 또는 신고는 성명 및 주소를 분명히 적고 서명 또는 날인한 문서로 하여야 한다. 이 경우 객관적으로 확인되는 증거자료 등을 첨부하여야 한다(국세기본법 제84조의 2 제4항).

신용카드가맹점 또는 현금영수증가맹점에 대한 신고는 행위가 있은 날부터 15일 이내에 관할세무서장, 관할지방국세청장 또는 국세청장에게 하여야 한다(동법 시행령 제65조의 4 제14항).

3. 자료제공 금지

포상금 지급과 관련된 업무를 담당하는 공무원은 신고자 또는 자료 제공자의 신원 등 신고 또는 제보와 관련된 사항을 그 목적 외의 용도로 사용하거나 타인에게 제공 또는 누설해서는 아니 된다(국세기본법 제84조의 2 제5항).

Ⅲ. 지급시기 및 금액

포상금은 탈루세액 등이 납부되고 불복제기기간 또는 제소기간이 경과되었거나 불복청구절차(행정소송 등에 의한 불복절차를 포함한다)가 종료되어 부과처분 등이 확정된 후에 지급하며, 은닉재산을 신고한 자에 대한 포상금은 재산은닉 체납자의 체납액에 해당하는 금액을 현금으로 징수한 후 지급한다(국세기본법시행령 제65조의 4 제13항).

1. 조세를 탈루한 자에 대한 중요한 자료를 제공한 자

탈루세액 또는 부당하게 환급·공제받은 세액(탈루세액, 다만, 조세범처벌법 제10조 제1항부터 제4항까지의 규정에 따른 조세범칙행위의 경우에는 공급가액에 부가가치세의 세율을 적용하여 계산한 세액의 100분의 15에 상당하는 금액)에 다음의 지급률을 곱하여 계산한 금액이다. 다만, 1억 원을 초과하는 부분은 지급하지 아니한다(국세기본법시행령 제65조의 4 제1항).

1) 조세범처벌법 제3조 제1항, 제4조 제1항·제3항, 제5조 및 제10조 제1항부터 제4항까지의 규정에 따른 조세범칙행위로 인한 탈루세액 등

탈루세액 등	지급률
1천만 원 이하	100분의 15
1천만 원 초과 5천만 원 이하	150만 원+1천만 원을 초과하는 금액의 100분의 10
5천만 원 초과	550만 원+5천만 원을 초과하는 금액의 100분의 5

2) 그 외 탈루세액 등

탈루세액 등	지급률
1억 원 이상 10억 원 이하	100분의 5
10억 원 초과 20억 원 이하	5천만 원+10억 원을 초과하는 금액의 100분의 3
20억 원 초과	8천만 원+20억 원을 초과하는 금액의 100분의 2

위 탈루세액 등에는 다음의 사유로 세액의 차이가 발생한 경우 그 차액을 포함하지 아니한다(동 조 제2항).

① 세무회계와 기업회계 간의 차이로 인하여 세액의 차이가 발생한 경우
② 상속세 및 증여세법에 따른 평가가액의 착오로 인하여 세액의 차이가 발생한 경우
③ 소득·거래 등에 대한 귀속연도의 착오로 인하여 세액의 차이가 발생한 경우

2. 체납자의 은닉재산을 신고한 자

은닉재산의 신고를 통하여 징수된 금액(징수금액)에 다음의 지급률을 곱하여 계산한 금액을 포상금으로 지급할 수 있다. 다만, 1억 원을 초과하는 부분은 지급하지 아니한다(국세기본법시행령 제65조의 4 제3항).

징수금액	지급률
2천만 원 이상 2억 원 이하	100분의 5
2억 원 초과 5억 원 이하	1천만 원 + 2억 원을 초과하는 금액의 100분의 3
5억 원 초과	1천 9백만 원 + 5억 원을 초과하는 금액의 100분의 2

3. 신용카드가맹점 또는 현금영수증가맹점을 신고한 자

신용카드·현금영수증의 결제·발급을 거부하거나 사실과 다르게 발급한 금액(사실과 다르게 발급한 경우 발급하여야 할 금액과의 차액을 말한다. 이를 거부금액이라 한다)에 따라 다음의 금액을 포상금으로 지급할 수 있다. 다만, 포상금으로 지급할 금액 중 1천 원 미만의 금액은 없는 것으로 하고, 동일인이 지급받을 수 있는 포상금은 연간 200만 원을 한도로 한다(국세기본법시행령 제65조의 4 제4항).

거부금액	지급금액
5천 원 이상 5만 원 이하	1만 원
5만 원 초과 250만 원 이하	거래금액의 100분의 20에 해당하는 금액
250만 원 초과	50만 원

4. 고소득 전문직 등의 영수증 미발급을 신고한 자

소득세법 제162조의 3 제4항 또는 법인세법 제117조의 2 제4항에 따른 의무 위반자를 신고한 자에 대한 포상금은 위 금액에도 불구하고 그 거부금액의 100분의 20을 넘지 아니하는 범위에서 국세청장이 정한다(국세기본법시행령 제65조의 4).

고소득 전문직 등 종사자가 30만 원 이상 거래 시 현금영수증발급의무가 있는바 그 의무 위반에 대한 신고포상금을 신설하였다. 신고기한은 행위일로부터 1개월이다(동 조 제14항).

5. 타인의 명의를 사용하여 사업을 경영하는 자를 신고한 자

신고 건별로 100만 원을 포상금으로 지급할 수 있다. 다만, 같은 사안에 대하여 중복 신고가 있으면 최초로 신고한 자에게만 지급하고, 타인의 명의를 사용하여 사업을 하는 자가 다음에 해당하는 경우로서 조세를 회피할 목적이 없거나 강제집행을 면탈할 목적이 없다고 인정되면 포상금을 지급하지 아니한다(국세기본법시행령 제65조의 4 제5항).

① 배우자, 직계존속 또는 직계비속의 명의를 사용한 경우
② 약정한 기일 내에 채무를 변제하지 아니하여 신용정보의 이용 및 보호에 관한 법률 제25조 제2항 제1호에 따른 종합신용정보집중기관에 등록된 경우

6. 해외금융계좌 신고의무 위반행위를 적발하는 데 중요한 자료를 제공하는 자

해외금융계좌 신고의무 불이행에 따른 과태료금액에 다음의 지급률을 곱하여 계산한 금액을 포상금으로 지급할 수 있다. 다만, 1억 원을 초과하는 부분은 지급하지 아니한다(국세기본법시행령 제65조의 4 제6항).

과태료 금액	지급률
2천만 원 이상 2억 원 이하	100분의 5
2억 원 초과 5억 원 이하	1천만 원+2억 원을 초과하는 금액의 100분의 3
5억 원 초과	1천 9백만 원+5억 원을 초과하는 금액의 100분의 2

Ⅳ. 지급대상의 제한

다음의 경우에는 포상금을 지급하지 아니한다(국세기본법 제84조의 2 제1항 단서, 동법 시행령 제65조의 4 제7항).

① 탈루세액, 부당하게 환급·공제받은 세액 또는 은닉재산의 신고를 통하여 징수된 세액이 탈루세액 등의 경우에는 1억 원을, 은닉재산의 신고를 통하여 징수된 금액 또는 해외금융계좌 신고의무불이행에 따른 과태료가 2천만 원 미만인 경우

② 공무원이 그 직무와 관련하여 자료를 제공하거나 은닉재산을 신고한 경우에는 포상금을 지급하지 아니한다.

제7편 **補則**

제1장 납세관리인

　납세자가 국내에 주소 또는 거소를 두지 아니하거나 국외로 주소 또는 거소를 이전할 때에는 국세에 관한 사항을 처리하기 위하여 납세관리인을 정하여야 한다(국세기본법 제82조 제1항).

　납세자는 국세에 관한 사항을 처리하게 하기 위하여 변호사, 세무사 또는 「세무사법」 제20조의 2 제1항에 따라 등록한 공인회계사를 납세관리인으로 둘 수 있다(동 조 제2항).

　납세관리인을 정한 납세자는 대통령령으로 정하는 바에 따라 관할 세무서장에게 신고하여야 한다. 납세관리인을 변경하거나 해임할 때에도 또한 같다(동 조 제3항).

　관할 세무서장은 납세자가 제3항에 따른 신고를 하지 아니할 때에는 납세자의 재산이나 사업의 관리인을 납세관리인으로 정할 수 있다(동 조 제4항).

　세무서장이나 지방국세청장은 상속세 및 증여세법에 따라 상속세를 부과할 때에 납세관리인이 있는 경우를 제외하고 상속인이 확정되지 아니하였거나 상속인이 상속재산을 처분할 권한이 없는 경우에는 특별한 규정이 없으면 추정상속인, 유언집행자 또는 상속재산관리인에 대하여 상속세 및 증여세법 중 상속인 또는 수유자에 관한 규정을 적용할 수 있다(동 조 제5항).

　비거주자인 상속인이 금융회사 등에 상속재산의 지급·명의개서 또는 명의변경을 청구하려면 제1항에 따라 납세관리인을 정하여 납세지 관할 세무서장에게 신고하고, 그 사실에 관한 확인서를 발급받아 금융회사 등에 제출하여야 한다(동 조 제6항).

제2장 고지금액의 최저한도

　고지할 국세(인지세는 제외한다), 가산금 또는 체납처분비를 합친 금액이 대통령령으로 정하는 금액 미만일 때에는 그 금액은 없는 것으로 본다(국세기본법 제83조).

제3장 국세행정에 대한 협조

세무공무원은 직무를 집행할 때 필요하면 국가기관, 지방자치단체 또는 그 소속 공무원에게 협조를 요청할 수 있다(국세기본법 제84조 제1항).

위 요청을 받은 자는 정당한 사유가 없으면 협조하여야 한다(동 조 제2항).

정부는 납세지도를 담당하는 단체에 그 납세지도 경비의 전부 또는 일부를 대통령령으로 정하는 바에 따라 교부금으로 지급할 수 있다(동 조 제3항).

제4장 과세자료의 제출과 그 수집에 대한 협조

세법에 따라 과세자료를 제출할 의무가 있는 자는 과세자료를 성실하게 작성하여 정해진 기한까지 소관 세무서장에게 제출하여야 한다. 다만, 국세정보통신망을 이용하여 제출하는 경우에는 지방국세청장이나 국세청장에게 제출할 수 있다(국세기본법 제85조 제1항).

국가기관, 지방자치단체, 금융회사 등 또는 전자계산·정보처리시설을 보유한 자는 과세에 관계되는 자료 또는 통계를 수집하거나 작성하였을 때에는 국세청장에게 통보하여야 한다(동 조 제2항).

제5장 지급명세서 자료의 이용

금융실명거래 및 비밀보장에 관한 법률 제4조 제4항에도 불구하고 세무서장(지방국세청장, 국세청장을 포함한다)은 소득세법 제164조 및 법인세법 제120조에 따라 제출받은 이자소득 또는 배당소득에 대한 지급명세서를 다음의 어느 하나에 해당하는 용도에 이용할 수 있다(국세기본법 제85조의 2).

① 상속·증여 재산의 확인

② 조세탈루의 혐의를 인정할 만한 명백한 자료의 확인

③ 조세특례제한법 제100조의 3에 따른 근로장려금 신청자격의 확인

제6장 장부 등의 비치와 보존

납세자는 각 세법에서 규정하는 바에 따라 모든 거래에 관한 장부 및 증거서류를 성실하게 작성하여 갖춰 두어야 한다(국세기본법 제85조의 3 제1항).

사업자는 자기의 사업과 관련되는 모든 거래사실을 법이 정하는 바에 의하여 기록하여야 한다. 이러한 장부의 예로 간편 장부(소득세법 제146조), 복식부기장부(소득세법 제160조 제3항)등이 있으며, 증거서류로는 세금계산서(부가가치세법 제16조), 영수증 등이 있다. 장부 등 비치·기장의무는 그 본질이 납세자의 과세관청에 대한 협력의무이다.

장부 및 증거서류는 그 거래사실이 속하는 과세기간에 대한 해당 국세의 법정신고기한이 지난 날부터 5년간 보존하여야 한다. 다만, 국세부과의 제척기간 제26조의 2 제1항 제5호에 해당하는 경우에는 같은 호에 규정한 날까지 보존하여야 한다(동 조 제2항).

납세자는 위 장부와 증거서류의 전부 또는 일부를 전산조직을 이용하여 작성할 수 있다. 이 경우 그 처리과정 등을 대통령령으로 정하는 기준에 따라 자기테이프, 디스켓 또는 그 밖의 정보보존 장치에 보존하여야 한다(동 조 제3항).

이를 적용하는 경우 전자거래기본법 제5조 제2항에 따른 전자화문서로 변환하여 같은 법 제31조의 2에 따른 공인전자문서보관소에 보관한 경우에는 장부 및 증거서류를 갖춘 것으로 본다. 다만, 계약서 등 위조, 변조하기 쉬운 장부 및 증거서류로서 대통령령으로 정하는 것은 그러하지 아니하다(동 조 제4항).

제7장 서류접수증 발급

납세자 또는 세법에 따라 과세자료를 제출할 의무가 있는 자로부터 과세표준신고서, 과세표준수정신고서, 경정청구서 또는 과세표준신고·과세표준수정신고·경정청구와 관련된 서류 및 그 밖에 대통령령으로 정하는 서류를 받는 경우에는 세무공무원은 납세자 등에게 접수증을 발급하여야 한다. 다만, 우편신고 등 대통령령으로 정하는 경우에는 접수증을 발급하지 아니할 수 있다(국세기본법 제85조의 4 제1항).

납세자 등으로부터 위 신고서 등을 국세정보통신망을 통해 받은 경우에는 그 접수사실을 전자적 형태로 통보할 수 있다(동 조 제2항).

제8장 고액·상습체납자 등의 명단 공개

국세청장은 세무공무원의 비밀유지의무에도 불구하고 다음의 어느 하나에 해당하는 자의 인적사항 등을 공개할 수 있다. 다만, 체납된 국세가 이의신청, 심사청구 등 불복청구 중에 있거나 그 밖에 대통령령으로 정하는 사유가 있는 경우에는 그러하지 아니하다(국세기본법 제85조의 5 제1항).

① 체납발생일부터 1년이 지난 국세가 5억 원 이상인 체납자의 인적사항, 체납액 등
② 대통령령으로 정하는 불성실기부금수령단체의 인적사항, 국세추징명세 등
③ 조세범처벌법에 따라 유죄판결이 확정된 자로서 특가법에 따라 가중 처벌되는 자의 인적사항, 포탈세액 등

체납자 또는 불성실기부금수령단체의 인적사항, 체납액, 국세추징명세, 포탈세액 등에 대한 공개 여부를 심의하기 위하여 국세청에 국세정보공개심의위원회를 둔다(동 조 제2항).

국세청장은 위원회의 심의를 거친 공개 대상자에게 체납자 또는 불성실기부금수령단체 명단공개 대상자임을 통지하여 소명 기회를 주어야 하며, 통지일부터 6개월이 지난 후 위원회로 하여금 체납액의 납부 이행 또는 기부금영수증 발급명세의 작성·보관 의무 이

행 등을 고려하여 체납자 또는 불성실기부금수령단체 명단 공개 여부를 재심의하게 한 후 공개대상자를 선정한다(동 조 제3항).

이에 따른 공개는 관보에 게재하거나 국세정보통신망 또는 관할세무서 게시판에 게시하는 방법으로 한다(동 조 제4항).

제9장 통계자료의 작성 및 공개

국세청장은 과세정보를 분석·가공한 통계자료를 작성·관리하여야 한다. 이 경우 통계자료는 납세자의 과세정보를 직접적 방법 또는 간접적인 방법으로 확인하거나 추정할 수 없도록 작성되어야 한다(국세기본법 제85조의 6 제1항).

국세청장은 통계자료를 대통령령으로 정하는 국세통계심의위원회의 심의를 거쳐 일반국민에게 공개할 수 있다(동 조 제2항).

국세청장은 다음의 경우에 그 목적의 범위에서 통계자료를 제공하여야 하고 제공한 통계자료의 사본을 기획재정부장관에게 송부하여야 한다(동 조 제3항).

① 국회 소관 상임위원회가 의결로 세법의 제정법률안·개정법률안, 세입예산안의 심사 및 국정감사 기타 의정활동에 필요한 통계자료를 요구하는 경우
② 국회예산정책처장이 의장의 허가를 받아 세법의 제정법률안·개정법률안에 대한 세수추계 또는 세입예산안의 분석을 위하여 필요한 통계자료를 요구하는 경우

국세청장은 세무공무원의 비밀유지의무에도 불구하고 국회 소관 상임위원회가 의결로 자료를 요구하는 경우에는 그 사용목적에 맞는 범위 안에서 과세정보를 납세자 개인정보를 확인하거나 추정할 수 없도록 가공하여 제공하여야 한다(동 조 제4항).

국세청장에 의해 제공되거나 송부된 통계자료(국민에게 공개된 것은 제외한다)를 알게 된 자는 그 통계자료를 목적 외의 용도로 사용해서는 아니 된다(동 조 제5항).

〈찾아보기〉

〈판례 찾아보기〉

김두형(金斗炯) ────────────────────────────────

　연세대학교 법과대학 법학사, 법학석사
　경희대학교 법학박사
　제26회 사법시험 합격
　법무법인 청와 대표변호사
　강남대학교 세무학과 조교수
　숙명여자대학교 법과대학 부교수
　한국세법학회, 한국세무학회 이사
　한국관세학회 회장
　사법시험·행정고시·세무사 등 자격시험 출제위원
　국세청 법령해석 심사위원회 심사위원
　서울지방국세청 과세전적부 심사위원
　조세심판원 비상임심판관
　현) 경희대학교 법학전문대학원 교수

『부가가치세법』(2004)
『세무학입문』(공저, 2000)
『환경친화적인 자동차세제 도입방안』(2011)
「유류분청구를 둘러싼 상속세 과세문제에 관한 연구」(2010)
「지방소비세 도입의 법적 문제점」(2010)
「종합부동산세법의 헌법 위반·불합치결정에 관한 법리적 평가」(2009)
「우리나라 납세자운동의 성과와 향후과제」(2009)
「게임장사업자의 부가가치세 과세표준에 관한 연구」(2008)
「명의신탁재산의 증여의제에 있어서 조세회피목적의 유무」(2008)
「소득형평을 도모하기 위한 조세제도의 개선방안」(2007)
「자경농지대토에 따른 양도소득세 감면요건의 문제점과 개선방안」(2007)
「정치자금과세의 문제점과 개선방안」(2005)
외 다수

제2판
로스쿨 조세법
기초이론

초판발행 | 2011년 4월 4일
제2판발행 | 2012년 4월 6일

지 은 이 | 김두형
펴 낸 이 | 채종준
펴 낸 곳 | 한국학술정보㈜
주   소 | 경기도 파주시 문발동 파주출판문화정보산업단지 513-5
전   화 | 031) 908-3181(대표)
팩   스 | 031) 908-3189
홈페이지 | http://ebook.kstudy.com
E-mail | 출판사업부 publish@kstudy.com
등   록 | 제일산-115호(2000. 6. 19)

ISBN   978-89-268-3279-0 93360 Paper Book)
        978-89-268-3280-6 98360 (e-Book)